"十二五"普通高等教育本科国家级规划教材
面向21世纪课程教材

法学专业必修课、选修课系列教材

公司法学

Gongsifaxue

Corporation Law

（第四版）

主　编　赵旭东
撰稿人　（以姓氏拼音为序）
　　　　甘培忠　刘智慧
　　　　时建中　王　涌
　　　　赵旭东

高等教育出版社·北京

图书在版编目(CIP)数据

公司法学/赵旭东主编. --4版. --北京:高等教育出版社,2015.4(2016.2重印)
ISBN 978-7-04-042316-7

Ⅰ.①公… Ⅱ.①赵… Ⅲ.①公司法-法的理论-中国-高等学校-教材 Ⅳ.①D922.291.911

中国版本图书馆 CIP 数据核字(2015)第 042631 号

策划编辑	姜 洁	责任编辑	姜 洁	特约编辑	陈 蕾	封面设计	杨立新
版式设计	张 杰	责任校对	刘春萍	责任印制	耿 轩		

出版发行	高等教育出版社	网　　址	http://www.hep.edu.cn
社　　址	北京市西城区德外大街4号		http://www.hep.com.cn
邮政编码	100120	网上订购	http://www.landraco.com
印　　刷	中国农业出版社印刷厂		http://www.landraco.com.cn
开　　本	787mm×1092mm 1/16		
印　　张	26.5	版　　次	2003年8月第1版
字　　数	630千字		2015年4月第4版
购书热线	010-58581118	印　　次	2016年2月第3次印刷
咨询电话	400-810-0598	定　　价	49.00元

本书如有缺页、倒页、脱页等质量问题,请到所购图书销售部门联系调换
版权所有 侵权必究
物 料 号 42316-00

作者简介

赵旭东

中国政法大学教授、法学博士、博士生和博士后导师。现任中国政法大学民商经济法学院副院长,中国商法学研究会常务副会长。1999年被评为北京市优秀中青年法学家,2002年被评为第三届全国杰出中青年法学家。2005年,入选教育部新世纪优秀人才支持计划。同年,担任国家社科基金重大课题首席专家。公司法修改过程中,担任公司法起草专家小组成员。2008年当选为教育部长江学者特聘教授。主要致力于民商法尤其是法人制度、公司法、证券法、合同法方面的研究。著有《企业法律形态论》、《法人制度论》、《民商法实务研究》等学术著作。在《中国社会科学》、《法学研究》、《中国法学》等刊物上发表多篇学术论文。

甘培忠

北京大学法学院教授、博士生导师。著有《企业与公司法学》、《中国经济审判》、《企业法新论》、《经济法学》、《中国经济法律百科全书》等。1999年被评为北京市优秀中青年法学家。

时建中

中国政法大学教授、法学博士、博士生导师。兼任中国经济法学研究会副会长、中国科学技术法学会副会长、国务院反垄断委员会专家咨询组成员。著有《可转换公司债法论》、《三十一国竞争法典》、《反垄断法——法典释评与学理探源》等。

王涌

中国政法大学教授、法学博士、博士生导师。现任中国政法大学民商经济法学院商法研究所所长。著有《一人公司导论》、《现代公司法人人格的本质与结构》、《私权的分析与建构》等。

刘智慧

中国政法大学教授,法学博士。现任中国政法大学民商经济法学院民法研究所副所长。著有《占有的法律性质研究》、《不正当竞争的法律问题研究》、《隐名合伙制度研究》、《国有股权研究》(专著)、《普通法的历史基础》(译)等。

第四版编写说明

公司法学是普通高校本科法学专业的必修课程和专业核心课程,也是其他许多相关专业的重要课程。本书是普通高等教育"十五"、"十一五"和"十二五"国家级规划教材,也是公司法教学的最新教材。本书在总结和比较研究现有教材的基础上,在坚持教材的通说性和规范性的前提下,内容和体系都有突出的发展和创新。

在内容上,本书突出其先进性,对现有教材进行更新,吸收和反映了公司法领域的最新成果。在体系结构上,本书进行创新,使其更具学理性和接近课堂教学的实际情况和需要。为强化其理论性和实务性,本书在各章或节专设"理论探讨"和"实务研究"栏目介绍理论热点和常见的实践问题。为加强教材应有的导学、助学功能,本书还特设了"导语"、"参考文献"、"思考练习题"部分。

本书不仅被全国许多高校选为主用教材,也为社会上的法律教学所广泛使用,不仅用于法科高校,而且也用于大多数各类高校的多元化人才培养,并受到普遍的好评。2002年本书被评定为普通高等教育"十五"国家级规划教材;2006年被评定为普通高等教育"十一五"国家级规划教材;2012年入选第一批"十二五"普通高等教育本科国家级规划教材;2006年获司法部法学教材与法学科研成果奖三等奖;2007年被教育部评为普通高等教育精品教材;2006年被评为北京高等教育精品教材;2009年获北京市教育教学成果(高等教育)二等奖。

本教材迄今已是第四版。第一版问世于2003年,其编写依据的是我国1993年颁布的《公司法》①。第二版修订于2006年,时值2005年《公司法》颁行。因2005年《公司法》修订内容广泛,改动幅度大,涉及条款多,且许多修改属于实质上的制度创新和法律规则的重新设计,因此,我们以2005年《公司法》为基础,对本教材进行了全面的修订和补充,借鉴各国公司立法和理论的最新发展,对某些法律原理和学说作出新的阐释和说明,其中包括增加了"公司法人人格否认制度"、"一人公司"、"股东代表诉讼"等专节或专题内容。

第三版修订于2012年。该次修订的重要背景是公司法实践的不断深入

---

① 为行文简洁,本书在引用法律法规时,通常使用简称。例如,《中华人民共和国公司法》简称为《公司法》。

和最高人民法院三个公司法司法解释的出台。最高人民法院从2006年起开始进行公司法的司法解释,并先后发布了《关于适用〈中华人民共和国公司法〉若干问题的规定(一)》、《关于适用〈中华人民共和国公司法〉若干问题的规定(二)》和《关于适用〈中华人民共和国公司法〉若干问题的规定(三)》①。这些规定既是司法实践经验的总结,也是对我国公司法制度的进一步细化和发展,将这些司法解释中的具体规定提炼和总结为公司法的最新理论和原理,并将之融入公司法的教科书和课堂教学之中,就成为本教材此次修订的直接动机和目的,这也是本教材紧密跟踪理论与实践、不断更新丰富的重要特点。

本次修订编写的是本教材的第四版,这次修订的背景和直接动因是2013年《公司法》的修改。这次修改是我国公司法发展过程中又一次重要的制度改革和突破。其修改的主要内容集中在公司资本制度上,其中包括取消最低资本额的规定、将有限制的资本认缴制改为完全的资本认缴制、取消现金出资比例的要求和法定的验资程序等。为充分反映公司立法的最新发展以及对公司法原理和实践的影响,本教材第四版主要对第一章"公司与公司法"、第二章"公司的类型"、第六章"公司资本制度"、第七章"股东出资制度"等几章的相关内容进行了修改和补充。

同时,本教材也根据近几年来公司法理论和实务的最新发展对每章后的"本章理论探讨"和"本章实务研究"的专题内容作了较多的更新和补充。其中包括"法人人格否认的连带责任与适用"、"章程自治与中小股东保护"、"股东股权的保全与对公司资产的查封、冻结"、"公司法上的表决权协议制度"、"股东抽逃出资与股东借款的区别"、"资本真实与验资存废"等最新的理论和实务问题。

本书发展和创新的内容和体系及其最新的修订,将使其更能适应高校本科生和研究生教学的实际需要。

本书由赵旭东教授任主编,各章撰写分工如下:

赵旭东:第一、二、六、七章及第九章和第十三章之"理论探讨"与"实务研究"部分;

刘智慧:第三、八、十四章;

时建中:第四、十、十一章;

王　涌:第五、十二章;

甘培忠:第九、十三章。

编　者
2014年11月

---

① 这三个司法解释在本书中分别简称为:《公司法司法解释一》、《公司法司法解释二》和《公司法司法解释三》。

目录

第一章 公司与公司法 …… 1

第一节 公司概述 …… 1
一、公司的概念 …… 1
二、公司的特征 …… 2
三、公司法人人格否认制度 …… 6
【本节理论探讨】 …… 11
- 关于公司财产权的性质 …… 11
- 企业集团的统一管理与人格混同 …… 12

【本节实务研究】 …… 12
- 股东股权的保全与对公司资产的查封、冻结 …… 12
- 法人人格否认的连带责任及其适用 …… 13
- 公司与股东的财产混同与出资责任、侵权责任 …… 13

第二节 公司与其他企业法律形态 …… 14
一、企业法律形态概述 …… 14
二、公司与独资企业 …… 17
三、公司与合伙企业 …… 18

【本节理论探讨】 …… 20
- 独资企业与个体工商户的关系 …… 20
- 合伙是否应作为第三民事主体 …… 21
- 合伙企业的财产 …… 21

【本节实务研究】 …… 22
- 独资企业、合伙企业能否以自己的名义起诉和应诉 …… 22

第三节 公司的沿革和作用 …… 23
一、公司的沿革 …… 23
二、公司的作用 …… 31

第四节 公司法概述 …… 33
一、公司法的概念和性质 …… 33
二、公司法的特点 …… 34
三、公司法的基本原则和立法目标 …… 36
四、公司法在法律体系中的地位 …… 41

【本节理论探讨】 …… 44

- 公司法究竟属于公法还是私法，属于商法还是经济法 …… 44
- 如何界定公司法的强制性和任意性 …… 44
- 公司纠纷的司法救济与公司法的可诉性 …… 45

【本节实务研究】 …… 46
- 公司可否以章程改变公司法规定的股东会和董事会的职权 …… 46

第五节 公司法的形式 …… 47
一、统一公司法 …… 47
二、单行公司法或特种公司法 …… 47
三、商法典 …… 48
四、民法典 …… 48
五、特别法律、法令 …… 48
六、其他单行法中有关公司的规定 …… 48

【本章参考文献】 …… 49
【本章思考练习题】 …… 49

第二章 公司的类型 …… 51

第一节 公司的分类 …… 51
一、无限公司、有限公司、股份有限公司与两合公司 …… 51
二、封闭式公司与开放式公司 …… 53
三、人合公司、资合公司与人合兼资合公司 …… 53
四、国营公司、公营公司与民营公司 …… 54
五、母公司与子公司 …… 55
六、关联公司与公司集团 …… 56
七、本公司与分公司 …… 58
八、本国公司、外国公司与跨国公司 …… 58

【本节理论探讨】 …… 59
- 美国公司类型与大陆法系国家公司类型的比较 …… 59
- 我国公司类型改革：是否应取消发起设立的股份有限公司 …… 60
- 关联企业与企业集团的法律地位与法律调整 …… 61
- "次级债权"理论 …… 61

【本节实务研究】 …… 62
- 分公司能否以自己名义签约和作为诉讼主体 …… 62
- 企业集团的下属企业对集团的债务是否承担责任 …… 62

第二节 有限责任公司 …… 63
一、有限责任公司的概念和特征 …… 63
二、有限责任公司的评价和适用 …… 64

第三节 股份有限公司 …… 65
一、股份有限公司的概念和特征 …… 65
二、股份有限公司的评价和地位 …… 66

第四节 一人公司 …… 68
一、一人公司的概念和特征 …… 68
二、对一人公司的承认 …… 69

三、一人公司的特别法律规则　　70
　【本节理论探讨】　　71
　　●一人公司的财务监督问题　　71
　【本节实务研究】　　72
　　●因股权转让而形成一人公司的法律适用　　72
　第五节　国有独资公司　　72
　　一、国有独资公司的概念和特征　　72
　　二、国有独资公司的适用和评价　　73
　【本节理论探讨】　　74
　　●国有独资公司是否应当与一人公司并存　　74
　第六节　上市公司　　74
　　一、上市公司的概念和特征　　74
　　二、公司上市的目的和作用　　75
　　三、公司上市的条件　　76
　　四、公司上市的程序　　76
　第七节　外商投资企业（公司）　　77
　　一、外商投资企业的概念和特征　　77
　　二、外商投资企业的法定类型　　78
　　三、外商投资企业的法律性质　　78
　　四、外商投资企业的法律适用　　80
　【本节理论探讨】　　80
　　●外商投资企业法与公司法的冲突与融合　　80
　【本章参考文献】　　81
　【本章思考练习题】　　81

第三章　公司的设立　　83

　第一节　公司设立概述　　83
　　一、公司设立的概念和特征　　83
　　二、公司设立的原则　　85
　　三、公司设立的方式　　87
　【本节理论探讨】　　89
　　●公司发起人的法律地位　　89
　　●公司设立行为的性质　　90
　【本节实务研究】　　90
　　●发起人在公司成立前所为的与设立无关的行为是否有效　　90
　第二节　公司的设立登记　　91
　　一、公司登记概述　　91
　　二、公司设立登记　　92
　　三、公司设立登记的程序　　93
　　四、公司设立登记的法律效力　　95
　　五、分公司的设立登记　　95
　【本节实务研究】　　96

- 公司设立登记与第三人利益保护 ... 96

第三节 公司设立的条件 ... 97
一、有限责任公司设立的条件 ... 97
二、股份有限公司设立的条件 ... 99
三、公司的名称和住所 ... 101

【本节理论探讨】 ... 104
- 公司名称权的法律性质 ... 104

第四节 公司设立的程序 ... 105
一、有限责任公司的设立程序 ... 105
二、股份有限公司的设立程序 ... 107
三、一人公司与国有独资公司的设立程序 ... 110

【本节理论探讨】 ... 110
- 认股人认股行为的法律性质 ... 110

第五节 公司设立的效力 ... 111
一、公司设立完成 ... 111
二、公司设立失败 ... 113
三、公司设立无效 ... 114

【本节理论探讨】 ... 117
- 设立中公司的法律性质 ... 117
- 公司设立无效诉讼的原告范围的确定 ... 117

【本节实务研究】 ... 118
- 发起人以设立中公司的名义签订合同纠纷中善意相对人的认定 ... 118
- 公司设立无效制度的确立及适用 ... 118

【本章参考文献】 ... 119
【本章思考练习题】 ... 119

第四章 公司章程 ... 122

第一节 公司章程概述 ... 122
一、公司章程的概念 ... 122
二、公司章程的性质 ... 122
三、公司章程的特征 ... 124

【本节理论探讨】 ... 126
- 章程的公示效力与第三人的审查义务 ... 126

【本节实务研究】 ... 127
- 追究股东出资义务的依据是设立协议还是章程 ... 127

第二节 公司章程的制定和修改 ... 128
一、公司章程的制定 ... 128
二、公司章程的内容 ... 129
三、公司章程的修改 ... 131

【本节理论探讨】 ... 131
- 公司法与公司章程在公司治理中的协调 ... 131
- 章程自治与中小股东保护 ... 132

第三节 公司章程的效力 — 133
- 一、公司章程的时间效力 — 133
- 二、公司章程的对人效力 — 135
- 【本节实务研究】 — 137
  - 章程范本、章程指引与章程制定的自主性与个性的关系 — 137
- 【本章参考文献】 — 138
- 【本章思考练习题】 — 138

第五章 公司的能力 — 140

第一节 公司的权利能力 — 140
- 一、公司权利能力的概念和意义 — 140
- 二、公司权利能力的开始和终止 — 141
- 三、公司权利能力范围的限制 — 141
- 【本节理论探讨】 — 145
  - 权利能力与法律人格的差异 — 145
- 【本节实务研究】 — 146
  - 公司对外投资或担保时，相对人应否审查董事会或股东(大)会决议 — 146

第二节 公司的行为能力 — 147
- 一、公司行为能力的概念和特点 — 147
- 二、公司的法定代表人 — 147
- 三、董事长的代表行为及其构成要件分析 — 148
- 四、代表行为和非代表行为的不同法律后果 — 150
- 五、公司意思表示的外在推定形式 — 150
- 六、公司在对外活动中的代理 — 151
- 【本节理论探讨】 — 151
  - 法定代表人变更的生效要件和对抗要件 — 151
- 【本节实务研究】 — 151
  - 法定代表人代表公司从事非法活动时代表行为的效力 — 151
  - 法定代表人代表公司的赠与行为是否有效 — 152

第三节 公司的侵权行为能力 — 153
- 一、公司侵权行为能力的概念 — 153
- 二、公司侵权行为的构成要件 — 153
- 三、公司侵权行为的法律责任 — 154
- 【本章参考文献】 — 156
- 【本章思考练习题】 — 156

第六章 公司资本制度 — 158

第一节 公司资本概述 — 158
- 一、公司资本的概念和特点 — 158
- 二、公司资本的不同含义和形式 — 159
- 三、公司资本与相关概念的比较 — 160

四、公司资本的法律意义 162
【本节理论探讨】 163
　　● 资本信用与资产信用 163
　　● 注册资本与投资总额的关系 164
第二节　公司资本原则与资本形成制度 165
　　一、公司资本原则 165
　　二、公司资本形成制度 167
　　三、最低资本额制度改革与变迁 171
【本节理论探讨】 172
　　● 我国法定资本制的改革 172
【本节实务研究】 173
　　● 职工股份期权计划与股份预留 173
第三节　公司资本募集与股份发行 173
　　一、公司资本的募集 173
　　二、股份发行分类 175
　　三、股份发行原则 177
　　四、股份公开发行条件 179
　　五、股份发行程序 180
【本节理论探讨】 182
　　● 股份私募发行的意义和法律规制 182
第四节　增加资本与减少资本 182
　　一、增加资本 183
　　二、减少资本 184
【本节理论探讨】 186
　　● 公司增资中的股东利益冲突与保护 186
【本章参考文献】 187
【本章思考练习题】 187

第七章　股东出资制度 189

第一节　股东出资概述 189
　　一、股东出资与公司资本 189
　　二、股东出资与有限责任 190
　　三、股东出资与股权 190
　　四、股东出资义务与履行 190
　　五、股东出资责任 191
　　六、资本制度改革与股东出资义务和责任 196
【本节理论探讨】 197
　　● 股东出资责任的性质 197
　　● 公司债权人追究瑕疵出资股东出资责任的理论根据 197
　　● 公司债权人追究非股东出资责任的理论根据 198
　　● 股东瑕疵出资责任中的补充责任与连带责任 199
【本节实务研究】 200

- 股东抽逃出资与股东借款的区别　200
- 债权人追究瑕疵出资股东责任的条件　201
- 瑕疵出资股东权利限制的形式和范围　202

第二节　股东出资的形式　203
一、股东出资形式的法定性　203
二、法定股东出资形式的要件　203
三、公司法列举的股东出资形式　204
四、其他股东出资形式　207

【本节理论探讨】　209
- 劳务出资的法律问题　209
- 信用出资与挂靠企业的产权认定　210

【本节实务研究】　211
- 债转股及其适用　211
- 工业产权出资是以专有权出资还是以使用权出资　212
- 以违法犯罪所得的非货币财产出资的法律效力　212
- 已经设定抵押的财产可否出资　213

第三节　股东出资的法定要求　214
一、出资的价值评估　214
二、出资的比例结构　215
三、出资的履行　216
四、出资的验资　217

【本节理论探讨】　219
- 资本真实与验资存废　219

【本节实务研究】　219
- 土地使用权出资履行不当的法律效果　219

【本章参考文献】　220
【本章思考练习题】　220

第八章　股东与股权　223

第一节　股东　223
一、股东的含义和构成　223
二、股东资格的取得、限制、认定与丧失　224
三、股东的法律地位　228
四、股东的权利与义务　229
五、股东代表诉讼　237

【本节实务研究】　240
- 如何认定股东要求查阅公司会计账簿时的目的是否正当　240

第二节　股权　241
一、股权的分类　241
二、股权的法律性质　243
三、股权法律关系　245
四、股权的委托行使　246

五、股权的救济　　　　　　　　　　　　　　　　　　　　　247
　【本节理论探讨】　　　　　　　　　　　　　　　　　　　　　249
　　● 股权的法律性质　　　　　　　　　　　　　　　　　　　　249
　　● 股权转让的合同行为与权利的实际移转　　　　　　　　　　249
　【本节实务研究】　　　　　　　　　　　　　　　　　　　　　250
　　● 被冻结的股权是否享有股东大会的召集权、投票权、新股认购权　250
　　● 股东代表诉讼的诉后利益与有关责任的承担　　　　　　　　251
　第三节　有限责任公司股东的股权　　　　　　　　　　　　　　251
　　一、股权与出资的概念　　　　　　　　　　　　　　　　　　251
　　二、出资证明书　　　　　　　　　　　　　　　　　　　　　252
　　三、股东名册　　　　　　　　　　　　　　　　　　　　　　254
　　四、股东与股权登记　　　　　　　　　　　　　　　　　　　254
　　五、股权的转让　　　　　　　　　　　　　　　　　　　　　255
　【本节理论探讨】　　　　　　　　　　　　　　　　　　　　　258
　　● 股东对转让的股权是否可以部分行使优先购买权　　　　　　258
　【本节实务研究】　　　　　　　　　　　　　　　　　　　　　259
　　● 股东优先购买权中"同等条件"的确定标准　　　　　　　　259
　　● 夫妻家庭财产分割及股权赠与时其他股东的优先
　　　购买权问题　　　　　　　　　　　　　　　　　　　　　　259
　第四节　股份有限公司股东的股份　　　　　　　　　　　　　　260
　　一、股份的概念和特征　　　　　　　　　　　　　　　　　　260
　　二、股份的表现形式　　　　　　　　　　　　　　　　　　　261
　　三、股东名册　　　　　　　　　　　　　　　　　　　　　　261
　　四、股份的分类　　　　　　　　　　　　　　　　　　　　　262
　　五、股份的转让　　　　　　　　　　　　　　　　　　　　　265
　　六、记名股票被盗、遗失或者灭失的处理　　　　　　　　　　270
　【本节理论探讨】　　　　　　　　　　　　　　　　　　　　　270
　　● 股权证明文件相互冲突时的效力认定　　　　　　　　　　　270
　　● 股份转让是否可以由公司章程给予限制　　　　　　　　　　271
　【本章参考文献】　　　　　　　　　　　　　　　　　　　　　272
　【本章思考练习题】　　　　　　　　　　　　　　　　　　　　272

第九章　公司组织机构　　　　　　　　　　　　　　　　　　　275

　第一节　公司组织机构概述　　　　　　　　　　　　　　　　　275
　　一、公司治理　　　　　　　　　　　　　　　　　　　　　　275
　　二、公司组织机构的设置　　　　　　　　　　　　　　　　　277
　　三、公司组织机构的基本构成　　　　　　　　　　　　　　　280
　　四、公司组织机构与公司代表机构　　　　　　　　　　　　　281
　【本节理论探讨】　　　　　　　　　　　　　　　　　　　　　281
　　● 我国公司治理结构的现状与问题　　　　　　　　　　　　　281
　第二节　股东会　　　　　　　　　　　　　　　　　　　　　　282
　　一、股东会的概念、地位　　　　　　　　　　　　　　　　　282

二、股东会会议的种类 283
　　三、股东会的职权 284
　　四、股东会的召集 285
　　五、股东会的决议 286
【本节理论探讨】 290
　　● 股东会中心主义与董事会中心主义 290
【本节实务研究】 291
　　● 程序瑕疵对股东大会、董事会决议效力的影响 291
　　● 公司法上的表决权协议问题 292
第三节　董事会 293
　　一、董事会 293
　　二、董事 294
　　三、董事长的地位和职权 296
　　四、董事会会议 296
【本节理论探讨】 297
　　● 董事会秘书制度 297
【本节实务研究】 298
　　● 公司对外行为是否需要董事会决议 298
第四节　监事会 299
　　一、监事会的概念和特点 299
　　二、监事会的设置 299
　　三、监事会的组成 301
　　四、监事会的职权 301
第五节　独立董事制度 302
　　一、独立董事的概念和特征 302
　　二、独立董事制度的形成和发展 303
　　三、独立董事的独立性和职权 304
【本节理论探讨】 304
　　● 我国监事会监督职能虚化问题 304
　　● 独立董事制度的评价与完善 305
第六节　经理 306
　　一、经理的概念和地位 306
　　二、经理的设立 306
　　三、经理的任职资格 306
　　四、经理的职权 307
【本节理论探讨】 307
　　● 公司治理中的内部人控制问题 307
　　● 公司经理的法律地位与经理权的法律性质 308
　　● CEO的法律性质与法律调整 308
第七节　国有独资公司的组织机构 309
　　一、国有资产监督管理机构 309
　　二、董事会 310

三、经理.. 311
　　四、监事会 311
第八节　董事、监事、经理的义务与民事责任 312
　　一、董事、监事、经理的义务 312
　　二、董事、监事、经理的民事责任 314
【本节理论探讨】
　● 公司经营行为中的商业判断规则 316
　● 董事对第三人的民事责任 317
【本节实务研究】
　● 董事、经理竞业禁止行为的认定与法律后果 317
【本章参考文献】 318
【本章思考练习题】 318

第十章　公司债 320

第一节　公司债概述 320
　　一、公司债的概念和特征 320
　　二、公司债与普通公司债务的比较 321
　　三、公司债券与股票的比较 321
【本节理论探讨】
　● 债券融资对公司治理的影响 322
第二节　公司债的主要种类 323
　　一、无担保公司债和有担保公司债 323
　　二、记名公司债和无记名公司债 323
　　三、可上市的公司债和非上市的公司债 324
　　四、可转换公司债和不可转换公司债 324
【本节理论探讨】
　● 可转换公司债的法律问题 324
第三节　公司债的发行 325
　　一、发行主体 325
　　二、发行条件 325
　　三、发行决定权 326
　　四、发行程序 326
【本节理论探讨】
　● 有限责任公司发行公司债券的法律问题 327
第四节　公司债券转让、偿还与转换制度 328
　　一、公司债券的转让 328
　　二、公司债券的偿还制度 330
　　三、公司债的转换 331
第五节　公司债券持有人保护制度 331
　　一、一般制度和方法 331
　　二、特定情形下的公司债券持有人的保护 332
　　三、公司债券持有人整体利益保护制度 332

【本节理论探讨】	333
• 公司债券持有人的特殊地位与保护	333
【本章参考文献】	334
【本章思考练习题】	334

第十一章 公司财务会计制度　　336

第一节　公司财务会计制度概述　　336
一、公司财务会计的概念　　336
二、公司财务会计制度的法律意义　　337

第二节　公司财务会计报告　　338
一、公司财务会计报告概述　　338
二、财务会计报告的编制、验证与公示　　338

第三节　公司税后利润的分配　　339
一、公司税后利润的分配原则及分配顺序　　339
二、公积金制度　　340
三、股利及其分配　　341

【本节实务研究】　　343
• 股利分配中的利益冲突与中小股东利益保护　　343

【本章参考文献】　　344
【本章思考练习题】　　344

第十二章　公司的合并、分立与组织变更　　346

第一节　公司的合并　　346
一、公司合并概述　　346
二、合并的方式　　348
三、合并的程序　　349
四、合并的法律效果　　351

【本节理论探讨】　　351
• 公司合并中的债权人保护　　351

【本节实务研究】　　352
• 公司合并无效之诉　　352

第二节　公司的分立　　353
一、分立概述　　353
二、分立的方式　　354
三、分立的程序　　354
四、分立的法律效果　　355

【本节实务研究】　　355
• 企业改制的法律形式及债务承担　　355

第三节　公司的组织变更　　356
一、组织变更的概念　　356
二、组织变更的类型　　357

三、组织变更的条件　　357
　　四、组织变更的程序　　358
　　五、组织变更的效力　　358
　【本节实务研究】　　358
　　• 有限责任公司变更为股份有限公司后，适用有关规定时，是否可以连续计算营业记录　　358
　【本章参考文献】　　359
　【本章思考练习题】　　359

第十三章　公司的终止、重整与清算　　361

第一节　公司的终止　　361
　　一、公司终止的概念和特征　　361
　　二、公司终止的原因　　362
　　三、公司的破产　　362
　　四、公司的解散　　367
　【本节理论探讨】　　371
　　• 公司解散的撤销制度　　371

第二节　公司的重整　　371
　　一、概述　　371
　　二、公司重整程序的开始与进行　　373
　　三、重整程序对相关主体权利义务的影响　　375
　　四、公司重整程序的终止与重整计划的执行　　376

第三节　公司的清算　　377
　　一、清算的概念与法律意义　　377
　　二、清算的分类　　378
　　三、清算组织　　379
　　四、清算程序　　380
　【本节理论探讨】　　381
　　• 公司的注销与清算制度的价值　　381
　　• 公司解散时利害关系人的清算请求权　　382
　【本节实务研究】　　382
　　• 吊销公司营业执照的法律后果　　382
　　• 已清算注销公司遗漏财产和债务的处理　　383
　　• 未经清算而被注销的公司的债务处理　　384
　【本章参考文献】　　385
　【本章思考练习题】　　385

第十四章　外国公司的分支机构　　387

第一节　外国公司分支机构概述　　387
　　一、外国公司　　387
　　二、外国公司分支机构的概念和法律特征　　389

三、外国公司分支机构的法律地位　　391
【本节实务研究】　　391
  • 外国公司分支机构是否可作为诉讼主体　　391
  • 是否须限制外国公司分支机构中外国公司的组织形式　　392
第二节　外国公司分支机构的设立　　393
　　一、外国公司分支机构设立的含义　　393
　　二、外国公司分支机构设立的条件　　393
　　三、外国公司分支机构设立的程序　　394
第三节　外国公司分支机构的权利和义务　　395
　　一、外国公司分支机构的权利　　395
　　二、外国公司分支机构的义务　　396
第四节　外国公司分支机构的撤销和清算　　397
　　一、外国公司分支机构的撤销　　397
　　二、外国公司分支机构的清算　　398
【本节实务研究】　　399
  • 外国公司分支机构被撤销后的责任承担　　399
【本章参考文献】　　399
【本章思考练习题】　　399

第一章 公司与公司法

> **【导语】**
> 公司是市场经济中最重要的主体,是最典型的企业法人,公司法是调整公司法律关系的法律规范,是民商法体系中十分重要的法律部门。
> 本章从公司的法律概念入手,介绍了公司的特征、公司与其他企业形式的区别、公司法的性质、特点与作用,使学生对公司与公司法有一个梗概性的了解。本章的学习重点在于公司的特征、公司法人人格否认制度、公司与其他企业形态的联系与区别以及母公司与子公司的关系、公司法的性质、特点和基本原则等。本章的学习难点在于对公司概念的理解和界定、公司的社团性特点、一人公司问题、公司法与民法、商法、经济法的关系及其在法律体系中的地位。通过本章的学习,对上述学习重点应有熟练的掌握,并能结合具体的理论和实践问题加以分析和运用,对上述学习的难点应有初步的理解和思考,对于其他问题,应有一般的了解。

第一节 公司概述

一、公司的概念

公司,是最普遍使用的概念,是社会经济活动最主要的主体,也是最重要的企业形式。在不同的国家,由于立法习惯及法律体系的差异,公司的概念不尽相同。即使在同一国家,随着社会经济和公司法的发展,公司的概念也在发生某些变化。

(一) 大陆法系的公司概念

大陆法系国家或地区的公司概念多采取概括规定的方式,日本和我国台湾地区为其代表。日本《商法》规定,"本法所谓公司,指以经营商行为为目的而设立的社团","依本法规定设立的以营利为目的的社团,虽不以经营商行为为业者,亦视为公司","公司为法人"。我国台湾地区"公司法"规定:"本法所称公司,谓以营利为目的依照公司法组织登记成立之社团法人。"

(二) 英美法系的公司概念

与大陆法系国家的法律传统不同,英美法系国家不甚注重对法律概念的严格界定,因而也缺少明确的公司定义。属于英国法传统的中国香港在其公司条例中将公司解释为"指依本条例组织及登记之公司或现已存在之公司"。这一规定虽然表明了公司需依法登记的特点,但却很难说是对公司的完整定义。

(三) 我国的公司概念

我国《公司法》①第2条规定:"本法所称公司是指依照本法在中国境内设立的有限责任公司和股份有限公司。"第3条规定:"公司是企业法人,有独立的法人财产,享有法人财产权。公司以其全部财产对公司的债务承担责任。有限责任公司的股东以其认缴的出资额为限对公司承担责任;股份有限公司的股东以其认购的股份为限对公司承担责任。"

根据《公司法》的上述规定,公司是指股东依照公司法的规定,以出资方式设立,股东以其认缴的出资额或认购的股份为限对公司承担责任,公司以其全部独立法人财产对公司债务承担责任的企业法人。

二、公司的特征

(一) 公司是以营利为目的的企业组织

所谓营利,就是通过经营获取利润,以较少的经营投入获取较大的经营收益。营利是一切企业组织存在和活动的基本动机和目的,是经营活动的出发点和归属点。没有营利,就没有企业,不能营利,企业就无法生存,营利是企业的生命和根本。因此,营利性也称之为企业性。公司的营利性是其与生俱来的本性。公司本由投资者出资组成,投资者的投资目的当然是为了获得投资的收益和回报,而要实现这一目的,必然要求公司最大限度地追求经营利润。就此而言,公司不过是投资者实现投资利益的法律工具。

公司的营利性非仅指其自身简单的盈利,而是包括向其成员分配盈利的特殊内容。某些公益性社团法人,甚至包括财团法人,也从事经济活动并能取得一定的盈利,但此盈利不是为了分配给其成员,而是为了某种社会公益事业或实现法人的宗旨,这样的社会组织并不属于营利性组织。如基金会为了维持和扩大其资助科学研究的资金而将其财产用于投资,福利救济院为了保证和充实救济金而开办工厂等。而公司这种营利性组织的盈利则完全是为了其成员的投资利益,这正是营利性法人与公益性法人的根本区别所在。

公司的营利性也并非指简单的赚钱,而是通过经营或营业而取得盈利。所谓营业,首先是以营利为目的。其次,营业内容必须具有确定性,即从事何种营业活动,必须预先明确规定,而一经规定下来,便成为其法定经营范围(即权利能力)。当然,这种范围可大可小,可以按经营产品、行业确定,也可以按经营方式确定。再次,营业还必须具有连续性或稳定性,偶尔进行的营利性行为或活动,如通过买卖一批货物而营利不构成营业。公司的经营范围一经确定,在一

---

① 在本书中,2013年修订的《中华人民共和国公司法》简称为《公司法》或2013年《公司法》,而修订前的《公司法》简称为1993年《公司法》或2005年《公司法》。同样,2005年修订的《中华人民共和国证券法》称为《证券法》,修订前的1998年《证券法》简称为原《证券法》。

定时期内即应连续不断地进行,不能随意改变。当然,各种公司连续营业的期限长短,可以由其章程作出决定,未规定期限的,即为永久经营。最后,公司的营业还具有行业性的特点。某些行业的经营活动虽也以营利为目的,但不是作为公司的营业活动,从事这种活动的组织一般不称为公司。如医院等医疗卫生组织、会计师事务所、律师事务所等自由职业组织以及农场、种植园等单纯的农业组织,一般都不采取公司形式,也不由公司法调整。

公司的营利性表明,我国计划经济时期和经济体制过渡时期曾有过的行政性公司和政策性亏损公司是完全背离公司本质属性的。行政性公司兼有行政机关和企业组织的双重角色,在履行政府职能的同时追求经营利润,在追求利润的同时,又要兼顾其行政的职责,其结果要么处于与其他企业组织不平等的竞争地位,获取不正当的利益;要么限制了公司本身的行为,损害了公司本身的利益。政策性亏损公司之所以能在长期、连续亏损情况下继续经营,并非为了公司自身或为了股东的利益,而是为了国家或社会的利益。这两种公司都不属于真正法律意义上的公司。

(二) 公司具有独立法人地位

公司是一种具有法人地位的企业组织。法人是具有民事权利能力和民事行为能力、依法独立享有民事权利、承担民事义务的组织。法人的特征在于其具有独立的民事主体人格、独立的组织机构、独立的财产和独立承担民事责任。公司作为一种经济组织,必定有自己的组织机构。这样一种经济组织随时都可能与他人发生这样或那样的经济联系,因此,它必须具有取得民事权利、承担民事义务的能力,并能够以自己的名义参与民事诉讼。而要具备这种能力,就必须拥有自己的独立财产作为物质条件或前提。所以,公司应该具有法人地位。

公司作为法人组织,具体表现在:

1. 公司拥有独立的财产

这种独立财产既是公司赖以进行业务经营的物质条件和经营条件,也是其承担财产义务和责任的物质保证。我国《公司法》规定公司作为企业法人必须拥有独立的法人财产,公司独立财产的来源包括股东出资构成的原始财产、公司的盈利积累或其他途径形成的公司财产。在传统公司法理论上,一般认为,公司是其财产的所有人,对其财产享有法律上的所有权。虽然这些财产有的是由股东出资构成,但一旦出资给公司,所有权即归公司享有,而股东只享有股权,亦即股东权或股份权。

我国《公司法》尚未明确地肯定公司对其财产享有所有权,而是在第3条规定:"公司是企业法人,有独立的法人财产,享有法人财产权。公司以其全部财产对公司的债务承担责任。"这里的法人财产权应包括公司对物的财产的所有权和对其他财产享有的财产权,如债权、知识产权等。在1993年《公司法》中,关于法人财产权的规定较为模糊,也存在矛盾,其中特别是"公司中的国有资产所有权属于国家"的规定与公司的法人所有权相冲突,2005年《公司法》取消了这一规定,消除了将公司法人财产权解释为所有权和其他财产权的障碍。无论公司财产权的名称如何,都应肯定其应有的独立性和公司对其财产实际的占有、使用、收益和处分的权利。

在公司财产权问题上,应特别注意公司的财产权与股东的股权之间的关系。对于物的财产,公司的财产权无论是定性为所有权还是法人财产权,都应属于物权,是对物的直接支配的权利,这种对公司财产的直接支配权当然只能由公司享有。而公司的股东在其将财产出资于公司之后,不再对这些财产享有任何直接的支配权,即不再享有物权,而只作为股东享有股权。因而,股东在出资之后,再对其出资的财产进行占有、使用、收益和处分,就构成了对公司财产权的侵犯。

实践中,有的公司股东,尤其是掌握公司管理权的大股东,将公司的财产当做自己的财产任意占用或调配,民事司法活动中,司法机关将公司的财产强制执行用于股东债务的清偿,或强制执行子公司甚至孙公司的财产用于母公司债务的清偿,尤其在全资子公司中这种情况更为突出。这些都是对于公司财产权与股东股权性质的严重误解,是没有明晰公司财产与股东财产的区别,即物权与股权的区别。当然,不能以公司财产用于股东债务的清偿,不影响将股东的股权或其股权的收益作为执行标的,用以清偿股东的债务。

2. 公司设有独立的组织机构

完善、健全的组织机构是形成公司独立的法人意志,从而实现人格独立的必要条件,同时,它也是公司进行正常经营活动的组织条件,是公司法对每个公司提出的法定要求。与民法对一般企业法人要求的组织条件不同,公司法对公司的组织机构规定有更严格、更健全、更规范的模式。这种组织机构主要指公司的管理机构,它是形成公司决策、对内管理公司事务,对外代表公司进行业务活动的机构,包括股东大会、董事会、监事会、经理。

3. 公司独立承担财产责任

公司既然作为经营性组织参与经济活动,并在其中享有广泛的权利,那么,它也应承担行使权利过程中产生的义务和风险。这是权利与义务相一致、利益与风险相一致的法律原则的要求。同时,公司又只能独立地承担财产责任,即以其自身拥有的全部资产对其债务负责。公司的独立责任是其独立人格的标志,是公司具有法人地位的突出表现。

公司的独立责任与股东的有限责任是相辅相成的,公司的独立责任必然意味着股东的有限责任,而股东的有限责任又当然决定了公司的独立责任。我国《公司法》只规定了有限公司和股份有限公司两种类型,有限公司的股东以其认缴的出资额为限对公司的债务负责,股份有限公司的股东以其认购的股份为限对公司的债务负责,二者承担的都是有限责任。因而,公司只能以其自有的财产对其债务负责。

公司财产责任的独立性至少包括以下三个方面的独立:其一,公司责任与股东责任的独立。公司只能以自己拥有的财产清偿债务,股东除缴纳出资外,对公司债务不再负责,即使公司资不抵债时,也不例外。其二,公司责任与其工作人员责任的独立。公司的民事活动虽由其董事、经理等管理人员实施,其民事责任亦可能由于管理人员的过错行为所致,但不能由此要求公司的管理人员对公司的债务负责,特别是在公司无力清偿其债务时,不能随意追加公司的董事长、董事、经理为连带责任人或共同被告。其三,公司责任与其他公司或法人组织责任的独立。公司与其他法人之间虽然存在千丝万缕的联系,包括存在母公司与子公司的关系,或存在主管部门与下属企业的隶属关系,但在民事法律地位上它们都是独立的法人,其财产责任也只能各自独立承担。

公司财产责任的独立性,保障了投资者的安全,因而大大地增强了公司在吸收资本方面的作用。在我国,公司财产责任的独立,尤其是上级主管机构与所属公司、公司相互之间责任的独立,对于保障企业的自主权,促进企业改善经营管理,提高盈利水平以及维护国家利益,更具有重要意义。

典型案例:萨洛蒙公司清算案(《案例分析》[①]第 7 页)
请扫描二维码或访问 http://2d.hep.cn/1318685/1 了解相关内容

(三) 公司是以股东投资为基础组成的社团法人

在传统民商法上,一般把法人分为社团法人与财团法人两大类。所谓社团法人,是由二人以上集合组成的法人。其成立的目的,有的是为了谋求全体成员的经济利益,如公司、合作社等;有的是为了谋求成员的非经济利益,如各种协会(个体劳动者协会、会计工作者协会、律师协会等)、学会(如法学会、财政金融学会)、俱乐部等。所谓财团法人,则是通过设定财产,使其独立取得权利、承担义务而组成的法人。其成立目的一般是为了社会公益事业,如教育、文化、慈善、宗教事业等。

社团法人与财团法人的区别在于前者是以人的集合为成立基础,后者是以财产集合为成立基础。财团法人在我国又称为捐助法人,因为这种法人财产的设定,一般都是通过捐助财产进行的。各种基金会就是最典型的财团法人,如宋庆龄基金会、北京老舍文艺基金会等。

根据传统公司法,公司是社团法人的一种,它是由二人以上的股东组成的,单独一人一般不能组成公司,而只能是独资企业。独资企业属于企业的一种,但不是法人,也不是公司。公司由多数人组成的法律性质又称为公司的社团性或联合性,故公司又被称为联合体或共同体。

公司组成的方式是共同出资。社团法人虽然都是由其成员组成的,但组成方式有所不同。有的只是制定章程,建立必要的管理机构或组织即可,如各种协会、学会等非经济性社团。而公司这种社团法人,则是通过其成员的出资组成的。公司的股东都必须按约定或规定的份额或比例缴纳自己的出资,这是股东最基本的义务。此种出资构成公司的资本,并用以实现公司的目的。按不同公司的特点,股东出资的方式可以不同,有的采取金额相等的股份形式;有的则按一定的比例或数额出资。由此可见,公司虽以人的集合为基础,但也包含有财产集合的内容。可以说,公司是人以财产进行的联合。

需要指出,在公司的社团性问题上,各国的公司法理论与立法存在不同的见解和态度,并集中表现在对一人公司的承认和否定上。对于是否允许股东只剩一人的公司继续存在,或是否进而从根本上承认一人公司的法律地位,各国公司法和理论学说表现出完全承认、完全不承认和有限制地承认等几种不同的立法态度。

我国 1993 年《公司法》在原则上坚持公司社团性的同时,允许有特殊的例外。即对于一般的公司来说,都必须由 2 个以上股东组成,有限责任公司由 2 个以上 50 个以下股东共同出资设立,股份有限公司应当有 5 人以上为发起人。但同时,又允许设立国有独资公司,即国家授权投资的机构或者授权投资的部门依法可以单独投资设立国有独资的有限责任公司。2005 年修订后的《公司法》基于鼓励投资创业、促进公司设立和发展的立法目标,顺应各国先后承

[①] 此处的《案例分析》指的是赵旭东教授主编的《〈公司法学〉配套教学案例分析》,该书于 2009 年由高等教育出版社出版。本书通过二维码关联的典型案例出自该书。

认一人公司的国际潮流,尊重实际上的一人公司在我国客观存在的现实,完全承认了一人有限责任公司,并专列一节对其作了特别规定。这是我国《公司法》的一大突破,也是对公司社团性理论的一大突破。但承认一人公司并非是对公司社团性的完全否定,从根本上说,一人公司只是公司形式的例外,总体而言,社团性仍是公司法人的基本特点,现代公司法的基本制度都是基于公司的社团性结构设计的,其重要内容就是对股东之间利益冲突的调整。也正因如此,原《公司法》的许多制度和规定对一人公司并不适合,而一人公司存在的特殊问题在传统公司法中并未涉及,2005年修订后的《公司法》则针对一人公司作出了专门性的规定。

(四)公司是依法定条件和程序成立的企业法人

依法成立,是对各种法人的共同要求,我国《民法通则》第37条即把依法成立规定为法人成立的必要条件之一。与一般法人不同的是,公司的设立具有特定的条件和程序。我国《公司法》第2条规定:"本法所称公司是指依照本法在中国境内设立的有限责任公司和股份有限公司";第6条规定:"设立公司,应当依法向公司登记机关申请设立登记。符合本法规定的设立条件的,由公司登记机关分别登记为有限责任公司或者股份有限公司;不符合本法规定的设立条件的,不得登记为有限责任公司或者股份有限公司。"

公司的设立具有明确的法定性,受公司法的直接调整。在公司法中,不仅规定了公司的设立条件,同时也规定了公司的设立程序,其中包括发起人或发起人组织、设立活动的基本要求、股东认股与缴纳出资、公司的组织机构、公司的设立登记等。只有依据这些规定而设立才能取得公司的资格,这反映了公司法具有的强行法性质,即任何公司都只能按该法的规定设立和从事活动。与此相反,其他有些法人组织一般只根据民法的规定即可成立,而具体程序、组织机构及活动一般都由当事人自由决定。

由此可见,公司的法律地位或资格不是其自身固有或自由取得的,而是法律赋予的。在外国法中,常常按法律区分法人组织,公司依公司法设立,银行依银行法设立,合作社依合作法设立,因而它们分别属于公司法、银行法、合作社法上的法人。我国于1993年《公司法》颁布后,要求所有以有限责任公司和股份有限公司相称的公司都必须依照《公司法》的规定,在规定的期限内予以规范化,这亦表明了公司需依公司法设立的法律特征。

三、公司法人人格否认制度

(一)公司法人人格否认概述

公司法人人格否认制度,又称公司法人格否认制度(disregard of corporate personality),美国称"揭开公司面纱"(lifting the veil of the corporation),英国称"刺破公司面纱"(piercing the veil of the corporation),德国称"直索责任",日本称"透视理论",指为阻止公司独立人格的滥用,就具体法律关系中的特定事实,否认公司的独立人格和股东的有限责任,责令公司的股东对公司债权人或公共利益直接负责的一种法律制度。因为该制度将笼罩在公司身上的法人面纱揭掉,责令背后的股东承担责任,因而又称"刺破公司面纱"或"揭开公司面纱"。它的产生主要源于公司法人人格的异化和股东有限责任的滥用,最早出现于英美法系国家的判例法中,后为一些大陆法系国家所吸收。

公司法人人格否认是在个案中对公司独立人格的否认,而不是对该公司法人人格的全面、彻底、永久的否认,其效力不涉及该公司的其他法律关系,不影响该公司作为一个独立实体合法的继续存在。该制度的目标主要是为了保护债权人的利益,适用于民事责任或私法责任的追究,而不适用于其他法律责任。

公司法人制度的创立使公司获得了独立人格,并赋予股东以有限责任,从而极大地刺激了投资者的积极性,对经济的发展起着巨大的推动作用。然而现实生活中,由于在观念和制度上将公司独立人格和股东有限责任绝对化,使得公司法人制度在充分发挥其经济价值的同时,也为各种各样滥用公司法人人格谋取不正当利益的行为提供了可乘之机,其中最明显且影响重大的就是公司股东滥用公司独立人格和股东有限责任,使公司法人制度本身所具有的社会伦理价值无法实现,导致本应平衡的公司法人人格制度的利益体系向股东一方倾斜。这些现实情况的出现并不是偶然的,而是源于公司法人人格制度自身的缺陷。于是在承认公司具有法人人格的前提下,对特定法律关系中的公司人格及股东有限责任加以否认,直接追索公司背后股东责任的公司法人人格否认制度作为完善公司法人制度的有效措施应运而生,并得到充分的发展。我国2005年的《公司法》修改,一方面表现出鼓励投资、放松管制的鲜明立法倾向,另一方面作为一种平衡机制,又通过法人人格否认制度对债权人利益和交易安全提供有效的保障。

公司具有独立法人人格和股东承担有限责任是公司的基本法律特征和现代公司制度的根基,公司法人人格否认只是一种例外,只有当公司人格被滥用而损害到债权人和社会公共利益时,法院才可以在个案中对公司人格予以否定,直接追索股东责任。在适用人格否认的情形下,该公司的人格其实已经被破坏,早已丧失了其应有的独立性,否定其人格不过是对客观事实的揭示和认定。因此,公司法人人格否认不是对公司人格独立制度的否定,而是对公司法人人格制度的维护和完善,是对公司当事人之间利益失衡的一种事后救济。

(二)我国公司法人人格否认制度的形成与立法

自1993年《公司法》颁布以来,我国公司制度得到了迅速发展,但是也出现了许多公司人格和股东有限责任被股东滥用的行为,"皮包公司"和人格形骸化的公司等普遍存在,严重损害了债权人的利益,破坏了交易秩序,也背离了公司法人制度的初衷。由此,公司法人人格否认制度受到广泛的关注,学术界对其进行了深入的研究,并形成相当程度的共识。

这些年来,司法机关在公司案件审理中也开始逐渐接受法人人格否认的理论,一些司法解释性的文件不同程度地体现了该制度的原则和精神。例如,1994年最高人民法院《关于企业开办的其他企业被撤销或者歇业后民事责任承担问题的批复》规定,当企业开办的企业实际没有投入自有资金,或投入的自有资金达不到《企业法人登记管理条例实施细则》第15条第(七)项或其他有关法规规定的数额以及不具备企业法人其他条件的,即使领取了企业法人营业执照,人民法院亦可否定其法人资格,其民事责任由开办该企业的企业法人承担。2003年1月3日最高人民法院公布的《关于审理与企业改制相关的民事纠纷案件若干问题的规定》第35条也规定:"以收购方式实现对企业控股的,被控股企业的债务,仍由其自行承担。但因控股企业抽逃资金、逃避债务,致被控股企业无力偿还债务的,被控股企业的债务则由控股企业承担。"

通过2005年的《公司法》修改，我国公司法最终以成文法的形式明确肯定公司人格否认制度。《公司法》第20条规定："公司股东应当遵守法律、行政法规和公司章程，依法行使股东权利，不得滥用……公司法人独立地位和股东有限责任损害公司债权人的利益……公司股东滥用公司法人独立地位和股东有限责任，逃避债务，严重损害债权人利益的，应当对公司债务承担连带责任。"同时，针对一人公司中容易发生股东与公司财产混同的情形，《公司法》第64条又特别规定："一人有限责任公司的股东不能证明公司财产独立于股东自己财产的，应当对公司债务承担连带责任。"

公司人格否认制度的确立是我国公司法制度的一个重大突破，同时也是世界公司立法的一大创新。虽然这一制度本身早被许多国家所采用，但把它作为一个成形的法律制度统一、明确、系统地规定在成文法中，的确是我国《公司法》的重大创新。美国虽然是这一制度的发源地，但这一制度却一直是作为判例法的一个司法规则或法律原理由法官在个案中裁量适用。在其他国家，即使实行这一制度，但在法律规定上也较为简单，通常只是简要的规定和承认，而像我国公司法规定得如此明确、系统，在各国公司立法中可谓独树一帜。

（三）公司法人人格否认的适用要件

公司法人人格否认制度在立法上的明文规定本来存有争议，否定意见的重要理由是对法院自由裁量权的担忧，如若适用不当，这一制度很容易被滥用而随意地否定公司法人人格，其结果不仅会危害公司法人人格否认制度本身，还可能动摇整个公司法人制度，给公司的发展带来灾难性的后果。因此，对这一制度的适用必须严格把握条件，绝不能滥用。根据我国《公司法》第20条的原则性规定和一般公司法人人格否认法理，公司法人人格否认通常应具备以下要件：

1. 主体要件

公司法人人格否认通常基于个案认定，不应撇开具体的案件和主体而对公司的法人人格予以抽象性的否定，因此其适用的对象必须是具体的双方当事人：一是公司人格的滥用者，二是因公司法人人格滥用而受到损害，并有权提起诉讼的相对人。前者指滥用公司人格的股东，而后者必须是因公司法人人格滥用行为而实际受害的债权人，包括公司的自愿债权人和非自愿债权人，他们都因与人格滥用行为具有利害关系而享有独立的诉权。由该主体要件所决定，公司法人人格否认应根据受害当事人的请求作出，而不应由人民法院主动适用。

2. 行为要件

公司法人人格否认适用的基本条件是存在股东滥用公司人格的事实和行为，如滥用公司人格回避合同义务、滥用公司人格造成公司形骸化等。在实证分析的基础上对各种人格滥用行为或事实进行类型化的总结和分析是认定行为要件的重要方法，这也是国外公司法理论与实践所作的最重要的工作，但由于滥用行为多种多样，法律规定永远也不可能列举和涵盖所有的滥用行为或事实，因此，我国公司法在滥用行为的规定上最为可取的应是列举与概括相结合的立法形式。

3. 结果要件

公司人格否认制度适用的一个重要条件是必须有损害事实存在，即滥用行为造成了逃避债务、严重损害公司债权人利益的结果。公司法人人格否认的目的在于平衡公司股东与公司债权人和其他相关利益群体之间的利益冲突,对受害的债权人提供救济,无损害,则无救济。如果公司虽有滥用公司人格之行为,但并无损害结果发生,也就没有适用公司法人人格否认的必要。同时,此种损害结果的发生还必须与股东滥用公司人格的行为之间存在因果关系,如果当事人的损失是由其他原因引起,而与公司滥用公司人格行为无因果关系,也不应适用公司人格否认规则。

除上述要件外,理论上还存在一种主观滥用论的意见,即主张法人人格否认还要具备主观要件,即滥用行为人必须存在规避法定或约定义务的主观恶意。与此相反,客观滥用论则不要求证明人格滥用者存在这种主观上的恶意,只要滥用行为事实上造成了逃避债务和严重损害公司债权人利益的后果即可。我国《公司法》第20条中规定的"逃避债务",就文义而言,既可理解为股东以逃避债务为目的而滥用人格,也可理解为滥用行为实际造成了逃避债务的结果,但基于实现公司法人人格否认制度之目标,似应依客观滥用论的主张加以理解。

(四)公司法人人格否认的适用情形

我国公司法对人格否认制度只做了原则性规定,并未对公司人格和有限责任滥用的具体情形作明确的规定。从各国公司法的理论和实践情况看,公司人格否认适用的情形主要有以下几种:

1. 公司资本显著不足

资本显著不足,是指公司成立时股东实际投入公司的资本额与公司经营所隐含的风险相比明显不足,其判断的依据是经营的需求而非法律的具体规定。公司资本显著不足,表明公司股东缺少从事公司实际经营的诚意,而意欲利用较少资本从事力所不及的经营,利用公司人格和有限责任把投资风险转嫁给公司的债权人。我国公司法原来规定有最低资本额制度,在此制度下,达到法定最低资本额并不意味着不构成公司资本的显著不足。2014年《公司法》修改,取消了最低资本额制度,也不意味着从事特定营业活动的公司没有最低资本的经营需求。公司资本显著不足对于公司人格否认的法律意义不仅不会降低,反而会凸显,对滥用公司人格的行为,更应注意对其资本是否显著不足的审查。

2. 利用公司回避合同义务

公司成立的目的在于独立从事经营活动,如果股东设立公司仅仅为利用公司人格而逃避合同义务,则公司人格独立性之价值就值得怀疑。所以,在公司被用来作为回避合同义务之场合,公司的法人人格通常也将被否认。公司被用来回避合同义务的情形主要包括:(1)为逃避契约上的特定不作为义务而设立新公司从事相关活动,如竞业禁止义务、商业保密义务、不得制造特定商品的义务等;(2)通过成立新的公司逃避债务,主要是将公司资产转移到新公司而逃避原公司的债务;(3)利用公司对债权人进行欺诈以逃避合同义务。

3. 利用公司规避法律义务

利用公司规避法律所规定的强制性义务,如为了逃税、洗钱等非法目的而成立公司等。这种行为有损社会公共利益,有违法人制度的根本宗旨,缺乏存在的合法性和正当性。

4. 公司法人人格的形骸化

公司法人人格形骸化实质是公司与股东完全混同,公司仅仅是股东行为的工具,不具有独立存在的价值。公司形骸化主要表现在公司被股东不当控制以及公司与股东之间财产、业务与组织机构的混同。在一人公司和母子公司的场合下,公司形骸化更容易产生。具体表现在:

（1）股东对公司的不正当控制。所谓不正当控制，是指股东通过对公司的控制而实施不正当影响，使公司丧失了独立的意志和利益，成为股东谋取利益的工具。如子公司向母公司及其他兄弟公司不正当地输送利益。

（2）财产混同。财产混同，是指公司的财产不能与该公司的股东或其他公司的财产作清晰的区分。此时公司缺乏独立的财产，也就缺乏了作为独立人格存在的基础。财产混同可以表现为公司与股东财产的同一或不分，如公司与股东使用同一办公设施、公司账簿与股东账簿不分；也可以表现为公司与股东利益的一体化，即公司与股东的收益没有区别，公司的盈利可以随意转化为股东的个人财产。

（3）业务混同。主要表现在公司与股东从事同一业务，且业务的进行不加区分，大量交易活动形式上的交易主体与实际主体不符或无法辨认。

（4）组织机构混同。组织机构混同指公司与股东在组织机构上存在严重的交叉、重叠，如"一套班子、两块牌子"的情况等。这样，公司与股东或其他组织之间尽管形式上独立，但实质上是互为一体，难分彼此。

典型案例：建行滨州分行诉光大淄博公司借款纠纷案（《案例分析》第12页）
请扫描二维码或访问 http://2d.hep.cn/1318685/2 了解相关内容

（五）公司法人人格否认的适用后果

1. 对公司的适用后果

公司法人人格否认不是从根本上彻底、永久地取消公司的法人资格，而仅是在特定的法律关系中否认公司的独立人格，从而追究滥用法人人格的股东的责任，实现利益补偿。但适用了该制度，并非意味着彻底否认公司的人格。在法律规定的情形不再存在时，公司仍然具有独立的人格。而人格否认中债权人也不是一般意义上的债权人，它只是因股东的滥用行为受到损害的特定的债权人，否认公司人格的效力自应限制在该具体的法律关系中，而并不涉及其他。另外，这种意义上的公司法人人格否认也不同于公司被解散或被撤销。公司被解散或被撤销是公司法人人格的绝对消灭，其法律后果导致公司法人人格全面、永久、彻底地消灭。

2. 对股东的适用后果

公司法人人格否认所追究的责任对象应限于实施滥用行为的股东，而不应扩及其他所有的股东。对于人格否认时股东应承担何种类型的责任，学理上存在不同的认识，第一种意见认为否认公司法人人格的结果，就是权利人对公司背后的股东（即公司人格的滥用者）追究直接的、无限的责任；第二种意见认为公司法人人格否认是无视公司的独立人格，而将公司与其背后股东的人格视为一体，因而，应追究公司和其背后股东的共同责任；第三种意见认为在承认公司人格独立的前提下，公司法人人格否认实际上是强调公司背后之股东的第二次的资本填充义务，或者说是资本充实责任的补充。① 从法人人格否认制度设计的本意和我国《公司法》的规定看，第二种意见更为合

---

① ［日］大山俊彦：《株式会社的法人格否认与取引上的责任归属》，载《金融商事判例》1996年第7期。

理。首先,公司法人人格否认制度的直接含义就是当公司法人人格被用于不法目的,并损害公司债权人或社会公共利益时,就应当无视该公司的独立人格,而将该公司与其背后的支配股东视为一体。其次,追究公司与其背后滥用者股东的共同责任,将有利于保护交易安全,切实维护公司债权人利益和社会公共利益。最后,我国《公司法》第 20 条明文规定,滥用人格时,公司股东"应当对公司债务承担连带责任",这种连带责任无论是一般连带,还是所谓补充连带,都是一种共同责任。

【本节理论探讨】

- 关于公司财产权的性质

公司对其财产究竟享有何种法律权利,一直是我国公司法上的一个理论问题。在这一问题上,英美法可以使用笼统的产权概念,而在大陆法的法人制度和传统的物权、所有权概念之下,要进一步回答的问题就是公司对其财产是否享有完整的所有权。在我国,由于是在公有制基础上发展市场经济,许多公司是通过国有企业的改制、改组设立的,因而对公司财产权的界定就变得更为复杂。我国《公司法》第 3 条规定:"公司是企业法人,有独立的法人财产,享有法人财产权。"在此,《公司法》并未对公司财产权作出明确的界定,而仅仅使用了"法人财产权"的概念。所以学者对于公司财产权性质的认识存在着争议,有的认为是法人所有权,有的认为是经营权,众说纷纭。由此,公司财产权性质是一个需要进一步研究和探讨的理论问题。

目前我国关于公司财产权的性质有以下几种代表性的观点:

(1) 经营权说,认为公司财产权是一种经营权,其只是对财产进行使用、经营的权利。

(2) 结合权说,认为公司财产权是经营权与法人制度的结合,经营权是其基础,法人制度是其载体。经营权是派生于所有权的一种物权,当这种经营权与法人制度相结合就产生了特殊的公司财产权。

(3) 双重结构说,认为公司的财产由公司享有,公司本身由股东共有。公司及公司财产是法律拟制的产物,公司财产最终归属于股东,所以公司财产权是双重结构。

(4) 股权与公司所有权说,认为公司财产权是具有所有权性质的物权,具有占有、使用、收益和处分的权能。股东对于公司财产只享有股权。

此外,还有学者认为公司财产权是一种综合性权利,是公司法人享有的、以物质财富为内容的、直接与经济利益相关的民事权利,包括所有权、债权、知识产权以及国有自然资源使用权等。

在法律意义上,公司财产权性质的争论本质上是对公司人格独立性的理解和股东权利限制的问题,即公司作为独立的法人,是否必须享有完整的财产权,对物的财产是否必须享有所有权。在公司的结构之下,是否不能允许股东分享对公司财产的支配权,股东的权利是否必须受到限制,后一问题又涉及公司财产权与股权的关系。

目前,中国的公司法理论在此问题上已经基本达成共识,即公司财产权与股权是紧密相连的两个权利,公司的原始财产来源于股东的出资,股权是由股东转让出资财产所有权而换取的权利,也是股东赖以控制公司的权利。公司的财产关系和结构就是股东的股权和公司的财产所有权的有机结合。

- **企业集团的统一管理与人格混同**

人员、组织、机构的混同是适用法人人格否认制度的一些重要考量因素。那么是否只要存在这些情形就应当否定公司的法人人格？从国内外的理论和实践来看，答案显然是否定的。对于公司集团的情形，尤其如此。在公司集团中，控制公司对其下属公司的人员、组织、机构进行统一管理是一种常态，甚至可以说构成一个公司集团的重要法律特征就是集团公司对其下属公司的集中统一管理。这种统一管理可以具体表现为，公司集团会在整个集团的层面决定人员的管理和机构的设置，会制定统一的业务规范，会建立统一的财务管理规则，甚至还会下达统一的生产经营计划并对计划完成情况进行统一考核。在人员的管理上，集团公司还可能会向下属公司直接派遣管理人员，而管理人员的待遇和考核等却由集团公司提供或负责。这些往往是公司集团对其资源在整体上进行集中优化配置，提高经济效益和整个集团竞争力所必然采取的手段。否定了这些合理现象也就否定了公司集团存在的合理性和整个集团的竞争力。因而，各国公司在公司集团中都谨慎适用法人人格否认制度，并非只要出现这些现象就适用法人人格否认制度。我们认为，应当把人格的混同（具体包括人员、组织、机构、业务的混同）同公司集团的统一管理加以区分。只要管理是在合法的范围之内不构成权利的滥用，不侵犯下属公司的独立人格，就不应当认定人格混同进而适用法人人格否认制度。只有当这种管理超出了法律的必要限度，导致公司之间业务无法区分、人员无法区分时，尤其是当在对外活动中第三人无法确定某一业务是母公司的业务还是子公司的业务，相关人员是代表母公司还是子公司时，才应当对公司集团适用法人人格否认。由此可见，人员、组织、机构、业务的统一管理不是认定人格混同的标准，只有在这种管理超出必要的限度，事实上造成人格混同的效果时，才应当认定公司集团中存在着人格的混同。

【本节实务研究】

- **股东股权的保全与对公司资产的查封、冻结**

在实践中，经常出现在对股东的股权进行保全时，对公司的资产也进行查封、冻结的现象。出现这种情况的原因，主要在于有些实践部门没有明确公司资产与股权的区分。

公司的资产与股东的股权是不同的法律概念。它们分别是对公司和股东所享有的权利的指称。按照一般的公司法原理，股东出资是转移所有权的行为，在股东完成出资时，其已经丧失了出资财产的所有权，出资财产转化为公司的财产并形成公司资产，作为对价，股东取得股权。我国法律也明确规定，股东出资应转移所有权，公司是企业法人，享有法人财产权。可见，股东出资行为的完成，产生了两种权利形态，即公司的财产所有权与股东的股权。它们分属于公司与股东这两个不同的民事主体。

我国《民事诉讼法》规定，财产的保全限于请求的范围或者与案件有关的财物。所谓限于请求的范围，是指保全的财产应当与申请人请求的数额相当或者仅及于申请人请求的特定财物。所谓与案件有关是指，保全的财产应属于案件的标的物，或者虽不属于案件的标的物但属于被执行人所有并与案件有牵连。既然股东的股权与公司的财产权是不同的权利形态，并分属不同的主体,那么在对股东的股权进行保全时,公司的资产显然就不在保全范围之内,也就不应当对公司的资产进行查封和冻结。当然,这时公司应当是协助执行人,法院应当向其发出协助执行通知,接到通知之后,公司应当协助执行,不得向股东支付股息或红利,未经解除保全措施不得办理股权变更登记,等等。但是,除非其自身也是被执行人,否则不应直接对其采取保全措施。

最高人民法院《关于冻结、拍卖上市公司国有股和社会法人股若干问题的规定》对于这一问题也作出了明确的规定,其第3条规定:"人民法院对股权采取冻结、拍卖措施时,被保全人和被执行人应当是股权的持有人或者所有权人。被冻结、拍卖股权的上市公司非依据法定程序确定为案件当事人或者被执行人,人民法院不得对其采取保全或执行措施。"对于其他公司的股权,法律虽然没有作出明确的规定,但从法理上讲也应当得出同样的结论。

- **法人人格否认的连带责任及其适用**

我国《公司法》第20条第3款规定,公司股东滥用公司法人独立地位和股东有限责任,逃避债务,严重损害债权人利益的,应当对公司债务承担连带责任。但是对于连带责任的性质及其适用却并未作出规定,这就为理论和实践带来了不少困扰。

关于连带责任的性质,代表性的观点主要有:股东的无限责任说、补偿责任说和无限连带责任说。无限责任说认为,连带责任以股东和公司均有独立人格为前提,法人人格否认导致公司的人格不存在,因而其自然无法与股东承担连带责任,而应由股东承担无限责任。该说没有认识到法人人格否认只是无视公司独立人格和股东有限责任,而不是公司不存在人格,存在认识上的误区,并不足取。补偿责任说认为,股东应在对公司造成的损害的限度之内承担责任,而不应要求股东承担无限连带责任。该说实质上是将法人人格否认的责任设置为债权人对股东的代位请求权,具有一定的合理性。然而,并不是任何时候都能够确定股东对公司的侵害程度,法律在设置法人人格否认的责任时,显然也不是基于这一法理,而是有其独特的制度设置目的。无限连带责任说认为,在法人人格否认的情形,股东与公司应当承担无限连带责任。这种观点既符合法律的明文规定,又符合法律设置法人人格否认制度的原理。但是在其内部尚存在着共同连带责任说和补充连带责任说的区别。共同连带责任说认为,股东与公司承担责任应当不分先后顺序,债权人既可以要求公司清偿,也可以直接要求股东清偿。这一观点有利于充分保护债权人利益,但是它也存在着股东与公司能否相互追偿、如何追偿的难题。如果无追偿的权利,还会出现因债权人不同的选择而带来最终责任承担人具有不确定性的问题。补充连带责任说认为,股东仅在公司无法清偿时才承担补充连带责任。这一观点在一定程度上可以回避共同连带责任说的问题,但它也存在着股东是否享有先诉抗辩权、股东承担责任是否必须以公司不能清偿为前提、如果股东乘机逃避债务应当如何处理等仍具有争议的问题。

- **公司与股东的财产混同与出资责任、侵权责任**

公司与股东的财产混同,是指股东与公司的财产混为一体,没有明晰的界线,无法分清哪些是股东的财产,哪些是公司的财产的现象。它违背了分离原则,无法保证公司资本的维持和不变,影响公司对外承担债务的物质基础,因而需要否认公司的人格,使股东对公司债务承担无限连带责任。在我国其适用依据是《公司法》第20条和第64条,在股东违反出资义务、股东对公司财产侵权的场合往往也存在着应当归属于公司的财产却不在公司名下或控制之下的现象。实践中有时会以公司资本虚假、股东侵犯公司财产权为由,否定公司的独立人格进而追究股东的连带责任。那么出资责任、股东的财产侵权责任与财产混同下的法人人格否认责任是不是同样的责任呢?

就出资责任而言,它源于对出资义务的违反,其责任内容是未出资股东出资差额内的填补责任以及其他责任人的连带缴纳保证责任。在我国其适用依据是《公司法》及《公司法司法解释三》有关出资责任的规定。显然,它与财产混同下的法人人格否认责任并不相同。它们分别适用于不同的法律现象,依据不同的法律规则,具有不同的责任形式和内容。

就股东对公司的财产侵权责任而言,它以股东对公司财产存在着侵权行为为前提,其责任内容是股东对公司的财产返还或损害赔偿责任,其适用依据是民法上侵权责任的相关规定。通常情形下,它与财产混同的法人人格否认责任也有着明显的不同。

当然,实践中并不排除股东违反出资义务、股东侵犯公司财产权与股东与公司财产混同并存的现象,这时当然可以以法人人格否认为由追究股东的责任。但是需要明确的是,这时是因为股东与公司之间本身存在着财产混同的现象,才适用法人人格否认的责任的,而不是因为股东违反出资义务、股东侵犯公司财产权而适用法人人格否认责任的。

因而,这三种责任事实上分别针对不同的法律现象,具有不同的责任根据,适用不同的法律规则,承担的责任内容也不相同,在适用时,应当明确区分,准确适用,而不能盲目套用。

第二节 公司与其他企业法律形态

一、企业法律形态概述

企业法律形态理论发端于德国的企业形态理论。德国学者李夫曼首创企业形态理论并被后世尊为先驱。而有关企业法律形态的最新分类体系是由德国学者沙费尔建立的。当代日本的企业形态理论也甚为发达,学者们的著述对此有系统的阐述。① 在中国,尽管对企业和企业法的研究从1949年以来就一直在进行,但企业法律形态的概念却始终未被启用。直到中国企业制度从单一的公有制走向多种经济形式并存,公司企业、合伙企业等传统企业形式复兴的时候,在对各种企业形式进行的探索中,人们才开始触及到企业法律形态这一抽象的概念。

(一) 企业法律形态的含义

所谓企业法律形态是指企业法或商法所确定的企业组织的存在形式,它包含着三层递进的含义:

其一,企业作为一个经济活动的主体,作为一个社会单位组织,必须以一定的形式出现和存在。企业的法律形态正是企业赖以存在的形式。

其二,企业的存在形式是多种多样的,在社会生活的不同方面,在不同的场合,企业以

---

① 参见占部都美的《企业形态论》和武村勇的《企业法律形态和经济形态》。

不同的面目出现。在政治活动中,企业可能表现为一个社会团体组织;在行政关系中,企业可能表现为一个行政隶属单位;在经济生活中,企业又表现为一个经济组织。作为企业的法律形态,非指普通意义上的企业存在形式,而是指企业在法律关系中所采取的、具有法律调整意义的存在形式。

其三,企业法律形态亦非企业在一般法律意义上的存在形式,而是特指由企业法或商法所确定的存在形式。实际上,法律所确定的企业形式也是多种多样的。当某一法律法规根据其适用的需要而将企业加以分类时,其所确定的类型便具有了企业存在形式的意义。但作为企业法律形态存在的只有企业法或商法所确定的形式。

把握企业法律形态含义的重要问题是要区别企业的法律形态与企业的经济形态,企业的经济形态与企业的法律形态尽管有密切的联系,但性质完全不同。企业的经济形态是企业在经济活动中的存在形式,有什么样的经济活动,或经济生活有什么样的表现,企业也就有什么样的存在形式。经济活动按内容划分,有工业、农业、商业、交通运输等行业,相应地就有工业企业、农业企业、商业企业和交通运输企业的企业形态;经济活动按经营方式分为生产、批发与零售,相应地就有生产企业、批发企业与零售企业等企业形态;经营活动的规模有所不同,相应地就有巨型企业、大型企业、中型企业和小型企业等形态;经营活动有地域范围之差别,相应地就有地方企业、全国性企业、本国企业与跨国企业等形态。

企业的上述经济形态随企业经营活动侧面的展开和层面的深入而层出不穷,这些形态对于从不同角度对企业进行观察和研究的经济学、经济管理学、会计学、统计学、行政管理学等来说,无疑都具有重要的意义。而企业的法律形态与企业的经济形态显然有别,法律不可能也不必要将企业的各种经济形态加以确认,企业的经济形态也不都具有上升为法律形态并由此决定法律调整内容的立法意义。

企业法和商法是以企业法律形态为立法基点的,企业法的各个部门根据企业的各种法律形态而建立。反过来,企业法律形态又是由企业法予以确定的,在企业组织众多的经济形态和具有法律意义的形态中,择取何者作为企业法律形态,并不是立法者的随心所欲,而是由企业法的性质和任务决定的。企业法律形态的确定,就是从企业立法的性质和任务出发,选择最具有立法意义的分类标准,以有限的形式理顺众多的企业组织关系,将其抽象为具有普遍意义的若干法律形态。

就商法而言,企业就是一种商事主体或商业组织体。企业法作为组织法,它是以确认企业的法律地位和调整其内外法律关系为己任,具体内容包括企业的设立条件、设立程序、权利能力、财产构成、组织机构、经营管理、成员的权利义务和责任、合并与分立、解散等重大事项。由企业法的这一基本性质所定,企业法律形态应揭示不同企业的组织特点,包括其在法律地位和上述立法事项方面的鲜明差异,从而使以此为基础对各种企业的分别立法具有充分的法律调整意义。因此企业法律形态是企业内外法律关系和法律属性的概括性的反映,而不只是就其中某一方面或某一属性单独的表现。企业之间在法律形态上的差异才是其最根本的差异。

(二)企业法律形态的特点

(1)法定性。企业法律形态由法律直接规定而非自行创制或由实践自然产生。大陆法系国家,是在民法典和商法典及其单行法中规定和确定企业的法律形态。英美法系国家在以判例形式明确企业法律形态后,也开始制定一些成文法并加以系统化,如美国的《统一合伙法》等。企业法律形态是具有法律强制力的企业形式,任何当事人设立一家企业,都只能在企业的法律形态中择定与其相适合的企业类型,也只有这样的企业类型才能获得企业的注册登记。

(2) 普遍性。企业法律形态适用于一切企业,具有无所不及的涵盖力,任何合法设立的企业,都必然地属于企业法律形态中包含的此种或他种企业,以企业法律形态为对象制定的企业法也正由此而具有适用于所有企业的普遍性。

(3) 稳定性。企业法律形态一经确定,即具有永久或相对永久的稳定性。这种稳定性由法律本身的稳定性所决定,而企业法作为一种组织法或身份立法,较之普通法律具有更高的稳定性要求。否则,企业法律形态的不稳定将使企业的法律地位和内外法律关系处于动荡不定的状态,将给他人对企业的了解带来困难,从而引起社会经济生活的紊乱。

(三) 传统企业法律形态与中国企业法律形态

企业法律形态经历了长期的历史发展,早已形成了通行于西方各国的传统类型,按照成员构成、责任形式、法律人格的不同分为独资企业、合伙企业和公司企业三大类。这三种企业法律形态或企业分类,不仅涵盖了一切私人商业组织,而且十分鲜明地凸显了各种企业的组织特点和相互间在法律地位、设立条件和程序、管理等诸多立法事项方面的显著差异,从而使以此为基础对各种企业的分别立法获得了最充分的法律调整意义。因而这样一种企业法律形态分类,不仅为西方各国企业立法相沿袭用,而且也成为我国企业立法的基本选择。

早在 1950 年,我国的《私营企业暂行条例》就已首次明确规定了独资企业、合伙企业和公司三种企业形式。改革开放以来,随着中国社会主义市场经济体系的全面建立,这些企业形式在销声匿迹二十余年后得以重生并迅速发展。1988 年颁布的《私营企业暂行条例》再次将这三种企业形式作为私营企业加以规定。此后,中国的企业立法进入了体系化的时期,分别对三种企业单独立法,先后于 1993 年颁布了《公司法》、于 1997 年颁布了《合伙企业法》、于 1999 年颁布了《个人独资企业法》,由此确定了中国基本的企业法律形态并形成了中国企业法律形态立法的基本格局,企业立法已趋于完善。

但三种企业形态只是传统的基本企业形态,并未囊括各国尤其是中国所有的企业形式。在我国,长期以来实行社会主义公有制的基本经济制度和计划经济的管理体制,一直是按所有制的性质将企业分为全民所有制企业、集体企业和私营企业,企业立法也相应地制定了全民所有制企业法、集体企业条例和私营企业条例。随着中国市场经济的发展,企业结构和企业立法的研究早已触及所有制分类的合理性问题。

所有制性质在改革开放前的中国,曾是任何企业组织不可忽略、生死攸关的身份标记。经济改革后,商品经济所要求的地位平等、公平竞争、横向经济联合所形成的不同所有制间的融合与交叉,使得企业的所有制色彩日益淡化,按所有制性质对企业进行的法定分类及相应的立法意义也明显减弱,企业立法的思路和重心已转向独资企业、合伙企业和公司企业的传统分类,国有企业、集体企业的划分不再是基本的企业法律形态分类,而只是需要法律特别调整的两种特殊企业。

事实上,西方国家亦存在三种基本企业形态之外的企业,特别是存在类似于我国的国有企业。西方法律分为公法和私法,西方国家的法人也分为公法人和私法人。独资企业、合伙企业和公司法人主要是私法领域内对私人商业企业的划分,公司不过是私法人的一种。而与其并存的国有企业则属于行政立法或特别立法所调整的公法组织或公法人。

二、公司与独资企业

(一)独资企业的概念

独资企业(sole propritorship/individual enterprise),亦称个人企业,是由单独一人出资设立、由一人拥有和控制并由一人承担无限责任的企业。

独资企业是最古老和传统的企业形态,各国立法对独资企业的法律调整采取了不同的形式,有的在民法中加以规定,有的则在商法或商事登记法等各种具体的商事规范中加以规定。我国最早是在1950年的《私营企业暂行条例》中首次明确规定了独资企业的法律形式,1988年颁布的《私营企业暂行条例》再次将独资企业作为与合伙企业、有限责任公司并列的三种私营企业形式加以规定。1999年颁布的《中华人民共和国个人独资企业法》最终以法律的形式对独资企业作了肯定和全面、系统的规定。

(二)独资企业的法律地位

独资企业法律地位的集中表现是其不具有独立的法律人格,不具有法人地位,是典型的非法人企业。按法律人格理论,民事主体人格分为自然人人格和法人人格,独资企业本身不是独立的法律主体,不具有法人人格,其从事民事或商事活动是以独资企业主的个人人格或主体身份进行的,实质上是自然人从事商业经营的一种组织形式。在商事主体分类中,把商事主体分为商个人、商法人和商事合伙,独资企业属于其中的商个人。

(三)独资企业与公司的比较

(1)设立主体不同。独资企业的设立人是自然人,法人组织不能设立独资企业,各国立法和学理上的独资企业从来都是指个人的独资企业,法人设立的独资企业从未得到承认。我国的独资企业法在法律名称上冠以《个人独资企业法》,是强调独资企业的个人性质,不承认法人独资企业。而公司的设立人可以是自然人,也可以是法人。

(2)成员人数不同。独资企业由一个成员或投资者设立,一切利益和风险也概由该投资者承担。这种成员人数的单一性恰与独资企业的字面语意完全一致,同时,也是其区别于合伙和公司的基本属性之一。合伙和公司,除"一人公司"的特殊情况外,无论其是否具有独立的法律人格,都具有多数人共同出资、共同经营内容,都构成了一个不同于个人的经营团体,这种成员或投资者的多数性与独资企业成员的单一性形成鲜明对比。

(3)法律地位不同。独资企业无独立法律人格,不具有法人地位。而公司具有独立的法律人格和法人地位,是典型的法人组织。

(4)财产关系不同。由独资企业的非法人地位所决定,独资企业的财产由独资企业主所有,企业本身不享有所有权,虽然独资企业一般都设置有单独的财产目录和业务账簿,但其目的只是为了便于填写纳税账表和企业主了解、掌握企业的经营状况。而公司由其独立的法人地位所决定,其财产不归股东所有,而是归公司本身所有,公司就是其财产的所有者。

(5)经营管理不同。独资企业的所有权与经营权合二为一,独资企业主享有对内决定企业一切事项、管理企业经营和对外代表企业的权利,虽然企业主常把此种权利通过委托关系交由代理人或雇员行使,但其权利本源仍在企业主。而公司的经营管理是由股东会、董事会、监事会和经理等法定组织机构实施的,股东可能担任管理职务而享有管理公司事务的权利,也可能不参与公司的经营管理活动,公司的对外代表权则由法定代表人行使。

(6)责任承担不同。独资企业的负债在追及效力上等于企业主个人的负债,如发生资不抵债的情况,企业主应以其个人的全部财产而不是仅以其投资于该企业的财产对债务负责,即对企业债务承担无限清偿责任。而公司的债务不等同于其股东的债务,公司对其债务以其拥有的资产独立承担责任,其股东只承担出资额或股权范围内的有限责任。

三、公司与合伙企业

(一)合伙企业的概念

合伙(partnership),是指二人以上按合伙协议,各自出资、共同经营组成的营利性组织。

合伙,包括合伙契约和合伙企业两种含义,合伙既可以是一种契约,也可以是一种企业。合伙作为一种契约,是合伙人之间权利义务关系的约定,其与一般契约的不同在于,合伙的当事人具有共同的目的,合伙人之间约定的权利义务不是相对的,而是相同的。合伙作为一种企业,是合伙人组成的团体组织,是营利性的商事主体。合伙契约与合伙企业之间又有着密切的内在联系,合伙契约是合伙企业成立的基础和依据,合伙企业是合伙契约关系持续化、稳定化、组织化的结果。同时,合伙契约又是确定和调整合伙企业内部关系的依据,合伙企业内部合伙人间的关系就是契约关系。

(二)合伙企业的法律地位

合伙企业法律地位的集中表现是其不具有独立的法律人格,不具有法人地位,其与独资企业一样,也是非法人企业。其从事民事或商事活动是以全体合伙人的个人人格或共同人格进行的,实质上也是自然人从事商业经营的一种组织形式。在商事主体分类中,把商事主体分为商个人、商法人和商事合伙,合伙企业属于其中的商事合伙。

合伙的法律地位问题在民商法理论和各国立法中是颇有争议并有不同规定的问题。传统民商法理论的主导性学说和多数国家的立法规定,认定合伙的非独立人格和非法人地位,我国的民商法理论基本认同此说,我国民事立法对此也有明文规定。但也有一些国家的立法和理论承认合伙具有法人人格和地位。如法国1966年的《商事企业法》规定,包括合伙在内的一切商事企业,自登记之日起具有法人地位。1978年修改的《法国民法典》第1842条亦规定:"除第三章规定的隐名合伙以外的合伙,自登记之日起享有法人资格。"此外,比利时、德国也已承认合伙企业具有法人资格。

在我国,民法通则规定的民事主体只有公民(自然人)和法人两种,对合伙是否应成为自然人和法人之外的第三民事主体,亦有理论上的讨论,并形成了肯定和否定的两种不同意见。

但与法人分支机构的情况类似,不论是否承认合伙的法人地位或第三民事主体地位,都不影响合伙作为营业组织以自己的名义进行民事活动并作为诉讼主体以自己的名义起诉和应诉。

(三) 公司与合伙企业的比较

(1) 成立基础不同。合伙的成立是基于合同,而公司的成立基于章程。合同与章程是性质、内容不同的法律文件。在订立上,合伙合同是所有合伙人意思表示一致达成的协议,其变更和修改也必须经全体合伙人一致同意。而公司章程是由公司发起人制定,其变更或修改按公司法和公司章程的规定进行,通常只需多数股东的同意,而不需全体股东的一致同意。在性质上,合伙合同仅是合同当事人之间的协议,因而也只对签约的合伙人产生约束力。而公司章程是公司组织的自治规则,它虽由发起人订立,但却对所有公司股东和公司的管理机构及其人员具有约束力。在内容上,合伙合同具有任意性,法律对其少有强制性规定,当事人之间的关系基本上任由合伙人自由约定。而公司章程受到法律更多的强制性的约束,许多内容是由公司法直接规定,章程只能在法律允许的范围内另做规定。

(2) 法律地位不同。与独资企业一样,合伙企业无独立法律人格,不具有法人地位。而公司具有独立的法律人格和法人地位,是典型的法人组织。

(3) 财产关系不同。合伙的财产归全体合伙人共有,合伙的财产来源于合伙人的共同出资,但不是合伙人财产的简单聚合。合伙的共有包括按份共有和共同共有。在罗马法时代,合伙的财产属于按份共有,合伙人根据各方对共有财产所拥有的份额,分享权利和分担义务。近代各国立法,一般规定合伙财产为共同共有财产,在合伙存续期间,合伙人对于全部合伙财产不分份额地、平等地享有所有权。

我国立法对合伙的财产关系作了较为特殊的规定,《民法通则》第 32 条规定:"合伙人投入的财产,由合伙人统一管理使用。合伙经营积累的财产,归合伙人共有。"这意味着合伙的财产分为两部分,一部分为合伙经营积累的财产,属共有财产,但究属按份共有还是共同共有,学理上多解释为共同共有。另一部分为合伙人投入的原始财产,此项财产的归属,学理解释上不甚统一,有认为属于合伙人所有,只是使用权归合伙;也有的认为仍属于共有中的按份共有;还有的认为,其所有关系可由当事人约定。

(4) 人身关系不同。合伙是典型的人合企业,合伙人之间存在密切的人身信赖关系,合伙的成立和维持主要基于人的联合,并依赖于合伙人之间的相互信任,合伙的对外信用基础主要在于合伙人的构成和各个合伙人的信用。因此,通常合伙人的入伙、退伙都要经全体合伙人一致同意,个别合伙人的死亡或退出甚至会导致整个合伙的解散。而公司除无限公司外,多属资合企业或人合兼资合企业,公司股东之间的人身联系较为松散,公司的设立和存续主要基于资本的联合,公司的对外信用基础主要在于公司本身的财产和经营状况,而不取决于股东的构成和个人信用。因此,公司股东的入股、转股通常只需多数股东的同意,同时,公司的存续不受个别股东变动的影响。

(5) 管理权利不同。合伙企业由全体合伙人共同经营管理,其议决方式由合伙协议加以规定。虽然,为执行业务的便利,合伙企业通常都是推举其中的一名或数名合伙人作为业务执行人,管理合伙事务,其他合伙人则享有监督检查权。但在法律上,全体合伙人都享有法定的业务执行权,合伙业务执行人的权利来源于全体合伙人的授权。而公司的管理权是依照公司法的规定,由公司的法定组织机构统一行使,每个股东个人并不享有对公司事务的直接管理权,而只是通过行使股东会上的表决权参与公司重大事务的决策以及享有股东的知情权和质询权。

(6) 盈亏分配不同。合伙企业合伙人的盈亏分配通常是按出资比例。但就法律规定而言,其分配完全可由合伙合同约定,合伙人可以按出资比例分配盈亏,也可以不按出资比例分配,甚至盈利的分配比例可以与亏损的分担比例不一致,分配较多盈利的合伙人可能只分担较少比例的亏损。我国中外合作企业的盈亏分配关系与此颇为类似。而公司的盈亏分配由公司法统一规定,基本的原则是按股东出资比例或按股东持有的股份分配,当然,如全体股东一致同意,也可作另外的约定。

(7) 责任承担不同。在对外财产责任上,由合伙的非法人地位决定,全体合伙人对合伙债务须承担连带无限责任,其无限责任是指合伙人对企业债务的清偿不以其出资为限,在企业资产不足以清偿合伙债务时,合伙人须以各自所有的财产对其应分担的债务负责。其连带责任是指合伙的每个合伙人对全部合伙债务都有清偿的责任,合伙人不得以内部约定的亏损或债务承担比例对抗合伙的债权人,债权人可以向任何一个合伙人请求清偿全部的债务。当然,清偿合伙债务超过自己应承担份额的合伙人,有权按内部约定的比例向其他合伙人追偿。

【本节理论探讨】

- 独资企业与个体工商户的关系

独资企业是指由单独一人设立、一人单独拥有和控制并由一人承担无限责任的企业。我国《民法通则》对个体工商户的定义为:"公民在法律允许的范围内,依法经核准登记,从事工商业经营的,为个体工商户"。

分析我国独资企业的发展历史,可以发现独资企业与个体工商户其实是我国特殊国情的产物。1950年颁布的《私营企业暂行条例》规定独资企业为企业的组织方式之一。其后随着公私合营对资本主义工商业的社会主义改造的完成,作为整体概念的私营企业在中国基本消失,少量的私人商业活动不再被作为一种企业组织形式予以保护,在概念上改称为个体工商业者。1986年《民法通则》明确地确立了个体工商户的民事主体地位。至此,从个体工商业者衍生出来的个体工商户的概念取代了以往的独资企业的概念,成为公民个人从事民事或商事经营活动的一种特殊的法律形式。

然而,1988年国务院颁布的《私营企业暂行条例》又再次规定了独资企业作为私营企业的形式之一。此时便面临着独资企业与个体工商户之间关系的问题。按当时的经济理论和政策,私营经济本质上不同于个体经济,前者为雇佣劳动,后者为个人自我劳动,所以当时的个体经济政策严格限制个体工商户的规模,《城乡个体工商户管理暂行条例》第4条第2款规定:"个体工商户可以根据经营情况请一、二个帮手;有技术的个体工商户可以带三、五个学徒。"《私营企业暂行条例》将独资企业与个体工商户区分为:雇工8人以上者为独资企业,8人以下者为个体工商户。这样,自然人个人从事工商业经营就有了两种并存的法律形式——个体工商户和独资企业,独资企业也就发生了背离传统概念的变异。

从上文的分析中,可以看出独资企业与个体工商户并行完全是我国特有的产物,在西方国家中难以找到类似的两组概念。尽管我国强调人数上的差别是独资企业与个体工商户区别的标准,但二者并不存在实质上的差别,而且从企业类型发展的长远趋势来看,这两种形式应该日趋同一,成为一种企业形式。

• 合伙是否应作为第三民事主体

对于合伙的法律地位,即合伙是否应为自然人和法人之外的第三民事主体问题,一直以来有着广泛的争论,并形成了以下三种有代表性的意见:

(1) 认为合伙不能成为民事主体。其理由是民事主体只有自然人和法人两种,不存在第三民事主体。此种观点认为,个人合伙的实质仍是个人,法人合伙的实质仍是法人。

(2) 认为合伙是第三民事主体。因为合伙既不同于个人,又不同于法人,但又能够以其自身的名义从事民事活动和进行诉讼活动,所以应成为第三民事主体。

(3) 认为对合伙的法律地位不能一概而论,有些简单的临时性的合伙,没有形成企业组织,不能成为民事主体。而那些有自己的名称或字号,有自己的组织机构的合伙,则可成为第三民事主体。

从法律赋予自然人和法人以人格的原因来看,法律对自然人权利能力的赋予是基于法律的价值观念和最根本的法律原则,即法律面前人人平等,自然人的权利一律平等,人人都是民事主体。而法律对法人组织权利能力的赋予与自然人不同,它不是基于既成的法律原则和精神,而是依据法人组织民事能力的状况,是因为法人组织实际具有独立实施民事行为的能力,是因为法人组织以其内部的组织机构能够形成自己的意志并预见和支配自己的行为。尤其是法人组织以其拥有或支配的财产能够在民事活动中切实地享有权利和承担义务。

由此推及到对合伙民事主体地位的认定,显然不存在一成不变的定理,但也没有不可逾越的障碍,合伙能否成为民事主体不过是交由法律所做的又一次判断和抉择。合伙是人的聚合,是一种较为持久、稳定的法律关系以及在此基础上形成的组织体或经营团体。联结合伙成员于一体的法律纽带是合伙契约,形成合伙的团体凝聚力的是合伙利益的共同分享和对合伙风险的共同分担。表现合伙团体的标志还在于,合伙一般都有自己的商业名称或字号,它可以以自己的名义参加民事活动。实践中,合伙组织也可作为独立的诉讼当事人,以自己的名义在法院起诉或应诉。这些特点使合伙在一定程度上具有类似法人组织的团体性特征。通常理论认为,只要某组织能够以自己的名义合法地转让财产所有权,同时又能以自己的名义合法地受让财产所有权,就具有了民事主体的财产条件。合伙财产具有相对独立性,合伙人不得随意收回出资于合伙的财产,对合伙财产的处分,应共同协商。所以合伙是有财产的。

由此可以得出这样的结论:合伙具有实际的行为能力、意思能力和责任能力。合伙作为一个组织的存在,它所拥有的相对独立的财产、它所形成的相对独立的意志以及它相对独立的财产责任是这种能力的具体体现。

• 合伙企业的财产

合伙企业是以盈利为目标的企业,有相对稳定和独立的财产。合伙企业的财产可以从财产来源和财产形式两个角度加以划分。其财产按来源划分可以分为原始取得的财产和经营取得的财产,原始取得的财产是合伙人的出资,包括设立时合伙人的出资以及新加入合伙组织的人的出资;经营取得的财产是合伙组织存续和运营期间积累的财产。财产形式主要包括有形财产、专利、商标等。

《民法通则》第32条规定:"合伙人投入的财产,由合伙人统一管理和使用。合伙积累的财产,归合伙人共有。"这一规定容易让人产生误解:合伙财产中合伙人投入的财产,合伙人只能统一管理和使用,而只有对合伙积累的财产,合伙人才共同享有所有权。这是由于当时我国尚未产生合伙企业这一特定的法律概念,"合伙"被广泛用于各种简单、临时性的合伙。

对此,《合伙企业法》在此方面有了显著进步,其第20条规定:"合伙人的出资、以合伙企业名义取得的收益和依法取得的其他财产,均为合伙企业的财产。"此条规定相对于《民法通则》来说,有两个重要的意义:一是不再区分合伙人投入的财产和合伙企业经营取得的财产;二是明确"合伙企业的财产"这一重要的概念,合伙企业的高效运作,必然要求有相对独立的财产供其支配以及合伙企业财产趋向于独立和集中。合伙企业以其名义拥有财产,使合伙企业的财产具有相对独立的性质。

合伙企业形成后,合伙人对投入财产已经在使用价值形态上丧失了所有权,只是在其价值形态上具有按份额主张的权利。合伙企业财产本质上只能是合伙人共有财产,合伙的财产归全体合伙共有,而不是各个合伙人单独拥有。但是,理论界对于合伙财产共有的类型却存在分歧,有的学者主张合伙人对合伙财产应该不分份额的共同共有,有的学者则认为合伙人对合伙财产的共有是按份共有。我们赞同第二种观点,因为合伙人依出资比例或合伙协议约定的比例分配利益和承担亏损,合伙人根据其份额而享有权利和承担义务,所以,合伙财产应为合伙人按份共有。

【本节实务研究】

- 独资企业、合伙企业能否以自己的名义起诉和应诉

独资企业和合伙企业无法人资格,能否以自己的名义作为诉讼主体参与诉讼活动确是一个需要研究的问题。人们通常将诉讼主体误解为民事主体,认为谁是原告、被告,谁就是权利义务的最终承受者。所以,只有公民和法人这样的法定民事主体才能作为诉讼主体。司法实践中,也曾出现法院以独资企业、合伙企业不是民事主体为由,驳回相关起诉的现象。

其实,民事主体与诉讼主体是两个不同的概念。《民事诉讼法》第48条第2款规定:"法人由其法定代表人进行诉讼。其他组织由其主要负责人进行诉讼。"根据最高人民法院《关于适用〈中华人民共和国民事诉讼法〉若干问题的意见》第40条的规定,其他组织是指合法成立、有一定的组织机构和财产,但又不具备法人资格的组织,包括依法登记领取营业执照的私营独资企业、合伙组织。独资企业和合伙企业每日每时都在进行民事活动,参与民事流转。为了保护独资企业、合伙企业以及与它们进行民事交往的其他人的民事权益,我国民事诉讼法赋予它们以诉讼权利能力,准许它们作为民事诉讼当事人以自己的名义起诉、应诉。

所以,诉讼主体只是表明具体诉讼活动的当事人或谁是民事权利义务的直接承受者,至于该当事人无力履行义务时应替代履行的其他人,并不一定作为该诉讼的当事人。诉讼权利能力与民事权利能力有密切联系。通常情况下,诉讼权利能力以民事权利能力为基础,这是因为民事诉讼是保护民事主体实体权益的手段。但诉讼权利能力毕竟不是民事权利能力,前者是

程序上的权利能力,是作为诉讼主体的资格,后者是实体上的权利能力,是作为民事主体的资格。对独资企业和合伙企业来说,它们虽然不是民事主体,但可以作为诉讼主体,以自己的名义起诉和应诉。

第三节 公司的沿革和作用

一、公司的沿革

现代的公司已成为组织健全、各方面都十分成熟的商业组织。现代各国的公司法也都比较系统、严密、日臻完善。可以说,公司与公司法都进入了比较发达的时期。然而,公司从产生到发展,从一种形式到多种形式,从简单到复杂,却经历了一个漫长的发展过程。

（一）西方国家公司的产生和发展

1. 公司的萌芽时期

公司并不是自古以来就有的,在公司出现以前,从事商业活动的除单个的个人以外,主要是独资企业和各种合伙组织。

独资企业是最原始的企业形式,其特点是个人出资、个人经营、个人管理、个人收益、个人承担经营风险。显然这种企业规模较小,经营范围有限,在现代,它们至多不过是小商贩而已,而在古代简单商品经济条件下,却是主要的企业形式。

与独资企业并存的,是各种合伙组织。许多事业或经营活动是个人出资、个人经营所无力兴办或无力进行的,客观上要求个人之间的合作联合,因而在古罗马时期,就出现了不同目的、不同结构、不同范围的各种合伙组织,如共产合伙、特业合伙、所得合伙、隐名合伙等。这些合伙形式在罗马法中都已有具体规定,它们都是由二人以上共同出资组成的团体,其特点在于,它们虽然作为一个团体出现,从事营业活动,但没有独立的法律人格,不是独立的民事主体。

在合伙团体中,有一种是家庭经营团体,它是中世纪出现的一种合伙形式。此种团体与独资企业有密切的联系,独资企业主死后,独资企业有的是由一人继承,这时企业性质不发生改变。有的是由数人继承,但不分割企业财产,企业仍继续存在,这时企业性质发生了变化,由一个独资企业变成了数人共有的合伙企业。由于合伙人大都是同一家庭内的成员,所以又称家庭经营团体。到中世纪后期,这种团体在欧洲已经有了相当的数量。虽然家庭经营团体在法律性质上仍是一种合伙,但由于其组织机构和管理日益完备和严密,其业务活动比较稳定且逐步扩大,法律地位越来越独立于其成员,因而越来越具有公司的特点。

在公司产生以前,虽然上述合伙组织一直没有取得法人地位,但却有其他一些具有法人地位的团体出现。这种情况甚至可以追溯到古罗马时期。在古罗马,虽然还没有完整的法人制度,也没有法人这个名称,但却有一些具有类似法人地位的实体存在,如国家、地方自治团体、寺院等宗教团体,养老院、济贫院等公益慈善团体。到中世纪,这种团体又得到了进一步发展。许多组织根据皇家颁发的特许状或政府的特别准许而成立并成为独立的法人实体。起初,这种实体多为非经营性的,如牧师会、寺院、自治城市等。后来一些贸易团体也取得了这种资格,尤其是其中从事海外贸易的开发性组织。中世纪时,英国的这种经济团体已经有了更大的独立性,具有了所有合伙人共同责任和共同免责的特征。

2. 无限公司的产生、发展及其立法

在公司萌芽时期,已经有了二人以上共同出资的合伙和家庭经营团体,同时又有了具有法人地位的实体组织,它们都是公司的萌芽形态,而这两者的结合正是公司,因为公司就是二人以上共同出资经营的社团法人,换句话说,具有法人地位的经营团体就是公司。因而,合伙团体和法人实体的发展便导致了公司的产生。

最早产生的公司是无限公司。这种无限公司只不过是赋予合伙团体以法人地位,但实质上它与合伙没有本质的区别。其中特别是无限公司股东也要对公司债务承担无限连带责任。无限公司与合伙的主要区别在于无限公司具有法人地位,因而它的出资人称股东,而合伙的出资人称合伙人。无限公司股东的权利、义务、公司的组织形式以及其他对内、对外关系更多地受法律的统一规范和强制,而合伙的内外关系则更多地由合伙人自由决定。需要说明的是,这里无限公司的法人地位与目前我国对法人的规定和理解不甚一致,它主要是指一种法律人格,是民事主体,有自己的名义,但并非必须以自己的财产独立承担民事责任。

有关无限公司的第一个立法是 1673 年法国路易十四颁布的《商事条例》,该条例正式规定了无限公司这种形式,其名称为普通公司。自此,无限公司不仅在实践中已经存在,而且也得到了法律的正式确认和调整。此后,1807 年的法国商法典把这种公司又改名为合名公司,作了更完备的规定,由此,许多欧洲国家效法使用。日本商法典也对无限公司作了规定,所谓的"合名公司"(原文"合名会社")就是无限公司,所谓的"合名",是指这种公司的名称必须包含所有股东的名字,以使他人能够从名称中确知该公司由哪些股东组成。后来,随着这种公司股东人数的增多,再将所有股东的姓名写进公司名称中已有诸多不便,于是在德国允许不用合名,而称其为"开名公司",它表明该公司股东姓名公开,但可以不把所有股东的姓名写进公司名称中。这种情况在英美法律中亦可见其表现,在英美法著作中,引用判例时,经常见到这样的表述:"在萨弥尔及公司诉约翰逊一案中"、"在约克及公司诉汤姆森一案中",这里的公司实际上就是无限公司,此种公司虽无须将所有股东姓名反映到公司名称中,但至少应包含一个股东的姓名,这样他人也就知道该公司属于无限公司。

无限公司[①]产生以后,曾有过相当的发展,但后来随着股份有限公司、有限公司的出现,它便退居到次要的地位。到目前,各国的无限公司已经比较少,尤其是由于某些国家不承认无限公司为法人,其类似的经营组织是以合伙的名称和形式存在的。在立法上,各国除了在原来的商法典或其他法律中保留无限公司的规定外,一般没有再进行专门的立法。而在某些国家,如英国,除了理论上对无限公司有所论及外,实践中已很少涉及。

3. 两合公司的产生、发展及其立法

两合公司由 15 世纪出现的康孟达组织演变而来。康孟达(Commenda)一词系拉丁文的音译名称,包含有信用和委托的意思。康孟达本是一种商事契约,是航海者与资本家合作的一种

---

① 1904 年清光绪时公布的公司律中,使用"合资公司"一词,把无限公司作为合资公司的一种。后因其不确切,且易与其他亦属合资性质的公司混淆,于 1914 年公布的《公司条例》中,将其改称为无限公司,这一术语简单、明了,揭示了无限公司的特征,因而一直延续使用至今。

商业合伙形式。按此种契约形成的企业组织即为康孟达组织。按康孟达契约,由资本家出资,由航海家到海外进行贸易活动,其盈利由双方按比例分配。亏损时,航海家承担无限责任,而资本家只以其出资额负责。这种合伙形式既解决了航海家资本不足、风险太大等从事海外贸易的困难,又使资本家可以在不参加直接经营的情况下,获得资本的收益,并不承担太大的风险。这种形式后来又从海上贸易发展到陆上贸易,由资本家出资,由商人进行经营,其盈利按比例分配。资本家承担有限责任,商人承担无限责任。

从历史顺序看,两合公司是在无限公司之后产生的另一种公司形式。实际上,康孟达组织后来发展成为两种企业形式,一种是隐名合伙,另一种则是两合公司。

隐名合伙是与两合公司颇为类似的一种企业形式。它是指当事人约定一方对他方所经营的事业出资而分享其利益。营业的一方称出名营业人,而出资一方称隐名合伙人。隐名合伙与两合公司的类似之处在于其股东也是一部分负无限责任,一部分负有限责任,区别在于隐名合伙的有限责任合伙人不具名,即不标示其姓名,同时,隐名合伙的财产属于无限责任合伙人所有,而不是由两种合伙人共有。

两合公司是一般大陆法系国家的称谓,日本的两合公司有的译为"合资公司"。在英美,没有两合公司的名称,但有与其类似的企业组织,即有限合伙,实质上,二者的法律性质是相同的。

两合公司的立法情况类似于无限公司。有的国家承认无限公司为法人,同时也就承认两合公司为法人;而不承认无限公司为法人的,也就是不承认两合公司为法人。

两合公司的无限责任股东负公司的经营管理,而有限责任股东只提供资本,分享盈利,这使得它能适应不同人的客观条件和需要,使有良好信用和经营能力但没有资本的人,与拥有资本但却无力或不便、不愿直接从事经营活动的人可以相互结合,达到盈利的目的。但两合公司也有其不足,其有限责任股东虽责任较轻,但却无权参加公司管理,其出资转让亦受较大限制。而且有些国家如美国规定,如果合伙人未遵守法律对有限合伙(实质上即两合公司)的特别要求,未把章程提交公共机构备案或有限合伙人参与了管理活动,那么有限合伙人应与普通合伙人一样,承担无限责任,这使得许多人宁愿与普通合伙人订立利润分享契约,向其借贷资本,而不愿作为有限合伙人冒可能承担无限责任的风险。因此,两合公司虽也是一种历史久远的公司形式,但现代以来已日趋衰落,实际存在的已经比较少见。

在立法上,早期的法国和德国商事立法都对两合公司作了规定,并把它与隐名合伙并列,只是德国不承认两合公司为法人。日本商法只规定了两合公司,而把隐名合伙规定在民法中。19世纪初,美国各州仿效法国立法规定了有限合伙,到1916年,统一州法全国委员会通过了《有限合伙法》,此法为大多数州所采用。

至于股份两合公司,则是在股份有限公司出现以后,于18世纪末产生的一种公司形式。它的出现本是为了吸收两合公司和股份有限公司的优点,以便使其处于更有利的竞争地位,但后来它与两合公司都没有得到发展,目前已基本消失。在法国和德国的公司法中,对股份两合公司均有规定,但法律条文很少,因为这两种公司的绝大多数问题都适用无限公司及股份有限公司的规定。日本商法原来也规定了股份两合公司,但鉴于这种公司形式实际上很少采用,后被废除。而在各国公司法论著中,对股份两合公司的论述更为少见。

4. 股份有限公司的产生、发展及其立法

对于股份有限公司的起源问题,学者看法不一,一般认为股份有限公司起源于17世纪英国和荷兰等国设立的殖民公司,著名的英国东印度公司和荷兰东印度公司是最早的股份有限公司。

股份有限公司的产生,是集资经营、共担风险的法律形式逐渐完善的表现,是欧洲殖民地国家商业活动特别是进出口贸易不断发展的结果。在这方面,英国股份有限公司的产生过程具有典型的代表性。本来,在欧洲的中世纪,从事商业活动的主要是合伙组织,到16世纪,出现了一些专门对某个国家进行商业贸易的商业冒险公司。之所以称其为"冒险公司",是因为海外贸易远涉重洋,参与国相互激战,在殖民地又常遭反抗,其经营被认为是"风险事业",这就远非个人所能为之。

到1555年,英国女王特许与俄国公司进行贸易,从而产生了第一个现代意义上的股份有限公司。开始,这种公司的集资是以每一航程为单位,利益分配和风险承担也以一次航程进行计算,后来集资期限延长至四个航程,最后变成了现今所见的永久性股份。自此,公司不再是合伙的商人而变成合作的资本所有者,股份也不再是参与冒险的权利,而变成具有市场价格的永久性投资。股东以其投资于公司的财产数额承担风险责任。最著名的英国东印度公司也就在这个时期成立(1600年)。该公司根据国王的特许状成立,并取得法人资格,此种法律地位反映在其章程中。英国东印度公司成立之初,拥有股本6.8万英镑,股东198人。荷兰东印度公司稍后成立(1602年),该公司在全国筹资,资本总额650万盾,董事60名。与以往的无限公司、两合公司不同的是,它们的资本采取了数额相等的股份形式,它们的股东只承担出资额范围内的有限责任。

到18世纪,股份有限公司已发展到法、德,并从19世纪起推行于世界各地。同时也从对外贸易业发展到银行业、保险业、制造业等其他行业。在英国,1694年成立了股份有限公司性质的英格兰银行。在美国,股份有限公司首先在银行业中产生,1791年成立了合众国银行。其后又有北美银行和纽约银行等股份有限公司性质的银行产生。接着,保险业中的股份有限公司也发展起来。到现代,股份有限公司已经成为西方资本主义世界占统治地位的公司形式。虽然就绝对数量来说,在某些国家股份有限公司并不占首位,但由于其资本雄厚、实力强大,因而居于主导地位。西方国家国民经济的许多重要领域和部门,特别是制造业、开采业和金融业等资本密集的行业,大都采用了股份有限公司的形式,商业、服务业和其他行业中的大型企业也多是股份有限公司,某些国家的股份有限公司,甚至在数量上也占了首位,如日本、瑞士等。

股份有限公司的立法也随股份有限公司的发展而不断完善。在17世纪,股份有限公司虽已完全成熟,但由于当时还没有统一的股份有限公司立法,股份有限公司的设立要经过国王或政府的特许。到十八九世纪之后,各国相继开始了股份有限公司的立法。1807年法国商法典首次对股份有限公司作了完备、系统的规定,此后1867年的公司立法又对商法典中股份有限公司部分,作了全面修改。1966年,法国制定了全面规定各种公司形式、包括股份有限公司的公司法。

在德国,最初也是在商法典中对股份有限公司作了规定,但后来根据需要,将股份有限公司单独立法,这就是德国1937年颁布的《股份及股份两合公司法》(以下简称股份法)。1965年,德国又对该股份法进行修改,制定了新股份法。日本关于股份有限公司的立法自始都在商法典中,从1890年颁布商法后,1899年、1911年又对其中的公司法内容作了两次修改,1950年则以股份有限公司法为中心对商法典的有关内容作了彻底修改。

在英国,其公司法只调整开放式公司(类似于股份有限公司)和封闭式公司(类似于有限公司)。英国的公司立法从1844年开始,到1856年制定了第一个现代的公司法。此后英国公司法经常修改,至19世纪末,形成了一个惯例,由一个专家委员会每隔20年左右对公司法进行一次修改。在英国公司法史上比较重要的是1929年、1948年、1967年和1976年的公司法。美国公司法的调整对象与英国基本相同,但其特点是立法权在各州。纽约州在1807年就颁布了第一个关于公司的法律。为了统一各州的公司法规则,消除各州分别制定公司法造成的混乱,美国的学术机构开始主持起草和推荐统一公司法的范本,先后起草了若干法律草案,如1909年的《股票转让法》,1928年的《统一商事公司法》,1950年的《标准商事公司法》(又译《标准公司法》)。但这些法只是供各州议会采纳适用,并不具有在各州直接适用的法律效力。目前,《标准商事公司法》经多次修改,已被多数州采用。

5. 有限公司的产生、发展及其立法

无限公司、两合公司、股份有限公司的产生和发展,适应了资本主义经济的需要,有力地推动了资本主义经济的发展。但同时,这些公司形式既有其优越之处,又有其不足。无限公司虽有组织简易、财才结合、股东经营努力的优点,又有风险责任重大、经营规模有限、不适于大型企业等缺点。股份有限公司适于集中大量资本,进行大规模经营,但由于其股东众多、股票又可以任意转让、股东流动性大,法律对其设立和活动又有严格而复杂的要求,特别是要实行经营状况和主要会计事项的公开化原则,因而又不甚适应中小企业的要求。经济发展的客观情况要求人们寻找新的公司组织形式。于是一种股东人数有限、股东均负有限责任、股票不得上市、公司业务相对保密的公司——有限公司产生了。有限公司是最晚出现的一种公司形式。

一般认为,有限公司最早于19世纪末产生于德国,也有的认为英国的封闭式公司是有限公司的最初形式。有限公司基本上吸收了无限公司、股份有限公司的优点,避免了二者的不足,尤其适用于中小企业,因而它一经产生,便在欧美国家迅速普遍推行起来,进而扩展到世界各国。目前,就其数量而言,在西方大多数国家,有限公司占首位。因此,一些学者们认为有限公司是今后公司的发展方向。当然,也并非所有的国家都有有限公司,如瑞典,就没有这种公司。

最早的有限公司立法,当属德国1892年的《有限责任公司法》。仿效德国,法国于1919年制定了《有限公司法》,后将其并入1966年的《统一公司法》。日本于1938年也制定了《有限公司法》。总的来看,各国的有限公司法大都在商法典之外单独立法,这是由于有限公司出现较晚的缘故。而英国和美国的封闭式公司一般是与开放式公司一起规定在统一的公司法之中。另外,在许多国家,股份有限公司的一些规则也通用于有限公司,有限公司立法有的只是对其特殊问题作出规定。

6. 西方国家公司立法的特点

随着公司本身的不断发展、演变,西方国家的公司立法也是亦步亦趋,逐步完善,在其长达300年的发展过程中,表现出以下几方面的特点和规律性:

(1) 在立法体例上,各国公司法逐渐脱离商法典而独立成为单行法,其内容则由简到繁,日趋具体、完备。这是由公司组织的不断发展和对其实行法律调整的需要决定的。

(2) 内容日趋统一。一些公司法中先进、有效的制度一经由某个国家实行,其他国家往往跟随仿效。如英美法系国家所创立的授权资本制被原实行法定资本制的大陆法系国家所采用。联邦德国创立的公司双重管理体制,1966 年前只有德国和奥地利实行,后来也为法、荷等国使用,而最具代表性的则是欧洲共同体所进行的《统一公司法》的尝试。

(3)公法日益渗入公司法。公司法本属私法范围,但由于对公司实行社会管理、政府干预和控制的需要,使公司法中公法性质的规定越来越多,如对职工参与公司管理的要求、对公司实行严格商业登记的规定等。

(4)加强对公司的扶植和保护。如各国相继采用的授权资本制对于便利公司的建立、加快公司发展具有重要作用。而公司重整制度,更是避免公司破产、促其复兴发展的有力措施。

(5)不断改革和创新公司法的制度和规则。为适应社会发展和现实需要,各国公司法制度和规则不断突破和创新。如许多国家从恪守公司的社团性发展到允许或有条件地允许一人公司的设立、公司设立从单纯准则主义到严格准则主义的调整、对关联公司的法律规制等。

(6)加强对第三人和社会利益的保护。最突出的就是实行公示主义原则,即要求将公司的主要业务事项,特别是商业账簿、财务状况呈报和公布,为公众所周知。此外,证券交易法的制定和完备,限制或禁止公司拥有自己的股份,公司控股的通知和公布要求等,对于约束公司行为,防止投机活动,维护社会利益也是十分重要的。

(二)中国公司的产生和发展

中国的公司制度在所有各种法律制度中是较为复杂的一种,主要表现为其多样性和不稳定性。中国现代法律基本上是吸收了大陆法的内容,但又坚持了中国社会政治、经济、文化等的客观要求,这使得中国的公司制度融合了西方的传统和苏联社会主义模式而形成自己独特的体系,同时,由于几十年的巨大社会变革,也使中国公司制度显示出历史发展的阶段性和丰富的变化。

1. 1949 年以前(中华人民共和国成立前)

中国长期处在封建社会,商品经济不发达,当 19 世纪西方资本主义已经进入公司时代盛期的时候,中国还处于封建时代的后期。因而现代公司形式的企业也发展较晚。清末西方列强入侵后,清政府仿效英美通过招商集股方式兴办轮船、电报等企业,著名的招商局就是当时以现代集股方式成立的最早的公司之一,而最早的成文公司立法则是清政府于 1870 年 12 月颁布的公司法。

中华民国成立后,1914 年颁布了《公司条例》,后该条例又经过两次修改。1929 年 12 月,国民党政府颁布了《公司法》,这是一部比较完整的现代中国公司立法。如同国民党政府颁布的其他主要法律一样,这部公司法也基本上仿效了法、德、日等大陆法系国家的公司立法及其精神。1946 年国民党政府对这部公司法作了修正,目前我国台湾地区"公司法"就是由这部公司法经过多次修改而成。

2. 1949—1956 年(国民经济恢复时期)

中华人民共和国成立以后,废除了国民党政府的一切法律,其中包括公司法。当时全国还有至少 11 298 家国民党政府时登记的私营公司。为维护这些企业的合法利益,同时也鼓励私人投资经营有利于国计民生的新型企业,1950 年政务院通过了《私营企业暂行条例》。1951 年又颁布了《私营企业暂行条例实施办法》。该条例根据建国初期的实际情况,规定了五种公司形式:无限公司、有限公司、两合公司、股份有限公司及股份两合公司。

与此同时,为了鼓励和指导资本主义工业转变为公私合营(国有经济与私有经济合营)形式的国家资本主义企业,政务院于1954年9月通过了《公私合营工业企业暂行条例》,这种公私合营企业实际上就是有限公司。1955年前,公私合营还只是在部分企业中进行,到1956年,便实行了全行业公私合营。自此,私营企业这种公司形式不再存在,而公私合营企业由于私人资本家退出经营管理,只按规定的比率收取利息,也不再是典型的公司组织,而基本上变成了普通的公有制国营企业。

3. 1956—1979年(社会主义改造至改革开放之前)

这一时期,传统的公司基本绝迹,代之而起的是在商业、钢铁、纺织、建筑等行业建立的各种专业公司和由若干企业联合组成的联合公司。尤其是20世纪60年代之后,这类公司发展较快。1962年,首先在商业部系统恢复和建立了各级专业公司,如五金机械公司、百货公司等。1964年,又试办了十多个全国性的工业联合公司,如中国烟草公司、中国医药工业公司等。但整体来说,由于这一时期所实行的高度集中的计划经济和落后的管理体制,公司的发展处于低潮,不仅传统的公司形式被取消,联合公司的设立也只限于某些行业,数量也不多。

4. 1979年以后(改革开放时期)

这一时期是公司发展的高潮时期,公司不仅在数量上取得了前所未有的突破,而且在形式上也有了新的变化,出现了三种类型公司并存的局面。

首先,联合公司的设立在全国范围内展开。1980年,国务院发出《关于推动经济联合的暂行规定》,全国各地区、各部门几乎都按照行业性质和专业化协作的原则,对现有企业进行改组、合并,组成了各种联合公司。1986年3月,国务院又发布了《关于进一步推动横向经济联合若干问题的规定》,1986年4月颁布的《民法通则》又在法人一章中专门规定了联营,其中既包括有限公司性质的法人型联营,也包括联合公司性质的协作型联营。

其次,在对外开放政策指导下,为了吸引外国投资,国家于1979年7月颁布了《中外合资经营企业法》,1986年4月颁布了《外资企业法》,1988年4月颁布了《中外合作经营企业法》。这期间,各种有外国资本参与的外商投资公司迅速发展,这些中外合资、中外合作公司是我国改革开放之后最早出现的有限责任公司。

最后,以各种外商投资公司的出现为先导,传统的出资联合形式的股份制公司组织也开始复兴。在经济比较发达的东部沿海城市和其他中心城市,特别是在几个经济特区,一批股份有限公司、有限公司纷纷成立,其中有些股份有限公司面向全省,甚至面向全国发行股票。1988年6月3日国务院发布的《私营企业暂行条例》第6条明确规定了有限责任公司为私营企业的法定形式之一。为对这种出资联合的股份制公司实行统一管理,全国许多地方制定了一些地方性法规,如1992年发布的《深圳市股份有限公司暂行规定》和《上海市股份有限公司暂行规定》等,国家立法机关也开始进行统一的公司立法。

5. 公司法的制定和修订

公司组织的迅速发展需要法律的规范,公司、股东、债权人等的合法权益要求法律的确认和保障,社会经济秩序的稳定亦需要法律的维护,这一切使中国的公司立法受到广泛的关注和重视。早在1983年,有关立法机关即开始酝酿公司法的起草,最初起草的是统一的公司法,后改为分别起草有限公司条例和股份有限公司条例。1992年,当时的国家经济体制改革委员会制定并发布了《有限公司规范意见》和《股份有限公司规范意见》,这两个规范意见是公司法颁布前实际适用的两个法律文件,对中国公司的发展起到了重要的作用。

1992年8月起,由全国人大法制工作委员会在国务院及有关部门起草或发布的公司条例、规范意见和法律草案的基础上,起草统一的公司法草案,并最终于1993年12月提请全国人大常委会第五次会议审议,并于1993年12月29日审议通过,《公司法》正式颁布,该法于1994年7月1日正式施行,中国公司法的发展从此进入了一个新的阶段。

然而,由于1993年公司法产生于改革开放初期,很多旧的观念还没有完全澄清,在一些制度的设计倾向上过于保守。随着改革的深入和市场经济的发展,这些制度越来越不能适应公司制度发展的要求,甚至成为进一步发展的桎梏。因而,1999年和2004年分别对公司法进行了两次修订,但涉及面很窄,仅对少数几条条文的内容作了技术性修改。

2005年10月27日,第十届全国人大常委会第十八次会议通过了新的公司法修订案。这次公司法修改范围广泛,涉及的内容十分丰富,是一次公司法的大修大改,在原来总共229个条文中,增、删、改的条款总数达224条之多,其中新增条款41条,删除条款46条,修改条款137条,没有任何改动的条文仅占原公司法条文总数不到10%。同时,这种大修大改不只是表面上条文和文字的简单改动,而是广泛的实质上的制度和规则的突破和创新,是许多重要制度和规则的重新设计。最为根本和重要的突破和创新是立法理念和指导思想的突破和创新,是立法目标和价值选择上的重新认识和调整。

2005年《公司法》修订的内容,主要集中在公司法的两大支柱制度上,即资本制度和公司治理。在资本制度上,2005年《公司法》体现了从片面强调资本信用到兼顾资本信用和资产信用的立法理念的调整,降低了公司设立的门槛,放松了对公司的过度管制,大幅度降低了公司设立的最低注册资本数额,放宽了对股东出资方式的限制,允许出资的分期缴纳、取消了对公司转投资的限制,扩大了公司回购自己股份的情形。在公司治理上,赋予少数股东以股东大会的请求权、召集权和主持权,允许公司实行累积投票制,将股东的知情权落实到查阅公司账簿,限制关联股东及其董事的表决权,规定对公司决议持有异议的股东享有的股份收买请求权、公司陷于僵局时股东解散公司的请求权、董事、监事不履行职责时股东代表公司提起诉讼的权利等。

在2005年《公司法》实施8年后,2013年12月28日,全国人大对《公司法》又进行了一次新的修订,这次修订集中于资本制度,是在2005年资本制度改革基础上的又一次突破。其改革的核心内容包括:取消公司最低注册资本分别应达3万元、10万元、500万元的限制,不再限制股东的首次出资比例以及货币出资比例;取消股东2年内缴足出资、投资公司5年内缴足出资、一人公司股东应一次足额缴纳出资的规定,允许股东自主约定认缴出资额、出资方式、出资期限等;同时,简化登记事项和登记文件,公司登记时,不再需要提交验资报告。

这两次公司法修改,都是在科学总结我国公司法多年实践经验的基础上,借鉴了各国公司法改革的最新成果,对现实中的重要问题进行了深入分析和论证,修改或取消了脱离现实需要的现有规定,进一步完善了行之有效的制度和规则。尤其重要的是,在理论突破的基础上,努力寻求制度创新,引进、建立和发展具有时代特征、符合我国现实需要的先进公司法理念和制度,并形成和体现出明确的立法目标和价值取向,这就是:(1)鼓励投资创业,开拓各种投资资源,推动公司企业的设立和发展;(2)放松管制,强化公司自治,改变以往过于强调规范、限制和管理,而忽略鼓励、支持和促进的立法倾向,弱化法律规定过度的刚性和强制性,而赋予其应有的弹性和任意性;(3)弱化资本信用;强化资产信用;正确认识资本和资产对债权人利益和交易安全保护的不同作用;(4)对资本从事前控制转向事中和事后的监管,将公司行政管理"严进宽出"的监管模式转向"宽进严出",推动政府管理方式和管理职能转变。

二、公司的作用

(一)获取投资收益

公司是投资者可以选择的股权式的投资工具。公司是一种营利性组织,其目的是通过经营活动以较少的投入获取较大的收益。同时,公司的营利非为公司本身,而是为公司的股东即公司的投资者,公司的一切经营收益最终都要分配给公司的股东。因此,本质上说,公司就是一种股权式的投资收益形式,是股东赚钱的工具。

对投资者而言,面对市场,可有多种理财方式和投资去向的选择,可以是直接投资,也可以是间接投资;可以是股权式投资,也可以是债权式投资;可以以购买不动产投资而获取其保值或增值的利益,也可以以借贷的形式投资而获取借贷利息,还可以投资于企业而分配企业的经营收益。不同的投资去向会给投资者带来不同的利益和风险,债权投资风险小,利益也受到限制,股权投资风险大,利益也大。各种投资形式都有自己的利益与风险的配比,投资者正是基于自身的经济状况、对利益的期望和对风险的承受能力在多种投资形式或工具中进行选择,公司正是其中可供选择的形式或工具之一。同时,由于公司投资的收益是由公司的经营业绩决定的,具有不受限制的扩展空间,因此,它适应了多数投资者的需要,成为被广泛采用、最受欢迎的投资形式。

(二)限制投资风险

公司是限制投资风险的有利形式。任何投资都有其自身的风险,但风险的程度和范围不同。投资者在追求最大利益的同时,也要寻求最小的风险。在各种直接投资即企业投资形式中,独资企业、合伙企业以其企业主和合伙人的无限责任而使投资者承受着极大的风险,在一个企业中的投资失误或失败,会威胁投资者全部财产的安全,一个企业的破产可能会引致投资者本身的倾家荡产。而公司以其本身的独立责任和股东的有限责任为基本的法律特征,将投资者的责任限制在其投资额的范围内,从而割断了公司责任与股东责任的连带,使投资风险得到有效的控制。

同时,投资者还可以通过在不同公司的分散投资来分散投资的风险,从而在不改变投资总量的情况下,实现利益与风险的合理分配。这种分散投资、分担责任和风险的"分身法"已成为现代企业投资最惯用的方式,通常所称的"项目公司"就是典型的代表,一个投资项目设立一个公司,一个公司只从事一个项目的开发和经营,使不同项目、不同公司之间的经营风险互相隔离,互不牵累,正是对公司限制投资风险功能的充分利用。

(三)募集经营资金

资金是一切企业经营的重要条件,资金越是雄厚,企业越能在市场竞争中处于有利的地位,公司则是筹集资金最为有效的组织形式。

首先,组建和成立公司本身就是募集资金的重要手段。生产经营规模的扩大,需要更多的资金投入,某些单个资本无力开发的事业和个别资本家无法从事的经营,需要资本的聚集和联合,组建公司就是这种聚集和联合的方式,公司所实行的共享利益、共同管理机制使投资者具有踊跃的投资热情和持久的投资动力,使公司能够获得广泛的投资来源,并使多方资金迅速集中于公司。

其次,公司成立后亦具有优越的融资能力。其以明晰的主体形象和法律独立性在对外融资中处于有利的地位,同时,各国法律大都赋予公司以独资企业和合伙企业所不具有的融资权利能力或特权,其中最重要的就是股份有限公司可以发行股份和公司债券,由于股份和公司债券的流通性,使这种通过发行有价证券方式进行的融资具有一般融资手段难以达到的融资效果。

最后,公司的融资具有融资成本低、融资手段灵活和规模大、速度快的特点。以出资或股份形式进行的融资无须还本,股东出资具有永久性,只要公司不解散,出资即不得撤回,使公司能够获得低成本的稳定投资。同时,公司可根据不同情况发行不同的股票,既可以发行普通股、优先股,也可以发行以一定条件可转换为股份的公司债。这种灵活的融资手段,无疑大大便利了投资者的选择。此外,股份有限公司所实行的股份均等和自由流通,又使其可以面向社会向不特定的任何人募集资金,股东范围广泛,股份分散,因此极易筹措巨额资金,达到积少成多、集腋成裘之功效。

公司尤其是股份有限公司的巨大集资作用在资本主义发展的历史中得到了实际的证明,并为经济学和法学理论所充分肯定。自由竞争引起集中,集中导致垄断,是资本主义发展的一般规律,而在这一由集中到垄断的发展过程中,股份有限公司起着举足轻重的作用,它的产生,大大加速了社会资本的集中过程,成为社会积累的强有力的法律杠杆。

(四) 实行科学管理

企业的现代化管理是民主管理和科学管理的结合,公司是现代化企业管理的典型组织形式。以股东投资行为为基础,传统所有权在公司中转换为股权和公司法人权利,二者相互独立又相互制衡。股东以股权为依据,按照公司法规定的方式参与公司经营管理,对公司实行间接控制;而公司的股东会、董事会及监事会作为公司的权力机构、经营管理执行机构及监督机构,均依公司法的规定行使职权,而关于各机构的产生和权限的规定充分贯彻了分权与制衡,权利、义务和责任统一的原则,从而使公司的管理达到了高度的民主化和科学化。

在我国社会主义市场经济体制下,企业必须产权明晰、管理科学,具有自主经营、自负盈亏、自我约束、自我发展的能力,而公司内部的组织运作机制无疑为我国国有企业实现这种经营机制的转变提供了各种先天有利的条件。国有企业的公司化改造,有利于界定产权,确定企业财产所有权的归属。有利于股权与所有权的分离和政企分开,使企业不再是政府的附属物。有利于转换经营机制,改善企业管理,防止决策失误,提高经营效率。因此,对国有企业进行公司化的改造,成为我国企业改革的基本方式。自1993年《公司法》通过并施行以来,多数国有企业都先后改制成为有限公司、股份有限公司或国有独资公司。

第四节 公司法概述

一、公司法的概念和性质

公司法是规定各种公司的设立、活动、解散以及其他对内对外关系的法律规范的总称。公司法调整的对象和范围包括公司设立过程、存续期间和终止过程中的法律行为和法律关系。设立过程中的行为和关系包括设立人之间及设立人与第三人之间的行为和关系。存续期间的行为和关系包括股东之间,股东与公司之间,公司管理机构之间,股东与管理机构之间,股东、公司与第三人之间,公司与国家管理机关之间的行为和关系。终止过程中的行为和关系除上述关系外,还包括股东与清算组织、清算组织与第三人等的行为和关系。

公司法的性质是指公司法的主要属性,即其在法律分类体系中的基本属性。在法律性质的界定上,公司法应属私法、商事法和商事主体法。

首先,公司法属于私法。在西方国家,把法律分为公法和私法。所谓公法是指调整国家与社会组织和个人之间关于公共生活关系的法律规范。所谓私法是指调整上述组织和个人之间以及相互间关于私人生活的法律规范。一般认为,商事法属于私法的范畴。虽然进入现代资本主义时期以来,西方国家政府开始更多地干预和管理社会经济活动,从而出现了"私法公法化"的趋势,商事法也日愈具有公法的色彩,尤其是其中的公司法更多地包含了公法性质的内容,但就其本性而言,公司法仍应属私法,原因在于公司法主要调整私人或民事主体之间的关系,调整的直接目的是保护和协调民事主体的私人利益,促进商业活动的增长和发展,调整的方法则主要是通过民事权利义务的设定和民事责任的追究。

其次,公司法属于私法中的商事法。商法是资本主义国家中的一个重要法律部门,是调整各种商事关系的法律规范。按照各种商法所调整的具体对象的不同,商法又有许多分支,其中比较重要的是买卖法、商业登记法、公司法、票据法、保险法、海商法、破产法等。当然,商法本身有形式的商法与实质的商法之分。形式的商法,是指在民、商分立的国家所制定的,以"商法(典)"命名的法典。实质的商法,则是指各种调整商事关系的法律规范,其中除统一的商法典外,也包括各种单行商事法规。

无论在何种意义上,公司法都是商法中的一个重要分支,在民、商分立的国家中把公司法规定在商法典中,在民商合一的国家中,则在民法中包含了公司法性质内容的规定,而许多国家,在商法或民法的一般规定之外,又单独制定了单行的公司法。

公司法之所以属于商事法,其原因在于公司本身是一种营利性的社团法人组织,不管其具体经营活动是从事生产制造,还是商品流通,抑或是商品交换中的中介活动,其目的都是为了营利。股东组成公司或购买公司股份的目的也是为了使自己的财产增值。这种经营活动正是商法所调整的商事关系,公司本身也是商事关系中最普通、最主要的商业组织或团体。因此,公司法当然属于商事法。

最后,公司法属于商事法中的商事主体法。商事法中有的侧重调整商事主体,有的侧重调整商事活动,有的则侧重调整商事关系的客体或对象,而公司法是其中的商业组织法或商事主体法。公司是一种社团法人组织,是由多数人组成的团体,因而对其实行法律调整的公司法即具有主体法或组织法的性质。所谓主体法或组织法,就是规定某种主体或社会组织的产生和消灭、组织机构及其活动的范围、活动规则等关系的法律规范。银行法、合作社法、工会法等各种社会团体法都属于典型的组织法。组织法的突出特点是对某种社会组织或团体的各种法律关系进行全面的调整,其中尤其重要的是调整此种组织的内部关系,而一般法律都主要调整社会组织的外部关系。

公司法作为主体法或组织法,它首先确认的是公司的法律地位,赋予其法人资格。另外,公司法对公司从产生到消灭整个过程的各种法律关系和活动都作了具体、详尽的规定,其中包括公司的设立、变更和解散,公司的经营业务,公司章程,权利能力和行为能力,财产结构和组织结构,管理机构的组成及其职权,会计事务的管理,公司与股东以及股东相互间的关系特别是股东在经营管理中和盈余分配中的权利等。同时,公司法也对公司的人身权,如公司名称、住所、注册机构等作了规定。

二、公司法的特点

公司法的特点是指公司法在某些方面的表现,是与其他法律相比较而展现出的特殊性。

(一) 公司法是主体法和行为法的结合

公司法是一种主体法或组织法,同时也具有商业活动法的特点和内容。所谓商业活动法,是指直接调整具体的商业经营活动的法律规范,这种商业活动不是发生在某一组织或团体内部,而是发生在不同组织或个人之间,合同法(包括买卖法)、代理法、票据法、信托法等就是最典型的活动法。

在各国公司法中,不仅规定了公司的设立、变更、组织机构等内部关系,也规定了公司所从事的某些直接的商业经营或交易活动,此种规定包括发行股票、债券的条件和程序,股票、债券上市和交易的方式和规则等。这种对特定经营活动的规定是公司法的一个特别内容,在一般组织法中,很少有这方面的内容。

公司法之所以具有商业活动法的特点,是由于这些商业活动与公司的组织特点密切联系,或者说它是公司这种组织特有的活动内容,需要在公司法中对此一并规定。公司的活动分为两种,一种是普通商业活动,这种活动一般商业组织都可以进行,如制造、承揽、运输、买卖等。另一种则是与公司组织特点直接相关的活动,这就是股票、债券的发行和交易活动,这种活动一般只有公司才能进行。而公司法作为组织法,并不对公司的普通商业活动进行调整,而是对其上述特定交易活动作出规定。

(二) 公司法是强制性和任意性的结合

公司法具有强制性。所谓强制性是指法律的规定必须严格遵行,不得违反、改变甚至变通,否则即构成违法。公司法规范的强制性体现了国家的意志和对经济生活的干预。其原因在于公司的设立不仅涉及公司的设立者、内部的股东或当事人的利益,更涉及公司之外的第三人、相对人或未来的债权人的利益,为了保障这些外部主体的利益和社会交易的安全,必须将公司法的某些制度和规则法定化和强制化。同时,公司是社会经济的主要力量,其财产雄厚,活动广泛,在社会经济生活中举足轻重,如不对其组织本身实行严格的法律指导和管理、控制,将会对社会经济秩序构成潜在的威胁。

公司法具有一定的任意性。所谓任意性,是指法律的规定可以由当事人改变或变通,公司章程的规定或当事人的约定可以排除法律的适用。任意性是许多民商法规范尤其是合同法的重要特点,合同法中的绝大多数规定都是任意性规范,都允许当事人自由协商作出另外约定。公司法的任意性是由其民商法的基本性质决定的,包括公司法在内的民商法本质上属于私法,而私法又是体现私人意志并为最终实现私人利益服务的法,公司是投资的工具,公司法主要是体现投资者意志并为实现投资收益而服务的法,由此,公司法没有理由完全排除公司当事人就公司经营管理事项及相互关系所作的自愿协商和安排,因为当事人是自己利益最好的代表者,它最了解其自身的利益和需求所在。由此,公司法规范应该具有一定的任意性。

公司法中,既有强制性规范,也有任意性规范,是由这两种规范有机构成、合理布局。就条文数目而言,绝大多数的公司法规范应属强制性规范,任意性规范虽属于少数,但却起着绝对不可忽视的作用。我国公司法以往强制性过度而任意性不足,法条中很少表现出任意性,2005年《公司法》基于放松管制、尊重股东和公司自治的立法目标,对强制性规范和任意性规范作了重新定性和安排,增加了许多任意性条款,而且还把原来的某些强制性条款变成了任意性的条款。如《公司法》第71条首先对股权转让作了系统规定,接着又规定,"公司章程对股权转让另有规定的,从其规定";第75条规定,"自然人股东死亡后,其合法继承人可以继承股东资格;但是,公司章程另有规定的除外";第34条规定,"全体股东约定不按照出资比例分取红利或者不按照出资比例优先认缴出资的除外"。

典型案例:金穗公司利润分配纠纷案(《案例分析》第17页)
请扫描二维码或访问 http://2d.hep.cn/1318685/3 了解相关内容

(三)公司法表现为成文法

法律规范有判例法与成文法之分,公司法规范主要表现为成文法的形式。无论在采取成文法形式的大陆法系国家,还是在采取判例法形式的英美法系国家,公司法基本上都采取了成文法的形式。其原因在于公司法对公司的类型实行严格的法定主义,对于公司的法律人格、公司和股东的责任、设立条件、组织机构、公司会计、公司变更与清算等必须予以全面系统地法律规范。同时,公司法作为主体法,应具有基本的明确性、系统性、统一性和稳定性,以成文法的形式可以避免判例法的分散和易变。

当然,在英美法系国家,除成文的公司法外,也还有许多公司法方面的判例,它也构成公司法的重要组成部分。同时,作为成文法的公司法,非指某一单一的立法文件,而是指调整公司关系的各种法律规范。

(四)公司法具有一定的国际性

商法是最具有国际性的法律规范,其原因在于商法以调整商事关系为对象。商事关系实质就是商品关系在法律上的表现,因而商法不能不反映和尊重商事关系的客观规律和要求。同时,商事关系本身也具有一定国际性,许多商业活动都跨越国界,尤其是当前各国经济日愈紧密联系,并趋向世界经济体系的形成。为此不仅世界各国在本国商事立法方面注重坚持一般的科学原理和保持与其他国家商事法的协调和衔接,而且在国际间也订立有许多国际性商事公约。

作为对商事活动主体的公司进行法律调整的公司法属于商法的一部分,也必然具有国际性的特点。从各国公司法的内容看,共同性是很明显的,有关公司的概念与类型、公司的设立与注册登记程序、公司的所营事业、公司的名称与注册登记程序、公司的资本与股份、股东大会的组成与职权、董事会等管理机构的设置与职权、公司债券的发行、公司的解散与清算等各方面的法律规定,多是大同小异。

公司法的国际性,还表现在制定跨国性公司法的实践和尝试上。欧洲共同体(欧盟)即采取了制定公约、发布指令、制定统一的欧洲公司法三种方式来协调和统一成员国的公司法,例如:欧洲共同体成员国签署了关于相互承认公司及法人实体的公约、关于公司国际性合并的公约、关于公司破产程序的公约;为协调成员国的公司法,欧洲共同体(欧盟)先后发布了关于保护第三人、关于公司法、关于公司合并和关于某些类型公司的年度结算四个指令。这些公约和指令虽不直接适用于各成员国,但却对各成员国的公司法修改统一产生了直接的影响。

三、公司法的基本原则和立法目标

公司法的基本原则,是公司法调整公司关系的基本准则,是公司立法的基本理念和指导思想,也是公司法律制度设计的立法目标和价值取向。基于这些立法目标和法律原则制定的公司法既反映了现代市场经济对公司法律制度的要求,也对鼓励投资、集中资本兴办企业、维护商业组织、繁荣社会经济起着至关重要的作用。在我国市场经济条件下,公司法及其基本原则对于促进经济改革,规范公司组织的设立和活动,保障各方当事人的合法权益,维护交易安全和社会经济秩序,亦有着重要的意义。公司法的基本原则是在公司法律制度长期的发展中逐步形成和不断调整的,并为各国公司法不同程度地接受和体现。我国公司法在肯定和吸收现代公司法原则的基础上,结合我国现实,逐步形成了具有中国特色的公司法基本原则。这些原则或者被直接规定为法律条款,或者体现在具体的制度和规则之中,概括来说,这些原则主要是:

(一)基本原则

1. 鼓励投资原则

公司是以营利为目的的组织,是投资的工具,是股东共同投资、获取投资收益的法律形式。因此,公司法的重要原则之一就是鼓励民事主体的投资创业行为,推动公司设立,促进资本市场的发展和繁荣,并由此创造更多的劳动岗位和就业机会,促进社会主义市场经济的发展。

在这一原则的形成过程中,我国公司法经历了一个不断认识和调整的过程。受限于社会经济的阶段性发展和社会的客观环境,曾有过将公司法作为"治乱的法"、"管理的法"和"国企改革的法"等的片面认识,其实公司法更主要的任务是对所有公司法律关系进行全面的法律调整。我国市场经济发展到现阶段,更需要重视和强调的是公司法在鼓励投资创业方面的重要作用。在全球经济竞争的背景之下,各国经济的竞争不仅是产品和市场的竞争,也包括制度的竞争,就是比试谁的规则最优,谁的制度最佳,谁能为企业成长和经济发展提供最广阔的空间和优越的环境。因此,2005年和2013年先后修订的《公司法》改变原来过分强调规范、限制和管理的倾向,而转向对各种投资主体投资行为的鼓励、对各种投资资源的充分利用、对各种投资形式和投资渠道的开拓。2005年《公司法》大幅降低公司最低资本额、放宽股东出资形式、允许资本分期缴纳、取消股份有限公司设立审批,2013年《公司法》取消法定公司最低资本额、从有限制的资本认缴制改为完全的资本认缴制、取消货币出资比例和验资程序等,都是对这一立法原则的充分体现。

2. 公司自治原则

公司自治就是允许公司在法律规定的范围内自主决定公司的一切事项,法律只对某些涉及他人和社会利益的事项强制干预,法律中的任意性条款只供当事人选择适用,公司章程或决议可以另外的规定或约定排除任意性条款的适用。公司法既具有强制性,又具有任意性,它应是强制性规范和任意性规范有机结合、合理布局的法。对公司法的强制性通常不会被忽视,也较少发生认识上的分歧。经常出现的问题是对公司法任意性的忽视,因此,为强调公司法的任意性,形成了公司法上的公司自治原则。

我国公司法长期存在的突出问题,一是强制性与任意性规范的性质区分不明,二是强制性规范过多而任意性规范不足,法律规定则呈现出过度的刚性和强制性,而缺少应有的弹性和任意性。因此,2005年《公司法》修改形成的一个重要的共识和立法原则就是尊重股东权利,加强公司自治,从原来片面、过度的控制和管理转向对企业经营自治的尊重、对运营效率的追求和对市场机制的有效运用。为此,2005年《公司法》对其强制性和任意性规范作了重新的定性和安排,注重和强调公司法规范的任意性,减少强制性规范的范围。表现在法条中,就是将许多条文变成了任意性条款,其中包括有限公司股权转让的优先受让权问题、股权的继承问题、股利的分配问题等。

3. 公司及利益相关者保护原则①

公司由股东共同出资设立,但与公司设立和经营存在利益关系的不只是股东。公司作为独立的法律主体,既依法成立并开展经营活动,又有其独立的利益,公司法律制度建立的出发点之一就是确保公司这种近现代社会最有效的经济组织得以良性运行,因此,维护公司的合法权益就成为任何国家公司法都必须有的功能性目的。同时,公司的职工或雇员也是公司组织体上的利益相关者,股东的利益是投资收益,职工的利益是获取工薪和报酬。公司倒闭对股东的风险是丧失投资,对职工的风险则是失去工作。此外,公司的债权人更是公司经营活动的利益相关者,公司的良好经营会保障债权的顺利实现,而公司的倒闭破产则会严重损害债权人的利益。公司经营的成败得失对这些利益相关者都有着深刻影响,尤其在现代社会,随着公司的规模扩大和实力膨胀,公司对利益相关者的影响越来越强,因此,保护公司本身和股东、债权人、职工等利益相关者的权益就成为现代公司法律制度的又一使命。

4. 股东平等原则

股东平等原则,指股东在基于股东资格而发生的法律关系中,原则上应按其持有的股份的

---

① 参阅本节"立法目标"的相关内容。

性质或数额享受平等待遇,同种性质的股份应该享有同样的权利、承担同样的义务,不能受到歧视和差别待遇。公司制度最重要的一个创造是将具有不同身份、地位的投资者抽象为股东,基于股份的平等,股东之间也具有平等的地位,应当一视同仁。如我国《公司法》第 127 条规定:"股份的发行,实行公平、公正的原则,同种类的每一股份应当具有同等权利。同次发行的同种类股票,每股的发行条件和价格应当相同;任何单位或者个人所认购的股份,每股应当支付相同价额。"

股东平等原则是现代公司立法所奉行的基本原则之一,它是民法平等原则在公司法领域的具体体现,也是平等保护投资者利益、调动投资者积极性的客观需要。然而,公司的股权结构往往导致大股东对公司的过度控制、中小股东受到欺压的情况,因此,特别需要建立对中小股东特别保护的法律规则,以实现股东事实上的平等。我国公司法中的许多规定都是这一原则的体现和要求,如少数股东的股东大会召集权和主持权、股东表决权的限制、累积投票制、异议股东股份收买请求权、股东代表诉讼制度等。

5. 权力制衡原则

权力制衡原则是公司内部治理方面的基本原则,它是指公司的内部治理应当注重权力之间的相互分工和制衡。这一原则是"三权分立"的政治原则和国家政体结构在公司中的运用,将不同的权力赋予不同的机构,使之相互配合,又相互制衡,以此防止权力集中导致的滥用和腐败。权力制衡原则的具体表现形式在大陆法系和英美法系有所不同。大陆法系国家通常将公司的决策权赋予股东会、执行权赋予董事会、监督权赋予监事会,以实现权力之间的制约和平衡。英美法系国家则不设独立的监督机关,而在公司执行机关内部设置有监督职能的机构或个人,如外部董事、审计师等。权力制衡原则是现代公司法人治理结构的指导原则,对于公司的有效运作和秩序稳定具有重要的作用。

在采纳大陆法系机构模式的基础上,我国公司法明确规定公司一般应设置股东会、董事会、监事会三种主要的公司机构,并详细界定了三种机构的权力配置及职责分工。同时,我国公司法规定的上市公司可以设置独立董事制度,则是吸收了英美法系制度的合理因素,以此确保公司不同权力的正确行使和有效监督制约。

6. 股东有限责任原则

股东有限责任原则,是指股东仅以其出资额为限对公司债务承担责任,它是公司区别于其他经济形态的最明显的法律特征,也是公司成为近现代社会最重要的企业形式的主要原因所在。由于有限责任降低了投资风险,有助于刺激投资积极性、扩大经营规模,并促进了股权的流动和自由转让,带动了证券市场的发展,因而创造了极大的生产力。现代国家的公司法在引入公司法人制度后,莫不将有限责任制度作为整个公司法律制度的基石。

我国公司法在确认公司拥有独立法人人格的同时,也确认了股东的有限责任。《公司法》第 3 条规定:"公司是企业法人,有独立的法人财产,享有法人财产权。公司以其全部财产对公司的债务承担责任。有限责任公司的股东以其认缴的出资额为限对公司承担责任;股份有限公司的股东以其认购的股份为限对公司承担责任。"有限责任是法律给予投资者的特惠,在既往公司法上是以最低资本额的限制和资本的实缴为条件的,取消最低资本额和改采完全认缴资本制,并不会改变有限责任的正当性和合理性,因为有限责任本质上是一种承诺性或宣示性的责任,即股东是以其承诺的数额对公司负责。股东承诺的绝对资本数额并不重要,重要的是此种承诺产生的相应出资义务和对股东形成的法律约束,使他人基于此种宣示对该公司资本规模和信用能力的了解并进而预判交易风险和做出交易的决策。

有限责任原则对于公司制度的确立和发展可谓厥功至伟,但是,同绝大多数的原则一样,有限责任原则也并不是绝对的。由于股东可能滥用有限责任,侵害债权人的利益,有限责任制度隐含着股东的"道德风险"。为克服有限责任可能出现的这一弊端,形成了公司法上的法人人格否认规则。但这一规则的实行并非对有限责任原则的动摇和否定,而是对该原则的补充和完善,是为了更好地发挥该原则的功能。

7. 公司社会责任原则

何谓公司社会责任,迄今尚未形成统一的结论。一般认为,公司的社会责任是指公司不仅对股东负有责任,而且应对股东之外的雇员、债权人、供应商、客户、社区以及公共利益负有责任。同时,公司的社会责任不仅包含法律明文规定的责任,而且更强调法律尚未明文规定而根据一般社会观念或道义应承担的非法定责任。

公司是股东投资设立的以营利为目的的社团法人,实现股东利益最大化是股东设立公司的主要目的。这是在"股东本位"主义下人们对于公司最基本的传统认识。随着市场经济的发展,公司的数量和规模不断膨胀,公司已经成为社会经济的支配力量,进而使得公司对社会各方面的利益产生实质影响。

工业事故频繁,劳工缺乏社会保障,环境污染严重等事件意味着不仅仅股东承担公司经营的风险,公司雇员、债权人、客户,甚至社区居民等股东之外的利益主体都可能在一定程度上承担风险。公司力量膨胀所带来的弊端,引发了对公司社会责任问题的争论。公司的社会责任最早是 1932 年由美国的 Dodd 教授提出,此后的论争一直延续到 20 世纪八九十年代。然而,由于公司社会责任的复杂性及其执行的困难性,公司社会责任理论并没有完全为各国立法所接受。但是,强调公司社会责任的"利益相关者"理论却已在立法上为美国的许多州和一些国家的公司法所接受。

虽然公司的社会责任是一个宽泛的概念,法律不可能也没有必要对每一项社会责任予以明确列举。但在公司法中明确公司的社会责任无疑具有重要的意义:一方面,有利于预防公司滥用经济力量,鼓励其实施公益捐赠、强调环保等各种形式的社会公益行为;另一方面,有利于保护利益相关者的合法权益。随着我国现代企业制度建设的推进,公司已为我国重要的经营主体,公司的影响与日俱增。但是,由于对营利的过度追求,公司违反法律法规、违背社会公德、商业道德的行为频频发生,由此导致公司债权人、消费者、职工的利益遭到侵害,有些行为也严重影响和破坏了社会、市场应有的正常秩序。因此,我国《公司法》第 5 条规定,"公司从事经营活动,必须遵守法律、行政法规,遵守社会公德、商业道德,接受政府和社会公众的监督,履行社会责任",明确提出并肯定了公司的社会责任,这对倡导公司以各种形式维护社会公共利益和履行社会责任而言,具有重要的意义。

(二) 立法目标

我国《公司法》第 1 条规定,公司法的立法宗旨在于"规范公司的组织和行为,保护公司、股东和债权人的合法权益,维护社会经济秩序,促进社会主义市场经济的发展"。由此,公司法的主要立法目标就是维护公司及利益相关者的合法权益。

1. 保障公司的合法权益

公司之所以成为近现代社会最有效率的经济组织和生产方式,十分重要的原因是法律赋予其独立的人格,使其成为独立的民事主体,因此它也必须靠有强制力的法律予以确认和保障,否则其独立人格很容易受到侵犯,丧失存在的基础。因而,现代各国公司法都确认了公司的法律地位,赋予其法人资格,使其存在取得了法律上的效力。同时公司法也明确地规定了公司的权利能力和行为能力、公司管理机关的组成和职责、股东对公司应承担的义务等。一方面使公司本身的活动有法可依,另一方面也防止了他人限制和侵犯公司的权利,防止了公司管理人员滥用权力以及股东只考虑个人眼前利益而不顾公司整体、长远利益等危害公司利益的行为。

我国公司脱胎于计划经济时期的国有大中型企业,由于受到长期政企不分和企业非市场行为的影响,使得许多企业在进行了公司制改造后仍缺乏独立的利益和意志,维护自身合法权益的观念极为淡薄,因而,这一原则对我国公司具有更为重要的意义。《公司法》第5条第2款明确宣示:"公司的合法权益受法律保护,不受侵犯。"这鲜明地体现了该法保护公司权益的立法精神,为公司的发展提供了强有力的法律支持。

2. 保障股东合法权益

股东是公司的组成成员,是公司设立和存在的基础,同时它又在公司中承担最大的风险:股东将财产投入公司后,就丧失了对该财产的支配权。公司特殊的管理方式也使许多股东无法直接介入对公司事务的管理和控制。公司经营失败,股东不仅得不到投资回报,甚至可能丧失全部投资权益。由此,对股东权益的保护成为各国公司立法的重点所在。我国公司法也将保护股东权益作为公司法的一项重要原则予以确认,并赋予了股东广泛的权利。《公司法》第4条规定:"公司股东依法享有资产收益、参与重大决策和选择管理者等权利。"针对我国公司,尤其是国有企业改造而来的公司股权结构不合理所导致的中小股东受到大股东压制的事实,《公司法》特别增加或完善了中小股东享有的各种权利,如少数股东的股东会召集与主持权、临时股东会的请求召开权、提案权、累积投票权、代表诉讼权、建议与质询权、股份收买请求权和公司解散请求权等。

3. 保障债权人利益和交易安全

公司成立后,必然要与他人进行广泛的经济往来,形成大量的债权、债务关系,公司法上的有限责任制度作为一种风险分配机制,又将股东投资风险的很大部分转移给了债权人。因此,对债权人利益提供有效的保护也是公司法的重要作用之一。在我国,由于一些公司商业信用低下、恶意逃废债务和动辄陷入支付不能或破产等严重危害债权人利益的情况,使公司法在这方面的作用更为突出。

我国公司法将对债权人的保护明确写进立法宗旨之中,并在公司法中规定了一系列的制度。如为确保公司财产的安全性、为债权人提供有效担保,设计了一系列具体的资本制度,如法定最低注册资本额的规定、非货币出资的限制等。另外,为防止公司股东滥用公司人格,保护公司债权人利益,我国公司法明确规定了公司法人人格否认制度,第20条规定:"公司股东……不得滥用公司法人独立地位和股东有限责任损害公司债权人的利益……公司股东滥用公司法人独立地位和股东有限责任,逃避债务,严重损害公司债权人利益的,应当对公司债务承担连带责任。"《公司法》第64条规定:"一人有限责任公司的股东不能证明公司财产独立于股东自己的财产的,应当对公司债务承担连带责任。"

4. 保障职工的合法权益

人力资本是公司生产经营的要素,职工是人力资本的提供者。公司经营成功,不但股东得到投资的红利,职工还得到工资或劳动的酬金,而公司经营失败或破产,不但股东会丧失投资的本利,职工也会丢掉劳动岗位,他们都是公司组织体上的利益相关者。因此,对职工利益的保护也同样是公司法固有的使命和目标,同时由于职工相对于作为雇主的公司经常处于较为弱势的地位,就更需要公司法提供强制性的规则加以保护。

各国公司法经历长期的发展,也逐渐建立了保护职工利益的法律制度,包括职工持股计划、职工董事设置等。我国公司法对职工的保护也给予了充分的重视,并在公司法中作了以下重要的规定:

(1) 公司必须保护职工的合法利益,依法参加社会保险,加强劳动保护,实现安全生产。公司应当采用多种形式,加强公司职工的职业教育和岗位培训,提高职工素质。

(2) 公司职工依法组织工会,开展工会活动,维护职工的合法权益。公司应当为本公司工会提供必要的活动条件。公司依照宪法和有关法律的规定,通过职工代表大会或者其他形式,实行民主管理。公司在研究决定有关职工工资、福利、劳动安全卫生、保险等涉及职工切身利益的问题以及制定重要的规章制度时,应当邀请公司工会或者职工代表列席有关会议,事先听取公司工会和职工的意见。公司研究决定经营方面的重大问题时,应当听取公司工会的意见,并通过职工代表大会或者其他形式听取职工的意见和建议。

(3) 两个以上的国有企业或者其他两个以上的国有投资主体投资设立的有限责任公司,其董事会成员中应当有公司职工代表。其他有限责任公司或股份有限公司董事会成员中也可以有公司职工代表。董事会中的职工代表由公司职工通过职工代表大会、职工大会或者其他形式民主选举产生。

(4) 公司监事会应当包括股东代表和适当比例的公司职工代表。其中,职工代表的比例不得低于 $1/3$,具体比例由公司章程规定。监事会中的职工代表由公司职工通过职工代表大会、职工大会或者其他形式民主选举产生。

四、公司法在法律体系中的地位

公司法是对公司法律关系予以全面调整的单行法,虽然在性质上它属于商法,但其内容和采用的法律手段却涉及多个法律部门和领域,与许多其他法律部门有着密切的关系。例如,公司的法人地位和权利能力、行为能力等需要依据民法的一般规定和原理确定;公司的登记注册涉及行政法中的工商管理法规;公司的财务、会计制度与会计法、审计法的要求直接相关;公司的营业活动涉及税法;股票、债券发行和交易涉及证券法;公司与其雇员之间关系需遵守劳动法;公司的合并不得违背反垄断法;公司的破产涉及破产法;公司犯罪则必须依据刑法认定和处罚,等等。因此,界定公司法的地位,必须了解和认识公司法与其他相关法律部门的关系。

(一) 公司法与民法

民法作为调整平等主体之间的财产关系和人身非财产关系的基本法,它所确立的一些基本制度和基本准则,对于调整股东间的关系及股东与公司间的关系,同样是适用的。例如,民法中的法人制度对于确认公司的法律地位具有重要的作用;民法中的法律行为和合同理论对于确定公司和股东许多行为的法律效力具有重要作用;民法中的物权理论对于认识公司股东的股权性质和股权的变动,具有重要的指导意义;民法中的代理制度和委任制度,适用于对公司经理人法律地位的确定;民法中的合伙制度,对于确认无限公司的股东地位与责任具有借鉴意义,甚至可以直接适用;民法中的侵权赔偿制度,可以直接用来确定董事、经理给公司造成损失时应负的责任。

这一切都充分证明,公司法离不开民法。反之,民法也离不开公司法,民法中的法人制度直接源于公司法。公司制度的完善,本身也是民法主体制度的完善,公司股权制度的形成,也是民法物权理论与实践的发展。民法和公司法相辅相成、相得益彰。由此,传统学理上,通常将包括公司法在内的商法作为民法的特别法,将民法和商法统称为民商法。

(二)公司法与商法

商法是调整商事关系的法律规范,商事关系由商事主体和商事行为构成,因此通常将商法分为商事主体法和商事行为法,或称商业组织法和商业活动法。商事主体分为商自然人、商事合伙和商法人,商自然人即个体商人,商法人则主要是各种商事公司。公司为商人或商业组织,公司法即属于商法中的商事主体法或商业组织法。

传统大陆法的商法体系是由商法的一般制度和公司、破产、票据、海商、保险几个部分组成的,公司法是其中基本的构成部分,尽管各国立法和理论对商法的范围和内容有不同的规定和解释,对其他几个部分是否归入商法有不同的规定,但对公司法作为商法的主要部分的认识,却是完全一致的,无论在何种法律体系中,公司法都是最基本也是最重要的商事法律。

(三)公司法与经济法

对于公司法与经济法的关系,一直存在严重的分歧,认为公司法属民商法的意见通常否定经济法与公司法的种属关系,而相反的意见则认为公司法属于经济法的组成部分。

界定公司法与经济法的关系首先需要确定经济法本身的性质。对于没有国家对经济的管理就没有经济法,经济法实质是国家管理经济法律部门等观点,学者们已基本形成了共识。如果肯定了经济法的国民经济管理法的基本性质,就很难将公司法归类于经济法。公司法从性质角度说,应属于私法中的商事法,而经济法则属于典型的公法,无论从调整的对象,还是调整的目的以及采用的法律手段看,经济法都很难包容作为私法的公司法,尽管公司法中含有许多的公法性质或经济法性质的规范,从而使公司法在某种程度上表现出私法公法化的倾向,但就总体的法律性质而言,仍然不能否定公司法的私法属性。

(四)公司法与企业法

在我国,公司是企业的重要组织形式,因而公司法是企业法体系的重要组成部分。《公司法》颁布前,我国企业法律体系以全民所有制企业法、集体所有制企业法、私营企业法、外商投资企业法为立法框架。《公司法》的颁布,使我国企业法的原有立法框架发生了重大变化,即由单一的以企业所有制性质为线索的立法转向以企业所有制性质及以企业产权结构和财产责任两条线索并存进行企业立法的框架。这是我国目前经济发展及企业体制改革的客观需要。因此,凡是符合公司法规定的条件,依公司法规定程序设立的企业,无论其所有制性质如何,都归公司法调整。其他企业法只调整有限责任公司和股份有限公司以外的企业。

此外应当指出,在外商投资的有限责任公司和股份有限公司中,外商投资占有法定比例,在贯彻国家对外国直接投资的方针政策、对其进行专门法律调整的过程中,涉外企业法已经自成体系,对一些特殊问题,在遵循平等互利和参照国际惯例的原则之下有其特别规定。因此这类公司属特种公司,外商投资企业法中相应的内容是公司法的特别法,对外商投资的有限责任公司及股份有限公司的法律调整,应优先适用外商投资企业法的规定。

(五) 公司法与证券法

公司法与证券法是联系最为密切的两个法,在调整的对象和范围上具有交叉的关系。公司法和证券法除各自自有的内容外,都对因股票和公司债券发生的法律关系进行调整。在各国公司法上,股票和公司债券的发行是股份有限公司特有的权利能力,而股票和公司债券又是证券市场中交易最为活跃、交易量也最大的证券品种。可见,证券的母体之一就是公司,没有公司就不可能提供用于交易的股票和公司债券。同时,证券市场分为一级市场和二级市场,所谓一级市场就是发行市场,而对发行行为和发行关系的调整不仅是证券法的任务,也是公司法的重要内容,公司法和证券法各从不同的角度对股票和公司债的发行人的条件和发行程序作出规定。

一般而言,公司法的规定具有原则性和基础性,证券法的规定应保持与公司法的一致性,并表现出更强的技术性和操作性。公司法与证券法二者类似姐妹法,又类似母女法,因此,在理论、立法、司法以及实务工作中,通常都将这两个法联系在一起。

(六) 公司法与破产法

公司终止有多种原因,而其中因不能清偿到期债务,被依法宣告破产,是公司终止一个重要原因。我国《公司法》第190条明确规定:"公司被依法宣告破产的,依照有关企业破产的法律实施破产清算。"一般国家的公司法只对公司破产进行较原则性的规定,而具体的公司重整、和解、清算制度则由破产法规定,因此,公司的破产清算当然要依照破产法的规定进行。

公司法与破产法形成了一种相对应的配套关系,没有公司法规定公司这种组织形式,也就没有包括公司破产在内的破产法。公司法的基本制度是破产法制定和适用的基础,破产法的制定和发展又完善了公司法的制度,尤其是进一步完善和延伸了关于公司解散和清算的制度。我国2006年颁布的《企业破产法》标志着我国的破产法律制度已经形成较为完备的体系。

(七) 公司法与刑法

鉴于公司犯罪的特殊性,为防止滥用公司组织形式,保障交易安全,西方国家公司法中大都规定有公司犯罪的条款,甚至列举有超出刑法典规定的新罪名。例如,法国1996年颁布的公司法,有关公司犯罪的条文达67条之多,其详细、具体的刑事责任的规定涉及公司组建、股东会议、资本变更、股份发行、公司债的发行、公告、解散、清算各个方面;1990年修订的日本商法,也在公司法的部分对危害公司财产罪、股份缴纳责任罪等八种犯罪作了具体的规定。借鉴西方国家公司法有关公司犯罪的规定,我国公司法也对公司犯罪作出了专门的规定。为便于公司法的操作与施行,考虑到我国当时刑法对公司犯罪规定的诸多空白,全国人大常委会在《公司法》颁布后,专门制定了《关于惩治违反公司法的犯罪的决定》。1997年修订通过《刑法》时,又将该决定的内容纳入其中。

刑法实际上是刑事责任法,任何法律部门调整的社会关系,只要产生了国家和法律所认定的社会危害性,刑法就要予以调整。违反公司法的责任包括刑事责任,《公司法》中的刑事责任条款实质是公司法与刑法的连接点,凡依公司法规定应承担刑事责任的行为,都需要依据刑法的具体规定予以追究。

【本节理论探讨】

- **公司法究竟属于公法还是私法,属于商法还是经济法**

罗马法学家乌尔比安最先提出公法和私法的划分,虽然目前关于二者的划分标准仍未统一,但一般认为公法调整非平等主体之间的社会关系,以确认公权并使其服从于法律规制为根本任务;而私法调整平等主体之间的社会关系,以确认私权并保证其实现为任务。通常情况下,在私法范围内,政府的唯一作用在于承认私权并保证私权实现,要避免政府的过多参与。但是随着社会的不断发展,复杂的社会情势又要求国家在社会生活中发挥作用,实施经济宏观调控,从而使公法的作用日渐显露,并出现了公法入侵私法,"私法公法化"的现象。

传统的观念通常认为,公司法主要调整平等主体之间的法律关系,尽管公司法中有很多公法性质的规范,但公司法从整体上看仍是私法。现在的观点基本都认为公司法是调和自由与安全价值冲突的产物,是私法和公法融合的结果,公司法中的各项制度都体现了股东、公司、社会三者的利益平衡。观念发生变化的原因在于现实生活的改变,由于完全的私法自治可能导致极不公平的后果,尤其是股份有限公司涉及众多人的利益,为了确保资本流通和交易安全,保护各种利益,国家对经济生活的介入和干预的力度不断加大。公司法中有关商业登记、治理结构、对违反公司法的行为进行行政处罚和刑事处罚等规定,都显然有公法的性质,此时的公司法已不是纯粹意义上的私法。

分析公司法属商法还是属经济法,应先界定商法和经济法的区别。商法和经济法虽然都是规范有关企业活动的法律,但二者有着重要的差别:第一,商法仅调整商事关系即企业经营关系,而经济法调整因国家适度干预企业经济活动而发生的经济关系;第二,商法强调当事人地位平等和意思自治,但经济法是国家以社会的名义对国民经济整体进行调节;第三,商法侧重保护商事主体的合法利益,经济法重在维护社会整体利益,旨在建立公平的竞争秩序。公司法的主要着眼点在于调整公司这一组织形式的内外部组织关系,规范公司的行为,主要的法律关系仍然是商事性质的平等主体之间的法律关系,不涉及与国家干预经济活动而发生的经济关系,所以公司法是商法的重要组成部分之一。

- **如何界定公司法的强制性和任意性**

关于公司法的性质一直是有争论的问题,典型的观点有三种:

(1) 强行法说。此学说从历史分析的角度出发,考察公司形成初期的特许制以及后期仍然存在的严格准则主义,认为公司法是强行法。它的着眼点在于,由于市场机制是有缺陷的,因此,为了维护公共利益,政府必须要进行一定的干预,确保公司制度的良性运行。

(2) 任意法说。这是一个与上述强行法说截然对立的观点,认为公司就是一套合同规则,基于理性人的假设,必须保障当事人的缔约自由,所以公司法应是合同性的任意法或自治法。公司法存在的价值在于提供示范合同规则,公司法文本是行动指南,从而有利于节约谈判成本。

(3) 综合说。即认为公司法中既有强制性规则也有任意性规则,是二者的综合。赞成此种学说的学者占大多数。

美国学者 M.V. 艾森伯格认为公司是人和财产的结合。他将公司法的规则分为结构性规则、分配性规则和信义性规则,结构性规则是指有关决策权在公司机关的配置、行使决策权的条件以及对机关控制权配置的规则;分配性规则是关于对股东资产进行分配的一些规则;信义性规则是指调整管理人员和控制股东义务的规则。他认为,在闭锁公司(即有限责任公司)中,除了信义性规则为强制性规则外,其他规则多为任意性规则。而在股份有限公司中,股东人数过多,所以,信义性规则和结构性规则都应属于强制性规则。

我国也有学者将公司法的规则分为普通规则和基本规则两大类。普通规则为调整公司组织、权利分配和运作、公司资产和利润分配的规则;基本规则是指有关公司内部关系基本性质(如大股东与小股东之间的关系、管理层与股东之间的关系)的规则。同时,应在不同公司类型的前提下研究公司法的性质。比如在有限责任公司中,应更加强调自治性,应将普通规则视为任意性规则。股份有限公司的情况则有所不同,普通规则中的权利分配规则和基本规则都应是强制性的。

我国公司法以往强制性过度而任意性不足甚至缺失,公司几乎没有多少自治的空间,并由此导致了普遍存在的公司章程无用的现象。2005年《公司法》为尊重股东权利,加强公司自治,增加了许多任意规范与赋权规范,适当减少了强制规范与禁止性规范。

公司法中任意性条款的典型表述方式是"公司章程另有规定的除外"和"可以"。迫切需要进一步探讨的问题是未有此种字样的条款是否都当然就是强制性条款。从立法技术上分析,公司法不可能将所有任意性条款都明文标示,应该通过上述学理性的标准作进一步的判断。从公司法的条文看,也的确存在对一些条款作任意性解释的需要,如董事会组成的人数问题、董事会一人一票的表决问题等。

● **公司纠纷的司法救济与公司法的可诉性**

实践中的公司纠纷多种多样。除了公司与公司以外的民事主体之间的外部纠纷外,还包括公司与股东之间、公司与管理人员之间、股东与股东之间以及股东与管理人员之间的内部纠纷。

2005年《公司法》修订以前的司法实践中,大部分外部纠纷可以得到司法救济。但是,公司内部纠纷要寻求司法救济却不时遇到障碍,司法机关对当事人要求解决内部纠纷的诉讼请求表现出退缩的谨慎姿态,对此类案件能否受理、诉讼请求能否给予支持多有疑虑,甚至持有不应受理的见解。究其原因,主要有三:一是1993年《公司法》对这类内部纠纷是否可得到司法救济、应如何处理存在立法空白，或者即便有规定也是语焉不详、无法操作的；二是司法机关，甚至有的当事人自身也认为公司与股东之间、股东与股东之间的争议和公司管理机构的行为，属于公司的内部事务，司法不应干预和介入，而应由当事人自主处理，司法机关只应受理涉及公司外部关系的法律事项；三是即便受理以后，司法机关也对应在多大程度上满足当事人的诉讼请求、裁判的"度"应如何把握才算是在法无明确规定下的恰当裁量存在疑虑。

其实，公司法是对公司内外法律关系进行全面调整的法律规范，公司的内部关系亦属公司法调整的范围，由此而产生的争议也就需要司法的救济，不存在司法救济之外的公司内部关系。实际上，公司法上的诉讼，绝大多数恰好是因内部关系发生的，无论是股东对公司之诉，还是股东与股东之诉，无论是要求确认股东大会或董事会的决议无效之诉，还是公司对股东或董事的赔偿之诉，都属典型的内部关系引起的诉讼。显然，司法机关是不应当因其属内部关系而拒绝受理的。而且，在任何法治国家，司法都是化解利益冲突的最终途径，是解决社会争端的最后一道屏障。就此而言，除依法需由其他机构或组织最终裁决的争议外，没有司法机关不可受理的法律纠纷。

《公司法》修订后在很多方面体现了其制度创新性，其中操作性增强、可诉性提高是其显著特征。如股东撤销股东（大）会、董事会的决议诉权；股东依法查阅公司会计账簿遭到公司拒绝时可以请求人民法院要求公司提供查阅等。这说明《公司法》已经为司法机关处理公司内部纠纷提供了明确的法律依据，这类公司纠纷不应再"状告无门"。目前，实践中存在的分红权纠纷，请求履行报批、登记手续纠纷，移交公司印章、账册、办公场所纠纷等，虽无明文法律规定，也同样具有可诉性，当事人在无法自我解决时也应该得到司法程序的救济。

【本节实务研究】

● 公司可否以章程改变公司法规定的股东会和董事会的职权

在公司实务中，以章程改变公司法规定的股东会和董事会职权的情况经常发生。改变的主要内容通常是将公司法上明确规定的应当由股东会行使的职权转而授予董事会行使。我国《公司法》在列举股东会与董事会的职权时附加了一个兜底性的条款，即股东会与董事会可享有"公司章程规定的其他职权"。这一规定赋予了章程在界定股东会与董事会职权划分方面的自治权，这对公司法列举之外的"剩余权力"的行使找到了划分依据。但是章程可否改变公司法中有明确规定的股东会与董事会的职权吗？

目前，一种意见认为，就股东会和董事会的职权而言，应当属于公司治理方面的内容，公司法对这部分内容的规定，在有限责任公司的情形下，通常认定为任意性。但是，对于股份有限公司而言，尤其是上市公司，其中的中小股东对于公司章程的制定和修改是没有发言权的。此时，公司章程对于股东会和董事会职权的修改常常会损害到公司中小股东的利益。因此，就不应当允许公司章程对股东会和董事会的职权进行修改。

另一种意见则认为，公司不同机构之间的职权划分是公司法的机构性规范，此种规定如可以任意改变，将会彻底改变公司的基本管理模式，破坏整个公司法律制度的基本架构。同时，法定的组织机构和权限划分也是形成法人独立意志和实现公司人格独立的组织条件和保证。因此，此种规范应具有强制性，不得改变或变通。如董事会的决议确实不当，可通过决议无效或撤销的途径寻求解决,而不宜以股东会行使否决权的形式解决。

还有一种意见认为,美国公司法上的经营判断规则在一定程度上可以帮助识别董事会的决议是否超越了其权限,董事根据董事会的授权所从事的行为是否无效。董事会基于合理信息与专业学识作出合理判断和决策不应受到股东的阻止、搁置或攻击,除非有证据表明其违反了法定或公司章程规定的注意义务或忠实义务(如构成了自我交易)。因此,判断股东会与董事会的职权划分是否合理,不应停留在公司法语义模糊的表面措辞与公司章程机械性的数额规定上,而是应根据是否有利于公司利益的最大化以及保护中小股东和公司债权人等利益相关者的权益来综合考量。

第五节 公司法的形式

公司法是规定各种公司设立、变更、活动、解散以及其他对内对外关系的法律规范的总称。由此定义可以看出,公司法并非仅指某一部统一的公司法,而是指涉及公司的各种法律规范,其中,除法典式的公司法外,也包括其他的有关公司某一方面法律问题的法律、法规、法令、规章以及其他法律法规中涉及公司问题的内容,这些都是公司法存在或表现的形式,都属公司法的法律渊源。这些具体法律形式可以分为以下几种:

一、统一公司法

统一公司法也可称为公司法典,如《中华人民共和国公司法》、《法国公司法》、《英国公司法》等。这种公司法是对各种公司的法律问题予以全面、系统规定的法律规范,如同民法典对各种民事关系予以全面、系统地规定一样。公司法典的对象包括该国所有的公司类型,如股份有限公司、有限公司、无限公司等。其内容是对每种公司从设立到解散的全部法律问题作出详尽的规定,其方式是把该国以往有关公司的各种法律、法令、条例的内容加以综合整理,使其系统化、规范化。有的国家制定了统一的公司法,如法国、英国、美国(各州单独制定)等,我国台湾地区也制定了统一的"公司法"。

二、单行公司法或特种公司法

单行公司法是指就某一类公司专门制定的法律。如上所述,有的国家或地区制定了统一的公司法,但有的国家则是对某类公司单独立法。有的最初是将各种公司规定在统一的法律中,但后来根据需要而将其中的某一类公司独立出来加以规定。这方面最典型的是德国制定的《有限责任公司法》、《股份法》以及后来日本等国仿效制定的《有限公司法》、《股份法》。

此外还有一些针对某些特种公司(名称不一定称公司)制定的法律,如银行法,信托公司法等也属于单行公司法。我国的《商业银行法》、《中外合资经营企业法》、《中外合作经营企业法》、《外资企业法》等实质上也属于单行公司法的性质。商业银行是一种特种公司,商业银行法对商业银行的组织和行为作出了规定,商业银行法未规定的事项则适用公司法的规定,因此商业银行法是公司法的特别法。具有法人资格的外商投资企业也属于特种公司,《公司法》第

217条规定:"外商投资的有限责任公司和股份有限公司适用本法;有关外商投资的法律另有规定的,适用其规定。"因此,这些外商投资企业的法律属于公司法的特别法。

三、商法典

在实行民商分立的国家,制定有独立的商法典,公司法即为其中一个重要的部分。这种立法形式在早期的大陆法系国家具有普遍性,如法国商法典、德国商法典以及日本商法典等都将公司法作为其中的一编或一章加以规定。由于当时各国都还没有有限公司,因此商法中公司法的规定还没有涉及有限公司,但对无限公司、股份有限公司以及两合公司都作了全面的规定。后来,有限公司出现后,各国没有再将其规定于商法中,而是制定了专门对此类公司进行调整的有限责任公司法或有限公司法,再后,许多国家又将商法典的公司法中关于股份有限公司的规定独立出来制定成股份法。

到目前,各国的公司法已经在形式上脱离了商法典,但其中无限公司和两合公司仍由商法典予以调整。同时,商法典中的其他一般性规定,如商法的一般原则等也还适用于公司。

四、民法典

在实行民商统一的国家,没有将商法从民法中独立出来制成独立的法典,而将其规定于民法之中,其中也包括公司方面的法律规范。实行此种立法形式的国家最有代表性的是瑞士和意大利。瑞士的公司法规定在属于民法的债务法中,意大利的公司法则规定在其1942年制定的民法典之中,该民法典集民、商、劳动三位一体,是世界上体系最庞大的民法典。

五、特别法律、法令

根据公司经营活动的客观情况和国家对其实行管理的需要,各国在制定统一的公司法之外,一般都颁布有一些特别的法律、法令,就公司的某一方面的法律问题作出特别的规定。这些规定有的是统一公司法中没有而客观情况要求作出规定的内容,如公司法规定了公司必须达到的资本额,但具体数额多少,有的则通过制定"最低资本额标准"这样的法令作出规定,它们也都属于公司法的组成部分。

六、其他单行法中有关公司的规定

各国都制定有专门调整某一种法律关系的单行法,而这种关系本身可以涉及其他法律所调整的对象,因而这种单行法中也可能包含其他法律部门的内容,有一些法律中即包含公司法性质的规定。如破产法中关于法人破产的部分规定,也属于公司法中关于公司解散和清算的内容。又如证券法中规定的证券发行、上市、交易等,也属于公司法中股份有限公司部分的内容,或者说是把公司法的这一部分规定加以具体化了。而有的国家制定的商业登记法、商业会计法当然也适用于公司这种商业组织的登记和会计事项。

除上述各种法律形式外,有的国家主张商事习惯和判例也是公司法的形式之一,尤其是在适用判例法的英美法系国家。这些商事习惯和判例在许多情况下可以弥补成文公司法的遗漏或不足。当然,即使在英、美等国家,有许多公司方面的商事习惯和判例,也已经或逐渐融入其制定的成文公司法中。从法律形式上说,公司法的渊源包括各种具有法律效力的法律形式,既包括国家立法机关制定的法律、法令,也包括国家行政机关发布的行政法规和部门规章、条例等各种地方性法规和规章,还包括立法解释、行政解释和司法解释。在我国,行政法规、规章和条例以及最高人民法院的司法解释在公司法立法和实践中居于重要的地位,许多具体公司行为规则由行政法规加以规定,许多司法中的实务问题由司法解释加以解决。如国务院发布的《公司登记管理条例》、《中外合资经营企业法实施条例》、中国证券监督管理委员会发布的《上市公司向社会公开募集股份暂行办法》、最高人民法院先后公布的《公司法司法解释一》、《公司法司法解释二》和《公司法司法解释三》等。

【本章参考文献】

1　江平.新编公司法教程.北京:法律出版社,1995
2　石少侠.公司法教程.北京:法律出版社,1998
3　王保树,崔勤之.中国公司法原理.北京:社会科学文献出版社,2000
4　叶林.中国公司法.北京:中国审计出版社,1999
5　范健.公司法.南京:南京大学出版社,1997

【本章思考练习题】

一、名词解释

1. 公司
2. 社团法人
3. 有限责任
4. 无限责任

二、简答题

1. 简述公司独立财产的性质和意义。
2. 如何理解公司财产责任的独立性?
3. 如何理解公司的社团性与对一人公司的承认?
4. 简述公司法的强制性与任意性的关系?
5. 简述公司法人人格否认的法理根据和适用要件。

三、案例分析

1. 一个名叫萨洛蒙的店主把他个人拥有的一家鞋店卖给了由他本人以及其妻子、女儿和四个儿子组成的公司,卖价为3万英镑。其中萨洛蒙本人认购了19 994英镑的股份,其他人每人仅认购了1英镑的股份。另1万英镑,作为担保公司债券卖给了萨洛蒙本人。后来该公司因故歇业,而资产只剩下6 000英镑,但公司欠债除萨洛蒙本人的1万英镑外,另有7 000英镑。其他债权人认为萨洛蒙与其公司实际上是同一人,其公司不可能欠他的债,公司剩余财产应用来向他们清偿债务。

但法院最后判决,公司一经成立,即成为独立于萨洛蒙的法人。虽然萨洛蒙实际上是公司的所有者,几乎是唯一的股东,但也只能以其近2万英镑的股份出资对公司债务负责,同时,萨洛蒙也是公司担保债券的债权人,他有权比其他无担保的债权人优先得到清偿。结果,萨洛蒙得到了公司所剩6 000英镑的财产,而其他债权人则分文未得。

如何理解公司的法律特征和本案所体现的法律原则?

2. 上海华龙电器公司(简称上海公司)诉珠海南方贸易公司(简称珠海公司)货款纠纷一案,经法院判决,珠海公司应向上海公司立即支付货款2 600万元,但珠海公司无力执行法院判决。上海公司经查询了解到珠海公司曾投资澳门,与澳门另两家公司三方合资设立了一家珠澳国际电器有限公司,并在其中投资600万美元,拥有40%的股权。珠澳公司成立后,基本上没有开展经营活动,其名下也没有多少货币资金和其他有形资产。但该公司在上海投资与当地的金龙城建公司合资设立了中外合资东方房地产开发有限公司,该公司投入1 000万美元,拥有股权30%。东方房地产公司是一个项目公司,其唯一的经营项目是开发建设一个名为"东方大厦"的高档写字楼。

当上海公司知悉该写字楼已基本完工并正在热销,其整个写字楼的市场价值达数亿元时,便立即申请法院对该楼尚未出售的、价值约3 000万元的楼层进行查封并强制执行用于珠海公司对上海公司的货款支付。法院根据上海公司的请求予以查封,并准备强制执行前述的判决。

(1) 上海公司是否有权对东方公司的写字楼提出权利要求?

(2) 本案的判决应如何执行?

3. 正大有限责任公司(简称正大公司)是光明百货商店和万利有限责任公司(简称万利公司)的债权人。光明百货商店由甲、乙、丙三人合伙组成,每人出资30万元,共有资本90万元。1997年12月初,正大公司曾向光明百货商店发运一批针织服装,价款总计30万元人民币。付款期限届满时,光明百货商店没有按约付款。经正大公司多方调查,得知该店由于经营不善,已经拖欠了多笔大额债务。而合伙人甲因商店负债累累,不辞而别。乙、丙也不得不宣告企业解散。

在清算过程中发现,百货商店已经严重资不抵债,其尚有资产60万元,所欠债务已经达到150万元,其中包括欠正大公司的30万元货款。乙、丙声称他们将以企业的全部剩余财产清偿债务,超过部分的债务不再清偿。正大公司因此与之发生纠纷。正大公司的另一债务人是万利公司。该公司由通宝贸易公司等5家企业共同发起成立,注册资本为500万元人民币,每方各出资100万元,开业不久,在激烈的竞争中,万利公司因经营不善于1998年7月宣告破产。该公司破产时尚有资产600万元,所欠债务为750万元,其中包括欠正大公司150万元。正大公司分别将这两家企业诉至法院,要求清偿全部债务。

光明百货商店和万利有限公司各应承担何种责任?

第二章 公司的类型

【导语】

公司的类型多种多样,依据不同的标准可对公司作不同分类。有的属于法律上的分类,有的则属于学理上的分类。公司法上对公司进行的分类,是具有法律意义的分类。这种分类的目的是根据公司的不同法律属性和法律关系对公司进行相应的法律规范和调整。各个国家对公司的立法和规范本身就是在公司分类的基础上对其进行法律调整的。分析和理解公司的法律类型,有助于进一步理解公司法的各种基本原理,完整地把握各种公司的特点和不同的法律地位与法律关系,准确地适用公司法对不同公司设置的不同规范和行为规则。

本章的学习,应重点掌握有限责任公司与股份有限公司的异同点,母公司、子公司、分公司的不同法律地位和相互关系,国有独资公司的特点,外商投资公司的法定类型及各自的法律地位。应理解人合公司与资合公司划分的立法意义与理论意义,理解股份有限公司的作用与公司上市的意义,应对关联公司与企业集团的概念和法律关系、开放式公司与封闭式公司的划分、无限公司与合伙的比较与立法取舍有一定的了解。

第一节 公司的分类

公司从无到有直至发展到现代,其类型多种多样。依不同的标准,从不同的角度可以对公司作不同的分类。公司的分类有法律上的分类,也有理论、学理上的分类。同时在不同国家、不同时期的法律中,也有不同的分类。了解公司分类,有助于理解各个国家公司法的立法精神。明确各类公司的法律地位、公司与股东之间的法律关系,既是法律规范调整的需要,同时,对于公司实务中充分利用公司形式进行投资经营、执法司法实践中正确实施公司法和解决公司法律争议,也具有重要作用。

综观世界主要国家公司法的法律规定和一般公司法学理,对于公司主要有以下的分类。

一、无限公司、有限公司、股份有限公司与两合公司

这是以股东对公司的责任形式为标准进行的分类。

(一) 无限公司

无限公司(unlimited company),是无限责任公司的简称,它是由两个以上的股东组成的、

全体股东对公司的债务负连带无限责任的公司。无限责任公司具有以下几个特征：

(1) 必须由两个或两个以上的股东组成。两个以上的股东都必须是自然人,公司不能成为无限公司的股东。如果公司只剩一人时,公司应当解散或变更为独资企业。

(2) 股东对公司债务承担连带无限责任。即股东对公司债务的责任,不是以其出资额为限。而且,这种无限责任具有连带性。当公司资产不足以清偿债务时,公司的债权人可以要求公司全体股东或任一股东就未能清偿部分的债务以自己的全部资产予以清偿,偿还公司债务超过自己应当承担数额的股东,有权向其他股东追偿。

(3) 公司组织稳定。无限公司中股东结合的基础建立在股东个人信用之上,信用及劳务都可以用来出资,属典型的人合公司。无限公司股东的出资转让受到严格的限制。这些特点使其具有稳定的公司组织结构。

(4) 股东关系具有合伙性,公司具有法人地位。无限公司股东之间债务责任的连带性类似于合伙人的关系,但由于公司形式上具有独立的法人地位,①其与商事合伙又有区别。

尽管无限公司组织结构稳定,股东信用可靠,但由于股东风险大,使其规模难以发展,因此,无限公司多为中小型企业。由于英美法系国家不以股东对公司责任的标准划分公司类型,其规定的普通合伙企业,在某些方面类似于大陆法系国家的无限公司。

(二) 有限公司

有限公司(limited company),亦称有限责任公司,是由两个以上的股东出资组成,每个股东以其认缴的出资额对公司债务承担有限责任,而公司以其全部资产对其债务承担责任的公司。

(三) 股份有限公司

股份有限公司(stock corporation/company limited by share),又称股份公司,是指由一定人数以上的股东组成,公司全部资产分为等额股份,股东以其所认购的股份对公司承担有限责任,公司以其全部资产对其债务承担责任的公司。

(四) 两合公司

两合公司(limited partnership),是指由无限责任股东与有限责任股东共同组成,无限责任股东对公司债务负连带无限责任,有限责任股东对公司债务仅以其出资额为限承担有限责任的公司。两合公司是大陆法系国家公司法中规定的公司形式。在英美法系国家,一般视其为有限合伙,以有限合伙法来进行规范。

此外,还有一种特殊的两合公司,即股份两合公司,它是两合公司的一种特殊形式,普通的两合公司兼有无限公司和有限公司的特点,而股份两合公司则兼有无限公司和股份有限公司的特点。股份两合公司与一般两合公司的不同在于,其有限责任股东是以认购股份即购买公司股票的形式进行出资,从而使得其在对外吸收社会投资上比一般两合公司更容易。

---

① 但是,某些国家如德国、瑞士等不承认其法人地位。

当代经济活动的日益复杂,使得上述公司形式中无限公司及两合公司股东的投资风险更加突出,采用这两种公司形式的国家已经不多,而股份两合公司因其有限责任股东无权参与公司经营管理,其地位不如股份有限公司股东,对投资人的吸引力日渐减弱,采用该形式的国家更少,有的国家(如日本)甚至在立法中将其废除。目前各国普遍采用的公司形态是有限公司和股份有限公司。

上述分类是大陆法系国家包括法国、联邦德国、瑞士、日本等的公司法对公司所作的分类,我国台湾地区的"公司法"亦采用此种分类。这种分类是公司法上的法定分类,而不只是一种理论的分类,许多国家或地区的公司法都是按这种分类体系对不同公司分别作出规定,而且通常都要求公司的名称必须包含"股份有限公司"或"有限公司"的字样,以便公众明了其类型。

我国公司法及其理论体系也是以此为分类标准制定和建立的。《公司法》第2条明确规定,"本法所称公司是指依照本法在中国境内设立的有限责任公司和股份有限公司"。至于应否规定无限公司和两合公司,从各国经济及公司法的发展来看,这两类公司不甚适合现代大中型企业,而中小企业是否可以采用,学理上有不同主张。

二、封闭式公司与开放式公司

这是以公司的股份是否公开发行及股份是否允许自由转让为标准所作的分类。

(一)封闭式公司

封闭式公司(private/closed company)又称为不上市公司、私公司或非公开招股公司。其特点是公司的股份只能向特定范围的股东发行,而不能在证券交易所公开向社会发行,股东拥有的股份或股票可以有条件地转让,但不能在证券交易所公开挂牌买卖或流通。

(二)开放式公司

开放式公司(public company)又称为上市公司、公众公司或公开招股公司,其特点与封闭式公司正相反,它可以在证券市场上向社会公开发行股票,股东拥有的股票也可以在证券交易所自由地买卖或交易。

此种分类为英美法系国家公司法所采用,从其具体内容看,封闭式公司类似于大陆法系国家中的有限公司及股份公司中的非上市公司,而开放式公司则类似于大陆法系国家中股份有限公司中的上市公司。这里所说的类似,是指在许多方面具有一致性,但规则并不完全相同。需要说明的是,上述名称系译自外文名称,因此,同一名称有时也有不同的中文译名,有的书籍包括西方国家出版的公司法著作,把英美法中的封闭式公司和开放式公司译为有限公司和股份有限公司。

三、人合公司、资合公司与人合兼资合公司

这是按公司信用基础不同所作的分类。

（一）人合公司

人合公司，指以股东个人条件作为公司信用基础而组成的公司。这种公司对外从事经济活动时，他人对其信用的判断主要不是根据公司本身的资本或资产状况如何，而是根据股东个人的信用状况。决定此种公司人合性的主要原因是公司的股东对公司债务承担无限连带责任，公司资不抵债时，股东应以个人的全部财产清偿公司债务。人合公司的股东间通常都有相当的了解，故而，这种公司大多具有家族性的特点。无限公司就是典型的人合公司。有限公司股东虽然承担有限责任，但由于其人数有限和具有封闭性，因此也具有一定的人合性。

（二）资合公司

资合公司，指以公司资本和资产条件作为其信用基础的公司。这种公司对外进行经济活动时，他人对其信用的判断根据主要不是股东个人的信用情况如何，而是公司自身资本和资产是否雄厚、以往的商业信誉如何。决定公司资合性的主要原因在于此种公司的股东对公司债务只负出资额范围内的有限责任，因此，公司股东间以出资相结合，无须相互了解，公司具有公众化的特点。前述有限公司主要表现出资合公司的特点，而股份有限公司则是最典型的资合公司。

（三）人合兼资合公司

人合兼资合公司，指信用基础兼具股东个人信用及公司资本和资产信用的公司，公司既有人合性质又有资合性质。"两合"，意指"人合"与"资合"。构成两合的原因在于公司由有限责任股东和无限责任股东两种股东组成。

前述两合公司、股份两合公司是最典型的人合兼资合公司。有限公司也同时兼有资合与人合的双重性质和特点。

此种分类是大陆法系国家公司法理论上所作的一种分类，是一种学理分类，尽管不是一种法定分类，其意义仍很重要，因为它揭示了公司法的立法意旨，公司法具体规定中对有限公司、股份有限公司和无限公司所作的不同规定，很大程度上是基于这三种公司信用基础的不同。因而，这种分类对于理解公司法的许多规定和原理具有重要的作用。

四、国营公司、公营公司与民营公司

这是根据公司资本构成所作的分类。

（一）国营公司

国营公司，即资本主义国家的国有化企业，这种企业虽然名称是"公司"，但不是公司法意义上的公司，不受公司法调整。其特点是全部资本由国家投资，国家作为股东参与公司的利润分配，公司的经营管理由国家代表、企业代表和工会代表组成的董事会负责，同时其资本也不分为股份。因而它被视为国家"独资"经营的公司。在资本主义各国，尤其在"二战"后的法国和英国,都有大量的国营公司存在。后来,英国开始实行国有企业私有化政策,其办法就是将国有化企业的资产分为股份卖给私人,从而变成公司法意义上的公司。我国的国营企业(公司)与资本主义国家的这种国营公司法律性质基本类似。

(二) 公营公司与民营公司

公营公司与民营公司都属于公司法上的公司。公营公司是指政府资本超过公司总资本额50%以上的公司;民营公司是指私人资本超过公司总资本额50%以上的公司。公营公司与民营公司可以互相变更,公营公司可以通过向公众出售股份减少政府资本而变成民营公司,反之亦然。如日本电话电报公司就是根据立法文件于1985年通过向公众抛售其半数股票而由公营公司变成了民营公司。

公营公司与民营公司的划分,在我国,尚无法律的规定,但随着我国市场经济的发展和国有企业的改革,许多国有企业正在逐步改变原来单一的产权结构,吸收非公有制经济的投资,许多公司成为国有资产与非国有资产共同投资的企业。而对于国有资本控股或私人资本控股的公司,国家将会采取不同的法律规制方式和采取不同的政策,因此,公营公司和民营公司的划分具有重要的现实意义。

五、母公司与子公司

这是按公司之间的控制或从属关系进行的分类。

母公司与子公司是两个互相对应的概念。母公司,是指拥有另一公司一定比例以上的股份,或通过协议方式能够对另一公司的经营实行实际控制的公司。母公司也称为控股公司。但控股公司的概念范围更广,它有时还指专事股权控制而不直接进行生产经营活动的母公司,如某些投资公司。与其相对应,其一定比例以上的股份被另一公司所拥有或通过协议受到另一公司实际控制的公司即为子公司。母公司与子公司之间法律关系的特点是:

(1) 子公司受母公司的实际控制。母公司拥有对子公司的重大事项的决定权,其中尤其是能够决定子公司董事会的组成。

(2) 母公司与子公司之间的控制关系主要是基于股权的占有,而不是直接依靠行政权力控制公司。由于股份的分散,母公司无须拥有50%以上股份,而只需拥有一定比例以上(股票控制额)的股份即可获得股东会表决权的多数,从而取得控制地位。母公司拥有子公司股权的比例从50%到10%,各国规定标准不等。通过协议或契约关系而成为母子公司则在某些国家得到肯定,如德国、意大利等。

典型案例:广州水泥与金田集团债务执行案(《案例分析》第23页)
请扫描二维码或访问 http://2d.hep.cn/1318685/4 了解相关内容

(3) 母公司、子公司各为独立的法人。虽然子公司受母公司的控制,但在法律上,子公司仍是具有法人地位的独立企业。它有自己的名称和章程,并以自己的名义进行业务活动,其财产与母公司的财产彼此独立。在财产责任上,母公司和子公司也各以自己所有的财产对各自的债务负责,互不连带。

我国《公司法》未规定母公司的概念,只对子公司作了简要规定:"公司可以设立子公司,子公司具有法人资格,依法独立承担民事责任。"[①]但在"附则"中对于控股股东、实际控制人作了明确的定义,即第216条规定,控股股东,是指其出资额占有限责任公司资本总额50%以上或者其持有的股份占股份有限公司股本总额50%以上的股东;出资额或者持有股份的比例虽然不足50%,但依其出资额或者持有的股份所享有的表决权已足以对股东会、股东大会的决议产生重大影响的股东。实际控制人,是指虽不是公司的股东,但通过投资关系、协议或者其他安排,能够实际支配公司行为的人。这一规定实际上也是对母公司概念的界定,如果控股股东或实际控制人是另一公司时,控股股东或实际控制人也就处于母公司的地位。

确定母子公司关系的重要实务意义之一是公司之间的财务并表,即母公司可以将其所属子公司的财务报表与自身的财务报表合并,从而使母公司与所属子公司的经营活动表现出整体的状态,并扩大母公司的资产实力、经营规模和商业影响。这也成为许多公司对外并购、控股其他公司的重要动机和目的。

在公司民事责任追究中,有时出现人民法院或其他执行机构混淆母公司与子公司的财产,直接用子公司的财产偿还母公司的对外债务的情况。其实,母公司与子公司之间的关系就是股东与公司之间的关系。无论母公司在子公司中拥有多大比例的股权,也无论其是否实际控制子公司,它都只是子公司的股东,都不能直接对子公司的财产进行支配和处分,司法执行也不应强制用子公司的财产偿还母公司的债务。即使在子公司的股权全部由母公司持有,即所谓的全资子公司的情况下,也同样如此。其因在于,任何公司成立后,都会与他人形成各种民事关系,子公司的财产本身可能就是通过向银行借贷等负债形成的,而子公司的财产本身就是其对外承担自身债务责任的基本条件和保证,如果将子公司的财产用于母公司债务的清偿,并由此导致子公司再无力清偿其自身的债务,就会严重损害子公司的债权人的利益。

六、关联公司与公司集团

这是根据公司之间的特殊联系而作的分类或定性。

(一)关联公司

关联公司亦称关联企业。广义的关联公司,指两个以上独立存在而相互之间又具有稳定、密切的业务联系或投资关系的公司。狭义的关联公司,则仅指存在持股关系但未达到控制程度的公司。通常所称的关联公司是指广义的关联公司。在我国,具有突出法律意义的是上市公司的关联公司,母公司与上市公司之间是典型的关联公司关系,证券法规范中有许多涉及关联关系或关联交易的法律规则和要求,如中国证监会发布的《上市公司治理准则》中规定,上市公司与关联人之间的关联交易及其交易的具体情况,包括交易定价依据等应按规定予以披

---

① 参见《公司法》第14条。

露,上市公司不得为关联方提供担保。

关联公司之间的关系属于关联关系,但关联关系并不一定采取关联公司的形式。根据我国《公司法》第216条的规定,关联关系是指公司控股股东、实际控制人、董事、监事、高级管理人员与其直接或者间接控制的企业之间的关系,以及可能导致公司利益转移的其他关系。但是,国家控股的企业之间不仅仅因为同受国家控股而具有关联关系。

(二)公司集团

公司集团亦称企业集团,它是指在统一管理之下,由法律上独立的若干企业或公司联合组成的团体。公司集团中处于主导地位的为母公司或支配公司,公司集团的成员都属关联公司或称从属公司。在我国实践中,又称公司集团的支配公司为集团公司。公司集团本身只是表明母公司与众多子公司之间的一种特殊联系,其本身并不成为一个独立的法律主体,不具有法人地位。各国公司法虽然也规定了公司集团的整体性问题,但这也只限于某些方面,如集团会计与结算等,而主要法律关系都是就支配公司和从属公司分别加以规定的。

关联公司和公司集团的出现和快速发展,引起了各国立法的广泛关注和谨慎对待。在德国、巴西等国家,已形成了系统的、法典化的关联公司和公司集团制度。各国对它的法律调整广泛存在于多个法律部门,其中包括了经济法(尤其是垄断法)、公司法、商业会计法、税法、劳动法等。其立法的根据在于伴随关联公司出现的利益冲突和维护各方当事人利益的需要。传统公司法确立的公司独立人格是以公司在经济利益上的独立为基础的,然而,公司之间的关联关系和集团关系改变了原来公司的独立状态,其结果不只是威胁到个别关联公司自身的利益,而且也危及与该公司有关的其他公司的利益。[①] 同时,也会直接或间接地损害少数股东和债权人的利益。因此,在承认关联公司和公司集团的合法存在的情况下,必须通过各种法律手段予以规制,切实保护从属公司及其少数股东以及公司债权人的利益,最大限度地抑制关联关系的消极影响和后果。

各国在这一领域已经形成一些共同的或特有的原则和制度,主要有以下内容:

第一,提示或通知制度。即将关联关系的情况揭示或通知于从属公司及其股东、债权人,使其了解控制利益的存在和公司控制方面的任何变化。

第二,不当影响之禁止和利益补偿之规定。如德国股份法规定,控制企业不得利用其影响力,使从属公司进行对己不利的法律行为或作出使自己不利的决定。在订有控制契约的情况下,控制公司尽管有权向从属公司下达强令性指示,但它必须确保从属公司法定资金的分配,必须承受从属公司的亏损和补偿少数股东的损失。

另外,各国立法中还有关联企业的报告和集团会计结算制度以及揭开公司面纱原则和深石原则[②]等。

我国《公司法》虽尚未对关联公司进行专门的全面规定,但已就关联交易的部分问题做了

[①] 《国际比较法百科全书》第13卷,第10章。
[②] 深石原则是根据控制股东是否有不公平行为,而决定其债权是否应劣后于其他债权人或者优先股股东受偿的原则。参见赵旭东:《企业与公司法纵论》,法律出版社2003年版,第452页。

规定,其中包括:(1)明确了控股股东、实际控制人以及关联关系的内涵及范围,为界定关联交易确立了规范基础(第216条);(2)规定了公司为股东或实际控制人提供担保时,股东或实际控制人的表决权排除制度(第16条);(3)对关联交易作出了一个原则性规定,确立了大股东对公司的诚信义务,禁止大股东利用关联关系损害公司利益(第21条);(4)规定了上市公司关联董事的表决回避制度(第124条);(5)规定了公司法人人格否认制度,控制公司在特定情形下将直接对从属公司的债务负责(第20条)。

七、本公司与分公司

这是根据公司内部管辖关系所作的分类。

许多大型公司的业务分布于各个地方,甚至不同国家,直接从事这些业务的很多都是公司内部所设置的分支机构或附属机构,它们就是所谓的分公司,而公司本身则称之为本公司或总公司。

分公司与本公司的关系虽然同子公司与母公司的关系有些类似,但分公司的法律地位与子公司完全不同。分公司没有独立的法人地位或资格,它可以有自己的名称,如办事处、分行、分公司等,但其名称应反映其与总公司的隶属关系。分公司也没有自己的独立财产,其实际占有、使用的财产是作为本公司的财产而计入本公司的资产负债表之中,同时本公司应以其全部财产对其分公司活动所产生的债务承担责任。可以说,分公司的业务、资金、人事均受总公司的统一管辖与安排。此外,分公司的设立也无须经过一般公司设立的许多法律程序,而只是在当地履行简单的登记和管理手续即可。由此可见,分公司实际上并不是法律意义上的公司,而只是本公司的组成部分或业务活动机构。

我国《公司法》第14条第1款规定:"公司可以设立分公司。设立分公司,应当向公司登记机关申请登记,领取营业执照。分公司不具有法人资格,其民事责任由公司承担。"

八、本国公司、外国公司与跨国公司

这是根据公司的国籍所作的一种分类。

对于公司国籍的确定,国际上有不同的立法和学说,主要有:(1)公司设立准据法主义,即公司的国籍以公司设立所依据的法律是本国法还是外国法为标准确定;(2)公司设立行为地主义,即公司国籍以公司设立登记或注册所在地确定;(3)股东国籍主义,即公司国籍以多数股东的国籍确定;(4)公司住所地主义,即公司国籍以公司住所所在地的国家为国籍。至于公司住所的确定,又存在两种标准:一种以公司管理中心所在地为公司住所地;一种以公司营业中心所在地为公司住所地。

对上述各种标准,大多数国家兼采设立准据法主义和设立行为地主义来确定公司国籍。我国亦采此做法。因此,凡依中国法律在中国境内登记设立的公司,无论有无外国股东,无论外国股东出资多少,如各种形式的外商投资公司,都是中国公司,亦即本国公司。

外国公司则是相对本国公司所称。外国公司是指非依所在国(东道国)法律并且非经所在国登记而成立的,但经所在国政府许可在所在国进行业务活动的机构。一般来说,外国公司

均为外国总公司在他国设立的分公司,这种公司对其总公司来说,称为国外分公司,而对分公司业务活动所在国来说,则称之为外国公司。如美国微软公司在中国设立的业务机构对我国来说即为外国公司。

外国公司在得到所在国的认许或批准、并办理必要的登记手续之后即可在该国营业。各国对外国公司的成立和活动多在公司法和其他单行法中予以专门的规定。一般来说,各国都允许外国公司在其境内开展业务活动,并适用普通公司法,享有与本国公司相同的权利能力和行为能力,但对其业务范围有所限制,某些与国计民生关系重大的特殊行业,如军事工业、航空工业、通讯交通、酒类生产等禁止或限制外国公司经营。外国公司的活动必须遵守该国的法律、法令,尊重该国的风俗习惯。外国公司必须接受该国在某些方面的管理和监督,其有关业务情况必须定期报送政府主管部门备案,并以适当的方式公告。

跨国公司是指以本国为基地,在其他国家或地区设立分公司、子公司或其他参股性投资企业,从事国际性生产和经营及服务活动的大型经济组织。严格地说,跨国公司的"公司"一词,并非公司法意义上的概念,它实际上是指国际性的公司集团,体现的是公司之间的一种特殊关系。在各国公司法中,也没有专门调整这种跨国公司关系的规定,跨国公司非为独立的法律实体,其内部关系实际为母公司与子公司、总公司与分公司及股东与公司之间的法律关系,并各自归属相应的法律规范调整。

【本节理论探讨】

- **美国公司类型与大陆法系国家公司类型的比较**

美国公司形式分为三类:商事公司(business corporation)、非盈利公司(not-for-profit corporation)以及有限责任公司(limited liability company)。与此相适应,各州制定有商事公司法(Business Corporation Law)、非盈利公司法(Not-for-Profit Corporation Law)以及有限责任公司法(Limited Liability Company Law)。其中,商事公司通常被分为开放式公司(publicly held corporation)和封闭式公司(privately held corporation)。但这只是学理上的分类,大多数州的公司法并没有明确区分开放式公司和封闭式公司。

美国对于开放式公司的股东人数并无具体规定,只要符合以下两项条件之一的公司都是开放式公司:(1)股票在证券交易所上市的公司;(2)股票交易价格随时向公众发布的公司。因为开放式公司的证券在交易所公开上市,所以必须依据有关的联邦证券法进行登记。[①]

美国封闭式公司股东人数较少,没有进行股票交易所需要的外部市场。所有或大多数股东参与公司的经营,股东之间通过订立协议限制股份的转让。[②] 美国封闭式公司一般会有内部契约,对公司管理职能分配和公司成员的工作要求作出规定。

当前国内的一般观点认为,美国的开放式公司、封闭式公司分别与大陆法系国家的股份有限公司、有限责任公司这两种公司形式相对应。但事实上二者并不等同。美国与大陆法系国家的公司立法在出发点上有所不同:美国公司立法属于赋权型,而大陆法系国家的立法偏重强

[①] 参见胡果威:《美国公司法》,法律出版社1999年版,第16页。
[②] Robert W. Hamilton:《美国公司法》(The Law of Corporations)(第5版),法律出版社1999年版,第22、23页。

制性规定,属管制型立法。①

在美国公司法中,另有一种"有限责任公司"(limited liability company),但是这种有限责任公司与大陆法系所称的有限责任公司大相径庭。与美国的封闭公司相比,它具有以下特征:(1)法律对公司设立人及公司成员资格及人数没有任何限制,只有个别州规定有限责任公司股东至少两人以上,设立人必须是公司成员等。而封闭式公司人数则限制在35~50人之间。(2)有限责任公司的成员可以选择受有限责任的保护,也可以根据成员自愿选择承担个人责任,这使得公司在一定程度上具有合伙的特征。而封闭式公司股东的有限责任是绝对的,只有在特定情形下才可能因"揭开公司面纱"导致股东承担个人责任。(3)有限责任公司的盈利分配,原则上由公司协议规定,法律不加干预。仅在分配使公司资产不足以支付公司债务的情况下,法律规定不得分配。(4)有限责任公司在税收上享有合伙的同等待遇。而封闭式公司必须缴纳企业所得税,股东同时缴纳个人所得税。

- **我国公司类型改革:是否应取消发起设立的股份有限公司**

我国现行《公司法》将公司的类型总体上分为两类,即有限责任公司和股份有限公司。在股份有限公司内部根据设立方式的不同,又分为发起设立的股份有限公司和募集设立的股份有限公司。募集设立的股份有限公司根据募集方式的不同,又进一步分为公开募集设立和定向募集设立。那么,这一分类方式是否合理?是否适应当下实践的需要呢?

一些学者认为,我国《公司法》虽然对于发起设立和向特定对象募集设立的股份有限公司的股权转让没有明文限制,但是规定,该类公司股份的转让应在依法设立的证券交易场所进行或者按照国务院规定的其他方式进行。而事实上相应的交易场所和其他交易方式却并不存在,所以该类公司的股权转让实际上是受限制的。而且发起设立的股份公司,其人数最低可以只有两人,这就使它们中的大部分也表现出很强的封闭性。在这一点上,它们与有限责任公司并无本质上的区别。可是,它们却必须适用与它们的封闭性不相适应的股份有限公司的规定,而无法像有限责任公司一样可以适用与其封闭性相一致的机构设计,采用自由和灵活高效的管理机制。例如,即使只有很少的股东也无法简化机构设置,不能适用简易程序召集股东会章程,无法对很多事项作出自治安排等。同时,这也产生了在同一部法中存在两种类型的封闭公司,同是封闭公司却实行不同的制度的不合理现象。因而,这些学者主张应当整合现有封闭性公司制度资源,将发起设立的股份有限公司和向特定对象募集设立的公司并入有限责任公司,同时对有限责任公司制度进行进一步改革,使它成为囊括所有封闭公司的制度。这样就形成有限责任公司即非公开或非上市公司、股份有限公司即公开或上市公司的格局。

另外一类观点,也同样认为我国现行《公司法》存在上述的弊端,但是主张借鉴日本的模式,取消有限责任公司,将其并入股份有限公司,在股份公司内部分为股份转让限制的股份有限公司和股份转让不受限制的股份公司。前者大体相当于有限责任公司和股份公司中的封闭公司,适用封闭性公司的规定;后者相当于上市公司,适用上市公司的有关规则。

---

① 张开平著:《英美公司董事法律制度研究》,法律出版社1998年版,第12页。

- **关联企业与企业集团的法律地位与法律调整**

对关联企业和企业集团进行法律上的定义是比较困难的,因为不同部门法立法目标的差异会影响到关联企业的定义和范围,企业关联形式的多样性和关联强度的差异也使得立法者难以作出一个精准而周延的描述。德国对关联企业采取了较为宽泛的规定,该国股份法之关联企业是一个集合概念,包含 5 种类型的关联企业:被多数参股的企业与多数参股企业、从属与支配企业、康采恩企业、相互参股企业或"企业合同"的当事人。① 企业集团在德国被称为"康采恩",它指一个支配企业与一个或多个从属企业形成的并置于该支配企业的统一管理之下的联合;各企业属于康采恩企业。这一构成企业集团的标准实际上在美国也被认可,不过它以"控制"一语替代了德国法中的统一管理。

关联企业与企业集团的法律地位问题,是指二者法律上的主体资格问题。关联企业具有法人地位,并且这种法人地位与集团内部的统一管理和相互间的控制支配关系并不绝对冲突。虽然成员企业在集团统一管理之下,一定程度上丧失了管理上的独立性,但其法人人格并不随之消灭。

企业集团作为若干关联企业构成的联合体,具有较为特殊的法律地位。一方面,企业集团在经营活动的许多方面表现出整体的存在和意志,一些商业活动甚至是以集团的名义进行的。因此集团成为一种法律主体,并受到经济法(尤其是垄断法)、公司法、商业会计法、税法、劳动法等特别法律的调整。另一方面,企业集团又不可能取得一般商业团体那样的独立法律人格或民事主体身份。对集团来说,关联企业与集团是部分与整体的关系,肯定了关联企业具有法人地位,也就否定了集团具有法人地位的可能性。反之,如果肯定集团具有法人地位,关联企业的法人地位也就不存在了。集团的非法人地位决定了许多民事活动可以以集团的名义进行,但最终权利义务的承受者只能是集团的总公司或成员企业。

关联企业和企业集团的出现和快速发展,客观上需要法律的规范和调整。在德国、巴西等国家,已形成了系统的、法典化的关联企业和企业集团制度。在美国、日本、加拿大等国,虽然还未形成系统、完整的企业集团法律体系,但相关的法律规则却早已确立并得到广泛遵循。建立这种制度的基本依据在于伴随关联企业出现的利益冲突和维护各方当事人利益的需要。在承认关联企业和企业集团的合法存在的情况下,必须通过各种法律手段予以规制,切实保护从属公司及其少数股东以及公司债权人的利益,最大限度地抑制关联关系的消极影响和后果。

- **"次级债权"理论**

"次级债权"理论,即债权居次规则,是指在存在控制与从属关系的关联企业中,为了保证从属公司债权人的正当利益免受控制公司的不法侵害,规定在从属公司的清算、和解或重整等程序中,控制公司对从属公司的债权,不论其有无别除权或优先权,均应次于从属公司的其他债权人受清偿。

"次级债权"理论产生的原因是在公司之间存在控制与从属的关系时,控制公司有可能利用其控制性影响力,凭空制造对从属公司的债权或债权担保,参与从属公司破产财团的分配,

---

① 吴越著:《企业集团法理研究》,法律出版社 2003 年版,第 5 页。

或者在设立从属公司时滥用股东有限责任原则,最终损害其他债权人的利益。因此,为保护其他债权人的利益,有的国家在审理案件时判定控制公司的债权应劣后于其他债权人的债权受清偿。

"次级债权"理论可分为自动居次原则与衡平居次原则。自动居次原则主张,母公司对子公司之债权应一律次于子公司其他债权人,至于母子公司是否混同及母公司是否有不公平之行为则不需考虑。而衡平居次原则,又称深石原则,是根据控制股东是否有不公平行为,而决定其债权是否应劣后于其他债权人或者优先股股东受偿的原则,这一原则是美国法院在审理泰勒诉标准电气石油公司案中的涉诉子公司——深石石油公司时创立的。

自动居次原则出现后受到一些学者的批评,原因是一律要求控制股东之债权居于子公司其他债权人之后受清偿,可能导致控制股东受到的惩罚大大超过其依控制地位所得到的利益,从而控制股东不愿意贷款给子公司,其结果将使子公司破产风险增加而危及子公司债权人。这一原则已为大多数国家摒弃。而深石原则由于既保护子公司其他债权人的利益,也兼顾母公司之债权的合理性,已成为法院处理母子公司关系中,处置母公司对子公司之债权的一般原则。

【本节实务研究】

- **分公司能否以自己名义签约和作为诉讼主体**

分公司不是独立的公司,不具有公司的组织形式,也无须按公司设立的要求条件去设立。分公司没有自己的股东会、董事会、监事会,也没有自己的法定代表人,只有本公司任命的经理作为分公司的负责人。但分公司作为一种相对独立的公司经营机构,仍具有经营的能力和资格。为此,分公司需要向公司登记机关依法办理登记,领取营业执照。分公司可以自己的名义独立订立合同,也可以自己的名义独立参加诉讼。

实践中曾出现不认可分公司以自己的名义签约和不允许其作为诉讼主体的情况。事实上,民事主体与具体民事活动的主体以及诉讼主体是不同的法律概念,虽然分公司不是民事主体,但却可以成为签约的主体和诉讼主体,其法律地位与独资企业和合伙企业是类似的,完全可以自己的名义签约和以自己的名义起诉或应诉。只是分公司不能独立承担财产责任,对分公司的债务,在其资不抵债或无力清偿时,应由本公司承担。

- **企业集团的下属企业对集团的债务是否承担责任**

在民事实践中,企业集团所产生的争议或纠纷之一是,企业集团的下属企业应否对企业集团的债务承担责任?

如前所述,企业集团是由具有法人资格的若干企业形成的联合组织,企业集团本身并不具有法人资格,不能独立承担民事责任。实践中,以集团名义进行的民事行为或签订的合同,一般应由代表集团并实际掌握集团管理权的母公司或集团公司承担法律后果,而企业集团的下属企业对集团的债务一般不应承担责任。

但是,实践中可能出现某些企业集团虽然由若干独立的企业法人组成,却将企业集团本身也登记为独立法人的个别情形。这种集团将其下属企业登记为集团的股东,并将所有下属企业的注册资本或总资产之和登记为注册资本,但下属企业的财产未办理转移手续,下属企业的法人资格仍然保留。这种企业集团的法人登记本身是不符合公司法和法人制度一般规则的,其登记应认定为法律上的错误和无效,应否定这种集团的法人资格。对于这种集团所进行的民事行为,首先应以其占有的财产承担民事责任,如果财产不足,则应由该集团的下属企业承担补充清偿责任。其原因在于这些下属企业对于该集团的错误登记负有主观上的过错,正是由于它们参与集团登记并提供相关手续的行为导致了集团的错误登记,因此,理应承担相应的法律后果。

第二节 有限责任公司

一、有限责任公司的概念和特征

有限责任公司,亦简称有限公司,是指由法律规定的一定人数的股东所组成,股东以其出资额为限对公司债务承担责任,公司以其全部资产对其债务承担责任的企业法人。

与其他公司类型相比较,有限责任公司具有以下特征:

(一) 股东人数有法定限制

在各国公司法中,对其他各类公司,只规定限制股东的最低人数,而无最高人数的限制,但对有限责任公司,大多规定了最高人数的限制。如法国《商事公司法》第36条规定:有限公司股东不得超过50人;超过50人时,应于两年内将公司转变为股份有限公司,否则,除非在两年的期限内股东人数变为等于或低于50人,不然公司应解散。有些国家的公司法虽未规定有限公司的上限人数,如德国、奥地利、意大利、瑞士等国,但在实践中,股东人数仍然是受限的,有限公司具有的人合性使其股东人数不可能太多。

我国《公司法》第24条规定,有限责任公司由50个以下股东出资设立,但国有独资公司可以由国家授权投资的机构或国家授权的部门单独投资设立。至于有限责任公司股东人数超过最高限时是否应变更公司形式,即将有限责任公司变更为股份有限公司,我国《公司法》未予强制规定。实践中,为了满足《公司法》第24条的股东人数要求,有些公司将众多持股的员工股东组成持股会,持股会整体作为一个股东出现和计算。至于这种持股会的法律地位如何确定,至今尚无明文规定,但目前许多企业大力推行员工持股的劳动激励措施,实践中此种情况较为普遍,对此,应予研究和规范。

(二) 股东对公司债务承担有限责任

有限责任公司的股东,只以其认缴的出资额为限对公司负债,对超过其出资额范围的公司债务不承担责任,公司的债权人亦不得直接向股东主张债权或请求清偿。这一特点使有限责任公司股东区别于无限公司股东。

(三) 公司设立程序简便，组织机构简单

有限责任公司与股份有限公司不同，只有发起设立，没有募集设立方式，公司的资本总额，由设立时的股东全部认足，不可对外招募，因而，有限公司的设立程序相对简单。而且，有限公司的机关设置也较股份有限公司简单、灵活。根据我国《公司法》的规定，股东人数较少、规模较小的有限公司，可以不设董事会和监事会，只设一名执行董事和一至两名监事即可。此外，有限责任公司股东会的召集办法和决议的形成程序也较为简单。

(四) 公司兼具资合性与人合性

公司法对有限责任公司的许多规定，使其既体现出资合性又体现出人合性的特点。

有限责任公司人合性的特点表现在：(1) 股东人数有一定限制；(2) 公司的资本只能由全体股东认缴，不得向社会公开募集；(3) 股东的出资证明书不得流通转让；(4) 股东的股权转让须取得其他股东的同意，其他股东有优先购买权；(5) 有限责任公司的经营事项和财务账目无须向社会公开。

有限责任公司资合性的特点体现在：(1) 股东对公司债务只承担有限责任；(2) 在资本制度上，实行资本确定原则、资本维持原则及资本不变原则，公司设立时应由全体股东全额认缴公司章程规定的注册资本；(3) 股东出资形式受法律限制，只能是货币、实物、知识产权等可以用货币估价并可以依法转让的财产，信用及劳务不能用于出资；(4) 公司分配实行无盈不分原则，其盈余须首先弥补亏损和提留公积金后才能用于股东分配。

二、有限责任公司的评价和适用

有限公司是公司制度发展中出现最晚的一种公司形式，应该说，它兼采了无限公司和有限公司的优点，同时又弥补了它们的不足。一方面，有限公司具有无限公司的人合性特点，股东相互了解信任，而这些股东又不必像无限公司股东那样承担无限责任；另一方面，有限公司又具有股份有限公司资合性的特点，股东既对公司债务承担有限责任，又不需像股份有限公司的股东那样，以放弃对公司业务的管理权作为代价；有限公司的财务情况亦无须对外公开。有限公司的人合性兼资合性的整体优越性还有别于两合公司，两合公司尽管同样兼具人合性与资合性，但其股东成分较复杂、责任形式不一，内部关系较难协调。

但有限公司也因其人合性和封闭性的特点，一般难以成长为巨型企业。因此，总体说来，有限公司是更符合中小企业需要的公司形式，各国实践中，大多数中小企业都采用了有限公司的形式。当然，股东人数少，并不必然表明企业的资本规模小，有些有限公司的规模也比较大，在我国，由于近年来大量的国有企业采取有限公司的形式进行公司改制，一些国有股东的强大资产实力，使有些有限公司的规模很大。

我国1979年制定的《中外合资经营企业法》，将中外合资经营企业的法律形式规定为有限责任公司。1988年国务院颁布的《私营企业暂行条例》也规定了有限公司为私营企业的一种形式，这一条例在当时催生一大批私营有限公司。此后的企业联合中，许多联营企业采用了有限公司形式，国有企业的股份制试点及公司化改造中，考虑到有限公司组织简便、内部协调性好、不需

证券市场的配套条件等优点,我国把有限公司作为国有企业公司化改造的主要形式。

第三节 股份有限公司

一、股份有限公司的概念和特征

股份有限公司,又简称为股份公司,是指公司全部资本分为等额股份,股东以其所认购的股份对公司承担责任,公司以其全部资产对公司债务承担责任的企业法人。

与其他公司类型相比,股份有限公司具有六个特征。

(一)股东人数具有广泛性

股份有限公司产生的原因在于适应社会化大生产对巨额资本的需求,股份有限公司通过向社会公众广泛地发行股票来筹集资本,任何投资者只要认购股票和支付股款,都可成为股份有限公司的股东,这使得股份有限公司的股东人数具有广泛性的特点。各国公司法也都只对股份有限公司股东人数规定最低限额,而无最高人数的限制。根据我国《公司法》第78条的要求,股份有限公司的股东人数应当为2人以上。

(二)股东的出资具有股份性

这一特征是股份有限公司与有限责任公司的区别之一。股份有限公司的全部资本划分为金额相等的股份,股份是构成公司资本的最小单位。这种资本股份化的采用,是为了适应股份有限公司独特的向社会公开募集资本的便利性需求,同时,也便于股东股权的确定和行使。而有限责任公司股东的出资不是划分为等额股份,而是以其实际的出资金额或出资比例来确定和行使股权。

(三)股东责任具有有限性

股份有限公司的股东对公司债务仅以其认购的股份为限承担责任,公司的债权人不得直接向公司股东提出清偿债务的要求。股东责任的有限性,是股份有限公司区别于无限公司的主要法律特征。股份有限公司与有限责任公司之间,在股东有限责任上,二者是相同的,仅在承担有限责任的方式上存在区别。因股份有限公司的资本分成均等的股份,股东就其所认购的股份对公司债务负有限责任。而有限公司的资本不分成均等的股份,股东就其出资额负有限责任。

(四)股份发行和转让的公开性、自由性

股份有限公司的这一特征,是其区别于其他各种公司的最主要特征。为适应大生产对大资金的需求,股份有限公司通常都以发行股票的方式公开募集资本,这种募集方式使得股东人数众多,分散广泛。同时,为提高股份的融资能力和吸引投资者,股份必须具有较高程度的流通性,股票必须能够自由转让和交易,否则,不利于资本募集的实现。因此,股份有限公司的股票除可以在一般交易场所转让交易外,还可以申请在证券交易所挂牌上市交易,股份有限公司也由此变成为上市公司。股份有限公司的股票的公开发行和自由流通,促进了公司资本的证券化运行,也促进了资本市场——证券市场的形成和发展。

(五)公司经营状况的公开性

由于股份有限公司股份发行的公开性及股份转让的自由性,使得股份有限公司的经营状况不仅要向股东公开,还必须向社会公开,使社会公众了解公司的经营状况,以最大限度地保护公司股东、债权人及社会公众的利益。对于公开发行股票的股份有限公司来说,因其社会性更强,其经营状况公开的意义就更为突出。在证券法上,信息公开原则是最重要的法律原则,也是上市股份有限公司最重要的行为准则,上市公司必须将其一切重要的经营事项,包括财务会计报告等全面、及时、准确地向社会公告。对法定或重大的事项而言,上市公司是没有秘密的。这种公开性的特点与有限公司的封闭性完全不同。

(六)公司信用基础的资合性

股份有限公司的信用基础在于其公司资本和资产,这与股份有限公司股东的有限责任是相联系的。公司资本和资产不仅是公司进行经营的基本条件,也是公司承担债务的基本担保。因此,股份有限公司实行严格的资本确定、资本维持和资本不变的法律原则,实行法定资本制的国家一般都要求公司设立时必须由全体股东全额认缴公司章程确定的注册资本。股东只能以货币、实物等出资,而不能以信用或劳务出资。公司的盈余分配更是严格实行无盈不分的法律原则。这些都与人合性的无限公司截然相反。此外,相对于兼具资合性和人合性特点的有限公司来说,股份有限公司在募集资本和股东分布的广泛性、股份的流通性和转让的自由性等方面,都体现了更为充分和彻底的资合性。因此,股份有限公司是最典型的资合公司。

同时,相对其他企业或社会组织而言,股份有限公司又是最为典型的法人组织。从公司及法人制度的发展历史看,现代意义的公司概念,尤其是法人概念的形成始于股份有限公司的产生。股份有限公司独立的财产、责任以及完备的组织机构最充分地体现了法人组织所具有的法律特征。因此,在各国公司立法和公司法理论中,对无限公司、两合公司是否为法人的问题存在分歧,但在肯定股份有限公司的法人地位方面,完全一致。

二、股份有限公司的评价和地位

股份有限公司是资本主义市场经济的典型组织形式,也是垄断资本主义的起点。早期的资本主义是自由竞争的时代,为了在激烈的市场竞争中处于有利地位,为了兴办单独一个所有者无力开设的大工业企业,为了防止和分担经营的风险,客观上要求资本家联合起来,集资经营,而这正是日益发展的社会化大生产的要求,是自由竞争推动资本集中这一资本主义经济运动过程的必然结果,股份有限公司则是在这一过程中发展起来的最有效的组织形式。

股份有限公司的产生大大加速了社会资本的集中过程,成为"社会积累的新的强有力的杠杆",正是在它问世之后,资本主义进入了它的巅峰时期,在不到一百年的时间内,创造出比以往一切时代的总和还要强大的生产力。因此,国外的一些经济学家和法学家把股份有限公司说成是新时代的伟大发现,认为它的重要性远远超过了蒸汽机和电力;没有它,大规模的现代化生产是不可想象的。马克思也曾指出:"假如必须等待积累使某些单个资本增长到能够修建铁路的程度,那么恐怕直到今天世界上还没有铁路。但是,集中通过股份公司转瞬之间就把这件事完成了。"①

不可否认,股份有限公司在早期的形成和发展过程中,是西方帝国殖民政策的强有力工具。但作为社会化大生产的组织形式,股份有限公司又符合和适应了生产力发展的客观要求,是资本主义的具有杰出意义的历史创造。四百年来,股份有限公司在西方国家的发展,日趋完善。在现代市场经济中,尽管股份有限公司的数量在各国公司总数中所占的比例并不是最高,但其在国民经济中的地位举足轻重,国民经济重要部门的大企业多采用这一企业形态,而大型跨国公司更是以股份有限公司作为其首选形式。

作为公司形式之一的股份有限公司,在商事经营活动中,具有其他公司和企业形式无可比拟的优越性,但同时它又有一些不可避免的缺陷或不足,因此,对股份有限公司应进行辩证分析,以对其作出全面、客观的评价。

(一)股份有限公司的优越性

(1)利于集资。股份有限公司是集中资本的一种最有利的公司形式,这不仅是由于它可以对外公开发行股票和债券,而且由于它的股份金额一般较少,可以更为广泛地吸收社会的小额分散资金。

(2)分散风险。由于股份金额较少,股份有限公司大量的股东个人所拥有的股份只占公司总资本很少一部分,而股东又只以其拥有的股份金额对公司承担财产责任,从而有利于分散投资者的风险。

(3)公众性强。股份有限公司具有最广泛的公众性,实行公示主义的管理方法,公开向社会招募资金,任何人都可以通过购买股票而成为股东,不受身份和个人的其他条件的限制。

(4)股东变更容易。股份有限公司的股票可以自由转让,股东遇有急需,或认为公司经营不善,面临亏损或破产时,可以根据自己的意愿将股份及时转让。

(5)管理科学。股份有限公司适应了所有与经营相分离的生产方式的需要。在股份有限公司中,生产和经营的管理活动由以董事和经理为中心的专门管理机构进行,众多的股东只是作为"资本的单纯所有者"领取股息和红利。这种管理的专门化有利于提高公司的管理水平。

(二)股份有限公司的不足之处

(1)股份有限公司设立程序比其他公司要复杂,设立责任也比较重,公司管理机关比较复杂、庞大,公司的活动也多受约束和限制,因此较之其他公司有些不灵活或不便。

(2)易于形成少数股东对公司的操纵、控制和垄断。由于公司股份数量很大,股东人数很多,只要掌握一定比例(股票控制额)以上的股份,就能操纵、控制公司的管理,因此它很容易

---

① 《马克思恩格斯文集》第5卷,人民出版社2009年版,第724页。

被少数大股东所利用,损害多数小股东的利益。

(3) 股份有限公司股东流动性很大,不易控制掌握,股东对于公司缺乏责任感,往往公司经营稍有不佳,股东就抛售股票,转移风险,甚至会使可能扭亏转盈的公司因股票价格的跌落而一蹶不振。

(4) 股票的自由流通,使得股票交易市场易于成为不法者的投机场所。一些人不是通过企业的经营和合法的股票交易获取利润,而是通过操纵市场、内幕交易等非法行为牟取暴利。

针对股份有限公司的上述优点和不足,西方国家的公司法一直在不断地修改,通过对公司的设立、经营、监督等严格的法律规定,并通过有关证券管理法规的制定与完善来扬长避短,使其符合社会的经济发展要求。

股份有限公司是我国社会主义条件下商业投资和资本联合的法律形式。现代经济的标志是社会化大生产,它要求生产力的广泛联合,要求融资渠道的扩大,资本联合的意义比以往任何时代都更加突出。股份公司是资本联合的高级法律形式,它把个别的闲散资金,汇集成集中的生产资金,把小规模的商业行为,变成大规模的社会经营,它也打破了我国长期以来信用形式单调、融资渠道狭窄的局面,把单一的银行融资变成了多渠道、多形式的社会融资。因此,股份有限公司作为一种经济组织的产生和发展,是资本联合到一定程度在法律上的表现,是社会主义市场经济不断发展、深化的结果。

股份有限公司是社会主义公有制的新型经营组织。与传统的国营企业、集体企业和私人企业的组织形式不同,股份有限公司不再是单一经济成分的组织,而是社会主义公有制组织与公民个人之间以及公有制组织之间、公民个人之间相互结合的经济形式,参加公司的股东,不仅有自然人,而且也包括集体企业和国营企业。因此,股份公司的出现,使我国企业组织摆脱了传统的社会主义经济结构模式,突破了原有的公有经济形式,显示了社会主义公有制的多样性和公有经济形式的多样化,赋予了公有制经济以新的活力。

第四节　一人公司

一、一人公司的概念和特征

一人公司又称独资公司,股东(自然人或法人)仅为一人,并由该股东持有公司的全部出资或所有股权的公司,包括有限责任公司和股份有限公司。

一人公司的突出法律特征在于其股东的唯一性,即一人公司的股东只有一人,包括一个自然人或一个法人,全部股权或出资额均由唯一的股东持有。一人公司虽然股东只有一人,但同样具备公司的所有法律特征,包括独立的法律人格、独立的财产、独立的组织机构和独立的民事责任。各国的一人公司既有一人有限公司,也有一人股份有限公司,我国《公司法》目前只规定了一人有限公司,而股份有限公司必须由两个以上的股东组成。

一人公司不同于独资企业。虽然从形式上看,一人公司因其只有一个投资者而与独资企业相似,但在法律性质上,二者存在根本的区别:其一,一人公司可以依法取得法人资格,使一人股东与一人公司分别为不同的主体,而独资企业不具备独立法人身份,该企业主仍以自然人身份从事经济活动;其二,一人公司的股东仅以出资额为限,对公司负责,承担有限责任,同时也要求一人公司的财产与股东个人的财产必须严格分开,而独资企业主对企业债务要承担连带的无限责任;其三,一人公司应当按照公司法规定的组织机构进行运营,采用董事会、监事、经理的科学组织模式,并要接受公司法的规范,而独资企业的组织机构完全听由企业主的自由安排,一般仅设以经理为首的经营管理机构。

二、对一人公司的承认

(一)国外立法对一人公司的承认

一人公司的出现是对传统公司社团性的重大挑战。按照传统公司法理论,公司是社团法人的一种,由两个以上的股东组成。早先的各国公司法几乎没有不强调公司成员的多数性的,并认为这是公司作为团体区别于其先前的个人商业组织的基本结构特征,如果放弃这一原则,则公司无以成社团,其团体人格也会失去组织载体的基础,同时为调整公司成员间相互关系而确立的绝大多数公司法规则也将失去适用的条件和意义。

与之对立的意见则认为,法人制度不过是为赋予企业组织独立的人格而在法律上拟制的产物,个人也可以享有这种法律上的人格经营公司业务。资合公司的法人资格不应受公司成员人数的左右。所以一人公司也可以具有法人资格。这种观点来自罗马法系的法人理论。随着经济发展对一人公司的需要以及人们对法人本质和一人公司认识的不断深入,绝大多数学者都主张一人公司具有法人性,但在其法学理论依据上却有不同主张。国外主要有三种学说:

(1)股份社团说。认为股份有限公司的构造并非基于股东的复数,而是基于股份的复数。由于股份总数是复数,因而一人公司不失社团法人性质。

(2)潜在社团说。认为一人公司的股份或者出资虽集中在一个股东手中,但可以通过转让使其具有再回复到复数股东的可能性。因此,一人公司存在着潜在社团法人性。

(3)特别财产说。认为法人资格是使一定的法律关系单纯化、明确化的一种手段。公司是由从一般财产(股东个人财产)分离出来的特定营业财产所构成,它是不受其成员人数多少左右,在法律上独立承担责任的单位。这就将法人资格的侧重点从"人的构成"转移到"物的构成"。这种学说进而认为,应该把一人公司的财产,作为用于营业的特别财产,给予法律上的认可,承认一人公司是一个能够承担责任、在法律上独立的单位,即一人公司具有法人性。特别财产说逐渐成为当前的主导学说。

(二)我国公司法对一人公司的承认

几十年来,各国公司法和理论学说对一人公司表现出三种不同的态度:一是完全承认,即公司成立时和成立后都允许一人公司的存在;二是有限制的承认,即在公司成立时必须有两个以上股东,不允许设立一人公司,后来如果只剩下一名股东,则给予或者附条件的给予承认;三是完全不承认,无论公司成立时还是成立后都不允许一人公司的存在。我国1993年《公司法》不承认一人公司,2005年《公司法》完全确认了一人有限责任公司。这一重大立法变化的根据在于:

（1）尊重一人公司客观存在的事实，鼓励投资创业，便利公司设立，减少公司冲突和矛盾。即使原来公司法未承认一人公司，但事实上一人公司早已经以各种方式存在。其中既包括完全合法存在、名副其实的一人公司，如国有独资公司和外商投资公司中的外资公司，也包括名义上有多数股东而真正的股东只有一人的实质上的一人公司。否定其合法地位，只会阻碍某些个人或社会组织的投资行为，导致虚设股东等规避法律的行为和一些公司不规范的运行，并滋生许多不应有的权益纠纷。

（2）顺应全球立法趋势。近年来，越来越多的国家相继承认或有条件地认可了一人公司的法律地位，并由此形成了公司法改革的国际趋势。我国加入WTO之后，也应该实现国内企业和外资企业之间的公平竞争，其中包括在投资形式上给予中外投资者设立一人公司的相同机会和条件。

（3）一人公司与法人制度的本质和债权人保护并不矛盾。法人制度的本质在于公司的独立存在和活动，公司法的目标应是防止公司股东滥用权利、混同个人财产与公司财产，损害债权人的利益，而不在于其成员的构成和股东人数的多少。同时，在有限责任之下，决定公司清偿能力并对债权人构成保障的是公司的资本和资产，而非股东人数。

三、一人公司的特别法律规则

尽管一人公司得到法律的承认，但由于其股东只有一人的特殊构成，权利集中于唯一的股东，相对于多数人组成的公司，更容易发生股东滥用公司法人地位和股东有限责任、损害债权人利益的情况，因此，公司法一方面明确肯定了一人公司的合法地位，另一方面，又针对其特殊性在第二章第三节规定了一整套特别适用的法律规则。

（1）规定了设立一人公司的数目限制，即"一个自然人只能设立一个一人有限责任公司。该一人有限责任公司不能投资设立新的一人有限责任公司"（第58条）。

（2）规定了特别的公示和透明要求。为使他人对一人公司的性质有清楚的了解，并对一人公司的信用和与之交易可能承受的法律风险作出审慎分析和判断，公司法规定："一人有限责任公司应当在公司登记中注明自然人独资或者法人独资，并在公司营业执照中载明"（第59条）。

（3）规定了更简易的管理方式。鉴于一人公司只有一个股东的特殊构成，公司法规定"一人有限责任公司章程由股东制定"（第60条），"一人有限责任公司不设股东会。股东作出本法第三十八条第一款所列决定时，应当采用书面形式，并由股东签字后置备于公司"（第61条）。

（4）强调了会计审计的要求。为保障一人公司财产的独立及其与股东财产的区隔，公司法还在普通有限责任公司实行会计审计规则的基础上，进一步强调规定"一人有限责任公司应当在每一会计年度终了时编制财务会计报告，并经会计师事务所审计"（第62条）。

（5）规定了财产独立举证责任倒置的法律规则。对普通公司而言，公司财产的独立是不证自明的事实，只要经合法注册登记，公司就具有独立法律地位和法人人格，其财产就当然独立。如要否定其财产的独立，提出主张的人应举证证明其财产的不独立。但鉴于一人公司完全为一个股东控制，极易出现公司财产与股东财产混同、公司财产被股东不当占有和支配的情形,公司法设置了一条特别的规则,即"一人有限责任公司的股东不能证明公司财产独立于股东自己的财产的,应当对公司债务承担连带责任"(第 63 条)。此谓典型的举证责任倒置,即本来需由他人举证公司财产不独立,而将举证责任转移给股东,要求其证明公司财产独立,否则法律即作公司财产不独立的推定并要求股东对公司债务承担连带责任。

我国《公司法》建立的一人公司制度在各国公司法中独具特色,是 21 世纪公司法富有创新性的制度设计。当然,对一人公司的完全承认本身并非我国《公司法》的创新,在此之前许多国家的立法早就先后承认了一人公司,但对一人公司系统完整的特别规定却是我国公司法独具特色的创新。其中首要是立法体例的创新。许多国家虽然承认一人公司,但多数都只是在相关条文中简单地承认,都只是规定公司可以由一人或两人以上设立,有的甚至根本没有直接规定,而是从前后条文的相互关系中推论其公司法承认一人公司。而我国《公司法》不仅明确承认一人公司,而且在有限公司一章中专列一节,并以"一人有限责任公司的特别规定"为题,分列七个条文加以详细规定,从而形成了对一人公司的完整系统的规范体系。此外则是上述特别法律规则的创新,尤其是财产独立举证责任倒置的规定。

【本节理论探讨】

- **一人公司的财务监督问题**

公司法以社团性为前提,以存在复数股东为基础,为普通公司设计了一套分权制衡的法人治理结构。然而,一人公司只有单一股东,缺少了普通公司分权制衡的治理结构,公司监察被削弱。单一股东不但享有有限责任的便利,而且拥有公司业务经营及财产支配的绝对权利。因此,当其个人利益与公司利益、其他利害关系人利益冲突时,极易滥用公司人格、抽逃资金、回避义务和为脱法行为等。

但是,大多数国家的规制主要集中于一人公司的组织规范及主管机关的行政管理规范,对于最容易发生道德危机的财务监控,却少有特别规定。这一特点在我国公司法中也有体现,对于财务监控仅规定主要通过每年一次的强制审计来完成。

在各国公司立法中,法国对于一人公司财务监控问题的规定是较为完备的。首先,法国规定了会计监督遴选制度。会计监察人监督事务主要在于公司会计及财产事务。[①] 依法国《有限责任一人企业法》第 12 条规定,一人公司董事须在会计师公会所提供、具有国家证照专业资格会计师之名册中,选任会计监督,以落实健全公司财务制度之目的。由于该会计监察之选任在一般一人公司是由公司自行决定是否选任,对于某些有心为恶的公司极可能不选任会计监督,无法落实设上列条文的立法目的。故法国于 1984 年修改《公司法》第 64 条时,要求资产总额、税后利润或员工人数达到一定标准的公司必须遴聘一名以上会计监督。而一人公司当然应适用该规定遴聘会计监督。[②] 其次,立法禁止一人公司股东及其亲属担任公司监察人,规定公司唯一股东及其配

---

① 赵德枢著:《一人公司详论》,中国人民大学出版社 2004 年版,第 283 页。
② 参见赵德枢:《大陆 2004 年公司法相关修正草案承认一人有限责任公司所应面对之公司财务监督问题》,载《公司法评论》2005 年第 1 辑,第 35 页。

偶、直系亲属、直系第四等旁系亲属皆不得担任该一人公司之会计监督。①

【本节实务研究】

● 因股权转让而形成一人公司的法律适用

我国公司法允许有限责任公司股权在股东之间自由流通,当股东将公司全部股权转让给一名股东时,由于公司法的一人公司与普通公司规则存在差异,通过股权转让形成的一人公司就很可能违反公司法的强制性规范。

公司法允许一个自然人投资多个普通有限公司,但只能投资一个一人公司。但股权转让有可能致一个自然人同为两个一人公司股东。上述情况下,股权转让是否有效?如果有效,基于股权转让形成的一人公司与公司法强制性规范的冲突又应当如何处理呢?

我们认为,只要股权交易行为本身没有违反法律的强制性规定即为有效。交易的后果,权属变动的结果违反了公司法的强制性规范,通常属于可以补救的瑕疵。应当本着提高公司运作效率,维护交易秩序的原则要求股东限期对公司瑕疵进行补救。当股权转让形成一人公司时,如果属受让股权的股东已为其他一人公司股东的情形,可以要求该股东限期转让其中一个一人公司的股权。只有在公司丧失其成立的基本条件且瑕疵无法补救时,才应要求按照公司法的相关规定解散公司,消灭公司人格。

第五节 国有独资公司

一、国有独资公司的概念和特征

国有独资公司,是指国家单独投资、由国务院或者地方人民政府授权本级人民政府国有资产监督管理机关履行出资人职责的有限责任公司。国有投资公司是我国公司法借鉴现代各国通行的公司制度,针对中国的特殊国情,为促进中国国有企业制度改革而专门创立的一种特殊公司形态。

根据《公司法》的规定,国有独资公司的设立有两种方式,一是新建设立,即国有资产监督管理机构单独出资开办国有独资的有限公司;二是改建设立,即原有国有企业符合公司法设立有限公司条件并为单一投资主体的,可以依照公司法的规定改建为国有独资公司。

国有独资公司与其他形态公司相比,主要有两个特征。

(一)国有独资公司是特殊的"一人公司"

首先,国有独资公司是"一人公司"。国有独资公司的股东只有一个,即国家,同时由国有资产监督管理机构履行出资人或股东的职责。因而,国有独资公司实际上属于公司法上的"一人公司",这一点,可将国有独资公司与普通的有限责任公司区别开来。

---

① 卞耀武、李萍著:《法国公司法规范》,法律出版社1999年版,第50页。

其次,国有独资公司是特殊的一人公司。这种一人公司的特殊性在于其股东的特定性。依照公司法的规定,成为国有独资公司股东的前提条件必须是要有政府的授权。公司法不允许其他任何单位或个人单独投资设立该类一人公司。而普通的一人公司,其股东既可以是法人,也可以是自然人。由于股东人数的制约,一般来说,普通一人公司规模不大,而我国的国有独资公司,规模通常较大。

(二) 国有独资公司是特殊的有限责任公司

1. 国有独资公司是有限责任公司

国有独资公司的资本不分为股份,非属一人股份公司。国有独资公司与一般有限责任公司一样,公司以其全部财产对公司债务承担责任,股东以其出资额为限对公司承担责任,公司与股东相互独立,这样,国家与企业的产权关系十分清晰。

2. 国有独资公司是特殊的有限公司

尽管公司法将国有独资公司规定为有限责任公司形式,但其与一般的有限责任公司在股东人数、股东的身份、公司的组织制度和股权的行使等许多方面都有所不同。当然,除有特别规定外,《公司法》关于有限责任公司组织和行为的一般规定也适用于国有独资公司。

3. 国有独资公司不同于一般国有企业

尽管许多国有独资公司直接由特定的国有企业实行公司化改组而成,但国有独资公司已不同于原有的国有企业,这主要体现在:

(1) 二者的设立根据不同。国有独资公司依照公司法设立,并受公司法调整;而一般的国有企业则是依照全民所有制工业企业法设立,并受全民所有制工业企业法的调整。

(2) 二者的财产权性质不同。国家通过其代表——国有资产监督管理机构,作为国有独资公司的股东,对公司财产依法享有和行使股权,国有独资公司对公司财产享有法人财产所有权。而一般的国有企业中,国家作为企业的所有人对企业财产享有所有权,企业作为法人单位对企业财产享有的是经营管理权。

(3) 二者的管理体制不同。国有独资公司设立董事会,其成员由国有资产监督管理机构委派,其董事长、副董事长由国有资产监督管理机构从董事会成员中指定。经理由董事会聘任或解聘。法定代表人可由董事长、执行董事或经理担任。而一般的国有企业则实行厂长(经理)负责制,厂长或经理是企业的法定代表人。二者在内部管理机制等方面存在许多区别。

二、国有独资公司的适用和评价

国有独资公司是我国国有企业改革的产物和法律形式。中国的国有企业一直是中国经济的主导和国民经济的中坚力量,20世纪80年代以来中国经济体制改革的核心和关键环节就是国有企业的改革。为焕发国有企业的生机和活力,保证国有资产的经营效益和保值增值,国家对国有企业采取了一系列逐步深入的改革措施,从扩大企业的自主权到承包经营责任制和租赁经营制,再到现代企业制度的提出和公司制的确立,中国的国有企业改革经历了从局部的、表层的财产关系和管理关系的渐进性改革到整体的、实质性的法律形态的根本性变革,国有独资公司的出现正是这种变革的成果和采取的法律形式。

公司,这种股权制企业以其明晰的产权关系、科学有效的管理方式、公平合理的利益、风险机制,成为现代企业最优异的组织形式。因此,公司制或股份制的采用,成为国有企业改革的必然选择。

但由于我国全民所有制经济绝对的主导地位和国有企业财产数额和经营规模的巨大,非国有经济的财产积累时间尚短,投资能力还较为不足,多元化的投资主体和多种成分的股权结构在某些国有企业中还很难实质性地建立,一般有限公司和股份有限公司形式在所有国有企业中的普遍推行尚需一定的条件和过程,因此,作为一种特殊的公司形式,《公司法》创制了国有独资公司,它既采取了有限公司的基本形式和结构,又根据其股东单一的特点规定了较为灵活和简易的组织机构和管理方式。

【本节理论探讨】

● 国有独资公司是否应当与一人公司并存

公司法修订中对此曾有两种立法意见,一是保留"国有独资公司"一节,并对各项具体规则进一步调整和细化;二是取消该节,直接将国有独资公司作为"一人有限责任公司"一节下的个别条文予以规定。前一立法方式表明,国有独资公司是不同于普通一人公司的特殊类型,公司法仍需强化管理,为国企改革保驾护航;后一立法方式则使国有独资公司成为普通一人公司的特殊形式,一体适用一人公司规则。立法方式的不同,显示了对公司法的性质、功能以及立法目的理解上的差异。

公司法本质上属于私法,调整私主体间的商事关系,西方各国公司法的调整对象也主要限于私有公司。我国将国有独资公司纳入公司法调整范围,其目的在于改造和规范国有企业的组织结构和财产关系,以塑造符合现代企业制度的市场主体。但现实的国情以及现有的公司法治资源与环境尚难使国企真正脱胎为现代意义上的市场主体。

另一方面,将国有独资公司从一人有限公司中分离出来,给予特殊对待和详细规定,既破坏了公司法的应有体系,也破坏了公司法的中立性与稳定性。公司法作为规范市场主体的基本法,必须具有一定稳定性,这就决定了其规则应当具有普遍适用和相对抽象的特点。然而,国有独资公司中国有资产的监管保护、国有股股权的行使、国有资产的收购等问题都尚在探索之中,国企改革政策也处于不断修改变动之中,公司法既无法穷尽这些问题,也不应随国企改革而随时修改。

因此,从长远看,应当将公司立法与国资立法分别进行。在公司法中只需规定公司应当遵循的共同规则,而将国有公司的特殊规定放在国资立法中去完成。

第六节 上市公司

一、上市公司的概念和特征

股份有限公司,依其发行的股票是否公开上市交易,分为上市公司和非上市公司。所谓上市公司,是指所发行的股票在证券交易所上市交易的股份有限公司。上市公司主要有三个法律特征。

(一) 上市公司是股份有限公司的一种

公司发行的股票上市交易,表明其具有很强的公开性,只有股份有限公司具有这种公开性的特点。同时各国法律也都规定,只有股份有限公司享有股票上市交易的权利,其他任何类型的公司,包括有限公司等都不具有这种权利。同时,也并非所有股份有限公司发行的股票都上市交易,能够上市交易的只是股份有限公司中的一部分,因此,上市公司一定是股份有限公司,但股份有限公司并不一定都是上市公司。

(二) 上市公司的股票上市必须符合法定条件并由证券交易所依法审核同意

股票上市涉及公众利益和公开市场秩序,各国政府通常予以不同程度和方式的干预和管理,我国《公司法》规定股票上市须依照有关法律、行政法规及证券交易所交易规则进行。我国《证券法》则对证券上市的条件和程序作了具体规定,其中包括股票须经国务院证券监督管理机构核准已公开发行,应当向证券交易所提出申请,由证券交易所依法审核同意,并由双方签订上市协议等。

(三) 上市公司的股票在证券交易所上市交易

股票的公开交易不等于股票的上市,公开交易具有各种不同的市场范围和交易方式,证券市场分为一级市场、二级市场、场外交易市场等,在这些市场上交易的股票都是股份有限公司发行的股票,在这些市场上的交易都属公开交易。证券交易所是公开市场中的二级市场,是实行证券集中交易的特殊市场,在证券交易所进行的交易又称为挂牌交易,只有股票在证券交易所上市交易的公司才属于上市公司。

二、公司上市的目的和作用

股份有限公司发行的股票上市交易,又称为公司的上市。公司上市具有多方面的作用,不同的公司往往基于不同的目的寻求上市。

(一) 增强公司融资功能

证券交易所进行的交易是市场最为集中,交易方式最为便捷、快速的,在现有市场条件下,股票的上市交易,将使股票具有最强的流通性和变现性,因而成为最受投资者欢迎的投资方向。因此,公司上市,将为其日后进行的增资和新股发行创造有利的条件,将使公司在资本市场上的融资能力得到实质性的增强,事实上,股份有限公司的融资功能主要是表现在上市公司身上。尤其在我国目前情况下,国家对公司上市条件严格掌握、对公司上市数量实行控制,上市是一种较为稀缺的市场资源,上市公司是一种宝贵的融资壳体,许多公司都是基于融资的迫切需要而争取上市。

(二) 提高股东的投资回报

与对其他公司不同,股东对股份有限公司的投资,不仅是为了获取投资收益,而且也为获取股票在市场上进行交易的增值收益,甚至对于许多投资者来说,交易市场上的收益可能是其更主要的投资目的。公司的上市,将使股东获得在交易市场上获利的机会,从而提高股东的投资回报。

(三) 提高公司的知名度和商誉

上市公司实行严格的信息公开制度,公司一经上市,其一切重要事项都要向社会公开,证券法对上市公司的信息公开有全面、系统、具体的规范和要求,并且必须在指定的媒体上公布。在现代市场经济条件下,证券市场成为社会经济的重要组成部分和经济发展情况的晴雨表,证券交易的行情成为普遍关注的经济新闻,上市公司成为公众密切关注的对象,上市公司由此具有一般公司难以达到的市场认知度或知名度,业绩良好的公司由此会获得更高的商业信誉和更强的市场竞争优势。

(四) 规范公司行为,提高管理水平

上市公司的行为受到比普通公司更多的规范和约束。首先,除受公司法规范外,上市公司特别受证券法的调整和规范。其次,上市公司必须接受证券市场的监管机关和证券交易所的行政管理和市场管理。再次,上市公司因其面向公众和信息公开而受到社会公众和广大投资者的监督和约束,包括媒体的舆论监督。这些都使得上市公司的行为更规范,更符合法律的要求。同时,公司上市也要求公司的管理者具有较高的业务素质和管理能力,并要求管理者勤勉尽责,不断提高业务管理水平和经营效益。

三、公司上市的条件

我国《证券法》第50条对股份有限公司申请股票上市的法定条件作了直接的规定,这些条件包括:(1) 股票经国务院证券监督管理机构核准已公开发行;(2) 公司股本总额不少于人民币3 000万元;(3) 公开发行的股份达到公司股份总数的25%以上;公司股本总额超过人民币4亿元的,公开发行股份的比例为10%以上;(4) 公司最近3年无重大违法行为,财务会计报告无虚假记载。

此外,证券交易所可以规定高于上述法律规定的上市条件,并报国务院监督管理机构批准。

四、公司上市的程序

我国公司上市采取自愿原则,符合法定条件的股份有限公司均可申请上市。根据我国《证券法》及有关规定,上市的基本程序可概括如下:(1) 向证券交易所提出申请并按规定报送各种申请文件。(2) 证券交易所审核同意。(3) 与证券交易所签订上市协议。上市公司与

证券交易所之间的基本关系属于市场提供者与证券发行者之间的合同关系,上市公司应与证券交易所签订上市协议书,对双方的权利义务作出具体的约定,上市协议书为格式合同性质的特殊合同,每个交易所都有自己的合同条件和对上市公司的要求,其中主要是关于交易所如何维护上市公司利益、上市公司履行信息公开义务和接受交易所监督等规定。(4)在规定期限内公告股票上市的有关文件,并将该文件置备于指定场所供公众查阅。(5)公告有关上市事项。(6)挂牌上市。在完成上述步骤后,公司将按照上市协议规定的时间,在证券交易所挂牌上市。

第七节 外商投资企业(公司)

一、外商投资企业的概念和特征

中国的外商投资企业,是指依照中华人民共和国法律,在中国境内设立的、部分或全部资金来自境外、外国投资者有相应的支配和控制权的企业或公司,是国际私人资本对中国进行直接投资的方式。

外商投资企业,一般都采取公司的组织形式,绝大多数都属于有限责任公司,因此,通常又称其为外商投资公司,目前它在我国有限责任公司中占有相当大的比重,也是公司法规范的重要对象。因其系与外商共同投资或由外商单独投资设立,因此,又称之为涉外企业或涉外公司。外商投资企业分为三种类型,因此,实践中又称其为三资企业或涉外公司。

外商投资企业具有如下法律特征:

第一,由外国投资者参与设立或由外国投资者单独设立。这里的外国投资者是指外国企业、其他经济组织或个人。外商投资企业可以是中国投资者与外国投资者共同投资设立,也可以是外国投资者单独投资设立,外国投资者单独设立包括外国的一方投资者或多方投资者共同设立。

第二,依照中国法律、在中国境内设立。外商投资企业虽有外资参与,但属于中国企业或法人,而确定其国籍的依据则是企业设立所依据的法律和设立地。这一特征使其区别于在中国境外设立而在中国境内从事经营活动的外国公司,也区别于中国公司在中国境外依据外国法律设立的中资公司。

第三,由外国投资者以私人直接投资方式设立。国际投资包括许多不同的具体方式,如国际贷款、租赁、证券投资、合作开发、补偿贸易、来料加工等。只有以私人直接投资设立的企业才属于外商投资企业。利用外国政府或各国政府共同设立的国际经济组织的资金兴办的企业,不属于外商投资企业。利用国外的借款、租赁等间接投资方式兴办的企业也不属于外商投资企业。

外商投资公司产生于20世纪70年代末中国改革开放的初期,是为引进和吸收外资而创立的企业法律形式,并通过相继颁布的《中外合资经营企业法》(1979年7月颁布)、《外资企业法》(1986年颁布)和《中外合作经营企业法》(1988年颁布)及其他配套法规和规则予以确定和规范。外商投资企业法由此也形成了较为完整的法律体系。

二、外商投资企业的法定类型

依照现行外商投资企业法,外商投资企业分为以下三种法定类型:(1)中外合资经营企业(以下简称合营企业),即中国合营者与外国合营者依照《中外合资经营企业法》等有关法律的规定,在中国境内设立的共同投资、共同经营、按出资比例分享利润、承担风险与亏损的企业。(2)中外合作经营企业(以下简称合作企业),即中国合营者和外国合营者依照《中外合作经营企业法》,在中国境内设立的、由合同确立双方权利和义务、并根据合同从事生产经营的企业。(3)外资企业,即依照《外资企业法》,在中国境内设立的由外国投资的企业。

在上述三种企业形式中,外资企业的特点十分突出,它是由外国个人、企业、公司或其他经济组织单独投资、单独经营、单独承担风险。而合资企业与合作企业之间虽有许多相似之处,但二者仍有着本质的差别,即合资企业是股权式组织,而合作企业是契约式组织。合资企业各方的各种投资形式包括现金、设备、厂房、技术、土地使用权等都要以同一货币单位计算股权,利润的分配和风险的承担都以股权为依据,合营期限也比较长。而合作企业合作各方提供的现金、设备、土地、技术、劳动等不作为股本投入,利润的分配完全依据各方签订的协议,合营期限一般比合资企业短。从组织形式上看,合资企业必须是具有法人资格的企业,而合作企业则可以是不具有法人资格的组织。

除上述三种外商投资企业外,20世纪90年代以来,我国还出现了所谓的中外股份有限公司,它是指由一定人数以上的中外股东设立、全部资本由等额股份构成,外国股东可自由兑换外币购买并持有公司注册资本一定比例(25%)以上股份、股东以其所认购的股份对公司承担责任,公司以全部资产对公司债务承担责任的企业法人。中外股份有限公司是否成为一种新的外商投资企业类型,目前尚无专门的法律予以规定。

三、外商投资企业的法律性质

(一)合资企业的法律性质

《中外合资经营企业法》第4条规定,"合营企业的形式为有限责任公司",该法实施条例第2条又规定:"中外合资经营企业是中国的法人,受中国法律的管辖和保护。"可以说,合资企业法是将有限责任公司概念引入中国现行企业立法的第一个法律,也就从这时起,中国才开始使用有限责任公司的名称。

《中外合资经营企业法》中对有限责任公司的规定十分简单,虽然该法的实施条例对股东有限责任作了进一步规定,即"合营各方对合营企业的责任以各自认缴的出资额为限",但总体说来只是规定合资企业作为有限公司的性质,并未解释有限责任公司的具体特点和条件,而这一任务则是由后来的公司法完成的。《公司法》对有限责任公司作了全面、系统的规定,从而也使合资企业的法律性质得到了具体、充分的论述。

《中外合资经营企业法》既然把合资企业定性为有限责任公司,那么合资企业与有限责任公司的关系就显而易见，即合资企业是有限责任公司的一种，其与普通有限责任公司的区别在于股东必须由中方投资者和外方投资者共同组成。

（二）合作企业的法律性质

如果说合资企业属于有限责任公司的一种，那么合作企业的法律性质则较为模糊。《中外合作经营企业法》第2条规定："合作企业符合中国法律关于法人条件的规定的，依法取得中国法人资格。"言下之意，如不具备法人条件，就不能取得中国法人资格。由此可见，中国的合作企业，可分为法人式和非法人式。而从实践情况看，已经成立的合作企业，大都具有法人资格，非法人的合作企业为数很少。

法人式合作企业的具体法律形式在《中外合作经营企业法》中并未规定。从理论上说，既然没有规定，是否就可以采取任何公司形式作为其法律形式？如有限责任公司、股份有限公司乃至无限公司等。然而，根据合作企业法的具体规定，法人式合作企业却只能采取有限责任公司的形式，而不可能采取股份有限公司或无限公司的形式，因为它不可能像股份有限公司那样以公开募集股份的方式来筹集资本，它的股东权利也不表现为数额均等的、可自由转让的股份，它的利益分配、风险负担等也与股份有限公司不同。法人式合作企业更不可能采取无限公司形式，合作企业是以自己的独立财产对外承担责任，而它的合作者则以合同约定的比例承担有限责任。这都与无限公司的特点完全不同。

对于非法人式合作企业的法律形式，《中外合作经营企业法》也未加规定。目前，理论上一般认为，这种企业应属于合伙企业，合伙人的权利义务由合同约定，合伙人对企业债务承担无限责任。中国法律目前对企业间的合伙尚无统一规定，已经颁布的《合伙企业法》从法条词义看，只适用于公民个人之间组成的合伙企业。就性质而言，非法人型合作企业与《民法通则》第52条规定的合伙型联营组织相类似，按该条规定："企业之间或者企业、事业单位之间联营，共同经营，不具备法人条件的，由联营各方按照出资比例或者协议的约定，以各自所有的或者经营管理的财产承担民事责任，依照法律的规定或者协议的约定负连带责任的，承担连带责任。"因此，有人主张，在目前法律对非法人型合作企业未作规定的情况下，其法律形式可参照合伙型联营组织的规定执行。

（三）外资企业的法律性质

对外资企业的法律性质，《外资企业法》作了与《中外合作经营企业法》几乎完全相同的技术性规定，即"外资企业符合中国法律关于法人条件的规定的，依法取得中国法人资格"，这表明，外资企业同样可分为法人式的外资企业和非法人式的外资企业。同时，《外资企业法实施细则》又规定："外资企业的组织形式为有限责任公司，经批准也可以为其他责任形式。外资企业为有限责任公司的，外国投资者对企业的责任以其认缴的出资额为限。外资企业为其他责任形式的，外国投资者对企业的责任适用中国法律、法规的规定。"

由此可见，外资企业的组织形式更为灵活，具有法人资格的外资企业既可以是有限责任公司，也可以是股份公司。而不具有法人资格的外资企业既可能采取合伙企业，也可能采取独资企业的形式。然而，如前所述，中国目前只有关于个人合伙企业的规定，外资企业如为外国法人组织所设，同样缺少进一步的法律调整。对于独资企业而言，1999年颁布的《个人独资企业法》明确规定不适用于外商独资企业。

四、外商投资企业的法律适用

外商投资企业是一类法律性质多样化的企业组织,除其中的合资企业确定无疑属于有限责任公司外,合作企业和外资企业中既可能采取法人型的有限责任公司形式,也可能采取非法人型的其他企业形式。外商投资企业与公司之间的这种互相交叉关系所导致的必然结果则是外商投资企业法与公司法之间的法律适用上的冲突,即对于有限公司性质的外商投资企业,其设立、组织机构及其活动,应适用外商投资企业法还是公司法?

对此,我国《公司法》第217条作了协调性的原则规定,即"外商投资的有限责任公司和股份有限公司适用本法;有关外商投资的法律另有规定的,适用其规定。"但由于合作企业和外资企业的公司性质不甚明确、外商投资企业法与公司法许多规则方面的差异等,这一原则性规定仍然无法完全消除法律适用上的冲突。同时,由于外商投资企业法本身的先天不足,其原已存在的问题在公司法颁行后也暴露得更为突出,因此,外商投资企业法的改革与公司法的协调、融合可能是大势所趋。

【本节理论探讨】

- **外商投资企业法与公司法的冲突与融合**

外商投资企业法作为特别企业形式的立法,本来应是在《公司法》颁布之后,在公司、有限公司等基本法律概念和法律制度完全统一和确定的基础上进行。然而,中国对外开放和经济体制改革的发展决定了企业立法不可能按一般的立法模式循序渐进地推进,相反,它是完全追随经济改革和对外开放的步伐而亦步亦趋地形成的。早在1979年,在还没有任何其他企业立法,甚至连《民法通则》都还没有的时候,《中外合资经营企业法》就颁布了。到80年代中期,于1986年颁布了《外资企业法》,又于1988年颁布了《中外合作经营企业法》。而作为这三个外商投资企业法基础和前提的《公司法》,几经周折,到1993年才颁布。《公司法》的颁布,使外商投资企业法与公司法的衔接问题成为企业法立法及其理论实践面临的现实任务。

尽管《公司法》的立法者早就对此给予充分的注意,并在第217条中作了协调性的原则规定,即"外商投资的有限责任公司和股份有限公司适用本法;有关外商投资的法律另有规定的,适用其规定",但公司法对这一法律冲突所作的技术性处理存在着逻辑上和法律上的严重矛盾。它既规定外商投资的有限责任公司适用公司法,同时又规定,外商投资企业法另有规定的,适用其规定。在这里,"另有规定",如果专指外商投资企业法特有的法律制度和规则,还是可以成立,但如果包括现行外商投资企业法的所有内容,那么上述破坏法律统一性的局面就会出现。另外,更为困难的是,外商投资企业法是体系极不完整、内容很不全面的企业立法,作为一部企业法应予规范和涉及的许多事项在外商投资企业法中都没有得到具体规定,即使内容较为充实的合资企业法,相对于标准的企业法规范而言也是残缺不全的,这使得外商投资企业在实际运营中经常面临无法可依的局面。

解决上述问题的法律途径十分明了,即必须通过外商投资企业法的修改,对其内容作根本性的调整,在确定外商投资企业法只规定其特有制度和规则,适用于有限责任公司的其他一般制度和规则由公司法规定的基本立法格局的前提下,全部删除其应适用公司法的内容,而只保留和进一步充实其特有的制度和规则。当然,对三个外商投资企业法中的特有制度和规则加以归纳、整理,使其系统化,并形成自身的完整体系,去除相互间不应有的差别和零散状态,则是完善该项立法的进一步任务。

在完成上述的修订和改革之后,外商投资企业与公司的关系将得以明晰,其中具有法人地位的有限责任公司,统一适用公司法。非法人的外商投资企业也将根据其性质分别适用合伙企业法或另行制定的独资企业法。外商投资企业法与公司法的职能分工也十分明了,前者只规定外商投资企业特有的法律制度和规则,其中包括关于鼓励和限制投资的领域和经营范围、出资标的要求、税收的优惠、财务、信贷、外汇和劳动的管理等产业政策和经济管理方面的规定等。而后者适用于包括外商投资企业在内的所有有限责任公司。

还需要指出的是,外商投资企业法与公司法融合也是公平竞争与国民待遇的要求。应给予外国的商业组织以与国内商业组织同样的"国民待遇",使它们在相同的法律规则下进行公平的竞争。而公平的竞争,当然包括投资领域的竞争和投资行为的公平,包括以公司形式从事商业竞争时给予同样的法律对待和适用相同的法律规则。

【本章参考文献】

1　赵旭东.企业法律形态.北京:中国方正出版社,1996
2　高富平,苏号朋,刘智慧.合伙企业法原理与实务.北京:中国法制出版社,1997
3　胡果威.美国公司法.北京:法律出版社,1999
4　姚梅镇.外商投资企业法教程.北京:法律出版社,1994
5　[英]迈恩哈特.欧洲九国公司法.赵旭东等,译.北京:中国政法大学出版社,1988

【本章思考练习题】

一、名词解释

1. 无限公司
2. 有限责任公司
3. 股份有限公司
4. 两合公司
5. 人合公司
6. 资合公司
7. 母公司
8. 子公司
9. 关联公司
10. 公司集团
11. 分公司

12. 外国公司

13. 一人公司

14. 国有独资公司

15. 上市公司

16. 外商投资公司

二、简答题

1. 简述母公司与子公司之间的法律关系。
2. 子公司与分公司的法律地位和内部法律关系有何不同?
3. 分析关联公司与公司集团的法律地位。
4. 简述人合公司与资合公司划分的立法意义与理论意义。
5. 比较有限责任公司与股份有限公司的异同。
6. 股份有限公司的作用与公司上市的意义是什么?
7. 简述一人公司的法律规制。
8. 国有独资公司与一般有限公司有何不同?
9. 简析外商投资公司的法定类型及各自的法律地位。

三、案例分析①

天路皮革有限公司下设两个分公司,分别是北京分公司和广州分公司。2000年6月5日,广州分公司经理刘某持分公司营业执照与兴业百货公司签订了一份皮箱买卖合同。合同订立后,兴业公司即按合同约定付给了广州分公司定金。一个星期后,广州分公司按合同约定的期限交货,但经兴业公司检验,皮箱质量明显不符合合同约定,于是兴业公司当即提出质量异议,要求双倍返还定金并要求支付违约金。而广州分公司却坚持要兴业公司按合同如期付款,于是兴业公司向法院提起诉讼。

广州分公司参加了诉讼,并要求天路皮革有限公司(总公司)参加诉讼。但总公司认为:广州分公司的经济效益都留在分公司,只上缴约定的承包金额。而且,按公司章程规定,下属分公司经理的委任,须经董事会决定,而广州分公司现任经理刘某却是由本公司总经理李某擅自委任的,对于刘某的行为,本公司不支持,也不承担民事责任。

在本案民事责任的承担上,法院内部出现了两种意见。一种意见认为,天路公司总经理李某违反公司章程规定,擅自委任刘某为广州分公司经理,此行为是职务上的越权行为,不能代表公司的意志。因此,刘某的广州分公司经理的身份是不合法的,其代表广州分公司签订的合同不具有法律上的效力。由此所产生的法律责任由行为人刘某承担,天路皮革公司不承担民事责任。另一种意见认为,刘某任分公司经理是否符合公司章程的要求,这是公司内部的事务,并不能因此影响其行为在对外关系中所具有的合法性,不能以其内部关系对抗善意第三人的利益,天路皮革公司应承担民事责任。但由于广州分公司平时只上缴约定的承包金额,有独立的经济利益,故应由天路皮革公司和广州分公司承担连带责任。

本案应如何处理?

---

① 本案例节选自徐晓松主编、陈丽苹副主编:《公司法学案例教程》,知识产权出版社2002年版,第29页。

第三章 公司的设立

■【导语】

投资者如果选择公司这种组织形式作为获取利润的手段,首先必须依照法律规定的条件和程序,完成一定的行为,为要组建的公司取得独立的法律主体资格。这就是公司的设立过程。从各国或地区公司立法的历史来看,随着公司与社会生活的联系日益紧密,公司的设立也就成为国家干预的重要领域之一。我国《公司法》作为规范公司组织和行为的基本法律,不仅在"总则"中对公司的设立作了概括性的规定,而且用了相当的篇幅分别对有限责任公司和股份有限公司设立的方式、条件和程序等作了具体规定。

本章从公司设立的法律概念出发,阐释了公司设立的原则、方式、效力、条件,公司的设立登记等,以使学生对公司设立的理论和实践有全面的了解。本章的学习重点主要在于公司设立的原则、方式、条件和效力。本章的学习难点在于区别公司的设立与成立,理解公司设立无效制度,领会设立中公司的法律地位。通过本章学习,应对上述学习重点熟练掌握,并能结合具体的理论和实践问题加以分析和运用;对上述学习难点有一定的理解和思考;对于其他问题,应有一般的了解。

第一节 公司设立概述

一、公司设立的概念和特征

(一)公司设立的概念

公司设立是一系列法律行为的总称,是指设立人依照公司法的规定在公司成立之前为组建公司进行的、目的在于取得法律主体资格的活动。

正确理解设立的概念,还须分辨公司的设立与成立[①]。公司的成立是指已经具备了法律

[①] 我国《公司法》对设立和成立的概念作了原则上的区分。如该法第95条规定,股份有限公司的发起人在公司不能成立时,应对其设立行为所产生的债务和费用负连带责任,并对设立过程中因其过失而对公司利益造成的损害负赔偿责任。当然,法律条文并未在措辞上对二者作严格区分,在某些场合,"成立"也用"依照本法设立"等措辞来表达(如《公司法》第8条的规定)。

规定的实质要件,完成设立程序、由主管机关发给营业执照而取得公司法人主体资格的一种法律事实,表现为一种法律上的状态。由此可以看出,公司设立是成立的必经程序,而公司的成立则是设立的法律后果或直接目的。公司的成立与设立的区别主要有:

(1) 发生阶段不同。公司的设立和成立是取得公司法人主体资格过程中一系列连续行为的两个不同阶段;设立行为发生于被依法核准登记、颁发营业执照之前;成立行为则发生于被依法核准登记、签发营业执照之时。实质上,公司的成立是设立行为被法律认可后依法存在的一种法律后果。当然,设立行为并不必然导致公司的成立。设立行为如果不符合法定条件和程序,就不可能为法律所承认,公司也就无法成立。

(2) 行为性质不同。设立行为以发起人的意思表示为要素,主要是法律行为,受平等、自愿、诚实信用等民商法基本原则的指导。而公司的成立必须向政府有关部门办理注册登记,成立行为以主管机关颁发营业执照为要素,发生在发起人与主管登记机关之间,属于行政行为。这一行政行为导致的是民法上的效果,即设立的组织取得独立的法人主体资格。

(3) 法律效力不同。公司设立是成立的前提条件。公司在被核准登记之前,被称为设立中的公司,此时的公司尚不具备独立的主体资格,其内、外部关系一般被视为合伙。即使设立行为已完成,但未取得营业执照,仍不能以公司的名义对外开展经营活动。因此,在设立阶段的行为,如果公司最终未被核准登记,设立行为的后果类推适用有关合伙的规定,由设立人对设立行为负连带责任;如果公司被核准登记,发起人为设立所实施的法律行为,其后果原则上归属于公司。公司的成立则使公司成为独立的主体,公司成立后所实施行为的后果原则上由公司承担。

(二) 公司设立的特征

公司设立既是一个程序问题,也是一个实体问题。就程序问题而言,各国或地区的公司立法都要规定公司设立的步骤及其法律效果,整个设立过程都必须符合法律规定。就实体问题而言,公司的设立是以一定的信用为基础结合成一定的组织,各种类型的公司因其信用基础有所不同,其设立也有不同特点。公司设立的主要法律特征可以概括如下:

(1) 设立的主体是发起人。发起人可能是数人,也可能是一人,一般包括先行出资、筹建并对公司设立承担责任的自然人、法人和国家等。在公司设立过程中,发起人对内执行设立业务,对外代表正在设立中的公司。

(2) 设立行为只能发生在公司成立之前,并应当严格履行法定的条件和程序。各国或地区都有相关的法律规范对公司的设立条件和程序予以规定。未完成设立行为或设立行为虽已完成但未满足法律规定的条件的,都不能成立公司。也就是说,公司的存在首先必须符合法律对创设主体资格的各种具体要求,否则均不能产生设立行为应有的法律效果。比如,设立时没有提供设立申请或文件、股东出资未经验证等,都将导致公司设立的失败。

(3) 设立行为的目的在于最终成立公司,取得法律主体资格。公司只有取得法律上的主体地位,才具有权利能力和行为能力,才能以公司的名义取得民事权利和承担民事义务。在现代法上,自然人基于其出生而获得主体资格,公司则只有通过一系列设立行为才可能取得主体资格。正因如此,设立人在设立阶段从事的与该目的无关的活动,不应纳入公司设立范畴,而应当由设立人对由此产生的后果承担责任。

(4) 公司的种类不同,设立行为的内容也不尽一致。就各类设立行为的共同内容而言,主要包括发起人为筹建公司所进行的协商、制定公司章程、决定公司种类和名称、确定经营范围及资本总额、选择公司的营业地点、由发起人或股东认股并出资、召开创立会议、选举公司机关成员以及申请公司设立登记等。

相对而言,在各种公司中,股份有限公司的设立无论在设立程序上,还是在设立行为的内容上,均较其他公司复杂。其原因主要在于,股份有限公司的股东人数较多,其资本的筹集需要经过特定的招股程序,其机关成员往往需召开创立大会选任;而其他类型公司的股东、出资及机关成员,在设立之初即可在章程中确定,无须履行复杂的招股程序。

二、公司设立的原则

(一)国外公司设立原则的沿革

公司设立的原则是指公司设立的基本依据及基本方式。尽管公司是具有法律人格的社会组织,但由于不同类型的公司在责任形式以及组织结构方面不尽相同,并且不同国家或地区在不同的历史阶段由于社会政治经济条件、文化传统、法律传统等要素的差异,对公司设立往往奉行不同的设立原则。因此,公司设立的原则并非单一、一成不变的,而是因公司类型的不同以及时代的演变而有所差异。概括而言,从罗马社会到近代工业社会,公司的设立先后经历了自由设立、特许设立、核准设立、单纯准则设立和严格准则设立等设立原则。

1. 自由设立主义

自由设立主义又称放任设立主义,指是否设立、设立何种公司、怎样设立等设立事宜完全由当事人自由为之,法律不加任何干涉。从罗马社会到中世纪,商业社团是依照事实而存在,而不是依法创设的。当时的法律既不承认商业社团是"法人",也不对商业社团的成立主动干预,故成立商业社团既无法定条件的限制,也无注册登记的程序。这种原则在欧洲中世纪末自由贸易时代颇为盛行,当时的商事公司刚刚兴起,便采用了这一原则。但是,由于这种设立原则下的设立过程随便,与合伙企业的界限也难以分辨,难免造成许多不具备基本条件的组织也以公司名义出现,使债权人权益得不到保障,影响经济秩序。所以后来各国或地区的公司立法很少再采用这种设立原则。

2. 特许设立主义

在中世纪后期,欧洲大陆有许多商业行会发展起来,行会内部不断发生冲突,纷纷请求划分势力范围。各种行会企图凭借国家权力形成对商品市场的垄断,而封建国家又希望通过这些行会承担某些共同职能来推行某些政策,于是,商业行会对行政性垄断的追求便促成了公司设立原则从自由设立主义向特许设立主义的转变。

所谓特许设立主义,是指公司的设立必须经过国家元首特别许可或者经过国家立法机关颁发特别法令予以许可。特许设立制度体现国王的王权和议会的权威,从中世纪后期到近代工业社会,此原则盛行。如英国1600年设立的东印度公司就是经过英国王室特许成立的。

在特许设立主义原则下设立的公司,通常被视为是早期资本同绝对主义和极权主义王权相结合的产物,是国家权力的延伸。显然,这种对公司的设立予以过度管制的做法不能适应公司普遍发展的要求,并且有浓厚的封建特权色彩。所以,近代各国或地区公司立法除对某些特殊公司仍采取特许设立主义原则外,对一般的公司很少采用。

3. 核准设立主义

特许设立主义原则手续繁杂,并形成市场地域分割、行业分割以及行政垄断,严重阻碍了自由竞争和统一市场的形成,于是产生了核准设立主义原则。核准设立主义也称许可设立主义,是指公司设立除了必须具备法律所规定的条件外,还必须经过行政主管机关核准,否则不得成立。1673年法国路易十四颁布的商事敕令首创此制。法、德等国在18世纪也曾经采用过这种制度。

可以说,特许设立主义是在公司设立问题上赋予权力机关的一种特权,而核准设立主义则是赋予行政机关的一种特权。这是核准设立主义与特许设立主义的区别。但由国家行政部门干预公司设立,不仅不利于公司的普遍发展,而且容易滋生腐败。所以,现在核准设立主义原则除了适用于设立银行等与国计民生有密切联系的行业的公司外,在多数情形下已不再被广泛采用。

4. 单纯准则设立主义

由于在核准设立主义原则下,公司的设立必须逐一经过行政主管机关的批准,旷日废时,不足以适应实际生活的需要,于是单纯准则设立主义应运而生。所谓单纯准则设立主义,是指公司的设立,只要符合国家法律规定的要件即可,无须经权力机关或行政机关核准。1862年的英国公司法首先采用这一设立原则,并在19世纪已被不少国家和地区采用。这种做法适应了公司大量出现的形势,有利于公司的普遍发展。

5. 严格准则设立主义

虽然国家制定了统一的公司法,规定了公司设立的要件,但法律规定毕竟不可能十分详尽,许多事宜尚需在公司设立时具体拟定,否则容易导致不良后果。同时,由于公司是社会上一种重要的经济组织,为了克服滥设公司和利用公司欺诈等弊端,国家有必要对公司进行适当管理。鉴于这种情况,各国或地区在单纯准则设立主义的基础上,采用了严格准则设立主义,即以法律进一步严格规定公司设立的要件并加重发起人的责任,同时规定公司设立必须经过国家主管机关登记才得成立及取得独立主体资格。

由于严格准则设立主义既无特许设立主义和核准设立主义的繁琐,又避免了自由设立主义与单纯准则设立主义程序过于简单和不利于管理的弊病,所以被当今大多数国家或地区的公司立法所采用,也代表着当今公司设立原则的趋向。需要注意的是,在严格准则设立主义原则下,公司设立程序的最后步骤,是须在登记机关办理注册登记手续。在登记阶段,登记机关有权审查公司设立是否合乎法律所规定的条件,如果符合法律规定的条件和程序,登记机关就只能准其登记,而不能以政策或其他方面的理由而拒绝登记,这是严格准则设立主义和核准设立主义的区别所在。

(二)我国公司设立的原则

我国在公司设立问题上曾经长期实行核准设立主义,表现为严格的行业行政许可制度和垄断前置审批制度。这种做法在我国公司法制尚不健全的时代,曾经起到过积极作用,但随着经济的发展,其弊端日益显露。过多的行政干预,造成政企不分,形成地区或部门的行政垄断,人为地导致不公平竞争;而公司设立手续的繁杂和程序的纷乱,使得公司设立效率低下,极易助长官僚作风和腐败现象。

我国在总结公司设立实践的基础上,充分借鉴其他国家和地区的立法经验,对公司设立制度进行了重大改革。《公司法》第6条规定:"设立公司,应当依法向公司登记机关申请设立登记。符合本法规定的设立条件的,由公司登记机关分别登记为有限责任公司或者股份有限公司;不符合本法规定的设立条件的,不得登记为有限责任公司或者股份有限公司。""法律、行政法规规定设立公司必须报经批准的,应当在公司登记前依法办理批准手续。"此外,《公司法》还分别对设立有限责任公司和股份有限公司时股东认缴的出资、缴纳方式以及公司初始股东和发起人的责任等做了规定。

结合上述规定及我国公司设立实践可以看出,我国现行《公司法》规定的公司设立原则是严格准则设立主义和核准设立主义的结合。具体而言,设立一般的公司,符合法律规定条件的,原则上适用严格准则设立主义,直接办理登记注册手续,由公司登记机关分别登记为有限责任公司或者股份有限公司;但对于涉及国家安全、公共利益和关系国计民生等特定的行业和项目,法律、行政法规规定设立公司必须报经审批的,则应当履行审批手续,适用核准设立主义。比如,对于银行、保险、证券等行业,相关法律规定有专门的审批程序。毋庸讳言,随着我国市场经济体制的进一步发展,公司设立原则也会继续发生相应变化。可以肯定的是,放松市场准入的条件和降低设立公司的门槛将是变化的趋势之一。

典型案例:明光家具有限公司设立被拒案(《案例分析》第46页)
请扫描二维码或访问 http://2d.hep.cn/1318685/5 了解相关内容

三、公司设立的方式

从大陆法系各国或地区的公司立法来看,公司设立的方式有发起设立和募集设立两种。大多数国家或地区的公司立法均认可这两种设立方式,在法国、意大利、瑞士和荷兰等国采取发起设立方式较普遍,而日本等国采取募集设立方式较普遍。我国《公司法》对发起设立和募集设立方式均有规定。就某个股份有限公司而言,是采取发起设立方式还是募集设立方式,可以由发起人根据情况自由选择。当设立规模较大而本身资金不足,需要向社会广泛筹集资金,或者发起人出于其他如经营管理等方面的考虑时,可采取募集设立方式。

在英美法系国家或地区,其公司立法中没有发起设立和募集设立的概念。不过,其非开放性公司的设立也可以有发起人,并可以与公司设立时的股东不一致,法律上对其注册资本也没有最低数额限制,股东每人认购一股股份即可登记成立公司,成立后可以再发行股份,只是不得公开募股,这种设立方式类似于我国《公司法》颁布以前试行的《股份有限公司规范意见》中规定的"定向募集方式"。

(一) 发起设立

1. 概念及意义

发起设立又称共同设立或单纯设立,是指由发起人认购公司应发行的全部股份而设立公司。原则上发起设立可以适合于任何公司的设立。不过,因无限公司、两合公司、有限责任公司的人合性强,资本具有封闭性,所以其设立方式均为发起设立;而股份有限公司属于开放性公司,可以向社会发行股份,因而股份有限公司的设立既可以采取发起设立方式,也可采取募集设立方式。一般而言,采取发起设立方式设立,是由于各个发起人的资金比较雄厚或者公司的资本总额无须太高,在创立公司时,无须向社会公众募集资金,发起人的出资即可构成公司的资本总额。这种情形下,发起人采用发起设立方式设立公司,可以有效缩短公司设立的周期,减少公司的设立费用,降低公司的设立成本。不过,发起设立方式仅适合规模不大的公司。如果所需股本较大,发起人又难以认购公司应发行的全部股份,则不宜采取这种设立方式。

2. 法律限制

对于以发起设立方式设立有限责任公司或者股份有限公司时,发起人所认购股份是否必须在公司成立时足额缴纳的问题,各国或者地区的立法规定不尽一致。有的国家虽然规定公司设立时股份必须全部认购,但不一定要求全部缴足。如法国《商事法》第75条就规定,资本必须被全部认购;货币股份,在认购时应至少缴纳面值的1/4的股款;实物股份,应自发行之日起全部予以缴付。在有的国家的公司立法中,则规定以发起设立方式设立股份有限公司时,不仅不要求发起人在公司成立时足额缴纳所认购股份,而且还允许分期、分批发行股份。如日本《公司法》就规定,公司设立之际发行的股份总数,不得低于所发行股份总数的1/4。

依我国现行《公司法》第26条、第80条的规定,以发起设立方式设立公司的,不允许分期、分次发行股份,但允许发起人所认购股份可以认而不缴和分期缴纳。

(二)募集设立

1. 概念及意义

募集设立也称为渐次设立或者复杂设立,是指由发起人认购公司应发行股份的一部分,其余股份向社会公开募集或者向特定对象募集而设立公司。在各类型公司中,只有股份有限公司和两合公司在设立阶段可对外募集股份,所以,这种设立方式仅适用于股份有限公司和股份两合公司。我国则只有股份有限公司可以采用这种设立方式。发起人采取募集设立方式设立公司,是希望通过向社会公众或者特定对象发行股份而募集更多的资金,从而使公司能够具有更多的资本总额。公司向社会公众或者特定对象募集股份,其结果是凡持有股份的人都是公司的股东,所以,以募集设立方式设立的股份有限公司,从其成立时起,其股东除发起人以外,还有社会公众或者特定对象。

在我国国有企业股份制改造过程中,募集设立包括定向募集和社会募集两种方式。采用定向募集方式设立,是指公司发行的股份除由发起人认购外,其余股份不向社会公开发行,但可以向其他法人发行部分股份,经批准也可向本公司内部职工发行部分股份。采取社会募集方式设立,是指公司发行的股份除由发起人认购外,其余股份应向社会公开发行。采取定向募集方式设立的股份有限公司,称为定向募集公司;采取社会募集方式设立的股份有限公司,称为社会募集公司。定向募集公司在成立一年以后增资扩股时,经批准可转化为社会募集公司。

定向募集方式确实具有发起设立和社会募集设立方式所不具备的优点,特别是在股票市场尚未充分开放的情况下,公司可以不受股票发行配额的限制,通过向特定对象发行股份的方式达到筹集资金和改变企业单一产权结构的目的,又可以掌握控制公司股权的主动性,同时,还可以在条件具备时转化为社会募集公司。但是,定向募集方式也有其弊端,主要表现为透明度不高,公司内部职工股与社会个人股之间待遇相差悬殊,甚至可能造成我国公司形态和证券市场的混乱,滋生名目繁多的审批权等。因此,我国公司立法需要进一步配置相关制度以尽可能避免定向募集方式可能带来的问题。

2. 法律限制

在广泛募集社会资金方面,募集设立具有发起设立所无可比拟的优越性。它可以通过发行股份的方式充分吸收社会闲散资金,在短期内筹集设立公司所需的巨额资本,缓解发起人的出资压力,便于公司的成立。但采取这种设立方式也有弊端:其一,这种设立方式须对外募集股份,在程序上较发起设立复杂,而且还可能受到国家金融政策等方面的制约。其二,由于股权的高度分散,不利于实现发起人对公司的控制权。其三,因为募集设立向社会公开发行股票,又往往是溢价发行,从而形成公司的创设利润。因此,有些发起人有可能为非法获得这部分利润而借设立公司之名,行骗取钱财之实,在公司设立时只认购少量股份或在公司成立后不久就转让其股份,这对社会公众利益的保护极其不利。

针对募集设立方式的上述弊端,各国或地区的公司立法多采取一定措施予以限制。比如对采取募集方式设立公司时发起人认购的股份应占公司所发行股份总数的比例作出限制性规定。我国《公司法》第 84 条对此也有规定,以募集设立方式设立股份有限公司的,发起人认购的股份不得少于公司股份总数的 35%;但是,法律、行政法规另有规定的,从其规定。

这里应注意的是,首先,发起人认购的股份是指所有发起人认购的股份的总额,而不是某一个发起人认购的股份额。至于每一个发起人应当认购的股份的总额,我国公司法未予明确规定。因此,在设立公司时,即使某一个或者某几个发起人认购的股份很少,但如果其他发起人认购的股份很多,所有发起人认购的股份在总额上达到了公司股份总额的 35%,也是符合公司法对募集设立股份有限公司的发起人认购股份的要求的。其次,我国《公司法》对采取募集方式设立公司时发起人认购的股份比例的限制性规定是一般原则,如果其他法律、行政法规对该股份比例有另外规定的,适用相关例外规定。

【本节理论探讨】

- **公司发起人的法律地位**

公司发起人是公司设立过程中所产生的权利义务的主要承担者。对公司发起人的法律地位,理论上有无因管理说、为第三人利益契约说、设立中的公司机关说和当然继承说等主张。无因管理说认为,发起人与设立中的公司之间属于一种无因管理关系,在公司成立后,因发起人的设立行为所产生的权利义务,依无因管理的法理移归于公司。为第三人利益契约说认为,发起人因设立行为而与他人间所成立的法律关系,是以将来成立的公司为第三人(受益人)而订立的为第三人契约。设立中的公司机关说认为,发起人为设立中公司的机关。当然继承说认为,发起人是未经登记成立的公司代理人。

我们认为,上述四种观点都带有片面性:依据公司法承担公司的设立工作是发起人的义务,而按民法无因管理的理论,行为人从事管理行为应无义务,故"无因管理说"不妥;为第三人契约只能为第三人设定利益,而不能使之负义务,故"为第三人利益契约说"无法说明发起人对于股份认购人所负义务在公司成立后移转于公司的法律现象;"设立中的公司机关说"无法说明在公司不能成立时设立行为所需的费用和债务由发起人负连带责任而不由该无权利能力社团承受的法律现象;"当然继承说"无法说明设立行为所生的效果为何当然由公司承继,因为公司在登记成立前尚无法律人格,自然无法以发起人为代理人而成立委任关系,其行为的效果也不能依代理或委任的关系当然由公司承继。

发起人的法律地位应当从两个方面来确定:一方面,应从设立中公司与发起人的关系来看。在该关系中,发起人作为一个整体应属于设立中公司的机关,对外代表设立中的公司进行创立活动,履行设立义务。由于设立中的公司与成立后的公司其实体是同一的,所以发起人因设立行为所生的权利义务自然归属于将来成立的公司。另一方面,应从发起人之间的关系来看。发起人之间的关系是合伙关系,所以如果公司未能合法成立,发起人对其设立行为所产生的义务对第三人负连带责任。

- **公司设立行为的性质**

公司成立之前发生的、目的在于取得独立主体资格的全部活动都属于公司设立行为。从我国公司法的规定看,设立行为的核心部分是法律行为,但该行为为何种性质的法律行为,理论上有不同的主张,可概括为如下四种:

(1) 契约行为说。认为公司的设立以当事人的合意为基础,股东之间订立公司章程、召开创立大会以及选举董事和监事等均为民法中的契约行为,且这种契约对当事人有拘束力。

(2) 单独行为说。认为公司设立行为是每个设立人以组织公司为目的的单独行为,这些单独行为围绕取得公司独立主体资格这一共同目标而结合在一起。单独行为导致每一行为人的单一责任,故每一设立人就设立行为发生的债务负全部给付责任。

(3) 合并行为说。认为公司设立行为是契约行为和单独行为的有机结合,是一种混合性质的合并行为。

(4) 共同行为说。认为公司设立行为的基础是多数人一致的意思表示,是设立人为使公司得以成立并取得独立主体资格而共同所为,其效果是行为人取得同质的股权,行为人之间的利益是一致的,属于民法上的共同行为。

我们认为,契约行为说与公司设立行为的实质不符。因为公司的设立行为属于新的权利主体的创设行为,并非仅如合伙契约般属于成立债权债务关系的行为。单独行为说虽然强调了发起人的设立行为,但既然是每个设立人行为的集合,自然就应是共同行为,而非单独行为。合并行为说的不妥之处主要有二:一是合并行为本身并非严格意义的法律概念;二是该说所谓"混合性质"的定性实际上并没有明确设立行为的实质。而共同行为说虽然揭示了设立行为的实质,被视为有关公司设立行为性质的主流学说,但它并非尽善尽美。因为公司设立行为原本就十分复杂,难以用一种学说涵盖。如一人公司的设立行为就属于个别的单独行为或单方行为,不具有多数人意思表示一致的性质。

【本节实务研究】

- **发起人在公司成立前所为的与设立无关的行为是否有效**

如果公司成立,发起人在设立过程中为设立公司所为的行为的后果原则上由成立后的公司承担,而其以拟设立的公司的名义从事的与设立公司无关的行为的后果原则上应由其自己承担,对此,实践中不存争议。但是,发起人以拟设立的公司的名义从事的与设立公司无关的行为,其效力如何? 实践中对此有不同主张。有观点认为此类行为一律无效,发起人应承担无效合同的法律责任;有观点认为应根据具体情况分别确认其效力。

我们认为,设立中的公司尚不能以其名义从事经营行为,从法律行为的角度看,其经营行为属于主体不合格的法律行为。对于发起人的上述行为,如果行为本身不违反法律的强行性规定,且相对方若无故意或重大过失,可以主张撤销该行为,但公司及发起人不得主张。理由主要有:

其一,法律在规定自然人与法人的能力时,其所依据的立法目的不同。对于自然人来说,法律在某些情形下否认不完全行为能力人所实施的行为的效力,主要是为保护这些人的利益。而对于法人而言,法律规定不同的法人有不完全相同的能力,规定法人应当在经营范围内从事经营活动,主要是为了保护相对人的利益和维护社会经济秩序。因此,从保护第三人利益的角度出发,如果对该发起人的行为,第三人无异议,且该行为也不违反法律的禁止性规定,就无须确定其无效。

其二,从实务上看,一方面,如果当事人对该行为均无争议,法院也就不会主动确认行为无效而要求双方返还财产;另一方面,如果确认该行为均无效,则当事人即使已经履行也应双方返还,这样的处理结果既不利于保护相对第三方的利益,也不利于维护社会经济秩序。因为如果发起人或公司一旦不能履行自己的义务,就会以发起人所从事的行为与设立公司无关为由而拒不履行合同,也不承担违约责任。

第二节 公司的设立登记

一、公司登记概述

(一) 公司登记的含义

公司登记,是指公司在设立、变更、终止时,由申请人依法向公司注册登记机关提出申请,登记机关审查无误后予以核准并记载法定登记事项的行为。公司的设立采取准则设立主义原则的国家,一般同时采取公示主义对公司进行登记注册。其目的主要在于:一是使公司设立这一事实及公司的各种情况为社会公众知悉,以保护交易安全;二是便于国家掌握公司情况,进行必要管理,保障合法经营,制止非法活动。

公司登记制度在历史上出现较晚。英国 1844 年颁布的《公司法》,在对公司设立采取准则设立主义原则的同时,开始规定登记制度。1861 年的《普通德意志商法典》则规定了统一的商事登记,包括公司登记的制度。到 20 世纪初,不少国家才普遍实行公司登记管理。目前,各国或地区的公司立法多有关于公司登记的规定。

我国《公司法》在其有关条款中对公司登记作了原则性规定。国务院 1994 年 6 月颁布并于 2005 年 12 月 18 日和 2014 年 2 月 19 日两次修订的《中华人民共和国公司登记管理条例》(以下简称《公司登记管理条例》),明确规定有限责任公司和股份有限公司的设立、变更和终止,都应该依照该条例办理登记。此外,我国1988年发布了《中华人民共和国企业法人登记管理条例》(以下简称《企业法人登记管理条例》),国家工商行政管理局还发布了一系列行政规章,公司登记均应适用。

(二) 公司登记与营业登记

公司登记不同于营业登记。公司登记属于法人登记,目的是创设法律人格,赋予公司以独立主体资格。营业登记又称商事登记、商业登记,其作用则是政府承认某项营业及其某一商号的合法性,准许其开业。

在立法例上,多数国家或地区将公司登记和营业登记合在一起。但也有的国家将二者分开,或在同一登记主管机关内分设不同的登记簿。在我国,公司的这两种登记是合并进行的,由同一机关主管。

(三) 公司登记的类型

公司登记通常分为设立登记、变更登记和解散登记等。设立登记是设立过程中所作的登记,它是公司设立过程的最后一道环节。设立登记注册后,公司便告成立。变更登记是改变公司名称、住所、法定代表人、注册资本、公司类型、经营范围、营业期限、股东或发起人的姓名或名称等原来的登记注册事项以及增设或撤销公司分支机构等时所作的登记。解散登记是指公司解散时进行的注销登记。

(四) 公司登记的机关及权限

公司登记须在国家规定的公司注册登记机关进行。各国或地区的公司登记机关有所不同。有的以法院为登记机关,如波兰;有的在政府注册官署或州务卿秘书处登记,如德国、美国;有的在政府机关进行登记并由法院派员进行监督,如意大利。在我国,依《公司登记管理条例》及相关法律文件的规定,公司登记机关是国家工商行政管理局和地方各级工商行政管理局;工商行政管理机关依法独立行使工商登记职权,在其系统内实行分级登记管理的制度,上级登记主管机关有权纠正下级登记主管机关的不符合国家法律、法规和政策的行为。我国《公司登记管理条例》第5~8条对公司登记机关的具体职责划分范围作了明确规定。

二、公司设立登记

(一) 公司的设立审批

公司的设立审批,是指在公司设立登记前,必须依法律、行政法规的规定报经政府主管部门或政府授权部门审查批准。依我国《公司法》的相关规定,审批及登记都是公司设立过程中依法所为的行政行为,二者的区别主要在于:

(1) 发生的阶段不同。审批程序在登记程序之前,即对于必须经过公司设立审批才能设立的公司,必须先通过审批获得许可,才能着手进行设立活动。

(2) 主管机关不同。公司设立登记一律由法律规定的公司登记主管机关进行;审批则是由法律、行政法规规定的政府主管机关或者政府授权部门进行。

(3) 条件和程序不同。公司设立登记的条件和程序比较统一,所有的公司一律依《公司法》规定的设立条件,按《公司登记管理条例》规定的要求向工商行政管理部门申请办理登记手续;审批所依据的法律、行政法规往往只涉及某一类企业或某一行业的企业,由不同的政府部门负责,一个公司的审批很可能出现不同条件、不同程序、不同审批部门的情况。从这种意义上讲,公司的审批在条件和程序上的统一性是有限的。

(二) 公司设立登记的意义

公司的设立登记事项应当符合法律、行政法规的规定。依我国《公司登记管理条例》第9条的规定,公司的登记事项包括:名称、住所、法定代表人姓名、注册资本、公司类型、经营范围、营业期限、有限责任公司股东或者股份有限公司发起人的姓名或者名称。设立登记的意义主要有:

第一,通过设立登记,可以从法律上确认公司设立的事实。公司设立一经登记,公司即告合法成立,取得了从事生产经营和商业活动的资格。未经登记,不得以公司的名义进行经营活动。因此,设立登记是公司进行经营活动的基本前提和首要条件。

第二,通过设立登记,可以确认公司的注册地,进而确认公司的住所和经营场所。

第三,通过设立登记,将公司的法律形式明确地记载下来,从而为确定投资人的责任范围提供依据。通过对资产、经营范围、法人代表、分支机构、名称等内容的核准记载,便于让公司的交易对方了解到较为详尽的信息,以保障交易的安全。

第四,通过设立登记,既可以使国家掌握公司的行业分布、区域分布及其他信息,便于国家实施宏观经济政策,合理安排生产力布局,促进经济的稳定和持续发展,又可以使国家对公司的微观活动进行监督管理,维护经济活动的秩序。

第五,通过设立登记,可以对非法经营活动(如假冒伪劣产品的生产和销售)予以制止和打击,依法保护登记公司的各项合法权益。

三、公司设立登记的程序

公司登记的程序因公司类型及登记种类的不同而有所不同。一般而言,各种公司的设立登记应共同遵守下列基本程序。

(一) 提出申请

不论何种类型的公司登记,均以申请为第一步骤。一般而言,公司设立登记应首先由设立人向拟设立公司所在地的工商行政管理机关提出设立登记申请。在办理设立登记申请时,应当按照规定向公司登记机关缴纳设立登记费。

1. 公司设立登记的申请人

依我国《公司登记管理条例》第18条和第20条的规定,设立有限责任公司,应当由全体股东指定的代表或者共同委托的代理人作为申请人;设立国有独资公司,应当由国务院或者地方人民政府授权的本级人民政府国有资产监督管理机构作为申请人;设立股份有限公司,应当由全体发起人指定的代表或者共同委托的代理人作为申请人。

2. 提出申请时应提交法律规定的各类文件

如依照我国《公司法》第 29 条的规定,申请有限责任公司设立登记,应报送公司登记申请书、公司章程、验资证明等文件。申请登记不同类型的公司,法律规定应提交的文件种类也有不同。法律、行政法规规定需要经有关部门审批的,应当在申请设立登记时提交批准文件。

对于需要申请公司名称预先核准的,应申请公司名称的预先核准。①

(二) 审查核准

依《公司登记管理条例》的规定,登记主管机关对于设立登记申请的各种文件应进行审查,经过形式审查合格的,即出具受理通知书;决定不予受理的,应当出具不予受理通知书,说明不予受理的理由,并告知申请人享有依法申请行政复议或者提起行政诉讼的权利。

公司登记机关需要对申请文件、材料核实的,应当自受理之日起 15 日内作出是否准予登记的决定。作出准予公司设立登记决定的,应当出具准予设立登记通知书,告知申请人自决定之日起 10 日内,领取营业执照。

(三) 公示

登记主管机关核准登记后,应当将公司登记、备案信息通过企业信息公示系统向社会公示。公示是将已经登记机关登记的事项向社会公众发布,让社会公众知悉的行为。公示的内容应与登记事项一致。经公示后,公司登记程序才告全部完成。此时,登记事项可发生对抗第三人的效力。我国《公司法》第 6 条第 3 款还特别规定:"公众可以向公司登记机关申请查询公司登记事项,公司登记机关应当提供查询服务。"

企业信息公示是为促进企业诚信自律、强化企业信用约束、维护交易安全、提高政府监管效能而建立的制度。2014 年 8 月,国务院公布了《企业信息公示暂行条例》,对包括公司登记、备案在内的许多重要企业信息的公示做了具体的规定。依此条例,公众对公司登记事项的查询和登记机关提供的服务主要是通过该信息公示系统实现的。

(四) 登记的更正和撤销

我国公司立法还规定有公司登记的更正和撤销制度。依我国《公司登记管理条例》第 64 条、第 65 条的规定,如果办理登记时虚报注册资本、提交虚假证明文件或者采取其他欺诈手段隐瞒重要事实取得登记的,登记主管机关应责令改正,处以相应数额的罚款;情节严重的,撤销公司登记或吊销营业执照。

我国公司登记监管制度随着经济体制改革和政府职能转变也在发生变化。在 2014 年之前,公司登记监管实行企业登记的年检制度,公司应按照登记主管机关规定的时间提交年检报告书、资金平衡表或者资产负债表,登记主管机关应当对公司登记的主要事项进行审查,履行监督管理职责,对于其违反规定的行为可以根据情况给予处罚。2014 年《企业信息公示暂行条例》施行后,取消了年检制度,而代之以企业年度报告公示制度。该条例对企业年度报告报

---

① 参阅本章第三节中"公司的名称和住所"的相关内容。

送和公示方式、内容、程序等做了具体规定。同时,工商登记机关不再对企业的年度报告进行事前审查,而是进行事后抽查。

四、公司设立登记的法律效力

一般认为,公司设立申请经公司登记机关核准登记注册后,即发生以下法律效力:

(1) 公司取得从事经营活动的合法凭证。《公司法》第7条规定:"依法设立的公司,由公司登记机关发给公司营业执照。公司营业执照签发日期为公司成立日期。""公司营业执照应当载明公司的名称、住所、注册资本、经营范围、法定代表人姓名等事项。""公司营业执照记载的事项发生变更的,公司应当依法办理变更登记,由公司登记机关换发营业执照。"公司凭据此执照刻制印章、开立银行账户、申请纳税登记。公司在登记注册的范围内从事经营活动,并受国家法律的保护。

(2) 公司取得法人资格。公司的设立申请,经公司登记机关核准登记,领取企业法人营业执照后,公司即具有企业法人资格。

(3) 公司取得名称专用权。申请设立登记的公司,其名称经公司登记机关核准登记后,公司可以使用该名称并以其名义从事经营活动,享有权利、承担义务。公司对登记的名称享有名称专用权并受法律保护。

五、分公司的设立登记

(一) 设立分公司的两种情形

(1) 在公司设立的同时设立分公司。在这种情况下,出资者或股东一般在章程中可以就设立分公司的事项作出规定。不过,我国《公司法》对此未作硬性要求,可由当事人任意决定。

(2) 在公司成立后设立分公司。在公司成立以后,股东可以根据需要决定设立分公司。

(二) 设立分公司的有关规定

为了加强对分公司的管理,各国或地区的公司立法都规定分公司必须依法进行登记,才能以分公司的名义合法从事经营活动。依我国《公司法》第14条以及《公司登记管理条例》第七章的规定,设立分公司应当遵守下列要求:

(1) 设立公司的同时设立分公司的,应当就所设分公司向分公司所在地的市、县公司登记机关申请登记,领取营业执照。在公司成立后设立分公司的,应当由全体股东指定的代表人或共同委托的代理人一并向分公司所在地的市、县登记机关申请设立登记。经核准后,登记机关向总公司签发《企业法人营业执照》,向分公司签发营业执照。

(2) 设立分公司的,应当自作出决定之日起30日内向公司登记机关申请登记;法律、行政法规规定必须报经有关部门审批的,应当自批准之日起30日向公司登记机关申请登记。

(3) 分公司的法定登记事项主要包括名称、营业场所、负责人和经营范围等。分公司的名称应当符合有关企业名称管理规定,经营范围不得超出其本公司的经营范围。

(4) 设立分公司应当向登记机关提交的文件主要有:公司法定代表人签署的设立分公司的登记申请书;公司章程以及加盖公司印章的《企业法人营业执照》复印件;营业场所使用证明;分公司负责人任职文件和身份证明;国家工商行政管理总局规定要求提交的其他文件。法律、行政法规或者国务院决定规定设立分公司必须报经批准,或者分公司经营范围中属于法律、行政法规或者国务院决定规定在登记前须经批准的项目的,还应当提交有关批准文件。

(5) 分公司变更登记事项的,应当向公司登记机关申请变更登记。公司登记机关核准变更登记的,换发营业执照。

(6) 分公司被公司撤销、依法责令关闭、吊销营业执照的,公司应当自决定做出之日起30日内向该分公司的公司登记机关申请注销登记。申请注销登记应当提交公司法定代表人签署的注销登记申请书和分公司的营业执照。公司登记机关准予注销登记后,应当收缴分公司的营业执照。

【本节实务研究】

- **公司设立登记与第三人利益保护**

多数国家和地区的公司立法对公司的设立采取登记要件主义,即不登记不能成立,但也有国家采取登记对抗主义。我国《公司登记管理条例》第3条规定:"公司经公司登记机关依法核准登记,领取《企业法人营业执照》,方取得企业法人资格。……未经公司登记机关登记的,不得以公司名义从事经营活动。"可见,在我国,公司设立登记是公司成立的必要条件。依我国公司法的有关规定,为不实登记或以虚报或欺骗手段获得公司登记的,公司和有关行为人应承担行政责任甚至刑事责任。但在不实登记未被登记机关责令改正或撤销登记之前,是否可以其登记事项不实而对抗善意的第三人?对此,我国公司立法未作明确规定。我们认为,我国应明确登记管理的权威性和公信力。依该原则,在公司设立实践中,必须注意下列三个问题:

(1) 必须登记的事项在未履行登记或已经履行登记但尚未公告的情况下,要注意对第三人的保护。对此,多数国家和地区的法律规定,只要必须登记的事项还未履行登记或已经履行登记但还未予以公告,必须登记事项的参与人不可用该事项来对抗善意、没有重大过失的不知情第三人。这一原则直接导致两个结果:一是未经登记的事项在法律上所导致的直接后果不能有利于负有登记义务的参与人;二是未经登记的事项在法律适用上必须有利于第三人。

(2) 登记错误的事项在得到正确登记和公告之后的一定期限内,要注意对第三人的保护。对此,一些国家和地区的法律规定,如果登记事项已登记并已公告,该事项应对第三人发生效力。但是,如果在登记事项公告后的一定时间内,第三人既不知道也无责任必须知道该事项,那么该登记事项对其法律行为不生效力。对于这种不生效力的有效期限,在时间上各国或地区的法律多作严格限定。

(3) 已登记事项在公告发生差错的情况下,要注意对第三人的保护。对此,一些国家或地区的法律规定,如果登记事项公告有误,除非第三人已经知道公告事实有误,否则,第三人可以针对负有登记义务的登记人,根据已公告的事实为法律行为。在此,第三人必须是善意的,必须是该事项的局外人;同时,第三人对公告内容的信任必须是导致他的法律行为的直接原因。

第三节 公司设立的条件

法律为了保障社会的交易安全,保证国家有关管理机关对公司的监督和管理,要求有限责任公司和股份有限公司的设立必须具备法律规定的设立条件。各国或地区的公司立法对此都有详细的规定,一般包括主体要件、财产要件、组织要件、经营要件和行为要件五个要素。其中,主体要件主要是针对股东或者发起人的人数和资格等方面的规定;财产要件主要是针对公司资本的规定;组织要件主要是针对公司的名称及组织机构等方面的规定;经营要件主要是针对公司的生产、经营场所等方面的规定;行为要件主要是针对发起人协议、公司章程等方面的规定。

公司的设立条件因公司的类型不同而有差异。我国《公司法》对设立有限责任公司和股份有限公司的相关条件分别做了规定。

一、有限责任公司设立的条件

我国《公司法》第23条规定:"设立有限责任公司,应当具备下列条件:(一)股东符合法定人数;(二)有符合公司章程规定的全体股东认缴的出资额;(三)股东共同制定公司章程;(四)有公司名称,建立符合有限责任公司要求的组织机构;(五)有公司住所。"

(一)主体条件

主体条件是指股东资格及人数要件,即股东须符合法定人数和资格要求。

1. 股东人数要求

(1)从各国或地区的公司立法来看,法律对于除了有限责任公司之外的其他各种公司一般都并不规定股东人数的上限。而对于有限责任公司的股东人数,却多作上限规定。对股东人数进行上限规定的原因主要在于有限责任公司具有很强的"人合"性质。

我国《公司法》第24条规定:"有限责任公司由五十个以下股东出资设立。"由该规定可以看出,我国对有限责任公司的股东人数的上限作了严格限定,即不超过50人。

(2)对于有限责任公司股东人数的下限,各国或地区公司立法的规定也不尽相同。如规定须在5人以上,或3人以上,或2人以上等。由于对一人公司的承认,许多国家或者地区已经取消了对于有限责任公司最低股东人数的要求。

我国现行《公司法》承认了一人公司,所以不再有2人以上的要求,并对"一人有限责任公司"和"国有独资公司"分别作了专节规定。此外,《公司法》第217条还规定:"外商投资的有限责任公司和股份有限公司适用本法;有关外商投资的法律另有规定的,适用其规定。"而根据《外资企业法》的规定,外商在中国境内所设立的外资企业可以是有限责任公司,其可以是由一个外商单独设立。

2. 股东资格要求

各国或地区的公司立法对于有限责任公司股东的资格,与对股份有限公司发起人资格的规定基本相同。依我国公司法及相关法律的规定,有限责任公司的股东必须具备相应的资格。[①]

(二) 财产条件

1. 股东认缴出资

股东出资构成公司资本,它是公司财产形成的重要来源,也是保障公司偿债能力和社会交易安全的重要条件。公司设立时,要通过章程确定公司的资本总额,该资本额应由全体股东全额认缴,因此,公司注册资本总额就是全体股东认缴的出资额。

在公司设立的财产条件方面,我国和各国公司法曾长期实行最低注册资本制度。如德国《有限责任公司法》规定,有限责任公司基本资本不得少于5万马克。我国2005年《公司法》也规定:"有限责任公司的注册资本的最低限额为人民币三万元。法律、行政法规对有限责任公司注册资本的最低限额有较高规定的,从其规定。"同时,《商业银行法》、《保险法》、《证券法》等法律对不同行业公司的最低注册资本也作了特别规定。

2014年《公司法》修订后,取消了有限责任公司的最低资本要求,公司可以根据自己的需要通过章程任意设定注册资本。同时,注册资本亦不需限期缴纳,可以由公司自己决定缴纳的时间和期限。但作为公司设立的财产条件,章程所定注册资本必须由全体股东全额认缴,全体股东认缴的出资额即为公司资本总额。

2. 资本构成要求

一般而言,有限责任公司的资本不必划分为股份,更不能发行股票,但也有一些国家公司法规定有限责任公司的资本可以分成股份,以便于计算股东的出资及其权利义务,如日本就规定有限责任公司每股出资应当均等。还有的国家规定,每股金额可不均等,但各股金额之间应该互为倍数。如德国《有限责任公司法》规定,每一股东的出资至少为500德国马克,每股出资额可以不同,但都得为100马克的整倍数。我国公司法对有限责任公司的出资是否划分为股份及每股金额均未作规定,实践中可由公司自行掌握。

(三) 组织条件

组织条件包括公司的名称、住所、章程及依法建立的组织机构等。

公司名称是公司的法定登记事项,可以使公司的法人资格具有特定性,便于公司对外进行法律上、经济上的交往。

设立有限责任公司必须具备公司章程。有限责任公司的公司章程是记载公司组织规范及其行动准则的书面文件,体现着全体股东的共同意志,并对全体股东、公司的组织机构和经营管理人员均有约束力。我国《公司法》第25条对公司章程应当载明的事项作了明确规定。[②]

有限责任公司是通过内部组织机构的活动进行运作的,组织机构的建立可以使公司具备意思能力、执行能力,便于对外实施行为。各国或地区的公司立法一般都规定公司的内部组织机构。依我国公司法的规定,有限责任公司的内部组织机构分为股东会、董事会和监事会等,

---

[①] 参阅本书第八章"股东与股权"第一节中"股东资格的限制"的相关内容。
[②] 参阅本书第四章"公司章程"的相关内容。

但由于有限责任公司的具体形式、股东人数、经营规模、资本来源不同,法律、法规要求其建立的组织机构也不尽一致。①

二、股份有限公司设立的条件

我国《公司法》第76条规定:"设立股份有限公司,应当具备下列条件:(一)发起人符合法定人数;(二)有符合公司章程规定的全体发起人认购的股本总额或者募集的实收股本总额;(三)股份发行、筹办事项符合法律规定;(四)发起人制订公司章程,采用募集方式设立的经创立大会通过;(五)有公司名称,建立符合股份有限公司要求的组织机构;(六)有公司住所。"

(一)主体条件

主体条件即发起人人数和资格要件,也就是发起人须符合法定人数且须具备法定资格。与有限责任公司相比,股份有限公司的筹资和经营具有开放性,股东人数较多,流动性也较大,因此,设立股份有限公司的发起人往往只是公司成立时的股东的一部分。为防止发起人在设立过程中徇私舞弊,损害其他认股人和公众的利益,维护社会经济秩序,法律对其主体的要求,也较之对于有限责任公司股东的要求更为严格。

1. 发起人必须符合法定人数

股份有限公司的发起人,是指订立创办公司的协议、为设立公司而签署公司章程、提出设立公司的申请,向公司认购出资或股份,并对公司设立承担责任的人。对于股份有限公司发起人的人数,各国或地区的公司立法规定不一。从世界范围看,不少国家或地区的法律对发起人的数量都规定了下限。例如,法国、韩国、英国、比利时、日本等国规定发起人应为7人以上,德国规定发起人应为5人以上,挪威、瑞典规定发起人应为3人以上,意大利、瑞士、奥地利及我国台湾地区规定发起人应为2人以上。世界极少数国家规定发起人可为1人以上,如美国《标准公司法》的规定。

我国《公司法》第78条规定股份有限公司应有2人以上200人以下的发起人。② 我国《公司法》把股份公司发起人人数上限定为200人。其原因是:由于募集设立方式条件要求严格,设立程序复杂,导致公司设立时间长、成本高,股份有限公司的设立人为避免法律对募集设立的各种要求,而多采取发起设立方式。但是,当发起人过多时,其设立已经具有了公众性,不应再适用发起设立的规定。因此,为防止发起人恶意规避法律规定,规范公司设立行为,我国《公司法》在确定发起人人数时,将200人设为上限。

2. 发起人的资格

对于股份有限公司发起人的资格,各国或地区的公司立法通常规定为:发起人既可以是自然人,也可以是法人。自然人作为发起人,必须是完全民事行为能力人;法人作为发起人,应是

---

① 参阅本书第九章"公司组织机构"第一节中"公司治理"的相关内容。
② 对于股份有限公司发起人人数的下限,我国《公司法》经历了由5人改为2人的变化,现行《公司法》规定只需2人,主要是为了降低公司设立的门槛,这与公司法所追求的鼓励投资的价值目标是一致的。

法律上不受特别限制的法人。

是否对发起人的国籍、住所作要求,要根据不同国家或地区的社会、经济和政治等多种因素来确定。一般而言,大多数国家或地区的公司法对发起人的国籍不作限制。

依我国《公司法》第78条的规定,股份有限公司须有半数以上的发起人在中国境内有住所。这样规定的原因主要是基于对公司筹办工作以及公司设立责任承担的考虑。因为在设立股份有限公司的过程中,需要一定数量的发起人具体进行筹办公司的各项活动,而且设立股份有限公司往往需要较长的时间。所以,只有一定数量的发起人在中国境内有住所,才便于进行各项活动。

此外,发起人在公司设立过程中以及公司成立之后的一定时间内,均负有较重的责任,只有在中国境内有住所,才更加有利于国家对其进行管理,以防止其利用设立股份有限公司来损害广大社会公众的利益。需要说明的是,目前,多数国家或者地区的法律已经废弃了发起人在境内有住所的规定,因为要求在本国有住所的规定常被认为是一种歧视原则。

发起人在中国境内有住所,就中国公民而言,是指该公民的户籍所在地的居住地或者其经常居住地在中国境内;就外国公民而言,是指其经常居住地在中国境内;就法人而言,是指其主要办事机构所在地在中国境内。

除对发起人住所的限制性规定外,对于其他方面的资格限制,我国《公司法》未作规定,实践中应适用《民法通则》及其他法律、法规的有关规定。

(二) 财产条件

1. 全体发起人认购股本或者公司募集实收股本

股份有限公司是典型的资合公司,公司的存在和对外的信用基础首先取决于其股本。为保护股东及社会公众的利益,大陆法系各国或地区的公司法曾长期实行股份有限公司最低资本额制度,而且其最低资本限额往往较其他种类公司要高。

我国 2005 年《公司法》规定:股份有限公司注册资本的最低限额为人民币 500 万元。法律、行政法规对股份有限公司注册资本的最低限额有较高规定的,从其规定。此外,我国《保险法》、《商业银行法》、《证券法》等对特殊类型股份有限公司的最低资本限额作了特别规定。①

2014 年《公司法》取消了对股份有限公司的最低资本要求,只是规定股份有限公司设立必须"有符合公司章程规定的全体发起人认购的股本总额或者募集的实收股本总额"。由此,股份有限公司可以根据自己的需要通过章程任意设定注册资本。与有限责任公司不同的是,股份有限公司分为发起设立和募集设立两种情形:对于发起设立的股份有限公司,注册资本不需限期缴纳,可以由公司自己决定缴纳的时间和期限,但章程所定股本总额必须由全体发起人全额认购;对于募集设立的股份有限公司,其注册资本必须是实收资本,公司设立时,必须一次性缴纳。

2. 资本构成要求

股份有限公司的资本应划分为股份,并且各股金额一般应为均等。

---

① 参阅本书第六章"公司资本制度"的相关内容。

（三）组织条件

组织条件主要包括公司名称、类别、住所、经营范围等的选定以及公司的组织机构等。这些内容均为公司章程的主要内容，也是公司登记的主要事项，对公司的经营活动有着重要的影响。

股份有限公司是通过公司的组织机构进行运作的。依我国《公司法》的规定，股份有限公司的内部组织机构分为股东会、董事会和监事会等。股东大会是公司的权力机构；股份有限公司设董事会，董事会对股东大会负责；股份有限公司设监事会，监事会由股东代表和适当比例的公司职工代表组成，具体比例依法由公司章程规定。①

三、公司的名称和住所

公司的名称和住所是公司登记的主要事项，也是设立公司的组织条件。

（一）公司的名称

如同自然人降生要为其命名一样，公司成立也要有自己的名称。公司名称的意义主要有三：其一，公司的名称是公司成为独立民事主体的重要标志之一，是法人人格的表现。其二，公司的名称也是法人人格特定化的标志，公司可以其名称区别于其他民事主体。其三，公司的名称也是公司商誉的主要组成部分，是一种无形资产。依据《保护工业产权巴黎公约》的规定，公司的名称是工业产权保护的对象之一。

由于公司名称对社会经济生活关系甚大，为了保障公司及交易对方的合法权益，维护社会交易秩序，各国或地区的法律对公司名称都作了相应规定。各国或地区关于公司名称选择的立法原则有名称真实主义、名称自由主义和折中主义三种。名称真实主义是指法律对公司名称的选择加以严格的限制，要求公司名称必须真实反映公司的营业部类、经营范围等，否则禁止使用。名称自由主义是指法律对公司名称原则上不加限制，其名称与公司的营业部类、经营范围等有无关系，听凭自己决定。折中主义是指法律规定公司成立时的名称应真实反映公司的营业部类、经营范围等，但是在转让、继承时可不改变原主姓名。目前，大多数国家或地区对公司名称的规定都采用自由主义原则。

我国法律对于有限责任公司、股份有限公司的名称，明确规定应反映公司营业部类，显然采用公司名称真实主义。在我国，有关公司名称的立法主要规定在《公司法》第8条和《公司登记管理条例》、《企业名称登记管理实施办法》等相关法规和规章中。

1. 公司名称的特征

公司名称为公司成立的条件之一，同时也是公司章程的必备条款。公司名称从公司成立之日起具有法定效力。依我国有关法律的规定，公司的名称具有下列法律特征：

（1）公司的名称具有唯一性。即一定时期一个公司只准用一个名称。确有特殊需要，经省级以上登记主管机关核准，可以在规定的范围内使用一个从属名称，但股东为自然人的有限

---

① 参阅本书第九章"公司组织机构"中"公司治理"的相关内容。

责任公司和外商投资公司不准使用从属名称。而且,从属名称不能用来开展经营活动和招揽业务。

(2) 公司的名称具有排他性。即一定范围内只有一个公司可使用经过注册的特定名称。这是保护工业产权、防止不正当竞争、防止商业欺诈的一项重要的法律措施。因此,在某公司名称注册后,第三人使用同一名称作为自己的商号、商标、服务标记、商务口号,都构成对该公司商誉的侵犯和对客户的民事欺诈。而且,不仅使用相同名称为法律所禁止,类似名称也为法律所不允许。

值得注意的是,根据我国《企业名称登记管理规定》,我国公司名称的排他范围是相当有限的:其一,在同一登记机关辖区内,同行业的企业不能有相同或类似的名称。因此,在两个登记机关各自的辖区内,同行业企业出现相同或类似的名称是难以受制约的。对此,各国或地区的立法有不同规定。其二,对不同业务的公司,是否可以使用相同或类似名称,我国公司立法未作禁止规定。针对上述问题,我国台湾地区"公司法"第18条规定:"同类业务之公司,不问是否同一种类,是否同在一省(市)区域以内,不得使用相同或类似之名称;不同类业务之公司,使用相同名称时,登记在后之公司,应于名称中加记可资区别之文字。"我们认为这一规定可资借鉴。

(3) 公司名称具有可转让性。公司名称可以依法转让,或许可他人有偿使用名称中的商号。

2. 公司名称的构成

从各国或地区的公司立法来看,公司名称的选用大致有三种方式:一是采取名称与经营范围基本一致的方式,如美国的通用汽车、通用电气、通用食品等。二是以一个或几个投资人的姓氏命名,如杜邦。三是既使用姓名又包括业务内容,如福特汽车。我国《企业名称登记管理实施办法》第9条规定:"企业名称应当由行政区划、字号、行业、组织形式依次组成,法律、行政法规和本办法另有规定的除外。"依该规定,除法律另有规定外,公司名称应当依次包括下列四个部分。

(1) 公司所属的行政区划名称,即注册机关的行政管辖级别和行政管辖范围。有些国家规定名称中必须冠以其所在地区名称,有些国家对此无规定,但实际上许多名称都包含这部分内容。

(2) 字号[①],即公司的特有名称,一般由两个或两个以上的汉字或少数民族文字组成。如"凤凰"、"红塔山"等,这是公司名称的核心内容。特有名称由各公司自由选定,这也是公司名称中唯一可由当事人自主选择的内容。不过,法律对此往往规定某些禁用条款。

(3) 公司的行业或营业部类,即公司的名称应显示出公司的主要业务和行业性质。公司名称是否需要标明营业部类,各国或地区的法律规定不尽相同。我国《企业名称登记管理规定》和《公司登记管理条例》均规定公司名称应当标明行业或经营特点。这一则可以让公众了解公司的业务范围,有利于业务的开展;二则当几个公司的特有名称相同时,借此可以区分。

(4) 公司的组织形式,即公司的种类,如"股份有限公司"或"有限责任公司"。由于公司种类表明股东对债务所负责任的性质,股东责任性质表明该种公司的信用状况,信用状况应该

---

① 在我国国家工商行政管理局的文件中,字号和商号通用,但字号使用得更频繁。

让社会公众知悉,使其在与公司交易时有所斟酌,所以,公司名称应标明该公司的形式,这对保护交易相对人的利益和社会交易安全具有重要意义。不少国家或地区均对此作严格规定。我国《公司法》第8条规定:"依照本法设立的有限责任公司,必须在公司名称中标明有限责任公司或者有限公司字样。""依照本法设立的股份有限公司,必须在公司名称中标明股份有限公司或者股份公司字样。"

3. 公司名称的核准和登记

我国法律对公司名称实行强制注册制,即公司名称权的取得以设立登记为要件;公司名称变更,须经变更登记。我国的公司登记机关是各级工商行政管理部门。公司名称由工商行政管理部门实行分级管理。公司名称经登记之后由登记机关发给公司名称登记证书。

为防止公司名称发生混淆并提高注册的效率,许多国家或地区实行公司名称预先核准制度,我国也是如此。我国最先规定企业名称预先核准的是1988年11月3日施行的《中华人民共和国企业法人登记管理条例实施细则》(以下简称《企业法人登记管理条例实施细则》),其中有对于外商投资企业在报送批准前需办理公司名称预先核准的规定。1991年国家工商行政管理局发布《企业名称登记管理规定》,将企业名称预先核准的要求适用于开办国内企业,但不是强制性规定。1994年6月24日国务院发布、2005年和2014年两次修订的《公司登记管理条例》第17~19条对公司名称预先核准做了新的规定。该条例第17条规定:"设立公司应当申请名称预先核准。法律、行政法规或国务院决定规定设立公司必须报经批准,或者公司经营范围中属于法律、行政法规或国务院决定规定在登记前须报经批准的项目的,应当在报送批准前办理公司名称预先核准,并以登记机关核准的公司名称报送批准。"此外,国家工商行政管理局1999年还发布了《企业名称登记管理实施办法》,对一些具体事项做了规定。目前,申请名称预先核准已经成为我国公司登记前的一个必要步骤。

4. 公司的名称权

公司的名称权,是指公司对其依法取得的名称享有的独占和排他的权利。公司名称经登记注册后,即取得对其名称的专用权。

(1) 确定公司名称权的原则。为保证名称权的专属性,使得公司名称在一定地域范围内不至于混淆,在申请登记时,如有两个以上公司向同一登记机关申请注册同一名称的,由登记主管机关依照申请在先原则核定;如有两个以上公司向不同登记机关申请注册同一名称的,由登记主管机关依照受理在先原则核定;如果两个以上公司因已注册的名称相似或相同而发生争议,由登记主管机关依照注册在先原则处理。这就是公司名称权确定上的登记对抗主义。

(2) 公司名称权的转让。公司的名称权是可以转让的,但对于是否可以单独转让,各国或地区的规定不尽相同。依我国相关法律的规定,公司名称可以随公司或者公司的一部分一并转让,即我国不允许公司名称的单独转让。一般而言,转让公司名称时,应由转让方与受让方签订书面转让协议,依公司申请登记程序,报经原登记管理机关核准。由于法律禁止在一定地域范围内同行业的企业重名,因此,公司名称权转让后,转让人应停止使用已转让的公司名称;同时,公司名称也只能转让给一户企业;公司名称权的转让未经登记不得对抗第三人。

(3) 公司名称权的效力。公司名称经登记注册后,即取得该名称的专用权,在法律上具有排他的效力。我国现行法规采用的是登记对抗主义。这种排他性主要表现在两个方面:一是表现在排除其他公司登记、使用同一或相近似名称的权利;二是停止其他不正当使用同一名称的权利。凡是擅自使用他人已经登记注册的公司名称的行为,均构成对他人名称专用权的侵犯,被侵权人可以向侵权人所在地登记主管机关要求处理,也可以直接向人民法院起诉,请求责令侵权人停止侵权行为,并可请求赔偿因该侵权行为所遭受的损失。

(二) 公司的住所

1. 公司住所的确定

关于公司住所的确定,各国或地区的法律规定不尽相同,大致有下列三种做法:一是管理中心主义,即以登记时的常设管理机关所在地为住所。这种做法的优点主要在于容易确定,其缺点主要在于公司容易通过将管理中心迁到海外的办法来逃避法律管制。二是营业中心主义,即以公司的业务执行地为住所。这种做法的优点主要在于便于控制公司主要财产收入,其缺点在于如果营业中心有多个,则不容易确定公司的住所。三是由公司的章程确定。

我国《公司法》第 10 条的规定与《民法通则》第 39 条的规定一致,即公司以其主要办事机构所在地为住所。所谓主要办事机构所在地,是指决定和处理公司事务的机构所在地,也是管辖全部组织的中枢机构,如总部、总公司等。一般而言,区分公司的"主要办事机构"与"次要办事机构",是以公司的登记为准,即以登记时所注明的主要办事机构为准。由此可见,我国公司法实质上是采用管理中心主义。

2. 公司住所的法律意义

法人作为权利主体,与自然人一样必须具有住所。确定公司住所的法律意义可以概括为:可以据此确定诉讼管辖地,确定法律文书或其他函件受送达的地点,确定登记、税收等其他管理机关,确定债务履行地。此外,在涉外民事法律关系中,公司的住所是确认适用何种法律即确定准据法的依据之一。

3. 法律对公司住所的规定

(1) 住所是公司章程的必备条款之一,而公司章程又是申请注册登记的必备文件之一。所以,公司成立之前就应有拟订的住所,经注册登记后,具有法律效力。

(2) 住所是应当进行注册登记的事项,住所应登记而不登记或变更住所而不做变更登记,不得以其事项对抗第三人。

(3) 一个公司只能有一个住所。如果有多个办事机构,则以统辖全部事务和分支机构的办事机构所在地为住所。

【本节理论探讨】

● 公司名称权的法律性质

关于公司名称权的法律性质的学说大致可概括为下面四种:

(1) 公司名称权是一种人身权。在这种学说中,有主张公司名称权是一种姓名权者,也有主张公司名称权是一种身份权者。

(2) 公司名称权是一种财产权。该说认为:首先,名称权只是营业组织的标志而不是营业者人格的一种表示,它不属于人格权范畴而属于财产权范畴;其次,名称权只能在某一地区具有对抗他人的效力,而不像姓名权那样具有绝对的对抗他人的效力;再次,名称权可以转让,姓名权不能转让。

（3）公司名称权是一种工业产权。该说认为，名称权与商标、专利等工业产权在性质上相同，都是一种无体财产权；都具有专有性和地域性；有关工业产权的国际条约已将名称权作为工业产权加以保护。

（4）公司名称权既是一种人身权，又是一种财产权。该说认为，作为人身权，公司名称权始终与特定的公司联系在一起，是取得主体资格的条件和标志；作为财产权，公司名称权可以作为财产被使用、收益和处分。

我们认为，公司名称权作为一种权利在性质上属于商事人格权，其市场价值和可转让性是人格性的组成部分。公司名称商事人格权的属性，决定了公司名称的专用性。公司名称的专用性涉及对侵害公司名称权的侵权行为的认定问题。目前，我国对公司名称进行分区域保护的做法会导致全国出现多个相同字号的公司。随着公司字号的商业价值日益显著，如果仍沿用现有的规定，必会出现一些公司将他人驰名字号作为自己的公司名称在当地登记使用，使消费者产生混淆，从而造成驰名字号的淡化。为此，我们建议，在我国司法实务中，对普通字号的保护不妨继续适用现有的法律法规，而对知名企业字号的保护，可以借鉴驰名商标的有关保护制度。

第四节 公司设立的程序

公司设立程序因各国或地区实行的立法制度及各种公司所采取的设立方式不同而有所区别。在公司设立法律原则上，采取准则设立主义原则的，公司设立不必经过国家行政机关核准；而采取核准设立主义原则的，须经国家行政主管机关核准。在设立方式上，采取发起设立方式的设立程序较为简单，而采取募集设立方式的则较为复杂。各国或地区的公司立法对此问题的规定虽不尽相同，但也有不少共同点。总的来看，不论公司采取何种设立方式，其设立程序多以订立公司章程开始，以设立登记结束。经过设立登记，公司正式取得独立主体资格，整个设立过程完成。我国《公司法》对有限责任公司和股份有限公司的设立程序分别作了详细规定。

一、有限责任公司的设立程序

相对于股份有限公司的设立，有限责任公司的设立程序相对简单。依我国《公司法》及相关法律规定，有限责任公司的设立应符合下列程序。

（一）发起人发起

有限责任公司只能由发起人发起设立。具体而言，发起人首先要对设立有限责任公司进行可行性分析和预测，确定设立公司的意向。在发起人有数人时，应签订发起人协议或做成发起人会议决议。该协议或决议是明确在公司设立过程中发起人各自权利义务的书面文件，在法律性质上被视为合伙协议。其主要内容包括：公司经营的宗旨、项目、范围和生产规模、注册资本、投资总额及各方出资额、出资方式、经营管理、盈余的分配和风险分担的原则等。各国或地区的公司法对发起人资格多作限制性规定。①

(二) 订立公司章程

公司章程主要是规范公司成立后各方行为的,须严格按照法律、法规的规定订立。公司章程必须记载法定的绝对必要记载事项,也可以记载法定的全部或部分相对必要记载事项,还可以在不违反强制性规范和公序良俗的前提下,记载一些发起人协商一致的任意事项。依我国《公司法》的规定,公司章程须经全体股东同意并签名盖章,报登记主管机关批准后,才能正式生效。

(三) 申请名称预先核准

《公司登记管理条例》第17条规定:"设立公司应当申请名称预先核准。"采用公司名称预先核准制,可以使公司的名称在申请设立登记之前就具有合法性、确定性,从而确保公司名称的质量和公司设立登记的顺利进行。如果没有申请公司名称预先核准,到申请开业登记时才发现公司的名称不恰当、不规范、不合法,就会影响公司的及时成立,耗费设立者的时间和精力,从而造成社会资源的浪费。

(四) 报经有关部门审批

一般情况下,有限责任公司的设立只要不涉及法律、法规的特别要求,直接注册登记即可。不过,依我国《公司法》第6条第2款的规定,对于法律、行政法规规定设立公司必须报经批准的,应当在公司登记前依法办理批准手续。

需要指出的是,《公司法》第12条还规定,公司的经营范围中属于法律、行政法规规定须经批准的项目,应当依法经过批准。这里的批准是经营范围的审批,其与公司的设立审批不同。设立审批是公司登记成立前的审批,非经审批公司不得登记。经营范围审批可能发生在公司登记成立之前,也可能发生在公司登记成立之后,其不影响公司的登记。工商登记改革正对目前实行公司登记的"先证后照"(先办审批证明后办登记执照)程序进行探讨,并提出了"先照后证"(先办登记执照后办审批证明)的改革思路。

(五) 缴纳出资

缴纳出资,是公司设立中履行设立协议或公司章程中规定的出资义务的行为。我国《公司法》第27~30条分别对有限责任公司股东出资的方式以及缴纳要求等作了明确规定。② 依照2014年《公司法》的规定,公司资本可以认而不缴,在公司设立时,是否立即缴纳和缴纳多少,均由公司章程确定。但章程一经确定股东应缴纳的数额,股东即应履行其缴纳出资义务。

(六) 申请设立登记

申请设立登记,是指由全体设立人指定的代表或者代理人向登记机关申请设立登记的行

---

① 参阅本书第八章"股东与股权"第一节中"股东资格的限制"的相关内容。
② 参阅本书第七章"股东出资制度"的相关内容。

为。申请设立登记的目的,是为了通过行政主管部门的行政管理监督以确定设立的公司符合法律规定条件并赋予其法律人格。

(七) 登记发照

就各设立申请,登记机关应依法进行审查。审查内容主要包括拟设立的公司是否具备法律规定的实质条件,提交的文件内容和形式是否符合法律、法规的要求。对符合公司法规定条件的,予以登记,发给营业执照,公司即告成立;对不符合公司法规定条件的,不予登记。申请设立登记的申请人,如对登记机关不予登记的决定不服的,可以依法提起行政诉讼。

营业执照的签发日期为有限责任公司的成立日期。自成立之日起公司取得法人资格,可以公司名义对外从事经营活动。凭登记机关颁发的企业法人营业执照,公司可以刻制印章、开立银行账户、申请纳税登记。

(八) 公示

公司成立后,应当依照《公司登记管理条例》的规定,通过企业信息公示系统依法公示。设立登记公示的内容应当与登记机关核准登记的内容一致,否则,登记机关有权要求其改正。

二、股份有限公司的设立程序

依我国公司法的有关规定,股份有限公司的发起设立程序和募集设立程序相比较,募集设立程序基本与发起设立相同,只是还需经过向社会公开招募股份及其相关的一些步骤。具体可以概括如下:

(一) 签订发起人协议

发起人协议,是发起人之间以书面形式表达的共同设立公司、各自承担一定设立义务的一致意思表示。因其只规范发起阶段发起人之间的权利义务关系,故在性质上被认为是合伙协议。

由于股份有限公司的设立主要依赖于发起人的发起行为。因此,各国或地区公司立法均对此作了具体的规定,这些规定即为发起人设立过程中的义务和责任。我国公司法对发起人的义务和责任也作了规定。

(二) 报经有关部门批准

依我国《公司法》第6条第2款的规定,对于法律、行政法规规定设立公司必须报经批准的,应当在公司登记前依法办理批准手续。鉴于股份有限公司的股份发行涉及社会资金流向和众多股票持有者的利益,与有限责任公司的设立比较,股份有限公司必须报经批准才能成立的情形更多一些。

(三) 制订公司章程

依我国《公司法》第76条的规定,发起人应制订公司章程。股份有限公司的章程是设立公司必须具备的文件,由公司的发起人制订,并经发起人全体同意并签名、盖章,该章程涉及公司设立后股东之间的关系及公司对外的关系。公司章程应载明《公司法》第81条规定的事项,另外也可以记载一些相对必要记载和任意记载的事项。[①]

（四）申请名称预先核准

依《公司登记管理条例》第18条的规定,设立股份有限公司要在报送审批前,申请公司名称预先核准。

（五）认购股份

设立股份有限公司有发起设立和募集设立两种方式,我国公司法对这两种方式中股份的认购规定有很大差异。

1. 以发起设立方式设立的认购程序

（1）发起人认购应发行的全部股份。发起人在进行创立活动时,首先要确定公司的资本总额是多少以及资本总额划分为多少股份、每一股的金额是多少。在以发起设立方式设立公司时,每一个发起人都应当以书面方式承诺自己将要购买多少股份,所有发起人所承诺购买股份的总和应当等于应发行的全部股份,否则不能以发起设立方式设立。

（2）发起人缴纳股款。股款是否必须一次全部缴足,各国或地区的法律规定不尽相同。我国2005年《公司法》规定:"股份有限公司采取发起设立方式设立的,注册资本为在公司登记机关登记的全体发起人认购的股本总额。公司全体发起人的首次出资额不得低于注册资本的百分之二十,其余部分由发起人自公司成立之日起两年内缴足;其中,投资公司可以在五年内缴足。"[②]

2014年《公司法》修订后,取消了对发起人缴纳股款的上述限制,发起人认购的股份是否限期缴纳、何时缴纳由公司章程确定,但公司章程一经确定,发起人即应履行其缴纳出资的义务。

2. 以募集设立方式设立的认购程序

（1）发起人认购法定数额的股份。发起人在进行创立公司的活动时,在确定了股本总额及股份总数后,应当承诺购买一定数额的股份。我国《公司法》第84条规定:"以募集设立方式设立股份有限公司的,发起人认购的股份不得少于公司股份总数的百分之三十五;但是,法律、行政法规另有规定的,从其规定。"

上述规定的目的,主要是为加重发起人的责任,保护广大投资者的利益。因为公司成立后要进行一定的经营活动以达到一定的经济目的,而进行经营活动必须要有一定的物质基础才能保障债权人的利益。股份有限公司的经济能力来自发起人和其他股东的出资。如果发起人不具备一定的经济能力,不予出资或者出资很少,仅凭借其他人的资本进行经营活动,那么发起人对公司就不承担或者承担很小的责任,这样很容易使发起人不经过认真的调查研究就设立公司,甚至利用设立公司进行欺诈活动。此外,如果发起人不予出资或者出资很少,他们就会因为与公司没有多少利害关系而对公司的经营管理漠不关心,也不利于公司的发展。因此,

---

① 参阅本书第四章"公司章程"的相关内容。
② 参阅本书第七章"股东出资制度"的相关内容。

《公司法》规定发起人所持的股份原则上必须达到公司股份总数的一定比例,但允许其他法律、法规根据特殊情况作出例外规定。

（2）公开募集股份。由于公开募集股份涉及广大社会公众的利益,关系到社会经济秩序的正常和稳定,所以,《公司法》第85~88条、第92条以及相关法律、法规对公开募集股份作了比较严格的要求。①

（3）缴纳股款。发起人及社会公众认购股份后,就应当依法缴纳自己所认购股份的全部股款。《公司法》第88条第2款规定:"代收股款的银行应当按照协议代收和保存股款,向缴纳股款的认股人出具收款单据,并负有向有关部门出具收款证明的义务。"②

（六）建立公司组织机构和申请设立登记

我国《公司法》分别对发起设立和募集设立股份有限公司的设立登记进行了规定。

1. 以发起设立方式设立股份有限公司

发起人在交付全部出资以后,就应当选举公司的董事和监事,组成公司的董事会和监事会。由董事会向登记机关报送设立的批准文件、章程、验资证明等文件,申请设立登记。

对于发起人应按照什么程序、以什么方式选举公司的董事和监事,我国《公司法》未明确规定。从《公司法》对募集设立的创立大会以及股东大会的规定来看,选举的董事会成员及监事会成员必须经出席会议的认股人通过,方为有效。所以,在发起设立股份有限公司时,选任的董事及监事必须经出席创立大会的认股人所持表决权过半数通过。③

2. 以募集设立方式设立股份有限公司

依我国公司法的规定,发起人应当在足额缴纳股款、验资证明出具之后30日内召开公司创立大会。股份有限公司的创立大会,是指在股份有限公司成立之前,由全体认股人参加、决定是否设立公司并决定公司设立过程中以及成立之后的重大事项的决议机关。所以,认购发行的股份并缴足了股款的人,都有权参加创立大会。《公司法》第90条第1款规定:"发起人应当在创立大会召开十五日前将会议日期通知各认股人或者予以公告。创立大会应有代表股份总数过半数的发起人、认股人出席,方可举行。"可见,创立大会由全体认股人参加,并不意味着在召开创立大会时所有的认股人都必须出席创立大会。只要符合法律规定的条件,即使有的认股人没有出席创立大会,创立大会也可以举行。

公司创立大会行使与股东大会类似的职权。《公司法》第90条第2款规定:"创立大会行使下列职权:(一)审议发起人关于公司筹办情况的报告;(二)通过公司章程;(三)选举董事会成员;(四)选举监事会成员;(五)对公司的设立费用进行审核;(六)对发起人用于抵作股款的财产的作价进行审核;(七)发生不可抗力或者经营条件发生重大变化直接影响公司设立的,可以作出不设立公司的决议。"此外,《公司法》第89条第2款还规定:"发行的股份超过招股说明书规定的截止期限尚未募足的,或者发行股份的股款缴足后,发起人在三十日内未召开创立大会的,认股人可以按照所缴股款并加算银行同期存款利息,

---

① 参阅本书第七章"股东出资制度"的相关内容。
② 参阅本书第九章"股东出资制度"的相关内容。
③ 参阅本书第九章"公司组织机构"的相关内容。

要求发起人返还。"在此情形下,公司不得成立。

申请设立股份有限公司时应提交规定的文件。登记机关对于符合法律规定条件的设立申请,予以登记,发给营业执照。营业执照的签发日期,为公司成立日期。

(七) 公示

股份有限公司的公示要求与有限责任公司相同,应该依照《公司登记管理条例》的规定通过企业信息公示系统依法公示。

三、一人公司与国有独资公司的设立程序

依《公司法》第57条和第64条的规定,一人有限责任公司和国有独资公司的设立和组织机构除法律的专门规定外,适用法律对一般有限责任公司的规定。

现行立法对一人有限责任公司的设立程序没有特别规定,其设立程序基本与前述一般有限责任公司相同。

对于国有独资公司,其设立的基本程序也与一般有限责任公司大致相同。只是鉴于其投资主体的特殊性,其章程不可能由股东直接制定,所以《公司法》第65条规定:"国有独资公司章程由国有资产监督管理机构制定,或者由董事会制订报国有资产监督管理机构批准。"

【本节理论探讨】

- **认股人认股行为的法律性质**

关于认股行为的法律性质,理论上大致可分为以下五种主张:

(1) 合伙契约说。该说认为股份有限公司的设立行为属于合伙契约,而认股是合伙契约的构成要件,因而认股的结果,不仅在认股人与发起人之间产生法律关系,在认股人之间也产生法律关系。这实际上是将认股人之间的关系等同于发起人之间的关系,故此说不妥。

(2) 买卖契约说。该说认为认股属于买卖契约,即认股是买受股份的意思。然而,认股就认股人而言,是以设立公司而取得股东权为目的;而就发起人而言,则以募集资本成立公司为目的,并非如买卖合同仅以一方移转财产他方支付价金为目的的情形。故此说也欠妥。

(3) 委任契约说。该说认为认股是认股人与发起人之间的一种委任契约,即发起人为受任人,认股人为委任人,其委任事务为设立公司。然而,依委任契约处理委任事务所需的费用由委任人负担。而认股后公司如不能成立时,其设立费用由发起人负担。这显然与委任契约不符,故此说也欠妥。

(4) 为第三人契约说。该说认为认股是认股人与发起人之间所成立的一种为第三人契约,第三人即将来成立的公司。为第三人契约,只能使第三人受利益而不能使第三人负义务,且第三人的受益,因其为受益的表示始确定。如果其表示不愿受益,则视为自始未取得权利。然而公司成立时,不仅所有的权利义务均移归公司,而且公司也不得为不受益的表示。这些特点均与为第三人契约不合,故此说也欠妥。

(5) "共同行为说"。该说认为认股是各认股人以设立公司为目的所为的共同行为。公

司设立行为虽然是共同行为,但也各有其独立性质,各有其当事人及独立的内容,不可与共同行为混为一谈。

我们主张入股契约说。所谓入股行为,是以成为公司股东为目的的行为,也即以设立股权法律关系为内容的行为。以此股权法律关系的设定为目的的入股行为属于财产权行为,是认股人的认股意思表示与公司容许其入股的意思表示相结合的契约。因为股东与公司间将因此而发生股权法律关系的种种权利与义务,双方均应受其拘束。这与公司设立行为是以创造新的法律人格为目的的身份性质的行为不同。所以,认股行为是以取得股权为目的的一种财产法上的行为,应属于一种契约。

第五节　公司设立的效力

公司设立的效力即公司设立行为的法律后果。设立行为的后果有二:一是经过设立程序,符合法定条件,被核准登记,公司取得法律人格。二是经过设立程序,不符合法定条件,未被核准登记,公司设立失败或公司被确认设立无效或被撤销。但无论公司成立还是不成立,发起人对其设立行为,都要承担相应的法律责任,这也是设立行为效力的重要表现。

一、公司设立完成

(一)设立完成的一般效力

公司设立完成,意味着公司自此取得法律人格,可依注册登记的经营范围和经营方式开展生产经营活动。公司设立完成后,对其名称取得专用权,其他企业或个人不得盗用其名称,公司则可依法许可他人有偿使用其名称。

(二)设立中公司的法律地位

从发起人设立公司到公司正式成立,需要经过一段时间。在这段时间,公司发起人以成立公司为目的而组织人力、物力等资源,学理上通常将这一时期的公司称为设立中的公司。对于设立中公司的法律地位,理论上存有不同观点。一般认为,设立中的公司是一种权利能力受限制的社团,而发起人则为设立中公司的执行机关。设立中的公司并不以要使发起人之间产生债权债务关系为目的,而是要设立一个有独立主体资格的法人,即设立中的公司与其后成立的公司具有密不可分的联系。因此,设立中的公司所形成的权利义务关系原则上应由成立后的公司承继;发起人的权限范围应该以与公司设立有关的行为为限,以设立中的公司的名义所进行的与公司设立无关的行为,对设立中的公司和其后成立的公司均无约束力,原则上应由发起人自己承担责任。

(三)发起人的责任

发起人的设立行为对于认股人、因设立行为而成立的公司都有直接的影响。为增强发起人的责任感,防止滥设公司以及以公司名义进行欺诈活动,各国或地区的公司立法均对发起人规定了较为严格的责任。

1. 资本充实责任

发起人的资本充实责任又称"差额填补责任",是指为了确保公司资本的充足和可靠,保证法律人格健全,由发起人相互担保出资义务的履行,从而确保实收资本与公司章程所规定的资本相一致的民事责任,包括认购担保、缴纳担保和差额填补责任。资本充实责任是由德国公司法最先确立的发起人的一项重要义务。不少国家或地区的公司法对此都有这方面的规定。如日本《有限公司法》第9条就规定,以金钱以外的财产出资时,如果出资标的财产在公司成立时的实际价额显著低于公司章程所定的价额,则公司成立时的股东对公司负连带填补其差额的义务。

我国《公司法》第30条、第93条对发起人的资本充实责任做了明确规定:"有限责任公司成立后,发现作为设立公司出资的非货币财产的实际价额显著低于公司章程所定价额的,应当由交付该出资的股东补足其差额;公司设立时的其他股东承担连带责任。""股份有限公司成立后,发起人未按照公司章程的规定缴足出资的,应当补缴;其他发起人承担连带责任。股份有限公司成立后,发现作为设立公司出资的非货币财产的实际价额显著低于公司章程所定价额的,应当由交付该出资的发起人补足其差额;其他发起人承担连带责任。"需要注意的是,资本充实责任是一种严格责任,不论公司设立时发起人对资本不实这一事实是否知悉或应否知悉,发起人均须承担连带的补充责任。①

2. 发起人与公司对设立行为的责任承担规则

发起人与公司对设立行为的责任承担可以从两个方面看,一是发起人与公司之间的内部责任;一是发起人和公司对第三人的外部责任。对此,我国《公司法》及相关司法解释主要确立了下列规则:

(1) 发起人因履行公司设立职责而引发的合同之债的处理。主要因发起人为设立公司以自己名义抑或是以设立中公司的名义而有不同:

其一,关于发起人为设立公司以自己名义对外签订合同的责任承担。在公司成立前,发起人为设立公司通常会和第三人签订合同。如果发起人以自己的名义租用办公场地、购买办公设备,此类合同的目的虽然是为了设立公司,但签订合同的当事人并非公司,而是公司发起人,从权利义务的对等和各方利益的平衡出发,我国公司法允许合同相对人对责任人作出选择,即有权要求成立后的公司承担合同责任,或者继续要求发起人承担合同责任。不过,合同相对人选择公司承担责任必须以公司已对合同予以确认,或者公司已经实际享有了合同权利或履行了合同的义务为前提。当然,应该注意的是,在合同相对人选择公司承担合同责任的同时,原则上就将丧失再对发起人提出主张的权利。

其二,对于发起人以设立中公司名义对外签订合同的责任承担。在公司成立前,如果发起人并非以自己的名义对外签订合同,而是以设立中公司的名义对外签订合同,此时其行为的后果原则上应当由成立后的公司直接承担。同时,基于权利义务的对等性,如果发起人虽然以设立中公司的名义,但却并非为公司利益,而是为自己谋取利益而签订合同,此时要求公司承担合同责任,显然违背了民法的公平原则,故此时公司应当可以提出抗辩从而拒绝承担合同责任。然而,对于善意的合同相对人而言,其有可能不知道也无法知道发起人签订合同是为谁的

---

① 对于发起人的资本充实责任,可参阅本书第七章"股东出资制度"第一节中"股东出资责任"部分。

利益,如果根据利益归属确定对合同相对人承担合同责任的主体,将置善意合同相对人的利益于较大风险中。因此,为了维护交易安全,保护善意相对人的利益,我国公司法将善意的相对人排除在公司可以抗辩的范围之外,也即对于善意合同相对人,则无论合同是否属于发起人为自己谋取利益,公司均需对其承担合同责任。

综上可以看出,我国显然是依外观主义标准确定了上述合同责任的承担规则,降低了合同相对人的查证义务,加强了对相对人利益的保护。

典型案例:福州商贸大厦筹备处借款纠纷案(《案例分析》第 50 页)
请扫描二维码或访问 http://2d.hep.cn/1318685/6 了解相关内容

(2)发起人因履行公司设立职责而引发的侵权之债的处理。如果发起人因履行公司设立职责造成他人损害,公司成立后,受害人有权请求公司承担侵权赔偿责任的,此为发起人和公司的对外责任承担规则。

为防止发起人借设立公司之名侵害公司及第三人利益,各国或地区的公司立法多要求发起人必须就自己的设立行为对公司负责。此为发起人与公司之间的内部责任。我国《公司法》第 94 条第(三)项明确规定:"在公司设立过程中,由于发起人的过失致使公司利益受到损害的,应当对公司承担赔偿责任。"因此,公司对外承担赔偿责任后,可以向有过错的发起人追偿,此为发起人和公司的内部承担责任规则。这一规定与国际上的通常做法一致。

在实践中,公司有权向发起人请求损害赔偿的情形主要有:因发起人滥用公司所负担的设立费用而导致公司受到损失;发起人因设立公司而得到特别利益或报酬,而公司利益却因此而减少;发起人对用来抵作股款的财产估价过高而令公司受损,等等。值得注意的是,发起人对公司承担损害赔偿责任是一种过错责任,即发起人只对自己的过错行为承担责任。

二、公司设立失败

(一)含义

设立失败,是指公司未能完成设立行为的情形。公司未完成设立行为的原因有很多,例如因发起人未能筹集到资金或者因投资环境发生变化等,发起人在申请公司注册登记之前决定停止公司设立活动;又如因发起人未能就出资方式、组织人员选任等内容达成一致,于是终止合作,不再继续公司设立活动等。但最为普遍的原因是公司设立在条件上不符合法律规定或在程序上有瑕疵,公司登记机关以合法理由拒绝予以登记,拒绝核发营业执照,因而使得公司设立行为未能够全部完成。比如,我国《公司法》第 6 条就规定,"不符合本法规定的设立条件的,不得登记为有限责任公司或者股份有限公司"。

(二)发起人的责任

在公司法实践中,因设立失败而导致公司不能成立的情形下,通常也会引起发起人的责任问题。

我国《公司法》第94条规定:"股份有限公司的发起人应当承担下列责任:(一)公司不能成立时,对设立行为所产生的债务和费用负连带责任;(二)公司不能成立时,对认股人已缴纳的股款,负返还股款并加算银行同期存款利息的连带责任。"这是对公司设立失败时发起人责任的规定。依我国《公司法》及相关法律规定,可以将公司设立失败时发起人的责任概括如下:

1. 对设立费用及债务的连带赔偿责任

在设立公司的过程中必然会发生一些交易,这就涉及如何处理基于这些交易所发生的设立费用和债务的承担问题。为设立公司而产生的费用和债务,实质上属于全体发起人的共益债务,即为了全部发起人共同的利益,为了共同设立公司所负的债务。因此,设立公司行为所产生的费用及债务原则上应由成立后的公司承担;当公司不能成立时,先前发生的与设立相关的费用及债务就失去了公司这一拟定的承担主体,但合同相对人的利益必须予以保障,否则将会严重影响交易安全,故法律要求因设立公司而产生的费用和债务应当由共同的利益人,即实施设立行为的主体(发起人)承担。由于发起人之间的关系近似于合伙关系,因此我国和多数国家和地区的公司立法一样,规定对此准用合伙的有关规定,即债权人有权请求全体或者部分发起人对设立公司行为所产生的费用和债务负连带赔偿责任。

在所有发起人作为共同债务人对外承担债务后,有权按照内部的责任承担比例约定(没有约定责任承担比例的,依出资比例约定)要求其他发起人承担应由其承担的对外债务。如果这两种约定均没有的,按照均等份额在内部分担责任。当然,如果由于部分发起人的过错造成全体发起人行为目的无法实现,此时应当由过错发起人在其过错范围内就设立行为所产生的费用和债务对其他发起人承担相应的责任。需要注意的是,发起人不能以公司未能成立是因为部分发起人的过错所造成作为抗辩理由来对抗相对的债权人。

2. 对已收股款的返还责任

在公司设立失败、不能达到设立公司预期目的的情况下,如果认股人已经缴纳了股款,应作何处理?依我国《公司法》的相关规定,发起人对认股人已缴纳的股款,负有返还股款并加算银行同期存款利息的连带责任。该规定不仅针对设立股份有限公司的情形,同样适用于设立有限责任公司失败的情况。

至于发起人相互之间的责任承担,应按其约定或投资比例进行划分。

3. 侵权连带赔偿责任

发起人因履行公司设立职责造成他人损害,在公司设立失败时,受害人有权请求全体发起人承担连带赔偿责任。如果无过错的发起人对受害人承担了赔偿责任,其可以向有过错的发起人追偿。这样的处理规则实际上是以职务行为为理论基础,既保障了第三人的权益,又兼顾了无过错发起人的利益。

三、公司设立无效

(一) 含义

公司设立无效在广义上包括两种情形:一是设立失败;二是设立无效。狭义的公司设立无效仅指后者,是指公司设立虽然在形式上已经完成甚至公司已经获得营业执照,但实质上却存有条件或程序方面的缺陷,或者说设立有瑕疵,故法律上认为该公司应当撤销,该公司的设立应当被认定为无效。法律如何对待这种情形下的公司,涉及诸多法律关系的稳定,为此许多国家或地区的公司法都规定了公司瑕疵设立制度。不过,各国或者地区的公司立法对公司设立瑕疵的态度相差很远,理论界也存在较多争议,大致可以概括为以下两大类:

(1) 瑕疵设立有效。公司设立存在瑕疵,公司也有效成立,不能以设立瑕疵为由诉请法院宣告公司设立无效。在公司设立程序相对简单、法律现代化与自由化程度较高的国家多采取这种做法,如英、美等国。

(2) 瑕疵设立无效或可撤销。在实行公司瑕疵设立无效制度的国家或地区,即使公司已经登记成立,但如果发现公司设立行为违反强制性规定或存在民法上所规定的其他无效或可撤销条件,在设立登记后的法定期间内,利害关系人可以向法院提起宣告设立无效或设立撤销之诉。具体规定又可以大致分为两种立法模式:一是双重模式,即同时规定有公司瑕疵设立的无效和撤销制度,如法国、日本、韩国等。二是单一模式,即只规定瑕疵设立无效制度而未规定瑕疵设立撤销制度,如德国即采用这种模式。

我国公司法对公司设立无效制度的规定不甚明确。我国《公司法》第198条规定:"违反本法规定,虚报注册资本、提交虚假材料或者采取其他欺诈手段隐瞒重要事实取得公司登记的,由公司登记机关责令改正……情节严重的,撤销公司登记或者吊销营业执照。"一般认为,该规定虽是对公司设立无效制度的规定,但有待进一步完善。

(二) 设立无效的原因

公司必须依法设立,其中主要包括公司种类、股东人数、注册资本、股东出资、设立方式以及设立程序等均必须合法。公司设立无效主要是因设立行为违反法律规定引起的。设立无效的原因大致可以归结为以下三方面。

1. 设立主体有瑕疵

设立主体有瑕疵即发起人或股东主体资格欠缺或其意思表示有缺陷,主要表现有:(1) 发起人或股东中有无行为能力人或限制行为能力人,这些人所实施的设立行为无效。[①] (2) 某发起人或股东所实施的设立行为并非是其真实的意思表示,如因受欺诈、胁迫而作出意思表示。(3) 发起人或者股东明知其行为将侵害债权人利益而作出设立的意思表示。

2. 设立行为本身有瑕疵

设立行为本身有瑕疵即设立公司时违反法定条件和法定程序的要求,或者违反其他强制性法律规定。主要表现有:(1) 发起设立的发起人没有依法认足公司应发行的全部股份或者募集设立所发行的股份超过招股说明书规定的截止期限尚未募足。(2) 公司的设立不符合公司法规定的条件,如发起人不符合法定资格或者不足法定人数、没有公司名称或者住所、所建立的组织机构不符合公司的要求、公司章程绝对必要记载事项欠缺或记载违法、公司发行股份存在重大缺陷或者没有召开创立大会等。

[①] 如依《意大利民法典》第2332条的规定,"全体设立股东无行为能力"可导致宣告公司设立无效(可参阅《意大利民法典》,费安玲、丁玫译,中国政法大学出版社1997年版,第577页)。

3. 其他原因

如未能按期召开创立大会,创立大会已决议不设立公司等。

(三) 设立无效的提出

公司设立无效只能在公司设立登记后发生。对公司设立无效的提出可分两种情况:(1) 公司开始营业前。在公司设立登记后、营业开始前,对公司设立无效的主张,任何人均可提出。(2) 公司开始营业后。一般而言,在公司设立登记完成并开始营业后,对公司设立无效的主张只能在法定期间内、由特定人通过诉讼程序提出。如日本《商法典》第136条就规定:"公司设立无效,从其成立之日起二年内,以诉讼方式提出……前项的诉讼只限于公司的股东才能提出。"

限制提出诉讼期间的目的,主要是为了避免法律关系长期处于不稳定的状态。这一期间属于除斥期间,而不是时效期间,不发生中止或者中断的问题。

(四) 设立无效诉讼的法律后果

各国或地区公司实践在对待公司设立无效情形上,采取了较为慎重的司法态度。大致可以分为原告胜诉和败诉两种情形阐释:

1. 原告胜诉的法律后果

从各国或地区的公司立法来看,公司设立无效的法律后果因设立无效的原因不同而有所差别。(1) 如果公司设立无效是因设立程序违反强制性规定等客观瑕疵导致的,则公司进入清算程序,清算完结,公司即告消灭。(2) 如果设立无效是因设立人的主观瑕疵造成的,且该无效原因只存在于某股东,则经由其他股东协议一致,可以保留该公司,而视为存有无效原因的股东退出公司。

在法院作出设立撤销或者设立无效判决之后,公司应将该判决予以公告,告知社会公众。同时,公司应依法进行清算并注销登记。清算可以由公司自己组织进行。如果公司不能组织清算或者清算发生障碍,法院可以根据利害关系人的请求选任清算人。

需要注意的是,在原告胜诉、法院作出设立撤销或者无效判决后,该判决不具有溯及力。公司法上的设立无效与撤销与民法上的无效与撤销不同。公司法中的设立撤销和无效判决,其效力虽可及于第三人,但均无溯及力,不影响判决确定前股东、第三人间产生的权利和义务,从而将无效的后果限制在将来。如德国《有限责任公司法》、日本《商法典》等均如此规定,其目的主要在于保护交易的安全和经济秩序的稳定。

2. 原告败诉的法律后果

在公司设立无效诉讼的进行过程中,如果作为设立无效原因的瑕疵已经得到弥补,而且根据公司现状和各种条件,认定瑕疵设立无效不妥时,法院可以驳回原告的请求。如果法院判决原告败诉,其他利害关系人仍然可以再次提出诉讼。原告败诉时,如果原告有恶意或存在重大过失,应对公司承担损害赔偿责任。这对原告是一种从重责任,其目的主要在于引导原告谨慎提起这种诉讼。

【本节理论探讨】

● 设立中公司的法律性质

设立中公司,是指自订立公司章程起至公司登记成立前进行公司设立事项的组织体。设立中公司是公司法人的前形态,是公司法人成立所不可逾越的阶段。关于设立中公司的法律性质,有以下几种学说:

(1) 无权利能力社团说。该说认为,设立中公司尚未取得法人资格,因而不具有权利能力,在性质上属于无权利能力社团。此说的显著特点是承认设立中公司的社团性,即承认设立中公司独立于其成员的个性。该说把设立中公司作为一个整体的社团,而非发起人个体的简单相加。

(2) 同一体说。该说认为,设立中公司与成立后的公司是同一主体,只不过二者处于不同的阶段而已。这种学说对设立中的公司与成立后的公司不作严格区分,认为二者在组织形态上并无实质差别。在二者权利义务的继承关系上,该说主张成立后的公司对设立中公司的行为后果不加区分的概括继承。

(3) 修正的同一体说。顾名思义,该说是对"同一体说"的一种修正。该说虽然也认为从设立中公司到成立后公司是一个连续的过程,但该说同时认为二者之间有严格的界限,即成立后的公司由于获准登记而取得主体资格,而设立中公司却没有主体资格。在二者权利义务的归属上,该说主张设立中公司的行为只有为设立公司所必需时,成立后的公司才予以当然继承。

同一体说所主张的成立后公司对设立中公司权利义务不加区分的继承,容易滋生公司发起人权利的滥用,故而此说被修正的同一体说所取代。我们认为,无论是同一体说还是修正的同一体说,其只说明了设立中公司与成立后公司的关系,没有明确设立中公司自身的法律性质。无权利能力社团说正确揭示了设立中公司的社团性,确认了设立中公司作为一个社团的独特价值。虽然无权利能力社团说仍然否认设立中公司具有独立主体资格,但是从德国的司法判例来看,无权利能力社团越来越多地适用法人社团的规定,从而可以享有一定的权利。于是无权利能力社团说成为设立中公司法律性质的通说。

● 公司设立无效诉讼的原告范围的确定

多数国家或者地区的法律对公司设立无效诉讼的原告范围予以限制,但规定不尽相同。如德国《有限责任公司法》、《股份公司法》将提出诉讼主张的人限定于公司股东、董事或者监事等公司内部成员;韩国《商法典》则规定仅限于公司股东才可以提出公司瑕疵设立无效之诉;法国《商法典》则规定任何有利害关系的人均有权提起无效之诉。我们认为,我国如果确立公司设立无效制度,提起诉讼的原告范围不宜扩大到公司成员以外的第三人,理由主要有:

其一,通过对提起诉讼的原告资格的限制可以保障市场交易秩序的稳定。因为对于已经开展业务活动的公司,如果任何人通过任何方法随时都可以主张公司设立无效,将会导致法律关系的混乱并妨碍交易安全。

其二,公司成员以外的第三人在与公司进行交易后,发现公司存在无效设立情形的,可以通过请求法院解除与公司的交易关系而得到救济,无需通过请求宣告公司设立无效进行救济。

【本节实务研究】

- **发起人以设立中公司的名义签订合同纠纷中善意相对人的认定**

根据《公司法司法解释三》的规定,如果公司成立后有证据证明发起人利用设立中公司的名义为自己的利益与相对人签订合同,公司可以此作为抗辩主张不承担合同责任,但该抗辩不得对抗善意相对人。对于这一规则中合同相对人是否属于善意相对人的举证责任问题,我国《公司法》未作出明确规定。我们认为,对于发起人利用设立中公司的名义为自己的利益与相对人签订合同,如果公司以此为由主张不承担合同责任的,当然对于"发起人为自己利益"、"发起人以设立中公司的名义"两项,应由公司承担举证责任。此时,相对人如果主张自己并无过错,要求由公司承担合同责任,即以自己属于善意相对人抗辩的,则相对人就有义务举证证实其属于善意相对人,否则就应当支持公司的抗辩理由。

至于合同相对人对于自己善意的举证范围,从维护交易安全和保障相对人信赖利益的角度考虑,一般只要合同相对人能够证实其有理由相信发起人是经公司许可或受公司委托而签订的合同,就应当认定该相对人为善意相对人。如果此时公司仍主张其不应当承担合同责任,则公司就应当举证证实相对人的非善意性。在具体实践中,法官可以根据情形依法将举证责任在公司和相对人之间进行转换和分配。

- **公司设立无效制度的确立及适用**

从我国目前的实际情况看,我国公司法应确立公司设立无效制度。首先,因为我国法律现代化和自由化程度尚未达到选择瑕疵设立有效制度的水平。在法律对公司的设立做了较强的强制性规范的情形下确立瑕疵设立有效制度,极易导致有关当事人权利受损。其次,我国虽然规定了行政撤销制度,但仅是一种行政处罚措施。而公司法上的设立无效主张是利害关系人可行使的一种权利,是私法自治的表现。再者,我国实践中常出现的情形是,在亏损企业改制时,一些经营陷入困境的企业以逃债为目的将原企业的主要人员、财产与原亏损企业脱钩,另行组建不承担原企业债务的新公司,这类公司在公司设立时具备了法定的公司成立要件,但不能因此而认定公司有效设立。因此,公司设立时显然有逃避债务、规避法律的非法目的的,应认定该公司设立无效。

当然,确立公司瑕疵设立无效制度也需要考虑如何保护交易安全,因为公司设立行为涉及多方利害关系人,如果轻易使之无效,则影响到多方利害关系人利益。因此,在确立瑕疵设立无效制度的同时,应对无效诉讼加以必要限制。而且,由于公司设立瑕疵涉及公司与债权人、发起人、股东等多方法律关系与多种民事责任,因而对其民事法律后果的研究也是制度研究的重要内容。我国现行法律对民事法律后果的规定较少,仅有最高人民法院针对个案所做的司法解释。我们认为,我国公司立法有必要对此作出明确规定。在实践中,下列问题值得考虑:

第一,实际出资达到了法定最低资本额而未达到应缴资本额情形的责任确定。在这种情形下,发起人补足差额的责任仍然属于履行出资义务。为维护交易安全和对债权人提供债权担保,我国实行法定资本制,在公司设立时必须依法缴纳全部或法定比例的注册资本,若发起人未能依法缴纳,即应在其实际出资额与应缴资本额之间的差额内承担补足出资的责任。

第二,因设立瑕疵而否认法人人格的情形。(1)公司设立时没有出资或者出资没有达到最低注册资本额,应认定公司没有法律上的主体资格,实际上应是合伙。(2)公司设立时没有出资或者出资没有达到最低注册资本额,设立后出资才到位,自到位之日起可认定公司具有法人资格。但此前由于设立瑕疵而应承担的其他责任,不因后来的瑕疵消除而免除。(3)设立瑕疵的法律上的主体资格的否认不影响其实施的法律行为的效力。这是维护交易安全的需要。因为此前公司具有合法的法人主体资格的外观,第三人基于对这种外观的信任而与其发生交易行为,第三人的利益不应因交易对方的主体资格瑕疵而受影响。

【本章参考文献】

1　赵旭东.企业与公司法纵论.北京:法律出版社,2003
2　奚晓明,金剑锋.公司诉讼的理论与实务问题研究.北京:人民法院出版社,2008
3　茅院生.设立中公司本体论.北京:人民出版社,2007
4　张民安.公司法的现代化.广州:中山大学出版社,2006
5　郑曙光.公司设立无效的比较法考察.法学评论.2011(1)
6　吴越.公司设立民事责任归责模式研究.法学研究.2007(4)
7　房绍坤,王洪平.公司瑕疵设立的法人格规制.中国法学,2005(2)
8　孙珺.德国股份公司设立中的法律问题.中德经济法研究所年刊,1994

【本章思考练习题】

一、名词解释

1. 发起设立
2. 募集设立
3. 发起人
4. 公司名称预先核准

二、简答题

1. 试述公司设立的许可主义、准则主义的含义及我国关于公司设立的立法原则。
2. 公司的设立和成立有何区别?
3. 有限责任公司的设立与股份有限公司的设立有何区别?
4. 公司的设立方式有哪些?采取募集设立方式,其程序与发起设立程序的区别为何?
5. 试述公司设立登记的概念和效力。
6. 依我国《公司法》的有关规定,公司登记事项主要包括哪些内容?
7. 依我国《公司法》的有关规定,设立有限责任公司应当具备哪些条件?
8. 依我国《公司法》的有关规定,设立股份有限公司应当具备哪些条件?
9. 如何理解发起人的法律地位?
10. 如何理解发起人发起行为的性质?
11. 公司法上对有限责任公司与股份有限公司在股东人数方面的规定有何区别?为什

么会作这种区别规定?
12. 依我国《公司法》的有关规定,公司创立大会的作用有哪些?
13. 什么是公司名称? 其构成要素有什么?
14. 我国《公司登记管理条例》对公司名称的预先核准作了哪些规定?
15. 什么是公司名称权? 公司名称权具有什么效力?
16. 如何确定公司的住所? 公司的生产经营场所和住所有何关系?
17. 确定公司住所的法律意义主要有哪些?
18. 如何理解公司的设立瑕疵制度?

三、案例分析

1. 甲、乙、丙、丁、戊5人,分别出资2万元、6万元、10万元、6万元及10万元,组成"兴业有限责任公司",经营食品零售业务,但该公司未依法定程序向工商行政管理机关申请注册登记,擅自开始营业,历经半年。适逢食品行业不景气,该公司经营不善,拖欠巨额债务。其中,甲与乙曾以"兴业有限责任公司"的名义与己签订一份原料购销合同,欠己18万元。

(1)"兴业有限责任公司"是否有效成立? 为什么?

(2) 债权人己是否可以向"兴业有限责任公司"求偿? 为什么?

(3) 债权人己是否可以向甲、乙、丙、丁、戊求偿? 为什么?

(4) 工商行政管理机关是否可以对"兴业有限责任公司"和甲、乙、丙、丁、戊等人予以制裁? 为什么?

2. 甲、乙、丙、丁、戊5人,准备成立"达有纺织股份有限公司",生产纺织品,销往国内外,其资本总额为50万元,每股10元,共计5万股,由甲、乙、丙、丁、戊分别认购股份2 000股、8 000股、11 000股、13 000股、16 000股等,并成立筹备处,向庚租赁房屋一间,每月房租人民币1万元,作为办公之用。嗣后,发起人甲因车祸死亡,致使"达有纺织股份有限公司"的筹备工作停顿。

(1) 假设筹备过程中,乙以"达有纺织股份有限公司"的名义与己订立了一份购买纺织机器的合同,该合同是否有效? 为什么?

(2) 筹备处的开销费用1万元及欠庚的房租1万元,应由何人负担? 为什么?

(3) 己和庚是否可以对"达有纺织股份有限公司"提起诉讼? 为什么?

3. 甲、乙、丙、丁4人投资设立"同泰有限责任公司",依章程规定,该公司的法定地址在某省A市×××路广贸大厦,公司经营"运动器材的批发和零售"。嗣后,因业务发展的需要,经公司全体股东的同意,在该市××路设立"同泰有限责任公司"门市部,由己担任经理,并由该公司会计庚兼管门市部会计及财务。此后不久,"同泰有限责任公司"在B市设立分公司,由辛担任经理全权处理该地区的业务,半年后,因业务低迷,分公司迁移至C市继续经营。1年后,该公司又在D市设立"同泰有限责任公司"D市分公司,由戊担任经理。

(1)"同泰有限责任公司"在A市××路设立的门市部,是否应办理分公司的登记? 为什么?

(2)"同泰有限责任公司"在 B 市设立分公司,其名称应如何称之较妥?应否办理分公司登记?若该分公司下设门市部营业处,是否须再办理分公司登记?该分公司迁移至 C 市时,是否应办理登记?为什么?

(3)"同泰有限责任公司"在 B 市分公司的经理辛,为发展业务,是否可接受"华威有限责任公司"所提供的不动产,作为购买货物人民币 5 万元货款的担保,以"同泰有限责任公司"B 市分公司的名义设定抵押权?为什么?

(4)"同泰有限责任公司"D 市分公司在办妥分公司登记之前,因该分公司业务需要,其经理戊向赵某进货一批,货款 1 万元,约定两个月后付款。如果付款期限届至时分公司未能清偿,赵某是否可向甲、乙、丙、丁等股东及戊请求清偿?为什么?

4."大方有限责任公司"与"太方有限责任公司"先后均经某市工商行政管理机关办理设立登记。"大方有限责任公司"登记在前,其公司章程所定的营业项目为"食品加工业的生产及买卖";"太方有限责任公司"登记在后,其公司章程所定的营业项目为"面包业的生产及买卖"。"大方有限责任公司"以"太方有限责任公司"使用与其类似的名称,常使人混淆误认为由,请求"太方有限责任公司"不得使用类似的名称"太方",但"太方有限责任公司"置之不理,引起纠纷。

(1)"大方有限责任公司"与"太方有限责任公司",二者的名称是否类似?

(2)"大方有限责任公司"是否可直接向该市工商行政管理机关申请撤销"太方有限责任公司"的设立登记?为什么?

(3)"大方有限责任公司"是否可向"太方有限责任公司"请求损害赔偿?为什么?

第四章 公司章程

> **【导语】**
>
> 　　对于公司来讲,章程是最为重要的自治规则,是公司高效有序运行的重要前提,是维护公司利益、股东利益、债权人利益的自治机制,是公司、公司股东,特别是公司大股东和公司高级管理人员的行为规则。公司法与公司章程的有机结合,是规范公司组织和活动的重要保障。
>
> 　　本章主要讲述了公司章程的概念和特征、公司章程的制定、公司章程的内容、公司章程的修改、公司章程的效力等基本内容。本章的学习重点是公司章程的概念和特征、公司章程的内容和公司章程的效力。本章学习的难点则是公司章程的制定和公司章程的效力以及公司章程与设立协议的区别。掌握本章的关键是完整准确理解公司章程的特征。

第一节 公司章程概述

一、公司章程的概念

　　公司章程是由设立公司的股东制定并对公司、股东、公司经营管理人员具有约束力的调整公司内部组织关系和经营行为的自治规则。

　　公司的人格独立和股东的有限责任,是公司制度的支柱,并促使公司所有权与公司经营权的分离。在这种情况下,需要建立自治规则,规范公司的组织和活动。在公司自治规则体系中,公司章程具有公司宪章之地位:公司章程是公司设立的必备条件,也是公司经营行为的基本准则,还是公司制定其他自治规章的重要依据。因此,公司章程对于公司的设立和运营都有非常重要的意义。

二、公司章程的性质

(一) 对公司章程性质的一般认识

　　关于公司章程的性质,主要有两种不同观点,即契约说和自治法说。契约说主要流行于以英、美为代表的英美法系国家,自治法说则主要流行于以德、日为代表的大陆法系国家。契约说认为,章程的制定是基于发起人的共同意思,而且,章程制定后即对发起人产生约束力,因此具有契约的性质。自治法说认为,章程不仅约束章程的制定者或者发起人,而且当然也约束公司机关及新加入公司的股东,因此,章程具有自治法规的性质。在我国,学术界和实务界的通说认为公司章程是公司自治性质的根本规则。无论是契约说还是自治法说,自治性是两者共同点。这是因为公司章程是投资者就公司的重要事务及公司的组织和活动作出的具有规范性的长期安排,这种安排体现了很强的自治性。

(二) 公司设立协议与公司章程的区别

公司设立协议又称发起人协议,是在公司设立过程中,由发起人订立的关于公司设立事项的协议。公司设立协议与公司章程之间存在着密切联系:两者的目标高度一致,内容也有许多相同之处。订立公司设立协议和制定公司章程的共同目标就是设立公司,基于这一共同目标,章程的内容和设立协议的内容有许多相同之处。例如,公司名称、注册资本、经营范围、股东构成、出资形式等事项,不仅是公司章程的绝对必要记载事项,而且也是设立协议的主要内容。有的设立协议不仅通过约定上述内容调整协议各方在设立过程中的权利义务、协调各发起人的设立行为,甚至还约定未来公司的组织机构、股份转让、增资、减资、合并、分立、终止等事项。实务中,在订立有设立协议的场合,往往是以设立协议为基础制定公司章程,设立协议的基本内容通常都为公司章程所吸收。

公司章程与公司设立协议尽管目标一致,关系密切,但二者毕竟在性质和功能等方面有所不同,并表现出以下几个方面的差异:

(1) 在我国,法律对公司设立过程中设立协议和公司章程的规定因公司组织形式的差异而有所不同。具体而言,我国公司法和外商投资企业法分别针对采取股份有限公司和有限责任公司形态的外商投资企业,将设立协议规定为设立环节必备的法律文件;除此之外,对于通常的有限责任公司,公司设立协议是任意性文件。可见,在设立协议方面,我国公司法对股份有限公司和有限责任公司区别对待,这体现了国家干预力度的不同,也是对有限责任公司放松国家干预、对股份有限公司强化国家干预这一理念的彰显和贯彻。而公司章程则是必备性文件,任何公司成立都必须以提交章程为法定要件。

(2) 设立协议一般是不要式法律文件,作为当事人之间的合同,主要根据当事人的意思表示形成,其内容更多地体现了当事人的意志和要求,就设立协议而言,体现了公司发起人在公司设立过程中的有关权利和义务安排的意思表示,需要遵守合同法的一般规则;而公司章程则是要式法律文件,公司法对章程的内容有明确规定,反映和体现公司法对公司内外关系的强制性要求,因此,公司章程必须按公司法的规定制定。

(3) 公司设立协议与公司章程的效力也不同。从效力的范围来看,由合同或协议的相对性决定,设立协议既然由全体发起人订立,反映了各发起人的意思表示,调整的是发起人之间的权利义务关系,因而只在发起人之间具有法律约束力;而公司章程调整的则是所有股东之间、股东与公司之间、公司的管理机构与公司之间的法律关系,其中股东包括制定章程时的原始股东和章程生效后加入公司的新股东,都受章程的约束。从效力的期间来看,设立协议调整的是公司设立过程的法律关系,因而它的效力期间是从设立行为开始到设立过程终止,公司的成立即意味着设立协议因履行终止;而公司章程的效力则及于公司成立后及其存续期间,直至公司完全终止。

典型案例:吉林省电子集团公司诉高路华集团解除发起人协议纠纷案(《案例分析》第 73 页)
请扫描二维码或访问 http://2d.hep.cn/1318685/7 了解相关内容

三、公司章程的特征

(一)法定性

所谓法定性是指公司章程的制定、内容、效力和修改均由公司法明确规定。这是各国的立法通例。具体来讲,公司章程的法定性表现在以下几方面:

(1)制定的法定性。公司章程是公司必须具备的法定文件之一。我国《公司法》第 11 条规定,设立公司必须依法制定公司章程。公司章程制定于公司设立阶段,成为公司的设立依据,是公司得以成立必不可少的法律文件。

(2)内容的法定性。各国公司法对公司章程应当记载的事项均有明确的规定,而且,绝对必要记载事项的欠缺可能会导致章程的无效。我国《公司法》第 25 条和第 81 条分别规定了有限责任公司章程和股份有限公司章程应当载明的事项。同时,我国《公司登记管理条例》第 23 条规定,公司章程有违反法律、行政法规的内容的,公司登记机关有权要求公司作相应修改。

(3)效力的法定性。公司章程的效力是由公司法赋予的。我国《公司法》第 11 条明确规定,公司章程对公司、股东、董事、监事、高级管理人员具有约束力。这一规定奠定了公司章程的法律地位。

(4)修改权限和程序的法定性。公司章程的修改必须遵照公司法的明确规定进行。例如,根据我国《公司法》的规定,公司章程的修改须经股东会或者股东大会以特别决议的方式为之。

(5)公司章程须经登记。登记程序的设定是保证章程内容合法和相对稳定的措施之一。分别针对有限责任公司、发起设立的股份有限公司、募集设立的股份有限公司,我国《公司法》第 30 条、第 83 条第 3 款和第 92 条均规定了公司章程是申请设立登记必须报送的文件之一。同时,公司章程经修改变更内容之后,也必须办理相应的变更登记。

公司章程的法定性特征,反映了国家对于公司的组织和行为的干预。公司法明确规定公司章程应记载的特定事项,这也是公司章程强制和自治的界限所在。依照法学理论的一般原理,对于私法的权利体系来讲,法律通常会以义务性和禁止性规范来设定强制性规范的范围,除此之外应为任意性规范,也是当事人自治的空间。因此,公司法通过规定公司章程的法定性事项,也就在公司章程的层面上划定了公司自治的范围和空间。同时,公司章程法定性的目的是为了规范公司的组织和行为,保护公司、股东和债权人的合法权益,实现公司法的立法目标。

(二)公开性

公司章程不是秘密文件,公司章程记载的所有内容都是可以为公众所知悉的。而且,公司和公司登记机关应当采取措施,以方便公司的股东及潜在的投资者、债权人及潜在的交易对象可以不同的方式从不同的途径了解公司章程的内容。公司章程的公开性特征具有重要的意义,公司章程中记载的公司资本、经营范围等事项,对于公司对外进行经营活动、保障交易安全至关重要。

章程上记载的注册资本和股东出资额,表明了公司已经或将要达到的资产规模,它是公司承担债务的信用基础;记载的经营范围事项,表明了公司所从事的行业或领域,是与其交易的第三人特别关注的重要内容。同时,经营范围事项是国家行政部门对公司实施监督与管理的依据,是政府实施宏观经济调控的重要途径。因此,公司章程的公示是在公司、公众、政府三者之间建立的一种信息通道,通过公示,交易安全得到保障,公司的运行受到法律规范的制约,同时政府对于经济生活的管理得以透明与合理。

在我国,公司章程的公开性有以下几个特征:第一,公司章程须经登记本身即是章程公开性的一种表现;第二,在公司日常经营过程中,股东有权查阅公司章程,公司应当将公司章程置备于本公司,我国《公司法》第33条与第96条、第97条均做了相应规定。公司在经营过程中,也应当尽量满足交易对方查阅公司章程的要求。而且,对公司章程的知悉程度会影响到债权人的决定,从而也会影响到公司的经营活动。此外,我国《公司法》第6条第3款规定:"公众可以向公司登记机关申请查询公司登记事项,公司登记机关应当提供查询服务"。第三,公司章程是公司公开发行股票或者公司债券时必须披露的文件之一。例如,公开发行股票时,公司章程也是必须报送的文件之一,招股说明书应当附有发起人制定的公司章程;公司申请发行公司债券时,投资者也有权知悉公司章程的内容。

(三)自治性

公司章程是公司的自治规则和自治手段,公司法中对此所设的任意性规范越多,公司自治的空间就越宽广。我国《公司法》不仅使用了80多次"可以",而且还多次出现诸如"公司章程另有规定的除外"、"由公司章程规定"等表述,其用公司章程来实现公司自治的空间可见一斑。公司章程的自治性特征,表现为公司不同则章程也有所不同。每个公司在制定章程时,都可以在公司法允许的范围内,针对本公司的成立目的、所处行业、股东构成、资本规模、股权结构等不同特点,确定本公司组织及活动的具体规则。因此,不同公司的章程必然会存在差异。公司章程的自治性特征,体现了公司经营自由的精神。

公司章程的自治性特征,首先强调了公司章程的对内效力,即对公司、股东和董事、监事、高级管理人员具有约束力。违反公司章程,表现为对内部自治规则的违反,当然应当承担相应的责任,甚至法律责任。例如,根据《公司法》第149条的规定,董事、监事、高级管理人员执行公司职务时违反公司章程的规定,给公司造成损失的,应当承担赔偿责任。同时,公司章程的自治性特征,也体现了公司章程的对外效力,即对公司自身的效力,主要表现在公司的权利能力和行为能力方面。例如,根据《公司法》第12条的规定,公司的经营范围由公司章程规定,并依法登记。公司可以修改公司章程,改变经营范围,但应当办理变更登记。

当然,公司章程自治是以不违反法律、行政法规为前提的。基于章程的法定性特征,公司章程必须依据公司法制定。由于公司章程是公司登记必须报送的文件之一,要经过有关政府部门必要的形式审查甚至实质审查,因此,公司章程的自治性是相对的。公司章程的法定性和自治性比较直接地反映了公司法融强行性规范与任意性规范于一体的特点。同时,公司章程的法定性和自治性关系,也可以看成是公司法上强制与自治关系的一个缩影。

典型案例:大港与爱使的"章程之争"(《案例分析》第76页)
请扫描二维码或访问 http://2d.hep.cn/1318685/8 了解相关内容

【本节理论探讨】

- **章程的公示效力与第三人的审查义务**

公司章程具有公示性,其首要表现就是公司章程必须经工商行政机关登记。公司章程的公示使得与公司交易的第三人在法律上有确定的途径来知悉公司章程的相关内容,从而对即将进行的交易产生合理的预期。但是,这是否意味着公司章程一经公示,与公司交易的第三人就负有对公司章程的审查义务呢?对此,学者有着不同的理解。一种观点认为:公司章程一经工商行政管理机关登记,章程规定的事项即得对抗第三人,即此时章程具有对世效力。这种观点隐含着这样一种假设:公司章程一经公布,与公司交易的第三人就被推定知道公司章程的内容并理解其适当的含义,即"推定通知理论"。另一种观点认为:公司章程仅是公司内部的规则,因此它只对公司自身、股东、董事、监事、高级管理人员等公司内部当事人具有效力,对公司以外的第三人则不具有效力,即使章程经工商行政机关登记也是如此。因此,与公司交易的第三人并不负有对公司章程进行审查的义务。

我们认为,以上两种观点都是不全面的。按理而言,公司章程一经公示,第三人均可从一定途径获知公司章程的相关内容。然而,这种认识仅具有理论或逻辑上的合理性,而不具有实践上或操作上的合理性。在实务中,与公司交易的第三人并非都可以从工商行政管理机关轻而易举地查询到公司章程的相关内容。

即使可以,第三人也要花费一定的时间与费用,这就会产生经济学中所称的"交易成本",在交易规模较小的情况下,这种"交易成本"会极大地抵消第三人与公司交易所得的利益。因此,抽象地使第三人负有审查公司章程的义务是不合理的。而且,公司章程虽然只能规定公司内部当事人的权利与义务,而不能直接涉及第三人,但是,对公司内部当事人权利义务的规定却会影响与公司交易的第三人的利益。如果与公司交易的第三人能够事前获知公司章程的相关内容,就会对交易有合理预期,从而降低公司违约的风险。

综上,我们认为,公司章程并不具有普遍的对世效力,在一般情况下,它仅作为规范公司内部当事人的规则。但是,在某些情况下,给第三人分配对公司章程的审查义务却可以提高交易的公平与效率。在这种情况下,公司章程对第三人就有了一定的对抗效力。根据我国公司法规定,公司为他人提供担保,依据公司章程规定,由公司董事会或股东会、股东大会决议,公司章程对担保总额及单项担保的数额有限额规定的,不得超过规定的限额。公司对外担保是直接涉及第三人利益的事项,而公司法又明确授权公司章程对公司担保事项作出规定,此时章程就成为决定公司对外担保能力的唯一规范。法律的规定是所有当事人都应知晓的,它产生当事人知道或应当知道的法律效果。因而,在公司对外担保的情况下,第三人就有审查公司章程的义务,从而了解公司董事会、股东会的担保决定以及担保的数额等。如果担保决定的作出以及担保的数额违反了公司章程的规定,则担保无效。此时,第三人就不得以没有审查公司章程为由进行抗辩。

【本节实务研究】

- 追究股东出资义务的依据是设立协议还是章程

在公司成立之后,已履行出资义务的当事人经常会提出解散公司、追究股东出资不到位的责任或者取消股东的股东资格等诉讼请求。而提出此种请求究竟应依据设立协议还是公司法或公司章程的规定呢?

解散公司是终止公司法律人格的重大法律行为,是公司存续期间最为重要的法律事项。根据公司法的规定,解散公司的原因可以是公司营业期间届满、股东会决议解散、因公司合并或者分立需要解散以及章程约定的其他解散事由发生等。公司的解散只能基于公司法规定的原因,其中包括公司法所承认的由公司章程所规定的解散事由,而不能根据设立协议的约定。

对股东出资责任的追究是最为常见的诉讼请求,股东的出资责任恰好是公司法至为关注、而设立协议无权另行约定的问题。对于未履行或未完全履行出资义务的行为,公司法规定了未出资股东的出资填补责任和其他发起人的连带认缴责任。这种责任的追究属于公司对股东的权利,而不属于股东对股东的权利,因此,相应的诉讼当事人应以公司为原告,以未出资的股东为被告。对出资责任的追究是公司法的强制性规定,无论公司本身还是公司的股东都无权改变或放弃,如果公司不予追究,股东应有权代表公司提起诉讼。如果公司放任不履行出资的行为持续,将构成公司法上的违法行为——虚假出资。

对股东资格和股权的认定是更进一步的法律问题,未履行出资义务是否当然丧失或根本就不享有股权,是需要专门研究的复杂问题,但至少有两点可以肯定:其一,在未完全履行出资义务的情况下,股东在其已出资金额范围内享有的股权是不可否定的。其二,在任何情况下,对股权的认定,包括对股权的转让和处置,都只能根据公司法和公司章程的规定,而不能根据设立协议。

司法实践中,当事人在公司成立之后,以设立协议为据提出诉讼请求,有的请求确认发起人协议无效或请求判令终止或解除设立协议,这都是对设立协议性质和作用的误解。既然设立协议的使命在公司成立后已告完结,因而确认设立协议无效的确认之诉或请求终止或解除设立协议的变更之诉也就无从提起,这样的司法裁决也不会产生确认或改变当事人之间实体权利义务关系的任何实际意义。如果当事人的意图在于肯定或否定股东或公司的某种权利义务或责任,通过此种诉讼请求也无法达到目的。

第二节　公司章程的制定和修改

一、公司章程的制定

公司章程的制定[①]是针对公司的初始章程而言的,章程是公司的设立要件之一,因此,章程的制定发生在公司设立环节。

根据我国《公司法》的规定,公司章程的制定主体和程序因公司的种类不同而异,具体而言,有限责任公司与股份有限公司不同,发起设立的股份有限公司与募集设立的股份有限公司也不同。当然,无论是上述何种情形,发起设立公司的投资者都是制定公司章程的重要主体。

在我国,公司章程是要式文件,必须采用书面形式。有的国家,例如德国、日本,公司章程不仅要采用书面形式,而且还应当办理公证登记等手续。

(一) 有限责任公司章程的制定

根据《公司法》第 23 条规定,设立有限责任公司,应当具备的条件之一就是股东共同制定公司章程。《公司法》第 60 条规定:"一人有限责任公司章程由股东制定。"可见,有限责任公司章程的制定者是"股东"。其实,此处使用"股东"一词不是很严谨。因为股东是相对于公司而言的,然而此时尚在设立公司的过程之中,既无公司,当然也无"股东"。所以,此处的"股东"的含义是指参与投资设立公司的投资者,即发起人。"共同制定"应当理解为公司章程应反映所有发起人的意志,是全体发起人的共同意志。发起人应当在所制定的章程上签字盖章,表示同意接受章程的内容,这标志着章程制定程序的结束。"共同制定"并不要求每一个发起人都积极地参与章程的起草、讨论,只要其在章程上签字或者盖章,就是表达意志的行为,就应认定为其参与了制定并同意了所签字或者盖章的文本。

根据《公司法》第 65 条规定:"国有独资公司章程由国有资产监督管理机构制定,或者由董事会制订报国有资产监督管理机构批准。"可见,国有独资公司章程制定主体有两类:第一类是国有资产监督管理机构;第二类是国有独资公司的董事会。前者的权限是制订章程;后者的权限则为制订章程,所以尚须报国有资产监督管理机构批准。

(二) 股份有限公司章程的制定

关于股份有限公司的章程,根据《公司法》第 76 条的规定,设立股份有限公司应当具备的条件之一是发起人制订公司章程,采用募集方式设立的须经创立大会通过。这是针对股份有限公司的一般要求。由于股份有限公司有发起设立和募集设立两种方式,公司章程的制定过

[①] 在我国公司法中,针对制定公司章程的不同情形,分别使用了"制定"和"制订"两种不同的表述,表达不同的法律含义。章程"制定",强调发起设立公司的投资者签字盖章后形成的文本为最后文本,可以作为申请公司登记的文件;章程"制订"则不同,文本虽经发起设立的投资者签字盖章但尚需经设立过程中的其他程序由其他主体予以确认或者通过,才能作为申请公司登记的文件。为尊重学术界的表达习惯,除非特别需要,本书对"制定"和"制订"也没有作严格的区别。

程并不完全一致。

1. 发起设立的股份有限公司

对于发起设立的股份有限公司,在公司成立之后将成为公司股东的投资者还仅限于发起人,投资者并没有社会化。因此,发起设立的股份有限公司仍然具有封闭性的特点。发起人所制订的章程已经反映了公司设立时的所有投资者的意志。根据《公司法》第83条规定,以发起设立方式设立股份有限公司的,发起人首次缴纳出资后,应当选举董事会和监事会,由董事会向公司登记机关报送包括公司章程在内的系列文件,申请设立登记。此时,向公司登记机关报送的公司章程即是发起人在设立公司过程中根据《公司法》第76条规定"制订"的公司章程。所以,对于发起设立的股份有限公司,发起人制订的章程文本就是公司登记前的最后文本。与有限责任公司一样,对于发起设立的股份有限公司,发起人制订的章程也应当反映所有发起人的共同意志。发起人应当在所制订的章程上签字或者盖章,表示同意接受章程的内容,标志着章程制定程序的结束。

2. 募集设立的股份有限公司

对于募集设立的股份有限公司,在公司成立之后成为公司初始股东的不仅有发起人,而且还有众多的认股人,公司的股东已经社会化,因此,募集设立的股份有限公司属开放式的公众性公司。这样,发起人制订的公司章程并不一定能够反映公司设立的所有投资者特别是认股人的意志。因此,在公司申请设立登记之前,必须召开创立大会,讨论审议与设立公司有关的事宜。根据《公司法》第90条第2款规定,由发起人、认股人组成的创立大会,其职权之一就是通过公司章程。只有经过创立大会通过的章程,才能反映公司设立阶段的所有投资者的意志。

对于募集设立的股份有限公司,章程最后文本是由创立大会以决议的方式通过的。可见,对于这类公司,其章程的制定过程比较复杂,既需发起人制订,又需创立大会决议通过。当然,在制定章程的过程中,发起人同样需要在其制订的章程上签字或者盖章,表示同意接受章程的内容,但是这不标志章程制定程序的结束。

需要说明的是,在有些国家或者地区,为设立公司而制定的公司章程还必须经过公证等程序。我国没有类似的强行性要求。

二、公司章程的内容

(一)公司章程内容的分类

公司章程的内容,即公司章程记载的事项。在现代社会,多数国家都放松了对设立公司的管制,并且赋予了公司以相当多的经营自由。作为管制的模式之一,立法者将公司设立及组织机构所必备的事项预先规定在公司法之中,成为公司章程的准据,并由公司章程予以针对性地细化。

公司法关于公司章程记载事项的规定,依据其效力不同,可分为绝对必要记载事项、相对必要记载事项和任意记载事项。

1. 绝对必要记载事项

所谓绝对必要记载事项,是指公司法规定的公司章程必须记载的事项,公司法有关公司章程绝对必要记载事项的规定属于强制性规范,体现了公司法中强制与自治关系中的强制方面,也践行了公司法中国家干预的理念。从法理角度讲,若不记载或者记载违法,则章程无效。而章程无效的法律后果之一就是公司设立无效。绝对必要记载事项一般都是与公司设立或组织活动有重大关系的基础性的事项,例如公司的名称和住所、公司的经营范围、公司的资本数额、公司机构、公司的法定代表人等。

2. 相对必要记载事项

所谓相对必要记载事项,是指公司法中规定的可以记载也可以不记载于公司章程的事项。就性质而言,公司法有关相对必要记载事项的法律规范,属于授权性的法律规范。这些事项记载与否,都不影响公司章程的效力。某事项一旦记载于公司章程,就要产生约束力。当然,没有记载于公司章程的事项不生效。例如,我国台湾地区"公司法"第130条规定,股份有限公司章程的相对必要记载事项包括:分公司之设立;分次发行股份者,定于公司设立时之发行数额;解散之事由;特别股之种类及其权利义务;发起人所得受之特别利益及受益者之姓名等。

3. 任意记载事项

所谓任意记载事项,是指在公司法规定的绝对必要记载事项及相对必要记载事项之外,在不违反法律、行政法规强行性规定和社会公共利益的前提下,经由章程制定者同意自愿记载于公司章程的事项。任意记载事项的规定充分地体现了对公司自主经营的尊重,体现了公司法中强制与自治关系的自治方面,是公司法中意思自治理念的贯彻。任意记载事项与相对必要记载事项既相类似也有不同。类似之处就在于相关事项记载与否可以自由选择。不同之处则在于我国《公司法》列举了相对必要记载事项,但是对于任意记载事项却并没有提及。

(二) 我国公司章程的记载事项

1. 有限责任公司章程

我国《公司法》第25条规定了有限责任公司章程应当载明的事项:"(一) 公司名称和住所;(二) 公司经营范围;(三) 公司注册资本;(四) 股东的姓名或者名称;(五) 股东的出资方式、出资额和出资时间;(六) 公司的机构及其产生办法、职权、议事规则;(七) 公司法定代表人;(八) 股东会会议认为需要规定的其他事项。"

2. 股份有限公司章程

我国《公司法》第81条规定了股份有限公司章程应当载明的事项:"(一) 公司名称和住所;(二) 公司经营范围;(三) 公司设立方式;(四) 公司股份总数、每股金额和注册资本;(五) 发起人的姓名或者名称、认购的股份数、出资方式和出资时间;(六) 董事会的组成、职权和议事规则;(七) 公司法定代表人;(八) 监事会的组成、职权和议事规则;(九) 公司利润分配办法;(十) 公司的解散事由与清算办法;(十一) 公司的通知和公告办法;(十二) 股东大会会议认为需要规定的其他事项。"

从法律规范的性质的角度分析,《公司法》第25条和第81条属于强制性规范,公司章程应当遵循。具体来讲,《公司法》第25条所列举的前七项、公司法81条所列举的前十一项,都是公司章程的绝对必要记载事项。《公司法》第25条第(八)项和第81条第(十二)项,要求并且肯定了公司章程可以就股东会或者股东大会认为需要规定的其他事项作出相应的规定。股东会或者股东大会认为需要规定的其他事项,可以被认为属于任意记载事项。因此,可以认为我国《公司法》所列举的公司章程内容包括绝对必要记载事项和任意记载事项,但缺少相对必要记载事项的规定。对于我国目前普遍存在的公司章程意识淡薄,公司章程运用能力低下的情形,这样的立法模式有制度供给不足之嫌。

三、公司章程的修改

公司章程的修改,即公司章程的变更。公司章程是确定公司权利能力和行为能力的重要文件。为了更好地适应经营环境的变化,在不违反法律、行政法规强行性规范的前提下,公司可以修改包括绝对必要记载事项、相对必要记载事项和任意记载事项在内的所有内容。由于公司章程的变更涉及许多不同主体的利益调整,《公司法》规定了修改公司章程的规则。

(1) 修改公司章程的权限专属于公司的权力机构。在大陆法系国家,如德国、法国、日本、意大利等国家,将修改公司章程的权限赋予公司股东会是立法通例。根据我国《公司法》第 37 条和第 99 条的规定,修改有限责任公司和股份有限公司的章程分别专属于股东会和股东大会。

(2) 修改公司章程须以特别决议为之。公司章程的修改涉及公司组织及活动的根本规则的变更,对公司关系甚大,而且还可能关系到其他不同主体的利益调整,因此,公司法将公司章程的变更规定为特别决议事项,从而提高了通过章程修改所需表决权的比例。在大陆法系国家,如德国、法国、日本、意大利等国家,修改公司章程须以特别决议为之亦是立法通例。我国《公司法》第 43 条规定,有限责任公司修改章程的决议,必须经代表 2/3 以上表决权的股东通过;《公司法》第 103 条规定,股份有限公司修改章程必须经出席股东大会的股东所持表决权的 2/3 以上通过。

在其他国家和地区,在公司发行有特别股的情形下,公司章程的修改还须经该种类的股东大会的决议。在股份种类多元化的背景下,这类规定值得借鉴。

此外,公司变更章程须办理相应的变更登记,登记程序的设定可以保证章程内容合法和相对稳定。我国《公司法》规定了公司章程是申请设立登记必须报送的文件之一。因此,公司章程经修改变更内容之后,也必须办理相应的变更登记,否则,不得以其变更对抗第三人,这是章程变更的对外效力。至于变更章程的对内效力,即对公司、股东、董事、监事、高级管理人员而言,除非章程的变更附条件或者期限,否则,变更章程自股东会或者股东大会决议通过后即发生效力。

【本节理论探讨】

- **公司法与公司章程在公司治理中的协调**

公司法确立的是一般规则或原则,是对所有公司都适用的规定,而由于各个公司自身存在独特性,这就要由公司章程对公司法所确立的一般规则或原则加以细化,使其具体化。从内容的关联性上看,公司章程的规定与公司法规定之间的关系大致呈现出三种样态:

其一,公司章程的规定是对公司法规定的细化。例如,《公司法》第 44 条第 3 款规定,董事长、副董事长的产生办法由公司章程规定。

其二，公司章程的内容是对公司法规定的补充。例如，《公司法》第43条规定，股东会的议事方式和表决程序，除该法有规定的外，由公司章程规定。此种规定就是公司章程对公司法规定的补充。

其三，公司章程的内容是对公司法规定的替代，它排除了公司法规定的适用。例如，《公司法》第42条规定，股东会会议由股东按照出资比例行使表决权；但是，公司章程另有规定的除外。

作为公司的自治规则，章程能否发挥作用以及发挥作用的程度，对公司的运营具有很重要的意义。2005年及2013年两次修改后的《公司法》赋予了公司更大的自治空间，淡化了公司法在公司治理中所体现的国家干预理念，[①]寄希望于公司章程能发挥更大的功能和作用。然而，在以往的公司运作实践中，我国绝大多数投资者和经营者的章程意识是非常淡薄的，导致公司章程存在如下突出问题：

一是公司章程大量简单照抄照搬公司法的规定，没有根据自身的特点和实际情况制定切实可行的章程条款，公司章程几乎千篇一律，对许多重要事项未进行详细的规定，造成公司章程可操作性不强。

二是公司章程有些条款的内容明显不符合公司法精神，甚至有剥夺或者变相剥夺股东固有权的情形，对董事、监事和高级管理人员的诚信义务强调不够，对公司管理层权限边界界定不够清晰，不能有效地保护中小股东的权益。

欲解决上述问题，就需要培养投资者和经营者的章程意识，使他们能够意识到，作为公司组织和活动的根本准则，章程既是一种重要的权利约束机制，也是一种重要的权利授予和救济机制。只有这样，才能在制定和运用公司章程时正确地处理好其与公司法之间的关系：公司法是一种法律机制，公司章程是一种自治机制。公司法的规定适用于所有公司，确立的是一般规则。然而，每一个公司都是独特的，这表现在资本规模、股权结构、经营范围、所在地区等方面，因而每一个公司都需要适合本公司特点的具体的自治规则。因此，公司章程的任务是结合本公司上述方面的特点，将公司法中包括强行性规定在内的一般规定予以细化，并在不违反法律、行政法规的前提下，利用公司法中一些授权性规范，有针对性地作出具体规定，成为本公司组织和经营活动的自治规则，使公司章程的规定具有可操作性，实现公司章程和公司法的有机耦合。

• **章程自治与中小股东保护**

公司章程素有"公司宪章"之美誉，是公司存在和运营的基础性法律文件。凡是公司的基本权利义务关系与组织架构，大多都要借助公司章程予以规定或具体化。它对公司、公司机关成员、股东甚至债权人的利益都产生着深远的影响。为了贯彻公司自治的理念，我国《公司

[①] 这一点体现在，首先，《公司法》经年修订后，公司"章程"一词由原来的55处增至82处；其次，相比修订前的《公司法》而言，《公司法》把许多原属于公司法强制性规定的事项交由公司章程规定，这些事项涉及公司的资本制度、公司治理等方面，可以说是全方位地赋予公司更大的自治空间，如第13条、第28条、第42条、第71条、第75条、第81条、第83条、第104条、第105条、第117条、第119条、第141条、第166条等。

法》赋予了公司广泛的章程自治空间。这既充分尊重相关主体的意思自治,也有利于满足现实的各种不同需求,实现公司组织机构的适度设计建构自由和经济效益。

然而,公司章程的修改却主要是以资本多数决的方式进行。在这一过程中,大股东很可能会借章程修改来压迫、排挤中小股东,剥夺中小股东权利。因此,在承认章程自治的前提下,还必须注重保护中小股东的利益。这就涉及章程自治的界限和对中小股东的特殊保护问题。

对于章程自治的界限,学者一般认为,同任何自治一样,章程自治也是法律限制之下的自治,它不能违反法律的强行性规定,不得违背公序良俗,不能剥夺股东的固有权利。这些一般的限制之中自然也包含着对中小股东利益的保护,章程自治如果违反这些规定,自然应当无效。

关于对中小股东的特殊保护问题,各国公司法都规定有不同的措施。例如,在美国大部分州,如果公司章程的变更将损害特定股东的权利,则修改章程的决议必须分组进行表决,而且修改章程的决议还必须经过由权利受影响的股东所组成的小组的通过。章程的修改如果将对反对股东的权利造成重大不利的影响时,反对股东可以要求公司回购其出资。在德国,如果章程的修改将导致股东给付义务的提高或者特别权利的剥夺,则必须经被涉及股东的同意。未经相关股东同意,章程修改不可以将转让不受限制的股份或业务份额改为转让受限制。章程的修改还必须体现股东同等对待的原则。我国实践中也经常出现通过修改章程限制股权转让的问题,对于该限制的效力,虽然我国法律没有明确的规定,但是学者一般认为,该限制对于公司现有的持反对意见的股东不具有约束力,但是对于新加入的股东应当具有约束力,这也体现了未经股东同意不得对股东权利状况造成不利影响和保护中小股东权利的精神。

第三节　公司章程的效力

公司章程的效力范围主要包括两个方面的内容:第一,公司章程的时间效力;第二,公司章程的对人效力。

一、公司章程的时间效力

(一)公司章程的生效

公司章程的时间效力是指公司章程的生效时间和失效时间。相比较而言,更具理论和实践意义的是公司章程的生效时间。

关于章程的生效时间,目前主要有两种不同的观点:一种观点认为,章程自发起设立公司的股东签字时生效;另一种观点认为,章程自公司成立时生效。这两种观点都不同程度地存在一些问题。前一种观点实际上认为章程在公司成立前即已生效,这种观点不仅忽视了章程与公司的直接对应关系,即章程的根本特性和功能就在于其是公司的自治规则,而且忽视了公司设立与公司成立的差异,即设立公司的行为不一定必然导致公司成立。同时,如果章程自发起人签字时即生效,那么,政府部门就没有必要对章程依法予以审查;后一种观点则忽视了章程内容的复杂性,在公司设立协议没有成为设立公司的必备文件的情况下,章程不仅要调整公司成立之后的关系,而且要调整公司设立过程中的一些关系。更何况《公司法》第28条第1款规定,"股东应当按期足额缴纳公司章程中规定的各自所认缴的出资额",毫无疑问,依此规定要求股东履行出资义务须以章程在设立公司阶段已有法律约束力为前提。如果章程在公司成立之后才能生效,那么公司设立过程中发起设立公司的股东之间的关系就不受章程约束,设立过程中的秩序就难以维护。

由于各国和地区的公司体制,特别是设立体制不尽相同,因此,各国关于公司章程的生效时间的规定并没有统一的模式。就我国公司法规定的公司设立的程序和方式而言,公司章程的生效时间更加复杂。具体原因为:

1. 公司章程需要调整公司成立前后两个不同阶段的民事关系

我国公司法没有将公司设立协议规定为设立公司的必备文件,这样,在实际生活中,许多本来属于应当由设立协议调整的在设立过程中发起人之间权利义务关系也规定在了章程之中。大多数公司章程包括了两部分内容:一部分调整公司成立前,即公司设立过程中发生的民事关系,一部分则调整公司成立之后才可能发生的民事关系。《公司法》第28条第2款规定,"股东不按前款规定缴纳出资的,除应当向公司足额缴纳外,还应当向已按期足额缴纳出资的股东承担违约责任",承担违约责任应以当事人之间存在有效合同为前提,可见,对于有限责任公司的设立,章程还肩负着设立协议的重任。这样,受制于内容的不同,章程的生效时间就显得更加复杂。

2. 公司章程制定行为的性质和程序不同

我国《公司法》将有限责任公司章程的制定界定为"制定",将股份有限公司章程的制定界定为"制订"。发起设立的股份有限公司尚有一定的封闭性,在公司登记之前也没有其他机制对制订的章程进行任何形式的审查。但是,募集设立的股份有限公司则不同,公司章程的制定包括发起人制订和创立大会通过两部分。

综上,章程中调整发起设立公司的投资者的内容,相当于公司设立协议,可以适用合同法的一般规则,即签字盖章时成立并生效。发起设立公司的投资者均自章程成立时受其约束。章程中调整尚未成立的公司,尚未产生的董事、监事、高级管理人员以及未来可能加入公司的其他股东的那些内容,则自公司成立时生效。

(二) 公司章程的失效

根据我国《公司法》第81条的规定,"公司的解散事由与清算办法",属于股份有限公司章程的绝对必要记载事项。据此,公司章程并不因解散事由发生而失效。而且在公司清算过程中,仍然应当按照章程规定的清算办法组织清算组进行清算。因此,公司章程于公司终止时失效。当然,在清算过程中,公司的能力、股东的权利以及高级管理人员的行为都要受到相应的限制。

(三) 设立公司过程中的章程约束力及其保障机制

在没有订立设立协议的情况下,公司章程在设立阶段的效力主要表现为对发起设立公司的投资者的约束。公司章程的约束本属私力机制,但是公司法以强行性规范的形式肯定了章程有关股东出资义务的合法性,例如,根据我国《公司法》第28条、第83条规定,在设立公司过程中,有限责任公司的股东、股份有限公司的发起人均应当按期足额缴纳公司章程中规定的各自所认缴的出资额。

不仅如此,公司法还建立了若干确保章程规定得以实现的法律机制,例如,违约责任、实物出资不实的填补责任及连带填补责任等责任机制。公司法的这些规定,就是为了确保公司章程对发起设立公司的投资者的约束力。

二、公司章程的对人效力

公司章程的对人效力,是指公司章程可以对哪些人产生约束力。章程对人的效力既包括哪些人可以依据章程取得相应的权利,同时也包括这些人的权利应受到公司章程的制约甚至应承担相应的义务。

公司章程不仅仅是制定者之间的一种契约安排和私法秩序,而是一种涉他性的文件。这种涉他性体现在:其一,约束主体——效力的涉他性。各国公司法大都认可,除了章程制定者应当受到公司章程约束以外,公司章程的效力还具有扩张性,它可以约束制定者以外特定范围内当事人的行为。尽管公司章程制定者只是公司设立阶段的投资者,但其效力却可扩及公司成立后的股东、公司本身和公司的管理层,这些被公司章程效力影响的人主要局限于公司内部,不妨称为公司内部关系人。其实,公司章程的影响力远甚于此,在特定情形下,甚至债权人等公司外部人也可能受其约束。其二,记载事项的涉他性。公司章程记载事项大体上可以分为有关公司内部组织、成员关系的事项和有关公司外部事务的事项两类。前者如公司内部机构之间的权责及划分等,后者如公司合并分立解散等。公司章程的这种涉他性决定了公司章程的对人效力。我国《公司法》第 11 条规定,公司章程对公司、股东、董事、监事、高级管理人员具有约束力。这就十分明确地规定了公司章程的约束范围,包括公司、公司的股东董事、监事和公司的高级管理人员。对于"高级管理人员"的含义,我国《公司法》第 216 条明确规定,"高级管理人员,是指公司的经理、副经理、财务负责人,上市公司董事会秘书和公司章程规定的其他人员"。因此,股东可以依据公司章程起诉公司;公司可以依据公司章程起诉股东、董事、监事和高级管理人员;股东可以依据公司章程起诉其他股东;股东可以依据公司章程起诉公司的董事、监事和高级管理人员。

(一)章程对公司的效力

我国《公司法》第 11 条明确规定了公司章程对公司具有约束力。章程对公司的约束力表现为对内约束力和对外约束力两个方面。对内约束力,集中地表现为章程对公司内部的组织和活动的约束力。对外约束力则表现为章程对公司自身行为的约束力,具体表现为对公司权利能力和行为能力的影响,尤其是公司的经营范围方面。

章程是公司的自治性规范,公司当然应当在章程所规定的经营范围内开展经营活动。公司超越其组织章程,从事超越其经营范围的活动,其行为为越权。对于这种越权,法律赋予其无效的后果,这就是公司法上的越权行为原则(*ultra vires*)。对于公司的越权行为,在英国普通法时代是绝对排斥的,因而其行为也是绝对无效的。然而,公司越权不仅涉及公司、股东的合法权益,而且还必然要影响到与公司从事交易的第三人的利益。公司越权绝对无效的观点不仅无视了对第三人的保护,甚至也不利于对公司利益的维护。所以,有些国家通过诸如全体股东追认、禁止反言原则(the doctrine of estoppel)等规则,来保障公司和第三人的利益,严格限制公司越权行为无效的适用范围。

就我国的情形而言,《合同法》第50条规定,法人或者其他组织的法定代表人、负责人超越权限订立的合同,除相对人知道或者应当知道其超越权限的以外,该代表行为有效。最高人民法院《关于适用〈中华人民共和国合同法〉若干问题的解释(一)》第10条规定,"当事人超越经营范围订立合同,人民法院不因此认定合同无效。但违反国家限制经营、特许经营以及法律、行政法规禁止经营规定的除外"。这些规定也体现了限制公司越权行为无效之适用范围的立场。

值得注意的是,一些国家甚至作出了明令废止公司越权行为无效的规定。例如,1968年欧共体理事会第1号公司法指令规定:凡经公司董事会所决定的交易,对于与该公司进行交易的善意第三人来说,均应视为在该公司的能力范围之内的交易。

在我国,章程对公司的约束力集中地表现在《公司法》第12条的规定,即公司的经营范围由公司章程规定,并依法登记。公司可以修改公司章程,改变经营范围,但是应当办理变更登记。公司的经营范围中属于法律、行政法规规定须经批准的项目,应当依法经过批准。公司法要求公司在公司章程中规定经营范围,这样,就使经营范围可以成为保护小股东约束大股东和公司经营管理人员的一种重要机制。

此外,章程对公司的效力还表现在,"公司的解散事由与清算办法"是股份有限公司章程的绝对必要记载事项,特别是公司章程中有关解散事由和经营期限的约定方面。一旦解散事由发生或者经营期限届满,公司将进入清算。

(二) 公司章程对股东的效力

确定公司章程对股东的效力,首先需要界定股东的范围。严格地讲,公司章程对股东的约束力,是针对公司成立时及之后具有股东身份的投资者而言的。公司设立过程中的投资者虽然还不是严格意义上的股东,但在一般情况下,公司成立时的股东与公司设立过程中投资者的范围是一致的。

公司是一个具有独立人格的实体,作为自治规则的章程与当事人之间的协议不同。在公司成立之后,无论是以何种方式取得股东身份,都是以承认公司章程为前提的,或者说,加入行为本身就意味着承认公司章程。

在公司制度中,特别是在有限责任公司和股份有限公司制度中,一旦股东履行了出资义务之后,对公司不再负其他积极义务。因此,公司章程对于股东的效力,更多的是表现为股东如何行使权利,防止控股股东权利的滥用。对于股东固有的权利以及公司法明确赋予的权利,章程不能剥夺。股东不能滥用权利,不能侵害公司的利益。公司章程的一个重要任务就是将公司法赋予股东的权利作出更加具体的规定并使其更加具有可操作性,使股东在其权利受到损害的情况下,可以依据章程获得救济。章程中有关股东权利和义务的规定,不应是简单地重复公司法条文。

(三) 章程对董事、监事、高级管理人员的效力

董事、监事和高级管理人员是公司机关的成员,负责公司经营决策、公司事务的执行和监

督,在公司的组织和活动中扮演着十分重要的角色。因此,我国《公司法》第147条规定,董事、监事、高级管理人员不仅应当遵守法律、行政法规,而且应当遵守公司章程,对公司负有忠实义务和勤勉义务。

同时,公司章程有关公司的机构及其产生办法、职权、议事规则的规定,也是董事、高级管理人员、监事行使职权的重要依据。公司章程是公司经理职权的重要来源之一,例如,《公司法》第49条第2款和第113条第2款分别规定了公司章程可以对有限责任公司和股份有限公司的经理的职权另行规定。可见,公司可以通过章程授权于公司经理。公司章程的有关规定决定了监事会的具体构成,例如,《公司法》第51条第2款和第117条第2款规定,监事会应当包括股东代表和适当比例的公司职工代表,其中职工代表的比例不得低于1/3,具体比例由公司章程规定。公司章程是监事会行使职权的重要依据之一,例如,《公司法》第53条第(二)项和第118条规定,监事会有权对董事、高级管理人员执行公司职务时违反公司章程的行为进行监督。而且,公司还可以通过公司章程授予监事会其他职权。

公司法还建立了民事责任机制,以确保公司章程得到有效的贯彻实施。例如,根据《公司法》第149条规定,董事、监事、高级管理人员执行公司职务时违反法律、行政法规或者公司章程的规定,给公司造成损失的,应当承担赔偿责任。再如,《公司法》第112条第3款规定,董事应当对董事会的决议承担责任。董事会的决议违反法律、行政法规或者公司章程、股东大会决议,致使公司遭受严重损失的,参与决议的董事对公司负赔偿责任。但经证明在表决时曾表明异议并记载于会议记录的,该董事可以免除责任。

【本节实务研究】

- **章程范本、章程指引与章程制定的自主性与个性的关系**

公司章程是公司设立与经营的必备文件。在现代社会,出于对公司进行监督管理的需要,公司章程也是公司登记机关以及证券监督管理部门要求公司提交审查的重要文件之一。照理而言,公司章程是在公司发起人或股东意思表示一致的基础上制定的,是公司自治与当事人意思自治的表现。在实践中,公司登记机关会提供章程范本,证券监督管理部门也会提供所谓的章程指引。提供"范本"或"指引"本身并无可厚非,但有的行政机关却要求公司章程必须按其提供的文本起草,并不得有所发挥。公司章程的制定成了对行政机关提供的文本的照搬照抄,或至多是对一些细枝末节的问题进行填空补充。如此在实践中的反复操作,使得公司章程成了摆设,被当做最没用的文件而束之高阁。

要求对章程"范本"或"指引"进行照搬照抄的行为,从本质上讲是没有充分认识到公司章程是公司自治规则这一根本属性。公司章程是公司的自治规则,是公司组织和经营的基础,正是从这个意义上而言,公司章程被称为"公司宪章",其对公司的意义犹如宪法之于国家。现实生活中的公司是千姿百态的,每个公司的经营规模、经营范围、经营目标等也相差甚远。因此,作为公司成立与存续依据的公司章程就必须体现每个公司的自主性与个性,从而便利于公司经营目标的实现。只要公司章程不缺乏绝对必要记载事项或违反法律,公司登记机关或其他公司监管机关就要充分尊重公司与当事人的意思自治,而不得横加干预。

对于公司章程的制定,有的国家公司登记机关也会提供公司章程的标准范本。但是这些范本并不完全是强制性地要求照搬照抄,而是让当事人根据公司的实际情况选择性地加以参考。这种可供选择的、非强制性的公司章程范本一方面方便了对起草公司章程没有经验的当事人,另一方面也可以提高公司登记机关的审查效率。因此,在不损害公司自治的前提下,章程范本、章程指引也可以发挥积极的作用。

【本章参考文献】
1 江平.新编公司法教程.北京:法律出版社,1994
2 范健,蒋大兴.公司法论.南京:南京大学出版社,1997
3 张国键.商事法论.台北:三民书局,1980
4 赵旭东.设立协议与公司章程的法律效力.人民法院报,2002-01-12
5 刘志文.论公司章程.北京:法律出版社,1997
6 蒋大兴.公司法的展开与评判——方法、判例、制度.北京:法律出版社,2001

【本章思考练习题】
一、名词解释
1. 公司章程绝对必要记载事项
2. 公司章程相对必要记载事项
3. 公司章程任意记载事项
4. 公司章程的法定性
5. 公司章程的自治性

二、简答题
1. 简述公司章程的主要法律特征。
2. 简述设立协议与公司章程的比较。
3. 简述股份有限公司章程的制定。
4. 如何理解"公司法与公司章程:两种不同但应协调配合的治理机制"?
5. 简述公司章程的生效时间。
6. 简述设立公司过程中的章程约束力及其保障机制。
7. 简述章程对公司的效力。
8. 简述公司章程对股东的效力。

三、案例分析
2001年3月,原告王先生与其他四家单位和两个自然人共同投资设立了一家有限责任公司,王先生占有的出资比例为7.25%。2002年1月,王先生离开中国赴澳大利亚留学。同年8月26日王先生向公司正式提出辞职申请时,公司要求王先生必须将其所持出资份额的80%转让。经了解,在王先生到澳大利亚之后,该有限责任公司于2002年6月23日召开股东会,由代表2/3以上表决权的股东通过了该公司章程修正案,当时远在澳大利亚的王先生未获通知参加会议。这一在股东会上通过的章程修正案增加规定了如下内容:股东辞去管理职务或被公司辞退时,除非无人认购,否则须转让其出资,公司其他股东有优先购买权。但公司设立时的自然人股东可保留其所持有出资份额的20%,转让价格以转让当月的账面净资产值计算。

现王先生准备诉至法院维护自己的权益,请为王先生提供法律处理意见。

第五章 公司的能力

■【导语】
　　公司的能力是一个非常抽象的概念,但是,它所涉及的实践问题却丰富而具体,如公司转投资行为的效力、公司担保行为的效力、公司超越经营范围而订立的合同的效力、法定代表人的个人行为和代表行为的界限、公司的工作人员侵害他人利益的责任是否由公司承担等。这些经济活动中常见的问题在理论上都可以归结为公司能力的问题,所以,公司能力理论不仅是公司的基础理论的重要内容,也是解决众多实务问题所应扎实掌握的基本知识。公司的能力包括权利能力、行为能力和责任能力三个部分。
　　本章从基本概念出发,系统阐述了公司能力的理论和制度,包括公司权利能力的概念及其在法律推理中的意义、公司权利能力的诸种限制、法定代表人的代表行为的构成、公司侵权行为的构成等,并结合实践中的问题予以分析,使学生对公司能力有一个较为全面的认识。
　　本章的重点在于公司权利能力的法律限制和目的上的限制、公司的法定代表人制度、公司行为能力中的代表理论、公司侵权行为的构成。本章的难点在于公司权利能力及其范围的理论含义、公司担保行为的效力、公司超越经营范围所订立的合同的效力以及如何认定法定代表人的代表行为的效力和如何认定公司的侵权行为及其责任。

第一节 公司的权利能力

一、公司权利能力的概念和意义

　　公司的权利能力是指公司享有权利和承担义务的资格。公司权利能力的范围则是指公司有资格享有的权利范围和承担的义务范围。
　　公司的权利能力及其范围的概念在法律推理中具有重要意义:(1) 公司的权利能力及其范围的概念是判断公司是否享有某种特定权利或承担某种特定义务的首要标准。(2) 公司的权利能力及其范围的概念是判断公司的法律行为(意思表示)的效力的首要标准,如果公司的法律行为超越公司的权利能力范围,则一般为无效。

二、公司权利能力的开始和终止

公司的权利能力从公司营业执照签发之日开始,至公司注销登记并公告之日终止。

根据《民法通则》第 36 条的规定,法人的民事权利能力和民事行为能力,"从法人成立时产生,到法人终止时消灭"。《公司法》第 7 条规定,公司营业执照签发日期为公司成立日期。

《公司法》第 188 条规定:"公司清算结束后,清算组应当制作清算报告,报股东会、股东大会或者人民法院确认,并报送公司登记机关,申请注销公司登记,公告公司终止。"所以,公告中发表的公司终止之日应为公司权利能力的终止日期。

三、公司权利能力范围的限制

公司权利能力范围的限制主要包括性质限制、法律限制和目的限制三方面。

(一) 性质限制

作为法律上的主体,公司不同于自然人。公司不具有自然人所具有的自然性质,如身体、性别、种族等,所以,公司也不享有自然人基于其自然性质而享有的权利,如生命权、健康权、肖像权、婚姻权等人身权。但是,公司仍享有某些特定的人身权,如名誉权和荣誉权。[①]

(二) 法律限制

1. 转投资的限制

转投资的限制包括转投资对象和数额两方面的限制:

(1) 转投资对象的限制。法律一般限制公司成为无限责任股东或合伙企业合伙人,因为无限责任股东或合伙事业合伙人对公司或合伙债务承担无限连带责任,如果公司成为无限责任股东或合伙事业合伙人,一旦其所投资的公司或合伙企业不能清偿债务,它就会承担巨大风险,导致公司资产空虚,影响公司股东和债权人的利益。所以,许多国家和地区的公司法明确规定,公司不能成为无限责任股东或合伙组织的合伙人。如我国台湾地区"公司法"第 13 条第 1 项规定,公司不得为他公司之无限责任股东或合伙事业之合伙人。

但也有一些国家对此没有限制,如美国《标准公司法》第三章"目的和权力"第 3.02 条第 9 款规定:公司可以成为任何合伙组织、联营组织、信托组织或其他实体的发起人、合伙人、成员、联营人或者是上述实体的经理。

在这一问题上,我国的立法态度有较大的变化。1993 年《公司法》第 12 条第 1 款规定:"公司可以向其他有限责任公司、股份有限公司投资,并以该出资额为限对所投资公司承担责任。"该条实质上将公司的转投资对象限制于有限责任公司和股份有限公司。2005 年《公司法》删除了这一款的规定,其第 15 条直接规定:"公司可以向其他企业投资;但是,除法律另有规定外,不得成为对所投资企业的债务承担连带责任的出资人"。2006 年修订的《合伙企业

---

① 《民法通则》第 101 条规定"公民、法人享有名誉权",第 102 条规定"公民、法人享有荣誉权"。

法》也作了进一步的规定，其第 3 条规定："国有独资公司、国有企业、上市公司以及公益性的事业单位、社会团体不得成为普通合伙人。"虽然该条没有明确规定国有独资公司、上市公司之外的其他公司可以成为普通合伙人，但根据相反解释和立法表述的变化，应认定，除国有独资公司和上市公司外，其他公司可以成为合伙企业的普通合伙人，否则，《合伙企业法》第 3 条的规定就无实质意义。此外，《合伙企业法》第 2 条对合伙企业的定义是："本法所称合伙企业，是自然人、法人和其他组织依照本法在中国境内设立的普通合伙企业和有限合伙企业。"该条承认法人可以设立合伙企业，也表明公司法人可以成为普通合伙人。

（2）转投资数额的限制。公司通过转投资不仅可以扩大公司的利润来源，而且可以形成关联公司，组建公司集团，形成规模效应和协同效应，从而促进资本的有效配置，推动公司的迅速发展，但是，转投资行为也会产生以下消极影响：一是转投资会减少公司直接支配的有形财产，增加变现偿债的难度，从而可能降低公司的实际偿债能力，增加公司债权人的风险；二是由于转投资额不仅表现为母公司的资产（资本），也表现为子公司的资产（资本），所以，转投资会使资产（资本）重复计算，从而导致资本虚增，有悖于公司资本充实的原则。

为避免资本虚增，保障公司资本的充实，减少公司债权人的风险，一些国家和地区的公司法对公司转投资的数额作出了一定限制。如我国台湾地区"公司法"第 13 条规定："公司如为他公司有限责任股东时，其所有投资总额，除以投资为专业或公司章程另有规定或经左列各款规定，取得股东同意或股东会决议者外，不得超过本公司实收股本的 40%"。

我国 1993 年《公司法》第 12 条也规定，公司向其他有限责任公司、股份有限公司投资的，除国务院规定的投资公司和控股公司外，所累计投资额不得超过本公司净资产的 50%，在投资后，接受被投资公司以利润转增的资本，其增加额不包括在内。

但是，2005 年及 2013 年两次修订后的《公司法》取消了对转投资比例的限制，主要是基于以下原因：（1）在现实的公司经营过程中，存在着大量的对外投资超过 50% 的现象；（2）在企业转制过程中，产生了大量的转投资超过 50% 的情况，而且，有关部门并没有因为原《公司法》关于转投资数额的限制而进行阻止和限制；（3）工商行政管理等部门在登记、年检等活动中，发现转投资超过 50% 的现象，也基本上采取一种默许的态度；（4）关于超过 50% 限额的投资行为的效力和责任承担问题，法律一直没有一个明确的规定，这也是导致转投资数额限制在现实中缺乏操作性的主要原因。实践证明，对公司转投资进行数额限制缺乏操作性。

而在法理上，公司转投资是公司的正常经营行为，公司的转投资并非一定损及公司信用，危害公司债权人利益。至于因转投资而带来的风险应由公司自己来判断，公司董事会或股东会、股东大会可以对转投资进行决议，公司章程可以对投资数额加以限制，而公司法则没必要对其加以强行性的限制。

2. 担保的限制

为保障公司资本充实，免受意外损失，在一般情况下，公司不得作担保人。许多国家和地区的法律都作了相关的规定，如我国台湾地区"公司法"第 16 条规定，"公司除依其他法律或公司章程规定得为保证者外，不得为任何保证人"；法国《商事公司法》第 106 条规定，"除公司经营金融事业外，禁止公司为董事、总经理、法人董事的常任代理人及他们的亲属向第三人承担的义务提供物的担保和保证"。当然，也有国家对于公司的担保行为没有限制，如美国《标准公司法》及各州公司法赋予公司担保的权利，没有任何限制。

我国《公司法》第 16 条规定："公司向其他企业投资或者为他人提供担保,依照公司章程的规定,由董事会或者股东会、股东大会决议;公司章程对投资或者担保的总额及单项投资或者担保的数额有限额规定的,不得超过规定的限额。公司为公司股东或者实际控制人提供担保的,必须经股东会或者股东大会决议。前款规定的股东或者受前款规定的实际控制人支配的股东,不得参加前款规定事项的表决。该项表决由出席会议的其他股东所持表决权的过半数通过。"

就此,《公司法》肯定了公司具有担保的权利能力,同时,对公司为他人的担保行为进行了程序上的限制,并取消了 1993 年《公司法》关于"董事、经理不得以公司资产为本公司的股东或者其他个人债务提供担保"的规定。在实践中,《公司法》第 16 条还有许多问题需要解释:

第一,公司为他人提供担保,如果章程没有规定由董事会还是股东(大)会决议,那么,应由董事会还是股东(大)会决议?由于董事会职权的性质是经营决策,如果为他人提供担保是公司所经营的业务,如专业的担保公司,董事会当然有权决议;或者,为他人提供担保与公司的经营活动具有密切关系,如公司与他人相互提供担保,以从银行获得贷款,董事会也有权决议。否则,为他人提供担保均应由股东(大)会决议。

第二,如果章程规定为他人提供担保应由股东(大)会决议,但未经股东(大)会决议,公司对外担保行为是否有效?这里存在两个问题:首先,法定代表人对外签订担保协议,代表行为是否有效?《合同法》第 50 条规定:"法人或者其他组织的法定代表人、负责人超越权限订立的合同,除相对人知道或者应当知道其超越权限的以外,该代表行为有效。"如果担保行为经董事会同意,法定代表人的代表行为本身则不构成越权,代表行为有效。其次,在此情形下,担保行为是否有效?担保行为应认定为有效,除非存在《合同法》第 52 条规定的合同无效事由。

第三,为股东或实际控制人提供担保,未经股东(大)会同意,担保是否有效?该问题的争议焦点在于:《公司法》第 16 条规定,"公司为公司股东或者实际控制人提供担保的,必须经股东会或者股东大会决议",该款是否是效力性的强制性规范?由于该款本质上是规范公司内部机关的权力范围,不是效力性的强制性规范,即使违反之,也不必然导致担保行为的无效。

典型案例:闽都支行诉中福公司借款纠纷案(《案例分析》第 92 页)
请扫描二维码或访问 http://2d.hep.cn/1318685/9 了解相关内容

3. 借贷的限制

为维持公司资本充实,防止公司借贷行为影响公司资本结构,保障股东和债权人利益,许多国家和地区法律一般都限制公司的借贷行为。如我国台湾地区"公司法"第 15 条第 2 项规定:"公司之资金,除因公司间业务交易行为有融通资金之必要外,不得借贷于其股东或他人";日本《商法典》第 265 条规定:董事自公司接受金钱借贷,应取得董事会的承认。

在我国,一般认为,董事、经理无权将公司资金借贷给他人,除非该借贷行为系公司正常经营活动或公司正常经营活动所必要,或公司章程有特别的规定,或经股东会同意。

(三)目的限制

1. 基本概念与问题

公司章程中应当记载公司的目的,即公司所从事的事业范围,此条款为目的条款(object

clause），我国公司法称其为经营范围条款。① 公司的经营范围也是公司的必要登记事项。公司的权利能力是否受公司的目的范围（经营范围）的限制？这是世界各国公司法所面临的普遍问题。

2. 比较法的考察

（1）英美法系的越权理论及其修正。在英国，早期的法律与判例认为：公司的活动不能超越其目的范围，否则无效。这就是著名的越权理论。越权理论最初适用于 19 世纪上半叶的法令公司（statutory company），法令公司依据政府法令而设立，主要从事铁路和其他公用事业。但是，1875 年 Ashbury Rly Carriage and Iron Co. Ltd. v Riche 一案判决则将越权理论推广适用于其他类型的公司，并且严格阐述和界定了越权理论的含义。

越权理论在实践中有很大的弊端：它制约公司的发展，影响交易安全，损害第三人利益。为避免越权理论的适用，许多公司在章程中采纳一般性的目的条款，如"公司可从事任何合法业务"等，这在一定程度上限制了越权理论的消极影响。英国 1985 年《公司法》开始修正越权理论，它规定善意第三人可以主张公司能力外的行为有效，1989 年《公司法》第 108 条则明确规定，"公司的能力不受公司章程的限制"，正式废除了越权原则。

美国作为英国法律传统的继受者，长期采用越权理论，但 1984 年美国修正后的《标准公司法》第 3.02 条规定：公司可以像自然人那样去做对经营公司业务和处理公司事务有必要的或有利的事情。第 3.04 条规定：不得因为公司欠缺权利能力而对其行为提出无效之诉。可见，美国也最终抛弃了越权理论。

（2）大陆法系的学说及其发展。在大陆法系中，瑞士、德国等国家的法律认为：除专属于自然人的权利外，法人享有与自然人相同的权利能力，法人的目的范围不构成对法人权利能力的限制。其他部分国家虽也一度采用目的范围限制权利能力的原则，但最终都放弃了这一原则。如 1966 年法国《商事公司法》第 49 条规定：在与第三者的关系中，经理拥有在任何情况下以公司的名义进行活动的最广泛的权力，但法律明确授予股东的权力除外。公司甚至应对经理的不属于公司宗旨范围的行为负责，但公司举证证明第三者已知道或根据当时情况不可能不知道该行为超越了公司宗旨范围的情况除外，且仅公布章程不足以构成此证据。

1968 年欧共体理事会第 1 号公司法指令第二节"公司缔结债务的能力"中第 9 条第 1 款也明确规定："公司机关实施的行为对公司具有拘束力，即使这些行为超越了目的范围；除非这些行为超越了法律赋予、或者法律许可赋予这些机关的权力范围。"这一指令已为欧盟各国所采纳。

3. 我国的制度

在我国，目的限制即经营范围的限制是否构成对公司权利能力的限制，不仅是公司法理论的一个重要内容，也是实践中的一个重要问题，因为它关系到公司超越经营范围订立的合同的效力问题。关于这一问题，我国的法律和司法实践同其他国家一样，也经历了一个较大的转变过程。

（1）1993 年之前的制度。1986 年颁布的《民法通则》第 42 条规定：企业法人应当在核准登记的经营范围内从事经营。虽然《民法通则》并没有直接规定，公司超越经营范围所签订的

---

① 参见《公司法》第 12 条。

合同为无效合同。但是,1984年最高人民法院《关于贯彻执行〈中华人民共和国经济合同法〉若干问题的意见》和1987年7月最高人民法院《关于审理经济合同纠纷案件中具体适用经济合同法若干问题的解答》第4条明确规定:超越经营范围或经营方式所签订的合同,应认定为无效合同。可见,我国的司法实践完全采用经营范围限制公司权利能力的学说。

（2）1993年全国经济审判工作会议。完全采用经营范围限制公司权利能力的学说,会导致大量合同无效,危害很大。针对这一情况,1993年5月,最高人民法院召开全国经济审判工作座谈会,会议纪要中指出:不应将法人超越经营范围签订的合同一律认定为无效,而应区别对待。从而改变了我国司法机关在这一问题上的态度。

（3）1999年《合同法》及其司法解释。1999年12月19日公布的最高人民法院《关于适用〈中华人民共和国合同法〉若干问题的解释（一）》再次明确了这一原则,其第10条规定:当事人超越经营范围订立合同,人民法院不因此认定合同无效。但违反国家限制经营、特许经营以及法律、行政法规禁止经营规定的除外。

（4）2005年及2013年《公司法》。虽然1993年《公司法》依然沿袭了《民法通则》对于公司经营范围的基本态度和规定,其第11条第3款规定"公司应当在登记的经营范围内从事经营活动",但2005年及2013年《公司法》则完全删除了这一条的规定,从而与《合同法》的相关司法解释在公司经营范围的问题上的规定达成一致。

【本节理论探讨】

- **权利能力与法律人格的差异**

（1）传统的观点。权利能力①概念是一种法律的建构,权利能力全称应是权利义务能力,即承担法律关系的能力,所以,权利能力的实质是法律主体的资格,能力即资格。

考证能力的词源,也可以发现能力的原本含义,在罗马法中,能力是头颅的意思,当法律赋予一个对象以权利能力时,实质上就是将法律的"头颅"树立在对象的身上,将其建构为法律的主体。在罗马法中,"当一个人（homo）具备足以使其获得权利能力的条件时,在技术用语上被称为persona,因而,权利能力也被称为personalita（人格）"。② 所以,许多经典的民法教科书都将权利能力与法律主体资格即人格视为同一个概念,如梅仲协在《民法要义》中对权利能力概念作这样的定义:权利能力,亦即人格之别称,享受权利,负担义务之能力也。③

（2）从"法人权利能力范围"概念引起的质疑。传统观点认为,权利能力的概念与主体资格的概念是同一的,所以,法人的权利能力概念与法人的主体资格概念也应当是同一的。那么,公司法理论中,所谓公司法人"权利能力之范围"这一概念又是什么含义呢？因为权利能力就是法律主体资格,难道法律主体资格还有什么范围？这显然是一个很令人不解的问题。可能的解释有两种:

---

① 权利能力,德文是Rechtsfaehigkeit,法文是capacite de jouissance de droit civil,英文是capacity。在英语中,权利能力与行为能力这两个概念都用capacity表示。参见梅仲协:《民法要义》,中国政法大学出版社1998年版,第53、58页。
② [意]彼德罗·彭梵得:《罗马法教科书》,黄风译,中国政法大学出版社1996年版,第30页。
③ 梅仲协著:《民法要义》,中国政法大学出版社1998年版,第53页。

第一种解释认为,公司在从事法定的权利能力范围之内的行为时,它是具有法律主体资格的,如果它从事法定的权利能力范围之外的行为时,它就不具有法律主体资格。但是,有一个矛盾它无法说明,即公司的法律主体资格是在其登记注册之时就已经获得,它并不因为公司在从事法定范围之外的行为,就不具备法律主体资格,简单地说,即使公司在从事非法活动时,它仍然是法人,①仍具备法律主体资格。

第二种解释认为,所谓权利能力范围,就是权利范围,特别是自由权的范围。公司在从事法定权利能力范围之外的行为时,仍具有法律主体资格,只不过是它无权利从事这些行为罢了。

后一种解释更具合理性。江平教授则进一步认为,权利能力与人格就不是同一个概念,"人格是指可以成为民事权利主体的资格,而权利能力则是指可以享有民事权利并承担民事义务的资格。前者是主体的资格,后者是享受权利的资格。前者指条件,即具备了什么条件才能成为主体,后者指范围,即民事主体可以享受的权利范围"②。按照这种理解,公司法人"权利能力范围"这一概念在逻辑上就成立了。③

【本节实务研究】

● 公司对外投资或担保时,相对人应否审查董事会或股东(大)会决议

《公司法》第 16 条第 1 款规定:"公司向其他企业投资或者为他人提供担保,依照公司章程的规定,由董事会或者股东会、股东大会决议……",2005 年及 2013 年《公司法》在放宽公司权利能力,取消公司转投资数额限制,允许公司对外提供担保的同时,为公司转投资和担保行为增设了一道程序要求——经过董事会或股东(大)会决议。在新法出台之前,不少公司对上述事项在章程中都作了类似决策程序的规定,但当公司代表未经决策订立合同时,依照《合同法》第 50 条的规定,越权代表行为有效。公司章程规定的内部决策程序没有对抗效力,善意相对人不负审查是否越权的义务。那么,新法出台后"越权代表"行为是否有效,相对人是否负有审查决议通过的义务呢?

我们认为,公司通过章程对转投资或担保事项规定的内部决策程序没有上升为法定要求时,对第三人是没有约束力的,章程并不具有对外公示和对抗的效力,也无权为第三人设定义务。但是,一旦这种决策程序由公司内部要求提升为公司法上的要求时,其效力范围就发生了改变,法律具有普遍适用的效力。第三人与公司签订协议时,应当注意到法律的既有规定。法

---

① 非法活动所产生的责任也由法人自己承担。
② 江平主编:《法人制度论》,中国政法大学出版社 1994 年版,第 3 页。
③ 美国分析法学家科克洛克主张区分 personateness 和 personality 或许对我们也有所启发。他说 personateness 即法律上的人(legal person)和 personality 即法律人格(legal personality)是不同的,法律上的人是承受法律关系的主体资格,而法律人格则是法律上的人所承受的法律关系的总和。法律上的人的概念仅仅是一个空虚的理念,一个概念性的指向,凯尔森称之为"nur ein idealer Zurechnungspunkt"。法律上的人是一个不可化约的(irreducible)法律实体(subsistent)。它要么存在,要么不存在,它存在时只有一个质,就是承受法律关系的资格。而人格的概念则可以收束和扩张,在理论上,可能存在没有人格的人(a person without personality),但是,却不可能存在没有人的人格(personality without a person)。也许,权利能力就是科克洛克的 personality,而法律主体资格就是科克洛克的 personateness。See Kocourek, A., Jural Relations, The Bobbs-Merrill Co., 1928, p. 291.

定决策程序不仅是对公司的限制和要求——提示公司谨慎注意自身行为对资本充实、股东利益以及债权人利益的影响,同样也是对第三人的限制和要求——不能只为自己交易的达成而不顾可能的越权行为对对方公司资本充实、股东利益或债权人利益的影响。担保属单务行为,法律赋予无需支付对价的接受方更高注意义务是符合一般法律原理的。同时公司对外担保和转投资都属于可能显著增加公司经营风险,弱化公司经营能力,危及公司资本充实的行为,公司法基于资本维持原则和公司社会责任的考虑而向担保或投资接受方分配程序性的注意义务也是符合公司法原则的。另外,从公司代表权角度分析,法定代表人或授权代表人虽然享有普遍的代表权,但《公司法》第16条的规定已经限制了他们就担保或转投资事项的代表权,只有经董事会或者股东(大)会决议通过,公司代表人的代表权才能恢复到完满状态。法定限制推定相对人知晓,相对人未审查决议推定其知晓代表权瑕疵,故该情形下转投资或担保行为无效。

第二节 公司的行为能力

一、公司行为能力的概念和特点

(一)公司行为能力的概念

公司的行为能力是指公司通过自己的意思表示构建法律关系的资格。

公司是否具有行为能力?在法学史上存在两种不同的学说。以萨维尼为代表的拟制说认为:只有具有意思能力的主体才具有行为能力,而公司是一种组织,没有意思能力,所以,不具有行为能力,公司只有通过其代理人(自然人)表达其意思;以基尔克为代表的实在说认为,虽然公司是一种组织,但公司具有机关,机关是公司意思能力的体现,所以,公司具有行为能力,公司通过其代表机关实施意思表示。

《民法通则》第36条规定:法人是具有民事权利能力和民事行为能力,依法独立享有民事权利和承担民事义务的组织。可见,我国法律采实在说,承认公司法人具有行为能力。

(二)公司行为能力的特点

(1)公司作为一种组织,不同于自然人,公司的行为能力通过其机关实现,而其机关最终由自然人担任。

(2)公司的行为能力与权利能力同时产生,同时消灭,并且,行为能力的范围与权利能力的范围完全一致,而自然人则存在有权利能力却不一定有行为能力的现象。

二、公司的法定代表人

公司的行为能力通过法定代表人实现,各国公司法关于公司代表人制度的设计有多种模式,如日本民法采用单独代表制,每一董事均可对外代表公司;德国股份公司法采用共同代表制,德国《股份有限公司法》第78条第2款规定:除公司章程有相反规定外,全体董事会成员应集体代表公司。

我国1993年《公司法》第45条和第113条规定,董事长为公司的法定代表人,根据此条规定,唯有董事长是公司的法定代表人,其他人员均不是公司的代表人。但是,这一规定过于僵化,不符合经济生活的要求,因为在实践中,许多公司的董事长并不经常参与公司的经营和决策,公司的实际控制人是经理。强行规定董事长是公司的法定代表人则会增加这些公司的经营成本,甚至影响其正常经营。

所以,我国2005年及2013年两次修订后的《公司法》对公司法定代表人制度进行了改革,于第13条规定:"公司法定代表人依照公司章程的规定,由董事长、执行董事或者经理担任,并依法登记。公司法定代表人变更,应当办理变更登记。"根据这一规定,公司法定代表人并不限于由董事长担任,董事长、执行董事和经理均可以成为公司的法定代表人。公司可以根据其实际情况的需要,通过章程的安排,选择董事长、执行董事或经理担任公司的法定代表人。当然,需要强调的是,这一规定并没有根本改变我国一元化的法定代表人制,公司的法定代表人仍然只能是一名,而非共同代表。

下面,我们以董事长担任法定代表人的情形为例,分析一下公司法定代表人的代表行为的若干相关情况。

三、董事长的代表行为及其构成要件分析

(一) 代表行为

1. 代表行为与个人行为

公司的法定代表人最终由自然人担任,但是作为公司法定代表人的自然人在生活中具有多重身份,他所实施的行为既可能是其个人行为,也可能是公司的代表行为。如果一种行为被认定为个人行为,则行为的法律后果由其个人承担,而与公司无关;如果一种行为被认定为代表行为,则行为的后果由公司承担。所以,如何认定公司法定代表人的某一项具体行为是个人行为还是代表行为,是司法实践中的一个重要问题。

2. 代表行为有效与公司的意思表示有效之间的差别

代表行为有效表明董事长的意思表示构成公司的意思表示,而公司的意思表示有效以代表行为有效为前提,并且符合意思表示(法律行为)的生效要件而产生法律效力。所以,董事长代表行为有效并不表明董事长代表公司所为的意思表示(如合同)就一定有效,后者是否有效还要看其是否符合意思表示(法律行为)的生效要件。

但是,在司法实践中容易出现这样的问题:将董事长的代表行为无效和董事长代表公司签订的合同无效混为一谈,从而错误地适用责任规则,将本应由董事长个人来承担的合同无效的过错责任却认定由公司来承担。

(二) 法定代表人的代表行为的一般构成要件

法定代表人的行为构成公司的代表行为,一般应具备以下构成要件:

1. 具有代表人的身份

一个自然人经过公司法和公司章程规定的程序被选举为董事长,并经工商登记而公示,即具有法定代表人的身份。但是,在实践中,存在这样的问题:某自然人经无效程序被选举为董事长,却已经工商登记而公示;或,某自然人已经工商登记为公司的法定代表人,其后虽被公司董事会罢免,但未经工商变更登记。在上述两种情形下,该自然人是否具有公司法定代表人的身份?

处理此类问题,应遵循公司法的一项重要的原理,即公司登记的公信力原则,其含义是,公司法定代表人一经登记,即使其任命手续存在瑕疵,其法定代表人资格对于善意第三人亦为有效。

1968年欧共体理事会第1号公司法指令第二节第8条规定对此有清晰的表述:被授权代表公司的人员作为公司机关在有关事项完成公开手续后,公司不得以其任命手续中的瑕疵对抗第三人,除非公司能够证明第三人已经知道这一瑕疵。

虽然我国《公司法》对此没有明确的规定,但这一原理在我国的司法实践中也被广泛接受。

2. 以法人的名义

董事长必须以公司法定代表人的名义进行活动,如果不以公司法定代表人的名义而以个人的名义进行活动,如董事长以个人名义购买家具,则必然为个人行为,而非代表行为。

3. 在权限范围内

如果法定代表人的行为超越权限,其代表行为无效,除非其行为构成表见代表。表见代表系指,相对人不知道也不应该知道公司的法定代表人的行为超越权限,则法定代表人的代表行为有效。如我国《合同法》第50条规定:法人或其他组织的法定代表人、负责人超越权限订立的合同,除相对人知道或者应当知道其超越权限以外,该代表行为有效。

但是,如何判断在公司董事长的行为超越权限的情形下相对人"知道或应当知道"?通常,对董事长权力的限制一般有三种:一是法律法规的直接限制,二是公司章程的限制,三是公司董事会和股东会的决议的限制。所以,董事长的越权行为相应地也可分为三种:一是超越法律法规的直接限制,二是超越公司章程的限制,三是超越公司董事会和股东会的决议的限制。下面我们分别予以分析。

(1) 超越法律法规的直接限制。我国公司法中没有专门的条款直接对董事长的对外权力作限制性规定,但是,公司法对股东会和董事会的权力授予,实际上就可以视为公司法对董事长的权力的限制。如《公司法》第37条规定,股东会享有对发行公司债券、公司的合并和分立等事项作出决议的职权。此条即表明董事长未经股东会同意,无权签订发行公司债券的合同和公司合并、分立的合同。

由于在这种情形下,董事长越权行为违背法律法规的限制,所以,任何相对人都应当知道董事长越权,因此,董事长的代表行为无效。

(2) 超越公司章程的限制。很多公司在章程中对董事长的权力进行限制,而章程一般在公司登记机关备案并公示,但是,为保护交易安全和第三人的利益,章程的备案和公开本身也不足以构成"相对人知道和应当知道"的证据。如1968年欧共体理事会第1号公司法指令第二节第9条第2款明确规定:"公司章程或者有决策权的公司机关对于公司机关权力的限制,不得被公司利用对抗第三人,即使这些限制已经公告也是如此。"

德国《民法》第26条、第64条和第68条规定:法人得依章程限制董事代表权,经登记而得对抗第三人。但德国《股份有限公司法》第82条、《有限责任公司法》第31条则规定:对于董事代表权所加章程限制,不得对抗第三人。

从我国的实践来看,有些地方查阅公司章程手续繁琐,受到限制,并且,在交易中,相对人认真查阅对方章程的情形也不普遍,所以,我们认为,在我国的司法实践中,章程的备案公开本身也不足以构成"相对人知道或应当知道"的证据。

(3)超越公司股东会和董事会的决议的限制。股东会和董事会直接以决议的形式限制董事长的权力,但决议一般也不具有公示性,所以,相对方一般是不知道或不应当知道的,是善意的;即使股东会或董事会决议在媒体上公开,也不足以构成"相对人知道或应当知道"的证据。

四、代表行为和非代表行为的不同法律后果

如果董事长对外签订合同的行为构成代表行为,则其缔约行为的一切法律责任由公司承担,公司因此可能承担的责任包括缔约上的过失责任、合同无效的责任、履行合同的责任以及违约责任。

如果董事长对外签订合同的行为不构成代表行为,即非代表行为(个人行为),则其行为的法律后果与公司无关,完全由个人承担责任。下面我们区分以下两种情形分析这种责任的内容和性质。

(1)以个人名义的非代表行为。此行为完全是个人的合同行为,个人为合同主体,个人承担合同责任。

(2)以公司名义的非代表行为。在此情形下,董事长个人承担的责任的性质是什么?是合同责任,还是侵权责任?如果是合同责任,那么,董事长的行为是个人的合同行为,其责任包括缔约上的过失责任、合同无效责任、合同履行义务、违约责任等,但这完全不符合合同签订的事实,因为董事长没有以自己的名义订约,第三人也未以董事长个人作为合同的相对人,所以,此说不能成立。所以,我们认为,董事长对此所承担的责任的性质是侵权责任,即董事长因自己的过错,导致他人签订了一份不具有代表效力的合同,而给对方造成损失。当然,对于董事长的非代表行为,相对人也必然有过错,因为他必然知道或应当知道,也应承担相应的责任。

五、公司意思表示的外在推定形式

如果一项意思表示具备以下的表现形式,即可以推定为公司的意思表示,除非有相反的证据可以推翻该推定:

(1)董事长签章。董事长为公司的法定代表人,董事长以公司法定代表人名义的签章当然构成公司意思表示的外在推定形式,但须注意的是,根据上述代表行为的构成要件理论,如有证据证明董事长签约行为越权,且相对人知道或应当知道,则可以推翻推定,而确认代表行为无效,该合同则非公司的合同。

(2)公司印章。我国《公司法》对公司印章的性质并没有明确规定,但是,《合同法》第32

条规定,"当事人采用合同书形式订立合同的,自双方当事人签字或者盖章时合同成立",可见我国法律承认印章是公司的意思表示的外在推定形式。其实,在交易习惯中,人们也普遍认定印章就是公司意思表示的推定形式。

六、公司在对外活动中的代理

公司在对外活动中,其意思表示不仅可以通过代表机关来实现,也可以通过代理来实现,即通过代理人(商业使用人)来实现,普通董事、公司经理乃至普通工作人员在公司法定代表人或董事会的授权下,可以代理公司对外从事活动。

【本节理论探讨】

- **法定代表人变更的生效要件和对抗要件**

公司作为一种组织体,其行为能力需要通过法定代表人来实现,无论是对公司还是对交易相对人,何人代表公司意义重大。法定代表人于公司设立之后并非一成不变,基于公司人事调整、股权变动、控制权争夺以及其他不可预见因素都可能导致公司需要变更法定代表人。公司法只规定了法定代表人变更应当办理登记,对于登记的效力却未做规定。这就导致了包括工商登记机关工作人员在内的很多人都想当然地认为:既然公司法规定法定代表人变更应当登记,那么登记就是法定代表人变更的生效要件。这种认识在理论上是错误的,在实践中更是有害的。

法定代表人是公司唯一的对外代表机关,公司面对瞬息万变的市场需要及时交易,并且需要由最能代表自己意志的人来完成这些交易。依照公司法规定,法定代表人由公司股东会或董事会选举产生,其权力来源于公司内部权力机构或决策机构的授权。一旦公司基于各种考虑和现实需求依合法程序解聘原法定代表人并同时选任新的法定代表人时,原法定代表人的代表权就丧失了合法的权源,而新的代表人基于公司权力机关或决策机关的选任即产生了代表权,因此,法定代表人的变更生效于公司的选任程序,一旦新的法定代表人产生,他就有权代表公司对外进行交易。

选任程序是法定代表人变更的生效要件,那么公司在工商机关变更登记的效力又是什么呢?公司内部选任程序虽然合法地变更了法定代表人,但是对于第三人而言,尚未变更的工商登记仍然具有公信力,他们基于对登记的信赖而与公司原法定代表人签订的合同有效。工商登记是法定的公示程序,法定代表人的变动只有经过工商变更登记以后才能对第三人产生对抗效力。公司是不能以代表权变动有效去主张原法定代表人的代表行为无效的。这就要求工商登记机关应当及时根据股东会或董事会决议为公司办理变更登记手续,以尽快消除公司代表权公示内容与公司自身意志的错位,维护交易的安全有序。

【本节实务研究】

- **法定代表人代表公司从事非法活动时代表行为的效力**

如果公司法定代表人的行为得到了董事会或股东会的授权,那么,是否可以说法定代表人的行为就不可能构成越权？代表行为就必然生效？这里，需要区分两种情形进行分析：

（1）如果所授予的权力合法，则法定代表人的行为在权限范围内，其代表行为当然有效。

（2）如果所授予的权力违反法律法规，如法定代表人在董事会甚至股东会的授权下以公司的名义签订有关走私的合同，代表行为是否有效？一般推理如下：授权违反法律法规则无效，所以，法定代表人不具有签订走私合同的权力，其签订走私合同的行为构成越权。因为法定代表人的行为直接违反法律法规，则相对人必然应当知道，所以，代表行为无效。

但是，这种推理的结果与司法实践中的判断标准是不同的。一般认为，只要法定代表人的行为得到董事会或股东会的授权，法定代表人的代表行为必然成立，无论这种授权的内容是否违法，因为代表关系的构成与代表人所获得的权力的合法性没有直接关系，前者是事实问题，后者是法律效力问题，两者不可混同。

● 法定代表人代表公司的赠与行为是否有效

上面我们已经指出，法定代表人的权力受法律法规、公司章程、董事会和股东会决议的限制，但是如果法律法规、公司章程、董事会股东会决议对某一特定的权力没有作出限制，那么，法定代表人行使这一权力是否就不构成超越权限？如赠与行为。

一般认为，公司是企业法人，以营利为目的，法定代表人的行为应以企业资产增值为目的，而不能像基金会那样，从事公益活动，除非得到股东会的特别授权。所以，即使法律法规、公司章程、董事会股东会决议对法定代表人代表公司的赠与行为没有限制，法定代表人也不具有擅自决定代表公司赠与的权力，其赠与行为必须得到股东会的授权。

但是，对于法定代表人的赠与是否与公司的经营相关，是否为经营所需，理论上和实践中都有不同的理解和掌握。有人主张，法定代表人的一切赠与行为都需得到股东会的授权。但有人则认为，一些赠与行为具有改善公司社会形象、开拓公司经营资源、调动员工积极性、增强公司市场竞争优势和提高公司商誉的目的和效果，表面上是无偿的赠与，实质上有无形的收益。这种赠与行为当属公司正常的经营事务，不应笼统地视为法定代表人权限范围之外的行为，但可以予以一定的赠与数额的限制。对于此类赠与行为，如果公司章程、股东会决议对此没有特别的限制，法定代表人应具有这种权力。

从以上的分析可以看出，法定代表人的权力除法律法规、公司章程、董事会股东会决议的明确限制外，还应受公司法的基本原则——公司的营利性原则的限制，也就是说，即使法律法规、公司章程、董事会股东会决议对法定代表人的某一特别的权力没有限制，法定代表人行使这一权力仍应受公司营利性原则的限制，违背公司营利性原则的行为仍为越权，除非其得到了股东会的特别授权。

那么，法定代表人未经股东会同意代表公司进行赠与，相对人是否应当知道？一般认为，公司的营利性是公司的基本属性，赠与不是公司日常经营的当然内容，相对人应当明了法定代表人不具有赠与的权力。

第三节 公司的侵权行为能力

一、公司侵权行为能力的概念

公司的侵权行为能力是指公司承担因侵权行为所致的损害赔偿的责任能力。

在法学史上,关于公司的侵权行为能力也存在拟制说和实在说两种理论。拟制说认为,公司作为法人,无意思能力,所以,也无侵权行为能力;实在说则认为,公司作为法人本身即具有意思能力,所以,也有侵权行为能力。

由于是否承认公司具有侵权行为能力,将导致不同的责任制度。如果承认公司具有侵权行为能力,则公司将对其侵权行为承担直接责任,如果否认公司具有侵权行为能力,则由具体行为人承担责任,所以,我们判断公司是否具有侵权行为能力,不能仅从概念出发,而应从利益衡量的角度,来分析这一问题。

为保护受害人利益,加强公司的责任,大多数国家法律均承认公司具有侵权行为能力,我国的法律也承认公司(企业法人)有侵权行为能力,如《民法通则》第43条规定,"企业法人对它的法定代表人和其他工作人员的经营活动,承担民事责任",即反映了我国法律的立场。

二、公司侵权行为的构成要件

公司是法人,公司本身无法实施侵权行为,公司的侵权行为通过自然人的行为而实施,那么,什么行为可以认定为公司的侵权行为?一般认为,一种行为如果具备以下构成要件,可以被认定为是公司的侵权行为,而由公司对受害者承担责任。

(一) 须公司的工作人员实施的行为

我国《民法通则》第43条规定:"企业法人对它的法定代表人和其他工作人员的经营活动,承担民事责任。"可见,在我国,公司的法定代表人以及公司的其他工作人员的行为均可能构成公司的侵权行为。

但是,大陆法系的其他国家和地区民法和公司法却将公司侵权行为的主体要件仅限于公司的代表机关,而非公司的全部工作人员。例如,我国台湾地区"公司法"第23条规定,公司负责人对于公司业务之执行,如有法令致他人受有损害时,对他人与公司负连带责任。而其中,所谓公司负责人,根据我国台湾地区"公司法"第8条的规定,区分为当然代表人和职务代表人,所谓当然代表人是指在无限公司、两合公司中为执行业务或代表公司之股东;在有限公司、股份有限公司,为董事;职务代表人是指执行职务的公司经理人或清算人,股份有限公司之发起人、监察人、检查人、重整人或重整监督人。

韩国《商法典》第210条、第269条、第389条、第567条等也规定,仅代表公司的社员或者代表董事在履行公司业务对他人造成损害的,才构成公司的侵权行为。

在这些国家和地区,公司代表机关以外的董事、监事或者使用人的侵权行为与公司业务执行相关联时,由公司承担使用人赔偿责任,而非公司的侵权责任。

我国《民法通则》将企业法人侵权行为的主体要件扩张至企业全体工作人员,在实务中,就产生一个问题:如何认定公司的工作人员?对于一个特定的公司,为其服务的人员是否都是"公司的工作人员"?认定的标准是什么?

一般认为,只有与公司建立劳动合同关系的人员才是公司的工作人员,而与公司仅存在劳务合同关系的人员则不是公司的工作人员。

劳务合同与劳动合同是两类不同性质的合同。通过劳动合同,劳动者与公司建立劳动关系,劳动者成为公司的成员,具有从属性、行政管理性,这种关系由劳动法来调整,公司除向劳动者给付报酬外,还应依法为劳动者提供社会保险待遇及符合法律规定的劳动条件和劳保用品;而劳务合同由合同法来调整,公司只向提供劳务一方支付报酬,而不承担其他诸如社会保险等义务。因履行劳务合同发生的争议可以仲裁或直接诉讼。劳动合同是建立劳动关系的依据,属于劳动法的范畴;因履行劳动合同发生的争议只有经过劳动仲裁后才可进入诉讼程序,必须是先裁后审。可见劳动合同与劳务合同有明显的差异。

在劳动合同中,劳动者在履行公司的职务时,导致他人利益损害,构成公司的侵权行为,由公司承担责任。而在劳务关系中,劳动者在完成约定的劳务过程中如造成他人利益损害,一般情况下与公司无关。

但是,在实践中,还应注意,如果侵权行为的实施者虽不是上文所界定的公司的工作人员,但是,他以公司的名义实施侵权行为,且第三人有理由相信他是公司的工作人员,其行为经公司授权,也应认为本要件已构成。

(二) 须公司工作人员所实施的行为与公司职务有密切关系

何谓"与公司职务有密切关系"?关于这一问题,"外观主义"理论比较合理。它认为,为了保护第三人的利益,只要公司的工作人员的行为与其职权有紧密的客观关系,令第三人信赖其在执行公司职务,而无论公司是否真正授权,无论公司工作人员的行为是否超越了法律、法规、公司章程和公司机关所规定的权限,均构成公司的侵权行为,由公司承担责任。

(三) 须具备一般侵权行为的要件

公司工作人员的行为应符合侵权行为的一般要件,公司工作人员须故意或过失,违反法律、法规,侵害他人权利,或故意以悖于善良风俗的方法加损害于他人,且工作人员的行为与他人损害之间有相当因果关系,即须具备过错、违法性、因果关系和损害等四个要件。

三、公司侵权行为的法律责任

(一) 公司的责任

一种侵权行为既然被认定为公司的侵权行为,其法律责任自然由公司直接承担,由公司向受害人承担赔偿责任。《民法通则》第43条也明确规定:"企业法人对它的法定代表人和其他工作人员的经营活动,承担民事责任。"

（二）行为人（工作人员）的责任

1. 行为人（工作人员）对公司的责任

虽然公司的侵权行为实质上为公司的工作人员所为，但是，在一般情况下，工作人员并不对受害人直接承担赔偿责任，工作人员应承担其他相应的责任。这些责任主要包括：行政责任、刑事责任和民事责任。《民法通则》对法定代表人应承担的相应行政责任和刑事责任作了规定，其第149条规定，……除法人承担责任外，对法定代表人可以给予行政处分、罚款，构成犯罪的，依法追究刑事责任。那么，公司在承担了赔偿责任后，可否向行为人追偿？要求行为人向公司承担赔偿的民事责任？《公司法》对此没有作出直接和明确的规定，但《公司法》第149条规定，董事、监事、高级管理人员执行公司职务时违反法律、行政法规或者公司章程的规定，给公司造成损失的，应当承担赔偿责任。公司向第三人承担了赔偿责任，这应当被认为是公司受到的损害。所以，公司可以根据《公司法》第149条规定要求行为人（董事、监事、高级管理人员）向公司承担赔偿责任。

2. 行为人（工作人员）与公司的连带责任

从概念和逻辑的推理来看，一种行为既然被认定为公司的侵权行为，则应由公司承担，而不应由行为的直接实施者——公司的工作人员来承担责任。但是，在设计公司的责任制度时，除应考虑概念和逻辑的关系的一致性，更为重要的是，还应考虑一种责任制度所涉及的各利害关系人的利益平衡的公平性。

在公司侵权行为的法律责任中，强制侵权行为的直接实施者公司的工作人员承担一定责任，可以加强公司工作人员的谨慎意识，控制公司侵权行为的发生，并且，受害者也可以获得更多的赔偿的机会。

如我国台湾地区"公司法"第23条即作这样的规定：公司负责人对于公司业务之执行，如有违反法令致他人受有损害时，对他人应与公司负连带赔偿之责。

韩国《商法典》第210条、第269条、第389条和第567条等也规定，代表公司的社员或者代表董事在履行公司业务中对他人造成损害时，公司与其代表机关承担赔偿责任。

虽然，我国《公司法》没有对公司工作人员的连带责任作出规定，然而，需要注意的是，在特殊情形下，实施侵权行为的工作人员也要与公司一同对受害人承担赔偿责任，如最高人民法院《关于审理人身损害案件适用法律若干问题的解释》第9条规定："雇员在从事雇佣活动中致人损害的，雇主应当承担赔偿责任；雇员因故意或者重大过失致人损害的，应当与雇主承担连带赔偿责任。雇主承担连带赔偿责任的，可以向雇员追偿"。由于我国《民法通则》将法人侵权的主体要件扩张至法人的全部工作人员，而不是限于公司的机关，所以，实质上就将法人侵权与雇员侵权混为一谈了，因此，该司法解释虽规范雇员侵权，但也适用于法人侵权。根据该司法解释第9条，工作人员（雇员）因故意或重大过失致人损害，构成公司法人侵权，工作人员（雇员）与公司（雇主）承担连带赔偿责任。

此外，在上市公司虚假陈述的侵权行为中，工作人员也与公司承担连带责任。《证券法》第69条规定："发行人、上市公司公告的招股说明书、公司债券募集办法、财务会计报告、上市报告文件、年度报告、中期报告、临时报告以及其他信息披露资料，有虚假记载、误导性陈述或者重大遗漏，致使投资者在证券交易中遭受损失的，发行人、上市公司应当承担赔偿责任；发行人、上市公司的董事、监事、高级管理人员和其他直接责任人员以及保荐人、承销的证券公司，应当与发行人、上市公司承担连带赔偿责任，但是能够证明自己没有过错的除外；发行人、上市公司的控股股东、实际控制人有过错的，应当与发行人、上市公司承担连带赔偿责任。"根据这条规定，上市公司的董事、监事、高级管理人员和其他直接责任人员对于上市公司的虚假信息披露的侵权行为应承担连带赔偿责任。

【本章参考文献】
1. 江平. 新编公司法教程. 第 2 版. 北京：法律出版社, 2003
2. 王宝树，崔勤之. 中国公司法. 北京：社会科学文献出版社, 2000
3. 范健，蒋大兴. 公司法论. 南京：南京大学出版社, 1997
4. 石少侠. 公司法教程. 北京：中国政法大学出版社, 2002
5. [韩]李哲松. 韩国公司法. 吴日焕译. 北京：中国政法大学出版社, 2000
6. 王泰铨. 公司法新论. 台北：元照出版公司, 1997
7. 柯芳枝. 公司法要义. 台北：三民书局, 1993
8. 卞耀武. 当代外国公司法. 北京：法律出版社, 1995

【本章思考练习题】

一、名词解释
1. 公司的权利能力
2. 公司权利能力范围
3. 公司的行为能力
4. 代表行为
5. 公司的责任能力

二、简答题
1. 公司的权利能力存在哪些方面的限制？
2. 公司是否享有名誉权和荣誉权？为什么？
3. 公司可否向合伙企业投资？为什么？
4. 公司的借贷行为应受哪些限制？
5. 公司的赠与行为应受哪些限制？
6. 简述公司董事长代表行为的构成要件。
7. 简述公司侵权行为的构成要件。

三、案例分析

1999 年 2 月，东方机械进出口公司与中国进出口银行签订了《出口卖方信贷借款合同》，截至 2006 年 1 月，东方机械进出口公司在上述合同项下的债务共计人民币 6 000 万元。因东方机械进出口公司无力偿还上述债务，东方机械进出口公司、长城机械进出口股份有限公司（东方机械进出口公司的子公司）和中国进出口银行、中粮进出口公司四方法定代表人于 2006 年 2 月 1 日签订了《贷款重组协议》。根据该协议的约定，中粮进出口公司同意无条件承担上述东方机械进出口公司债务中的 3 750 万元,长城机械进出口股份有限公司同意无条件承担上述东方机械进出口公司债务中的 2 250 万元,并为中粮进出口公司所承担的 3 750 万元的债务承担一般保证责任。在上述《贷款重组协议》签订前,长城机械进出口股份有限公司于 2006 年 1 月 30 日召开董事会,全体董事以七票同意、两票反对的表决结果通过决议,同意签订上述《贷款重组协议》,但未召开股东大会会议。2006 年 4 月 16 日,长城机械进出口股份有限公司向中国进出口银行清偿了 2 250 万元债务。据查,长城机械进出口股份有限公司的章程对于公司代他人承担债务和为他人债务提供担保等事项均无规定。

请分析本案中《贷款重组协议》的效力。

四、讨论题

试参考公司的侵权行为能力理论,分析公司的犯罪能力。

第六章 公司资本制度

> **【导语】**
> 资本,是公司法中最基本的概念之一,资本制度在公司法中起着主导性的作用,公司法中的许多其他制度和规则都与资本制度有着内在的密切的联系,一些法律规则实质上是资本制度的具体体现和要求,中国公司法正是以资本信用为基础构建了自己的体系。
> 　　本章分析了资本的基本含义及其与其他相关概念的关系,阐释了资本的法律意义、公司法的资本原则和资本形成制度,介绍了最低资本额制度的立法和理论评价情况,从资本募集的角度对有限公司和股份有限公司的股份发行、增资和减资的制度与法律规则作了全面、系统的归纳、阐释和分析。学习本章,应重点理解和掌握资本与相关法律概念的关系、公司法的资本原则和资本形成制度、股份发行的分类、增资与减资的条件和程序。对资本、最低资本额、增资、减资的法律意义应有基本的理解和认识。对股份发行的条件和程序应有一般性的了解和掌握。

第一节　公司资本概述

一、公司资本的概念和特点

公司资本(capital),又称股本或股份资本,是公司成立时章程规定的,由股东出资构成的财产总额。资本具有以下几个特点:

(1)资本是公司自有的独立财产。任何法人组织都必须拥有独立的财产,公司独立财产的重要来源就是其资本。在公司占有、使用的财产中,有的是自有即自己所有的财产,有的是借贷来的财产,因此,经济学和会计学上有所谓自有资本与借贷资本之分,公司法上的资本仅指公司自己所有、不受他人支配的独立财产。资本也是公司的原始财产,公司成立后,会有多种财产来源,但最初的财产就是公司的资本。

(2)资本是一个抽象的财产金额。资本总是表现为资本额,即一定的财产金额。资本是抽象的价值金额,而不是具体的财产形式,虽然构成资本的财产总是以各种具体形式存在,或者以货币,或者以实物、知识产权、土地使用权等具体形式存在,而且这些财产形式之间亦经常发生转换,但资本却是不受具体财产形式影响的财产金额。因此,同样的资本会有完全不同的具体财产构成,而相同的财产构成也会代表完全不同的资本。

（3）资本来源于股东的出资。公司资本是公司全体股东的永久性投资，只能由股东出资构成，股东出资总额即为公司资本总额。经营积累或接受赠与等形成的财产，虽属公司自有资产，但非属股东出资而不能直接计入公司资本。资本亏损后，公司可用其以往的盈余弥补，此种弥补既是弥补资本，也是弥补股东出资，因而其性质仍然属于股东出资。公司以公积金转增为资本，因公积金属于股东权益，本应分配给股东，因此亦可理解为股东的出资。

需要指出的是，资本作为股东出资总额，在特殊情况下，有所例外。公司溢价发行股份情况下，发行价格高于股份的票面金额，而公司的资本额是按全部股份的票面金额计算，股东的实际出资总额会高于甚至远远高于公司的资本额，超出资本额的股东出资要计入公司的资本公积金中。

（4）资本是在公司成立时由章程予以确定的。任何公司成立时都必须制定章程，而公司资本则是章程必须予以记载的事项。此种资本数额是由公司发起人或将来的公司股东通过协商予以确定并写入章程的。

（5）资本是一个确定不变的财产数额。公司资本一经确定，即不能自然或随意改变。公司成立后，可能盈利，也可能亏损，其资本可能增值，也可能贬值，从而导致其资产数额的变化，但这并不自然改变其资本额。如果需要改变，则必须依照法定的增加资本或减少资本的程序，经股东会作出决议、修改章程并办理注册登记而变更。

二、公司资本的不同含义和形式

资本一词，在不同的语境中有不同的含义。经济学、会计学和法学等均涉及对资本的界定，在公司法上，在不同国家的公司法立法、理论和实践中，也常在不同的含义上使用资本，资本由此表现出以下不同的含义和形式：

（1）注册资本（registered capital），又称额面资本或核定资本，是指公司成立时注册登记的资本总额。注册资本一语，在各国公司法中并不多见。我国是少有的对注册资本有严格界定的国家。在其他一些国家，公司法亦规定资本是登记注册的重要事项，但并未明确使用注册资本这一术语，从其实质而言，此种登记的资本额就是注册资本。但注册资本是否应为实缴资本，是否可以用授权资本或发行资本登记注册，各国立法规定则有所不同。

（2）授权资本（authorized capital），又称名义资本（nominal capital）。指公司根据公司章程授权可发行的全部资本。依英美公司法，公司章程中必须注明公司的授权资本，否则不予登记。但公司设立时不必将授权资本全部发行，只需部分发行即可，剩余部分授权董事会根据需要分次发行。授权资本的概念仅用于授权资本制之下，在法定资本制之下，不允许有授权资本。

（3）发行资本（issued capital），又称已发行资本，是指公司一次或分期发行股份时，已经发行的资本总额。对公司，该资本称为已发行资本，对股东，又可称为认购资本，即股东承诺缴纳的股本。根据公司资本发行的安排，授权资本可以部分或全部成为发行资本。股东不必全部付清已发行股本，已发行资本由已缴资本与待缴资本构成。在公司发行完所有的股份前，它总是低于公司资本。

（4）实缴资本（paid-up capital），又称已缴资本、实收资本，指股东已经向公司缴纳的资本。资本已经发行不等于股东已经实际缴纳。在法定资本制下,亦允许股东对其认购的股份分期缴纳股款,其实际缴纳的部分即构成实缴资本。如果发行的资本被全部缴足,实缴资本即等于发行资本。

(5) 待缴资本(uncalled capital),又称催缴资本,指公司已发行、股东已认购但尚未缴纳的资本。对催缴资本,公司有权随时向股东催缴,股东有义务按约定或按公司的要求缴纳。因此,公司的待缴资本实际上已成为公司应得到的财产,已构成股东对公司债务的担保。

(6) 保留资本(reserved capital),又称储备资本,是指在公司正常经营情况下,发行和待缴资本中不得向股东催缴的部分,对于待缴资本,只有在公司破产时才可催缴,是为保留资本。

由此可见,资本是一个十分复杂的法律概念,普遍适用于各国公司法的统一资本概念是不存在的。事实上,在不同国家,对不同类型的公司,在法定资本制之下和授权资本制之下,资本都会具有不同的含义或表现出不同的形式。即使在同一国家的不同时期,由于公司法的改革和修订,资本的含义也会发生变化,如在英国,原实行授权资本制时,根本没有最低资本额的规定,亦无注册资本的概念,但后来为适应欧盟公司法统一的要求,转采折中资本制,规定了公司最低资本额,也有了注册资本的概念,其注册资本非以实缴资本、亦非以授权资本,而是以发行资本确定。而在美国,迄今并无注册资本的概念和规定。

在我国,公司法实行的是法定资本制,无论是有限责任公司还是股份有限公司,资本均需经注册方为有效,因此,资本就是注册资本。而注册资本是以发行资本还是以实缴资本注册,2005年《公司法》和2013年《公司法》与1993年《公司法》规定有很大变化,1993年《公司法》中的注册资本为在公司登记机关登记的全体股东实缴的出资额,因此,注册资本也就是发行资本、实缴资本,此为同一概念,不允许有待缴资本和保留资本。2005年《公司法》和2013年《公司法》规定有限责任公司的注册资本为在公司登记机关登记的全体股东认缴的出资额;以发起设立方式设立的股份有限公司的注册资本为在公司登记机关登记的全体发起人认购的股本总额;以募集设立方式设立的股份有限公司的注册资本为在公司登记机关登记的实收股本总额。依此,2005年和2013年《公司法》中的注册资本是发行资本,而不是实缴资本。

三、公司资本与相关概念的比较

(一) 资本与资产

公司资产(assets),亦称为公司实有财产,是公司实际拥有的全部财产,包括有形财产和无形财产。在财产形态上,资产分为流动资产、长期投资、固定资产、无形资产和递延资产等,货币、债权和某些实物属于其中的流动资产,土地、房屋属于其中的固定资产,工业产权则属于其中的无形资产。在财产来源上,资产主要来自于三方面:股东的出资(即公司资本)、公司对外负债、公司的资产收益和经营收益。资产与负债作为公司资产负债表中的两个栏目,存在互动的对应关系,由于负债是资产的来源,因此,公司负债的增减必导致资产的相应增减。

就概念的范围而言,公司资产要大于资本,资本只是资产的一部分。但就实际金额而言,资本与资产的对应关系会因公司的经营状况而有很大差别。公司成立时,没有任何对外负债,其资本就是其全部资产,公司成立后,随着公司对外负债的发生,资产通常都会高于资本,但并不排除因公司的亏损或公司资产价值的剧烈变化而导致资产低于资本的情况发生。

公司法人的独立财产责任,就是以公司实有的全部资产对其债务负责,公司资产才是公司对外承担财产责任的实际担保,因此,资产的总额和资产的构成及其变现和支付的能力在公司法和公司实务中具有重要的意义。

（二）资本与资金

公司的资金(fund),是解释上不甚明晰也不甚一致的概念。事实上,公司的资金并不是公司法上的概念,而是会计学和管理学等其他领域中的概念,但其他领域中所称的资金实质上类似或等同于公司法中的资产,都是指公司所拥有的财产。只是公司法中资产的概念范围可能更宽,可能包含某些在会计上不能入账的特殊资产,如未变现的工业产权和商誉等。所谓自有资金与借贷资金之分,不过是表明资产或资金的来源,但无论如何,不应把公司的资金仅理解为货币形式的资产,也不应理解为是以货币价值计算的资产。

我国由于历史习惯和观念意识的原因,在企业立法中,曾长期使用资金和注册资金的概念,其中的资金与现在所用资产的法律含义基本一致,其中的注册资金与现在所用的注册资本法律含义基本一致。自1993年《公司法》颁行后,各种公司法立法和企业立法已基本改用资产和注册资本的概念。

（三）资本与净资产

公司的净资产(net assets, net worth)指公司全部资产减去全部负债后的余额。公司的资产实质上是分为自有资产和借贷资产的,借贷资产虽然形式上或暂时属公司所有,但债务一经清偿,公司资产即相应地减少。真正归公司所有的是其中的自有资产,净资产正是公司自有资产的价值,也是其实质的财产能力和资产信用的基础。公司成立时,没有任何对外负债,其资本就是其全部资产,同时也是其净资产。公司成立后,随公司经营的盈利或亏损、资产本身的增值或贬值等,资产价值及相应的净资产的价值就处于不断的变化之中,净资产可能高于资本,也可能低于资本。在公司资产等于负债时,净资产等于零,而在公司资不抵债时,净资产则为负值。

（四）资本与股东权益

股东权益(equity),又称所有者权益,是指股东对公司净资产享有的权利。股东权益分为四个部分,即资本、资本公积金、盈余公积金和可分配利润,资本是其中的一部分。因此,一般情况下,股东权益要大于资本,但如果公司没有资本收益,从未盈利,因而也从未提留资本公积金和盈余公积金,则股东权益可能等于资本,如果公司亏损,可分配利润为负值的话,股东权益还会低于资本。同时,股东权益只是股东对公司净资产的抽象价值的权利,而不是对任何具体形态资产的权利;股东权益无论多大,都无权直接支配或处分公司的财产。

（五）资本与投资总额

公司投资总额,是为公司设立和经营而向其投入的全部财产总额,包括股东出资形成的注册资本和注册资本之外向公司的投入。投资总额的概念主要在外商投资企业法中使用,但在内资设立的有限公司中,也有约定或规定公司投资总额的情况。但对投资总额中资本之外投资部分的法律性质,尚无明晰、一致的界定。有人认为其属于股东对公司的借贷,有人则认为应定性为出资性投入或资本性投入,应作为公司的自有财产或资本溢价,而不是对外负债。

典型案例:科卓公司重复转让投资权益纠纷案(《案例分析》第113页)
请扫描二维码或访问 http://2d.hep.cn/1318685/10 了解相关内容

四、公司资本的法律意义

(一)资本是公司成立的基本条件

公司是依法成立的企业法人,公司要取得法人的人格和地位,必须具备一定的条件,我国《民法通则》和《公司法》对于企业法人和公司法人均规定了具体的成立条件,资本即为其中之一。在公司成立的几个条件中,有实体条件,有程序条件,有财产条件,有组织条件,资本属于其中的实体条件和财产条件。不具备此种条件的公司不能取得公司的注册登记,已经登记的公司也会因此而被撤销或被否定人格。

(二)资本是公司进行经营活动的基本物质条件

公司是营利性组织,具有从事商业性经营的权利能力,而这种能力的实现有赖于一定的物质条件,包括固定的生产经营场所,与生产经营和服务规模相适应的从业人员以及与经营活动相适应的其他资金。而这些条件的形成都需要有一定的资本。否则,公司既无法参与任何财产关系,也不能开展经营活动,不具备此种条件的公司,亦常被人们称为"皮包公司"。因此,公司法对公司资本的要求,对于公司经营能力的形成和维持具有重要作用。

(三)资本是公司承担财产责任的基本保障

公司作为法人组织,以其全部资产对其债务独立负责。资产的范围和多少直接决定公司的债务清偿能力和对债权人的保护程度,而资本是公司资产形成的基础和来源,是公司最原始和最基本的资产,资本的规模和多少对公司资产的范围和多少有直接的影响。因此,确定和维持公司一定数额的资本,对于奠定公司基本的债务清偿能力、保障债权人的利益和交易安全,具有一定的意义。许多学者甚至认为,公司资本是公司债权人利益的财产担保或总担保,是公司对外交往的信用基础和他人判断其信用的依据。[①]

(四)资本是股东对公司债务承担责任的界限

所谓有限责任,是指股东对公司债务的责任,而非公司本身的责任。股东以其认缴的出资

[①] 参见石少侠主编:《公司法教程》,中国政法大学出版社1999年版,第86页;雷兴虎主编:《公司法新论》,中国法制出版社2001年版,第90页。

额为限对公司债务负责,对全体股东而言,实际上也就是以公司资本为限对公司债务负责。公司的资本额,就是全体股东债务责任的最大限度,如果股东履行了出资义务,公司资本真实到位,除已经出资的财产可能用于公司债务清偿外,股东也就不再承担进一步的责任。

在我国,在虚假出资、资本不实情况下,资本对确定股东的责任还有着十分具体的作用。根据最高人民法院1994年发布的《关于企业开办的企业被撤销或者歇业后民事责任承担问题的批复》的精神,如果公司注册资本不实,但实缴资本达到了法定最低资本额的,股东应在注册资本不实的范围内,即在实缴资本与注册资本的差额范围内对公司债务承担责任。如果实缴资本低于法定最低资本额,则不承认公司的法人人格,股东对公司债务应承担无限清偿责任。2005年《公司法》修订后,虽然不再以实缴资本与注册资本不一致为由追究股东责任,但是否履行了法定的资本实缴义务依然是追究股东责任的重要依据。

【本节理论探讨】

- **资本信用与资产信用**

资本制度在中国公司法中举足轻重,资本信用是中国公司法制度建构的基本依据。在公司法学理上,公司有人合公司与资合公司之分,然而,资合公司所谓的"资",究竟是公司的资本还是公司的资产,公司的信用基础究竟在于公司的资本还是公司的资产,是公司法理论目前关注和研究的重要问题。

从立法到司法乃至整个公司法的学理,中国公司法都表现出鲜明的、贯穿始终并协调一致的资本信用的理念和法律制度体系。我国1993年《公司法》从公司资本制度到股东出资形式,再到公司权利能力和行为能力的限制无不体现了资本信用的明晰观念和要求。在资本制度上,公司法贯穿了资本确定、维持、不变的基本原则,规定有设立公司的最低资本额的条件和增加资本、减少资本的严格法律程序。在股东出资制度上,公司法实行严格的出资形式法定主义,只规定了货币、实物、土地使用权、工业产权和非专利技术五种出资形式,并规定了工业产权等无形资产出资的最高比例限制,而排除了劳务、信用、股权、债权等其他经营要素和条件的出资,不允许当事人对出资形式作另外的约定。在公司行为规则方面,公司法设有一系列对公司或其股东行为的严格限制条件,其中包括:(1)对公司转投资比例的严格限制;(2)禁止股份的折价发行,但允许股份的溢价发行;(3)禁止公司收购本公司的股份和以本公司股份设定的抵押;(4)设定严格的公司减资程序;(5)禁止股东退股。

在资本信用的理念和相应的法律制度体系之下,资本的作用被神化,人们对资本已经形成了事实上的崇信,已经产生了难以摆脱的信赖或依赖。但随着社会生活的发展,资本信用的弊端已明显地暴露。而资本信用本身也并未产生其预期的效果,其对债权人的保护是如此的软弱无力,形形色色的公司破产使债权人蒙受着巨大的损失。人们不能不对资本信用产生怀疑,并对资本信用的功能进行反思。2005年和2013年《公司法》的两次修订在很大程度上突破了对资本信用的盲目崇信,对资本的形成与维持制度都做了深刻的变革。2005年《公司法》在资本的形成制度上,首先,降低了公司注册资本的最低限额,并将严格的法定资本制与实缴资本制改为法定资本制下的分期缴纳制,体现了对法定资本制的缓和;其次,在出资形式上,改过去限定五种法定的出资形式为具体列举加概括的包容性规定,使得"可以用货币估价并可以依法转让的非货币财产"都有可能成为出资方式,从而大大提高了资源的利用效率,以满足公司在实际经营中对多种资源的需要;再次,在货币出资的最低额上,改过去的无形资产出资不得超过公司注册资本的20%为货币出资不得低于注册资本的30%,既保证了公司资本的流动性又满足了多种出资方式的需要,优化了公司资本结构。最后,在资本维持制度上,取消了转投资的限制,对公司的担保做了明确规定,规定了特定情况下的股份回购制度,并允许异议股东申请公司购回股份。

2013《公司法》对公司资本制度又进行了进一步的改革和突破,它完全取消了公司最低注册资本的要求;资本缴纳制度从有限制的认缴资本改为无限制的认缴资本,取消了2005年《公司法》中20%的首次出资比例、资本须在2年内缴足、投资公司须5年缴足和一人公司须一次性缴纳的规定;取消了货币出资比例限制;也取消了法定的股东出资的验资程序。

资本制度的巨大变革显然是在矫正对资本信用的片面认识基础上所做出的重大立法调整。因为,决定公司信用的并不只是公司的资本,相反,公司资产对公司的信用也许起着更重要的作用。公司是以股东的有限责任和公司自身的独立责任为其根本法律特征,而公司的独立责任恰是以其拥有的全部资产对其债务负责,虽然资本是决定公司资产的基本因素,但公司对外承担责任的实际范围取决于其拥有的资产,而不取决于其注册的资本,公司经营存续的时间越长,资产与资本之间的差额越大,以至于资产与资本完全脱节。而公司赖以对外承担财产责任的恰是公司的资产,而不是公司的资本,从实际的清偿能力而言,公司的信用是以公司的资产为基础,而并非以公司的资本为基础,因而维护公司资产的稳定和安全就具有了更重要的意义。

从资本信用到资产信用,这一观念的转变,其突出的法律意义在于对现行公司法制度的变革,在于取消资本信用决定的、阻碍公司发展的不合理和不必要的制度和约束,改革现行的资本制度和出资制度,发展和完善公司的财务会计制度,从而实现对公司债权人利益的全面和根本性的保护。2005年和2013年《公司法》的修订恰恰是这一观念转变的立法成果。

● 注册资本与投资总额的关系

投资总额的概念主要在外商投资企业法中使用,但在内资设立的有限公司中,也有约定或规定公司投资总额的情况。根据《中外合资经营企业法实施条例》第17条规定:"合营企业的投资总额(含企业借款),是指按照合营企业合同、章程规定的生产规模需要投入的基本建设资金和生产流动资金的总和。"第18条规定:"合营企业的注册资本,是指为设立合营企业在登记管理机构登记的资本总额,应为合营各方认缴的出资额之和。"由此,投资总额成为与注册资本相关却又不相同的概念。

最初,我国对外商投资企业规定的投资总额与注册资本是一致的。后来,开始区别这两个概念,并对企业投资总额与注册资本之间的比例关系作了规定和限制。1987年2月,国家工商行政管理局公布了《关于中外合资经营企业注册资本与投资总额比例的暂行规定》,其中第3条规定:中外合资经营企业的投资总额在300万美元以下的,其注册资本至少应占投资总额的7/10;投资总额在300万~1000万美元的,其注册资本至少应占投资总额的1/2,等等。

对于投资总额中注册资本之外部分的法律性质,尚无明晰、一致的界定。有学者认为其仍属于股东对公司的借贷,有学者则认为应将其定性为出资性投入或资本性投入,应作为公司的自有财产而不是对外负债。从来源看,资本外的投资有的来自于向银行等第三方的借贷,有的则来自于股东本身。向第三方的借贷,通常是由股东协调安排而以公司为债务人签署借贷文件,在公司尚未成立时确定的投资总额不过是股东各方为未来的公司所作的融资计划。此种资本外投资的性质当然属于公司的对外负债。

而来自于股东本身的资本外投资,其性质则较为复杂,有的认为其仍属于股东对公司的借贷,有的则认为应将其定性为出资性投入或资本性投入,应作为公司的自有财产或资本溢价而不是对外负债。综合各方面的因素分析,将股东的资本外投资定性为出资性或资本性投入的理由更为充分。如此,在公司资产负债表中,则不应将其记入负债项下,而可参照目前股份有限公司溢价发行的收益处理办法,将其记入股东权益中的资本公积部分。

第二节 公司资本原则与资本形成制度

一、公司资本原则

为实现公司法的目标和作用,保护股东和债权人利益,维护公司稳定和促进公司发展,各国公司法在长期的发展中,确立和形成了一系列基本的法律原则,这些原则作为各国立法的指导思想,体现在各国公司法有关资本的具体规则之中。公司资本原则是公司资本制度的体现,在各国不同的资本制度之下,各国公司法的资本原则也不尽相同,但由公司法的基本目标和作用所决定,并经历了长期的发展,仍形成了一些各国公司法共同认可和实行的资本原则,其中最主要的是所谓的"资本三原则",公司法中关于公司资本的许多具体规定都是这三个原则的体现和反映。

(一)资本确定原则

资本确定原则是指公司在设立时,必须在章程中对公司的资本总额作出明确规定,并须全部认足或募足,否则公司不能成立。公司成立后若发行股份,必须履行增资程序,经股东会决议并修改公司章程。

资本确定原则是关于公司资本形成的基本原则。按这一原则,公司资本既要确定,又须认足,这正是资本形成制度中法定资本制的内容,因此,通常又把资本确定原则等同于或称之为法定资本制,实质上,法定资本制是体现资本确定原则的资本形成制度。但也有著述认为,资本确定原则强调的只是资本的确定性,而不一定要求全部认足。因而,各国资本确定原则的实现程度有所不同,而法定资本制、授权资本制和折中资本制都在不同程度上体现资本确定原则的要求。

资本确定原则的确立,最初是基于对股份有限公司设立的规范和限制,其后,这一原则也被适用于有限公司。资本确定原则的目的是为保证公司设立时资本的真实可靠,使公司形成稳固的财产基础和健全的财务结构,并防止公司的滥设,维护经济秩序的稳定和交易的安全。其不足则是大大限制了公司的设立,公司资本如果数额很大,不易尽快认足,如果数额较少,又会遇到其后增资时的繁琐法律程序。同时,公司成立之初,业务活动少,即使认足了资本,也会造成资金在公司中的闲置和浪费。

资本确定原则为传统大陆法系国家所采用,其早期的公司立法都体现和坚持了这一原则。后来,虽然多数大陆法系国家都吸收授权资本制的规则,改采折中资本制,但资本确定原则的基本精神并未被放弃,折中资本制依然保留和体现了资本确定原则的基本要求。同时,即使在实行授权资本制的国家,资本确定原则也有一定程度的体现,也要求公司章程对资本额予以明确规定。

我国公司法实行的是资本确定原则,《公司法》关于有限责任公司和股份有限公司的注册资本应由全体股东认缴或实缴的规定(第26条、第80条)、关于有限责任公司章程应载明公司注册资本、股东出资方式和出资额的规定(第25条)、关于股份有限公司章程应载明公司股份总额、每股金额和注册资本的规定(第81条)等,都体现了资本确定原则的要求。其中,注册资本需由全体股东认足的规定,是资本确定原则最突出的表现。

(二)资本维持原则

资本维持原则又称资本的充实原则,是指公司在其存续过程中,应经常保持与其资本额相当的财产。因为在公司成立时,公司资本即代表公司的实有财产,但在公司经营一段时间后,其实有财产会因公司的亏损而低于公司的资本,即使公司成立后未开展经营活动,也会因时过境迁、财产无形贬损而使资本的实际价值低于其原有的价值,从而使公司的实际财产能力与其明示的资本数额和信用脱节。资本维持原则的立法目的正是为了防止资本的实质减少,保护债权人利益,同时也防止股东对盈利分配的不当要求,确保公司本身业务活动的正常开展。

资本维持原则是贯穿整个公司资本制度、适用于公司全部存续期间的重要原则,各国公司法围绕资本制度建立的绝大多数法律规则都是资本维持原则直接或间接的体现:

(1)股东退股禁止。公司成立后,股东不得抽回出资。

(2)不得折价发行股份。公司股份可以按面额平价发行或溢价发行,但不允许折价发行。

(3)限定非货币出资的条件。由于非货币出资财产价值的特殊性,容易造成资本的虚假,因此,公司法通常对非货币财产的出资作出限制性规定。

(4)发起人和股东对出资承担连带认缴责任。其中包括股份未被全部认购时的认购担保责任、股款未被全部缴纳时的缴纳担保责任和实物出资过高估价时的差额填补责任。

(5)按规定提取和使用公积金。公司公积金的作用除扩大再生产外,主要用于充实公司资本和弥补公司经营的亏损。

(6)没有盈利,不得分配。"无盈不分"是公司股利分配的基本规则,公司的盈利首先应用于弥补亏损,只有在公司盈利的状态下,才能向股东分配股利,否则,等于以公司资本向股东分配。

(7)限制公司收购本公司的股份。公司收购自己的股份,等于股东退股,收回的股份等于未能发行,从而导致资本虚假。因此,除法定特殊情况外,原则上不允许公司收购自己的股份。

(8)不得接受以本公司股份提供的担保。此种担保的实现会导致公司取得自己的股份,与公司不得收购自己股份的规则相悖。

资本维持原则虽然一般被作为股份有限公司的资本原则加以阐释,但事实上它也基本适用于有限责任公司。同时,这一原则不仅是大陆法系国家适用的法律原则,而且也在英美法系国家适用,在英美法系中甚至处于比大陆法系更为突出的地位。在英美法系中,并未抽象出像大陆法系那样完整、系统的资本三原则,但却对公司资本的维持给予充分的关注,并在法律的实践中形成了丰富、细致的关于资本维持的法律规范和判例,如关于减资的严格规定和限制、关于禁止为他人收购本公司股份提供经济帮助的规则等。从某种意义上说,资本维持恰是英美公司资本制度的根本原则。

我国公司法对资本维持原则亦有充分的体现。《公司法》中关于非货币出资必须是"可以用货币估价并可以依法转让的财产"的限定性规定(第 27 条),有限责任公司初始股东对非货币财产出资价值担保和差额填补责任的规定(第 30 条),股份有限公司不得低于股票面额发行股份的规定(第 127 条),除因合并和减少公司注册资本等四种情况外公司不得收购本公司股份的规定(第 142 条),公司在弥补亏损、提取法定公积金之前不得向公司股东分配利润的规定(第 166 条)等,都体现了资本维持原则的要求。

(三) 资本不变原则

资本不变原则是指公司的资本一经确定,即不得随意改变,如需增减,必须严格按法定程序进行。由此可见,这里的不变,并非资本绝对的不可改变,而是指资本不得随意增减,也不是随构成资本的具体资产价值的实际变化而增减。从某种意义上说,资本一经注册,就变成了纯粹的账面数字,成为了一个静止不动的符号。

资本不变原则的立法意图与资本维持原则是相同的,即防止资本总额的减少导致公司财产能力的降低和责任范围的缩小,以保护债权人利益。实质上,资本不变原则是资本维持原则的进一步要求,如果没有资本不变原则的限制,公司实有财产一旦减少,公司即可相应减少其资本额,那么资本维持原则也就失去了实际的意义。因此,有人认为,资本维持原则维持的是公司资本的实质,而资本不变原则维持的则是资本的形式。

我国公司法的资本不变原则主要体现在对公司增减资本的严格规定上,《公司法》中对公司增减资本规定了严格的条件和程序,要求必须经股东会议决议通过,并依法办理变更登记。而且,对于减少资本,特别规定了债权人保护程序。即公司减少资本时,必须编制资产负债表及财产清单,向债权人发出通知,并于 30 日内在报纸上公告,债权人有权要求公司清偿债务或提供相应担保。

公司资本原则形成于大陆法系国家,同时也为英美法系国家不同程度地吸收和采纳。确立公司资本原则是公司独立的财产责任和股东有限责任的必然要求,其目的是为了保护债权人利益和保证公司本身的正常发展,维护交易安全和社会经济秩序的稳定。同时,这些原则又不是僵化不变的,从资本形成过程中法定资本制到授权资本制的发展以及折中资本制的出现,既反映了资本主义经济关系和商业经营不断发展的客观要求,也表明了西方国家公司立法对此所采取的灵活和科学的态度。

二、公司资本形成制度

公司资本是通过股份或资本的发行而形成的,它可以在公司设立时一次性形成,也可以在公司成立后分次形成,各国公司法基于其立法宗旨、社会背景、法律传统和现实需要等多方面的因素对资本的形成方式有不同的设计,并制定了相应的法律规则,由此产生了各国相对稳定的资本形成制度或形成方式。对之进行类型化的归纳,主要有法定资本制、授权资本制和折中资本制三种类型。

(一) 法定资本制

法定资本制,是指在公司设立时,必须在章程中明确规定公司资本总额,并一次性发行、全部认足或募足,否则公司不得成立,公司成立后,因经营或财务上的需要而增加资本,必须经股东会决议、变更公司章程的新股发行程序。法定资本制之下,资本或股份经认足或募足后,各认股人应根据发行程序的规定缴纳股款。缴纳股款共有两种方式:一是一次性缴纳,即各认股人必须一次性按认购额缴纳全部股款,不得分期缴纳;二是分期缴纳,即各认股人可以分次缴纳股款而不必一次缴纳,但法律对认股人首次和每次缴纳的股款和全部股款交纳的时间有一定的限制。

法定资本制的主要特点是资本或股份的一次发行,因此,才有发行资本与实缴资本的概念和区别。分期缴纳制度仍属法定资本制的一种形式,而不是授权资本制或折中资本制。几乎在实行法定资本制的所有大陆法系国家,都允许股款的分期缴纳,只是要求首次缴纳的部分不得低于资本总额的一定比例,如法国规定为25%。同时,对分期缴纳有一定的时间限制,法国规定为5年。另外,对于实物出资,一般不允许分期缴纳,如德国、瑞士等。而在各国实践中,一次性缴纳的情况较为普遍,分期缴纳的则为少数。

法定资本制是以德、日为代表的大陆法系国家所实行的公司资本制度,它不仅适用于股份有限公司,也适用于有限公司。我国公司法实行的也是典型的法定资本制,前述《公司法》中体现资本确定原则的规定同时就是法定资本制的具体表现,同时,我国的法定资本制也经历了一个改革的过程。1993年《公司法》不仅要求股份的一次认足,而且必须一次缴纳。当时,只有中外合资经营企业有所例外,允许中外双方的出资分期缴纳。2005年《公司法》开始改采分期缴纳制或称有限制的认缴制,在明确注册资本为认缴资本而非实缴资本、允许分期缴纳的基础上,规定了相应的限制,即:全体股东的首次出资额不得低于注册资本的20%,也不得低于法定的注册资本最低限额,其余部分由股东自公司成立之日起两年内缴足;其中,投资公司可以在5年内缴足。2013年《公司法》则实行了完全的、无限制的认缴制,取消了对资本缴纳首次出资比例和最长缴纳期限的限制。

典型案例:沛时投资公司诉天津市金属工具公司出资纠纷案(《案例分析》第120页)
请扫描二维码或访问 http://2d.hep.cn/1318685/11 了解相关内容

从理论上讲,大陆法系的法定资本制有以下优点:有利于防止公司设立中的欺诈行为,使公司的资本从开始就得到股东的认缴承诺;有利于提高市场交易的安全性。但这一制度也因下述的弊端,而受到学者的批判:对于一些大型的股份公司,强制发行全部资本,因其数目巨大,不容易立即认足,影响公司的成立;各公司所从事的行业和经营范围千差万别,在设立之初并非都需要巨额资本,硬要全部发行,会导致某些公司资本的闲置和不应有的浪费;公司需要增资时,必须履行繁杂的程序,费时费钱,给公司增加额外负担。为此,大陆法系不少国家公司法逐渐放弃了以往严格的法定资本制,吸收了英美法系公司法的做法,而改采折中资本制,如德国、法国等。

（二）授权资本制

授权资本制,是指在公司设立时,虽然应在章程中载明公司资本总额,但公司不必发行资本的全部,只要认足或缴足资本总额的一部分,公司即可成立。其余部分,授权董事会在认为必要时,一次或分次发行或募集。各认股人可以一次缴纳股款,也可以分次交纳。公司成立后,如因经营或财务上的需要欲增加资本,仅需在授权资本数额内,由董事会决议发行新股,而无须股东会议变更公司章程。

授权资本制的主要特点是资本或股份的分期发行,而不是法定资本制的一次发行、分期缴纳,正是在授权资本制之下,才有了授权资本与发行资本的概念和区别,公司章程所定的只是授权资本,发行资本则取决于公司决定发行的数额。授权资本制与法定资本制更为本质的区别在于资本发行的控制和权利分配,法定资本制是由股东会控制和决定资本的发行,授权资本制是在股东会授权之后,由董事会控制和决定资本的发行。而资本的发行又会导致公司股权结构及公司控制权的调整和变化,因此,不同资本形成制度的采用又涉及公司治理中的股东会中心主义和董事会中心主义的制度安排。

授权资本制是英国和美国公司法长期发展的产物。早期的英国,公司的设立采特许主义,公司股份资本的发行也是基于国家的授权,其授权发行的股份数额必须记载于公司章程,是为授权资本额。在授权的范围内发行股份既是公司的特权,也是对其发行的限制。在美国,独立战争后,公司的设立也采特许主义和授权资本额的规制。后虽改采准则主义,但出于对公司的防范,授权资本额仍作为限制公司规模的手段保留下来,此后,虽然授权资本额的上限在不断变化,但给予限制的法律原则一直被保留下来,直到后来,许多州才最后废除对授权资本额上限的规定。但由于赋予公司特殊权能的历史观念和英美法变迁的连续性,在公司章程中载明授权资本额的做法一直保留下来,由此形成了英美法中的授权资本制。

授权资本制具有如下优点:其一,公司不必一次发行全部资本或股份,减轻了公司设立的难度;其二,授权董事会自行决定发行资本而不须经股东会决议变更公司章程,简化了公司增资程序;其三,董事会根据具体情况发行资本,可以更好地适应公司经营活动的需要,增强了公司资本和融资活动的机动性和灵活性。但授权资本制也有其弊端,由于公司章程中的资本仅是一种名义上的数额,同时又未对公司首次发行资本的最低限额及其发行期限作出规定,因而极易造成公司资本与其实际经营规模和资产实力的严重脱节,也容易发生欺诈性的商业行为,并对债权人的利益构成风险。

但从总体上看,授权资本制还是比较成功的一种制度,基本上能满足市场经营的需要,而且因其固有的特点,许多大陆法系国家纷纷改采授权资本制或修改原有的法定资本制向授权资本制靠拢,有学者甚至认为由法定资本制到授权资本制是现代西方国家公司法的发展趋势之一。

（三）折中资本制

折中资本制，是在法定资本制和授权资本制基础上衍生和演变而成的资本制度，具体又分为许可资本制和折中授权资本制两种类型。

1. 许可资本制

许可资本制亦称认许资本制，是指在公司设立时，必须在章程中明确规定公司资本总额，并一次性发行、全部认足或募足。同时，公司章程可以授权董事会在公司成立后一定期限内，在授权时公司资本一定比例的范围内，发行新股，增加资本，而无须股东会的特别决议。原实行法定资本制的大陆法系国家，包括德国、法国、奥地利等基本上都实行了认可资本制，如德国《股份法》第 202～206 条规定，公司章程可以授权董事会在公司成立后 5 年内，在授权时公司资本的半数范围内，经监事会同意而发行新股，增加资本。

认可资本制是在法定资本制基础上，通过对董事会发行股份的授权、放宽限制、简化公司增资程序而形成的。这种授权和放宽适用于公司成立后的增资行为，而对公司设立时的资本发行仍适用法定资本制的要求。这种制度既坚持了法定资本制的基本原则，又吸收了授权资本制的灵活性。但认可资本制的核心仍是法定资本制。

2. 折中授权资本制

折中授权资本制是指公司设立时，也要在章程中载明资本总额，并只需发行和认足部分资本或股份，公司即可成立，未发行部分授权董事会根据需要发行，但授权发行的部分不得超过公司资本的一定比例。折中授权资本制与认可资本制的相同点都是授权董事会发行，但认可资本制是在资本总额之外发行，而折中授权资本制是在资本总额范围内发行。原实行法定资本制的一些大陆法系国家和地区，如日本和我国台湾地区 2005 年以前的《公司法》实行的就是这种折中授权资本制。日本《商法》第 166 条规定，公司设立时发行的股份总数不得低于公司股份总数的 1/4。

折中授权资本制是在授权资本制基础上通过对董事会股份发行授权的限制、规定其发行股份的比例和期限形成的，这种限制适用于公司自设立时起到成立后的所有股份发行行为。这种制度既坚持了授权资本制的基本精神，又体现了法定资本制的要求，其核心是授权资本制。

需要指出的是，目前在各种教科书中对于折中授权资本制的理解和解释，并不一致，有的把折中授权资本制与许可资本制解释为同一概念和制度，有的在折中授权资本制之下将其分为两种情况，还有的将德国的制度解释为许可资本制。还需指出，本节所述法定资本制、授权资本制和折中资本制，在有些著述中，被称为公司资本制度，但实质上，它们只是关于公司资本形成方式的制度，是关于股份或资本发行方面的制度，而非关于公司资本所有问题和所有方面的制度，因此，我们认为，这里称其为公司资本形成制度，以区别于整个公司资本制度是适当的。同时，对于公司资本形成制度的分类，并不是各国公司法具体条文的规定，而是学理上的总结和归纳。此外，公司资本形成制度，在学理上，通常是基于对股份有限公司资本制度的归纳而成，有限公司的资本形成制度在多数国家与股份有限公司大同小异，除特有的规则外，股份有限公司的资本形成制度基本上都适用于有限公司。

三、最低资本额制度改革与变迁

最低资本额制度是指公司设立必须达到法定的最低资本额,否则不得成立。最低资本额制度是传统公司资本制度的重要组成部分,是资本确定原则和法定资本制的进一步要求。公司成立时,不仅要确定资本总额并全部认足,而且其确定和认足的资本额必须达到法定的最低资本额,否则,公司不能成立。

1. 最低资本额制度的意义

在传统公司法原理看来,最低资本额制度的法律意义与公司资本本身的法律意义是一致的,最低资本额的作用同样是提供公司经营活动的物质条件和承担财产责任的基本保证,最低资本额是在资本"质"的基础上强调"量"的要求,不仅要求公司必须拥有资本,而且资本必须达到一定的数额,只有达到一定的数额,才能取得公司的身份,获得独立的法律人格。同时,有限责任制度的实行也是最低资本额制度的重要立法根据。有限责任制度将股东的责任限制在其出资额的范围,限制了投资者的投资风险,但同时却给公司的交易对方的利益构成潜在的风险。为平衡股东和公司债权人之间的利益和风险,并作为股东承担有限责任的前提条件,法律对公司资本规定了最低的要求,对市场经营活动的准入设定了必要的门槛,以对公司债权人的利益提供最低限度的担保。

2. 最低资本额制度的改革与变迁

基于最低资本额的上述法律意义,大陆法系国家或地区大都在公司法或有关法令中对股份有限公司和有限公司的最低资本额作了规定,以使公司的经营能力和责任能力达到基本的限度。英美公司法原也要求有设立公司的最低资本额,但随着经济与社会的发展,出现了废除最低资本额制度的趋势。最终以美国为代表的许多国家完全取消了最低资本额的规定。近些年来,传统大陆法系国家和地区的公司资本制度也发生了巨大的变革,许多国家和地区先后仿效美国等,取消了最低资本额的法律要求。

我国的公司最低资本额制度形成于 20 世纪 80 年代,1986 年颁布的《民法通则》,对企业法人作了"必须拥有符合国家规定的资金数额以上的财产"的要求。国务院批准施行的《公司登记管理暂行规定》则对公司的自有流动资金①数额,根据不同行业的经营特点,按照四种类型分别作了规定。1993 年颁布的《公司法》最终确立了我国系统、完备的最低资本额制度,该法分别对从事不同行业经营的有限责任公司规定了 50 万元、30 万元、10 万元的最低资本额,对股份有限公司规定了 1000 万元的最低资本额。

2005 年《公司法》基于反映现实需求、降低门槛、放宽条件、鼓励投资创业、促进公司设立和劳动就业、推动经济发展的立法目标,对公司最低资本额的规定作了大幅度的下调,将有限责任公司注册资本的最低限额统一规定为 3 万元,股份有限公司注册资本的最低限额为人民币 500 万元。2013 年《公司法》做了更为彻底的改革,完全取消了对普通公司最低资本的统一规定。就法律规定而言,设立一元资本的公司都是法律所允许的。

---

① 需要说明的是,由于当时的立法局限,在这些规定中未使用"资本"而使用了"资金"的概念,但所规定的最低自有流动资金数额的法律性质和作用与规定最低资本额是一致的。

但对于某些特殊公司,《公司法》仍规定,法律、行政法规以及国务院决定对其注册资本的最低限额另有规定的,从其规定。如《商业银行法》规定:设立商业银行的注册资本最低限额为 10 亿元人民币。城市合作商业银行的注册资本最低限额为 1 亿元人民币,农村合作商业银行的注册资本最低限额为 5 000 万元人民币。2005 年《证券法》根据证券公司业务内容的不同将其注册资本分别规定为人民币 5 000 万元、1 亿元、5 亿元。

3. 我国最低资本额制度改革的主要根据

在公司法理论上,对于最低资本额制度,历来众说纷纭,意见不一。近些年来,我国的最低资本额制度也广受关注和讨论。更多的意见主张对其进行改革,2005 年和 2013 年《公司法》吸收了资本制度的理论研究成果,借鉴各国立法先例和改革经验,采纳了社会各方的建议,先是大幅降低最低资本限额,继而完全取消了统一的最低资本限额。其主要原因和根据在于:

第一,鼓励投资创业,开拓各种投资资源,促进整个社会市场经济的发展。最低资本额标准过高,超越了许多投资者的投资能力,并对其设立公司形成了不必要的障碍,也会造成资本的闲置和浪费。

第二,最低注册资本额成为公司设立中各种违法违规行为(如虚假出资、虚报资本和抽逃出资等)的诱因,造成经济生活的混乱,引发市场诚信危机和道德风险。

第三,弱化资本信用,强化资产信用。正确认识资本对债权人利益和交易安全保护的作用,不再把资本作为公司的主要信用基础,而更重视资产对交易安全和债权人保护的作用,加强对公司资产稳定和合理流动的控制和监管。

【本节理论探讨】

- **我国法定资本制的改革**

我国 1993 年《公司法》在资本信用的理念和体系之下,对公司资本的形成采取的是典型的法定资本制。其重要的立法根据在于长期以来逃废债务和资本不实对我国经济秩序的困扰和影响。《公司法》颁布之前,由于法律规定不完善,主管部门对股东的出资、验资审查不严,导致公司的滥设和皮包公司的大量出现,干扰了社会经济的正常秩序。而且,公司经营中经常出现抽逃资本的行为,一些公司动辄陷入资不抵债,债务拖欠现象极为严重,给债权人造成严重损害或构成严重威胁。

我国的法定资本制显然是建立在资本信用基础上的资本形成制度。为了保证资本信用,公司法不得不容忍法定资本制带来的公司设立难度大、公司资金闲置与浪费、增资程序复杂等弊端。2005 年和 2013 年两次对《公司法》的修订,通过降低或撤除公司设立门槛、采取有限制的认缴制或完全认缴制以及扩大公司出资方式并降低或取消货币出资的最低限额,使得严格的法定资本制有所缓和。虽然我国公司法对法定资本制有所突破,但总体看来,仍然保留了法定资本制,这一点在股份有限公司的资本形成制度中表现尤为明显。如果突破了资本信用的束缚,而代之以资产信用,对授权资本制或折中资本制的采纳可能就不存在法律障碍了。其原因在于,如果公司以资产为其信用基础,资本是一次还是分次发行,公司名义资本与其实缴资本是否一致都只是关涉公司自身需要和内部关系的安排,而不会决定公司实际的债务清偿能力,也不会导致债权人对公司信用判断的误解。

从世界各国的情况看,对法定资本制的改革已成为国际趋势,大陆法系许多国家的公司法都已放弃了以往严格的法定资本制,而是吸收英美法系国家公司法的做法,改采折中资本制。因此,就股份有限公司而言,改变单一的法定资本制度、实行折中的授权资本制,也许是我国公司资本制度进一步改革的趋势和方向。

【本节实务研究】

- **职工股份期权计划与股份预留**

职工股份期权计划在我国已经实行。股份期权是一种特殊的交易方式,指交易双方有权按约定的价格在特定的时间交易一定数量的某种股份。职工股份期权计划,就是公司与其管理人员或普通职工签订股份期权合同,在一定的期限到来后,在符合约定条件的情况下,公司按照预先确定的价格和方式向其管理人员或普通职工发行股份。其发行价格通常较低,发行价款通常由公司支付,以作为对管理人员或职工的特殊激励。在约定的期限到来之前,管理人员或职工享有的是一种股份的期权。

实施这一计划的前提是必须安排用于职工奖励的股份来源,实践中,解决这一问题的途径主要是两个:一是在公司发行股份时预留部分股份,二是从市场上回购已经发行的股份。在1993年《公司法》中,这两种做法都存在着法律上的障碍:其一,公司法严格限制公司回购其股份;其二,公司法要求股份必须一次性发行,不允许预留股份。对于第一个障碍,2005年《公司法》修改,扩大了允许股份回购的情形,允许以向职工奖励股份为目的而回购股份,消除了这一障碍。但股份预留的障碍依旧存在。

股份预留就是储备一定数量的股份,以备期权享有者行权时使用。在国外实践中,这种方式经常被采用。这种方式实质上属于授权资本制的做法,即公司发行的股份总数不必在公司设立时一次性认足和募足,而由董事会在公司成立后根据业务需要随时发行新股,预留的股份即是可以授权董事会发行的股份。从美国的上市公司来看,股份期权行权所需股份的来源之一就是公司的留存股份。美国高科技公司在成立时都预留有相当数量的股份,这部分留存股份成为授予员工期权的主要来源。

我国公司法奉行法定资本制。公司发行的股份必须一次性认足和募足,不允许分批发行和认购股份。如果预留股份,等于这部分股份未能发行和认购,并导致相应金额的公司注册资本的缺少,因此,股份的预留在我国公司法上存在着现实的法律障碍。虽然2005年《公司法》增加了允许股份回购的情形,但预留股份依然具有很强的现实需要,为鼓励股份期权计划的实行,有必要为此作出灵活的规定或安排。

第三节 公司资本募集与股份发行

一、公司资本的募集

公司资本的募集,亦称资本的发行,是指以一定的条件向投资者发行资本,由投资者出资认购并取得股权或股份,公司获得相应的资产。公司的投资者包括发起人和普通认股人或股东。公司资本的形成必须通过募集行为和过程,公司设立的主要行为就是资本的募集,公司设立成功与否和最终是否能够成立的重要条件就是其是否完成了预期的资本募集目标,达到了法定或章程确定的资本数额。

（一）资本募集的方式

有限公司与股份有限公司两种公司性质和类型的不同,决定其资本的募集有完全不同的方式。由有限公司的封闭性、人合性所决定,其资本募集通常是采取发起人募集、不公开募集、一次募集和内部募集的方式。由股份有限公司的开放性和资合性决定,其资本募集通常采取认股人募集、公开募集、分次募集和外部募集的方式。

（1）发起人募集与认股人募集。公司设立过程中的投资者有发起人与认股人之分,如公司发行的全部资本都由发起人认购,是谓发起人募集。如果发起人只认购部分资本,其余部分由普通认股人认购,是谓认股人募集。有限公司由于人数不多,通常不分发起人与认股人,初始的股东实质上都是发起人,因此,通常采取发起人募集的方式。股份有限公司发起设立时即属于发起人募集。

（2）公开募集与不公开募集。公开募集是指面向社会公众和不特定的任何人募集资本。不公开募集则是向特定的投资者募集资本。公开募集是开放性的股份有限公司特有的权利,而有限公司则不得公开募集资本。

（3）一次募集与分次募集。一次募集是将公司资本通过一次性发行募集完毕,亦即一次性发行。分次募集是通过分次发行完成公司资本的募集,亦即分次发行。有限公司通常为一次募集。股份有限公司,在法定资本制下,为一次募集;在授权资本制下,则为分次募集。

（4）内部募集与外部募集。这是公司成立之后募集方式的区分。内部募集是在公司现有股东的范围内募集资本。外部募集则是在公司现有股东之外向其他投资者募集资本,此种募集又被称之为接受或吸纳新股东。有限公司和股份有限公司既可内部募集,亦可外部募集。在外部募集时,现有公司股东通常享有优先认购的权利,因此,内部募集与外部募集又常被同时采用。

（二）资本募集的法律形式

（1）签订发起人协议。采取发起人募集方式时,其采用的法律形式是由全体发起人签订发起人协议或称公司设立协议,约定各发起人认购资本的义务和具体比例或金额。

（2）签订认股协议。采取认股人募集方式时,其采用的法律形式之一是由全体认股人签订认股协议,约定各认股人认购资本的义务及其具体比例或金额。认股协议与发起人协议类似,只是其签订的主体是认股人,不是发起人。

签署认股书是签订认股协议的特殊形式。认股书是认股人承诺其认购资本的义务及其具体比例或金额的法律文书,它虽由各认股人单方签订,但其前提是设立中的公司已向其发出资本认购的要约,签署认股书构成承诺,因此,认股书一经签署,认股协议即成立。

（3）签署公司章程。发起人协议或认股协议并非公司设立的法定文件,在没有发起人协议或认股协议的情况下,其采用的法律形式是由全体发起人或认股人签署公司章程,在章程中规定各自的认购义务及其具体比例或金额。章程是公司成立的法定文件,通常发起人协议和章程对资本的认购都会作出规定。

（4）邀约招股与认股。这是股份有限公司公开募集特有的法律形式，它是由公司对外公开招股、公众认股和公司确定认股结果三个行为构成。其中的对外公开招股属于合同法上的要约邀请行为，公众填写认股书属于认购股份的要约行为，而公司根据认购情况，按一定方式或比例最终决定并通知认股结果的行为则属于认购股份的承诺行为。认股人的认购义务及其具体数额由公司的认股结果确定。

总体说来，资本募集的法律形式基本上就是合同或协议，是通过有关当事人之间的合同签订和履行完成资本的募集。如果把章程解释为一种特殊的合同，那么，章程的签署则是类似于签约的法律行为。

二、股份发行分类

广义的股份，是公司资本的构成单位，是资本的组成部分，包括股份有限公司发行的股份和有限公司的股权。狭义的股份，只指股份有限公司发行的严格意义上的股份[①]。本节所称股份发行系指狭义的严格意义上的股份发行。

有限公司资本的募集通过发起人或股东对股权的认购进行，股份有限公司的资本募集通过对股份的认购进行。就法律性质和法律原理而言，认购股权与认购股份，并无根本的差异，只是由于股份有限公司股份发行条件的严格性和发行程序的复杂性，各国公司法通常是在股份有限公司部分详细规定股份发行的法律规则，而对有限公司只作简要的规定，通常，公司法关于股份发行的许多规则，在没有冲突的情形下，也直接或参照适用于有限公司。本节在此也仅以股份有限公司的股份发行为内容加以阐述。

（一）设立发行与新股发行

这是按股份发行的时间或阶段进行的区分。

设立发行是指公司在设立过程中发行股份。公司的设立方式有发起设立和募集设立两种。依这两种方式发行股份，都属设立发行。设立发行的主体为设立中的公司，设立发行的目的是募集公司设立所需的资本。

新股发行是指公司在成立之后再次发行股份。新股发行的主体是已经存续的公司，新股发行的目的是增加公司资本、改变公司股份结构或股东持股结构。新股发行除具备设立发行的一般条件外，公司法通常会对其规定更严格的条件，其中主要是经营业绩方面的严格要求。

（二）直接发行与间接发行

这是按股份发行是否通过中介机构进行的区分。

直接发行，是指公司直接向投资者发行股份，而不由证券承销机构代销或者包销。直接发行可以降低发行费用，但通常发行时间较长、发行风险较大，实践中较少采用，直接发行主要用于私募发行。

[①] 参阅第八章"股东与股权"的相关内容。

间接发行，是指公司委托证券承销机构发行股份，并由其办理有关发行事宜并承担相应发行风险。间接发行通过股份承销方式进行，具体又分为股份代销和股份的包销。间接发行是公募发行中较为普遍的发行方式，我国《公司法》第 87 条规定，股份有限公司公开募集股份必须采用间接发行方式，即"应当由依法设立的证券公司承销，签订承销协议"。间接发行可以充分利用证券承销机构在发行渠道、资金支持和发行业务方面的优势，确保股份发行的及时和成功，但也会由此增加公司股份发行的成本。

（三）公开发行与不公开发行

这是按股份发行是否面向社会、投资者是否特定进行的区分，亦称为公募发行与私募发行。

公开发行是指面向社会、向不特定的任何人发行股份。公开发行在资本募集规模方面具有巨大的优势，同时也具有募集速度快、便于操纵控制的优点。因此，公开发行成为最为普遍的发行方式。其不足则是条件严格、程序复杂和发行费用高。公开发行由于涉及公众和社会的利益，各国立法对其规定了较为严格的条件和较为复杂的程序，其中特别包括要经过主管机关的核准。我国《公司法》规定，公开募集股份，必须经国务院证券管理部门批准。

不公开发行是指向特定的投资者、采取特定的方式发行股份。不公开发行的特定对象包括个人投资者和机构投资者。个人投资者通常是公司的原有股东和公司的管理人、普通雇员等。机构投资者通常是指具备投资知识背景、了解发行公司的相关信息的金融机构或与公司来往密切的其他公司。不公开发行一般不允许采用广告或公开劝诱性的方式，如公告、广播、电视、网络、信函、电话等形式的宣传。不公开发行具有操作便捷、发行成本低廉、条件灵活、易于掌握等优点，但也存在投资者数量有限、股份流通性差等缺点。

各国对不公开发行通常制定有特别的法律规范，美国不公开发行规范的突出特点是发行注册的豁免。我国 1993 年《公司法》没有明确规定不公开发行的制度和规范，但实践中曾实行的定向募集、内部职工股发行、对现有股东的股份配送、对法人单位的股份配售以及公司资产重组中的股份置换等方式都具有不公开发行的性质和特点。2005 年《公司法》之后，根据现实存在的各种私募现象以及依法规范的需要，合理区分合法募集与非法集资的界限，首次从立法上明确允许了私募发行，即向特定对象募集而设立公司（第 77 条）。

（四）增资发行与非增资发行

这是按股份发行是否增加公司资本进行的区分。

增资发行是指公司在增加资本情况下发行股份，即公司章程所定的资本总额全部发行完毕后，为增加资本而再次发行股份。此种发行须按增加资本的程序进行，即由股东大会决议修改公司章程并办理公司变更登记。我国实行法定资本制，新股发行均为增资发行。

非增资发行是指在公司资本总额范围内、不增加公司资本而发行股份。非增资发行一般发生在授权资本制之下，公司的股份可以分次发行，除公司设立时第一次发行的股份外，其后所进行的股份发行属于非增资发行，此种发行只需董事会决议即可。但对已发行股份进行的股份拆细和股份合并，也被认为属于非增资的发行。股份拆细，是指减少原有股份的面额将其分为数量更多的股份。股份合并，是指增加原有股份的面额将其合为数量较少的股份。股份拆细和股份合并的目的在于增强或减弱公司股份的流通性。

（五）通常发行与特别发行

这是按新股发行的目的进行的区分。

通常发行，是指以募集资金为目的而发行新股，一般所说的新股发行都指通常发行。通常发行的结果既增加公司的资本，也增加公司的资产。

特别发行，是指不以募集资金为目的，而是基于某些特殊目的发行新股，如为向股东分配公司盈余、把公积金转为资本、把公司债转换成股份、与其他公司合并而置换股份等目的而发行股份。除与其他公司合并而置换股份的情况外，特别发行的结果通常只会增加公司的资本总额，而不增加公司的资产总量，因为用于认购新股的价款是以公司已实际占有支配的财产进行支付的，这种发行只改变公司资产的性质和结构，而不改变其价值总额。但从将公司盈余或借贷资金留在公司、防止公司资金减少的角度看，特别发行亦具有募集资金的间接作用。特别发行在我国被广泛采用，实践中，以向股东送股、配股的方式分配公司盈余已成为许多上市股份有限公司的做法。

（六）平价发行、折价发行与溢价发行

这是按股份发行价格进行的区分。

平价发行也称面额发行，是指按股份的票面价额发行股份。平价发行多适用于私募发行。我国实践中国家股、法人股的发行一般都是平价发行，而平价发行的费用有的是通过向投资者加收一定比例手续费的方式弥补的。

折价发行是指按低于股份票面价额的价格发行股份。折价发行意味着公司实际获得的股款低于其发行的资本数额，这违反了资本确定和资本维持的原则，因而各国公司法一般都禁止股份的折价发行。我国公司法亦明确禁止。

溢价发行是指按高于股份票面价额的价格发行股份。溢价发行是被广泛采用的发行方式，在我国，所有上市股份有限公司发行的社会公众股，都是溢价发行。公司股份公开发行的高额费用，通常是靠股份溢价发行的收益来支付或填补。在公司财务处理上，股份发行的溢价收益属于公司全体股东的共同权益，列为公司的资本公积金，并可用于扩大生产经营或转增资本，但不得用于弥补公司亏损。

（七）其他发行分类

除上述分类外，在学理和实践中，还有其他各种分类。例如：按发行地域范围不同，分为国内发行和国外发行；按发行条件确定方式不同，分为议价发行和招标发行；按股份是否采用实物券形式，分为有纸化发行和无纸化发行；按发行者的身份和发行的先后次序不同，分为初次发行和二次发行；按是否借助交易系统发行，分为网上发行和网下发行等。

三、股份发行原则

我国《公司法》第126条规定："股份的发行，实行公平、公正的原则，同种类的每一股份应当具有同等权利。"由此,形成了股份发行的基本法律原则。

(一) 公开原则

公开原则,是指发行公司必须依照法定要求将与其发行股份相关的一切重要的信息和情况公之于众。公开原则的目的在于防止欺诈行为,最大限度地保护投资者的利益,使投资者在获悉公司及其股份真实信息的情况下作出投资判断和决策。同时,公开原则的实行,形成了公众和投资者对公司行为的监督,也在一定程度上对公司的发起人或管理者以及公司本身的行为起着约束性的作用。

股份发行需公开的具体内容较为广泛,大体可分为两类:一类是关于公司及其发行股份的基本概况,包括发起人的情况、股份发行可行性、募集资金的用途、公司经营业绩、未来效益预测等;另一类是关于股份发行操作安排方面的情况,包括发行的数量、方式、对象、价格、条件、程序等。《公司法》第85条和第134条特别对公司公告招股说明书、财务会计报告作了具体规定。

股份发行的公开必须符合法律的要求,在内容上必须真实、全面、准确,不得进行虚伪或误导性的陈述,不得有重大的遗漏。在方式上,必须将股份发行的有关文件在指定的报刊上刊载,必须保证投资者通过合法途径能够及时、有效地获得信息和有关资料。

(二) 公平原则

公平原则,是指股份发行对所有投资者应给予平等的对待,一视同仁,不得歧视。其一,投资者有权获得平等的投资机会;其二,同次发行的同类股份,发行的条件和价格应当相同;其三,公司发行的同类股份应具有相同的权利或利益,同股同权,同股同利。

股份发行的公平原则是民商法自愿、公平的一般法律原则在股份发行中的具体要求,也是投资者利益保护和股东法律地位平等在股份发行中的具体体现。公平,既是法律的原则,又是投资者追求的目标。公开与公平之间,公平是目标和结果,公开是手段和方法。由于公平原则的确立,使法律调整的手段更具有灵活性,使股份发行制度能够适应不断变化的现实,适时地建立和修订各种具体的规则,也使执法和司法机关能够对股份发行中出现的各种复杂的争议和纠纷作出适当的处理。

(三) 公正原则

公正原则,是指对股份发行活动的监管和对股份发行争议或纠纷的处理应正确适用法律,对当事人公正对待,处理结果客观公正。公正原则与公平原则历来不易区分,二者确有密切联系,但公平原则应是适用于当事人之间交易关系、并确定其实体权利义务的法律原则。公正原则则应是执法和司法机关监管当事人行为和处理权益争议时适用的法律原则。如此而言,公正同样是手段和方法,而当事人之间的实体公平则是追求的目标和结果。

公正原则的确立是在股份发行中正确适用法律的必然要求。股份发行中虚假陈述、内幕交易、操纵市场、欺诈客户等违法、违规行为的存在是客观的现实,当事人之间的利益冲突和权益纠纷也难以避免。行政机关对股份发行活动的监管和司法机关对发行纠纷的处理过程中,只有正确适用法律,不偏不倚,才能有力地制止和防范各种不正当行为,保护投资者的合法权益,化解各种矛盾和冲突,增强投资信心,维持市场稳定。

四、股份公开发行条件

股份的公开发行对公司发起人和公司具有巨大的融资利益,但却涉及广大投资者切身利益和社会经济结构的调整和经济秩序的稳定,同时,我国资本市场处于发展时期,社会资金资源有限,市场发育尚不成熟,投资者的理性意识尚需培育,国家对社会经济发展作一定程度的宏观调控不可缺少。因此,在现阶段,公司法对股份发行予以一定条件的要求和限制是完全必要的。

我国对股份公开发行的条件目前主要是由《公司法》、《证券法》和《股票发行与交易管理暂行条例》予以规定。《公司法》对发行条件作了原则性规定,《股票发行与交易管理暂行条例》和《证券法》则规定得更为具体。这些法律、法规对于不同的股份发行分别规定了不同的发行条件。

(一) 设立发行的条件

根据《证券法》第 12 条的规定,设立股份有限公司公开发行股票,应当符合公司法规定的条件和国务院批准的国务院证券监督管理机构规定的其他条件。我国《公司法》并未集中规定公司设立发行股份的具体条件,但根据其相关规定,股份的设立发行首先应符合股份有限公司设立的条件。其次,募集设立公司的发起人认购的股份不得少于公司股份总数的 35%。此外,股份发行价格的确定还应遵守《公司法》的规定,即同股同价、不得折价发行等。

国务院颁布的《股票发行与交易管理暂行条例》第 8 条规定,设立股份有限公司申请公开发行股票,应当符合下列条件:(1) 其生产经营符合国家产业政策;(2) 其发行的普通股限于一种,同股同权;(3) 发起人认购的股本数额不少于公司拟发行的股本总额的 35%;(4) 在公司拟发行的股本总额中,发起人认购的部分不少于人民币 3 000 万元,但是国家另有规定的除外;(5) 向社会公众发行的部分不少于公司拟发行的股本总额的 25%,其中公司职工认购的股本数额不得超过拟向社会公众发行的股本总额的 10%;公司拟发行的股本总额超过人民币 4 亿元的,证监会按照规定可以酌情降低向社会公众发行的部分的比例,但是最低不少于公司拟发行的股本总额的 10%;(6) 发起人在近 3 年内没有重大违法行为;(7) 国务院证券委员会规定的其他条件。

对于设立发行中的非公开发行,我国《公司法》和《证券法》并未对其发行条件作出规定。

(二) 改组设立发行的条件

原有企业改组设立股份有限公司,是我国国有企业改革的重要途径和形式。在我国公司发展历史上,它对于改变国有企业单一的投资结构、明晰产权关系、实行权力分工和制约,具有非常重要的意义。出于转换国有企业经营机制的需要,我国进行了股份制企业试点的探索,我国现有的股份有限公司,基本上都是通过原有企业(大部分是国有企业)股份制改组设立的,因而明确改组设立发行股票的条件,具有重要的实际意义。根据《股票发行与交易管理暂行条例》第 9 条的规定,原有企业改组设立股份有限公司申请公开发行股票,除应当符合上述设立发行的条件外,还应当符合下列条件:(1)发行前一年末,净资产在总资产中所占比例不低于30%,无形资产在净资产中所占比例不高于20%,但是国务院证券管理委员会另有规定的除外;(2)近3年连续盈利。

国有企业改组设立股份有限公司公开发行股票的,国家拥有的股份在公司拟发行的股本总额中所占的比例由国务院或者国务院授权的部门规定。

(三)新股发行的条件

对于新股发行条件,1993年《公司法》曾有专门规定,2005年《公司法》之后被取消,公司发行新股的条件改由证券法予以规定,我国《证券法》第13条规定,公司公开发行新股,应当符合下列条件:(1)具备健全且运行良好的组织机构;(2)具有持续盈利能力,财务状况良好;(3)最近3年财务会计文件无虚假记载,无其他重大违法行为;(4)经国务院批准的国务院证券监督管理机构规定的其他条件。

同时,《证券法》该条亦规定,上市公司非公开发行新股,应当符合经国务院批准的国务院证券监督管理机构规定的条件,并报国务院证券监督管理机构核准。

(四)定向募集公司新股发行条件

定向募集公司,是《公司法》施行前,依据《股份有限公司规范意见》设立的特殊股份有限公司。《股票发行与交易管理暂行条例》第11条对其申请公开发行股票的条件,作了专门的规定,除应符合前述设立发行和改组发行的条件外,还应当符合下列条件:(1)定向募集所得资金的使用与其招股说明书所述的用途相符,并且资金使用效益良好;(2)距最近一次定向募集股份的时间不少于12个月;(3)从最近一次定向募集到本次公开发行股票期间没有重大违法行为;(4)内部职工股权证按照规定范围发放,并且已交国家指定的证券机构集中托管;(5)国务院证券委规定的其他条件。

五、股份发行程序

不同类型或不同形式股份的发行程序有所不同,新股发行的程序不同于设立发行,公开发行的程序不同于不公开发行。设立发行的程序①与股份有限公司设立的程序是重合的。这里介绍的是新股发行程序。由于公开发行的程序较不公开发行复杂,因此,这里主要概括介绍公开发行程序。

(一)发行决议

新股发行的决定权归属取决于公司资本形成制度。在法定资本制之下,发行新股就是增加资本,属于公司的重大事项,其决定权在公司的股东大会,需由股东大会作出决议。董事会的权力是制定发行新股或增加资本的方案。我国《公司法》第37条和第99条规定了股东大会行使"对公司增加或者减少注册资本作出决议"的职权,而在第46条和第108条规定了董

---

① 具体内容见本书第三章"公司的设立"部分。

事会行使"制订公司增加或者减少注册资本以及发行公司债券的方案"的职权。

在授权资本制或折中资本制之下,在原有资本范围内发行新股的权力授予给了公司董事会,此种新股发行只需董事会作出决议。但如果授权资本已发行完毕,在原有资本范围外增加资本,则应由股东大会作出决议。

新股发行的决议应包含法定的事项,我国《公司法》第133条规定:"公司发行新股,股东大会应当对下列事项作出决议:(一)新股种类及数额;(二)新股发行价格;(三)新股发行的起止日期;(四)向原有股东发行新股的种类及数额。"

(二)审查核准

股东大会作出发行新股决议后,由董事会向国务院证券监督管理机构报送相关文件,提出公开发行新股的申请。根据《证券法》第22条的规定,国务院证券监督管理机构设发行审核委员会,依法审核股票发行申请。发行审核委员会由国务院证券监督管理机构的专业人员和所聘请的该机构外的有关专家组成,以投票方式对股票发行申请进行表决,提出审核意见。《证券法》第24条规定,国务院证券监督管理机构或者国务院授权的部门应当自受理证券发行申请文件之日起3个月内,依照法定条件和法定程序作出予以核准或者不予核准的决定;不予核准或者审批的,应当作出说明。

在西方国家,由于实行股份发行的自由主义和注册制,股份的发行无须获得政府的特别许可。我国实行股份发行的核准制度,赋予证券监督管理机构对股份发行进行审查核准的法定职责。但这种核准只是代表国家对股份发行进行行政管理,并不表明对发行人所发行的股份的货币价值及收益作出实质性判断或者保证,不承担发行核准后,发行人在经营活动、财务等方面发生变化和由此给投资者带来风险的责任。

(三)公告文件

《公司法》第134条规定:"公司经国务院证券监督管理机构核准公开发行新股时,必须公告新股招股说明书和财务会计报告,并制作认股书。"招股说明书的内容和格式须按有关规定制作。《证券法》第25条规定:"证券发行申请经核准,发行人应当依照法律、行政法规的规定,在证券公开发行前,公告公开发行募集文件,并将该文件置备于指定场所供公众查阅。发行证券的信息依法公开前,任何知情人不得公开或者泄露该信息。发行人不得在公告公开发行募集文件前发行证券。"

(四)签订证券承销协议

根据《公司法》第87条的规定,公司向社会公开募集股份,应当由依法设立的证券经营机构承销。公开发行新股的发行人有权依法自主选择承销的证券经营机构。承销方式主要分为代销和包销两种。《证券法》第30条规定,证券公司承销证券,应当同发行人签订代销或者包销协议,并应载明法定事项。

(五)登记和公告

新股发行完成后,可能会导致公司注册资本的变化,公司管理机构也可能会发生变化。因此,我国《公司法》第 136 条规定,公司发行新股募足股款后,必须向公司登记机关办理变更登记,并公告。

【本节理论探讨】

- **股份私募发行的意义和法律规制**

所谓股票私募发行,是指针对特定对象,采取特定方式,接受特定规范的股票发行方式。相对于公开发行,私募发行的优越性在于操作便捷,便于发行人提高发行效率,降低融资成本。私募发行制度蕴涵了"均衡和协调"的理念,旨在促进筹资便利与保护投资者、提高效率与保证公平、发展市场与加强监管之间的均衡与协调。

各国对证券私募的法律规制的内容包括证券私募发行和私募证券转售。证券私募发行的核心标准是发行对象和发行方式。发行对象应是特定对象,一般指拥有相当资产或收入的机构和个人、具备足够投资经验的人、了解发行人有关信息、能够自我保护的人,对于其中某些对象还有人数限制。发行方式应是特定方式,不得采用一般性广告和公开劝诱的行为。

为保护公众投资人的利益,各国证券法在放开私募发行的同时,对私募证券的转售进行了不同程度的限制。主要包括转让对象、时间和数量的限制。一般而言,金融机构之间私募证券的交易不受限制,对其他机构或个人之间的转让时间和数量均有一定限制。为了充分发挥证券私募简单快捷的特点,各国一般不要求公司在证券私募前到监管机构进行注册或核准。

2005 年《公司法》和《证券法》为证券私募发行和转让打开了制度空间,这对完善我国资本市场结构、促进证券市场发展具有重要意义。《公司法》和《证券法》虽然没有直接引入证券"私募"的表述,但事实上已经勾勒出我国证券私募制度的基本框架。与国外证券私募法律制度成熟国家相比,我国关于证券私募制度的法律规定相对简单,许多问题有待进一步明确。在发行制度方面,对"特定对象"的含义没有作出明确解释,对"特定对象"的资格也没有限定,不利于防止发行人利用"特定对象"含义的不明确进行变相公开发行。同时,对"公开劝诱"和"变相公开"的方式没有明确界定,法律标准不够明确。

在私募证券转让方面,虽然从保护社会公众投资者利益的角度出发对转让进行了限制,但没有充分考虑到给私募发行证券以充分的流动性,以促进非公开证券发行制度优势的充分发挥。同时,修订后的《证券法》规定,上市公司向特定对象进行非公开新股发行,须经证监会核准,这就失去了私募发行制度简单快捷的优势,有悖于私募制度效率优先的制度本意。

第四节 增加资本与减少资本

公司法原理上虽然有资本确定、维持、不变的原则,但公司资本并非绝对不变。实际上,随着公司经营活动的开展、业务范围和市场状况的变化,客观上也要求公司资本相应地增加或减少。同时,公司成立之后,其实有资产和净资产即处于经常的变动之中,为使公司资本反映公司净资产的情况,也要求公司资本作相应的调整。由此,公司法对公司资本的增加和减少作出了系统的法律规定。

一、增加资本

（一）增资的目的和意义

增加资本，简称增资，是指公司基于筹集资金，扩大经营等目的，依照法定的条件和程序增加公司的资本总额。公司增资通常具有下述目的和意义：

（1）筹集经营资金，开拓新的投资项目或投资领域，扩大现有经营规模。公司获取经营资金的方法多种多样，如发行公司债、借贷等，增加资本是其中的重要方法之一。

（2）保持现有运营资金，减少股东收益分配。在公司形成大量公积金和未分配利润的情况下，公司将面临股东提出的分配请求，通过增加资本可以停止或减少对股东的收益分配，而使公司继续占用现有的资金，维持现有的经营规模。

（3）调整现有股东结构和持股比例，改变公司管理机构的构成。吸收新的股东，可以改变股东成分和结构。在现有股东范围内的增资，通过认购新股比例的安排，可以调整现有股东相互间的持股比例，大股东可因增资而成为小股东。而在股东结构和持股比例变更之后，公司将可实现其管理机构和管理人员的重新安排和调整，包括董事、经理、法定代表人的更换。

（4）公司吸收合并。在公司与其他公司吸收合并时，被合并公司的资产在并入另一公司的同时，可能会导致该公司净资产的大幅增加，被合并公司的所有者也可能会要求取得该公司的股权，由此便会促使公司增加资本。

（5）增强公司实力，提高公司信用。资本规模直接反映公司的资产实力和经营规模，增资由此成为显示和提高公司商业信用，并取得竞争优势的重要方式。

（二）增资的方式

有限公司与股份有限公司因其资本和股东出资的构成形式不同，增资的方式亦有形式上的差别。有限公司通过认购资本或股权而增资，股份有限公司通过发行和认购股份而增资，但其实质基本一致。总体上，公司的增资方式可分为：

（1）内部增资与外部增资。内部增资是由现有股东认购增加的公司资本。外部增资是由股东之外的投资者认购新增的公司资本。内部增资和外部增资可以同时采用。

（2）同比增资与不同比增资。同比增资是内部增资时各股东按原出资比例或持股比例同步增加出资，增资后各股东的股权比例或持股比例不变。不同比增资是内部增资时各股东改变原出资比例或持股比例而增加出资，有的股东也可能不增加出资，增资后各股东的股权比例或持股比例将发生变化。

（3）追加性增资与分配性增资。追加性增资是通过现有股东或其他投资者对公司的新的投入而增加资本，其结果既增加公司的资本，也增加公司的资产或运营资金。分配性增资是内部增资的一种方式，是在现有股东不作新的投入情况下，通过将未分配利润用于股东出资缴纳或把公积金转为资本的方式增加资本，其结果只是改变公司资产的性质和结构，而不改变其总的价值金额，只增加公司的资本总额，而不增加公司的资产总量。

（4）增加股份数额与增加股份金额。这是股份有限公司采用的增资方式。增加股份数额,即公司在原定股份总数之外发行新的股份。增加的股份,既可以由原有股东优先认股,也可以向社会公开发行。增加股份金额,即公司在不改变原定股份总数的情况下增加每一股份的金额或面额。此种增资只能是内部增资,即由原有股东增加自己的股份出资。公司可以同时采用两种方式增资,既增加股份的数额,又增加每股的金额。

(5) 配股增资与送股增资。这是上市公司广泛采用的增资方式。配股增资,又称增资配股,是指上市公司根据现有公司股东持股的数量按照一定的比例向其发售股份。配股的对象仅限于公司现有股东,配股的条件通常要优于公司对外发行的条件。送股增资,又称送股或送红股,是指上市公司根据现有公司股东持股的数量按照一定的比例向其无偿分配股份,其实质是向股东进行收益的分配,只是分配的不是货币,而是股份,因此,它也只能严格限于现有的公司股东。送股增资属于分配性增资。

(6) 公司债转换增资与债转股增资。公司债转换增资,是上市公司特有的增资方式,是指将公司发行的可转换公司债依照规定的条件转换成为公司的股份。可转换公司债到期时,债权人有权选择将其转换成为股份,相应的股份金额即转化成为公司的资本,由此导致公司资本的增加。债转股增资,是我国商业银行改革和资产重组的过程中所实行的特殊增资方式,即将银行对债务人公司所享有的债权按约定的方法折抵为对该公司一定金额的股权,银行由此从债权人变成为该公司的股东,由此导致公司资本的增加。这种债转股方式目前尚无统一立法予以规定,而只是实践中发生的一种情况。

(三) 增资的条件和程序

增加资本能够增强公司实力,提高公司信用,有利于债权人利益和交易安全,因此,各国立法对有限公司增资的条件通常不作强制性要求,而由公司自行决定。但股份有限公司因其公众性特点,法律会对其增资予以必要的限制。

在授权资本制或许可资本制之下,股份如果分期发行,法律通常规定公司在发行完章程所定的股份总数之前,一般不得再增加资本,因为股份既未发行完毕,公司完全可以通过发行剩余股份增加自己所需要的资金。同时,公司如果增资,其增资后第一次发行的股份应不得低于新增股份的一定比例,如 1/4 等。我国《证券法》等有关法律法规关于新股发行条件的规定同时也是股份有限公司增资的条件。

公司增资,会导致股权的稀释和股权结构的调整,是直接影响现有股东利益并可能引发严重利益冲突的公司重大事项。不同股东的处境和要求不同,其在增资中的立场和态度也会完全不同。因此,在法律程序上,公司增资必须经过股东大会决议,变更公司章程,并办理相应的变更登记手续。我国《公司法》第 43 条规定,有限公司股东会对增加资本作出决议,必须经代表 2/3 以上表决权的股东通过。违反上述增资条件和程序,会导致公司增资的无效或被撤销。

二、减少资本

(一) 减资的目的和意义

减少资本,简称减资,是指公司基于某种情况或需要,依照法定条件和程序,减少公司的资本总额。根据资本不变原则,公司的资本不得随意减少,但并非绝对不可改变,而是可以通过法定的程序减资。减资的目的和意义在于:

(1) 缩小经营规模,或停止经营项目。

(2) 减少资本过剩,提高财产效用。如果原定公司资本过高,形成资本过剩,如保持资本不变,会导致资本在公司中的停滞和浪费,不利于充分发挥社会财富的经济效益。

(3) 实现股利分配,保证股东利益。在"无盈不分"的盈利分配原则之下,公司的盈利必须首先用于弥补亏损,如果公司亏损严重,将使股东长期得不到股利的分配,不利于调动股东的积极性。通过减资,可以尽快改变公司的亏损状态,使公司具备向股东分配股利的条件。

(4) 缩小资本与净资产差距,真实反映公司资本信用状况。如果公司亏损严重,资本与其净资产差额过大,公司资本会失去其应有的标示公司信用状况的法律意义,通过减资,可使二者保持基本的一致。

(5) 公司分立。在派生分立或分拆分立情况下,原公司的主体地位不变,但资产减少,也会要求资本的相应减少。

典型案例:ST中鼎减资弥补亏损案(《案例分析》第132页)
请扫描二维码或访问 http://2d.hep.cn/1318685/12 了解相关内容

(二) 减资的方式

(1) 同比减资与不同比减资。同比减资,是各股东按原出资比例或持股比例同步减少出资,减资后各股东的股权比例或持股比例不变。不同比减资,是各股东通过改变原出资比例或持股比例而减少出资,也可能有的股东不减少出资,减资后各股东的股权比例或持股比例将发生变化。

(2) 返还出资的减资、免除出资义务的减资与消除股权或股份的减资。返还出资的减资,是对已缴足出资额的股权或股份,将部分出资款返还给股东,此种减资的结果既减少公司的资本,也减少公司的资产或运营资金,此谓实质性减资。免除出资义务的减资,是对尚未缴足出资额的股权或股份,免除股东全部或部分缴纳出资的义务。消除股权或股份的减资,是在公司因亏损而减资时,直接取消部分股权或股份,或者直接减少每一股份的金额,并抵消本应弥补的公司亏损。后两种减资的结果只是改变公司资产的性质和结构,而不改变其总的价值金额,只减少公司的资本总额,而不减少公司的资产总量,此谓形式上减资。

(3) 减少股份数额与减少股份金额。这是股份有限公司减资的方式。减少股份数额,即每股金额并不减少,而只是减少股份总数。其具体方法又分为消除股份和合并股份。消除股份是指取消一部分或特定的股份,依是否需要征得股东的同意,又分为强制消除和任意消除。合并股份是指合并两股或两股以上的股份为一股。减少股份金额,即不改变股份总数,只减少每股的金额。公司可以同时采用两种方式减资,既减少股份的数额,又减少每股的金额。

(三) 减资的条件和程序

资本的减少,直接涉及股东的股权利益,同时也可能实际减少公司的资产,缩小公司的责任范围,因而直接影响到公司债权人的利益,为此法律对其规定了比增加资本更为严格的法律程序。根据我国《公司法》第177条和其他有关规定,公司减资的条件和程序如下:

(1) 股东大会作出减资决议,并相应地对章程进行修改。有限公司作出减资决议,必须经代表2/3以上表决权的股东通过。同时,公司减资后的注册资本不得低于法定的最低限额。

(2) 公司必须编制资产负债表及财产清单。

(3) 通知债权人和对外公告。公司应当自作出减资决议之日起10日内,通知债权人,并于30日内在报纸上公告。

(4) 债务清偿或担保。债权人自接到通知书之日起30日内,未接到通知书的自公告之日起45日内,有权要求公司清偿债务或者提供相应的担保。

(5) 办理减资登记手续。资本是公司注册登记的主要事项之一,公司成立之时,其资本总额已登记注册,减少资本引起主要登记注册事项的变更,因而须办理减资登记手续,并自登记之日起,减资生效。

【本节理论探讨】

● 公司增资中的股东利益冲突与保护

公司增资,是直接影响现有股东利益并可能引发严重利益冲突的公司重大事项。不同股东的处境和要求不同,其在增资中的立场和态度也会完全不同。外部增资或不同比增资,会导致现有股东持股比例的变化,并由此引起公司管理权或控制权的变化。对同比增资或追加性增资,虽然财力雄厚、投资能力强的股东会支持投资,但财力薄弱、投资能力弱的股东则可能反对增资。同时,如果是外部增资,还涉及现有股东对现有公司资产权益的界定。实践中,由此引起的股东权益争执和增资纠纷已经不时出现,这是增资制度中需要予以关注和研究的重要问题。

第一,增资是一种权利,还是一种义务?

《公司法》第34条规定:"股东按照实缴的出资比例分取红利;公司新增资本时,股东有权优先按照实缴的出资比例认缴出资。但是,全体股东约定不按照出资比例分取红利或者不按照出资比例优先认缴出资的除外。"因此,根据该条的规定,毫无疑问,公司增资时,现有股东享有优先增加自己出资的权利。但是否也同时负有增资的义务?如果有的股东拒绝增资,是否构成违反出资义务的行为,是否应承担相应的法律责任?对此,一般认为,增资是股东的权利,而不是义务,由于每个股东自身的财产能力和情况不同,不能强求股东向公司追加出资,股东加入公司和原来的出资是自愿的,后来增资时的出资也应是自愿的。但也有学者认为,既然增资是股东会的决议,就应对公司全体股东具有约束力,股东即负有按原有出资比例追加出资的义务,否则,公司的决议将无法执行,尤其是在公司因财务困难而急需增资时。

第二,增资时原有股东之间的权益界定。

根据《公司法》第34条的规定,公司新增资本时,原则上原有股东是按照实缴的出资比例优先认缴出资,但是当全体股东有约定时也可以不按照出资比例优先认缴出资。这一方面体现了对原有股东权益的维护与认可,另一方面也体现了对股东在增资时意志的尊重。

第三,增资时原有股东和新股东的权益界定。

增资时，公司可能处于盈利状态，可能拥有大量的盈余公积金、资本公积金或未分配利润，因而其净资产可能已远远高于公司原始资本。但公司也可能处于亏损状态，没有任何经营积累，净资产可能早已低于其资本，甚至可能已资不抵债。在这些情况下，合理的增资方式应是首先对公司的现有资产进行全面的评估，确定公司的净资产或股东权益的真实价值，并在此基础上，确定原股东的股权比例和新股东的出资金额与股权比例。盈利状态下高于资本的股东权益应由原股东享有，而不应自然地归属增资后的所有新老股东，否则，将会导致新股东对原有股东权益的不当占有。同时，亏损状态下新股东相同比例股权的出资也不应该当然地按原有股东的出资额确定。否则，将会导致原有股东不合理地获得新股东出资的利益。当然，这只是增资时权益界定的客观原则，它并不否定和排斥当事人之间在此基础上，基于对公司各种内外因素和发展预期等的考虑，而对增资的商业条件作出讨价还价的安排，并达成自愿的协议。

【本章参考文献】

1　徐燕．公司法原理．北京：法律出版社，1997
2　范健，蒋大兴．公司法论．南京：南京大学出版社，1997
3　周友苏．公司法通论．成都：四川人民出版社，2002
4　卞耀武．当代外国公司法．北京：法律出版社，1995
5　[英]迈恩哈特．欧洲九国公司法．赵旭东等译．北京：中国政法大学出版社，1988
6　刘连煜．股份有限公司之最低资本额制度．法令月刊，48（1）

【本章思考练习题】

一、名词解释
1. 注册资本
2. 授权资本
3. 发行资本
4. 实缴资本
5. 资本
6. 资产
7. 资金
8. 净资产
9. 股东权益
10. 投资总额
11. 资本确定原则
12. 资本维持原则
13. 法定资本制
14. 授权资本制
15. 折中资本制

16. 认可资本制
17. 折中授权资本制
18. 公开募集
19. 不公开募集
20. 间接发行
21. 公开发行
22. 不公开发行
23. 特别发行

二、简答题
1. 简述公司资本的法律意义。
2. 简述资本、资产与净资产的区别及各自的法律意义。
3. 简述公司法上的资本确定原则。
4. 简述资本维持原则的要求及其在公司法制度中的体现。
5. 试比较法定资本制与授权资本制。
6. 简述我国公司法从资本实缴制到资本认缴制的改革及其意义。
7. 简述股份公开发行的特点、作用与条件。
8. 试述资本变动中的股东保护与债权人保护。

三、案例分析[①]
1996年5月,中方甲、乙、丙三公司与外方丁公司在中国注册成立了一家中外合资食品有限责任公司。公司注册资金800万元人民币。甲出资200万元,乙、丙各出资60万元,丁出资480万元。

公司成立后为扩大生产,需增加资金投入,丁提出公司增加资本的方案,将注册资金从800万元提高到1 500万元,各股东按原出资比例增加出资,乙、丙也认为丁的建议不错。

为此,公司召开董事会会议,进行讨论表决,股东甲委派的董事提出甲方已无力再出资,不同意增资,但其他董事认为不增资则公司的发展速度会上不去,建议吸收公司外部其他投资人出资,补充应由甲增加的出资,对于这一建议,甲方委派的董事认为,此方案的实施将降低甲的持股比例,也表示不赞同。最后董事会表决作出增资扩股的决议。随后,公司与公司外部人李某签订了出资协议书,重新制作了股东名册和出资证明书,对股东及其出资金额、持股比例进行了相应的变更。

甲方认为,董事会在甲方派出董事反对的情况下,仍作出增资决议,违反了《中外合资经营企业法》的规定,遂起诉到法院,请求法院判决该决议无效。

本案应如何处理?

[①] 本案例节选自徐晓松主编、陈丽苹副主编:《公司法学案例教程》,知识产权出版社2002年版,第95页。

第七章 股东出资制度

> 【导语】
>
> 目前的公司法原理体系,几乎都是将股东出资制度作为公司设立中的一个行为或作为资本制度的组成部分简要介绍的,但无论从公司法的规范内容,还是从公司的实务和司法来看,股东出资制度的重要性都是十分突出的。不仅公司法的条文中对此有较详尽的规定,而且实践中,因股东出资而发生的或与股东出资相关联的纠纷可能会占其中的多数。因此,本教材专设独立的一章,力图对股东出资制度予以较为全面、系统、深入的阐述。
>
> 本章阐述了股东出资的法律意义,分析了股东出资形式的法定性及其要件,介绍了《公司法》列举的四种股东出资形式以及现实中较为普遍存在的四种出资形式的内容和特点,最后对股东出资的法定要求作了全面的归纳和总结。
>
> 本章学习和掌握的重点是股东出资的法律意义和股东出资的法定要求,其中尤为重要的则是对股东出资义务与责任和出资的履行方式的深刻理解和熟练掌握。同时,对于股东出资的法定要件和形式要有全面、准确的认识。

第一节 股东出资概述

出资是指股东(包括发起人和认股人)在公司设立或者增加资本时,为取得股份或股权,根据协议的约定以及法律和章程的规定向公司交付财产或履行其他给付义务。出资是股东的基本义务,对出资的各种法律规定和要求构成了系统的股东出资制度。

一、股东出资与公司资本

股东出资制度与公司资本制度紧密相连,公司资本来源于股东的出资,全体股东认缴的出资额总和就是公司的资本总额,公司法既有严格的资本制度,那么必有与之配套的股东出资制度。在法定资本制之下,资本确定、维持和不变的原则正是通过股东出资行为的规则加以实现的。全体股东必须全额认缴公司资本的规则保证了公司资本的确定,股东不得抽逃出资的规则体现了资本维持的要求。没有严格的股东出资制度,就无法建立真正的公司资本制度。就此而言,公司资本制度的价值和功能同时也就是股东出资制度的价值和功能。

二、股东出资与有限责任

公司法上的有限责任与无限责任是以股东的出资额为界限的,有限责任就是股东以其认缴的出资额为限对公司债务负责,无限责任就是股东不以其出资额、而以其全部财产对公司债务负责。实际上,股东只要履行了出资义务,就不再对公司承担财产责任,所谓的责任不过是对未履行部分的出资义务承担责任和对已经缴纳的出资不能收回而已。由此,股东认缴出资成为其承担有限责任的前提条件,也是公司取得独立法人人格并承担独立责任的必要条件。

三、股东出资与股权

出资既是股东的义务,也是其取得股权的事实根据和法律根据。根据民商法权利义务相一致的原则,股东享有权利,就应承担义务,股东既享有股权,就应承担出资的义务,出资实质上是股权的对价,任何人欲取得公司股东的身份和资格,必以对公司的出资承诺为前提,而要获得某些实际的股东权益,则应以出资义务的实际履行为前提。同时,股东享有股权的大小取决于其出资的比例或数额,有限公司股东通常按出资比例享有股权,股份有限公司则按股东出资的金额享有股份。

四、股东出资义务与履行

出资是股东最基本、最重要的义务,这种义务既是一种约定义务,同时也是一种法定义务。股东一般是通过签署公司设立协议(或发起人协议)或认股书的形式约定其各自的出资比例或金额,出资条款是构成公司设立协议的主要内容之一,同时,出资又是公司法规定的股东必须承担的法定义务,作为公司成立的条件,公司设立必须制定章程,而出资义务的分配则是公司章程的必备事项,不论股东之间作何种约定,都不能免除股东的出资义务。

按行为方式不同,股东违反出资义务的行为可表现为完全未履行、未完全履行和不适当履行三种形式。《公司法司法解释三》所规定的未全面履行包括未完全履行和不适当履行两种情况。

完全未履行是指股东根本未出资,具体又可分为拒绝出资、不能出资、虚假出资、抽逃出资。拒绝出资,是指股东在设立协议或认股协议成立且生效后拒绝按规定出资;不能出资,是指因股东客观条件的变化而不能履行出资义务,如出资的非专利技术在出资前泄密、出资的房地产在办理财产权移转手续前毁损或灭失;虚假出资,是指宣称其已经出资而事实上并未出资,其性质为欺诈行为,如以无实际货币的虚假银行进账单、对账单或者以虚假的实物投资手续骗取验资报告和公司登记;抽逃出资,是指在公司成立或资本验资之后,将已缴纳的出资抽回,其性质亦属欺诈。在上述行为中,较为复杂的是抽逃出资行为的认定,《公司法司法解释三》第12条根据实践情况,规定以下几种行为可以认定为抽逃出资行为:(1)制作虚假财务会计报表虚增利润进行分配;(2)通过虚构债权债务关系将其出资转出;(3)利用关联交易将出资转出;(4)其他未经法定程序将出资抽回的行为。上述行为本质上都是没有合法根据而将公司财产转移给股东,虽然具备了民事交易、利润分配等形式上看似合法的理由,但都是为了实现股东抽逃出资的目的。

未完全履行,又可称为未足额履行,是指股东只履行了部分出资义务,未按规定数额足额交付,包括货币出资的不足,出资的实物、知识产权等非货币出资的价值显著低于章程所确定的价额等。

不适当履行,是指出资的时间、形式或手续不符合规定,包括迟延出资和瑕疵出资。迟延出资是指股东不按规定的期限交付出资或办理实物等财产权的转移手续。瑕疵出资可以分为标的物瑕疵和出资行为瑕疵。标的物瑕疵是指股东交付的非货币出资的财产存在权利或物的缺陷,如所缴纳的财产存在着第三人的合法权利或不符合约定的质量标准等。出资行为瑕疵是指出资行为不完整,只交付了出资的标的物而未办理相应的权属变动手续,或者只办理了权属变动手续而未交付出资的标的物。《公司法司法解释三》第 7~11 条分别对实践中经常出现的几种瑕疵出资行为的认定作了具体的规定。

瑕疵出资中的一种重要情况是出资人以无处分权的财产或非法获得的货币进行出资,对此种出资行为的法律效力,《公司法司法解释三》第 7 条作了明确规定,即:"出资人以不享有处分权的财产出资,当事人之间对于出资行为效力产生争议的,人民法院可以参照物权法第一百零六条的规定予以认定。以贪污、受贿、侵占、挪用等违法犯罪所得的货币出资后取得股权的,对违法犯罪行为予以追究、处罚时,应当采取拍卖或者变卖的方式处置其股权。"

《物权法》第 106 条是关于无权处分情况下财产归属的规定,这意味着,此种情况下,出资的财产可以由原所有人追回,但如果公司接受出资时不知道也不应当知道出资人属于无权处分,则公司可以不予返还,出资行为有效。同时,本条的规定也表明,由于货币的特性所定,以违法所得的货币出资,虽然所得行为违法,但可以认定出资行为有效,对违法行为进行财产追缴时,不应要求公司返还其出资的货币,而应以拍卖或变卖的方式处置出资人取得的股权。对于出资人以划拨土地使用权出资,或者以设定权利负担的土地使用权出资,是否构成出资义务的不履行,根据《公司法司法解释三》第 8 条的规定,如果当事人在指定的合理期间内办理了土地变更手续或者解除了权利负担,可以认定其履行了出资义务,否则应当认定其未依法全面履行出资义务。

按行为发生的时间不同,股东违反出资义务的行为可分为公司成立前不履行和公司成立后不履行。公司成立前不履行有可能导致公司不成立,公司成立后不履行有可能导致公司变更注册资本或解散,严重者也可能导致公司被撤销。根据《中外合资经营企业合营各方出资的若干规定》,合营各方未能按规定期限缴付出资的,视同合营企业自动解散。合营各方第一期出资后,其他任何一期出资超过 3 个月,仍未出资或者出资不足时,工商行政管理机关应会同原审批机关通知其 1 个月内缴清,逾期仍未缴清的,审批机关有权撤销其批准证书,登记机关亦注销其登记,吊销其营业执照。

五、股东出资责任

股东出资责任是股东违反出资义务的法律后果。股东违反出资义务的行为,在公司成立之前,属合同法上的违约行为,已足额交纳出资的股东可采取违约救济手段,并就其自身遭受的损失向未交纳出资的股东请求赔偿。在公司成立之后,除股东之间的违约责任外,股东违反出资义务的行为还同时构成公司法上的违法行为和损害公司利益的行为,公司有权向其追究责任。公司法学理及各国公司立法一般将股东的出资责任分为出资违约责任和资本充实责任。

(一) 出资违约责任

出资违约责任适用于对一般股东出资责任的追究,具体的救济手段主要是:

(1) 追缴出资。即公司对违反出资义务但仍有履行可能的股东要求其继续履行出资义务。经公司追缴,股东如仍不履行出资义务的,公司有权请求强制履行。追缴出资作为一种救济手段,它常用于非货币出资的情形,如为设立房地产公司而确定由其中某一发起人以土地使用权作为出资,该出资系实现公司目的之必要条件,如该发起人不履行出资义务,将导致公司不能成立,于此情形下,其他发起人或公司可以该发起人为被告提起强制履行之诉来追缴其出资,确保公司得以成立。

(2) 催告失权。又称失权程序,是指公司对于不履行出资义务的股东,可以催告其于一定期限内履行,逾期仍不履行的,即丧失其股东权利,其所认购的股份可另行募集。此种失权是当然失权,已失权之认股人即使其后交纳了股款,也不能恢复其地位,因而,催告失权有督促认股人及时履行出资义务的作用。

(3) 损害赔偿。股东的出资义务是一种债的义务,股东违反出资义务给公司和其他股东造成损失的,应承担损害赔偿责任。如果由于股东违反出资义务而导致公司不能成立或被撤销、解散,违约的股东应向其他守约的股东承担损害赔偿责任。大多数国家公司法都规定损害赔偿是可以和其他救济手段并用的一种救济方式,当其他救济手段不足以弥补其所遭受的损失时,公司或其他守约股东仍可要求股东承担损害赔偿责任。

(二) 资本充实责任

资本充实责任适用于对公司发起人的出资责任追究,它既要求发起人对自己违反出资义务的行为承担出资责任,又要求其对公司资本的充实相互承担出资担保责任,通过在公司发起人之间建立起一种相互督促、相互约束的出资担保关系,达到资本充实的目的。其具体责任可分为:

(1) 认购担保责任。即设立股份有限公司而发行股份的,如果其发行股份未被认购或认购后又取消的,则应由发起人共同认购。

(2) 缴纳担保责任。亦称出资担保责任,即股东虽认购股份但未依法或依约缴纳股款或交付非现金出资标的,应由发起人承担连带缴纳股款或连带缴纳非现金出资的财产价额的义务。公司发起人履行缴纳担保责任后,除非公司已对违反出资义务的股东采取了失权程序的救济手段,其不能因此当然取得代为履行部分的股权,而只能向违反出资义务的股东行使追偿权。

(3) 差额填补责任。在公司成立时,如果出资的非货币财产价额显著低于章程所定价额时,发起人应对不足的差额部分承担连带填补责任。履行差额填补责任的发起人可向出资不实的股东行使求偿权。

(三) 股东出资责任的内容

我国《公司法》第 28 条、第 30 条、第 83 条、第 93 条对股东出资责任分别作了规定,其中:

第 28 条规定,有限公司"股东不按照前款规定缴纳出资的,除应当向公司足额缴纳外,还应当向已按期足额缴纳出资的股东承担违约责任"。

第 30 条规定,"有限责任公司成立后,发现作为设立公司出资的非货币财产的实际价额显著低于公司章程所定价额的,应当由交付该出资的股东补足其差额;公司设立时的其他股东承担连带责任。"

第 83 条规定,股份有限公司"发起人不按照前款规定缴纳出资的,应当按照发起人协议承担违约责任。"

第 93 条规定,"股份有限公司成立后,发起人未按照公司章程的规定缴足出资的,应当补缴;其他发起人承担连带责任。股份有限公司成立后,发现作为设立公司出资的非货币财产的实际价额显著低于公司章程所定价额的,应当由交付该出资的发起人补足其差额;其他发起人承担连带责任。"

根据以上规定,我国公司法上的股东出资责任在内容上主要是以下四种责任:

(1) 货币出资的缴纳责任。即有限公司股东未按照规定缴纳出资的,应当向公司足额缴纳,股份公司发起人未按照公司章程的规定缴足出资的,应当补缴。

(2) 非货币出资的差额补足责任。即公司成立后,发现作为设立公司出资的非货币财产的实际价额显著低于公司章程所定价额的,应当由交付该出资的股东或发起人补足其差额。

(3) 违约赔偿责任。即有限公司未缴纳出资的股东应当向已按期足额缴纳出资的股东承担违约责任,股份公司的发起人应当按照发起人协议承担违约责任。

(4) 出资连带责任。即对未缴纳的货币出资或价值不足的非货币出资,有限公司设立时的其他股东、股份公司的发起人应承担连带缴纳或补足的责任。

(四) 股东出资责任的追究

股东违反出资义务时,与此具有利害关系的当事人都可以追究股东的出资责任。公司是股东出资的相对权利人,股东出资就是向公司出资,因此,公司当然有权追究股东的出资责任。同时,股东相互间既是出资约定的合同当事人或章程签署人,也是出资行为的利害关系人,不履行出资义务,不仅损害公司利益,也损害其他股东利益,因此,股东相互之间也有权追究出资责任。此外,股东未履行或未全面履行出资义务的行为,违反了公司资本维持原则,降低了公司对外清偿能力,对债权人利益也构成威胁,因而,在公司不能对外清偿债务时,债权人也应有权直接请求该股东承担公司不能清偿部分的补充赔偿责任。

股东出资责任追究是司法实践中较为普遍的公司诉讼,针对各种复杂情况,《公司法司法解释三》对此作了较为详尽的规定,除肯定了上述责任追究的基本原则外,还对以下情况做出了特别规定:

(1) 连带责任追偿。公司设立时的股东(或发起人)对其他股东或发起人未出资的行为承担连带责任后,根据连带责任内部求偿原理,可以向未履行或未全面履行出资义务的股东追偿。

（2）协助抽逃责任。股东抽逃出资时，协助其抽逃的其他股东、董事、高级管理人员或者实际控制人对此应承担连带责任。

（3）代垫资金的抽逃责任。第三人代垫资金协助发起人设立公司，双方明确约定在公司验资后或者在公司成立后将该发起人的出资抽回以偿还该第三人，发起人依照前述约定抽回出资偿还第三人后又不能补足出资的，相关权利人有权请求第三人承担相应的连带责任。

（4）董事、高级管理人员的出资责任。股东在公司增资过程中未履行或者未全面履行出资义务的，公司、其他股东或者债权人也有权请求公司董事、高级管理人员承担相应的责任。董事、高级管理人员承担责任后，亦可向未出资的股东追偿。

（5）对债权人承担出资责任的限制。未履行或者未全面履行出资义务以及抽逃出资时，相关当事人对公司债权人承担的赔偿责任是"补充责任"、"有限责任"和"一次性责任"。所谓"补充责任"，是指债权人只有在公司不能清偿其债权时，就不能清偿的部分请求上述责任主体承担赔偿责任；所谓"有限责任"，是指上述责任主体向全体债权人承担赔偿责任的范围以股东未履行出资义务的本金及利息范围为限；所谓"一次性责任"，是指上述责任主体已经赔偿的总金额达到责任限额时，其他债权人不得再以相同事由向该责任主体提出赔偿请求。

（6）出资财产贬值免责。以符合法定条件的非货币财产出资后，因市场变化或者其他客观因素导致出资财产贬值的，出资人无需对此承担补足责任。

（7）瑕疵股权转让后的出资责任。股东未履行或者未全面履行出资义务即转让股权，受让人对此知道或者应当知道的，应由该股东与受让人对此承担连带责任。如果受让人对此承担了责任，除另有约定的外，有权向未出资的股东追偿。

（8）出资责任与诉讼时效。股东出资责任的追究不适用诉讼时效，股东不能以超过诉讼时效期间对出资责任进行有效抗辩。

（9）出资履行的举证责任。是否履行出资义务的举证责任应由原被告双方合理分配，原告提供对股东履行出资义务产生合理怀疑之证据的，被告股东应当就其已履行出资义务承担举证责任。

（10）对未出资股东的权利限制。股东未履行或者未全面履行出资义务时，公司可以根据章程或者股东会决议对其利润分配请求权、新股优先认购权、剩余财产分配请求权等股东权利作出相应的合理限制。

（11）对未出资股东的除名。我国《公司法》中未规定股东未履行出资义务时的催告除名制度。但有关法规中有所规定，如《中外合资经营企业合营各方出资的若干规定》第7条规定："合营一方未按照合营合同的规定如期缴付或者缴清其出资的，即构成违约。守约方应当催告违约方在1个月内缴付或者缴清出资。逾期仍未缴付或者缴清的，视同违约方放弃在合营合同中的一切权利，自动退出合营企业。守约方应当在逾期后1个月内，向原审批机关申请批准解散合营企业或者申请批准另找合营者承担违约方在合营合同中的权利和义务。守约方可以依法要求违约方赔偿因未缴付或者缴清出资造成的经济损失。"

《公司法司法解释三》从司法角度对催告除名作了肯定性规定，即有限责任公司的股东未履行出资义务或者抽逃全部出资，经公司催告缴纳或者返还，其在合理期间内仍未缴纳或者返还出资,公司可以通过股东会决议解除该股东的股东资格。同时,应办理相应的减资或者替代出资程序。

典型案例:广信实业完全不履行出资义务的股东资格纠纷案(《案例分析》第 137 页)
请扫描二维码或访问 http://2d.hep.cn/1318685/13 了解相关内容

(五)股东出资责任的多向分析

股东出资责任是公司法理论和实践中极为重要的问题,许多公司纠纷是关于出资责任的纠纷或与出资责任有直接或间接的关联。我国公司法对此的规定较为分散,也不甚完整、系统,因此,对我国公司法上的股东出资责任还需结合公司法理和学理从以下不同的角度加以综合分析和确定:

(1)有限公司的出资责任与股份有限公司的出资责任。公司法在有限公司和股份有限公司两章中对这两种公司的出资责任分别作了规定,两种公司的出资责任基本相同,虽然对股份有限公司规定了发起人之间出资的连带补缴责任,而对有限公司未明文规定,但法理上应认为股份有限公司的这一规定也应适用于有限公司设立时的股东之间。

(2)公司设立中的出资责任与公司成立后的出资责任。公司法对出资责任的规定是从公司设立过程和公司成立后两个阶段加以规定的,其针对的未履行出资行为都发生在设立过程中或是属于违反设立过程中承诺的出资义务,但法理上认为这种规定也应适用于公司成立后发生的未履行出资行为或违反承诺的出资义务。

(3)发起人的出资责任与一般股东的出资责任。关于股份有限公司的出资责任,公司法只是规定了发起人的责任,而未规定一般股东的责任,法理上认为股份有限公司一般股东的责任与发起人的责任应有所不同,发起人之间应当承担连带责任,但不应当将这种责任当然扩大到其他一般股东,不应要求设立过程中的认股人和公司成立后加入公司的一般股东也承担出资的连带责任。同时,公司法规定的有限公司设立时股东之间的连带出资责任也不应扩及于设立后的股东之间。因为股份公司的发起人或有限公司设立时的股东在公司设立过程处于特殊地位,通常会享有较其他股东更多的机会或权利,因此应通过更重的连带责任的设定强化其责任,以形成相互间的有效制约,并实现投资者之间的实质公平。

(4)对公司的出资责任与对股东的出资责任。公司法上的出资责任既包括股东对公司的责任,也包括股东对股东的责任。在公司设立过程中对出资责任的追究通常是已出资股东对未出资义务股东的追究,在公司成立后对出资责任的追究主要是公司对股东的追究,但同时也存在已出资股东对未出资股东违约责任的追究。股东对股东的出资责任属于违约责任,股东对公司的出资责任在学理上既有违约责任的解释,也有侵权责任的解释。

(5)货币出资的责任与非货币出资的责任。公司法将货币出资的责任和非货币出资的责任分别规定,并特别规定了非货币出资价值显著不足时的差额补足责任,但对有限公司未规定公司成立后的货币出资责任。从法理上分析,货币出资责任与非货币出资责任并无本质区别,出资形式的不同不应决定出资责任的有无,公司法关于非货币出资责任的规定当然应适用于货币出资责任的确定。因此,有限公司成立后,发现货币出资不足时,同样应由未出资股东补足其差额,公司设立时的其他股东应承担连带责任。

(6) 出资缴纳责任与违约赔偿责任。股东违反出资义务时,所需承担的责任首先是出资缴纳责任,即继续履行义务,按约定或规定向公司缴纳出资的货币或交付出资的非货币财产。在不能继续履行时,应采取变更出资形式、承担赔偿责任等违约救济方式。违约赔偿责任既可以在不能履行时适用,也可以在继续履行时适用,既可以是对公司的违约赔偿,也可以是对已出资股东的违约赔偿,只要未履行行为给公司或其他股东造成了不应有的损失,就可以依照约定或法律的一般规定追究行为人的违约赔偿责任。

(7) 分别出资责任与连带出资责任。在没有法律明文规定情况下,股东的出资责任应是分别出资责任,即各股东只就自己未出资的部分承担出资责任。只有在法律明文规定时,股东才应承担连带出资责任。根据上述公司法规定,有限公司设立时的股东和股份公司发起人对设立过程中发生的未出资行为和出资承诺承担的都是连带责任,这种连带既应包括已出资的其他股东(或发起人)相互之间的连带,也应包括已出资的其他股东(或发起人)与未出资股东(或发起人)之间的连带。而《公司法》规定的"应当由交付该出资的股东补足其差额",不应理解为其他股东对该出资只是承担补充责任,而应理解为股东内部相互之间出资责任的界定。

六、资本制度改革与股东出资义务和责任

从2013年《公司法》的具体规定来看,公司法资本制度的重大变革并未否定资本制度的基本原理和与之相关的股东出资义务和责任。取消最低资本额,改变的只是股东出资义务的法定范围或最低限额,而非股东出资义务本身。决定每一公司股东出资义务和范围的并非法定最低资本额,而是公司自我设定的注册资本。该资本一经确定并注册登记,即产生了全体股东的出资义务。

公司资本从有限制认缴制到无限制认缴制,也不导致股东出资义务和范围的任何改变,全体股东承担的依然是整个注册资本项下的出资义务,所改变的只是股东履行出资义务的具体时间与期限。股东有限责任是以其认缴的出资额、而非仅以其实缴的出资额为限对公司债务负责,资本的"认而不缴"并不免除股东资本项下的出资责任。

完全认缴资本制之下,实缴资本虽然不再注册,但仍有其不可替代的独特功用。其至为重要的法律价值在于它直接而具体地显示了源自于股东出资的公司独立财产以及由此产生的股东出资责任。实缴资本一经形成,即构成公司的独立财产,尽管它来源于股东的出资但却属于公司财产,股东一旦出资即丧失了对该财产的所有权而取得公司的股权,股东出资后再对其出资财产进行占有、使用、收益和处分就构成了对公司财产的侵犯。抽逃出资正是对实缴资本项下的公司财产实施侵权的特别行为。

对股东出资民事责任的认定和裁判是公司法司法适用的主要任务之一,也是《公司法司法解释三》的主体内容,在总共29条的司法解释中,有超过半数(共16条)的条款涉及股东出资责任问题。资本制度改革对股东出资责任裁判的影响甚微,《公司法司法解释三》除却个别条款与新法规定有冲突外,其他所有条款都可继续适用,2013年对《公司法》的修改并未颠覆或打乱已出台的司法解释与裁判规范。

【本节理论探讨】

• **股东出资责任的性质**

股东违反出资义务所应承担的民事责任究竟是违约责任,还是侵权责任,是理论上需要进一步说明和澄清的问题。目前的公司法学理只是笼统地将出资责任分为出资违约责任和资本充实责任,但实际上,其中的责任关系十分复杂。

既然出资责任是违反出资义务的法律后果,确定出资责任的性质就需首先分析出资义务的性质。从现实情况分析,股东的出资义务来源于三种根据,一是公司设立协议或发起人协议的约定,二是公司章程的规定,三是公司法的规定。设立协议或发起人协议约定的出资义务当然属于约定义务,公司法规定的出资义务应属于法定义务,而公司章程规定的出资义务究竟属约定义务还是法定义务,则取决于对公司章程性质的理解和界定。有学者认为章程就是股东之间的一种特殊的协议,因而章程规定的出资义务就是约定义务。有学者认为章程是公司作为法人的自治规则和法定文件,章程的内容必须符合公司法的规定,而股东的出资又是章程必须记载的绝对必要事项,因此,章程规定的出资义务也可以理解为法定义务。

确定了股东出资义务的性质,也就确定了出资义务的相对人,即股东对谁承担出资义务。公司设立协议既然是一种合同,根据合同相对性原理,它一般只对合同的相对人具有法律约束力,但与一般合同不同的是,设立协议虽然在股东间签订,但出资的去向却是股东之外的第三人——公司,因此,公司设立协议约定的出资义务既是股东对股东或发起人对发起人的义务,同时又是股东对公司的义务。公司法规定的出资义务是一种法定义务,其内容是股东必须向公司缴纳公司注册资本之下其分担的出资,而公司则享有要求股东出资的权利,因此,这种出资义务无疑是股东对公司的义务。公司章程规定的出资义务,无论是作为约定义务,还是法定义务,都是股东对公司的义务。

股东出资义务的性质和相对人的关系决定了股东出资责任的性质,在公司成立之前或在公司设立无效或失败情况下,发生效力的只是公司设立协议,这一阶段产生的出资责任应是股东之间的违约责任。而公司成立之后产生的出资责任,首先是股东对公司的责任,有学者把这种责任定性为违约责任,即对公司设立协议第三人的责任,有学者则把它定性为侵权责任,即股东违反了法定义务而损害或侵犯了公司应有的财产权的责任。其次,如果因股东不履行出资义务损害了其他股东的利益或导致其他股东的财产损失,还会产生股东对股东的违约责任,包括损害赔偿责任等。

股东出资义务的相对人和出资责任性质的确定对司法实践的现实意义在于确定出资诉讼的当事人。上述分析表明,在股东违反出资义务情况下,作为原告的可以是其他的股东,也可以是公司。股东作为原告,可以是基于维护自身利益的请求而提起诉讼,也可以是基于维护公司利益的请求而提起代表诉讼。

• **公司债权人追究瑕疵出资股东出资责任的理论根据**

根据《公司法司法解释三》第13条和第14条的规定,股东瑕疵出资,公司债权人有权请求其在瑕疵出资本息范围内对公司债务不能清偿的部分承担补充赔偿责任。关于公司债权人追究瑕疵出资股东出资责任的理论根据,目前学理上存在一定的分歧,主要有债权人代位权说和第三人侵害债权说两种不同的观点。

债权人代位权说认为,股东瑕疵出资,损害公司的利益,公司对其享有补足出资或者返还出资的债权,当公司怠于行使该债权,导致公司债权人的债权受到损害时,公司债权人有权行使代位权,以自己的名义追究瑕疵出资股东的出资责任。如我国台湾著名学者史尚宽教授认为:"公司因设立行为或加入契约,对于发起人或股东所生之出资请求权,一般不得作为代位权之客体,但股金缴纳请求权,其出资额既已确定,而且已届清偿期,或因履行之催告已具体化之特定出资额,则成为普通债权,得代位行使"。①

第三人侵害债权说则认为,公司应以其全部财产对公司债务承担责任,股东瑕疵出资,造成公司财产减少,导致公司财产不足以清偿公司债务时,就会侵害公司债权人的债权,应当向公司债权人承担侵权赔偿责任。传统民法理论将权利划分为物权和债权,强调物权的不可侵犯性,但物权与债权之间的区别是否真的不可逾越,这一点受到了许多学者的质疑,正如拉伦茨教授所说:"问题不在于所请求的作为或不作为,也不在于履行所负担的给付,而只在于法律地位上,债权也是要受到每个人的尊重的。"②

在我国,越来越多的学者认为应当在一定范围内承认债权不可侵犯性的合理存在。③ 主要理由有:第一,现代民法中,绝对权与相对权的界限已经变得有些模糊;④第二,债权作为一种重要的财产权,也有被侵害的可能,而这种被侵害的情况通过合同责任的形式很难给予受害人以救济,因此,有必要对第三人侵害债权的情况在侵权法上予以规制;⑤第三,任何正当利益都应受到法律的保护,债权作为一种合法的财产利益自不例外。债权不可侵犯的理论,为第三人侵害债权制度的确立提供了最有力的理论支持。

我们认为,适用第三人侵害债权原理追究瑕疵股东的出资责任,既突破了传统民法关于侵权法与合同法的界限,更有利于保护债权人利益,又将第三人承担的侵权责任限定在过错的范围以内,也符合法律关于促进交易的价值判断。

● **公司债权人追究非股东出资责任的理论根据**

根据《公司法司法解释三》第 13～15 条的相关规定,股东瑕疵出资,公司债权人可以请求公司设立时的其他发起人,增资时的董事和高级管理人员,协助抽逃出资的董事、高级管理人员、实际控制人以及垫资第三人承担连带责任。关于公司债权人追究这些非股东出资责任的理论根据,公司法学理上尚未形成统一的认识。

根据第三人侵害债权原理,股东瑕疵出资,导致公司债权人的债权不能实现时,即侵害了公司债权人的债权,应当向公司债权人承担侵权赔偿责任。根据共同侵权行为原理,对追缴股东出资负有法定义务而不履行,或者协助股东实施抽逃出资行为的其他主体,同样侵害了公司

---

① 史尚宽:《债法总论》,中国政法大学出版社 2000 年版,第 469 页。
② [德]卡尔·拉伦茨:《德国民法通论》上册,王晓晔、邵建东、程建英、徐国建、谢怀栻译,法律出版社 2003 年版,第 300 页。
③ 江平主编:《民法学》,中国政法大学出版社 2007 年版,第 37 页。
④ 王卫国主编:《民法》,中国政法大学出版社 2007 年版,第 39 页。
⑤ 王利明主编:《中国民法典学者建议稿及立法理由·侵权行为编》,法律出版社 2005 年版,第 26 页。

债权人的债权,与瑕疵出资股东构成共同侵权,也应当依法承担侵权赔偿责任。

关于共同侵权行为的构成要件,学理上历来有不同的主张。主要有:(1)意思联络说,认为共同加害人之间必须有意思联络,如无主体间的意思联络,则不构成共同侵权行为;(2)共同过错说,认为共同侵权行为的本质特征在于数个行为人对损害结果具有共同过错,既包括共同故意,也包括共同过失;(3)共同行为说,认为共同行为是共同加害人承担连带责任的基础,共同加害结果的发生总是同共同加害行为紧密联系,不可分割的;(4)关联共同说,认为共同侵权行为以各个侵权行为所引起的结果有客观的关联共同为已足,各行为人间不必有意思的联络;(5)共同结果说,认为共同造成损害的概念要求损害是数人行为的共同结果,不一定要求几个参加人有共同的目的和统一的行为。

通说认为,共同侵权行为的构成不应以侵权行为人主观上的共同故意或过失为必备要件,只要数人在客观上有共同的侵权行为(包括作为和不作为侵权行为),就应当承担共同侵权行为的民事责任。这种观点也符合我国既有的法律规定,如最高人民法院《关于审理人身损害赔偿案件适用法律若干问题的解释》第3条第1款规定:"二人以上共同故意或者共同过失致人损害,或者虽无共同故意、共同过失,但其侵害行为直接结合发生同一损害后果的,构成共同侵权,应当依照民法通则第一百三十条规定承担连带责任。"

股东抽逃出资,损害公司债权人债权的,应当向债权人承担侵权赔偿责任,公司董事、高级管理人员、实际控制人以及垫资的第三人协助股东抽逃出资,具有共同的主观故意,构成共同侵权行为的,应当向债权人承担连带责任。公司设立时的股东未履行出资义务,其他发起人负有连带补足出资的法定义务。公司增资时的股东未履行出资义务,公司董事、高级管理人员负有向其催缴的法定义务。公司其他发起人或者公司董事、高级管理人员违反上述法定义务,损害公司债权人债权的,虽无共同故意和过失,但其不作为的侵权行为与股东未履行出资义务的侵权行为相结合,发生损害债权人债权的后果,也构成共同侵权行为,应当承担连带责任。

- **股东瑕疵出资责任中的补充责任与连带责任**

根据《公司法司法解释三》第13~15条的规定,股东瑕疵出资,公司债权人有权请求该股东在瑕疵出资本息范围内对公司债务不能清偿的部分承担补充赔偿责任,并有权请求公司发起人、董事、高级管理人员、实际控制人以及垫资第三人与该股东承担连带责任。对此处的"补充赔偿责任"和"连带责任",应当注意理解与把握。

关于补充责任,学者们有不同的见解。有的学者认为其是指,"在责任人的财产不足以承担其应负的民事责任时,由有关的人对不足部分依法予以补充的责任。"[①]有的学者认为:"侵权补充责任是指多数行为人就基于不同发生原因而产生的同一给付内容的数个责任,各个负担全部履行义务,并因行为人之一的履行行为而使全体行为人的责任均归于消灭的侵权责任形态。"[②]一般认为,补充责任具有以下特征:(1)存在区分主责任人与补充责任人的多数责任人;(2)因主责任人与债权人之间的合同约定或法律规定的特殊关系引起;(3)权利人仅得在主责任人无法承担全部责任时才能对补充责任人主张权利。

---

① 魏振瀛:《民法》,北京大学出版社、高等教育出版社2000年版,第48页。
② 杨立新:《侵权责任形态研究》,载《河南省政法管理干部学院学报》2004年第1期。

关于连带责任,理论上也有不同的定义。有的学者认为:"所谓连带责任,是指根据法律规定和当事人约定,应当由两个以上的当事人分别承担共同责任,或者由两个以上当事人中的二人或数人对其他人的民事责任承担、分别或顺序承担的法律制度。"[①]有的学者认为:"连带责任,即由违反连带债务或共同侵权行为产生的民事责任。"[②]一般认为,连带责任具有以下特征:(1)连带责任是一种共同责任,责任主体必须为两个或两个以上的能独立承担民事责任的主体;(2)连带责任是一种牵连责任,共同责任人之间在承担责任时是一种牵连关系;(3)连带责任具有共同目的,一个责任人承担责任后,其他责任人的责任消灭。

股东瑕疵出资会损害公司的利益,但是,只要公司财产足以清偿债务,则不会侵害公司债权人的债权。只有当股东瑕疵出资导致公司财产不足以清偿公司债务时,才会侵害公司债权人的债权。因此,公司债权人应当首先向公司主张债权,只有在公司不能足额清偿其债权时,才能请求瑕疵出资股东对公司债务不能清偿的部分承担补充赔偿责任。此时,瑕疵出资股东承担的是补充责任,主责任人是公司,补充责任人是瑕疵出资股东。对于瑕疵出资股东以外的其他主体,当其违反法定义务或者协助股东抽逃出资,导致公司债权人的债权受到损害时,与瑕疵出资股东构成共同侵权,债权人有权要求包括瑕疵出资股东在内的所有共同侵权人对公司债务不能清偿的部分连带承担补充赔偿责任。此时,就责任范围而言,共同侵权人承担的仍然是补充责任,主责任人是公司,补充责任人是所有共同侵权人;就责任方式而言,共同侵权人之间承担的是连带责任,每个共同侵权人连带承担补充赔偿责任。

【本节实务研究】

• 股东抽逃出资与股东借款的区别

股东抽逃出资,指在公司成立后,股东非经法定程序,从公司抽回相当于已缴纳出资数额的财产,同时继续持有公司股份。股东借款,是指股东向公司借款的行为,股东为债务人,公司为债权人。

股东抽逃出资与股东借款是两种根本不同的法律关系,不应仅以股东向公司借款就认定股东构成抽逃出资。关于这一点,实践中已有统一的认识,如 2002 年国家工商行政管理总局《关于股东借款是否属于抽逃出资行为问题的答复》中认为:"公司借款给股东,是公司依法享有其财产所有权的体现,股东与公司之间的这种关系属于借贷关系,合法的借贷关系受法律保护,公司对合法借出的资金依法享有相应的债权,借款的股东依法承担相应的债务。因此,在没有充分证据的情况下,仅凭股东向公司借款就认定为股东抽逃出资缺乏法律依据。"

关于股东抽逃出资的认定,《公司法司法解释三》第 12 条明确规定,股东具有下列情形之一且损害公司权益的,应认定为抽逃出资:(1)将出资款项转入公司账户验资后又转出;(2)通过虚构债权债务关系将其出资转出;(3)制作虚假财务会计报表虚增利润进行分配;(4)利用关联交易将出资转出;(5)其他未经法定程序将出资抽回的行为。该条司法解释的规定比较抽象,而且从条文本身来看,也并不能直接得出股东借款不构成抽逃出资的结论,因

[①] 寇孟良:《论〈民法通则〉中的连带责任》,载《中国法学》1998 年第 8 期。
[②] 李由义:《民法学》,北京大学出版社 1998 年版,第 628 页。

此,实践中对股东借款和抽逃出资的区分和界定,仍存在较多的模糊认识,有必要进一步厘清。

我们认为,股东抽逃出资和股东借款在以下几个方面存在根本区别:第一,是否存在真实的债权债务法律关系不同。股东抽逃出资情形下,股东与公司之间不存在真实的债权债务关系;在股东借款情形下,股东与公司之间存在真实合理的资金借贷法律关系。第二,是否损害公司及利益相关者的权益不同。股东抽逃出资,造成公司财产相应减少,从而损害公司及利益相关者的权益;股东向公司借款,公司因此对股东享有相应的借款债权,公司财产总额并未减少,并不损害公司及利益相关者的权益。第三,公司财务会计记载及报表处理不同。股东抽逃出资情形下,公司财务会计账簿及报表等不做欠款账务处理;在股东借款情形下,公司财务会计账簿及报表将股东借款作为应收账款处理。第四,法律后果与责任承担不同。股东抽逃出资,抽逃出资的股东以及协助抽逃出资的相关主体应当对公司、其他股东乃至公司债权人承担相应的民事责任,情节严重时还需承担刑事责任;股东向公司借款,就资金借贷法律关系来讲,仅需对公司承担相应的民事责任,如果在借款过程中违反有关金融管理、财务管理规定,应承担相应的行政责任。

以上仅从外在表现方面对股东借款和抽逃出资进行了比较,实践中,往往还存在股东以向公司借款为名,实施抽逃出资的行为,一般表现为股东从公司转移资金后,公司财务将其处理为挂账长期不还,或者经过一段时间后做坏账处理。此时,单从表面现象来看,基本符合股东借款的外在特征,如何区分并认定是股东借款还是股东抽逃出资,是目前司法实践中的一个难题。我们认为,结合《公司法司法解释三》第12条规定,应当以是否损害公司权益作为认定股东抽逃出资的根本标准。具体来讲,股东虽然名义上是向公司借款,但久借不还,实质上造成公司财产减损或者债务增加,致使公司因缺乏必要的资金而发生严重经营困难,甚至导致公司不能清偿债务,从而损害公司权益,进而损害公司其他股东和债权人利益的,应当认定为抽逃出资行为。

● 债权人追究瑕疵出资股东责任的条件

根据《公司法司法解释三》的相关规定,公司债权人有权要求瑕疵出资股东在瑕疵出资本息范围内对公司债务不能清偿的部分承担补充赔偿责任。股东违反出资义务,导致公司不能清偿债务,进而损害债权人利益,这是债权人追究瑕疵出资股东责任的前提。但是,如何认定"公司债务不能清偿"?债权人应当如何起诉?我国相关司法解释没有明确规定,学理上主要有三种不同的观点。

第一种观点认为,只要公司未能按期足额清偿债权人的到期债务,即可视为公司债务不能清偿。根据该种观点,"公司债务不能清偿"的认定,应当以债权人的债权是否能够按期足额受偿为标准。只要债权人对公司享有的债权已到期,且公司未能按期足额清偿,则债权人即可请求股东在瑕疵出资本息范围内对公司未清偿的债务部分承担赔偿责任。该观点有利于保护公司债权人的利益,但同时超越了代位权和债权侵权的范围,缺乏必要的理论基础支持。

第二种观点认为,债权人请求瑕疵出资股东承担责任时,该股东享有先诉抗辩权。根据该种观点,"公司债务不能清偿"的认定,应当以公司经强制执行后实现的财产是否足以清偿债务为标准。只有当债权人对公司的诉讼胜诉,且经过强制执行公司所有可执行财产后仍不足清偿其债务的,债权人才可以请求股东在瑕疵出资本息范围内对其债权未受清偿的部分承担赔偿责任。

该观点符合补充责任原理，但债权人维护权益的成本太高，不利于保护债权人利益。

第三种观点认为，只有在公司全部财产不足以清偿公司债务，即公司资不抵债的情况下，才能认定公司债务不能清偿。根据该种观点，"公司债务不能清偿"的认定，应当以公司全部财产是否足以清偿公司债务为标准。只要债权人举证证明公司全部财产不足以清偿公司债务，即可要求股东在瑕疵出资本息范围内对公司财产不足以清偿债务的部分承担赔偿责任。该观点符合第三人侵害债权原理，但因债权人受举证能力的限制，在实践中可操作性不强。

综上所述，明确界定"公司债务不能清偿"的含义，是公司债权人追究瑕疵出资股东责任的前提和条件。以上三种观点各有利弊，到底应该如何选择，有待进一步研究和探讨。

- **瑕疵出资股东权利限制的形式和范围**

根据《公司法司法解释三》第17条的相关规定，公司有权根据公司章程或者股东会决议对瑕疵出资股东的利润分配请求权、新股优先认购权、剩余财产分配请求权等股东权利作出相应的合理限制。该条司法解释规定了公司对瑕疵出资股东权利限制的形式和范围，但仍然存在一些不明确之处。

公司章程是公司内部自治规则，对公司和全体股东具有约束力。股东会是公司最高权力机构，其依法作出的决议具有法律效力。但是，除非由全体股东一致同意通过，否则，公司章程和股东会决议并不能体现所有股东的意志。在资本多数决的公司法原则下，如果控股股东通过行使控制权修订公司章程或者作出股东会决议，不对瑕疵出资股东权利进行限制，那么，当控股股东瑕疵出资时，势必会对善尽出资义务的中小股东利益造成损害。因此，从限制控股股东滥用权利，保护中小股东利益的角度出发，在没有限制瑕疵出资股东权利的公司章程规定和股东会决议情形下，应当允许公司或者股东直接向人民法院起诉请求对瑕疵出资股东权利进行相应的合理限制。

关于瑕疵出资股东权利限制的范围，一般认为应当从股东权利行使目的或权利内容方面来考量。以股东权利行使目的或权利内容为标准，股东权利可以分为自益权与共益权。自益权是股东获取财产利益的权利，而共益权则是股东对公司的重大事务参与管理的权利。[①] 自益权主要包括利润分配请求权、新股优先认购权、剩余财产分配请求权、股票交付请求权、股份转让权等权利，这些权利与股东出资有关，原则上可以限制。共益权主要包括表决权、股东会议出席权、股东会议召集和主持权、提案权、质询权、知情权、股份回购请求权、董事监事和清算人解任请求权、董事会违法行为制止请求权、代位诉讼权、公司解散请求权和公司重整请求权等权利，这些权利与股东身份有关，原则上不应当限制。以自益权和共益权的划分来确定对瑕疵出资股东权利限制的范围，只是一个参考标准，恰当与否还有待司法实践的检验。

应当注意的是，表决权这种共益权具有特殊性，它既是共益权，同时又具有自益权的某些特性。表决权作为股东的一项重要共益权利，是股东身份的重要体现，原则上不应当对其进行限制。但是，表决权又是公司经营管理控制权的重要体现，如果让没有履行出资义务的股东通过行使表决权控制公司，将不符合利益与风险一致原则。因此，通说认为，应当对瑕疵出资股东的表决权进行相应的限制。然而，要不要区分不同的表决事项对瑕疵出资股东的表决权进

---

① 奚晓明、金剑锋：《公司诉讼的理论与实务问题研究》，人民法院出版社2008年版，第202页。

行相应限制,学理上有不同的观点。有的观点认为,股东会表决事项均为决定公司经营管理的重大事项,瑕疵出资股东对股东会所有表决事项的表决权均应受到相应限制。有的观点认为,应当区分不同的表决事项进行限制:对于直接对应出资义务或者与出资义务关系较近的表决事项,如审议批准公司的利润分配方案、选举董事等,应当予以限制;对于与出资义务关系较远的表决事项,如对公司增资或者减资决议事项等,可以不予限制。是否应当对瑕疵出资股东权利进行限制,应当如何限制,有待进一步研究和探讨。

第二节 股东出资的形式

一、股东出资形式的法定性

在股东出资制度上,公司法实行的是出资形式法定主义,即股东以何种财产出资,不完全取决于股东自身拥有何种财产或资源,也不完全取决于公司经营需要何种财产或资源,而是由法律直接规定何种财产可以作为股东对公司的出资。此种出资形式的法定主义和限制与公司法实行的法定资本制相辅相成,股东出资既是公司资本的来源,资本信用的进一步表现就是出资信用,因而必须对出资的条件做出法定的限制,否则法定资本制的功能将无从实现。

1993 年《公司法》只规定了货币、实物、土地使用权、工业产权和非专利技术五种出资形式,并规定了工业产权等无形资产出资的最高比例限制,而排除了股权、债权等其他经营要素和条件的出资。2005 年《公司法》之后,对出资形式的规定作了重大的修改,虽然仍采取法定主义,但不再只是对出资形式作简单的列举,而改采列举与抽象性出资标准相结合的方式,即一方面列举了货币、实物、知识产权、土地使用权四种最为普遍的出资形式,另一方面,又规定了"可以用货币估价并可以依法转让"的非货币财产作价出资的抽象标准,从而大大地放宽了股东出资的财产范围。

二、法定股东出资形式的要件

法律对股东出资形式的规定并非随意,由公司的资本信用所决定,构成公司资本的股东的出资不仅要求能为公司所用,具有经营的功能,而且还必须具有债务清偿的功能,即能够用于公司对外债务的清偿。1993 年《公司法》规定的五种出资形式体现了这一要求,2005 年《公司法》之后,则直接将这一要求规定为股东出资形式的法定要件。

《公司法》第 27 条规定:"股东可以用货币出资,也可以用实物、知识产权、土地使用权等可以用货币估价并可以依法转让的非货币财产作价出资;但是,法律、行政法规规定不得作为出资的财产除外。"依此规定,除货币出资外,股东也可以用非货币的财产出资,只是非货币财产的出资必须具备以下两个法定要件。

(一)可以用货币估价

即具有价值上的确定性,用于出资的财产不但应具有财产价值,而且这种价值能够具体确定或评估作价。可以用货币估价,不仅是保障公司资本确定、真实的要求,也是确定股东出资比例或金额的依据,而且还是以此项财产清偿公司债务时的计算依据,无法估价的财产也就无法确定股东是否履行了出资的义务,也无法用于公司债务的清偿。

(二) 可以依法转让

即具有可转让性,用于出资的财产不仅可以由公司股东交付与公司,作为公司经营所用,而且在公司对外清偿债务时,可以有效地从公司移转给公司的债权人,并由债权人予以有效的财产利用。财产可依法转让,包括依其客观性质可依法转让,也包括对出资的财产没有禁止或限制转让的法律规定。同时这种财产的转让应是出资财产全部权利的转让,如实物财产的所有权转让和专利权、商标权的整体转让。如果实物财产只转让其用益物权,专利权、商标权只转移其使用权,则不属于实物出资或专利权、商标权本身的出资,而是其他相应财产权的出资。

依上述要件,实物、土地使用权在价值上极易量化,知识产权虽属无形资产,但借助现有的资产评估技术也完全可以进行客观、合理的价值评定,同时这三种财产在客观上和法律上都完全具有可移转性,因此也就成为公司法明文列举的三种最普遍的非货币出资形式。除此之外,股权、债权、经营权、收费权等许多其他财产权益也都因具备上述要件而完全可以作为股东的出资。而有些财产或经营资源如劳务、信用等,虽具有经营功能,可以从股东转让给公司并为公司所用,但却不能保证将来清偿债务时从公司有效地向债权人移转,不具有债务清偿功能而被排除在出资形式之外。

三、公司法列举的股东出资形式

(一) 货币出资

货币出资是法律关系最为简单、当事人间最少发生争议和纠纷的出资形式,只要当事人按约定的金额和时间将货币交付与公司或汇入公司的设立账户,出资义务即为履行。其原因在于货币出资直接表现为货币的金额,不涉及财产价值的评估,同时,作为一般等价物,货币出资只需简单的交付,不涉及特殊的权利移转形式。

货币出资是公司设立实务中最为公司所需、最受股东欢迎的出资形式。货币是最灵活的财产形式,虽然公司的经营可能需要某种具体的物品,但在发达的市场经济条件下,只要有足够的货币支付能力,任何公司经营所需物品都可通过市场获得。而竞争充分的市场又会使公司在物品的选择和价款的确定方面保持主动的地位。

然而,在中国,货币出资对许多当事人来说又往往是最困难的出资形式,一些投资者拥有大量的实物、土地、工业产权等,但唯独缺少货币资金,尤其是某些国有企业,资产雄厚,规模巨大,但现金流量却严重不足,甚至连工资的支付都发生严重困难,其对外投资、公司改制和上市的主要目的恰是向社会募集资金,摆脱资金的困境。因此,实践中,越是大型企业的巨额出资,货币出资所占比例越小,越是小型公司的小额出资,货币出资所占比例越大。

货币出资的一个特殊法律问题是能否以借贷资金作为公司注册资本。资本为全体股东的出资总额,能否以借贷资金作为注册资本亦即能否以借贷资金作为货币出资。所谓以借贷资金作为资本或出资,包括两种情况:一是以公司为借款人对外借贷,并由公司承担还款责任;二是以股东为借款人对外借贷,并由股东承担还款责任。前者虽由股东联系安排借款使公司获得资金,但却同时形成公司对外负债,股东也未实际承担出资的责任,因而,这种借贷出资应为法律所禁止。后者虽然对股东来说是借贷资金,但对公司来说却不是,而与股东以自有资金出资一样,都构成公司的自有财产。对公司而言,股东用于出资的财产来源于何处,是自有还是借贷,并不产生特别的法律问题,只要财产本身没有实物和权利上的瑕疵,其出资就能达到法律的要求和目的。

典型案例:香港嘉利来公司与北京二商集团等组建合作公司出资纠纷案(《案例分析》第145页)请扫描二维码或访问 http://2d.hep.cn/1318685/14 了解相关内容

(二) 实物出资

实物出资即以民法上的物出资,包括房屋、车辆、设备、原材料、成品或半成品等。用于出资的实物首先应具有财产价值,因而才可能进行出资额和资本额的界定。其次,出资的实物可以是为公司经营所需,也可以与公司的经营使用无关,允许股东使用实物出资的目的在于公司可以对其变现支配并实现其财产价值。此种实物是否可以用作出资,应由股东协商确定。

实物出资是实践中十分普遍的出资形式,在许多情况下,直接的实物出资既为公司经营所需,也可免去公司成立后自行购买的烦累,甚至如果作价合理,还可能降低公司购买的成本。在我国,许多国有企业和集体企业改制组建的公司,国有或集体投资主体往往是以原国有或集体企业的实物资产作为出资。而在许多公司中,它构成了出资总额中的绝大部分。

实物出资在外商投资公司中的认定存在较为复杂的情况。一些中外合资公司虽然在合同和章程中规定外国投资者以外汇货币出资,但实际上往往是由外国投资者在中国境外购买设备或生产线向合资公司投入,此种情况下需根据资金的流动和支付确定属于货币出资还是实物出资。根据我国外汇管理的规定,不允许合资公司直接将外国投资者的出资在境外支付。如果购买设备的资金从未进入合资公司账户,而是由外国投资者直接支付,应认定为实物出资。如果资金是从合资公司账户付出,尽管在境外是由外国投资者安排购买,也认定为货币出资。

(三) 知识产权出资

知识产权出资包括工业产权出资和著作权出资。对于工业产权,存有狭义与广义的两种不同解释。狭义的工业产权仅指商标权和专利权。广义的工业产权范围较为广泛,根据《保护工业产权巴黎公约》第1条的规定,工业产权的保护对象至少应包括专利、实用新型、外观设计、商标、服务标记、厂商名称、货源标记、原产地名称等。通常所指和实践中普遍采用的工业产权出资是商标权和专利权出资。

对于工业产权出资,一般而言,只要符合工业产权的条件即可作为股东出资,但在特殊情形下,法律对此有特别的要求或限制。例如,对于外商投资的有限公司,根据《中外合资经营企业法实施细则》第28条的规定,作为外国合营者(即外国股东)出资的工业产权或专有技术,必须符合下列条件之一:(1)能生产中国急需的新产品或出口适销产品的;(2)能显著改进现有产品的性能、质量、提高生产效率的;(3)能显著节约原材料、燃料、动力的。

对于著作权出资,1993年《公司法》中没有规定,只规定了工业产权出资,2005年《公司法》之后将其改为知识产权出资,意味着著作权也成为法定的出资形式之一。其实,著作权完全具备法定出资形式的要件,它既具有可估价的财产价值,也完全可以依法转让。与商标权、专利权一样,著作权中都包含有可转让的财产权内容,因此,完全可以将著作权的财产性权利用于出资。尤其是随着计算机技术的发展,计算机软件著作权受到越来越多的重视,成为知识经济时代重要的无形财产。允许以计算机软件著作权出资,是适应知识经济时代的要求,推动科技进步,加速科技生产力转化的要求。

知识产权属于无形资产,无论是专利权、商标权,还是著作权,都具有其本身的财产价值。同时,它也是许多公司赖以经营的重要手段和条件,尤其对于某些智力密集型的高科技公司,对工业产权这种无形资产的需求甚至超过了对货币、实物等有形资产的需求,有的公司可能就是为某项技术的开发而成立,有的公司可能就是凭借某种商标或品牌的优势而经营,一个作品可能成为出版公司重要的经营目标,一个计算机的软件也可能是某个公司赖以经营的最重要的资源。随着社会生产力的发展和生产方式的变革,无形资产在公司经营中的作用和地位日益突出,知识产权由此成为重要的法定出资形式之一。

知识产权出资适应了投资者资源互补和科技人员的特殊投资需求。现代企业制度下,脑力劳动者已不满足于作为雇员获取劳务收入,而是希望作为投资者参与公司管理和经营收益的分配。工业产权的出资恰好解决了技术拥有者和开发者之间的资源互补和利益与风险的矛盾,为技术成果的开发利用开辟了法律途径。

(四)土地使用权出资

土地使用权成为公司法的法定出资形式,有着客观的原因和充分的根据。首先,土地是民事主体所能拥有的最重要的财产。在民事主体的财产构成中,土地从来都占据重要的位置。在公有制社会,尽管实行土地的公有制度,但为土地的有效利用而设定的土地使用权、承包经营权等同样构成民事主体满足生产和生活需要的重要物质条件和财产权益。对于从事土地开发或房地产经营的公司而言,土地使用权更是不可缺少和不可替代的经营条件。允许股东以土地使用权出资将打通土地资源从股东流向公司的有效渠道,充分发挥土地的经营效用。

其次,对土地的需求是公司经营活动最普遍的需要。公司的经营活动必须有相应的生产经营场所和必要的生产经营条件,而土地无疑是公司经营场所的最基本的形式。公司的经营场所可由借用或租赁获得,但更可以自有的土地设置经营场所。基于经营场所稳定性和控制、降低经营成本的需要,公司拥有自己的土地,在许多情况下,是更为可取的选择。

最后,土地作为天然的和有限的资源,在财产价值上,通常具有超乎一般动产的更高价值和其他财产难以比拟的保值增值性。土地也完全符合公司法所要求的可用货币估价和可依法转让的要件。因而,在任何国家,土地都当然成为公司财产的重要组成部分,是公司股东出资的最重要的标的。

在中国,由于历史和现实的复杂原因,许多国有企业经营效益不佳,所拥有和可支配的财产中,最有价值且金额巨大的资产恰是其拥有的土地。从20世纪80年代以来,为吸收外资和与外商合作而兴办的中外合资企业中,土地成为中方投资者最为经常和普遍的投资形式,而对于中外合作企业来所说,中方以土地作为合作条件进行投资、外方以资金投入作为合作条件则成为这种企业的重要法律特征。很多情况下,外商与中方的合资或合作带有明显的资源互补性质,外国投资者看中的恰是中方所能提供的较之公开市场更为优越的土地条件或土地的开发价值。

土地使用权是公司实践中十分普遍而又重要的出资标的,由中国土地制度和土地使用权本身的特点所决定,又形成了对土地出资的特殊法律要求。归纳起来,土地使用权出资的法律要求和条件如下:

(1) 土地的出资是使用权的出资,而不是所有权的出资。在中国,土地是一种十分特殊的财产,土地的国家所有和集体所有是公有制的基础,只有国家和集体组织才能作为土地所有权的主体。因此,任何企业或公司对土地的占有都不是所有者的占有,而是使用者的占有,企业或公司对土地享有的权利是使用权,而不是所有权,当企业以土地出资的时候,所出资的标的是土地的使用权而不是土地的所有权。

(2) 用于出资的土地使用权只能是国有土地的使用权,而不能是集体土地的使用权。以土地使用权出资,实质上就是使用权从出资者向公司的转让,而依据现行法律的规定,能够作为财产权进行转让的只是国有土地的使用权。如果集体组织欲以集体所有的土地对外投资,则必须首先将集体土地通过国家征用的途径变为国有土地,再从国家手里通过土地出让的方式获得国有土地的使用权,然后,才能进行有效的投资。

(3) 用于出资的土地使用权只能是出让土地的使用权,而不能是划拨土地的使用权。在中国,国有土地的使用权分为划拨土地使用权和出让土地使用权,前者为各种社会组织基于其特定的社会职能从国家那里无偿取得,后者则是以向国家缴纳土地出让金的方式而有偿取得。以土地使用权出资,是土地使用者营利性的投资行为,因而只能以有偿取得的出让土地使用权出资,划拨的土地使用权只能用于划拨用途,不能擅自进入市场流通,因而不能用于对外出资。

(4) 用于出资的土地使用权应是未设权利负担的土地使用权。因使用者的经营行为,土地使用权经常会背负如抵押权之类的权利负担,这种土地使用权不仅在权利的行使和处置上受到法律和抵押权人等其他权利人的限制,而且因其可能被其他权利人追索而在财产价值上发生贬损,甚至完全失去投资的价值。这种存在权利瑕疵的权利如用于出资,将使投资者或股东的出资变得不实,违反公司法所确定的资本确定原则,使通过出资形成的公司资本(财产)面临较大的不确定性。在内部会损害其他投资者的利益,在外部则会损害公司债权人的利益。因此,出资的土地不应背负权利的负担,而且,在出资之后,出资人亦应继续承担免除土地负担的义务。

四、其他股东出资形式

除《公司法》列举的四种典型出资形式之外,还有其他各种财产符合法定出资形式的抽象要件,其中较为普遍的就是股权、债权、非专利技术和企业的整体资产。

(一) 股权出资

股权出资,即股东以其对另一公司享有的股权投入公司,并由公司作为股东取得和行使对另一公司的股权,这种出资本质上属于股权的转让,是将股东对另一公司拥有的股权转让给公司。

股权,是随公司发展日愈普遍存在的民事权利,是公民和法人财产构成中越来越重的部分,以股权对外投资是民事主体处置财产和投资理财的基本需要,尤其在企业改制、资产重组,包括上市公司组建的过程中,以股权的置换完成对新公司的出资是许多投资者优先选择的出资方式,在目前的公司实践中已经不同范围地被采用。

但股权又有其特殊性,由于股权的价值并不取决于其自身,也不取决于股东获得股权时原始投入的出资额,而取决于股权所在公司总资产减去总负债的余额,即公司的净资产或股东权益,同时,股权的价值又不甚稳定,是随其所在公司的经营结果和资产变化而随时变动的。因此,以股权出资,应充分认识其财产的性质和特点。若要对其财产价值作出客观的评价,通常需要对股权所在公司进行全面的资产评估和财务审计。在股权出资后,因各种情况变化导致股权价值的变化或最终不能实现时,不应因此而认定出资的不真实。股权出资的真实性应根据出资当时股权的实际价值和情况认定。

基于股权出资的特殊性和实践中出现的问题,《公司法司法解释三》第11条特别规定,股权出资必须符合下列条件:(1)出资的股权由出资人合法持有并依法可以转让;(2)出资的股权无权利瑕疵或者权利负担;(3)出资人已履行关于股权转让的法定手续;(4)出资的股权已依法进行了价值评估。如果不符合这些条件或者在合理期限内未补正这些条件,将认定股东未履行出资义务。

(二)债权出资

债权出资,即股东以其对第三人享有的债权投入公司,并由公司取代股东作为债权人对第三人享有债权,债权出资本质上属于债权让与或称债权转让,是将对第三人的债权从股东转让给公司。

债权是投资者拥有的重要的财产,具备法定出资形式的要件。我国公司实践中,债权出资的情况已比较多见。在国有企业改制组建的上市公司中,一些国有企业就是以原有的债权作为出资。在商业银行改革和资产重组的过程中所实行的"债转股",也是债权出资的一种形式,这种"债转股"就是将银行对债务人公司所享有的债权按约定的方法折抵为对该公司一定金额的股权,银行由此从债权人变成为该公司的股东,该公司的此项债务由此消灭。

债权出资的特殊性与股权出资类似,虽然债的价值或债权金额是确定无疑的,但债权的实现却具有较大的或然性,债务人的商业信用或支付能力对债权的实现起着决定性的作用,除债务人对债权本身的存在和数额可能存有异议、必须通过司法或仲裁程序加以裁决的情形外,即使已经获得司法或仲裁胜诉裁决的债权,甚至已经处于法院强制执行之下的债权,都可因债务人丧失客观的偿付能力或陷入破产而无法实现,在债务人恶意逃债成习的恶劣商业环境下,债权更具有很大的落空风险。而在股东有意将已经无望实现的债权甚至连债务人都不见踪影的不良债权充作出资的时候,相应部分的资本事实上就变成了虚假资本。因此,对债权出资的价值评估应充分考虑其不能实现的风险。但债权出资后的因各种情况变化导致债权最终不能实现的,不应因此而认定出资为不真实。

(三)非专利技术出资

非专利技术,亦称专有技术,是指尚未公开和取得工业产权法律保护的制造某种产品或者应用某项工艺以及设计、工艺流程、配方、质量控制和管理方面的技术知识。非专利技术包括未申请专利的技术成果、未授予专利权的技术成果和专利法规定不授予专利权的技术成果。非专利技术出资形式的特点与工业产权出资基本一致,有关工业产权出资的法律要求和规则应同样适用于非专有技术的出资。

非专利技术在实质条件上与专利技术是类似的,区别在于非专利技术没有向专利局申请专利、或未取得专利权或不受专利法保护。但这种技术对公司同样具有经营利用的财产价值,同样可以在当事人之间进行有效的移转。1993年《公司法》曾将非专利技术作为与工业产权等并列的五种出资形式之一加以规定,2005年《公司法》之后考虑其实际应用并不十分广泛而未再将其单独列举,但并不意味着其不再属于出资的形式,相反,非专利技术也完全符合公司法规定的法定出资形式的要件,应作为与知识产权类似的出资形式加以认可。当然,由于这种技术在权益占有和权益维护方面的困难,故而在技术贸易中所占的比重不高,在股东出资形式中意义并不突出。

(四)整体资产出资

整体资产出资,亦称为概括出资,即将企业的全部财产转移给公司作为股东的出资。从法律上看,企业既是法律关系的主体,又可能是法律关系的客体。作为主体,企业是民事权利义务的享有者和承担者。作为客体,它又是由物的要素和人的要素所构成的经营单位,是交易的对象,是可以转让、交换的特殊商品和综合性财产。企业承包、企业租赁、企业收购、兼并等都是以企业为交易对象的经营行为。而将企业的资产整体性地投资于公司,亦是实践中经常性的出资方式。

整体资产出资,实际上可分为四种情况:其一,出资的资产是企业的全部财产,包括全部的资产和负债;其二,出资的资产只是纯粹的资产,不包括负债;其三,以企业的某一部分,亦即部分的资产和部分的负债出资;其四,只以企业某一部分的纯粹资产出资。这些出资不会表现为某一单独的资产形式,而同时包含有货币、实物、知识产权、土地使用权、股权、债权等企业资产构成的多种形式,甚至将企业的负债也包含在内,因而都被视为以整体资产出资。

整体资产出资,应依其不同情况适用相应的评估作价和履行方式。包含负债的整体资产,其出资额应为净资产即资产总额减除负债总额后的余额,这也是实践中所谓净资产出资的具体方式。对资产的评估则应根据各项具体资产的类型按照相应的评估要求进行。不动产等出资的交付,需要履行特殊权属变更登记的,应依法办理。其他资产的转移,则以公司登记管理机关的登记记载和备案为准。

【本节理论探讨】

- **劳务出资的法律问题**

劳务出资,即以向公司已经或将要付出的劳动或工作作为股东的出资。劳务,包括简单的体力劳动,也包括复杂的、高级的技术或管理性的工作。国外立法中,在意大利等大陆法系国家中,除一些国家对无限公司和两合公司允许以劳务出资外,对有限责任公司和股份有限公司,大都否定劳务出资。而法国则从完全允许劳务出资改为有条件地允许,即劳务出资只作为参与公司权益分配和损失分担的计算根据,不计入公司资本,或者只允许经营内容与技艺性劳务直接相关的公司以技艺性劳务出资。

根据我国《公司法》的规定,非货币财产只有满足"可以用货币估价并可以依法转让"的条件时才可以作为出资方式。由于劳务具有人身属性,缺乏独立转让性,不具有一般等价物的商品性和现实财产的价值性,加上评估上的随意与不确定,所以我国公司法将劳务排除在出资方式之外。

但实践中确实存在股东对公司进行劳务投入而要求获得相应股权的情形,近年来日渐推行的经理层持股、员工持股、股份期权计划等企业激励方式,都存在以管理人和公司职员对公司的劳务或服务投入获取公司股权的安排和需要,由此,劳务出资的问题成为公司法理论中值得研究的又一现实问题。

对于劳务出资,目前存在不同的意见。

肯定的意见以劳务实质是一种人力资本为立论基点,认为劳动力资本商品化是市场经济的内在要求,劳动者拥有劳动力与拥有其他物质材料一样,应参与剩余利润分配,因而应建立劳动力产权制度和收益分配制度。同时,劳务出资具有经营的功能,甚至是极强的经营功能。任何公司都不可能缺少对劳务的需要,都不可能离开人的工作和管理。虽然这种劳务在通常的情况下,是以工资、酬金等形式通过公司经营成本的支付而获得,但劳务由此所表现出的经营功能却是毋庸置疑的,在资本密集型的公司中如此,在智力密集型的公司中更是如此。对有些公司来说,要从事经营和取得经营佳绩,并不需要太多的资金或实物,更需要的可能是人才和管理能力与技术。劳务可以进入公司的资本并允许股东以此作为投资的手段,股东之间也完全可以达成有关劳务出资作价的任何协议。

否定的意见则认为公司是以资本联合为基础、以资本信用原则为灵魂的企业,从资本企业的特点、精神理解,股东当不得以劳务出资。还有的意见主张,对劳务出资不能简单地肯定或否定,而应结合劳务的本身特点和将作为出资的劳务的实际情况酌定。基于劳务与人身的密不可分、对劳动者人格和尊严的尊重、劳务移转的局限和债务清偿功能的缺陷等,一般不应允许劳务出资或不允许以将来劳务作为出资。但如果劳务已实际提供、且能够折算为财产金额、可转化为现实财产,则可以允许其作为出资或抵作股款,此时对于已经发生的劳务而言,实际是一种债权,即劳务提供者对接受其劳务的公司所享有的报酬请求权。此种请求权的价值可以作为股权的对价用于对公司的出资。

- **信用出资与挂靠企业的产权认定**

信用出资,即通过某种方式使股东的商业信用为公司所用并受益。其利用的方法通常是允许公司使用股东的名称从事交易活动或直接将名称权转移给公司,或者股东对于公司所发之汇票予以承兑或背书,或股东为公司债务提供担保等。

同用劳务出资一样,信用出资,因其价值不易用货币估价和无法有效移转、难以实现债务清偿功能而不被现行公司法所允许。但信用的经营功能是显而易见的,作为一种商业评价和信誉,信用不仅是商事主体所能拥有的无形资产,更是其开展营业活动的重要条件,有的公司甚至可以在几乎没有任何资产能力的情况下靠其卓越的信用而获得经营的资源,对于某些从事特殊经营的公司而言,良好的信用甚至较之雄厚的资本更为重要。无限公司和合伙对信用出资的准入其实已经肯定了信用所具有的经营效用及相应的财产价值。

在中国,信用的利用尽管未得到法律的明确认可和理论的肯定,但在现实经济生活中的确存在以信用作为出资的需求和必要。其中,在普遍出现并广泛讨论的挂靠关系的产权认定中,即存在着挂靠企业对被挂靠单位信用的利用及估价和是否应承认被挂靠单位相应产权的问题。

挂靠企业的产权认定是中国公司法和企业法实践中独特而又十分复杂的法律问题,"谁投资,谁所有"是有关法律规范和政策文件确定的基本认定原则,但何谓投资?信用的利用是否可认定为投资?又是认定挂靠企业投资关系的重要问题。对于挂靠企业的产权认定,的确存在着信用利用与估价的问题。事实上,许多被挂靠组织尽管未向挂靠企业进行有形资产的投入,但其信用却被挂靠企业实际利用,许多挂靠关系正是挂靠企业为利用被挂靠组织的信用而发生。

挂靠企业的产权关系是一个十分复杂的法律问题,有些挂靠企业纯粹由私人投资,并完全依靠私人的有形投资和私人投资者的经营管理而使企业资产滚动增值,确认私人投资者对此种企业的产权(股权),是企业产权界定毋庸置疑的原则。然而,许多挂靠企业的成长过程并非如此单纯和简单。有的挂靠企业虽然资产由私人投入,但资产数额却微不足道,有的甚至通过虚假出资和虚报资本取得公司注册,根本没有任何资产的投入。但这种企业起始资本或资产能力的微弱并不意味着其盈利能力的低下和成长性的不足。一些小型企业在短短的几年中,迅速成长为资产规模达数千万元甚至数亿元的巨型企业,按照"谁投资,谁所有"的产权界定原则,可以说这种企业并无严格意义上的传统出资形式的投资者,企业经营的一切条件完全靠后天获得,靠企业成立后的融资和管理去创造。而在这一发展过程中,恰是利用了被挂靠组织的某种渠道、便利或影响,被挂靠组织由此而取得管理费等名目的收益并进一步主张投资者的权益就是顺理成章的逻辑,而其投资的方式正是也只能是信用的出资。由此,信用出资的确需要得到充分的重视和相应的对待。

【本节实务研究】

● 债转股及其适用

债转股,就是将银行对债务人公司所享有的债权按约定的方法折抵为对该公司一定金额的股权,由此债权人变成为该公司的股东,该公司的此项债务由此消灭。

由于历史原因,我国国有企业负债率过高,不仅使银行的巨额债权难以收回,也严重制约国有企业的发展。为此,中国共产党十五届四中全会通过的《关于国有企业改革和发展的若干重大问题的决定》提出,要"结合国有银行集中处理不良资产的改革,通过金融资产管理公司等方式,对一部分有市场、有发展前景,由于负债过重而陷于困境的重点国有企业实行债转股,解决企业负债率过高的问题"。

依此精神,中国信达资产管理公司、中国华融资产管理公司、中国长城资产管理公司和中国东方资产管理公司先后组建成立,分别收购、管理和处置中国建设银行、中国工商银行、中国农业银行和中国银行的不良资产,其中管理和处置这些资产的方式之一就是将这些不良资产中的一些对国有企业的债权转为股权,资产管理公司由债权人变为企业的股东或投资者。债转股的实行,有效地缓解了企业的还本付息压力,改善了企业的资本结构,同时也减少了银行的呆账滞账,化解了金融风险。

债转股将债权转换为股权,实质上等于股东以债权出资,但这种债转股的结果使债务人公司的相应债务消灭,股东权益相应增加,债权出资的财产价值当即实现,不存在一般债权出资价值实现方面的障碍和风险,此与一般债权出资的法律后果显然不同。

- **工业产权出资是以专有权出资还是以使用权出资**

专利权和商标权等工业产权是较为特殊的民事权利,在用于股东出资时,需要特别注意,现行法律要求的是专利或商标的专有权的出资而不是其使用权的出资。

专利权和商标权是与所有权很类似的权利,也有人称之为专利和商标的所有权,它是对专利和商标所享有的全面的权利,包括占有、使用、收益和处分等。作为专利权和商标权的行使方式,专利和商标又常常授权或许可他人使用,使他人获得专利和商标的许可使用权,这种使用权与专利权人和商标权人的使用权很易混淆,在以专利权或商标权向公司出资时,公司获得的究竟是专有权还是使用权?专利权或商标权用于出资后,原专利权人或商标权人是否有权继续同时使用该专利或商标?回答应是否定的。

根据公司法对非货币出资的要求,以工业产权出资应当办理财产权的转移手续,这种财产权应为专有权,而不只是其中的使用权,使用权的许可是无须办理产权转移手续的。当然,就学理而言,工业产权的使用权出资并非不可,如以使用权出资,其作价金额与专有权当然有别,实质上是以工业产权一定期限的使用费进行出资,但现行立法尚未肯定此种出资方式。既然出资人是以专有权出资,出资后专有权即归公司享有,那么,出资人当然不能继续使用该专利或商标,也无权再许可他人使用,否则,即构成对公司财产权的侵犯。

实践中,股东与公司同时使用专利和商标的情况经常存在,其结果很容易使股东通过专利和商标的使用不当地获取公司财产利益。针对此种情况,有学者主张,应尽量限制股东使用已出资的专利和商标。

- **以违法犯罪所得的非货币财产出资的法律效力**

根据《公司法司法解释三》第7条相关规定,出资人以不享有处分权的财产出资,出资效力应当参照《物权法》第106条关于善意取得的规定予以认定。以违法犯罪所得货币出资取得股权的,鉴于货币财产作为种类物和可替代物的特性,应当认定出资的效力,追究违法犯罪人的责任时,可对股权进行相应的处置。但是,对于以违法犯罪所得的非货币财产(俗称"赃物")出资的法律效力,该条司法解释没有明确规定,学理上有不同的观点,司法实践中也存在较大困惑。

以违法犯罪所得的非货币财产出资的效力问题,实质上就是违法犯罪所得的非货币财产是否适用善意取得的问题。对于这个问题,学理上有不同的观点。有的主张"赃物"是法律禁止流通物,不适用善意取得。有的主张"赃物"也适用善意取得,认为:"赃物带有的法律属性使其不能在市场上流通,但法律属性是隐性的,不为人知的。赃物本身并无特殊标志,它置于公开市场之中,人们难以辨认该物是否属于赃物。对第三人苛加辨别该物是否属于赃物的义务显得十分的不合理,也难于操作。这种情况之下,若因出让人的违法犯罪行为而使善意购买该物的受让人利益得不到保护,除了不利于维护交易安全外,也有违公平原则。"①

我国法律已确立善意取得制度,《物权法》第 106 条规定了善意取得的三个要件:第一,受让人受让该不动产或者动产时是善意的;第二,以合理的价格转让;第三,转让的不动产或者动产依照法律规定应当登记的已经登记,不需要登记的已经交付给受让人。从以上善意取得构成要件来看,并不涉及无权处分的财产来源是否合法,因此,无权处分人处分违法犯罪所得财产的,只要符合善意取得的构成要件,受让人即取得该财产的所有权,除非法律另有明确规定。

根据我国《刑法》和《刑事诉讼法》的有关规定,违法犯罪所得应予追缴,以补偿受害人损失,但是,对于违法犯罪所得是否适用善意取得,没有明确规定。有关司法解释中,肯定了违法犯罪所得的善意取得,如最高人民法院《关于审理诈骗案件具体应用法律的若干问题的解释》规定:"行为人将诈骗财物已用于归还个人欠款、货款或其他经济活动的,如果对方明知是诈骗财物而收取,属恶意取得,应当一律予以追缴;如确属善意取得,则不再追缴。"再如最高人民法院、最高人民检察院、公安部和国家工商行政管理局联合发布的《关于依法查处盗窃、抢劫机动车案件的规定》规定:"对明知是赃车而购买的,应将车辆无偿追缴;对违反国家规定购买车辆,经查证是赃车的,公安机关可以根据《刑事诉讼法》第一百一十条和第一百一十四条规定进行追缴和扣押。对不明知是赃车而购买的,结案后予以退还买主。"

综上,我国现行法律规定没有禁止违法犯罪所得财产的善意取得,如果出资人以违法犯罪所得的非货币财产出资设立公司,只要符合《物权法》第 106 条关于善意取得的构成要件,就应当认定出资有效,公司依法取得该非货币财产的所有权。对违法犯罪人追究责任时,可以对股权进行相应的处置,以补偿受害人的损失。

- **已经设定抵押的财产可否出资**

对于所有权上有负担的财产可否作为出资标的,我国《公司法》并未作出明确规定。但 2005 年 12 月和 2014 年 2 月两次修订的《公司登记管理条例》均在第 14 条规定,股东不得以设定担保的财产作价出资。之所以做这种修订,是因为:如果允许已经设定了抵押的财产出资,一旦抵押权人要求实现抵押权,则该种出资的效力将会受到影响,违反了资本确定原则,②从而损害公司与公司债权人的利益,甚至导致公司不能成立。

但是有的学者认为,已经设定了抵押的财产依然可以出资,其原因是:抵押权的核心内容在于抵押权人可以直接支配抵押物的交换价值,而不在于取得或者限制抵押物的使用价值,抵押人对抵押物依然有处分的权利。本书认为,完全禁止或者完全放开"以设定了抵押的财产出资",都是不符合实际的。

首先,完全禁止"以设定了抵押的财产出资"不利于对物的充分利用,实际生活中也无法满足公司对各种资源的多样性需求;其次,"转让抵押物"与"用抵押物出资"不是可以等同的

---

① 杨立新、梁清著:《物权法规则适用》,吉林人民出版社 2007 年版,第 72 页。
② 张开平:《公司权利解构》,中国社会科学出版社 1999 年版,第 280~281 页。

概念。因为转让抵押物通常仅涉及抵押人、受让人和抵押权人三方的利益。但是,"以抵押物对公司出资"除了牵涉抵押人、作为受让人的公司以及抵押权人的利益以外,还要波及公司的债权人、公司的其他股东等利害关系人,此时应综合考虑公司内外部关系的稳定与抵押权人利益的维护。所以,从"抵押人有权转让抵押物"推导出"抵押人可以用设定了抵押的财产出资",缺乏逻辑推理的同一性与连贯性,其结论也有失客观。

由此,应当允许以设定了抵押的财产出资设立公司,但是必须辅以相应的保障措施。出资人可以向公司提供其他财产作为担保或者提供保证人,一旦作为出资的抵押物被抵押权人优先受偿,公司便可以就担保财产进行变价处分,或者公司向保证人主张由其补足抵押人的出资。当抵押物被抵押权人行使优先受偿权后,出资人负有资本补足责任,同时,公司设立时的其他发起人承担连带补缴责任。如果因抵押物被抵押权人行使优先受偿权而给公司及公司的债权人造成损害的,出资人应承担赔偿责任。

第三节 股东出资的法定要求

一、出资的价值评估

除货币出资外,其他形式的出资都需要进行价值的评估。《公司法》第 27 条对有限公司的股东出资规定为:"对作为出资的非货币财产应当评估作价,核实财产,不得高估或者低估作价。法律、行政法规对评估作价有规定的,从其规定。"《公司法》第 82 条对股份有限公司发起人的出资作了准用第 27 条的相同规定。

实物等非货币出资的特殊法律问题在于其价值的评定。与货币出资不同,非货币出资的财产价值无法直接由其自身客观表现,而必须依赖人的主观评价,不同的人,基于不同的立场,使用不同的方法,会对同一项出资作出不同甚至差额甚大的价值判断,出资者往往会对其出资作正面的、较高的评价,而他人则往往会作相反的、较低的评价。同时,非货币出资的价值又具有较强的变动性,除其自身可能发生的自然增值或贬值、添附或毁损外,因时间、地点和其他外界因素、环境的变化,也会引起非货币出资价值的重大变化。这些都决定了对货币出资必须在确定一个具体日期的基础上进行客观的价值评估。

非货币出资的价值评估必须客观、真实、准确,应避免过高估价和过低估价的两种倾向和做法。出资的过高估价构成股东出资的不实和公司整体注册资本的虚假,一方面减损了公司本应拥有的财产利益,另一方面,也因股东享有较大的权利但却承担较少的出资义务而损害其他出资真实的股东的利益。出资的过低估价虽然实质增加了公司的财产,有利于公司和其他股东的利益,但却损害了该项出资的股东的利益。在公司实务中,由于发起人或大股东在公司设立过程中的主导地位,实践中容易出现的往往是对发起人或大股东非货币出资的过高估价。同时,由于国有资产管理体制和管理机制存在的缺陷和所有者缺位的问题,对国有资产的估价则经常发生过低估价的情况,这也由此成为国有资产流失的一种特殊方式。

为保证非货币出资估价的客观、真实和准确,非货币出资通常需要由中立的专业资产评估机构进行评估作价,资产评估机构应根据公认或专门的评估规则和办法进行评估,因评估不实,损害公司或其他股东利益的,应承担欺诈或过失的民事责任。

对于非货币出资的评估,法律、行政法规有特别或具体规定的,应严格执行。例如,《中外合资经营企业法实施条例》第 24 条规定,作为外国合营者出资的机器设备或其他物料,作价不得高于同类机器设备或其他物料当时国际市场价格。又如《外资企业法实施细则》第 26 条规定,外国投资者以机器设备作价出资,对作价出资的机器设备,应当列出详细的出资作价清单,包括名称、种类、数量、作价等。该法第 27 条规定,外国投资者以工业产权、专有技术作价出资的,其作价应当与国际上通常的作价原则相一致,对作价出资的工业产权、专有技术,应当备有详细资料,包括所有权证书的复印件,有效状况及其技术特性、实用价值、作价的计算根据和标准等。又如,《股份制试点企业土地资产管理暂行规定》中要求,土地使用权的价格由县级以上人民政府土地管理部门组织评估,并报县级以上人民政府审核批准后,作为核定的土地资产余额。鉴于国有资产可能被评估过低而流失,《国有资产评估管理办法》第 18 条规定,国有资产评估,必须"报同级国有资产管理行政主管部门确认资产评估结果"。

对于以非货币财产出资、未依法评估作价的法律后果,《公司法司法解释三》第 9 条作了具体规定,即:"出资人以非货币财产出资、未依法评估作价,公司、其他股东或者公司债权人请求认定出资人未履行出资义务的,人民法院应当委托具有合法资格的评估机构对该财产评估作价。评估确定的价额显著低于公司章程所定价额的,人民法院应当认定出资人未依法全面履行出资义务。"这里所说的"未依法评估作价",包括未进行评估作价和评估作价不合法两种情形,前者较为少见,后者则比较常见。对评估存在的显著差额,不应作绝对化理解,主要应看差额与出资价额之间的比例,同时也可以对绝对数额予以一定考虑。

二、出资的比例结构

出资的比例结构,也称为出资的构成,是指股东出资总额中各种出资所占的比例情况。为保证公司资产结构的合理性和公司正常经营活动的需要,保证公司资产应有的流通性和变现性,保证公司对外负债的有效清偿能力,公司法对股东出资的比例结构作出了统一的要求和限制,不允许当事人完全自由约定。

各国公司法通常对货币出资规定有最低的比例要求,例如,德国、法国规定股份有限公司货币出资应占公司总资本的 25% 以上,意大利规定货币出资应占公司资本的 30% 以上,瑞士、卢森堡规定为 20% 以上,奥地利则要求股份资本的一半须以现金支付。我国 1993 年《公司法》对货币出资的比例未作硬性要求,而只对工业产权和非专利技术的出资比例作了规定,即以工业产权、非专利技术作价出资的金额不得超过公司注册资本的 20%,后来为鼓励和促进高新技术成果的开发和利用,有关立法将高新技术成果的出资比例放宽到注册资本的 35%。这种出资比例的限制,一方面在于确保公司正常经营所需的有形资产,另一方面是因这两种无形资产价值上的不稳定性和变现上的不确定性,过高比例的无形资产可能会削弱公司的债务清偿能力,危及社会交易的安全。然而,随着科学技术在生产要素中的地位日趋重要,这种严格的比例限制已经不能满足经济生活的需求,在许多公司中,技术出资在公司经营要素中的作用更为突出,技术出资的当事人要求在公司经营中享有更大的权益并处于主导的地位,20% 或 35% 的比例限制已经严重阻碍了这些以技术开发为主要内容的公司的设立和发展。因此,2005 年《公司法》修改时,彻底取消了对工业产权等无形财产出资比例的限制。

与此同时,为保障公司开业和经营所需货币资金的基本需求,防止非货币财产变现的困难和障碍,借鉴境外公司法立法经验和先例,2005 年《公司法》增加了关于货币出资最低比例的规定,即:全体股东的货币出资金额不得低于有限责任公司注册资本的30%。2013 年《公司法》修订将这一货币出资比例的要求取消,其立法目的和价值取向与资本制度的其他改革相同,都是为了鼓励投资,尽可能地放宽投资条件,降低投资门槛,将资本设定的权利(包括决定资本规模和资本的财产构成的权利)赋予公司。

三、出资的履行

出资的履行就是股东将用于出资的财产交付予公司或向公司履行其他给付义务。由不同出资的特点决定,其履行出资的方式也不同,《公司法》第 28 条和第 83 条对有限责任公司和股份有限公司出资的履行方式作了专门的规定:"股东以货币出资的,应当将货币出资足额存入有限责任公司在银行开设的账户;以非货币财产出资的,应当依法办理其财产权的转移手续。"对于以募集方式设立的股份有限公司的股款缴纳,《公司法》第 88 条规定:"发起人向社会公开募集股份,应当同银行签订代收股款协议。代收股款的银行应当按照协议代收和保存股款,向缴纳股款的认股人出具收款单据,并负有向有关部门出具收款证明的义务。"

货币出资的履行方式最为简单,只需货币的实际交付即可,即将应出资的货币存入设立中的公司在银行开设的账户。实物等非货币出资的履行方式则较为复杂,其中不仅需要实物或无形财产的实际交付,更需要相应的权属变更。

实物的出资是实物所有权从股东向公司的转移,应遵循物权变动的法律原则,动产物权的转移一般以交付为要件,而不动产物权的转移则一般以登记为要件。《民法通则》第 72 条对所有权的转移时间作了规定:"按照合同或其他合法方式取得财产的,财产所有权从财产交付时起转移,法律另有规定或当事人另有约定的除外"。对于土地、房屋等不动产使用权或所有权的转移,各国民法或物权法均规定有专门的法律规则,一般规定为非经办理权属变更登记,不能发生转移的法律效力。同时,对于某些动产,如机动车等,国家实行登记管理并以登记取得权利的,其所有权的转移亦以登记为要件。

知识产权中的专利权和商标权是以权利证书表彰的特殊民事权利,仅从专利技术或商标的实际使用是无法判断其权利的归属的,因此,其出资不仅要求专利技术或商标的实际转移,更重要的则是专利或商标在登记管理机关的变更登记以及专利证书或商标证书中权利人的相应变更。非专利技术,因不表现为特定的权利形式,只是当事人的一种特殊利益,其出资方式与一般动产出资类似,只需实际、有效的技术交付即可,此种交付通常采取移交图纸、数据、模型、程序等技术资料和技术人员培训等使公司能有效掌握和利用该项技术的各种必要形式。著作权无固定的权利表现形式,没有特定的权利证书,因而其出资的履行应根据作品的具体情况确定出资的要求,包括书稿、影像资料的交付、作品利用的明确授权等。

在非货币出资形式中,工业产权(专利权、商标权)和土地使用权都是一种财产权利,被归为无形财产,这种财产不可能像有体物一样进行物理形态的移转,其交付转让与物的交付转让具有完全不同的特点。完整有效的权利交付应包括权属变更和权能移转两方面的内容。各种权利都有各自的权属证明形式,要实现权利的转让,首先要根据各种权利特定的权属证明形式进行相应的变更。同时,权能的移转是权利交付另一重要的方面,权能的移转是指权利人享有的各种权利实际地转由受让人行使。权属的变更属法律上的权利交付,权能的移转是事实上的权利交付,二者共同构成权利移转不可分割的两个方面,权属变更的价值在于法律对权利的认定和法律风险的防范,权能移转的价值则在于公司对股东出资财产的实际利用和其他权益的实现。实践中,当事人对财产权利的出资并不总是做到权属变更和权能移转的完整交付,只办理了权属变更而未移转权能、或只移转了权能而未办理权属变更的情况时常发生,这是出资纠纷发生的原因之一。

典型案例:娃哈哈与达能公司出资设立合资公司案(《案例分析》第 149 页)
请扫描二维码或访问 http://2d.hep.cn/1318685/15 了解相关内容

对于前述需要办理权属变更登记手续的财产出资、未办理手续或未实际交付时的法律后果,《公司法司法解释三》第 10 条作了特别规定,即:"出资人以房屋、土地使用权或者需要办理权属登记的知识产权等财产出资,已经交付公司使用但未办理权属变更手续,公司、其他股东或者公司债权人主张认定出资人未履行出资义务的,人民法院应当责令当事人在指定的合理期间内办理权属变更手续;在前述期间内办理了权属变更手续的,人民法院应当认定其已经履行了出资义务;出资人主张自其实际交付财产给公司使用时享有相应股东权利的,人民法院应予支持。出资人以前款规定的财产出资,已经办理权属变更手续但未交付给公司使用,公司或者其他股东请求其向公司交付、并在实际交付之前不享有相应股东权利的,人民法院应予支持。"在此问题上,司法实践对股东履行出资义务的认定既要求财产的实际交付,也要求办理权属的变更手续,但在确定出资履行的时间上,则是以实际交付为准,主要原因在于手续办理的迟延通常不会对公司利益造成根本影响。

四、出资的验资

验资,是法定机构依法对公司股东出资情况进行检验并出具相应证明的行为,验资是既往公司法规定的特别法律程序,是资本制度的组成部分,也是把守资本真实的重要关口,验资制度的作用是通过中立的专业机构和专业人员的执业行为保障股东出资行为的真实履行和出资财产的货真价实。

验资是我国公司法长期实行的制度,2005 年《公司法》第 29 条规定,有限公司"股东缴纳出资后,必须经依法设立的验资机构验资并出具证明",第 90 条规定,股份有限公司"发行股份的股款缴足后,必须经依法设立的验资机构验资并出具证明"。然而这一实行了几十年的法律制度因其存在的一些积弊而饱受诟病和非议,在 2013 年的资本制度改革中,最终被废弃取消。

验资制度的价值在于保障公司资本的真实,资本真实是公司法的基本要求,也是公司法贯穿始终的法律理念。公司资本制度虽然进行了重大改革,但资本真实的法律要求不应动摇。资本真实包括实缴资本的真实和认缴资本的真实。验资所保障的主要是实缴资本的真实,即股东实际缴纳的出资额与其公示的资本额的一致,不存在虚假出资或出资财产实际价值不足其出资额的情形。

取消法定验资的特定程序,决非否定资本真实性的法律要求,而只是改变资本真实的实现方式,资本制度改革只是废止了法定的验资程序和要求,并不排斥当事人自愿的验资安排。由于出资的真实与否不仅影响公司债权人的债权安全,还会直接影响股东之间的利益公平,为防范和避免部分股东虚假出资或出资不实行为对其他股东的侵害,股东自身可能就会形成验资的强烈需求。同时,为证明自己已完全履行出资义务并由此免除出资责任和对抗他人对出资责任的追究,股东也会希望通过验资的安排获取验资报告这一重要的证据。由此,当事人的自愿验资不仅客观上会部分替代过去的法定验资,而且还应得到相关行政机关和司法机关应有的肯定和鼓励。

依照既往验资制度的规定,法定验资机构通常由符合条件的注册会计师构成,《中外合资经营企业法实施细则》第32条规定:"合营各方交付出资后,应由中国注册的会计师验证,出具验资报告后,由合营企业据以发给出资证明书。"验资的内容应包括:股东出资是否符合法律、行政法规和公司章程的规定;是否存在弄虚作假的行为;非货币出资的评估作价是否公平、合理;货币出资是否已足额存入公司临时账户;非货币出资是否已办理权利移转登记手续等。

验资结束,验资机构应出具验资证明,验资证明必须客观真实,验资机构或验资人员不得提供虚假证明文件,否则,将要承担相应的法律责任。《公司法》第207条规定:"承担资产评估、验资或者验证的机构提供虚假材料的,由公司登记机关没收违法所得,处以违法所得一倍以上五倍以下的罚款,并可以由有关主管部门依法责令该机构停业、吊销直接责任人员的资格证书,吊销营业执照。承担资产评估、验资或者验证的机构因过失提供有重大遗漏的报告的,由公司登记机关责令改正,情节较重的,处以所得收入一倍以上五倍以下的罚款,并可以由有关主管部门依法责令该机构停业、吊销直接责任人员的资格证书,吊销营业执照。承担资产评估、验资或者验证的机构因其出具的评估结果、验资或者验证证明不实,给公司债权人造成损失的,除能够证明自己没有过错的外,在其评估或者证明不实的金额范围内承担赔偿责任。"

验资的民事责任是公司法理论和实务中日愈重要的问题,确定验资机构的民事责任,特别需要明确以下几个主要问题:

(1) 请求的主体是公司的债权人。债权人是验资行为的利害关系人,是不实验资的受害人。与被验资的公司没有债权债务关系的人不应作为验资民事责任的请求权人。

(2) 验资机构的民事责任属过错责任。对验资机构的过错认定应以是否尽到应有的注意为标准,而不应只依照会计师行业制定的审计准则来判断。对于会计师而言,未尽到一个同行业的合理谨慎的会计师在类似环境下应有的注意义务即为有过失。在判断注册会计师在验资时是否尽到应有的职业注意义务时,可以参照公认的审计准则作为标准,被告遵循了公认审计准则的要求可以作为尽到职业注意义务的初步证据,但原告可以对此提出反驳。同样,注册会计师在验资时未遵循审计准则的要求,也并不必然意味着会计师失职,但可将其作为失职的初步证据,被告对此提出令人信服的辩解方可免责。

(3) 验资机构的民事责任属于赔偿责任。所谓赔偿即对不实验资给公司债权人造成的实际损失的赔偿。但这种赔偿责任究竟是由验资机构独立承担的按份责任还是与出资人共同承担的连带责任,目前的有关司法解释和司法实践尚不明确和统一。

(4)验资机构的民事责任是限定责任。即应在其证明不实的范围内承担赔偿责任,而不应要求验资机构对债权人的全部损失或出资人的全部出资责任负责。

【本节理论探讨】

• 资本真实与验资存废

资本真实是公司法的基本要求,也是公司法贯穿始终的法律理念。从注册资本的确定到股份的发行,再到股东出资义务履行的每个环节,无不要求当事人行为和法律事实的真实可靠。我国公司资本制度虽然进行了重大改革,但资本真实的法律要求从未动摇。这一法律要求不因取消法定最低资本额制度而改变,不因采取法定资本制或是授权资本制而不同,也不因采取实缴资本制或是认缴资本制而有别。

肯定和坚持资本真实的法律理念和原则,既是公司法固有的传统,又有着理论和现实的充分根据。无论从诚实信用的民商法基本原则的要求,还是根据资本所具有的法律效力和效果,以及基于股东之间利益平衡和公平合理的考量,都不能允许资本的虚假。资本制度无论怎样突破和变革,应该坚守、从未突破也不应突破的法律底线应是资本真实,其中包括实缴资本的真实和认缴资本的真实。对于实缴资本,要求真实的是股东实际缴纳的出资额与其公示的资本额的一致,不存在虚假出资或出资财产实际价值不足其出资额的情形。对于认缴资本,要求的则是全体股东实际承诺认缴的出资额与其注册资本的一致,不存在未经股东认缴的空置的注册资本。

验资是公司法规定的特别法律程序,也是把守资本真实的重要关口,然而这一实行了几十年的法律制度却饱受诟病和非议,在2013年的资本制度改革中,最终被废弃取消。验资程序尽管存在许多弊端,如验资机构了解和掌握投资事实的局限性、公司设立阶段的验资障碍、验资报告与公司实际资产的脱节、虚假验资与恶意串通、公司设立成本与会计师行业利益的冲突等,但不应完全否定验资制度为实现资本真实所做的贡献,更不应否定验资对资本真实本身的价值追求。

取消法定验资的特定程序,决非否定资本真实性的法律要求,而只是改变资本真实的实现方式,将控制和保障的法律关口后移。法定验资是法律施加的强制程序和规则,取消法定验资后,资本的真实要适当地调动和依赖当事人的自治,要寄望于行为人的诚信意识、自觉自律以及相互间的监督制约。

取消法定验资之后,无论对于注册资本还是实缴资本,都应建立常规的调查核实程序,此程序可由登记机关主动启动,亦可根据当事人的请求提起。为此,甚有必要赋予所有与公司发生或意欲发生交易的当事人对公司资本的知情权和调查请求权,当事人既可自行查询和核实公司资本认缴和实缴情况,亦可请求登记机关依职权展开调查并告知调查结果。

【本节实务研究】

• 土地使用权出资履行不当的法律效果

(1)已办理土地过户手续但未交付土地。虽然土地使用权移转的主要法律形式是土地的过户登记,但土地的交付仍然是土地使用权出资的重要要求,只是完成了土地的过户登记而未实际交付土地,仍属于对出资义务的违反,虽然因土地的不可移动性,它不会对公司债权人造成追索公司财产的障碍,但因其未被公司予以实际有效的占有和利用,因而构成了对公司利益和股东权益的事实上的侵犯。由此,将产生出资者对公司的出资违约责任,公司或其他股东应有权要求该出资者履行土地交付义务和赔偿由此给公司造成的财产损失。同时,公司债权人在公司财产不足以清偿其债务时,应有权诉请对此项土地予以强制执行。

(2) 已交付土地但未办理土地过户登记手续。此种情况下,公司虽获得了土地占有和利用的实际财产利益,但这种占有和利用却未得到法律的肯定和保护,是极不稳定和极不安全的。因土地使用权仍在出资人名下,公司并未取得对土地的法律上的控制,相反,会随时因出资人的反目或出资人对土地的自行处分以及其他土地权利人对土地的追索而丧失对土地的占有。因此,这种出资只是事实上的出资而非法律上的出资,当然构成出资义务的不履行行为。因而,公司或其他股东有权要求该出资人履行土地的登记过户义务,而出资人拒绝登记甚至以未办登记过户为由而要求收回土地的行为都属典型的恶意违约,当事人同样可通过诉讼程序诉请司法救济,请求强制登记过户。

(3) 既未交付土地,亦未办理土地过户手续。这是完全不履行土地出资义务的行为,此种行为构成公司法上的违法行为,并产生相应的法律责任,包括该股东继续出资的责任、其他股东或公司的发起人连带认缴的责任以及由此给公司造成损害的赔偿责任。当然,在此情况下,公司对出资人约定用于出资的土地既不存在事实上的控制,也不享有任何物权意义上的权利。因而不可能通过物权追及的诉讼而取得该土地的使用权,而只能通过债权诉讼获得救济。

对于上述违反土地使用权出资义务的行为,除已办理土地过户登记而未交付土地的情况,公司可通过行使物权请求权要求出资人交付土地外,在其他任何情况下,公司是否有权要求出资人交付土地,是否允许出资人以其他的形式履行其出资的义务,需要依据债法的一般原理加以确定。

【本章参考文献】

1 孔祥俊,姜天波,汪泽.公司法及配套规定新释新解.北京:人民法院出版社,1997

2 [日]志村治美.现物出资研究.北京:法律出版社,2001

3 赵燕士,田予.外商投资企业法概论.北京:中国政法大学出版社,1992

4 陈甦.公司设立者的出资违约责任与资本充实责任.中国法学,1995(6)

【本章思考练习题】

一、名词解释

1. 瑕疵出资

2. 虚假出资
3. 资本充实责任
4. 认购担保责任
5. 缴纳担保责任
6. 差额填补责任
7. 非货币出资
8. 劳务出资
9. 信用出资
10. 债转股

二、简答题

1. 简述股东出资的法律意义。
2. 简述股东违反出资义务的表现形式及其法律后果。
3. 股东违反出资义务应承担何种民事法律责任?
4. 简述出资违约责任的性质和内容。
5. 股东出资形式为何法定?其法定根据如何?
6. 股东是否可用借贷资金出资?
7. 简述工业产权出资的法律意义和特殊要求?
8. 现有法定出资形式之外的其他出资形式应否得到法律的承认?为什么?
9. 非货币出资履行有什么特殊的法律要求?

三、案例分析①

1. 某城市市郊原有一国营农机厂,因销路不好而停产。张某看中农机厂邻近公路旁的一栋2层共3 000平方米的空置厂房,便与农机厂协商,将该厂房装修后做成建材市场赚取租金。双方一拍即合,决定共同出资成立一家飞龙实业有限公司来进行该项目的经营。为此,双方拟订了公司章程,章程规定:(1)农机厂占公司股权88.57%,张某占股权11.43%。双方按持股比例进行收益分配,承担经营风险与亏损。(2)公司成立后农机厂应负责办理房产的变更登记,将该厂房的产权从农机厂变更为飞龙公司。(3)公司法定代表人由农机厂指派,张某担任公司总经理。

公司成立后,3个月即招租完毕。飞龙公司共收取商户租金及保证金1 600万元。建材市场开业2个月后,张某利用公司财务制度不健全和身份之便,将飞龙公司1 500万元全部从飞龙公司账户划走,人也一走了之。由于市场无钱,经营管理混乱,一年后,合同期满的商户纷纷要求退出,并要求飞龙公司退还保证金,但公司已无款可退。商户们便向法院提起诉讼,要求法院拍卖飞龙公司的房产,以拍卖价款返还商户的保证金。但飞龙公司辩称,该房产的产权人为农机厂,农机厂只是为飞龙公司的股东,不能代替飞龙公司承担责任。经法院调查查明,农机厂的房产在飞龙公司成立后并未办理向飞龙公司的转让登记。

---

① 案例节选自徐晓松主编、陈丽苹副主编:《公司法学案例教程》,知识产权出版社2002年版,第83页。

在农机厂出资的房产并未办理转让登记的情况下,商户们向法院提出的执行该房产的请求可否予以支持?

2. 金达公司看中 A 大学锂离子电池生产技术,当时,该技术已申请专利,处于初审后的公开阶段。金达公司与 A 大学决定共同成立一家科达科技有限责任公司,共同开发、生产、销售该锂离子电池产品,金达公司以货币出资,A 大学以技术出资,但在 A 大学技术作价入股的比例上,A 大学坚持要占 49% 的比例,金达公司最后妥协同意。由于这一比例已超过公司法规定的高新技术出资的最高比例,直接以该技术出资,注册时肯定通过不了,而且,依照《公司法》规定,以技术出资还得事先进行评估,又需花一笔评估费,考虑这些因素,金达公司与 A 大学签订了一份借款协议和一份技术转让协议。借款协议订明,金达公司借款人民币 980 万元给 A 大学用于公司设立之出资。公司成立后,以公司受让 A 大学锂电池支付的 980 万元转让费偿还。在发起人协议和公司章程中,A 大学出资方式均为货币,数额均为 980 万元。

2000 年 5 月,双方依照上述协议发起设立了科达公司,开始了锂电池的生产,一年后,金达公司发现产品市场远非预料得好,公司账面上处于亏损状态,金达公司感觉自己出资太多,出资上吃了亏,而且,双方在经营方针、策略和内部管理问题上分歧严重,以致发生纠纷。金达公司因此诉诸法院,要求法院确认发起人协议、技术转让协议中涉及 A 大学出资额及技术转让费的条款无效,要求依照《公司法》的规定将 A 大学在注册资中的比例由 49% 下调至 35%。

(1) 金达公司与 A 大学围绕出资问题签订的上述几个协议是否违反了公司法有关知识产权出资最高比例的限制性规定?

(2) 对金达公司将 A 大学在注册资中的比例由 49% 下调至 35% 的诉求可否给予支持?

第八章 股东与股权

■【导语】

公司是以营利为目的的社团法人。公司法历来把最大限度地营利、实现股东利益的最大化作为公司的最高价值取向。甚至可以说,近现代公司法的历史就是一部为保护股东利益而奋斗和努力的历史。股东是成立公司的人的基础,他们的利益如不能得到法律的充分保护,必将动摇公司制度的根基。何况,对股东的保护程度不仅直接关系到股东个人的切身利益,而且关系到公司制度本身的存废,并进一步波及于公司的经营者、消费者、债权人、交易客户、公司所在地政府乃至全社会的利益。就此而言,强调股东利益保护与强调公司社会责任具有同等重要的意义。

本章从股东的概念出发,阐释了公司股东的构成、股东资格的取得、限制与丧失、股东的法律地位、股东的权利和义务、股权的法律性质及股权法律关系、有限责任公司的股权和股份有限公司的股份以及股权的行使和救济等。

本章的学习重点主要在于股东资格的取得、股东的法律地位、股东的权利和义务、股权的概念及法律特征、股权转让的原则和程序等。本章的学习难点在于理解股权的法律性质、股权转让的效力、股权的救济制度。通过本章学习,应对上述学习重点熟练掌握,并能结合具体的理论和实践问题加以分析和运用;对上述学习难点有一定的理解和思考;对于其他问题,应有一般的了解。

第一节 股 东

一、股东的含义和构成

（一）股东的含义

股东是组成公司并在其中享有股东权利的人。凡是基于对公司的投资或者基于其他的合法原因而持有公司资本的一定份额并享有股东权利的主体均是公司的股东。但由于公司的类型、投资人向公司投资的时间以及取得股权的方式等不同,对股东的含义有不同的表述。一般而言,有限责任公司的股东,是指因在公司成立时认缴公司资本或在公司存续期间依法继受取得股权而对公司享有权利和承担义务的人;股份有限公司的股东,是指在公司设立时或在公司成立后合法取得公司股份并对公司享有权利和承担义务的人。①

我国《公司法》在关于股份有限公司的规定中使用了"发起人"的概念，而在关于有限责任公司的规定中却未使用"发起人"而统一使用了"股东"的概念。严格说来，发起人与股东两个概念不能等同，二者既有联系又有区别。通常情况下，发起人是指参加订立发起人协议、提出设立公司的申请、认购公司出资或股份并对公司设立承担责任的人。发起人在设立过程中受发起人协议约束，在公司成立后，才可能具有股东身份。②

然而，公司的股东却并不以发起人为限。除发起人外，任何在公司设立阶段和公司成立后认购或受让公司出资或股份的人都可以成为公司的股东。从这个意义上看，无论是股份有限公司还是有限责任公司，均应有发起人和股东的区分。只不过在股份有限公司中，由于法律规定发起人必须认足一定比例的股份，因此发起人是公司成立后的当然股东；同理，在有限责任公司中，由于法律规定发起人都负有出资义务，所以发起人在公司成立后即成为公司的首批股东。

（二）股东的构成

公司可能由下列三种类型的股东构成：

（1）参与公司设立或者认购公司首次发行股份或出资的原始股东。凡是符合公司法规定的条件，参与公司的最初设立活动，在公司章程上签名、盖章且实际认购出资的发起人，或者认购公司首次发行股份的其他人，均可成为公司的原始股东。公司的原始股东对公司具有相当重要的意义：一方面，原始股东通过制定公司章程，决定了公司的基本构架；另一方面，原始股东也承担了保证公司资本真实的担保责任。

（2）公司成立后的继受股东。继受股东是指在公司存续期间依法继受取得出资或股份的人，一般是在公司成立后因依法转让、继承、赠与或法院强制执行等原因取得股东地位的人。继受股东也受公司章程的约束。这类股东所取得的股东权利受其前手权利状态的影响，取得人不仅取得股东权利，而且也应承担前手股东的义务。

（3）公司成立后因公司增资而加入的新股东。公司通过增资的方式来扩大其经营规模是较常见的资本运作方式。公司增资可以通过向原股东筹集的方式进行，也可向公司股东以外的投资人筹集。如果公司采取后一种方式增资，则原股东以外的投资人自然也因其向公司的投资而成为公司的股东。

二、股东资格的取得、限制、认定与丧失

（一）股东资格的取得

投资人通过认购或继受取得公司的出资或股份而获得股东资格。其中，认购出资或股

---

① 需要注意的是，并非任何向公司投入资金的人都是公司股东。如购买公司发行债券的人以及向公司提供贷款的银行就不是股东，他们只是债权人。
② 一人有限责任公司和国有独资公司只有单个投资主体，无发起人协议，故而股东仅受公司章程的约束。

份主要包括发起人的认购、发起人以外的认购人的认购、公司成立后投资人对公司新增资本的认购。就取得股东资格的时间及原因而论,可将股东资格的取得方式分为原始取得和继受取得。

(1) 原始取得。凡在公司成立时就因创办公司或认购公司首次发行的出资或股份而成为公司股东的,属于股东资格的原始取得,这些股东属于公司的原始股东。在有限责任公司及发起设立的股份有限公司中,原始股东主要包括公司的发起人或创办人,而在募集设立的股份有限公司中,还包括在公司设立时即认购了公司股份的其他人。此外,因在公司成立后认购公司新增资本而取得公司股东资格的,也属于股东资格的原始取得。

(2) 继受取得。凡因转让、继承、公司合并等方式取得公司出资或股份并成为公司股东的,属于股东资格的继受取得,这类股东即为继受股东。继受股东主要包括受让原始股东的出资或股份的人以及因其他事由继受他人的出资或股份的人。

(二) 股东资格的限制

各国或地区公司立法的规定多认可自然人和法人均可以成为公司的股东,但对自然人或法人作为股东的具体资格限制,却不尽一致。一般对继受股东的资格限制较少,而对发起人股东的资格要求较严。这些限制主要体现为以下方面:

1. 自然人作为发起人应当具备完全民事行为能力

例如,在英国,未成年人认购股份可以导致合同的被撤销,甚至某些公司的细则中也往往限制或禁止未成年人成为股东,或者限制未成年人的表决权。[①] 我国《公司法》虽未对此作限制性规定,但由于设立行为的性质属于法律行为,并会对发起人直接产生实体上的权利义务关系,因此应当适用《民法通则》关于自然人民事行为能力的规定,限制无民事行为能力人和限制民事行为能力人参与公司设立。对于一些特殊的行业,发起人还需要具备特殊的民事权利能力和民事行为能力。

此外,法律禁止设立公司的自然人,也不可成为公司的股东。如我国有关组织法规定公务员、检察官、法官等不得作为公司的股东。

2. 法人作为发起人应是法律上允许设立公司的法人

如我国台湾地区的"公司法"就规定,法人作为发起人仅限于公司。在我国,关于到底哪些法人不能作为公司的发起人,应根据社会经济、政治等因素来确定。比如,我国法律、法规禁止党政机关、军队等经商办企业,因此党政机关和军队就不能作为公司的发起人。否则就可能出现以权经商、强买强卖、垄断经营的现象,不利于党的建设、政权建设和社会主义市场经济体制的建立。当然,这样的规定并不排除经国家授权的有关主管部门在国有资产营运方面的作用,也不排除经国家授权的国有资产管理机构在必要时作为发起人参与某些公司的设立活动。

3. 原则上公司不得自为股东

我国《公司法》第142条第1款规定:"公司不得收购本公司股份。但是,有下列情形之一的除外……"。根据该规定,在我国,只有例外情形下公司可以购买自己的股份,但这些例外情形实质上只是解决减资、合并等实践中遇到的特殊问题的手段而已,并非旨在使公司最终成

---

① 董安生等编译:《英国商法》,法律出版社1991年版,第258页。

为自己的股东。法律之所以作如此限制的立法目的,主要在于防止将公司与股东的法律地位合二为一,混淆公司与股东的法律关系,使公司对外揭示的公司内部构成和条件与实际状态不符,并形成公司的自我控制和过度投机,损及公司其他股东和债权人的利益。①

4. 公司章程约定不得成为股东的人不得为公司的股东

以有限责任公司为例,为保持公司的人合性,公司章程往往对股东资格加以严格限制。如公司章程约定,未经董事会一致同意,任何人不得成为公司股东。在约定情形下,应尊重股东的约定,维护公司章程约定内容的效力,除非这种约定违反法律的强制性规定。

5. 对发起人的国籍和住所的限制

为了防止发起人利用设立公司来损害广大社会公众的利益,一些国家或地区的公司法对发起人的国籍和住所有一定限制。我国现行立法主要规定了对股份有限公司发起人住所的限制。②

(三) 股东资格的认定规则

认定股东资格需要注意程序和实体两方面的规则。根据《公司法司法解释三》,认定股东资格需要遵循下列规则:③

1. 股东资格诉讼中诉讼主体的确认规则

当事人向人民法院起诉请求确认其股东资格的,应当以公司为被告,与案件争议股权有利害关系的人作为第三人参加诉讼。这是由于依《公司法司法解释三》的规定,公司有义务为股东出具出资证明,并将其记录于股东名册,因此对股东资格发生争议的实质是对公司履行上述义务提出的异议,故应当将公司列为被告,而利害关系人与裁判结果有利害关系,所以应当列为第三人参加诉讼。

2. 股权权属争议的举证责任分配规则

请求确认股权的股东应当承担举证责任,证明其取得股东权益的形式,且该形式符合法律规定。具体而言,主张股东权益的一方应该对下列事实之一予以证明:已经依法向公司出资或者认缴出资,且不违反法律法规强制性规定;已经受让或以其他形式继受公司股权,且不违反法律法规强制性规定。

3. 隐名投资情形中的股权确认规则

对于隐名投资与名义持股的合法性,以及隐名投资与名义持股中的股权确认,理论上一直存在较大争议。在司法实践中,对于隐名投资与名义持股的法律效力,通常视个案情况而论:如果隐名投资是为了规避法律、行政法规的强制性规定,应当认定无效,则隐名投资人不具有股东资格;如果隐名投资并未违反法律、行政法规的强制性规定,隐名投资人只是基于各种原因不愿显名而已,则应当认定有效。

在认定隐名投资合法有效的情形下,如何确认股权的归属,理论和实务中历来有不同看法。有认为应当采用实质要件标准,以实际出资人为股东;也有认为应当采用形式要件标准,

---

① 参阅本章第四节中"股份的转让"的相关内容。
② 参阅本书第三章"公司的设立"的相关内容。
③ 可参阅最高人民法院《关于适用〈中华人民共和国公司法〉若干问题的规定(三)》第22~29条的规定。

以出资证明书、股东名册、公司章程或工商登记的记载来确认股东。《公司法》采纳了形式要件标准:当处理公司内部股东资格确认纠纷时,以公司股东名册作为确认股权归属的依据,股东名册变更是股权变动的生效要件;当与公司之外的第三人发生纠纷涉及股东资格确认时,以工商登记作为确认股权归属的依据,即工商登记变更是股权变动的对抗要件。然而,在股权的形式认定和实质认定问题上,《公司法》以股东名册、工商登记确认股东资格解决的只是股权归属的形式认定问题,是法律从形式上对股东资格作出的推定,这与股权归属的实质认定并不矛盾。隐名投资人完全可以根据协议等证据来证明自己的股东身份,从而要求法院对自己的股东身份作出实质认定,推翻法律形式上的推定,变更股东名册,行使股东权利。而且,在有限责任公司的实践中,一直有隐名的实际出资人虽然不是公司名义上的持股人,但却依据和名义持股人之间的协议,实际享有股东权利和利益的情形存在。这种情形下双方就容易对股权投资收益的归属发生争议。《公司法司法解释三》的颁布,为这种情形下股东的认定提供了进一步的司法依据。依该司法解释第24~28条的规定,处理实际出资人与名义持股人之间的关系的一个总原则是:有限责任公司的隐名实际出资人和名义出资人对于股权的归属的争议可以由双方的合同调整,但实际出资人转为公司股东需经公司其他股东半数以上同意,同时要兼顾公司第三人的利益。具体可以归纳为下列三种情形:

(1) 鉴于对合同自由原则的遵循,在实际出资人和名义持股人之间的协议不违反法律强制性规定的情形下,实际出资人与名义持股人之间关于由名义持股人出面行使股权、由实际出资人享受投资权益的合同约定受法律保护,实际出资人可依照合同约定向名义持股人主张相关权益。但是,基于有限责任公司人合兼资合的法律属性以及对交易安全的考虑,在未经公司其他股东半数以上同意的情形下,实际出资人无权请求公司变更股东、签发出资证明书、记载于股东名册、记载于公司章程并到公司登记机关办理登记。也就是说,此时该实际出资人不属于公司的股东,但可以依据其与名义持股人之间的协议享有投资权益。需要注意的是,我国目前仍未明确"投资权益"的概念及内涵,所以,对于实际出资人享有的权益,在实践中就需要双方在协议中予以明确约定,以避免争议的发生。

(2) 名义持股人虽然是公司的股东,但并不实际享有股东权益,故其在未经实际出资人同意的情形下,将登记于其名下的股权转让、质押或者以其他方式处分的,属于无权处分。但是,如果受让人凭借对登记内容的信赖,相信登记的股东(即名义股东)就是真实的股权人,并因此接受该名义股东对股权的处分,此时实际出资人不能主张处分行为无效,第三人可以依登记的内容终局地取得该股权。如果因为受让人善意取得股权而给实际出资人造成损失的,实际出资人有权请求作出处分行为的名义持股人承担赔偿责任。如果名义持股人处分股权造成受让人损失的,受让人有权请求名义持股人以及对未及时办理变更登记有过错的董事、高级管理人员或者实际控制人承担赔偿责任。

(3) 在享有股东权益的实际出资人没有完全履行出资义务时,公司债权人只能请求不实际享有股东权益的名义持股人承担责任,即名义持股人仍应当对外承担股东责任,而不能以其为名义股东作为不承担责任的抗辩理由。换言之,实际出资人,不直接对外承担公司债务。这一做法可以有效保障相对人应有的信赖利益,避免因隐名出资行为侵害善意相对人的合法利益。当然,从权利义务的对等性角度,法律也赋予了名义股东对实际出资人的追偿权,即名义股东对外承担赔偿责任后,对内可以向实际出资人追偿。

典型案例：荣松义诉黄骅、黄艳、上海班利贸易有限公司出资纠纷案（《案例分析》第169页）
请扫描二维码或访问 http://2d.hep.cn/1318685/16 了解相关内容

（四）股东资格的丧失

正常情况下，股东资格一直保留，但出现下列情况之一的，股东将丧失其资格：(1)所持有的股权已经合法转让的。(2)未依公司章程约定履行股东义务，而受到除名处置的。(3)因违法受到处罚而被剥夺股权的（如没收财产）。(4)法律规定的其他事由。

三、股东的法律地位

就投资人成为公司股东的动机而言，理论上可将公司股东分为三类，即投资股东、经营股东和投机股东。投资股东取得公司出资或股份的目的，在于投入资本赚取股利等收益；经营股东投资的目的是为了取得经营企业的权利，当然并不排除其营利目的；投机股东一般都是短线投资，其目的是为了伺机牟取暴利。尽管股东因投资动机不同，其股权内容可能会有所差异（如投资股东多为优先股股东，经营股东多为普通股股东），但各类股东的法律地位一律平等。股东的法律地位既表现在股东与公司之间的法律关系中，又表现在股东相互之间的法律关系中。离开对公司具体的法律关系的分析，股东的法律地位就无从谈起。股东的法律地位主要表现如下：

（一）股东享有股权

股东享有股权，这是股东与公司之间的法律关系和股东法律地位的集中体现。公司是由股东出资组成的法人组织。股东将自己的财产交由公司进行经营，按其投资份额对公司享有一定权利并承担一定义务，这种权利和义务的总称就是股权。股权既是股东法律地位的具体化，又是对股东具体权利义务的抽象概括。

在不同类型的公司中，股权的内容不尽一致，股权与所有权联系的紧密程度也有所不同。一般而言，无限公司因所有权与经营权合一，股权与所有权的联系较为紧密；在股份有限公司中，由于所有权与经营权发生了分离，股东不再享有直接支配其投入到公司的财产的权利，股权与所有权的联系也较为疏远，股权甚至成为与所有权迥然有别的一种新型权利。然而，无论股权的具体内容在不同的公司类型中的表现如何，作为股东向公司出资的"对价"，股权是各种类型公司的股东所普遍享有的权利。股东正是在行使股权的过程中，表现了其在公司中的法律地位，揭示了其与公司之间的法律关系。

（二）股东平等原则

股东平等原则，是指在公司中基于股东资格而产生的每个股东的权利和义务应当是平等的，各股东依其所持有的股权比例或股份享有平等的权利，负担同等的义务，不得对任何股东予以歧视。在现代各国或地区的公司法中，股东平等原则是维系公司内部关系的主要原则。

比如,美国的普通法规则、欧共体1976年12月13日第2号指令第42条以及德国《股份法》第53a条等均明确规定股东平等原则。

股东平等原则有两层含义:(1)只要具有股东身份,不论股东有何个体差异,均可以该身份在公司中享有平等的权利,如参加股东(大)会。从这个意义上说,股东平等原则具有绝对性。(2)股东平等原则并不排除股权具体内容的不同。恰恰相反,股权不仅有普通股和优先股等划分,股东所拥有的出资额和所持有的股份也有多寡之别,大股东因其股份或出资额占多数而拥有更多的控制权。但这绝不是对股东平等原则的违背,更不是对股东平等原则的否定。因为,公司法中的股东平等是一种在资本平等基础上的平等,或者说是一种按比例的平等,它以每一股东所持有的股权或股份的比例作为衡量标准。"一股一表决权"制度就集中体现了这种比例上的平等。从这个意义上看,股东平等又具有相对性。正因为如此,各国或地区的公司立法对股东平等原则都有例外的规定,对中小股东与大股东在事实上的不平等多采取一定的措施,以保护中小股东的利益。① 我国《公司法》中亦有体现股东平等原则的规定,如同股同权和同股同利(第126条)、一股一表决权(第103条)、按出资比例或者持有的股份比例分配剩余财产(第186条)等。

四、股东的权利与义务

(一)股东的权利

股东的权利通常简称为股东权或股权,是指股东基于其出资在法律上对公司所享有的权利。各国或地区的公司立法一般均不具体明确地列举股东的权利,但一般都会赋予股东最为核心的权利,如表决权、获得信息的权利以及诉讼的权利等。股东权利的具体内容因公司的类型及股权的性质不同而不尽一致。我国公司法也没有集中详细地列举股东应享有的权利,但《公司法》第4条对股东权的主要内容作出了概括性的规定,即公司股东依法享有资产收益、参与重大决策和选择管理者等权利。其他关于股东权的规定散见于《公司法》的条文中。总的来看,《公司法》对股东权特别是对中小股东权利作出了较为完善的规定,其规定的股东权利主要包括:

1. 出席或委托代理人出席股东(大)会行使表决权

股东对由股东(大)会议决的事项有表示同意或者表示不同意的权利,这是股东的固有权利(优先股股东例外)。股东在公司治理基本模式中的地位不是直接管理公司,而是通过其表决权来发表意见。可见,表决权是股东通过股东(大)会参与公司管理的重要手段。股东行使表决权的原则有股权平等原则、多数决原则等。

股权平等原则通常情况下体现为"一股一权"或者按照出资比例行使表决权。比如,依我国《公司法》第42条的规定,除公司章程另有规定外,有限责任公司的股东按照出资比例行使表决权,即股东有多少出资就有多少表决权。当然,股权平等原则也有例外,如有的国家的法律允许"一股多权"、"多股一权"或者"有股无权"等。

---

① 参阅本章第二节中"一般股东权与特别股东权"的相关内容。

多数决原则一般是指形成一项决议需要多数股份出席,并经出席股份多数通过。多数决原则有简单多数和绝对多数之分。通常法律规定一般事项的决议简单多数通过即可,特别事项则需要绝对多数通过。

此外,有些情况下法律还会对股东表决权予以限制。这些情形主要有:(1)在公司持有自己股份的情况下,其往往没有表决权。如我国《公司法》第103条第1款规定:"股东出席股东大会会议,所持每一股份有一表决权。但是,公司持有的本公司股份没有表决权。"(2)法律也会对利害关系股东的表决权作出限制。比如,依我国《公司法》第16条的规定,当公司为公司股东或者实际控制人提供担保时,必须经股东会或者股东大会决议,这时该股东或者受实际控制人支配的股东不得参加规定事项的表决。(3)在相互持股的情况下,法律通常会将表决权的行使限定在一定比例范围之内。

2. 选举权和被选举权

股东有权通过股东(大)会选举公司的董事或者监事,同时,公司的股东只要符合《公司法》规定的公司的董事和监事的任职资格,就可依法定的议事规则被选举为公司的董事或者监事。选举权和被选举权是股东通过股东(大)会参与公司经营管理的一项重要权利。我国《公司法》对股东的选举权作了规定,股东可以依自己的出资额或持有的股份的比例对所要选举的董事、监事表达自己的意志,决定是投赞成票、反对票还是弃权票。

在选举权的行使方法上,为保护中小股东的利益,我国《公司法》还在股份有限公司中引入了累积投票制,改变了传统的投票规则。依《公司法》第105条的规定,公司"股东大会选举董事、监事,可以依照公司章程的规定或者股东大会的决议,实行累积投票制。"所谓累积投票制,是指公司股东大会选举董事或者监事时,有表决权的每一股份拥有与应选董事或者监事人数相同的表决权,股东拥有的表决权可以集中使用。采用累积投票制,增加了中小股东选出代表其利益的董事、监事的机会,有利于保护其合法权益。

3. 依法转让出资或股份的权利

转让出资或股份,是指公司的股东将自己所持有的出资额或股份转让给他人,使他人成为公司的股东。按照公司资本维持原则,法律禁止股东在向公司出资获得股权后抽逃出资。但是,法律允许股东为了转移投资的风险或者收回本金而转让其出资或股份。一般而言,有限责任公司的股东转让出资比股份有限公司的股东转让股份受到较多限制。

4. 知情权

知情权,即股东请求查阅其具有公司股东身份之前或者之后的公司档案材料,获取公司信息、了解公司情况的权利。股东要参与公司重大事项的决策,其前提是要了解公司的经营状况和相关信息。因此,各国或地区公司立法都赋予了股东知情权,以随时全面掌握公司经营管理状况,便于其作出判断。依我国《公司法》第33条的规定,有限责任公司股东有权查阅、复制公司章程、股东会会议记录、董事会会议决议、监事会会议决议和财务会计报告。股东可以要求查阅公司会计账簿。依《公司法》第97条的规定,股份有限公司股东有权查阅公司章程、股东名册、公司债券存根、股东大会会议记录、董事会会议决议、监事会会议决议、财务会计报告。

为了避免股东滥用查阅权而影响公司的正常经营活动,或由于股东泄漏公司商业秘密而损害公司的利益,有些国家或地区的公司法对股东的查阅权作出某些限制,如对查阅的时间、地点和查阅的目的等方面作出规定。我国《公司法》对股东查阅公司会计账簿也有所限制。根据《公司法》及相关法律的规定,查阅股东应当向公司提出书面请求,说明目的;公司有合理根据认为股东查阅会计账簿有不正当目的,可能损害公司合法利益的,可以拒绝提供查阅,并应当自股东提出书面请求之日起15日内书面答复股东并说明理由;当公司拒绝提供查阅时,股东可以请求人民法院要求公司提供查阅;如果公司不能提供证据证明股东查阅目的不正当的,人民法院应裁定在确定的时间,在公司住所地或者原告股东与公司另行协商确定的地点,由公司提供给股东查阅;公司未依法或者公司章程规定建立相关档案材料、公司建立的相关档案材料虚假或者丢失,股东有权请求公司依法或者公司章程之规定重新建立并提供给股东查阅。需要注意的是,司法实践中,对于在起诉时或者在诉讼中已经因股权转让、强制执行等原因丧失股东资格的人,对其具备股东资格期间公司的经营情况是否享有知情权是存在争议的。

典型案例:李建新诉上海中世国际货运代理有限公司股东知情权案(《案例分析》第171页)
请扫描二维码或访问 http://2d.hep.cn/1318685/17 了解相关内容

5. 建议和质询权

当股东认为某种做法更有利于公司的经营,会给公司带来更大的利润时,可以直接向公司提出自己的意见,建议公司采取该种做法或者放弃原来的做法;当股东对公司的某些行为存有疑问,或者认为公司的经营不善时,可以口头或者书面向负有责任的机构,如董事会、监事会、经理等提出自己的疑问,并要求他们予以解答。依我国《公司法》第97条的规定,股份有限公司的股东有权对公司的经营提出建议或者质询。依《公司法》第150条的规定,股东会或者股东大会要求董事、监事、高级管理人员列席会议的,董事、监事、高级管理人员应当列席并接受股东的质询。由此,有限责任公司的股东也有向公司董事、监事及高级管理人员进行质询的权利。

6. 股利分配请求权

股利分配请求权即股东有权按照出资或股份比例请求分取股利。股东投资的目的就是为了盈利,即通过公司盈余分配获得股利。股利分配请求权实质上是股东对自己的投资期望得到回报的一种权利。因此,股利分配请求权是股东权的核心。

股东是否可以实现其股利分配请求权,事实上取决于公司经营是否已经产生利润。如果公司没有盈利,就无股利分配可言。而且,各国或地区的公司立法对股利的分配多作严格的限制。也就是说,即使公司有盈利,也不必然分配股利。比如,依我国《公司法》第166条第4款和第6款的规定,公司弥补亏损和提取公积金后所余税后利润,有限责任公司除股东一致同意不按出资比例分配之外,按照股东的出资比例分配;股份有限公司除章程规定不按持股比例分配之外,按照股东持有的股份比例分配;公司持有的本公司股份不得分配利润。

但是,对于公司股东是否可以请求人民法院强制进行利润分配是一个存有争议的问题。有学者主张,为防止大股东利用其控制地位,如果有限责任公司小股东请求分配利润并提供证据证明公司有盈利但长期不分配,且大股东利用其控制地位,滥用多数表决权,侵害小股东权益的,人民法院应判决公司依照公司法或者公司章程的规定分配利润。而且,人民法院审理股东与公司之间利润分配纠纷案件的判决、裁定,对未参加诉讼的股东应同样发生法律效力。

7. 公司发行新股时的新股认购优先权

公司成立后,为了扩大生产规模,往往需要依法定的条件和程序增加公司的资本总额。对此,不少国家或地区的公司立法均规定了公司原有的股东对新股有优先认购权,我国《公司法》也做了这样的规定。这里所谓的优先认购权,是指赋予公司原有的股东以确定的价格按其持股比例优先购买公司所发行新股的权利。公司发行新股往往会影响到原有股东的利益,即将可能构成对原有股东经济利益或者表决权的稀释。赋予原有股东优先认购新股的权利,可以保护原有股东的比例利益,维持原有股东对公司的比例控制权。当然,公司发行新股时的新股认购优先权实际上是一种选择权,股东可以行使,也可以不行使。

需要注意的是,首先,这种优先权利只限于认购上的优先性,而非在发行价格或者其他认购条件上可得到优惠或者特殊的权利。其次,在我国公司法实践中,有限责任公司新增股本时,如果股东经股东会同意将其按照实缴出资比例确定的认缴份额转由公司股东以外的人认缴时,其他股东主张优先认缴的,人民法院不予支持。

8. 提议召开临时股东(大)会的权利

有限责任公司的股东会定期会议按照公司章程规定的时间召开,股份有限公司的股东大会应当每年召开一次年会。因此,作为公司权力机关的股东(大)会不是经常性地召开会议决定公司事务,这是与其性质相一致的。但是当公司有重大情形出现,不能及时召开股东(大)会可能又有不妥时,应当允许临时会议的召开。股东作为公司重要的利益相关者,应享有提议召开临时股东(大)会会议的权利。依我国《公司法》第39条第2款的规定,有限责任公司中代表1/10以上表决权的股东,可以提议召开临时股东会会议。依《公司法》第100条第(三)项的规定,在股份有限公司中,单独或者合计持有公司10%以上股份的股东有权请求召开临时股东大会。

9. 股东(大)会的召集和主持权

股东(大)会召集权与主持权,是指由相关权利主体具体负责股东(大)会的召集与主持工作的一项程序性权利,它包括决定股东(大)会会议召开的时间、地点、通知股东和相关公告、负责相关议案的提交、主持决议的进行、记录会议相关情况等一系列工作。召集权与主持权作为一种程序性权利,对于公司股东(大)会的正常召开与进行具有重要的意义:离开召集权的行使,将不能把股东召集在一起,因而不能如期地启动召开工作;离开主持权的行使,股东(大)会将不能按照正常的召开程序进行下去。

一般而言,股东(大)会应由董事会召集,由董事长主持;在董事会未履行规定的召集和主持股东(大)会职责时,监事会也可以及时召集和主持股东(大)会。若公司董事会或监事会没有及时召集股东(大)会,将会延误公司股(大)东会及时进行相关决议,也会阻碍股东依法行使其权利。因此,股东应享有股东会的召集和主持权,并且召集权和主持权应具有统一性,以及时启动股东(大)会会议。在股东提议召开临时股东(大)会时,更是如此。否则,在董事会不召集、董事长不主持或监事会不召集和主持时,股东提议召开临时股东(大)会的权利可能会变得毫无意义。

鉴于此,我国《公司法》第40条规定,在有限责任公司中,董事会或者执行董事不能履行或者不履行召集股东会会议职责的,由监事会或者不设监事会的公司的监事召集和主持;监事会或者监事不召集和主持的,代表1/10以上表决权的股东可以召集和主持股东会会议。《公司法》第101条规定,在股份有限公司中,董事会不能履行或者不履行召集股东大会会议职责的,监事会应当及时召集和主持;监事会不召集和主持的,连续90日以上单独或者合计持有公司10%以上的股东可以自行召集和主持股东大会。

10. 临时提案权

股东临时提案权,是指股东向股东会提出议题或议案的权利。我国《公司法》第102条规定,股份有限公司股东有向股东大会的提案权。根据该规定,单独或者合计持有公司3%以上股份的股东,可以在股东大会召开10日前提出临时提案并书面提交董事会;董事会应当在收到提案后2日内通知其他股东,并将该临时提案提交股东大会审议。临时提案的内容应当属于股东大会职权范围,并有明确议题和具体决议事项。股东提案权的确立使股东得以将其关心的问题提交股东大会讨论,实现其对公司决策和经营的参与、监督,从而提高股东对股东大会的参与积极性,有助于实现公司治理中的制约平衡。

11. 异议股东股份收买请求权

异议股东股份收买请求权,是指当股东会作出对股东利害关系产生实质影响的决定时,对该决定持有异议的股东有要求公司以公平的价格回购他们手中的股份,从而退出该公司的权利。公司是股东投资获取收益的工具,股东投资后,有权依照自己的合理判断对公司经营过程中的重大事件尤其是影响自己实质利益的事项作出决定。但是,当股东(大)会被少数控股股东所操纵时,很多中小股东实际上没有表达自己意志的机会。即使根据资本多数决原则,中小股东的声音也往往十分微弱。因此,为了平衡公司各方面的利益,保护中小股东的利益,应当允许公司中小股东在特定情况下要求公司回购其股份,从而退出公司。而控股股东只要简单地把持有异议的股东的股份回购,就能顺利地实施自己的经营方针,这对公司和控股股东来说,也是最佳的选择。

对于哪些情形下异议股东可以提起收买请求权,各国和地区的规定并不相同。日本《商法典》规定只有在公司合并、限制股份的转让、营业转让三种情形下,异议股东才可以行使此种权利。根据我国《公司法》第74条第1款的规定,在有限责任公司中,只要出现下列情形之一时,对股东会该项决议投反对票的股东就可以请求公司按合理的价格收购其股权:(1)公司连续5年不向股东分配利润,而公司该5年连续盈利,并且符合公司法规定的分配利润条件的;(2)公司合并、分立、转让主要财产的;(3)公司章程规定的营业期限届满或者章程规定的其他解散事由出现,股东会会议通过决议修改章程使公司存续的。此外,我国《公司法》第142条规定了股份有限公司异议股东的股份收买请求权,但只限于对股东大会作出的公司合并、分立决议持异议的情形。在我国公司法实践中,股份公司股东依据《公司法》第142条之规定起诉请求公司收购股份符合下列条件的,人民法院应受理:(1)原告股东在股东大会决议公司合并、分立时投反对票;(2)在股东大会决议后60日内,原告股东向公司提交了收购股份的申请书;(3)自股东大会决议之日起90日内,原告股东向人民法院提起诉讼。原告起诉不符合上述条件或者公司提供证据证明公司已经放弃实施合并或者分立的,人民法院应裁定不予受理。

12. 特殊情形下申请法院解散公司的权利

依我国《公司法》第182条的规定,公司经营管理发生严重困难,继续存续会使股东利益受到重大损失,通过其他途径不能解决的,持有公司全部股东表决权10%以上的股东,可以请求人民法院解散公司。这实际上是在由于股东僵局和董事僵局造成公司处于事实上的瘫痪状态,公司治理结构完全失灵,不能正常进行经营活动的情形下,法律赋予股东提起解散公司诉讼,以保护自身合法权益的救济渠道。①

13. 公司终止后对公司剩余财产的分配请求权

公司解散时,股东对于公司清理债权债务后所剩余的财产有请求进行分配的权利。依我国《公司法》的规定,股东有权按照自己的出资额或股份比例分配公司的剩余财产。由此可知,公司剩余财产分配请求权的发生须以公司向其全体债权人清偿债务之后尚有剩余财产为实质要件。公司剩余财产分配请求权是股东向公司得以主张的最后权利。

14. 向人民法院提起诉讼的权利

股东享有诉权,即向人民法院起诉和应诉,请求人民法院行使审判权以保护其权益的权利。诉权是法律赋予公民、法人和其他组织的一项救济性权利。为切实保护股东的权益和公司利益,公司法也赋予了股东相应的诉权。由股东提起的诉讼可以分为直接诉讼和代表诉讼两种类型。直接诉讼是指股东基于股权,针对权利侵害人对其个人造成的损害提起诉讼。代表诉讼,也称为派生诉讼,是指当公司权益受到侵犯,而由于各种原因公司不能或怠于行使诉权,股东有权为了公司的利益,代表公司并以股东自己的名义向加害于公司的人提起诉讼。现行公司法规定的股东直接诉讼主要体现在下列方面:②

(1) 股东会或者股东大会、董事会的会议召集程序、表决方式违反法律、行政法规或者公司章程,或者决议内容违反公司章程的,或者决议内容违反法律、行政法规的,在会议决议形成至起诉时持续具有公司股东身份,并与股东会或者股东大会、董事会决议内容有利害关系的股东,可以自决议作出之日起的法定期限内,以公司为被告,请求人民法院撤销股东会或者股东大会、董事会决议,或者直接请求确认股东会或者股东大会、董事会决议无效。

(2) 股东要求查阅公司会计账簿,公司拒绝提供查阅的,股东可以请求人民法院要求公司提供查阅。

(3) 在法律规定的条件下,对股东会的某些决议投反对票的股东可以请求公司按照合理的价格收购其股权。股东与公司不能达成股权收购协议的,股东可以自股东会会议决议通过之日起的法定期限内向人民法院提起诉讼。这一规定实际上是确定了有限责任公司中小股东在特定条件下的退出机制。

(4) 董事、高级管理人员违反法律、行政法规或者公司章程的规定,损害股东利益的,股东可以向人民法院提起诉讼。

(5) 股东向公司依法缴纳出资后,公司应当履行向股东签发出资证明书、将股东的名称在相关文件上登记记载等义务。公司未尽上述义务时,股东有权提起诉讼要求公司履行该义务。

(二) 股东的义务

权利与义务总是相对的,股东享有权利,也要承担义务。各国或地区的公司立法对股东义

---

① 对此,可参阅本书第十三章"公司的终止、重整与清算"第一节中"公司的解散"部分。
② 在司法实践中,以下(1)和(3)项中,股东向人民法院提起诉讼时,超过法律规定期限的,人民法院不予受理。(《公司法司法解释一》第3条)。

务的规定大同小异,基本上共同确认了股东应承担以下主要义务:

1. 遵守公司章程

公司章程对股东有约束力,股东依照公司章程的规定享有权利和承担义务。因此,遵守公司章程应是股东最基本的义务。

2. 向公司缴纳股款

股东认购出资或股份后,就负有缴纳股款的义务,并按照规定的方式、条件、比例和期限缴纳。股东认购出资或股份后,不履行缴纳股款的义务给公司造成损失的,应当负赔偿责任,包括利息责任。从出资义务与股东资格的关系上看,出资义务的承担是取得股东资格的前提条件。投资者只有在签订出资协议、承认公司章程、承担出资义务之后,才有可能成为公司的股东;而具有股东资格的人,其出资义务可能已经履行,也可能尚未履行,但都不改变股东本需承担的出资义务。而且,未尽出资义务的股东转让股权时,知道该未尽出资义务事由仍受让股权的受让人应当与该股东承担连带责任。

3. 对公司所负债务承担责任

这一义务因公司类型不同而有差异。无限公司及两合公司中的无限责任股东,对公司所负债务承担无限责任,即不以股东的出资额为限。有限责任公司及股份有限公司的股东,对公司的债务则原则上仅以其出资额或认缴的股款为限承担有限责任,不负其他财产责任。

4. 不得抽回出资

公司成立后,股东不得抽回出资。依我国《公司法》第35条、第91条、第200条以及相关司法解释的规定,"公司成立后,股东不得抽逃出资";"发起人、认股人缴纳股款或者交付抵作股款的出资后,除未按期募足股份、发起人未按期召开创立大会或者创立大会决议不设立公司的情形外,不得抽回其股本";"公司的发起人、股东在公司成立后,抽逃其出资的,由公司登记机关责令改正,处以所抽逃出资金额百分之五以上百分之十五以下的罚款";"抽逃出资时,协助股东抽逃的其他股东、董事、高管人员或者实际控制人应承担连带责任。"

5. 填补出资

我国《公司法》第30条明确规定:"有限责任公司成立后,发现作为设立公司出资的非货币财产的实际价额显著低于公司章程所定价额的,应当由交付该出资的股东补足其差额;公司设立时的其他股东承担连带责任。"从这个规定可以看出,如果股东因为某种原因不能缴纳出资的,公司设立时的其余股东对该股东不能缴纳的部分负连带填补责任。

在公司法实践中,需要注意的是:其一,第三人代垫资金协助出资人设立公司、双方约定验资成立后出资人抽回资金偿还该第三人的情形下,在出资人不能补足出资时,该第三人应与出资人承担连带责任;其二,在冒用他人名义出资并将该他人作为股东在公司登记机关登记,但冒名登记行为人并未实际履行出资义务的情形下,公司、其他股东或者公司债权人无权以未履行出资义务为由,请求被冒名登记为股东的当事人承担补足出资责任或者对公司债务不能清偿部分的赔偿责任。

(三) 控制股东义务与中小股东保护

根据我国《公司法》的规定,所谓控股股东,是指其股权额占有限责任公司资本总额50%以上或者持有的股份占股份有限公司股份总数50%以上的股东;或者虽然股权额或者持有股份的比例不足50%,但依其股权额或者持有的股份所享有的表决权已足以对股东会、股东大会的决议产生重大影响的股东。

任何公司的股权结构都不可能是均衡的,大股东对公司的控制是任何公司都可能存在的。对公司的控制本身并非过错,构成过错的是对公司的过度控制和对控制权的滥用。由于控股股东在行使控制权时,存在只注重自身利益,而忽视公司利益、少数股东利益的天然倾向,因而控股股东滥用控制权,损害公司及中小股东合法权益的现象是经常发生的。在我国,公司控制股东滥用控制权、肆意损害公司和少数股东利益的情况更为严重,尤以关联交易、资产重组、违规担保、抽逃资金、阻止少数股东召集股东(大)会临时会议等事件最具有代表性。

因此,各国和地区的公司法在建立中小股东保护制度的过程中,也逐渐形成了控股股东应承担特殊义务的理论,即控股股东除应承担一般股东应承担的义务之外,还应对公司和其他股东承担诚信义务。其理论根据则在于控股股东事实上对公司享有的控制权利和控制利益。当然,公司控股股东是否对公司和其他股东负诚信义务,理论界对此的认识素有分歧。传统公司法理论认为,股东有别于公司董事,他们不必对公司和其他股东负此项义务。然而,随着控制权的滥用,控制股东损害所属公司和少数股东权益事件的不断增加,控股股东负有诚信义务的理论已经或正在被逐步接受。

控制股东的义务主要有注意义务和忠实义务两个方面。注意义务要求控制股东对公司行使管理和决策权时应怀有善意,应当以适当的方式参与公司管理和决策,以应有的谨慎去履行义务。忠实义务则主要是不得为欺诈行为、限制关联交易以及竞业禁止。

针对我国上市公司的控股股东滥用控股权现象,中国证监会制定的《上市公司治理准则》第19条规定:"控股股东对上市公司及其他股东负有诚信义务。控股股东对其所控股的上市公司应严格依法行使出资人的权利,控股股东不得利用资产重组等方式损害上市公司和其他股东的合法权益。"《上市公司收购管理办法》第8条第1款规定:"上市公司的控制股东和其他实际控制人对其所控制的上市公司及该公司其他股东负有诚信义务。"

我国《公司法》第21条对控股股东的义务也作了规定,即"公司的控股股东、实际控制人、董事、监事、高级管理人员不得利用其关联关系损害公司利益。违反前款规定,给公司造成损失的,应当承担赔偿责任"。这里,《公司法》没有使用诚信义务的概念,其对控股股东对公司的义务,进行了规定,但未规定对其他股东的义务。

同时,《公司法》对控股股东的上述规定也适用于公司的"实际控制人",它虽不是公司的股东,但通过投资关系、协议或者其他安排,也能够实际支配公司的行为。由于二者都对公司有控制的能力,他们都不应利用其控制关系或能力损害公司利益,否则致使公司遭受损害的,应当承担赔偿责任。

(四)股东权利的限制与解除

为督促股东履行出资义务,遏制抽逃出资行为,我国公司法实践中主要确立了下列限制和解除股东权利的规则:①

(1)股份有限公司认股人未按期缴纳股款,经催缴后在合理期间内仍未缴纳,公司发起人可

---

① 有关股东出资义务和责任的详细阐释,请参阅本书第七章"股东出资制度"。

以对股份另行募集,以保证公司资本的形成。同时,公司还有向逾期缴纳股款的认缴人追究赔偿责任的权利。这一规则旨在督促股东履行出资义务,实质上是法律认可公司在特定情形下解除认缴行为的法律效力。

(2) 股东未履行或者未全面履行出资义务或者抽逃出资,公司根据公司章程或者股东会决议,有权对其利润分配请求权、新股优先认购权、剩余财产分配请求权等股东权利作出相应的合理限制。这是权利义务对等原则的体现。其中,对于股东会决议表决通过的相关事宜,应当适用《公司法》关于一般事项表决的规定。

(3) 有限责任公司的股东未履行出资义务或者抽逃全部出资,经公司催告缴纳或者返还,其在合理期间内仍未缴纳或者返还出资,公司有权依股东会决议解除该股东的股东资格。股东拒不履行出资义务将使股东和公司双方建立法律关系的基础丧失,同时,股东不履行出资义务使公司资本处于不稳定。因此,法律允许公司对拒不履行出资义务的股东解除其股东资格,以保证公司资本的稳定。理解这一规则需要注意两个方面:一是公司享有这一解除权的事由。对于未全面履行出资义务或抽逃部分出资的行为,公司不得解除股东的股东资格。二是行使解除权的时间,即必须是在合理催告后对方仍不履行的,方可行使解除权。

五、股东代表诉讼

(一) 代表诉讼的含义

代表诉讼,又称派生诉讼,是指当公司的董事、监事、高级管理人员等主体侵害了公司权益,而公司怠于追究其责任时,符合法定条件的股东可以以自己的名义代表公司提起诉讼。

股东代表诉讼制度是现代各国或者地区公司法上的一项重要内容,被认为是弥补公司治理结构缺陷及其他救济方法不足的必要手段,在保护中小股东权益等方面发挥着重要作用。我国《公司法》第151条第一次以法律的形式正式在我国确立了股东代表诉讼制度,对股东代表诉讼的主体、提起诉讼的理由、诉讼前置程序及其例外等作了规定。

(二) 股东代表诉讼原告资格的限制

1. 股东代表诉讼中的原告资格

在股东代表诉讼中,为了防止股东滥诉,各国和地区法律一般都对起诉股东的资格从持股期限方面进行了限制。比如,美国采取"同时拥有股份"原则,即提起代表诉讼的股东必须从被告对该公司实施侵害行为时起至诉讼判决之时都持续拥有公司的股票。[①] 有的国家或地区还对股东持股的数量提出了要求,如我国台湾地区"公司法"第214条就规定提起代表诉讼的股东必须持有该公司已发行股份总数3%以上的份额。

对股东代表诉讼原告的限制性规定应当与公司制度发展状况和诉讼案件发生情况相适应。我国现阶段股东代表诉讼案件还不是很多,对股东代表诉讼尚不需要作出更加严格的限制。具体来看,我国《公司法》对原告资格的限制作出了较为宽泛的规定,以利于提高股东的

---

① 该原则意在防止有人在获知公司遭受侵害之后故意买入股票而通过诉讼牟利的投机行为。

维权意识,鼓励股东提起代表诉讼。依现行《公司法》第151条的规定,可以提起股东代表诉讼的适格原告可以分为下列两类:(1)有限责任公司的任一股东。(2)股份有限公司中持股时间连续180日以上、单独或合计持有公司1%以上股份的股东。在司法实践中,这里的"180日以上"连续持股期间,是指股东向人民法院提起诉讼时,已期满的持股时间;这里的"合计持有公司1%以上股份",是指两个以上股东持股份额的合计。①

2. 股东代表诉讼中公司的法律地位

在股东代表诉讼中,股东是以自己的名义代表公司起诉。因此,在诉讼中,公司本身将处于一个微妙的地位。对于股东代表诉讼中公司的法律地位问题,有的国家将公司规定为原告,有的国家则规定为被告,还有的国家规定为第三人。

在我国的公司法实践中,人民法院受理股东代表诉讼案件后,公司应为必须参加诉讼的第三人,即法院应通知公司以第三人身份参加诉讼。被告反诉的,应列公司为反诉被告,但公司的诉讼权利由原告股东行使。从实践来看,公司多作为无独立请求权的第三人参加诉讼,其可以不主张任何实体权利,只是提供证据,协助法院查清案件事实。公司参与诉讼的目的主要在于为诉讼提供证据,使公司知晓诉讼进程、承受诉讼结果,同时防止原告股东的不当诉讼行为。

(三) 股东代表诉讼的被告及可诉行为的范围

1. 股东代表诉讼中被告的范围

由于股东代表诉讼肇始于董事对公司的侵害行为,故而董事属于各国或者地区股东代表诉讼立法针对的主要对象。比如,日本法就规定股东代表诉讼的被告仅限于董事。此外,其他危害公司利益者一般也可以作为股东代表诉讼的被告。比如,在美国现行法中,股东代表诉讼的被告是从事违法行为而对公司造成损害之人,因此不只是公司董事,董事以外的任何人,包括公司以外的人,只要其行为对公司造成损害,都可以成为代表诉讼的被告。

依我国《公司法》第151条的规定,股东代表诉讼的适格被告为董事、监事、高级管理人员和"他人"。在司法实践中,原告主张公司董事、高级管理人员给公司造成损失应承担赔偿责任的,应列公司董事、高级管理人员为被告;主张他人侵犯公司合法权益的,应列他人为被告;主张公司董事、高级管理人员与他人共同侵犯公司合法权益的,应列公司董事、高级管理人员与他人为共同被告。现行立法虽然没有对"他人"的范围予以明确,但公司的控股股东、其他股东、实际控制人等也应解释为包含在"他人"之中。因此,凡是对公司实施了不正当行为而对公司负有民事责任的人,在公司怠于对其行使诉权的情形下,都可以成为股东代表诉讼的被告。这种宽泛的解释有利于充分发挥股东代表诉讼制度的作用。

2. 股东代表诉讼中可诉行为的范围

根据我国《公司法》的规定,股东代表诉讼的可诉行为为所有损害公司利益的行为,具体包括两种情形:(1)董事、监事、高级管理人员执行公司职务时违反法律、行政法规或者公司章程的规定,给公司造成损失,应当承担赔偿责任的情形。(2)他人侵犯公司合法权益,应当承担赔偿责任的情形。

---

① 参见《公司法司法解释一》第4条。

（四）诉讼的前置程序

股东代表诉讼案件，由公司住所地人民法院管辖。股东代表诉讼是一种代位诉讼，是对原公司内部监督体制失灵设计的补充救济。因此，其适用的前提是公司内部救济手段的用尽，即股东在公司遭到违法行为损害后，不能立即直接提起诉讼，而必须先向公司监督机关提出由公司出面进行诉讼的请求，只有在请求已落空或注定落空、救济已失败或注定失败时，股东才可以代表公司提起诉讼，此为股东代表诉讼的前置程序。对该项原则，各国或者地区的法律一般规定了股东要求公司提起诉讼的请求应以书面形式向公司特定机关作出。由于各国或者地区的公司治理结构不尽相同，公司内部负有主要监督责任的机关，即救济诉诸的对象也不尽相同。比如，美国大多数州的公司立法要求代表诉讼的起诉股东必须先请求公司董事会起诉，待此请求无效果后，才可以提起代表诉讼。同时，也有部分州的公司立法将股东大会作为救济的诉诸对象。然而，在日本和我国台湾地区，股东在提起代表诉讼之前必须先请求公司监事会进行诉讼。

依我国《公司法》的规定，股东代表诉讼的前置程序是：（1）原告股东需首先书面请求监事会或监事（有限责任公司不设监事会时）向人民法院提起诉讼；如果是监事侵害公司权益，则向董事会或执行董事（有限责任公司不设董事会时）提出上述请求。（2）监事会、监事、董事会、执行董事收到前述书面请求后拒绝提起诉讼，或者自收到请求之日起30日内未提起诉讼。符合上述两个条件时，股东方可提起代表诉讼。但与此同时，为避免僵化的前置程序可能带来的消极影响，法律又规定了前置程序的免除条件，即当"情况紧急、不立即提起诉讼将会使公司利益受到难以弥补的损害"时，股东可以不受前述前置条件的限制，直接提起代表诉讼。至于何谓"情况紧急"，有待于积累司法实践经验作出更加细致并且具有可操作性的规定。

（五）股东代表诉讼的法律后果

1. 一般原则

首先，法院审理股东代表诉讼纠纷案件，公司其他股东可以以与原告股东相同的事实和请求申请参加诉讼，并且已经进行的诉讼程序对参加诉讼的公司其他股东发生法律效力。

其次，在股东代表诉讼中，股东个人的利益并没有直接受到损害，只是由于公司的利益受到损害而间接受损。因此，股东是为了公司的利益而以个人的名义直接提起诉讼。相应地，胜诉后的利益原则上归于公司。

最后，人民法院对股东代表诉讼案件作出的判决生效后，公司可以申请再审。同时，持股时间和比例符合《公司法》规定的公司股东，也有权代表公司利益以自己的名义申请再审。

2. 具体后果

此外，由于股东代表诉讼制度旨在保护小股东利益和防止滥诉二者之间寻找平衡点。因此，在诉讼结束后，对于遭受损害的一方，法律有必要平衡原告与被告两者的利益，规定给予一定赔偿或补偿。各国或者地区的立法对此态度不尽一致，我国《公司法》对此未予明确。在各国或者地区的公司法实践中，法律后果一般因原告胜诉和败诉而有所不同。

（1）原告胜诉。股东代表诉讼中，原告胜诉则意味着公司确实遭到了损害，公司应是被告履行赔偿义务的直接对象,这在各国或者地区法律中大多不存异议。不过,在诉讼中花费了精力和金钱的仅仅是原告股东,因此,各国或者地区法律中也多规定此时应对原告股东进行赔偿或补偿,只不过在补偿主体上的规定有所不同。在我国的公司法实践中,原告提起的股东代表诉讼,其诉讼请求成立的,人民法院应当判令被告直接向公司承担民事责任,并可依据原告股东的请求,判令公司对于原告参加诉讼支付的合理费用予以补偿。

(2) 原告败诉。股东代表诉讼中原告败诉的情况下,作为被告的董事等自然有从原告处获得损害赔偿的权利,对此,各国和地区法律的差别主要在于所规定的赔偿前提条件。我国台湾地区的法律要求原告起诉之事实显属虚构时,应对董事负赔偿责任。在美国,采纳诉讼担保制度的州,如果股东代表诉讼的原告输了官司,他所提供的担保就必须用来赔偿被告在诉讼中所支付的全部费用。同时,除马里兰州和科罗拉多州外,大部分州要求被告的律师费也从原告的担保中支付。

此外,有的国家规定,在原告败诉的情况下,公司还可以请求原告股东赔偿。比如,依日本法的规定,当股东提起代表诉讼是出于恶意(明知诉讼是不适当且有害于公司)时,在原告股东败诉情况下,公司可向其请求赔偿。

在我国公司法实践中,人民法院审理股东代表诉讼案件,公司董事、监事或者高级管理人员在答辩期间内提供证据证明原告可能存在恶意诉讼情形,并请求原告提供诉讼费用担保并予以赔偿的,人民法院应予准许。人民法院判决原告股东败诉的,应同时判决原告以其提供的诉讼费用担保向被告董事、监事或者高级管理人员支付。

3. 关于原告的举证责任

在股东代表诉讼中,提起诉讼的股东与侵害人之间的法律地位是平等的。按照一般民事诉讼程序,股东需就其提起诉讼的侵权事实与后果向法庭负举证责任。但是,在股东代表诉讼中,提起诉讼的股东本身是利益受损的中小股东,他们在公司中处于相对弱势地位,而且他们的诉讼代表权是由于公司利益受损时公司监事会、监事或董事会、执行董事不愿提起诉讼而由他们行使的。所以,在整个诉讼的起因与过程当中他们都处于被动状态,如果规定由提起诉讼的股东负举证责任,对于他们来说显然是不公平的。因为,在这种情况下,公司受控于大股东或高管人员,很多证据都掌握在他们手中,所以小股东不可能自如地取得重要信息,而且相关重要信息也可能会被控制者转移、修改甚至销毁。所以,我们认为,宜适用举证责任倒置,由被告负举证责任证明自己没有实施侵害行为,或侵害结果与自己没有因果关系。

典型案例:兖矿集团、苏州新发展诉青岛千禧宏达、宏达集团、宏达股份代表诉讼案(《案例分析》第 181 页)

请扫描二维码或访问 http://2d.hep.cn/1318685/18 了解相关内容

【本节实务研究】

- **如何认定股东要求查阅公司会计账簿时的目的是否正当**

我国《公司法》第 33 条第 2 款规定:"……股东要求查阅公司会计账簿的,应当向公司提出书面请求,说明目的。公司有合理根据认为股东查阅会计账簿有不正当目的,可能损害公司合法利益的,可以拒绝提供查阅……"毋庸置疑,法律承认股东享有查阅会计账簿的权利的主要目的在于对股东利益予以保护,但股东与公司之间在利益上也可能存在着冲突。因此,《公司法》将股东行使查阅公司会计账簿的权利限定以"正当目的"为前提。于是,实务中就出现了如何认定股东要求查阅公司会计账簿时的目的是否正当这一问题。

一般认为,如果获取信息的目的与保护股东的利益具有直接的关系,该种目的就是正当的,即使这种行为对管理层不太友好。比如,股东查阅公司会计账簿的目的是为了取得对公司事务进行决策的依据,或者是为了对管理者的错误行为提起诉讼,或者是为了便于征集表决代理权等。所有这些目的都应被认为具有正当性。相反,如果股东查阅公司会计账簿的目的是为了获取公司的商业秘密而意图与公司进行竞争或者提供给公司的竞争者,或者是为了满足好奇心而单纯希望公司管理者对其请求予以回应等,均应被认定为属于不正当目的。

那么,如果就是否有权查阅这一问题发生争议,谁对于正当与否有证明义务呢?对此,我国现行立法没有明确表态,从而使得实务中法官在这个问题上有着相当的自由裁量权。从各国或者地区的公司立法看,规定不尽一致:有的法律规定由股东负责举证,有的法律规定由公司负责举证。事实上,无论规定由谁负责举证,都具有相当的难度。我们认为,可以将公司会计账簿予以分类:对于公司法上要求公司披露的财务会计报告等文件,股东无须证明自己有正当目的,均有权查阅;对于需要股东会决议通过的涉及利益冲突交易的账簿文件,应由公司来证明股东有非正当目的,否则应同意股东查阅;除此之外,应由股东来证明自己有正当目的才有权查阅。

第二节 股 权

一、股权的分类

股权是股东享有的权利,股权法律关系实质上是股东基于其地位而与公司之间形成的法律关系。不同类型的公司中的股东,或者同一公司中的不同类型的股东,其股权的内容及其表现形式有所差异。股权依不同标准可划分为不同的类型。

(一) 自益权和共益权

这是以股权行使的目的和内容为标准进行的划分,是公司法理对股权所作出的最基本的分类。凡股东以自己的利益为目的而行使的权利是自益权,发给出资证明或股票的请求权、股份转让过户的请求权、分配股利的请求权以及分配公司剩余财产的请求权等大致可以归入此类。凡股东以自己的利益并兼以公司的利益为目的而行使的权利是共益权,出席股东(大)会的表决权、任免董事等公司管理人员的请求权、要求法院宣告股东(大)会决议无效的请求权以及对公司董事、监事提起诉讼权等大致可归入此类。

就自益权与共益权的内容而论,前者主要是财产权,是股东投资的本来目的所在,后者则主要是管理权,实际上是股东参与公司经营管理的一种体现。自益权与共益权相辅相成,共同构成了股东所享有的完整股权。当然,自益权与共益权间的界限并不是绝对的。这是因为某些共益权是作为自益权的手段而行使的,从而使其兼具共益权和自益权的特点,如知情权。

(二)固有权和非固有权

这是以股权受法律强制的程度为标准进行的划分。固有权又称不可剥夺权,是公司法赋予股东的、不得以公司章程或股东(大)会决议予以剥夺或限制的权利。非固有权又称可剥夺权,是指依公司章程或股东(大)会决议可剥夺或可限制的权利。共益权多属于固有权,而自益权多属于非固有权。

将股权分为固有权与非固有权的意义,主要在于让公司发起人和股东明确哪些权利是可依公司章程或决议予以限制的,哪些权利是不得依公司章程或决议予以限制的,从而增强其权利意识。凡对固有权加以限制的行为均为违法行为,股东可依法主张其权利,并采取相应的补救措施。

(三)单独股东权和少数股东权

这是以股权行使所需的股东人数为标准进行的划分。单独股东权是指可以由股东一人单独行使的权利,如股东在股东(大)会上的表决权、宣告股东(大)会决议无效的请求权等。这种权利只要普通股股东持有一股即可享有,且每一股东均可依自己的意志单独行使。少数股东权是指持有已发行股份一定比例以上的股东才能行使的权利,如我国《公司法》第100条规定的单独或者合计持有公司10%以上股份的股东提请召开临时股东大会的请求权。

享有少数股东权的少数股东既可以是一人,也可以是数人,具体人数视法律或公司章程要求而定。设少数股东权的目的主要是为了防止"资本多数决原则"的滥用。

(四)财产权、支配与经营权、救济与附属权

这也是以权利行使的目的为标准进行的划分。其中,财产权与前述自益权相当;支配与经营权是指有关公司经营管理方面的权利,除表决权外,还包括累积投票权等;救济与附属权是指从手段上保障前两种权利得以充分实现的权利,除表决权和累积投票权之外的大多数共益权均属此类。

(五)一般股东权与特别股东权

这是以其权利行使主体为标准进行的划分。一般股东权是指公司的普通股东即可行使的权利。而特别股东权是指专属于特定类型股东的权利,如公司发起人或特别种类的股东(如优先股股东、后配股股东)所享有的股东权即属于特别股东权。

需要说明的是,特别股东权也并不违反股东平等原则。这是因为:其一,特别股东的权利与义务是对等的,其在某些方面的利益虽优于其他股东,但在其他方面的利益逊于其他股东,反之亦然,如无表决权的优先股股东。其二,特别种类的股份的设定源于公司章程,这符合意思自治原则。其三,属于同一特别种类的股东间仍适用股东平等原则。

二、股权的法律性质

（一）主要学说

各国或地区的公司法对股权内容的规定大同小异，但对于股权性质的认识在学理上却大相径庭。在大陆法系早期的公司法理论上，对股权性质认识的通说是股权既非物权，也非债权，而是基于股东的地位所形成的多数权利义务的集合体。在近代，出现了股东地位说和新债权说等种种不同的认识。在我国法学界对股权性质研讨的过程中，形成下列较有影响的观点：

1. 所有权说

该学说的主要观点可以概括为：（1）股权的性质属于物权中的所有权，或曰出资者所有权，是股东对其投入公司的财产享有的支配权。（2）在公司中并存着两个所有权，即股东享有所有权，公司法人也享有所有权，可称之为"所有权的二重结构"。（3）公司法人所有权并不是对股东所有权的否定，只是使股东所有权表现为收益权及处分权。（4）股东认缴出资、持有股份并非丧失所有权，而是为了更好地行使和实现所有权。因为公司是股东共同设立的，股东对公司财产理应享有所有权，而股东（大）会就是股东行使所有权的法定途径。（5）股权的所有权性质可进一步定性为财产所有权中的按份共有①：公司财产属于全体股东按份共有，各股东按照自己的份额对公司财产享有所有权。

持这一学说的学者不在少数。但持该观点的学者同时也意识到具有所有权性质的股权与民法中典型的所有权相比有自己的特点，因此将前者称为变态所有权，将后者称为常态所有权。二者的主要区别在于：一是传统所有权中所有人对物的直接支配权在股权中表现为间接支配权，即由股东授权董事会对财产行使权利，是所有权权能与所有权的分离；二是传统所有权的客体为有形物，股权的客体为公司。

2. 债权说

该学说认为：从公司取得法人资格时起，公司实质上就成了财产所有权的主体。股东之所以认缴出资、持有股份，只是为了获取股利分配。所以，股权的实质为民法中的债权，是以请求股利分配为目的的债权或附条件的债权。股东与公司的关系也就属于债权人与债务人之间的关系，股票即是债权债务关系的凭证。特别是自20世纪后期以来，随着现代公司的发展，股东对公司的权利不断弱化，董事和经理的权利不断增强，股东与公司之间的关系已经退化为单纯的债权债务关系，这是股东所有权向债权的转化。这一转化的完成，使公司作为所有权的唯一主体，完全按自己的意志占有、使用、收益、处分公司的财产，而不必受股东的左右和控制，股东也只关心到期股利能否兑现，无意介入公司的经营管理或参与决策。

这一学说所面临的问题主要在于：债权是纯粹的财产权，基于当事人约定或法律规定而产生，反映财产的流转关系；而股权除财产权外还包括十分重要的管理权，基于投资行为而产生，反映财产的支配与归属关系，二者之间的本质区别非常明显。而且，尽管公司董事与经理人员的权利增强、股东的权利弱化确为事实，但这种量变因素并不能影响股权与债权各自的本质属

---

① 也有认为是共同共有的。

性。而且,防止董事和经理人员滥用职权、保护股东权益尤其是中小股东权益已成为当代各国或地区公司立法的共识。

3. 社员权说

该说认为,股权是股东基于其在营利性社团中的社员身份而享有的权利,属于社员权的一种,包括财产权和管理参与权。股东因出资创办公司这一社团法人,成为该法人成员并在法人内部享有权利和承担义务。

自德国学者雷纳德(Renaud)于1875年首倡这一学说以来,现在该学说不仅成了德国、日本学界的通说,我国也有不少学者坚持这一主张。不过,持该主张的学者也认识到,股权作为一种社员权,与公益社团法人中的社员权有着很大区别:一是前者的主要目的在于确认和保护股东得到应有的投资回报,后者的主要目的却在于谋求公益社团法人章程所确定的公共利益,而不在于使社员获得经济利益。二是前者具有较高的流通性,而后者一般不具有可转让性。

4. 股东地位说

该学说认为,公司是由股东组成的企业法人,股东按自己认缴的出资或持有的股份享有一定的权利和承担一定的义务,股权是股东因拥有股份或出资而在公司取得的作为各种权利基础的法律地位,以此法律地位为基础获得的权利和义务的集合体是股权的内容。因此,股权是股东具体权利和义务的抽象概括,而并非一种单一的具体权利。

5. 独立民事权利说

该学说在对固有的传统学说及股权的本质特征进行深入分析的基础上,对股权进行了重新界定,认为股权是一种自成一体的独立权利类型。作为独立民事权利的股权具有目的权利和手段权利有机结合、团体权利和个人权利辩证统一的特征,兼有请求权和支配权的属性,具有资本性和流转性。

究竟如何认识股权的性质,对界定我国国家与公司的财产关系有重要影响。上述前四种学说均承认公司法人的财产所有权,都有一定的合理因素,但却存在着不能自圆其说的理论缺陷,并影响其对股权本质的反映。从股权的具体权能来看,股权以财产权为基本内容,但又不同于债权和所有权,它还包含有公司内部事务管理权等非财产权内容。因此,一方面,股权作为股东向公司让渡出资财产所有权所换取的对价,体现了股东与公司之间的法律关系;另一方面,股权作为股东基于出资取得的公司成员资格的标志,体现了股东相互之间的法律关系。

我们赞同股权是独立的民事权利的观点。我们认为,对股权这种新型权利的性质进行基本的定性,不仅是必要的,也是可行的。不过,不应从原有法律所规定的传统权利中研究股权的性质,而应以公司这种现代企业制度关于股东财产与公司财产相互分离、股东人格与公司人格彼此独立、股东与公司之间产权分化的实际情况和发展需要为出发点来探讨股权的性质。[①]

(二) 股权与公司法人财产权

我国《公司法》第3条第1款规定:"公司是企业法人,有独立的法人财产,享有法人财产权。公司以其全部财产对公司的债务承担责任。"对于公司法人财产权的性质,在理论上有经营权说、结合权说、双重结构说和所有权说四种观点。经营权说认为公司法人财产权是法人经

---

① 参阅本节中"本节理论探讨"的相关内容。

营权;结合权说认为公司法人财产权是经营权与法人制度的结合;双重结构说认为公司财产权是双重结构,即公司财产由公司享有,公司本身由股东共有;所有权说认为公司法人财产权是具有所有权性质的物权。我们认为,公司法人财产权应包括公司对物的财产的所有权和对其他财产享有的财产权。[①]

股权与公司法人财产权是公司成立后股东和公司各自享有的法定权利,二者相伴而生,它们因出资行为的完成和公司的正式成立而同时产生。没有股权的存在,公司的法人财产权也就无从谈起,股东拥有股权的同时,公司也拥有了法人财产权。不过,股权与公司法人财产权之间既彼此独立又相互制衡,二者的分化是商品经济长期孕育和发展的必然结果,也是现代企业制度的重要标志。股权的享有者只能是股东,公司法人财产权的享有者只能是公司,二者在法律和公司章程规定的范围内各自拥有独立的内容和排他的性质。股东不能因为拥有股权而直接干涉公司对法人财产权的行使,公司也不能因为拥有法人财产权而妨碍股东对股权的行使。公司既是股东直接投资形成的法人组织,也是股东行使股权的客体。

因此,股东为了使公司反映自己的意志,进而为自己获取更多的经济利益,可以通过行使股权,特别是行使对公司管理者的选择权和对公司重大问题的决策权,来实现对公司的制衡。作为独立于股东的公司,为了按照市场需求自主地组织生产经营、科学地开展管理活动,也可通过行使法人财产权来拒绝股东对公司经营管理活动的直接干涉和对公司的不正当要求。

三、股权法律关系

股权产生于股东的直接投资行为。从产生方式上看,股权既可以是原始创设,也可以继受取得。在原始创设中,股权是因股东认缴出资或股份的直接投资行为产生的。在继受取得中,股权一般是通过受让、继承等原因取得原股东的出资或股份而形成的,是以他人的已有出资或股份为前提条件的。无论通过何种方式取得股权,在取得过程中,都必须按照公司法规定的程序进行。任何人都不能背离公司法的规定,自行创设、取得或授予他人以股权。

(一)股权的主体

股权的主体即股权的享有者,而股权的享有者只能是股东。股权的主体可以是单数,也可为复数,即所谓股份的共有。我国台湾地区"公司法"第160条即规定:"股份为数人共有者,其共有人应推定一人行使股东之权利,股份共有人对于公司负连带缴纳股款之义务。"应注意的是,股份虽可共有,但不能说"甲有半股,乙有半股",此所谓"股份不可分原则"。

(二)股权的内容

股权的内容具有综合性。从内容来看,股权既有财产权的一面,又有非财产权的一面。前者如股利分配请求权、剩余财产分配请求权等,后者如表决权、对公司的建议权、质询权和诉讼权等。这就决定了股权具有综合性,并非一种单一性民事权利。各国或地区的公司法中对股

[①] 参阅本书第一章第一节中"本节理论探讨"的相关内容。

权的具体内容多有明确的规定。我国公司法对此也有明确规定。[①]

(三) 股权的客体

股权的客体是指股权的作用对象。一般而言,股权是股东对公司所行使的权利,即以公司为作用对象。因此,股权的客体就是公司本身。当然,公司也是一种权利主体,但权利主体在有些情况下可以作为其他权利的客体,如自然人可以作为亲权的客体,同样,公司也可作为股权的客体。

四、股权的委托行使

一般而言,自然人股东的股权可由其本人亲自行使,本人因故不能亲自行使时,可委托他人代理行使。法人股东的股权除可由法定代表人行使外,一般由指定代理人行使。尤其是在股份有限公司中,由于股东人数众多,加之股东地处分散、投资有限,实际上很少有股东有足够的时间、金钱和兴趣参加股东大会,这使得委托代理人行使股权已经成为股份有限公司股东参与公司决策程序的重要形式。

(一) 代理人的资格

从各国或地区的公司立法来看,代理制度大致可以概括为两种。一是委托公司的经营者或其他个人为代理人,实践中大多委托董事为代理人,英美公司立法多采用这种代理制度。一般认为,这种制度实际运用的结果助长了董事会的专权,与立法者的初衷相距甚远。二是将代理权委托给一个有组织的中间人,通常是银行,德国的公司法即采用这种代理制度。银行作为公司与股东的中间人,在寄存股票时,与股票寄存人签订寄存契约,契约中附有专门的授权条款,对股权的行使有专门的指示,如对此无约定,银行可以为股东的最大利益作出如何行使股权的决定,但在股东(大)会开会前,必须将代理权转交给董事会。这种制度实际上扩大了董事会的权限。

在西方国家的股权运作实践中,上述两种委托代理方式都受到了批评,其共同缺陷是都不同程度地削弱了股东在公司决策中的地位,强化了董事会的权利。特别是以银行为代理人的方式更是受到严厉的批评:一是认为这种制度使小额股东无发挥作用的空间,银行无投资却拥有实际的权利,于理不公;二是认为银行在许多情形下并非无利害关系的第三人,银行利益与股东利益有时可能完全相反,在二者存在利益冲突的场合,容易危及股东的利益。因而,西方国家在公司法理论和实践中,仍在不断地探索和完善股权的委托代理行使制度。

我国《公司法》第106条规定:"股东可以委托代理人出席股东大会,代理人应当向公司提交股东授权委托书,并在授权范围内行使表决权。"目前,我国公司立法未对代理人的资格作限制性规定。鉴于上述两种代理方式的弊端,在确定代理人资格时,既不宜突出强调董事会的代理权限和代理地位,也不宜选定一个中间组织专任代理人,而应以尊重股东个人意愿和方便代理权的行使为原则。结合相关代理理论,我们以为,应规定凡具有完全民事行为能力者,不

[①] 参阅本章第一节中"股东的权利"的相关内容。

论其是否是本公司的股东,均可接受股东的委托作为股东的代理人。当然,如果公司章程约定代理人以本公司股东为限,法律对此约定的效力也应予以肯定。

(二) 代理权招揽制度

代理权的招揽,是指股东有偿招揽其他股东行使股权的委托书。对此,有的国家或地区基于契约自由原则,允许招揽委托书;有的国家或地区因为招揽代理权的结果可能导致分散的小股东的股权最后由一人实质行使,形成与大股东的抗衡,而禁止招揽代理权。毫无疑问,无限制的招揽代理权,既可能在私益上损害公司及股东的利益,又可能在公益上危害社会。与其让招揽委托书的小股东来决定公司的前途与命运,还不如让持有公司大多数股份的股东来控制公司。因为基于风险与利益一致的原则,后者至少比前者更关注公司的发展前途。

在我国,有学者主张,我国公司法应明文禁止招揽代理权的行为,即使允许股权的代理行使,也应对一人代理股份的总额加以必要限制,以防止代理权招揽行为的发生。对此,我国台湾地区"公司法"即规定:"除信托事业外,一人同时受二人以上股东委托时,其代理的表决权不得超过已发行股份总数表决权的3%,超过部分不予计算。"此规定可资借鉴。

五、股权的救济

(一) 救济的必要性

法律所确认的权利与当事人现实享有的权利并不总是一致的。我国公司法以保护股东权利作为其立法宗旨。《公司法》第 4 条明确规定,"公司股东依法享有资产收益、参与重大决策和选择管理者等权利",这是对股东权利的高度概括。此外,《公司法》其他各章还通过具体规定体现股东有限责任原则和股东平等原则的条款,建立股东大会、董事会和监事会互相制衡的机制以及强调董事、监事和经理对公司所负的义务等制度来保护股东权利。然而,尽管如此,股东权利仍可能面临着来自政府部门、大股东、公司经营者、中介机构等各方面的侵害。

股权的救济,实质上是在股东的股权无法实现或者其合法权益受到侵犯时,对股东的救济。公司法对股权的救济方式可以分为两大类:一是股东可以通过行使公司法赋予的权利来使自己的股权得以实现;二是在行使上述权利后仍不能得到有效保护时,股东可以寻求司法救济。前者可以说是对股东权益的事前预防救济;后者则是对股东权益的事后保护救济。综合而言,从立法和实践两个方面来加强我国对股东权益尤其是中小股东权益的保护具有重要意义。

(二) 股东权利事先预防救济制度体系的配置

理论界普遍认为,我国在对股权的事先预防救济方面,可以借鉴各国或地区公司立法的经验,在公司法中配置若干制度来增强对股权的保护。因为,进行一些实体法上的制度建构,可以对相关当事人的滥用职权行为进行事前的监督和制约。公司法上规定的救济方式主要有:

1. 限制控股股东表决权制度

对控股股东表决权的限制，是指对持有股份有限公司一定比例以上，能有效地影响甚至控制股份有限公司决策的股东所持有股份的表决权进行的限制。这一制度的作用主要在于防止大股东操纵股东（大）会，在一定程度上平衡小股东与大股东之间的利益关系。对股份有限公司进行投资的股东以经济利益为共同目的，为实现这种共同利益各自被赋予表决权。如果控股股东为获取自己的利益坚持资本多数决原则，其他众多小股东或债权人的利益将会受到严重损害。

我国《公司法》对控股股东的表决权限制未作具体规定，但已经注意到控股股东对小股东利益的影响。《公司法》第21条规定："公司的控股股东、实际控制人、董事、监事、高级管理人员不得利用其关联关系损害公司利益。违反前款规定，给公司造成损失的，应当承担赔偿责任。"

2．股东表决权排除制度

股东表决权排除制度又称股东表决权回避制度，是指当某一股东与股东（大）会讨论的决议事项有特别的利害关系时，该股东或其代理人均不得就其持有的股份行使表决权。这一制度在大陆法系国家或地区得到广泛适用，我国《公司法》也确立了这一制度。

《公司法》第16条规定了公司为股东提供担保时被担保股东的表决回避或表决权排除，即"公司为公司股东或者实际控制人提供担保的，必须经股东会或者股东大会决议。前款规定的股东或者受前款规定的实际控制人支配的股东，不得参加前款规定事项的表决。该项表决由出席会议的其他股东所持表决权的过半数通过"。

同时，《公司法》第124条还规定了董事表决权排除制度，依该条规定，上市公司董事与董事会会议决议事项所涉及的企业有关联关系的，不得对该项决议行使表决权，也不得代理其他董事行使表决权。该董事会会议由过半数的无关联关系董事出席即可举行，董事会会议所作决议须经无关联关系董事过半数通过。

3．股东的特别调查权

有的国家规定少数股东有权要求对公司事务进行特别调查，如调查公司财务状况、公司所有权、公司股份交易等。如法国《商事公司法》第226条即规定："代表1/10以上公司资本的一名或若干名股东，可单独或以任何形式组成集体，请求法庭指定一名或若干名专家，负责对一项或若干项经营活动提出一个报告。"

4．董事解任请求权

为及时淘汰那些不为公司和股东谋利益的经营者，并预防经营者滥用其影响力，应当赋予股东以董事解任请求权。而且，在执行职务过程中侵害股东利益的不称职监事、经理、清算人，也在被请求解任之列。

（三）股权的司法救济

当股东实体法上的权利受到侵犯时，若不能通过合理的司法程序进行救济，实体权利就是一副空壳。所以，股权的救济不仅要注重对股东实体权利的建构，还须对股权的司法救济程序进行设计。各国或地区的公司立法均有对股权进行司法救济的规定。

我国对股东的代表诉讼和直接诉讼制度均作了明确规定。① 股东代表诉讼是较为特殊、复杂的诉讼类型，为使这一制度得到恰当、充分的适用，除公司法的原则性规定外，尚需司法机关对提起代表诉讼的具体条件、代表诉讼的具体法律后果等问题作出进一步的规定。

【本节理论探讨】

● 股权的法律性质

在我国法人理论的研讨以及对股份制企业性质的探索中，学者们对股权性质的认识出现了较大分歧。应当指出的是，与其他国家研讨股权性质的目的不同，我国学者探讨这一问题的目的主要在于试图用股权性质来说明国家（股东）与企业（公司）的财产关系，理论争议上的价值取向对于明晰产权关系具有积极的意义。在我国法学界对股权性质进行研讨的过程中，形成了所有权说、债权说、社员权说、股东地位说、独立民事权利说等较有影响的观点。② 我们认为股权是一种新型民事权利，其法律特征主要有三：

（1）股权是一种私权。股东享有股权，只是为了谋取自身的个体利益，参与公司事务只是实现这一目的的途径，它涉及的不是国家政治生活上的利益及关系。股权作为私权，还体现在它是以民法和公司法、证券法等私法规范为主要法律依据而产生的权利，要遵循意思自治的基本原则。明确股权的性质为私权，特别是明确国有股权是一种民事权利，不是行政权或行政权与民事权利的混合物，在我国具有重要意义。

（2）股权是一种财产权，是一种具有经济利益的权利。作为股权主体的股东，也就是出资财产的原所有人，其根本目的是从公司分取股利，其投资、设立公司、参与公司事务等一系列活动都是围绕这一目的进行的。

（3）股权是一种资本权。股权是因投资行为而形成的权利，只有把财产变成资本才能产生股权。股权作为资本权主要体现在下列三个方面：第一，股权具有风险性。因投资而形成的股权，在实现其利益价值的过程中，时刻存在着风险。股东受益多少，要根据公司的经营情况而定，而公司的经营状况又深受整个市场行情等多种因素的制约和影响。第二，股权具有流动性。股东不能抽回和分割自己投入公司的财产，但享有转让其出资或股份、从公司中退出的权利和自由。第三，股权的人格化。股权的主体是股东，它必须归属于具体的人，才能行使股权。对于以自然人为主体的股权来说，在这一点上不存在任何问题，但是对于国有股权和法人股权来说，就有一个谁是股东，谁来具体行使股权的问题。毫无疑问，国家和法人本身都不可能出席股东（大）会，行使选举权和被选举权；国家不能做董事长、法人也不能做董事。因此，对于国有股权和法人股权而言，股权的人格化极其必要，必须要有具体的人（自然人）按照公司法的规定行使股权。

● 股权转让的合同行为与权利的实际移转

股权转让发生的争议通常是关于股权转让的效力之争，而股权转让最主要的方式是通过

---

① 参阅本章第一节中"股东的权利"的相关内容。
② 本节正文中已对这些学说的主要观点及理论依据作了介绍。

签订股权转让合同。股权转让合同与股权转让本身是否是同样的行为,股权转让合同的生效或无效是否就是股权转让本身的生效或无效,这些也是实践中经常面对并需要从理论上加以阐明的重要问题。

民法理论上,对于转让标的物的民事行为划分为债权行为和物权行为,其中订立合同设定给付义务的行为属于债权行为,履约交付的行为则为物权行为。债权行为是指以设定债权债务为目的的法律行为。物权行为,也就是权利的变动行为,是指直接取得、变更或丧失对标的物的权利的法律行为。

其实,股权转让行为也存在着类似的法律关系,它是一种较为特殊的法律行为,在股权转让行为中,实质上存在着两种行为:一是股份转让的债权行为,二是股份转让的权利变动行为。前者是当事人之间关于股权转让合同的签订行为,后者则是合同生效后当事人之间为履行合同而实际交付股份的行为。仅仅订立股份转让合同本身并不等于股份的实际交付或变动,一个完整的股份转让行为的完成应同时具备上述两个过程,这一点同商品房买卖比较类似。而股份的交付或移转实质上包括两方面的内容:一是权能的移转,二是权属的变更。所谓权能的移转,是指转让人将股份的权能,也就是股东的具体权利,主要是指资产受益、重大决策和选择管理者等权利以及相应的义务交由受让人享有或承担,权属的变更则是指转让人按照法定的程序将股份过户到受让人名下。依据公司法的规定,这种变更是以股东名册的变更(生效效力)和工商登记(对抗效力)的变更为准。

因此,对一个股权转让行为效力的认识和判断,实质上包括对两种行为的效力判断,一是对合同行为或债权行为的判断,二是对股份实际变动行为的判断。股权转让合同的有效并不当然表明股份的实际交付或移转,而股份实际移转行为的无效也不意味着转让合同本身的无效。因为法律对不同的行为可能规定有不同的生效要件和无效的原因。

这一法律关系的分析对于解决许多股权转让争议具有根本性的意义。其中,甚为突出的就是股份公司发起人股份的转让。公司法禁止发起人自公司成立之日起1年内转让所持有的股份,如果发起人在公司成立之日起1年内签订了股份转让合同,但约定在1年之后实际办理股份的交付手续的,这种转让合同行为不应当然认定为无效,只是股权不能在此时间内发生转移。法律所禁止的应是在特定时间内实际上的股份变动,而不一定是为股份变动所签订的未来履行的合同。

【本节实务研究】

• 被冻结的股权是否享有股东大会的召集权、投票权、新股认购权

股东基于出资享有股权,股权是一个集合了多种权利的权利束,由自益权和共益权构成。当股东的股权因权属纠纷而被法院冻结时,股东是否丧失所有的股权权能呢?

我们认为,股权的冻结主要是限制股东从公司获取收益以及处分股权,从而防止股权收益的不当流失,以达到财产保全的目的。因此,股权冻结的效力主要及于收取股息或红利以及股权处分(转让或设定质押)权。而股权冻结并没有否认股东资格,也没有必要限制股东对于共益权的行使。并且,只有股东积极有效地行使共益权,才能更好地推动公司经营的良性发展。公司效益的提高有助于股东通过自益权获得更丰厚的回报,人民法院通过冻结股权所能保全

的财产价值也才更有保障。

因此,作为共益权的临时股东(大)会召集权、投票权、参加权、选举和被选举权、知情权、股东代表诉讼权等均不会因股权被冻结而不能行使。值得一提的是,自益权中的新股认购权并不属于被冻结的范围。新股认购权属于公司经营过程中对增发、配售股份的优先购买权,是股东基于股东资格优先于非股东而享有的一种权利,该权利并非为获取收益,而是一种优先于非股东向公司投资的权利。股权冻结主要是对股权收益、转让的限制,因此,其效力不应当包括自益权中的新股认购权。同时,对股权的司法冻结是对现存股权的冻结,股东认购新股而新取得的股权及其孳息不在原冻结的范围之内。

- **股东代表诉讼的诉后利益与有关责任的承担**

股东代表诉讼是股东为公司利益而提起的诉讼,明确诉后利益及费用责任的负担,关系到代表诉讼制度能否发挥应有作用。在股东代表诉讼中,多数原告为自然人股东,往往无力承担高额的律师费及其他费用。并且,即使股东负担了诉讼成本并最终胜诉,也是公司受益而非股东个人得利。各国和地区为解决这一矛盾,纷纷采取了一些措施来提高股东提起代表诉讼的积极性。

我们认为,在我国公司法实践中,既要防止股东滥用诉权,又要发挥股东代表诉讼的价值,对此可以分股东胜诉和败诉作不同处理:

(1)股东胜诉可以向公司要求补偿其合理费用。这对于股东代表诉讼制度作用的发挥是有利的,但补偿应有限额,即在公司所得利益的范围之内。这样可以防止一些股东为小额诉讼而致庞大的诉讼和非诉费用,滥用诉权。

(2)人民法院不支持股东代表诉讼请求的,诉讼费用应由股东负担;部分支持的,按比例确定费用的负担。

第三节 有限责任公司股东的股权

一、股权与出资的概念

我国公司法上对出资概念的使用不甚统一,有时是指有限责任公司股东认缴公司资本后所形成的相应出资份额,有时是指股份有限公司股东认购的股份,有时则又泛指各种公司(包括股份有限公司)的股东对公司进行的直接投资。比如,我国《公司法》第32条、第93条、第199条中所称的"出资"即分别指向这三种不同的含义。除非特别指出,本节所称出资均指第一种含义,与股份有限公司的股份概念相对应。

我们认为,与股份有限公司的股份相对应的概念,与其用"出资"引起歧义,不如以"股权"来代替。[①] 理由主要有:

(1)用"股权"替代"出资"更符合语法上的要求。出资既可作名词使用,也可作动词或动

---

① 本节第四部分"股权的转让"即采用了这种称谓。

名词使用,而与股份有限公司的股份相对应的,应是名词,但这种表述经常与作为动词或动名词表述的"出资"混在一起,如出资义务。如果公司法只在动词或动名词的意义上使用出资,将其名词用法以"股权"代替,则可以避免混淆。

(2) 在有限责任公司的股东转让股东权利时,法律实务上一般也使用"股权"。

(3) 可以与股份有限公司的股票区别开来。由于股份有限公司通常将公司资产划分为等额股份,有限责任公司则一般不按等额划分,因此两者有必要加以区分。

(4) 国外立法例中对不同类型的公司股份大多也加以区别,使用不同的称谓。如在日本商法典和有限责任公司法中,将股份和出资分别称为"株式"和"持份"。

虽然股份有限公司的股份与有限责任公司的出资都是组成各自公司资本的金额单位,但二者有很大的区别。首先,二者的发行主体不同。股份是股份有限公司发行的,而出资是有限责任公司发行的。其次,二者的表现形式不同。有限责任公司的股东出资表现为出资证明书,而股份有限公司的股份则表现为股票。最后,出资证明书的转让受到严格限制,而股份转让是相对自由的。

二、出资证明书

(一) 概述

出资证明书是有限责任公司股东出资的凭证,是有限责任公司成立后应当向股东签发的文件,是一种权利证书。

1. 法律特征

作为有限责任公司股东出资或持股的法律形式,出资证明书的法律特征主要有:

(1) 出资证明书是表彰有限责任公司股东的股权的证书。

(2) 出资证明书是股东出资的证明文书,它不仅证明出资的主体,而且可以证明出资的金额和出资的比例。

(3) 出资证明书是要式证书,必须依法定条件制作,必须记载法律规定的事项,并加盖公司印章。

(4) 出资证明书不能用于商业交易和流通。

(5) 出资证明书必须在公司成立以后才能向股东签发。

2. 出资证明书与股票的区别

(1) 票面金额的表现不同。在一般情况下,出资证明书的票面金额不一定相等,而股票的票面金额是相同、统一的。股票有额面股和无额面股之分,而出资证明书是绝对不可能不记载票面金额的。

(2) 出资证明书都是记名的,而股票分类中有记名股票和无记名股票之分。

(3) 股票作为有价证券是可以上市交易的,而出资证明书只有在股东依法转让股权时,才可随其股权一同转让。

3. 出资证明书与验资证明书的区别

虽然股东的出资可能在公司成立之前就已经缴纳,但因为出资证明书是确定并记载股东与公司这两个主体之间发生投资与被投资关系的凭证及法律形式,由于在公司成立之前公司的主体资格尚未取得,所以,出资证明书必须在公司成立以后才能向股东签发。而验资证明书是在股东全部缴纳出资后,由验资机构出具的验资证明。2013年《公司法》虽然取消了强制验资程序,但不排除当事人间自行安排的验资。

(二) 记载事项

依我国《公司法》第31条的规定,出资证明书应当载明下列事项:公司名称;公司成立日期;公司注册资本;股东的姓名或者名称、缴纳的出资额和出资日期;出资证明书的编号和核发日期。

(1) 公司名称。公司名称不仅是公司章程的绝对必要记载事项,而且也是公司出资证明书必须载明的事项。没有公司的名称,难以说明该出资证明书是何公司的出资证明。出资证明书中对公司名称的记载,既有利于股东行使股权,也有利于公司对股东的管理。

(2) 公司成立日期。公司成立日期即公司领取营业执照的日期。从公司成立时起,公司的股东就可以对公司行使股权。如果没有公司成立日期,就难以表明股东可以开始行使股权的日期,会给股东行使股权造成一定的困难。

(3) 公司注册资本。公司的注册资本是在公司登记机关登记的全体股东认缴的出资总额。出资证明书载明公司注册资本。

(4) 股东的姓名或者名称、股东缴纳的出资额和出资日期。有限责任公司虽然是一种资合和人合相结合的公司,但更重于人的因素,如果一旦产生纠纷,出资证明书上没有股东的姓名或者名称,就有可能引起诉讼的困难,不利于保护股东或者债权人的利益。出资证明书载明股东缴纳的出资额和出资日期,股东便可清楚其出资额在公司注册资本中所占的比例,便于掌握其在公司权益分配中所应享有的份额,也便于其行使自己的股权。

(5) 出资证明书的编号和核发日期。出资证明书的核发日期是一个极为重要的法律事实,对计算股东权益有着非常重要的意义。

(三) 效力

出资证明书必须加盖公司的印章,并应由董事长签字。在无相反证明的情形下,出资证明书的效力主要表现在:

(1) 出资证明书具有证明股东履行出资义务的效力。由于出资证明书是有限责任公司成立后向股东签发的证明其出资的证书,所以,出资证明书可以表明设立人已履行了缴付所认缴的出资的义务,当然,出资证明书只是股东出资的形式证明之一,当其与其他出资证明不一致时,应根据证据规则加以认定。

(2) 出资证明书具有证明股东权利范围的效力。依照我国《公司法》的规定,某些股东权利(即红利分配权、新股认购权)的享有并非以股东认缴的出资比例、而是以其实际缴纳出资比例为前提的,同时其他股东权利亦可依照公司章程的规定按实缴的出资比例享有。

三、股东名册

股东名册,是指有限责任公司依据公司法的规定必须置备的,用以记载股东及其所持股份数量、种类等事宜的簿册。股东和债权人可以亲自查阅股东名册,也可以委托律师或其他人代为查阅。依我国《公司法》第32条的规定,有限责任公司应当置备股东名册。公司置备股东名册的作用主要在于:确定股东身份和股权归属、便于公司接受查询、向股东发放股利、登记股东股权的转让、与股东进行联络及接受有关部门的审查监督。

(一)记载事项

有限责任公司股东名册的记载事项采取法定主义原则。依我国《公司法》第32条的规定,有限责任公司的股东名册应记载下列事项:股东的姓名或名称及住所;股东的出资额;出资证明书的编号。

(二)效力

公司股东名册的效力主要在于:

(1)具有确定股东身份的效力。记载于股东名册的股东,可以依股东名册主张行使股东权利。也就是说,公司只认定记载于股东名册上的股东才享有股东对公司的各项权利。① 因此,即使出资证明书发生转让,但未将受让人的姓名或名称及住所记载于股东名册,亦不得依此向公司主张股东权利。

(2)具有公司免责的效力。股东名册上记载着股东的姓名或者名称和股东的住所,因此,公司依法对股东名册上记载的股东履行了通知、送达、公告、支付股利、分配公司剩余财产等义务后,即可免除其相应的责任。

四、股东与股权登记

依我国《公司法》第32条的规定,公司应当将股东的姓名或者名称及其出资额向公司登记机关登记;登记事项发生变更的,应当办理变更登记。未经登记或者变更登记的,不得对抗第三人。这表明,公司登记机关对股东与股权的登记是股权取得和变动的重要形式,具有公示效力,它不是股权取得和变动的生效要件,未经登记不影响股权的取得或变动。但它是股权变动的对抗要件,未经登记不具有对抗善意第三人的效力。第三人依据公司登记机关的登记识别当事人的股东身份、对股权的归属作出判断并由此作出交易的决定时,当事人不得以未登记的股权变动对抗第三人提出的请求。

---

① 当然,股东名册只是一种证权文件,不具有创设权利的效力。因此,如果异议者能够成功地举证股东名册上记载的名义股东实质上不具有股东资格,该股东资格就会被否认,公司可随时停止其权利。

五、股权的转让

(一)概念及法律特征

股权转让,是指有限责任公司的股东依照法律或公司章程的规定将自己的股权转让给他人的行为。其主要法律特征可概括如下:

(1)股权转让是一种股权买卖行为。对有限责任公司而言,股权是股东出资形成的对公司的一种控制权,股权转让方转让的正是这种控制权。

(2)股权转让不改变公司的法人资格。股权转让完成后,公司股东发生变化,在股权全部转让的情况下,出让方的原股东地位被受让方取代,受让方成为公司的股东。但就公司本身而言,除了因股东变更而发生若干登记事项的改变外,公司法人资格没有任何改变。

(3)股权转让是要式行为。这主要表现为股权转让除须符合实体条件外,还应完成法律规定的股权转让的法定程序。

(二)转让的方式及限制

股权转让有两种方式:一是在公司内部发生的股权转让,即股东将股权转让给现有股东;二是向公司外部进行的股权转让,即股东将股权转让给现有股东以外的其他投资者。

1. 各国或地区公司立法的一般限制

从各国或地区公司立法的规定看,无论何种类型的公司,股东的股权均可转让,但因公司的性质不同,法律对股东股权转让的限制也有不同。一般而言,各国或地区的立法对无限公司的股东,无论其是全部还是部分转让股权,都规定了严格的限制条件,即非经其他股东全体同意,股权不得转让。之所以作出如此严格的规定,是因为无限公司以人合为基础,股东转让股权难以找到其他股东所信任的受让人。同时,也是为了防止无限公司的股东在公司经营欠佳时,以转让股权的方式来逃避连带的无限责任。有限责任公司虽在性质上属于资合公司,但因股东人数不多,股东又重视相互间的联系,具有人合公司的因素,为了维持公司股东彼此信赖的需要,股权的转让也受到较严格的限制。如德国《有限责任公司法》第15条就规定股东的股权转让要以合同协议或公证方式进行,同时还附加一定条件,来限制股东转让股权,如经公司同意,并且规定转让的股权应保持其独立性等。

一般而言,在公司内部进行的股权转让通常并不涉及第三人的利益,因此,对重视人合因素的有限责任公司来说,其存在基础即股东之间的相互信任也没有变化;而向公司外部进行的股权转让则会因吸收新股东加入公司而影响股东间的信任基础,所以,各国或地区的公司法对在公司内部进行的股权转让限制较松,对向非股东进行的股权转让限制较严,一般要求股东向非股东转让股权须经股东会一定比例以上的股东同意。如此限制的目的主要在于防止因新股东的加入影响股东之间的关系。如日本《有限责任公司法》第19条就规定:"股东可以将其股份的全部或一部转让于其他股东。股东欲将其股份之全部或一部转让于非股东时,须经股东会承认。"

2. 我国《公司法》的限制

我国《公司法》第 71 条和第 72 条对有限责任公司股东之间的股权转让的限制条件作了规定。依照这些规定可以看出,我国立法将有限责任公司的股权转让区分为在公司内部进行转让、向公司外部进行转让和人民法院依照法律规定的强制执行程序进行转让。

(1) 除公司章程对股权转让另有规定的应从其规定外,我国现行立法对在公司内部进行的股权转让采取自由主义原则,即对于股东向公司的其他股东转让其全部或者部分股权的,法律没有专门设定任何限制,只要转让方与受让方协商一致,转让即可成立。

(2) 除公司章程对股权转让另有规定的应从其规定外,我国现行立法对向公司外部进行股权转让予以严格限制。这种限制主要体现在下列三个方面:

其一,股东向非股东转让股权必须经其他股东过半数同意。应注意的是,所谓的"必须经其他股东过半数同意",指的是股东人数的多数,而非持股数额的多数,也即以股东人数计算表决票数,而非以股份数额计算表决票数。

其二,股东就其股权转让事项书面通知其他股东征求同意,其他股东自接到书面通知之日起满 30 日未答复的,视为同意转让。① 其他股东半数以上不同意转让的,不同意的股东应当购买该转让的股权,不购买的,视为同意转让。公司法对有限责任公司股东向外部进行的股权转让予以限制的主要原因是基于其人合性的考虑,但这种限制并非等于禁止。否则,如果股东会决议既不同意股东向第三人转让股权,不同意的股东又不购买,股东的出资实质上就被锁定在公司,这违背财产可转让的特质。因此,《公司法》规定,如果不同意的股东不购买该转让的股权的,应视为同意转让。

其三,经股东同意转让的股权,在同等条件下,其他股东对该股权有优先购买权。两个以上股东主张行使优先购买权的,协商确定各自的购买比例;协商不成的,按照转让时各自的出资比例行使优先购买权。当然,这种优先购买权是一种选择权,原有股东可以行使,也可以放弃。

股东对其他股东转让的股权享有优先购买权,意味着只有当公司的其他股东不愿购买、无力购买或其出价低于非股东的出价时,非股东始得购买所转让的股权。这样规定实际上既保护了出让股东的利益,同时也通过提供优先购买权方式保护了其他股东的利益。

典型案例:深圳平泰发展有限公司诉深圳经济持区发展(集团)公司股权转让纠纷案(《案例分析》第 191 页)

请扫描二维码或访问 http://2d.hep.cn/1318685/19 了解相关内容

(3) 对于人民法院依照法律规定的强制执行程序转让股东的股权的情形,我国《公司法》规定应当通知公司及全体股东,其他股东在同等条件下有优先购买权。其他股东自人民法院通知之日起满 20 日不行使优先购买权的,视为放弃优先购买权。

在公司法实践中,需要注意股权的强制拍卖程序中股东优先购买权的保护问题。虽然公司法赋予有限责任公司股东享有股权的优先购买权,但是当对股权采取强制拍卖程序时,普通

---

① 有限责任公司股东转让股权之前虽然通知了公司其他股东,但未将受让人的有关情况、拟转让股权的数量、价格及履行方式等股权转让合同的主要内容全部告知公司其他股东的,人民法院应认定其未履行《公司法》第 71 条第 2 款规定的"通知"义务。

的拍卖规则与股东的优先购买权就会发生冲突。因为依照拍卖法之规定,拍卖采取现场竞价方式进行,当交易条件相同时,需要继续竞价,直到出现一个最高报价者作为拍卖标的买受人。依此规定,应当如何保护有限责任公司股东的优先购买权呢?理论上有两种观点:一种观点认为,公司法作为实体法,其所保护的优先购买权仅适用于市场经济中当事人双方协议转让的场合,在协议转让中确定的条件才可以作为"同等条件",由权利人行使优先购买权。但在拍卖程序中,法院依国家强制力执行债务人的财产,取代债务人的地位行使对被执行财产的处分权。这种以国家强制力处分债务人财产的行为已不是普通的市场交易行为,法院在拍卖被执行财产时,无需考虑优先购买权人的利益。另一种观点认为,优先购买权是法定权利,无论在当事人的协议转让中,还是在法院的强制拍卖程序中,都应当予以保护。问题不是该不该保护,而是如何保护。不能因为保护优先购买权会对执行程序带来一些影响,就不去设计一种有效的制度,保护相关当事人的实体权利。后一种观点在法院执行工作中得到认同。

在法院强制执行股权的拍卖程序中,对于保护优先购买权存在过两种方法:一种是"跟价法",另一种是"询价法"。"跟价法"是指法院通知优先购买权人直接作为竞买人参与拍卖,通过拍卖程序,实行价高者得。不过,此处的价高者得并非唯一的最高价者胜出,而是在其他人举牌应价后,有最高应价时,拍卖师高呼三声,此时优先购买权人可以表示以此最高价接受。如果其他竞价人未进一步报出高价,则卖给优先购买权人;如果他人报出更高价,而优先购买权人不再"跟进",则拍卖标的归最高应价者。这种做法将优先购买权人视同一般的竞买人,优先购买权人要行使和实现其优先购买权,必须同其他竞买人一样,按照拍卖公告的要求,进行竞买登记,交纳拍卖保证金,举牌竞价,否则视为放弃优先购买权。"询价法"是指由法院通知优先购买权人到拍卖现场,但优先权人不直接参与竞价。待经过拍卖程序产生最高应价者后,由拍卖师询问优先购买权人是否愿意购买。如果其不愿购买,则拍卖标的即由最高应价者购得。如果其愿意购买,则拍卖师询问最高应价者是否愿意再加价,如果其不愿加价,则拍卖物由优先购买权人购得,如果其表示愿意加价,则在加价后再询问优先购买权人。如此反复,直至其中一人退出,拍卖即为成交。依照2005年1月1日开始实施的最高人民法院《关于人民法院民事执行中拍卖、变卖财产的规定》,采用的是"跟价法",这种方法作为强制执行程序中保护优先购买权的通常做法被适用了很长时间。

(三)股权转让的程序

1. 公司内部股东变更登记

股权转让应由出让方和受让方签订股权转让合同。关于有限责任公司的股权转让,依我国《公司法》第73条的规定,股东依法转让其股权后,公司应当注销原股东的出资证明书,向新股东签发出资证明书,并由公司相应修改公司章程和股东名册中有关股东及其出资额的记载,而且对公司章程的该项修改不需再由股东会表决。这就是通常所称的公司内部股东变更登记。

我国《公司法》没有明确不办理公司内部股东变更登记的法律责任。由于股权转让合同未必为公司知晓,故应该由转让方向公司申请变更登记。若因转让方过错未申请而致未能办理公司内部股东变更登记,则应由转让方依股权转让合同承担违约责任。若公司拒绝登记,则应区分以下情况分别对待:

（1）如因股权转让不符合公司法及公司章程的规定，公司因此而拒绝登记，则应认为股权转让无效，公司不承担任何法律责任，转让方与受让方之间的纠纷依股权转让合同处理。

（2）若股权转让符合公司法及公司章程的规定而公司拒绝变更登记，则公司侵犯了股东依法转让股权的权利，应责令公司办理变更登记，并由公司承担相应的法律责任。

2. 公司登记机关的变更登记

2014年新修订的《公司登记管理条例》第34条规定："有限责任公司变更股东的，应当自变更之日起30日内申请变更登记，并应当提交新股东的主体资格证明或者自然人身份证明。"这就是通常所称的工商变更登记。一般而言，公司变更登记应由原股东向董事会或公司章程规定的公司内部组织机构（以下简称公司内部登记机构）申请股东变更登记，再由公司内部登记机构依《公司法》及公司章程规定进行审核。若转让符合《公司法》及公司章程规定，公司内部登记机构应同意变更并记载于股东名册，然后到工商行政管理部门办理工商变更登记手续。

【本节理论探讨】

- **股东对转让的股权是否可以部分行使优先购买权**

优先权部分行使，是指有限责任公司股份向第三人转让时，其他股东可以就转让股份的一部分行使优先购买权，而不是必须购买全部股份。股东能否部分行使优先购买权在公司实践中的争议很大。

持肯定观点的人认为，从法律规定看，《公司法》规定了股东的优先购买权，但并未禁止股东部分行使优先权的情况，法无禁止便为可行。从立法本意看，《公司法》之所以规定股东享有优先购买权，一方面在于保证有限责任公司老股东可以通过行使优先购买权增持股份，从而实现对公司的控制权。另一方面在于保障公司人合性。为维持公司的人合性，立法应赋予老股东优先购买权，包括对部分股份的优先购买权，以便利其选择是否接受新股东的合作。因而老股东有权根据自己的实际情况和需要决定对部分还是全部股份行使优先购买权。

否定意见则认为，股东的优先购买权是不能部分行使的。《公司法》虽然没有禁止性规定，但从法律对优先权行使的交易"同等条件"要求看，已经否定了部分行使优先购买权。第三人购买特定比例的股份，并基于该股份比例所能实现的控制权确定了交易价格。因此，交易"同等条件"是包括价格、标的在内的多个条件的集合，而非单单局限于价格条件。其他股东若欲以同等条件行使优先购买权，不能仅仅在价格上达到"同等条件"，必须同时考虑形成该价格条件的标的。该标的在量上表现为特定比例的股权，这一特定比例的份额当然是属于交易的"同等条件"。交易标的的分割将对交易"同等条件"造成了重大改变，老股东虽然以"同等价格"购买了股权，却购买了"不同标的"，从而导致标的未被购买部分的股权价值贬损，这种情况下，第三人不会以原价格购买，出让人也无法再以原价格出售。出让人基于法律赋予"同等条件"应得到的利益就根本无法实现。

当然，优先购买权能否部分行使主要涉及价值判断问题，实践中，不同的司法裁判者可能会有不同的认识，为了避免发生纠纷、提高交易效率并降低交易成本，较为妥当的解决办法是当事人依照《公司法》第71条第4款的规定，在公司章程中对该问题予以约定，从而通过章程有效实现当事人自治,彻底解决股东向公司外部第三人转让股份时,其他股东能否部分行使优先购买权的问题。

【本节实务研究】

- **股东优先购买权中"同等条件"的确定标准**

"同等条件"是有限公司股东行使股权优先购买权的实质性要求。在实践中,对"同等条件"的确定标准存有争议。

关于"同等条件"的确定标准,实践中有主张须以转让方与第三人(非股东)订立的转让协议中规定的条件为"同等条件"。这一主张似乎符合"优先于他人购买"的立法原意,但却容易产生相当弊端。因为,优先购买权人依此标准行使优先购买权的结果,将在转让方与第三人之间、转让方与行使优先购买权的股东之间分别成立两个内容完全相同的协议,转让方由此被迫陷入一个双重买卖的尴尬境地。虽然转让方可以通过在与第三人订立的转让协议中约定该协议以股东不行使优先购买权为条件,或者约定在股东行使优先购买权的情况下,转让方保留对该协议的解除权的方式来避免这种尴尬。然而,如果因股东行使优先购买权而导致转让方和第三人之间的协议不能履行或者被解除,则双方为订立协议而支出的费用和所作的努力就成为徒劳,这不仅造成社会财富的浪费,同时也会挫伤第三人从事类似交易的积极性。

解决上述问题的关键在于,应该找到一个在转让方与第三人订立转让协议之前即可以确定股东是否愿意购买的方法,依此确立一个确定"同等条件"的标准。从实践来看,转让方转让的条件的提出无非有两种情形:(1)转让条件系由转让方提出。在这种情形下,转让方应将此条件事先通知其他股东。如其他股东不愿购买,嗣后在第三人以该条件或高于该条件而与转让方订立转让协议时,即不得再主张优先购买权。当然,在转让方因无人应买而降低条件时,仍应通知其他股东,以确定其是否购买。(2)转让条件系由第三人提出。在这种情形下,转让方在准备承诺之前,应将该条件及意欲承诺的意思通知其他股东,以确知其是否愿意购买。倘若有股东决定购买,应立即通知转让方,嗣后转让方不得以他人有更优条件为由予以拒绝。

- **夫妻家庭财产分割及股权赠与时其他股东的优先购买权问题**

在有限责任公司股权转让的司法实践中,有的股东因为离婚需与配偶分割所持股权,有的股东需将所持股权赠与子女等近亲属。而如果配偶或近亲属并非公司股东,就可能涉及如何保护其他股东优先购买权的问题。

公司法赋予其他股东优先购买权,是基于有限责任公司人合性的考虑。有限公司股东间具有相互信任与合作关系,而这一关系又是维护公司有效运作的基础。在股权转让中,比较公司股东这一与公司具有特殊关系的群体和公司外部不特定的第三人,无论是从利益相关者优先考虑的角度还是从维护公司和谐稳定发展的角度,公司法都应当赋予公司股东同等条件下的优先购买权。

然而,基于特定身份关系发生的夫妻共同财产的分割以及向近亲属的股权赠与,不同于一般的股权转让。正是由于该种股权变动的特殊性,《公司法》第71条为一般股权转让而设计的优先购买权制度并不能当然适用。

夫妻共同财产的分割和向近亲属的股权赠与是基于亲属身份关系发生的向特定对象的股权转让,而非向不特定的第三人出让股权。法律不仅需要保障公司股东之间的人合性,更需要考虑基于特定亲缘关系而发生的财富的分割和自由流动。当二者发生冲突时,对特定亲属关系的优先照顾是法律伦理性和人文主义的表现和必然选择。在这一点上,该种股权转让与继承具有完全相同的法理基础。依照《公司法》第75条之规定,除公司章程另有规定外,股东资格可以继承。可见,面对因继承而发生的股权变动,法律对股东优先购买权的保护是居次的。仅当公司章程对股东资格的继承作出特别限制时,才尊重股东的意思自治优先保障公司的人合性。类推是填补开放型法律漏洞的基本方法,将股权继承原理类推,股东在夫妻家庭财产分割和向近亲属赠与股权时,公司其他股东也不应享有优先购买权,受让的近亲属可以当然取得股东资格。只有在公司章程事先作出特别规定时,公司其他股东才可以章程限制受让近亲属对股东资格的取得。

第四节 股份有限公司股东的股份

一、股份的概念和特征

《公司法》第125条第1款规定:"股份有限公司的资本划分为股份,每一股的金额相等。"股份是股份有限公司股东持有的、公司资本的基本构成单位,也是划分股东权利义务的基本构成单位。

股份的主要法律特征可以概括如下:

(1) 股份是公司资本构成的最小单位,具有不可分性。任何股份有限公司的资本均被划分为股份。资本分为股份,但股份则不可再分。股份的不可分性并不排除某股份为数人所共有。当股份为数人所共有时,股权一般应由共有人推定一人行使,但共有人对股份利润的分享不是对股份本身的分割。比如,因继承法律关系而产生的若干名继承人共有某一股份的现象。此时的共有人不能主张分割股份,只能推荐一人行使股权,以保持这一股份与其他股份在金额上的相等性。

(2) 股份是对公司资本的等额划分,具有金额的等额性。每一股份所代表的资本额一般都是相等的。我国《公司法》第125条明确规定股份有限公司每一股的金额相等。对于额面股份,表现为股份金额相等,对于无额面股份,则表现为在资本总额中所占比例相等。这种划分的优点是便于计算股东权利义务。但也有的国家规定公司股份不必等额。当然,股份金额相等并不意味着所有股东获得同种股份的对价在任何情况下都相等。但作为股权平等的体现,法律一般要求同次发行的股份,每股发行的条件和价格应当相同。

(3) 股份是股权的基础,具有权利上的平等性。股份是股东法律地位的表现形式,股份所包含的权利义务一律平等,每一股份代表一份股权。股东权利义务的大小,取决于其拥有股份数额的多少。除法律另有特别规定外(如对特别股股东权利的限制等),公司不得以任何理由剥夺股东的固有权利。

(4)股份表现为有价证券,具有可自由转让性。股份往往需要通过股票形式来表示。股票是股份有限公司成立后以公司名义发行的,是代表股份的一种有价证券。由于股份表示股权,所以股票也是代表股权的有价证券。除法律对特定股份的转让有限制性规定外,股份可以自由转让和流通。股份的转让和流通通常通过股票交易形式进行,合法取得股票者即合法取得股份,从而也取得股权。

二、股份的表现形式

股份的表现形式是股票。股份与股票形同表里,股票不能离开公司股份而存在。我国《公司法》第 125 条第 2 款规定:"公司的股份采取股票的形式。股票是公司签发的证明股东所持股份的凭证。"股票的主要法律特征可以概括如下:

(1)股票是股份有限公司成立后以公司名义发行的。公司未正式登记成立前,尚无法人资格,无权发行股票。但在公司设立过程中、公司正式登记成立前,却必须发行并认购股份,未认购股份或者认购股份不足一定金额,则该公司不得成立。这说明,股份是在公司正式登记成立前就已经存在了,而当时却并不存在股票。认缴股份时,只能由公司筹建机构(发起人)发给收据,以作缴付凭证。

(2)股票是一种证权证券。证权证券和设权证券相对应。两者的区别主要在于:证权证券以证明权利的存在为目的;而设权证券是以设定权利为目的。股票不是设权证券,而只是一种代表已经发生的股权的证券,也即股权并不因股票的发行而创设,股权实因股份的认缴而产生,股票只是股份的一种表现形式。只有在应发行的股份全部被认购后,才能将股份换成股票。当然,在公司成立以后发行股票,往往同时以股票表示,而股份的转让也必须通过股票转让。这时,股份与股票往往结合为一。正因为如此,人们在习惯上往往把两者等同看待。

(3)股票是一种有价证券。股票的价值在于股份的价值,也即在于该股份所代表的资本金额及股权的大小。股票与一般有价证券的不同之处主要在于它不是单纯的财产权证券,当然更不是单纯的人格权证券,它是多种权利的集合体。凡有价证券,其所代表的权利与对证券的占有一般是不可分离的,证券转移则权利也随之转移。股票也是如此,股票持有人有权取得该股票所表示的权利。

(4)股票是一种要式证券。股票必须记载一定事项,由公司法定代表人签名、公司盖章,才能发行,否则不发生法律效力。

(5)股票是一种流通证券。股票是可以公开发行并自由转让的,即可以在社会上自由流通。

(6)股票是一种永久性证券。股票没有固定期限,除非公司终止,否则它将一直存在。股票的持有者可以依法转让股票,却不能要求到期还本付息,因为股票没有到期日。

三、股东名册

股份有限公司特别是募集设立的股份有限公司,股东众多,为了掌握股东的基本情况,保障股东的权益,各国或地区的公司立法一般都规定股份有限公司应置备股东名册。

(一) 股东名册的记载事项

我国《公司法》第 130 条规定:"公司发行记名股票的,应当置备股东名册,记载下列事项:(一) 股东的姓名或者名称及住所;(二) 各股东所持股份数;(三) 各股东所持股票的编号;(四) 各股东取得其股份的日期。发行无记名股票的,公司应当记载其股票数量、编号及发行日期。"

(二) 股东名册的封闭

股东名册的封闭,是指公司为了确定行使股东权的股东而在一定时期停止股东名册的记载。股东名册封闭的意义主要体现在下列方面:

(1) 股东名册的封闭有时是因为有必要禁止在特定时期取得股份的人行使股东权利。如我国《公司法》第 139 条第 2 款就规定:"股东大会召开前二十日内或者公司决定分配股利的基准日前五日内,不得进行前款规定的股东名册的变更登记……"

(2) 封闭股东名册后,封闭当时股东名册上的股东就被确定为可以行使股东权的股东。股份有限公司的股份转让频繁,股权随时都有可能发生变动,即使在股东权利的行使过程中,股权仍有可能发生变动。因此,有必要在一定期间停止股东名册的记载,以便公司确定股东权利的行使者。

四、股份的分类

各国或地区的公司立法对于股份的分类比较灵活,并根据实际的需要而有所变化和发展。也因如此,我国《公司法》第 131 条做了这样的规定:"国务院可以对公司发行本法规定以外的其他种类的股份,另行作出规定。"不过,由于拥有不同种类的股份的股东所享有的权利和承担的义务各不相同,因此,每个公司发行哪几种股份,都必须在公司的章程、招股说明书中加以载明,股票上也必须载明该股份的种类。其目的在于明确各种股份所有人的权利义务关系,避免发生纠纷。

(一) 普通股和特别股

这是依股东承担的风险和享有的权益的大小为标准进行的分类。

普通股是股份有限公司最基本、最重要的股票种类,也是发行量最大的股票种类。普通股的股东一般都享有表决权,即参与公司重大问题决策的权利。普通股的股东在分配股利时,不享有特别利益,均按当年营业年度终了时的分配比例参加分配,且其分配比例也是不确定的,完全依照当年公司盈利状况确定,而且只能在公司支付了债息和优先股股东权益得到满足后才可参加分配。在公司因破产等原因进行清算时,持有普通股的股东有权分得公司剩余财产,但普通股股东必须排在公司的债权人、优先股股东之后分得财产。

特别股是有某种特别权利或者某种特别义务的股份。包括优先股与后配股两类。优先股在享有权利方面较普通股优先,而后配股则逊于普通股。特别股主要有下列类型:

1. 分配公司盈余的特别股

公司有可分配的盈余时,应先分配给优先股;如有剩余,再分配给普通股;再有剩余,才分配给后配股。分配公司盈余的优先股按其优先的内容可做不同的分类:

(1) 累积性优先股与非累积性优先股。前者是指公司本年度可分配的盈余如不敷优先股分配时,则由下年度盈余补足,公司只有在历年积欠的优先股的股利分配以后,才能分配给普通股;后者指公司本年度盈余不足支付优先股股利时,其余额不得累积到下一年度,而仅以本年度盈余为限。依我国现行做法,优先股为累积性优先股。

(2) 参与优先股与非参与优先股。因为优先股的股利有固定比率,如果该优先股还能再同普通股一道分配其余的利润,此即参与优先股;否则即为非参与优先股。我国现行《公司法》对此未作规定。

2. 分配公司剩余财产的特别股

这是指公司解散清算时,这些特别股可以优先于普通股分配公司剩余财产。但也有些国家对于这些剩余财产的分配,规定各种股东应享有同等的权利。依我国公司立法规定,公司于清偿债务后的剩余财产,优先股应优先分配。

3. 行使表决权的特别股

这是指赋予某些股份表决权。德国较早实行表决权股,将此种股份售给公司董事、监察人,使其每一股享有多数表决权。英国也有所谓管理股。鉴于此种特别股份有增加董事们特权的弊端,所以各国或地区的立法很少采用。美国于 20 世纪初采用过发行限制或取消表决权股份的做法。这种做法迎合了众多股东只追求优厚的股利而无意参与公司管理的心理,造成把大量股东排斥在公司管理之外,便于少数大股东操纵公司事务的局面。此外,还有许多国家规定,对于那些与部分股东有特别利害关系的事项,必须经过该部分股东决议的,可发行包含这种规定的特别股,使之能够对那些特定事项行使表决权。我国公司立法现无行使表决权特别股的规定。

4. 可赎回的特别股

一般的股份在发行之后公司不得随意赎回,但公司可以发行可赎回的特别股。公司在发行这种股份后的一定时期,可以将其赎回。比如,英国《公司法》规定,发行这种可赎回的优先股,必须在公司章程中加以核准;赎回股份所需款项来源和其他条件与方式必须符合公司条例的规定;在赎回或准备赎回旧股时,公司可以发行不超过该旧股票票面金额的新股。我国当前无发行可赎回股的做法。

5. 发起人股

这是公司将其作为对公司设立中提供服务的对价而发行给创办人的一种特别股,通常被称为发起人股或经理人股。这种股份在分配公司股利方面,与后配股所享有的权利是一样的,即这两类股份都必须在其他各类股份分配股利之后,才能受分配。但是,对于所有各类股份分配股利之后的剩余利润,这两类股份则往往可以享受其全部或较大部分。但是,在表决权方面,发起人股和后配股却不同,发起人股往往有较多表决权。我国公司法虽设有发起人股,但对其权利没有特别规定,只是规定发起人股份自公司成立起 1 年内不得转让。

(二) 记名股与无记名股

这是以是否在股票票面和股东名册上记载股东姓名为标准进行的分类。

记名股是在股票票面和股东名册上记载股东姓名的一种股票。否则,即为无记名股。记名股的优点在于有利于公司对股东状况的掌握,便于公司对股份流通情况的了解,可以有效地防止股票投机行为。而无记名股最显著的优点是便于股份的流通。各国或地区的公司立法一般均对记名股和无记名股的转让方式做不同的规定。①

依我国《公司法》第 129 条及国务院的有关规定,公司向发起人、法人发行的股票,应当为记名股票,并应当记载该发起人、法人的名称或者姓名,不得另立户名或者以代表人姓名记名。境外上市的外资股也应采取记名股票的形式。公司向社会公众发行的股票既可以为记名股票,也可以为不记名股票。

(三) 额面股和无额面股

这是以股票是否载有一定金额为标准进行的分类。

额面股是指股票票面表示一定金额的股份。许多国家或地区的公司法对公司股票的最低票面值均做了规定。我国对股票的面值没有最低限额的规定。

无额面股是指股票票面不表示一定金额,只表示其占公司资本总额一定比例的股份。这种股份的价值依据其所占公司的资本总额的一定比例确定,随公司财产的增减而增减,其实际上占公司资产总额比例的价值也是一个变数。这种股份的好处主要在于,当公司增资时,无须再发行或增加新的股份,只要实际上增加每股所代表的资本额即可。其弊端主要在于,股份所代表的金额经常处于不确定的状态中,增加了股份转让和交易的难度。

我国《公司法》第 127 条规定:"股票发行价格可以按票面金额,也可以超过票面金额,但不得低于票面金额。"第 167 条还规定:"股份有限公司以超过股票票面金额的发行价格发行股份所得的溢价款以及国务院财政部门规定列入资本公积金的其他收入,应当列为公司资本公积金。"

(四) 其他特殊类型的股份(票)

1. 国家股、法人股、社会公众股和外资股

这是以投资主体为标准对股份进行的分类。

国家股,是指国家以国有资产向股份有限公司投资所形成的股份。在我国股份制改造过程中,根据各地的不同做法,国家股曾经主要有这样几种代表模式:一是由政府国有资产管理部门来代表国家;二是由国家授权的其他政府部门来代表国家;三是由国家专门成立的国有资产经营公司来代表国家;四是由原国有企业的经营班子代表国家。在后两种情况下,在形式上是以法人股出现,但实际上的股东是国家。②

法人股,是指具备法人资格的社会组织向股份有限公司投资而形成的股份。

社会公众股,是指社会个人投资人向股份有限公司投资而形成的股份。在我国公司法实

---

① 参阅本节中"股份的转让"的相关内容。
② 需要注意的是,国务院国有资产监督管理委员会与财政部于 2005 年 4 月联合颁布了《企业国有产权向管理层转让暂行规定》。依照该规定,在企业国有产权向管理层转让后仍保留有国有产权的,参与受让企业国有产权的管理层不得作为改制后企业的国有股股东代表;相关国有产权持有单位应当按照国家有关规定,选派合格人员担任国有股股东代表,依法履行股东权利。

践中,社会公众股包括一般社会公众股和公司职工股。一般社会公众股,是指股份有限公司采取募集设立方式设立时向社会公众(非内部职工)募集的股份。公司职工股,是指股份有限公司在本公司公开向社会发行股票时,由公司的职工按照发行价格所认购的股份。

外资股有广义和狭义之分。狭义的外资股是指外国投资人所持有的我国股份有限公司的股份;广义的外资股还包括我国香港、澳门、台湾地区的投资人所持有的我国股份有限公司的股份。

值得注意的是,因为上述分类采取了混合标准,所以在国家股与法人股、法人股与外资股、社会公众股与外资股之间存在交叉关系。

2. 流通股与非流通股

如上一分类所述,我国上市公司的股权结构很复杂,有国家股、法人股、社会公众股和外资股等。在这些股份中,可以在股票二级市场上自由转让的股份属于流通股,如社会公众股;否则,就属于非流通股。

3. A股、B股、H股、N股、S股等

这是以认购股份的货币不同为标准进行的分类。

A股,又称人民币股票,是指以人民币标明股票面值,由中国境内大陆投资者以人民币认购和交易的股票,中国香港、澳门和台湾地区的投资者不得买卖。

B股,又称人民币特种股票。国务院最初规定B股是指以人民币标明股票面值,由外国和我国港澳台地区投资者认购和买卖的股票(以外汇买卖),中国境内大陆投资者不得购买。经国务院批准,中国证券监督管理委员会已经决定允许境内大陆居民以合法持有的外汇开立B股账户,交易B股股票,持有B股股份。

H股是指获得香港联合交易所批准上市的人民币特种股票,即以人民币标明股票面值,以港币认购和进行交易,专供外国和中国港澳台投资者购买的股票。依此类推,N股在纽约批准上市、S股在新加坡批准上市……这些均是以外币认购和进行交易的股票。

五、股份的转让

股份的转让,是指股份有限公司的股东依照一定的程序将自己的股份让与受让人、由受让人取得股份成为公司的股东。

(一)股份转让的意义

股份有限公司是最为典型的资合公司。投资者在向股份有限公司投资后,既不能以退股的方式要求公司返还财产,也不能直接支配由自己的投资所构成的公司财产。在这种情况下,股东对自己持有的股份的处分就成为股东保护其自身利益的有力手段。如果投资者不能根据自己的判断而随时处分所持有的股票,他们必会因其利益无法保障而放弃以购买股票的方式向公司投资,转而寻求其他投资方式。股份有限公司因此将不复存在。为此,股份有限公司的股份可以自由转让就成为各国或地区公司立法所贯彻的一条基本原则,这也正是股份有限公司的重要特点和优点之一。我国《公司法》第137条也明确规定:"股东持有的股份可以依法转让。"

由于股份可以自由转让,而且在股份交易制度建立和发达之后,股份转让变得十分方便,所以,股东如果因为其他原因或者急需收回原来的投资,或者将原来购买股份的资金挪作他用,可以很方便地通过转让股份达到目的。这样,投资人在购买股份之后,仍能够保持其资金的流动性。

此外,由于股份可以自由转让,股东对股份的处分所形成的对公司行为的制约,也促使公司经营管理水平的不断提高。而股份依企业的发展状况在不同的生产部门、行业之间的转移,又促进了社会资金在各公司和各行业部门、各地区之间流动,为市场机制的"无形之手"调节投资结构和经济结构创造了条件。

(二)股份转让的限制

股份转让以自由为原则是各国或者地区公司立法的通例。由于股份的转让可能影响公司财产的稳定,某一部分股东对股份的处分也有可能损害另一部分股东的利益,而且,股份转让还可能会带来股票投机,因此,为了保护公司、股东及公司债权人的整体利益,许多国家或地区的公司法、证券法多对股份转让作出一些必要限制,以便将股份转让可能产生的弊端限制在尽可能小的范围内。如英国1947年《外汇管理法》第三部分规定,一般不得把股份发行或转让给居住在指定地区以外的人,或者由这些人所指定的人。依我国《公司法》第137~145条的规定,股东持有的股份可以依法公开、公平、公正转让,但要受到下列限制:

1. 对股份转让场所的限制

我国《公司法》第138条规定:"股东转让其股份,应当在依法设立的证券交易场所进行或者按照国务院规定的其他方式进行。"这里所说的证券交易场所,包括全国性证券集中交易系统、地方性证券交易中心和从事证券柜台交易的机构等。我国的上海证券交易所和深圳证券交易所是最具有代表性的证券交易场所。

除了上述证券交易场所外,股东转让其股份也可以按照国务院规定的其他方式进行。比如,目前众多非上市公司的股份都是通过私下协议的方式进行转让的。

2. 对发起人所持股份的转让限制

由于股份有限公司的发起人对公司的成立及公司成立初期的财产稳定和组织管理具有重要的影响,所以,为了保护其他股东和公众的利益,防止发起人利用设立公司进行投机活动和逃避发起人责任,保证公司成立后一段时期能够顺利经营,各国或地区的公司立法一般要对发起人所持股份的转让予以一定限制。比如,我国《公司法》第141条第1款规定:"发起人持有的本公司股份,自公司成立之日起一年内不得转让。公司公开发行股份前已发行的股份,自公司股票在证券交易所上市交易之日起一年内不得转让。"

3. 对公司董事、监事、高级管理人员持有本公司股份的转让限制

公司的董事、监事、高级管理人员的行为对公司经营管理影响极大。对公司的董事、监事及高级管理人员持有本公司股份的转让限制实际上是对董事、监事及高级管理人员进行利益制约的一种方式。这一限制,一方面是为了防止担任这些职务的高级管理人员利用内幕信息从事股票交易,非法牟利;另一方面是为了将公司经营状况同这些人员的利益联系起来,以促使其兢兢业业地工作。

我国《公司法》第141条第2款即规定了这种限制:"公司董事、监事、高级管理人员应当

向公司申报所持有的本公司的股份及其变动情况,在任职期间每年转让的股份不得超过其所持有本公司股份总数的百分之二十五;所持本公司股份自公司股票上市交易之日起一年内不得转让。上述人员离职后半年内,不得转让其所持有的本公司股份。公司章程可以对公司董事、监事、高级管理人员转让其所持有的本公司股份作出其他限制性规定。"在我国司法实践中,有意见主张,对于违反该规定进行的股份转让,公司及与股份转让有利害关系的他人,有权作为原告提起诉讼,请求确认上述人员与受让人签订的股份转让无效或者部分股份转让无效。当然,如果虽然签订股份转让合同时存在违反该规定的情形,但在诉讼中公司法限制股东转让股份的时间已经届满或者转让人的情况发生变化导致公司法限制股份转让的情形消灭的,人民法院应当驳回原告的诉讼请求。

4. 各国或地区对公司收购自身股份的限制

对于公司持有自身股份,各国或地区的公司立法规定不尽相同。有的国家规定公司可以自由回购自己的股票,这种模式以美国为代表;有的国家有限度地允许公司持有自己的股票,如荷兰规定,在不违反公司章程的条件下,公司可以用其利润购买股款已全额缴足的自身股份,购买额可占授权资本的1/2;有的国家原则禁止例外允许公司持有自身股份,如法国规定,原则上公司不得获得自己的股票,但在下列情况下公司可以购买:一是通过减少资本的方式取消股份;二是按照利润分配方案将股份分配给雇员;三是已在证券交易所注册的公司,在遵守有关支付价格的某些限制的条件下,可用自由储备金购买相当于其资本额10%以下的自身股份。

在通常情况下,大多数国家或地区规定限制公司持有自身股份的主要原因有:

(1) 股份是公司资本的构成单位,如果允许公司收购自身股份,在财务方面实际上是允许以公司的资金作为回购股份的对价,这相当于变相偿还股东出资,其结果必定导致资本事实上的减少,有损公司债权人的利益。

(2) 如果允许公司收购自身股份,由于公司能够及时掌握自己的财务信息,其可以通过交替或同时使用收购、发行新股两种手段来操纵自己公司股票的价格;公司负责人则不仅可以借回购股份来操纵公司,巩固自己的地位,而且还可以进行内部交易。这显然既影响证券交易的安全,又违反公开、公平、公正的原则。

(3) 公司动用自身资金收购自身股份,其后果在形式上是公司成为它自身的成员,公司同时具有了双重身份,公司与股东混为一体而导致权利、义务关系不清晰。这极易导致公司负责人通过控制公司而侵占公司利益,进一步损害股东利益。

5. 我国对公司收购自身股份的限制

我国《公司法》第142条第1款规定:"公司不得收购本公司股份。但是,有下列情形之一的除外:(一)减少公司注册资本;(二)与持有本公司股份的其他公司合并;(三)将股份奖励给本公司职工;(四)股东因对股东大会作出的公司合并、分立决议持异议,要求公司收购其股份的。"第2款规定:"公司因前款第(一)至第(三)项的原因收购本公司股份的,应当经股东大会决议。公司依照前款规定收购本公司股份后,属于第(一)项情形的,应当自收购之日起十日内注销;属于第(二)项、第(四)项情形的,应当在六个月内转让或者注销。"第3款规定:"公司依照第一款第(三)项规定收购的本公司股份,不得超过本公司已发行股份总额的百分之五;用于收购的资金应当从公司的税后利润中支出;所收购的股份应当在一年内转让给职

工。"根据该规定,在我国,对公司持有自身股份的态度是原则禁止、例外允许。具体而言,公司收购自身股份应遵守下列限制:

(1) 如果公司是为减少公司注册资本、或者为与持有本公司股份的其他公司合并或者为将股份奖励给本公司的职工而收购自身股份的,应当经股东大会作出减少资本、合并公司或者将股份奖励给本公司职工的决议。在公司减少注册资本的情况下,由公司对股东发出收购要约。一般而言,收购条件应使每一股东均有机会按照持股比例出让一定数额的股份。在公司合并的情况下,由反对合并的股东请求公司全数收购他们持有的股份。

(2) 如果公司是为减少公司注册资本而收购自身股份的,在公司完成收购后,应当自收购之日起10日内注销该部分股份;如果公司是为与持有本公司股份的其他公司合并,或者是因为股东行使股份收购请求权而收购自身股份的,应当在6个月内转让或者注销。

(3) 如果公司是为将股份奖励给本公司的职工而收购自身股份的,不得超过公司已经发行股份总额的5%;用于收购的资金应当从公司的税后利润中支出;所收购的股份应当在一年内转让给职工。

6. 对股票质押的限制

我国《公司法》第142条第4款规定:"公司不得接受本公司的股票作为质押权的标的。"公司的股份作为一种权益,股票作为一种特殊的种类物,是这种权利的表征,是可以作为质押物用作质押的。但是,公司法上不允许公司接受本公司的股票作为质押权的标的。一般认为,作此限制的原因主要有:首先,如果公司接受本公司的股票作为质押权的标的,无异于用自己的财产担保自己的债权,显然不妥;其次,当公司的债务人无力清偿到期债务而公司拍卖质押股票所代表的股份又无人应买时,公司自然就成为质押股票的所有人,这又违背了公司不得拥有自身股份的一般原则。

7. 股东在法定的"停止过户期"的时限内不得转让股份

我国《公司法》第139条第2款规定:"股东大会召开前二十日内或者公司决定分配股利的基准日前五日内,不得进行前款规定的股东名册的变更登记。"需要注意的是,所谓在法定的期限内不得进行股票名册的变更登记,并不意味着在此期间不得进行股份转让。也就是说,股份转让仍是自由的,但如果受让人在此期间申请股东名册的变更登记,公司应当拒绝;如果公司接受其申请,并办理过户手续,应属于无效。

(三) 股份转让的方式

股份有限公司股份转让的程序因股份的不同而不同。

1. 记名股的转让

我国《公司法》第139条第1款规定:"记名股票,由股东以背书方式或者法律、行政法规规定的其他方式转让;转让后由公司将受让人的姓名或者名称及住所记载于股东名册。"结合相关法规的规定及我国实践中的做法,在我国,对于实物券式股票,其转让时须经背书,而且转让时要将受让人的姓名及住所记载于公司股东名册之上,方能生效,不得私下转让以欺骗公司。对于簿记式股票,转让就无法采取背书形式,而是通常先由证券登记公司托管,再由证券登记公司将股票交证券交易所二次托管。每一股东的持股数表现为证券交易所中央电脑的电子信息,股东本人仅有股东账户簿或账户卡,上面记载股东持有某种股份的总数及其增减情况。

2. 无记名股的转让

我国《公司法》第140条规定："无记名股票的转让,由股东将该股票交付给受让人后即发生转让的效力。"依该规定,无记名股的转让是由股份所有人将股票交付给受让人,只要交付便发生法律效力,不需要背书,也无须过户。

3. 上市股份的转让

我国《公司法》第144条规定："上市公司的股票,依照有关法律、行政法规及证券交易所交易规则上市交易。"依我国相关立法规定,对于上市股票,通常将股票交由托管,股票买卖的交割通过证券经纪人进行,转让双方并不谋面,证券和资金从账簿上进行划拨。可见,上市股票的转让也无须背书。

在我国公司法实践中,如果当事人因收购上市公司股份合同发生纠纷,对于依据证券法规定其收购股份行为应履行必要程序而当事人尚未履行的,人民法院一般认定该股份收购合同未生效。不过,如果在诉讼终结前当事人依法履行必要程序的,一般认定股份收购协议发生法律效力。

4. 证券公司股份转让

在我国公司法实践中,当事人因转让证券公司股份合同发生纠纷,因股东变更依法需要经国务院证券监督管理机构批准,当事人尚未履行批准手续的,人民法院一般认定股份转让合同未生效。不过,如果在诉讼终结前股权变更获得批准的,一般认定股份转让合同发生法律效力。

5. 国有股权转让

司法实践中对国有股权的转让有特殊规则。因转让国有股权发生纠纷的案件,转让国有股权未履行批准手续或其他法定程序的,股权转让合同未生效,但在诉讼中办理了相关手续或者履行了其他法定程序的,股权转让合同发生法律效力。转让国有股权时未对股权价值进行评估的,人民法院应委托中介机构进行评估;合同约定的转让价格显著低于评估价值的,以评估价值确定股权转让的价格。

（四）股份转让合同的撤销或解除

依我国相关法律的规定及司法实践中的做法,下列情况下当事人可以撤销或解除股份转让合同：

（1）受让方受让股份后发现出资未到位或者公司财务报表虚假,有重大误解或者欺诈行为的,受让方有权请求撤销合同。公司设立时的股东未足额出资、出资后又抽逃出资,或者被作为确定股权转让价格根据的公司财务报告等文件虚假,致使股权实际价值显著低于转让价格,受让人有权请求撤销股权转让合同。

（2）股份转让后在公司登记机关办理了股权变更登记,但受让方未支付股权转让价款的,出让方有权请求解除股份转让合同。

（3）股份转让合同签订后,因法律障碍或者客观原因不能办理变更登记,或者出让方故意不协助履行相应批准手续致使股权无法办理变更登记,除双方有特殊约定外,受让方有权请求解除合同。在股份转让合同解除后,出让方有权主张受让方在返还股权时一并返还其持有该股份在公司所获得的红利、配送新股及因该股份而认购的新股等股东权益。当然,受让方因前款股东权益支付对价的,可以同时请求出让方予以补偿。

六、记名股票被盗、遗失或者灭失的处理

依我国《公司法》第143条的规定,记名股票被盗、遗失或者灭失的,股东可以依照《中华人民共和国民事诉讼法》(以下简称《民事诉讼法》)规定的公示催告程序进行处理。

(一) 依公示催告程序宣告股票无效

《民事诉讼法》规定的公示催告程序如下:

(1) 以背书转让的票据持有人,因票据被盗、遗失或者灭失,可以向票据缴付地的基层人民法院申请公示催告。申请人应当向人民法院递交申请书,写明票面金额、发票人、持票人、背书人等票据的主要内容和申请理由、事实。

(2) 人民法院决定受理申请的,应当同时通知支付人停止支付,并在3日内发出公告。这是为了催促利害关系人申报权利。公示催告的期间由人民法院根据情况决定,但不得少于60日。

(3) 支付人收到人民法院停止支付的通知后,在公示催告程序终结前应当停止支付。公示催告期间转让该股票的行为无效。

(4) 利害关系人应当在公示催告期间向人民法院申报。人民法院收到利害关系人的申报后,应当裁定终结公示催告程序,并通知申请人和支付人。

(5) 没有人申报的,人民法院应当根据申请人的申请,作出判决,宣告股票无效。判决应当公告并通知支付人。自判决公告之日起,申请人有权向支付人请求支付。

(6) 利害关系人因正当理由不能在判决前向人民法院申报的,自知道或者应当知道判决公告之日起1年内,可以向作出判决的人民法院起诉。

(二) 申请补发股票

依照公示催告程序,人民法院宣告该股票无效后,股东可以向公司申请补发股票。

【本节理论探讨】

- **股权证明文件相互冲突时的效力认定**

有限责任公司的股权权属是通过出资证明书、股东名册和工商注册登记文件三种形式表现的。上述文件对股东身份的记载应该是相同的,但实践中经常出现冲突。如股权转让后,股东名册中已作记载但尚未办理工商变更登记,或已变更工商登记但股东名册未作变动或出资证明书没有重新签发等。

那么,究竟是以出资证明书、股东名册还是以工商变更登记文件作为认定股东身份的依据呢?依《公司法》第32条第2、3款的规定,记载于股东名册的股东,可以依股东名册主张行使股东权利。股东变更的,经办理工商变更登记得对抗第三人。上述条款明确了有限公司股东

名册和工商登记在股权证明文件相互冲突时的效力。股东名册是公司内部对股权确认的依据,股东名册的变动意味着公司对股东资格变动的认可和接受,对公司和股东而言具有直接的效力。

将股东名册作为确认股权权属的依据,将名册变更作为股权变动的生效要件是合适的,也是与国际通行做法相一致的。但是,外部第三人对公司股东的识别和确认依据应当是有较强公示和公信效力的文件,这样才能保障他们交易时的合理信赖。因此,工商登记为股权变动的对抗要件。当上述证明文件相互冲突时,不涉及第三人,以名册为准;涉及第三人,以工商登记为准。而出资证明书只是公司对缴纳出资的股东签发的证明文件,只是股东主张其享有股权和行使某些股东权利的法律依据之一。

与有限公司股权权属表现形式不同,股份公司的股份并不都是通过股票、股东名册或有关机构登记的形式表现。股票分为记名股和无记名股,无记名股是不记载股东名称的。就股东名册的记载而言,只有记名股才需要在股东名册中记载股东,无记名股只需由公司登记数量、编号和发行日期等,是只存在有关机构登记的一种权属表现形式,不存在股权证明文件的冲突。同时,我国上市公司的股票发行和交易都实行了无纸化,股票买卖的过程完全是通过计算机网络来完成的,股票无纸化的发行和交易使得上市公司无记名股票都采用记名的方式管理,也不存在股票或股东名册的记载,谈不上证明文件冲突的问题。可见,股份公司股票或股东名册记载股东的意义和作用是大大弱于有限公司的,而股票登记机构的登记在这种情况下就具有更大的统一性和公信力。因此,当股份公司股权证明文件相互冲突时,应当统一以登记机关的登记为准。实践中,不同类型的公司,不同类型的股票的登记机关是不同的。上市公司流通股的登记机构为证券登记结算公司。上市公司非流通股按照《关于加强对上市公司非流通股协议转让活动规范管理的通知》也必须在证券交易所和证券登记结算公司的管理下进行,因此,上市公司非流通股的登记机构也为证券登记结算公司。未上市公司的非流通股分为托管股份和未托管股份,托管股份应由托管机构登记。对于未托管股份,可能会出现记名股票、股东名册、工商注册登记文件的冲突,此时基于对股份公司规范管理和工商登记更强公信力的考虑,仍然应当以登记机关的登记为准确认股权权属。

- **股份转让是否可以由公司章程给予限制**

对于股份有限公司的股份转让,各国或者地区的公司法多规定:除了法律限制或者禁止的情形外,公司章程不能限制或者禁止。如我国台湾地区"公司法"第 163 条即做此规定。不过,已有迹象表明公司章程不得限制或者禁止股份转让的原则在有的国家已经有所松动。比如,韩国商法在 1995 年修改前,其第 335 条第 1 款规定"股份的转让不得以章程加以禁止或者限制",但修改后,该条规定"股份有限责任公司的股份原则上可以自由转让,但同时也允许公司章程加以限制或者禁止"。

我国《公司法》第 137 条规定,"股东持有的股份可以依法转让"。对于公司章程是否可以对股份转让予以限制的问题,《公司法》仅针对公司董事、监事、高级管理人员在第 141 条第 2 款作了这样的规定:"公司章程可以对公司董事、监事、高级管理人员转让其所持有的本公司股份作出其他限制性规定。"除此之外,没有进一步明确公司章程对股份转让是否可以作其他限制。我们认为,应该允许股份有限公司在其章程中对股份转让规定限制性条款,但这种限制

性条款主要适用于非上市股份,而不适用于上市股份;主要适用于记名股东,而不适用于无记名股东。主要理由如下:

首先,在实践中,相当一部分股份有限公司是非上市公司,而且相当一部分股份有限公司采取发起设立而不是募集设立的方式,即股票没有公开发行,没有公众股东。从这个意义上看,股份有限公司的人合性也是存在的。如果说对有限责任公司的股权转让予以限制的主要原因在于其具有人合性,那么,在具有人合性的股份有限公司中也应允许其章程对股份转让予以限制。

其次,公司章程是股东之间的协议,如果公司章程规定了对股份转让的特别限制,说明股东同意这样的设计。从意思自治的理念考量,这样的限制只要不违反法律的禁止性规范,就应被承认是有效的。

最后,如果法律允许股份有限公司通过公司章程设置限制股份转让的条款,主要是基于股份有限公司也具有一定的人合性的话,那么这种限制就只能适用于封闭性公司,即非公开发行股份的股份有限公司。同时,由于无记名股东以其所持股票即可行使权利,所以在性质上决定其不可能受公司章程的限制。

【本章参考文献】

1　江平,孔祥俊.论股权.中国法学,1994(1)
2　程合红,刘智慧,王洪亮.国有股权研究.北京:中国政法大学出版社,2000
3　刘俊海.股份有限公司股东权的保护.北京:法律出版社,2004
4　李小宁.公司法视角下的股东代表诉讼:对英国、美国、德国和中国的比较研究.北京:法律出版社,2009
5　王林清.新公司法实施以来热点问题适用研究.北京:人民法院出版社,2009
6　李彤.近代中国公司法中股东权制度研究:以法律与社会的互动为中心.北京:法律出版社,2010
7　王振民.公司股权指导案例与审判依据.北京:法律出版社,2011
8　[英]R.W.汉密尔顿.公司法.第4版.北京:中国人民大学出版社,2001
9　[加]布莱恩·R.柴芬斯.公司法:理论、结构和运作.林华伟,魏旻译.北京:法律出版社,2001

【本章思考练习题】

一、名词解释

1. 股东
2. 股权
3. 出资
4. 股份
5. 自益权

6. 共益权

7. 股东名册

8. 派生诉讼

9. 出资证明书

10. 优先股

11. 累积投票制

二、简答题

1. 股东资格的取得方式有哪些?
2. 公司的股东与公司的发起人的关系如何?
3. 如何理解股东的法律地位?
4. 股东的主要权利义务有哪些?
5. 股权可以做哪些分类? 各种分类的意义是什么?
6. 如何理解股权的法律性质?
7. 如何理解股东平等原则?
8. 有限责任公司的出资和股份有限公司的股份有何区别?
9. 有限责任公司的出资证明书和股份有限公司的股票有何区别?
10. 试述公司法关于有限责任公司股权转让的规定。
11. 公司的股份与公司的资本是否同一含义?
12. 对股份或股票可以做哪些分类? 各种分类的区别有哪些?
13. 试述公司法关于股份有限公司股份转让的规定。
14. 股份有限公司股份自由转让的意义是什么?
15. 试述公司法限制公司回购自身股份的原因。
16. 如何理解隐名投资人与名义股东之间的关系?

三、案例分析

1. 甲系丙与乙的婚生女,乙与丙离婚后与丁结婚,2003年,乙、丁和戊分别出资25万元、25.5万元、0.5万元设立了有限责任公司,该公司章程中未对股东去世后其出资如何处理作出约定。2005年5月,乙因车祸不治而亡。甲得知其父死亡的消息后,向人民法院起诉要求继承其父在有限责任公司中的财产。因甲住在外地,不愿参与公司经营,甲遂请求人民法院判令将乙的股份转让给丁,转让所得现金归自己所有。审理中,丁同意甲与自己共同继承乙的股份,但拒绝购买乙的股份。

(1) 甲可否继承其父乙的股份并当然取得股东身份? 为什么?

(2) 法院可否判令丁购买甲应继承的股份? 为什么?

(3) 若甲与丁就乙的股份处理达不成一致意见,法院能否将公司解散进行清算,再让甲、丁依继承法的规定予以继承? 为什么?

2. 旺达实业公司连同其余5家单位发起成立了亿达股份有限公司。一年半后,旺达实业公司因资金紧缺,与前进实业公司签订了股份转让协议,将其在亿达股份有限公司的股票2万股,以价值人民币250万元转让给前进实业公司,双方当即交接完毕。又过了一年半,前进实业公司反悔并诉至法院,称其与旺达实业公司的股份转让行为违法无效,要求旺达实业公司返还价金250万元并赔偿银行利息损失。

(1) 旺达实业公司与前进实业公司的股份转让行为是否符合我国《公司法》的规定?为什么?

(2) 假设旺达实业公司和前进实业公司在进行股份转让行为时约定于股份转让协议签订两年后办理股票过户登记手续,这种情形下,双方的股份转让行为是否符合我国《公司法》的规定?为什么?

(3) 本案应如何处理?

3. 某有限责任公司有A、B、C三股东。A股东持有公司股本的55%,为控股股东,B股东持股40%,C股东持股5%。A股东欲将其持有的公司股本全部转让他人。B股东要求在同等条件下,对其转让的部分股权即公司股本的15%行使优先购买权,达到持有公司股本的55%,取得公司控制权。A股东则认为,优先购买权不能部分行使,其联系的股权受让方之所以同意受让股权,就是为取得公司的控制权,如B股东通过部分行使优先购买权控制了公司,剩余的40%股权,对方是不会接受转让的。所以,A股东要求B股东或者放弃行使优先购买权,或者对全部股权行使优先购买权。B股东不同意其主张,且也无力收购全部股权。双方由此发生争议。

本案如何处理?为什么?

第九章 公司组织机构

■【导语】

公司组织机构是公司存在和运行的制度体现与保障,是公司成为法人组织的必要条件,也是公司实现有效治理的基础。公司组织机构通常由权力机构、决策与代表机构、执行机构、监督机构等构成,每一机构执掌公司不同的权力,从而在合作与制衡中实现公司的运行。

本章以我国公司立法为依据,介绍了公司组织机构设置的基本原则以及股东会、董事会、监事会和经理这四种公司基本组织机构的职权和职责,探讨董事的忠诚义务和勤勉义务以及独立董事的地位和职权。本章还同时介绍了外国公司法的一些规定,以使学生对各国公司的组织机构有一个概括的了解。

本章学习的重点在于公司组织机构设置的基本原则、股东会的职权与决议、董事会的职权与决议、监事会的职权、经理的职权以及董事、监事、经理的忠实义务、善管义务与民事责任。本章学习的难点在于具体运用公司组织机构设置的基本原则分析各国公司组织机构的种类、权责及运作,分析各种公司组织机构如何在激励与约束中达到权力制衡。

第一节 公司组织机构概述

一、公司治理

(一)公司治理问题的产生

公司治理(coporation governance)这一概念在20世纪30年代初由美国学者贝利和米恩斯首次提出。现在,公司治理已成为国内外公司法学界研究的基本问题。但是,公司治理问题并非是与公司的产生相伴而生的。19世纪末20世纪初,西方资本市场向全球扩张,现代企业制度不断创新,超大型的股份公司在管理结构上日益奉行董事会中心主义的体制,公司所有者与管理者之间、大股东与小股东之间在权力分配和制衡的博弈中冲突不断,诉讼频频。

从客观上来讲,进入20世纪以后,市场复杂性不断增加,股东进一步走向国际化和分散化,这不仅加剧了职业管理者对公司的控制,也导致公司的股东们对公司经营层监督的漠视,股东对公司经营的控制能力越来越小。公司在自然演变的进程中所产生的必然结果是董事会逐渐成为公司的权力中心。在这种情况下，如何使具有独立利益的经营者能最大限度地维护所有者利益的问题便逐渐突出，关注这一社会问题的经济学家、法学家开始探讨突破旧的制度框架体系去设计一种适当的组织结构和制度安排以平衡公司各方利益并最终维护股东的根本利益，公司治理的理念和制度创新由此产生。

公司治理的实质价值在于通过合理分配公司的权力资源，不断完善公司管理运营与监督控制的权力配置，促进公司良性运转，以实现公司的经营目标并最终实现股东利益的最大化。当然，公司本身作为一种制度的构造物，其治理活动自然依托于由法律认可和规定的公司组织机构，这是不言自明的。

(二) 公司治理与公司组织机构

公司治理与公司组织机构密不可分。在现代企业制度中，判断一个公司治理是否良好的其中一个衡量标准为该公司组织机构的设置是否完善及各组织机构之间的关系是否协调、是否有效率。因此可以说，公司治理以分权为前提，以公司组织机构为物质基础。公司治理无非是公司各组织机构在贯彻公司经营目标前提下的有效运行，公司的组织机构在行使各自职权时相互制衡，最终在兼顾各利益相关者利益的基础上实现公司和股东的利益。公司组织机构在公司治理中处于核心位置。

(1) 公司组织机构的设置及其基本权限和职责的分配由公司法加以规定，这种规定带有明确的强制性，是公司得以存在和运行的普遍性标准。

(2) 公司具有法人资格，组织机构的存在是法人成立的必要条件，法人的内部事务的处理需要不同的组织机构间的协调运作，外部事务的处理需要明确代表机关。

(3) 公司治理可能贯彻不同的企业管理理论，彰显单个公司的个性素质，但它无论如何不可能恢复到没有不同的组织机构分权制衡的个体企业经营状态，公司治理从某种角度讲，是对公司权力资源在决策机构和监督机构间分配的安排与调试。

(4) 从实践层面看，公司治理直接表现为在法律许可的框架内对公司组织机构的改革创新。以强化公司监管为例，英美法系国家在董事会中设立独立董事并不断加大其职权和人数比例，大陆法系国家在赋予监事更多的监督职权的同时，借鉴英美法系国家的做法设立独立董事和独立监事，足以作为佐证。

公司治理理论对静态的公司组织机构中不能有效制止大股东滥权和董事违反忠诚义务、勤勉义务的现象提出了批评和挑战，其倡导的改革措施使公司组织机构增进活力，发挥出投资者所期望的功能和作用，为公司的健康运行提供制度上的保障。

公司的组织机构事实上会随着社会的发展而呈渐进式的调整演变，公司治理的理论和实践在特定的历史阶段不仅引导而且加速了这种调整演变。公司治理的任何措施的实施，均起源于对公司组织机构的改造，也完成于具有创新内容的公司组织机构的确立。至于改善公司治理结构的说法，则是从强调公司治理的角度观察、评价、调整公司组织机构职责区分和互动的整体效果而言的，其主旨含义甚至语言环境仍在公司组织机构的逻辑范畴之内。

二、公司组织机构的设置

公司组织机构设置不仅包括公司设立何种组织机构及各组织机构的职权职责切分,而且还包括各组织机构运行中的相互制衡关系。公司组织机构的设置必须解决公司治理的中心问题,因此,公司治理的基本理论也为公司组织机构的制度设计提供了理论支持平台。下面先对有关公司治理的经典企业理论作一简要介绍,并在此基础上对公司组织机构设置的原则进行探讨。

(一)现代公司治理基础理论

1. 委托代理理论

该理论并非法学理论,而是属于经济学中企业管理理论的一种。其基本思想为:

(1)公司股东是公司的所有者,即代理理论体系中设定的委托人,董事、经理是公司的经营者,即代理人。股东授权董事、经理经营公司,股东的利益依赖于作为代理人的董事、经理的行为,公司的经营风险由股东承担。

(2)代理人是自利的经济人,具有不同于委托人的目标函数,具有机会主义的行为倾向,其行为有时并非是为了委托人利益的最大化,而是为了自己利益的最大化。当二者不一致或者发生冲突时,代理人甚至会损害委托人的利益。

(3)代理问题产生的原因主要是因为信息不对称。委托人所了解的有关代理人的信息(如代理人的才能、努力程度)是有限的,代理人则掌握着公司经营中的全部信息,而委托人无法直接观察代理人的行为。因此经营者可以利用信息优势为自己谋取私利甚至损害股东利益。

(4)公司治理的中心问题就是解决代理问题即如何使代理人维护委托人利益的问题,具体说就是如何建立起有效的激励与约束机制,促使经营者为股东利益的最大化服务。

委托代理理论不仅适用于股东和董事、经理之间,还可以扩展到股东与监事、董事与经理之间的关系。委托代理理论强调有效的公司组织机构的设置必须要以维护委托人的利益为宗旨,注重建立对代理人进行监督与约束的机制,并与激励机制相结合。此外,它还强调信息的公开以改善信息不对称的程度。

2. 利益相关者理论

最初的委托代理理论认为委托人主体资格仅限于股东(stock-holders),认为公司自始就归出资人所有。利益相关者理论对此进行了校正,认为公司是各种投入的组合,股东仅仅是资本的提供者,除此之外,公司职工、贷款者、供应商等对公司都有特殊的贡献,甚至可以说是作了不同类型的专门化的投资,公司经营对他们的影响和对股东的影响一样,当公司处在经营绝境时,股东可以选择逃离,而职工群体将会遭受失业的打击,因此以职工为代表的利益相关者更加关注公司的荣辱成败,他们也应享有公司治理权。

近年来,各国公司法对公司组织机构的设置均不同程度地体现了对利益相关者的重视,如德国吸收职工代表参加公司决策的参与制,日本注重主办银行对公司行为的监督,美国一些州的公司法要求董事们在面对公司被并购的情景时要考虑未来公司经营方向的调整对职工的影响,经济合作和发展组织的具有指导价值的公司治理的文件要求董事会做出重要决策时要注意征求利益相关者的意见,我国公司法则直接规定了公司承担社会责任义务等。

(二) 公司组织机构设置的原则

公司组织机构设置的原则,是指在公司法和公司章程的框架下构造公司的组织机构,明确其各自的职权范围,协调相互运作关系,以期实现良好的公司治理所应贯彻的基本精神和规则性要求。它不仅包含传统商法在意思自治理念支配下形成的商法人组织机构产生和活动的某些规则,还应体现由公司治理理论在现代企业制度构造实践中创设的一些重要规范。

事实上,在公司治理的理论指导下派生出的公司组织机构设置的原则仍然根植于传统的商事法人制度的土壤之中,只是其中的意蕴已散发着全球化和公司法制现代化的浓郁气息。目前,世界各国公司立法的修改无不吸收公司治理的基本理念,以丰富和发展公司组织机构设置的原则,指导公司改善并建立更有效的治理结构。例如,1999年5月,由29个发达国家组成的经济合作和发展组织通过了《OECD公司治理结构原则》,作为各国政府制定有关公司治理结构法律规范和监管制度框架的参考。我国证监会、经贸委于2002年1月7日发布了《上市公司治理准则》,作为判断上市公司是否具有良好公司治理结构的主要衡量标准。在这些公司治理准则中,公司组织机构的设置占据了重要部分。我国现行《公司法》不但要求上市公司设立独立董事,而且还对董事会设置秘书作出了规定,从而进一步完善了我国的公司治理结构,体现了制衡与效率的原则。

虽然不同的国家因为公司发展的历史不同而形成了不尽相同的治理模式,但是,由于公司治理问题产生的基础相同,而且公司法律制度在全球范围内被趋同化和不能输在制度设计上的比较竞争的文化所导引,规范比对、相互借鉴的事例不胜枚举,网络资信的传输更是加快了这种进程,故而公司组织机构的设置也具有大体相同的原则。

1. 股东权力原则

该原则是指公司组织机构的设置应重视股东作为公司所有者的地位,使之能够确保股东充分行使权利。该原则具体可分解为:

(1) 股东会为最高权力机构原则。各国公司法均规定股东会为公司组织机构中的最高权力机构,公司的一切重大事项如公司章程的变更、董事的任免、公司的合并与解散、公司重大经营方针的批准等,都必须由股东会作出决议。

(2) 股东的平等对待原则。公司组织机构的设置应确保所有股东,特别是中小股东享有平等的权利,并承担相应的义务。公司法中的同股同权原则、保护中小股东的累积投票制、大股东对关联交易的投票回避制等均体现了该原则。

(3) 股东权利救济原则。为了切实保护股东的权利,各国公司法均规定股东权利受到侵害时应得到法律救济。虽然股东诉讼的具体制度各不相同,但各国公司法均确认了当股东大会、董事会的决议违反法律规定,或者董事、监事、经理执行职务时违反法律或公司章程,造成股东或公司损害的,股东有通过诉讼得到法律救济的权利。如法国公司法规定,公司章程或股东会决议限制股东维权诉讼的条款无效,而股东派生诉讼制度由美国创造后已经普及到许多国家。

2. 激励与约束并举的权力制衡原则

因为公司组织机构中的各方利益主体均为理性的"经济人",其行为是成本收益衡量后追求自身利益最大化的结果。如果收益与付出不成正比,即使约束再强,也不能保证公司代理人不损害公司和股东的利益而肥己,更不能保证其有动力勤勉地追求公司和股东的利益。因此,良好的公司治理还应充分重视激励机制,使公司的董事、监事、经理有动力积极履行其职责。其中,由于经理是公司的直接经营者,故对其的激励设计在公司激励机制中居核心地位,譬如,经理股票期权(employee stock option)制度。

然而,因为公司股东之间、股东与董事、经理之间利益并非完全一致,为了避免公司的各种利益主体在追求自己利益最大化时损害股东及利益相关者的权利,就必须对其进行约束以达到权力的平衡。约束机制主要包括:

(1) 对大股东的约束。在股权集中的公司,由于中小股东股份比例较小并且比较分散,大股东(控股股东)便在公司中居于垄断控制地位。为了防止其滥用控股地位损害中小股东权益,公司法中均规定了对大股东的限制措施。例如,美国许多州的公司法中规定的累积投票制度保障了中小股东将其代言人选进董事会,从而提高了中小股东在公司决策中的影响力。现代公司法还直接确认大股东对公司和小股东负有诚信义务,为大股东划出恰当地行使权力的边界,也为小股东或债权人行使诉讼救济权力提供依据。除此之外,我国《上市公司治理准则》还特别列出"控股股东与上市公司"一章来对控股股东行为进行约束。

(2) 对董事、董事会的约束。首先,对董事、董事会的约束体现在股东、股东会对其的制衡。例如,股东会对董事的任免权、对董事会提议的审批权、股东对违法董事的诉权等规定。其次,对董事、董事会的约束体现在公司监督机构对其的制衡。虽然监督机构因国而异,如我国的监事会、美国的独立董事、德国的监事会①、日本的监察人或者设置委员会等,但各国法律一般均赋予监督机关较大的独立性,以实现对董事、高级管理人员的有效监督。公司法普遍确认董事对公司负有忠诚义务和勤勉义务,并直接体现为有效力的约束。再次,对董事、董事会的约束还体现在立法的明确规定。我国《公司法》明确规定,董事应当对董事会的决议承担责任,董事会的决议违反法律、行政法规或者公司章程、股东大会决议,致使公司遭受严重损失的,参与决议的董事对公司负赔偿责任。

(3) 对经理的约束。由于两权分离,各国公司均出现了"经理人的公司"的现象,即公司的实际控制权落入掌握专业管理技能的高层支薪经理手中。因此,公司法把对经理的控制作为重点,公司的股东会、董事会、监督机构均有权对经理依法进行约束。依据公司法的一般规定,公司的经理对公司当然负有忠实义务和勤勉义务。

3. 信息披露与透明度原则

公司治理中出现问题的根源之一在于信息不对称,公司的股东(委托人)无法获得董事、经理等代理人行为的充分信息,从而无法对其行为进行及时、准确的绩效评价和监督。因此,为了提高公司组织机构的效率,就必须加强信息披露,保持公司的透明度,从而使股东获得真实、准确、完整、及时的公司经营信息,这也是公司组织机构有效运行的基本前提。

4. 利益相关者参与公司治理原则

近年来,随着企业理论的发展,股东以外的利益相关者也逐渐被纳入公司治理主体范围,虽然各国对利益相关者参与公司治理的程度规定不一,但各国公司法均开始关注利益相关者

---

① 有关美国独立董事、德国监事会的相关内容,请参阅本章第四节"监事会"的相关内容。

问题。例如,德国公司法规定在雇员超过一定人数的企业中,公司监事会成员应有一半的比例为雇员监事。而在《OECD公司治理结构原则》中还规定:"公司治理结构的框架应当确认利益相关者的合法权利,并且鼓励公司和利益相关者在创造财富和工作机会以及为保持企业财务健全而积极进行合作。"

此外,公司组织机构的设置还应当贯彻分权制衡原则、效率原则、经济民主原则等。

三、公司组织机构的基本构成

受政治、经济、法律和历史文化等因素的影响,各国公司治理模式差异较大。由于证券市场成熟、股权高度分散,以英美为代表的"外部监控模式"的公司治理更强调信息披露、公司接管等证券市场力量,当公司治理出现问题时,股东往往采取抛售股票的"用脚投票"方式来制衡公司组织机构;而德日则由于其股权结构较为集中,银行持股和法人交叉持股较为普遍,因而其公司治理更强调股东、董事通过公司内部权力机关对公司进行直接控制,故这种模式被称为"内部监控模式"。

虽然公司治理模式的差异决定了各国公司组织机构的类型和具体权力职责不尽相同,但是,各国公司治理的组织机构还是存在基本共性。根据公司治理所需的四种职能,公司组织机构一般设立以下四类机关。[①]

(1) 权力机关,一般为股东会。股东作为公司的出资者和所有者理应对公司享有最高权力,而股东行使权力的机关即为全体股东组成的股东会。除特殊情形外,各国均将股东会作为公司的必设机构,并注重保障其权力的有效行使。

(2) 决策机关,一般为董事会。董事会是由股东会选举产生的,由董事组成的行使经营决策权和管理权的公司机构。

(3) 监督机关,一般为监事会。监事会主要职责是监督董事、董事会和经理的经营行为,对其违法和不当的经营行为和其他可能侵犯公司利益、股东利益的行为进行约束。

(4) 执行机关,即经理。经理是实际上对公司日常经营进行管理的公司机关。经理负责落实董事会的决策并向董事会报告工作。

以上四类机关的四种职能在各国的公司组织机构中均有体现,但具体表现有所差异。美、英等国不设监事会,是在董事制度中规定独立董事,独立董事实际承担了监督职能。而德国则采用双层委员会制度,股东会选举监事(有一部分监事为雇员监事)成立监督委员会(supervisory board,简称监事会),监事会的职权强大,其中主要是监督职能,同时,其享有选任理事成立管理委员会(management board,简称理事会)的重要权力。理事会是执行监事会决议并负责公司日常运作的执行机构,与经理共同承担执行职能。

此外,因公司规模和性质的不同,公司基本组织机构的具体表现形式也存在差异。例如,我国法律规定,在规模较小的有限责任公司中,董事会和监事会就不是必设机构,而由执行董事和监事行使职权。在国有独资公司中,则不设股东会,由国有资产监督管理机构行使股东会

[①] 我国公司立法对公司的四类基本组织机构均进行了规定,因此,本章以下内容即以此为公司组织机构的框架进行详细介绍和评述。

职权或由其授权公司董事会行使股东会的部分职权。

四、公司组织机构与公司代表机构

公司为法人企业,而法人为法律拟制的"人",其意志和行为都需要有特定的机构来实现和履行。在公司治理结构中,股东会、董事会、监事会、经理均为公司基本组织机构,其职权规定在公司法和公司章程中。但是,这些公司内部运行机构并非均能对外代表公司。公司的对外代表机构只能由一个机构担任,并且这个机构应该是具有决策权的常设机构。在各国公司法中,一般都规定公司的董事会为公司的对外代表机构。在法定代表人方面,我国1993年《公司法》规定了法定的唯一代表权制度,即规定股份有限公司和有限责任公司的董事长为公司的法定代表人,有限责任公司不设董事会的,执行董事为公司的法定代表人。但是事实上对于公司来讲,这种规定忽视了当事人的意志,对内不利于投资者根据自身利益及实际需要确定权限的划分,对外使法人缺乏适应能力和竞争能力,所以2005年修改后的《公司法》规定公司的法定代表人依照公司章程的规定,由董事长、执行董事或者经理担任,并依法登记。

公司对外活动中某些重要的事项,其决定权虽属于股东会,如公司与其他公司合并,或者公司的章程中规定超过特定数额的投资项目和合作伙伴须得股东会审查通过,但公司对外商洽和签署合同的权力仍属董事会。公司的法定代表人对外代表公司的权限当然不是无限的,按照公司法和普通公司章程的精神理解,其代表权限的边界应为公司的常业。章程或股东会、董事会的特别决议可以对法定代表人的权限作出扩大或缩小的规定,但这种规定显然不具有对抗善意第三人的效力。

经理管理公司的经营活动,其作为经理人自然在不经授权的情况下于公司的正常营业范围内有权代表公司签署合同或实施其他合法行为。法国公司法规定经理在公司正常的业务项下与董事长有同样的代表权,这有利于公司的经营。如果经理的行为明显超出公司正常营业的范围,如无董事会的单独授权,第三人不能对抗公司。

【本节理论探讨】

- **我国公司治理结构的现状与问题**

我国目前公司治理的现状及问题主要表现为:

第一,在内部治理结构层面。

(1)部分有国资背景的公司股权结构失衡问题严重,国有股一股独大,居绝对控股地位。失衡的股权结构导致了控股股东变动频繁,股权结构不稳定,管理层受到拖累,内部关系错综复杂;政府干预较大;在股东大会上国有股股东出席率最高,中小股东参会意愿不强,流通股股东"用脚投票"现象普遍。

(2)董事会独立性较弱,其科学自主决策的功能受到很大限制,这主要表现为内部董事比例过高,独立董事作用有限,董事会决策机制落后,董事会受制于控股股东的特征十分明显。董事会的成员主要来源于控股股东,新董事人选提名主要由控股股东决定,董事的选聘标准主要体现控股股东意见,董事的罢免动议主要由控股股东提出,董事长的产生主要由董事会决定而董事会一般又受制于控股股东,独立董事的人选主要由董事长决定。

(3) 处于从属地位的监事会监督职能虚化,未能真正起到事前监察的作用。监事会没有得到应有重视,大多数公司没有监事会常设机构,监事会规模偏小、结构不合理,监事会成员大多数不具备相应的专业知识,并且监事会受控股股东控制。

第二,在公司外部治理层面。

传统的公司治理大多基于分权制衡理论而停留在公司内部治理结构的层面上,较多地注重对公司股东大会、董事会、监事会和高层经营者之间形式上的权力分布设计,侧重于公司的内部治理结构方面。但从科学决策的角度来看,公司内部治理结构远不能解决公司治理的所有问题,建立在决策科学观念上的公司治理更需要若干具体的超越结构的外部治理机制,而我国公司外部治理环境与机制尚不健全,具体而言:

(1) 经理市场尚不完善,经理等公司管理层的产生主要通过非市场化手段实现。我国诚信环境不佳且熟人社会文化兴盛,加之资本市场现状与股权结构较大地限制了经理市场在约束公司经营者行为方面的作用,使得企业对经营者缺乏有效的发现及激励约束机制,企业家形成机制存在明显的制度障碍和社会制约。

(2) 公司控制权市场尚不完善。我国资本市场上企业并购活动制约规矩过多,过分注重实物形态的资产价值,扭曲的市场估价体系,掩盖了控制权价值,阻碍了控制权市场的有效形成。而在较成熟的控制权市场中,收购兼并、代理权争夺等威胁的存在可以从外部有效地促进公司经营效率的提高,防止出现经理能力低下和背离股东利益的现象。

(3) 利益相关者治理机制欠缺。在现代公司法理论中,债权人、雇员等主体因其与公司利益的相关性,而常常会由法律与章程赋予其参与公司治理的权利。而在我国,目前则缺乏债权人治理机制,债权人未能在公司治理中发挥应有作用;劳动者治理机制较为弱化,劳动者真正较全面地参与公司治理尚需时日。

第二节 股 东 会

一、股东会的概念、地位

股东会,也称为股东大会,是指依法由全体股东组成的公司权力机构。这一定义具有三重含义:

(一) 股东会是公司的最高权力机关

股东会作为公司的组织机构之一,是公司的最高权力机关。它表明了股东会在公司组织机构中的地位。我国《公司法》第36条规定:"有限责任公司股东会由全体股东组成,股东会是公司的权力机构,依照本法行使职权。"第98条规定:"股份有限公司股东大会由全体股东组成,股东大会是公司的权力机构,依照本法行使职权。"法律一般赋予股东会较大的职权,股东会有权选举和罢免董事、监事,有权修改公司章程,有权决定公司的经营方针和投资计划,董事会和监事会都需要对其负责。可见,股东会是公司最高权力机构。但是,股东会也并非能够对公司所有重要决策大权独揽,各国公司法对股东会与董事会的职权进行了不同的分配,股东会亦需要在法定范围内行使职权。

(二)股东会是公司依法必须设立的公司组织机构

组建为公司形态的企业,股东会的设立受法律强制性的约束。但是,针对特殊类型的公司,公司法有时也会灵活地作出特殊规定,如我国规定外商投资设立的有限责任公司只设立董事会,由董事会代行股东会的权力;国有独资公司不设股东会,而由国有资产监督管理机构行使股东会职权或授权董事会行使股东会的部分职权。

(三)股东会须由全体股东组成

股东会不应排除任何一个股东,哪怕是仅仅持有一股的股东。这里需要区分作为公司机关的股东会与作为股东会议的股东会,虽然习惯上将两者都称为股东会,但是两者内涵并不相同,前者由全体股东组成,是公司的权力机关;而后者则是股东行使权力并形成统一意志的方式,分为年会和临时会议,它并不要求全体股东必须出席。

二、股东会会议的种类

由于股东会是由人数众多的全体股东组成,而股东会作为组织机构又必须形成自己统一的意志,所以股东会只能采取会议的方式来形成决议,这也是股东会的表现形式,正是通过这种形式,股东得以行使对公司的控制权。股东会的会议方式一般分为定期会议和临时会议两类。

(一)定期会议

定期会议(也称普通会议、股东常会、股东年会),是指依据法律和公司章程的规定在一定时间内必须召开的股东会议。定期会议主要决定股东会职权范围内的例行重大事项。

对于股东会定期会议每两次会议之间的最长间隔期限,各国规定有所不同。我国公司法规定每年召开一次;英国公司法规定两次会议之间的间隔自上一年度大会举行之日起不得超过15个月;美国许多州公司法规定的间隔为不超过13个月。

定期会议召开时间由公司章程进行规定,在我国,一般有限责任公司股东会年会于每个会计年度结束之后即行召开;股份有限公司的股东大会年会一般于会计年度终了后6个月内召开。

(二)临时会议

股东会临时会议,也称特别会议,是指在定期会议以外必要的时候,由于发生法定事由或者根据法定人员、机构的提议而召开的股东会议。各国公司法一般规定以下情况下可以召开临时会议:

(1)持有一定比例股份的股东申请时。我国《公司法》规定,有限责任公司代表1/10以上表决权的股东可以提议召开股东会临时会议;股份有限公司单独或者合计持有公司10%以上股份的股东请求时,应当在两个月内召开临时股东大会。

(2) 根据董事提议或在董事会认为必要时。我国《公司法》规定,有限责任公司1/3以上的董事可以提议召开股东会临时会议;股份有限公司董事会认为必要时,应当在两个月内召开临时股东大会。

(3) 根据监事提议或在监事会认为必要时。我国《公司法》规定,有限责任公司监事会或者不设监事会的公司的监事可以提议召开股东会临时会议;股份有限公司当监事会提议召开时,应当在两个月内召开临时股东大会。

(4) 发生法定事由时。对于法定事由,各国公司法规定内容不一,例如,英国1967年公司法规定:凡需要临时撤换一个董事,或任命一位年逾70岁的董事,任命一位新的审计员时,均需要召开股东会临时会议。我国《公司法》第100条规定,股份有限公司当董事人数不足该法规定的人数或者公司章程所定人数的2/3时,或者当公司未弥补的亏损达实收股本总额1/3时,应当在两个月内召开临时股东大会。该法对有限责任公司则无此规定。

(5) 其他。英国公司法规定,法院可以责令当事人以适当方式和时间召集会议。我国《公司法》规定,股份有限公司章程可以规定其他召开临时股东大会的情形。另外,我国《公司法》还规定,当公司法和公司章程规定公司转让、受让重大资产或者对外提供担保等事项必须经股东大会作出决议的,董事会应当及时召集股东大会会议。

三、股东会的职权

股东会为公司最高权力机构,因此,股东会行使的职权一般是针对公司的重大事项。股东会有法定职权和章程规定职权两类,公司可以以章程的形式规定股东会拥有除法定职权以外的其他职权。

关于法定职权,各国公司法的规定较为相似。在我国《公司法》中,关于有限责任公司股东会的职权规定如下:(1) 决定公司的经营方针和投资计划;(2) 选举和更换非由职工代表担任的董事、监事,决定有关董事、监事的报酬事项;(3) 审议批准董事会的报告;(4) 审议批准监事会或者监事的报告;(5) 审议批准公司的年度财务预算方案、决算方案;(6) 审议批准公司的利润分配方案和弥补亏损方案;(7) 对公司增加或者减少注册资本作出决议;(8) 对发行公司债券作出决议;(9) 对公司合并、分立、变更公司形式、解散和清算等事项作出决议;(10) 修改公司章程;(11) 公司章程规定的其他职权。

我国《公司法》关于股份有限公司股东大会的职权的规定与有限责任公司的规定是相同的。《公司法》允许公司章程规定股东会拥有上述法定职权之外的其他职权,但这些职权的规定不得与《公司法》规定的法定职权相矛盾,不得违反相关法律、法规的规定,不得剥夺股东的权利,否则无效。

另外,在上述股东会第(9)项职权中所述的变更公司形式,从理论上讲,股份有限公司也可以变更为有限责任公司,但这种情况在公司运行的实践中并不多见,公司法对其作出规定的价值甚微。在英国、美国、法国、德国的公司法上由股份有限公司(股票上市公司)变更为有限责任公司(封闭式公司)在法律上是认可的,实践中也不乏相关案例的发生。

四、股东会的召集

(一) 召集人

各国公司法一般规定股东会议(定期会议、临时会议)由董事会召集。有些国家还规定其他主体在特殊情况下也可以召集股东会。我国《公司法》规定,有限责任公司首次股东会会议由出资最多的股东召集和主持,依照公司法规定行使职权;此外的定期会议和临时会议则由董事会(或执行董事)召集。同时,董事长如果不能履行职务或者不履行职务的,由副董事长主持;副董事长不能履行职务或者不履行职务的,由半数以上董事共同推举一名董事主持。

董事会或者执行董事不能履行或者不履行召集股东会会议职责的,由监事会或者不设监事会的公司的监事召集和主持;监事会或者监事不召集和主持的,代表1/10以上表决权的股东可以自行召集和主持。

股份有限公司的发起人应当在股款缴足后30日内主持召开由发起人、认股人组成的公司创立大会;公司成立后股东大会会议亦由董事会负责召集。《公司法》第101条对召集人和主持人作了具体的规定:董事长如果不能履行职务或者不履行职务的,由副董事长主持;副董事长不能履行职务或者不履行职务的,由半数以上董事共同推举一名董事主持。董事会不能履行或者不履行召集股东大会会议职责的,监事会应当及时召集和主持;监事会不召集和主持的,连续90日以上单独或者合计持有公司10%以上股份的股东可以自行召集和主持。

典型案例:宏智科技公司双重临时股东大会冲突案(《案例分析》第214页)
请扫描二维码或访问 http://2d.hep.cn/1318685/20 了解相关内容

(二) 召集时间

我国《公司法》规定有限责任公司股东会定期会议按章程规定时间召集;临时会议应法定人员提议而召集,但未规定具体时间。股份有限公司定期会议亦按章程规定时间召集,但临时会议需要在法律规定情形发生后2个月内召集。

(三) 召集通知

由于股东会并非公司常设机构,股东也非公司工作人员,因此,股东们对公司需要审议的事项并不是很熟悉,为了提高股东会开会的效率和股东的出席率,让考虑参会的股东知悉公司本次会议的审议事项并作出针对性准备,也为了防止董事会或控股股东在股东会上利用突袭手段控制股东会决议,各国公司法均规定了股东会召集的通知程序。

我国《公司法》规定,有限责任公司召开股东会会议,应当于会议召开15日以前通知全体股东,但是,公司章程另有规定或者全体股东另有约定的除外。股份有限公司召开股东大会,应当将会议审议的事项于会议召开20日以前通知各股东,临时会议应当于会议召开15日前通知各股东;发行无记名股票的,应当于会议召开30日前公告会议召开的时间、地点和审议事项。单独或者合计持有公司3%以上股份的股东,可以在股东大会召开10日前提出临时提案并书面提交董事会;董事会应当在收到提案后2日内通知其他股东,并将该临时提案提交股东大会审议。临时提案的内容应当属于股东大会职权范围,并有明确议题和具体决议事项。股东大会不得对前两款通知中未列明的事项作出决议。无记名股票持有人出席股东大会会议的,应当于会议召开5日前至股东大会闭会时将股票交存于公司。

五、股东会的决议

股东会会议的一系列程序包括通知、登记、提案的审议、投票、计票、表决结果的宣布、会议决议的形成、会议记录及其签署、公告等,而这其中最重要的便是表决程序。为了使股东会形成公平、有效率的决议,提高中小股东参与公司治理的积极性,同时防止大股东利用控股地位侵害中小股东的权利,各国公司法均很重视对表决程序的规范。一个有效的表决决议必须是在法定比例的股东出席前提下,通过法律规定的投票方式,达到符合法定比例要求的支持率的决议。

(一) 股东法定出席比例

股东法定出席比例是指召开合法有效的股东会,出席会议的股东们代表的公司有表决权的股份数量应满足法定标准。公司一般是由多数人合作投资组建的商业经营组织,股东会依法行使公司的若干重要权力,若参加股东会议的股东很少,则不利于公司集思广益地决策,还可能出现少数股东操纵股东会甚至损害其他股东利益的情形,公司成立的根基就会动摇。因此,相互合作和相互监督是公司企业健康运行的双轨,规定股东法定出席比例对维持这种平衡不无意义。各国一般规定参加股东会的股东必须达到法定人数,股东会才能合法召开,通过的决议也才能有效。例如,美国《标准公司法》规定,除公司章程另有规定外,有表决权的股份之多数拥有者亲自或由代理人出席会议,应构成股东会议的法定人数;但在任何情况下,法定人数也不应少于在会议上有表决权股份的1/3构成。

我国《公司法》并未规定股东会的法定出席比例。这种情形主要是因为担心中小股东普遍采取"弃会"和"搭便车"的行为反而影响股东会的效率,给公司平添不得不二次召集股东会的时间和金钱成本。我国的这种安排虽不合乎传统公司法的做法,但的确符合大型公司特别是股份有限公司的运行实际,事实上也并无不当。

(二) 投票方式

1. 本人投票制与委托投票制

本人投票制是指股东亲自出席股东会并进行投票;委托投票制是指公司股东委托代理人出席股东大会并进行投票。随着股权的分散化,广大中小股东愈发没有兴趣参与公司的经营控制,从而导致了股东会的"空壳化"。而委托投票制度却有利于调动中小股东行使投票表决权的积极性,从而有效防止股东大会的"空壳化"。股东可以将投票表决权委托给其他股东,也可以委托给董事会,还可以委托给股票监管人和中介机构,以行使其对公司的控制权。在公司控制权因收购、重组等活动发生移转时,委托投票制会发挥出相当的制约作用。

2. 现场投票制与通信投票制

随着科技的发展,电话、传真、互联网视频等现代便捷通信工具不断涌现,为了降低投票成本,提高中小股东积极性,许多国家立法承认了利用现代通信工具投票的有效性。我国目前在上市公司董事会会议上较多采用上述方式,但在股东会层面由于识别成本太高、技术掌控难度太大而很少采用,除非由独立董事或者其他股东发起的征集投票权活动。

3. 直接投票制与累积投票制

直接投票制代表了公司法在公司决策的过程和结果上奉行的传统的多数决原则,贯彻了由大股东控制公司的权利义务对等的理念。凡公司的重要事务,在股东大会讨论并就具体方案进行表决时,除非表决之事项涉及与大股东及其子公司的关联交易要求大股东回避投票,或者因法律或公司章程已对大股东的投票权有所限制的场合外,股东大会决议的结果往往与大股东的意见形成一致。但是,股东大会并非是常设机构,股东大会闭会期间,公司完全由董事会控制。大股东选举董事的权力如果不能稍加限制,公司的全部董事就有可能为大股东一家已出。限制的方式可以是直接限制大股东的投票权,如1989年美国宾夕法尼亚州公司法修正案规定,任何股东不论其持股多少,最多只能享有20%的表决权。另一种限制方式就是累积投票制。我国《公司法》第105条对累积投票制作了定义性解释:"本法所称累积投票制,是指股东大会选举董事或者监事时,每一股份拥有与应选董事或者监事人数相同的表决权,股东拥有的表决权可以集中使用。"累积投票制首先创设形成于19世纪的美国,20世纪为其他发达国家的公司法普遍采用。该制度一般仅适用于董事的选举,有利于保证中小股东能将其代言人选进董事会。

这两种投票制均以"同股同权"、"一股一权"为基础。但是,在表决票数的计算和具体投向上存在根本差异。直接投票制是指在行使股东会表决权时,针对一项决议,股东只能将其持有股份决定的表决票数一次性直接投在这项决议上。累积投票制允许股东将其在选举每位董事、监事上的表决票数累加,即股东在选举董事、监事时的总票数为其持有股份决定的表决票数乘以须选举的董事、监事的人数,股东可以选择将总票数集中投在一个董事候选人名下,也可以选择分散投入数人名下。如此便提高了中小股东投票的力度和影响效果。

在以上几种投票方式中,我国1993年的《公司法》并未规定现代通信投票方式和累积投票制。但是,在中国证券监督管理委员会、国家经济贸易委员会2002年发布的《上市公司治理准则》中则规定,上市公司应在保证股东大会合法、有效的前提下,通过各种方式和途径,包括充分运用现代信息技术手段,扩大股东参与股东大会的比例;也规定了股东大会在董事选举中应积极推行累积投票制度,控股股东控股比例在30%以上的上市公司,应当采用累积投票制等。2005年修订后的《公司法》确立了累积投票制度,即第105条规定:"股东大会选举董事、监事,可以根据公司章程的规定或者股东大会的决议,实行累积投票制。"

(三)决议通过的法定比例

股东会的决议均采用多数决原则,即决议必须由出席股东会的代表表决权多数的股东通过方为有效。但是,对于不同的决议事项,各国公司法规定了不同的多数标准。

1. 普通决议

股东会普通决议生效的条件是股东会会议经合法召集,且经出席会议的代表过半数以上表决权的股东通过。除特别决议事项外,股东会决议均适用简单多数原则。但是,我国《公司法》规定,有限责任公司股东会普通决议的产生,由公司章程规定,如果章程无规定或者规定不明确,应按全体股东所持全部表决权的过半数标准执行。

2. 特别决议

股东会会议合法召集,必须经出席会议的代表绝对多数表决权的股东通过方为有效的特别决议。在我国该绝对多数为2/3以上。我国《公司法》规定,有限责任公司的股东会通过特别决议的,应按全体股东所持全部表决权的2/3通过为准。适用特别决议的事项主要有:(1)修改公司章程;(2)增加或减少注册资本;(3)公司的分立、合并或者变更公司形式;(4)公司的解散。

典型案例:胜利股份控制权之争(《案例分析》第221页)
请扫描二维码或访问 http://2d.hep.cn/1318685/21 了解相关内容

(四)股东会决议的无效与撤销

股东会的决议是根据"资本多数决"的原则作出的,是少数股份服从多数股份的制度,因此,决议内容和程序必须合法、公正。公司法既要维护"股东多数决"的原则,也要制止"股东多数暴政"。如果决议内容或程序上有瑕疵,其效力就会受到影响。根据各国公司法的规定,如果决议存在瑕疵应通过诉讼程序来解决决议的效力问题。根据决议瑕疵的原因,可分为决议无效之诉和决议撤销之诉,有些国家还规定了决议不存在之诉和变更不当决议之诉。我国《公司法》规定了股东会决议的无效与股东会决议的撤销两种诉讼方式。

1. 股东会决议的无效

公司的经营运行和管理决策必须在法律与行政法规允许的范围内进行,而对于决议的内容违反法律、行政法规的,一方面这种违法性常常对股东的权益会产生较为不利的影响,另一方面由于其违法性程度较为严重,一般也会对社会公益等其他利益产生消极影响,因而各国立法均将这种决议的效力规定为无效。我国《公司法》第22条规定,公司股东会决议内容违反法律、行政法规的无效。此处的违反法律、行政法规,是指违反法律、行政法规的强制性规定,因为法律、法规的强制性规定必须得到遵守,否则行为即告无效,违反法律、行政法规规定的股东会决议从决议作出之时即为无效。

(1)违反公司章程的决议的法律后果。需要讨论的是,股东会决议违反公司章程的,决议是否有效?以前的日本商法、韩国商法及我国台湾地区的"公司法"曾把决议违反章程作为决议无效的理由,现行法则将其修正为决议撤销的事由,我国《公司法》同样将决议内容违反公司章程规定作为可撤销之诉的理由,这主要是从法律规定决议撤销与无效的效力来考虑的。决议撤销之诉的起诉期间的限制是在法律规定的期间内,没有提起决议撤销之诉,不得再提起决议撤销之诉,以维护决议所涉及的法律关系的稳定性。对决议无效之诉则没有起诉时间的限制,使得决议所涉及的法律关系长期处于不稳定的状态,因此,只有严重的瑕疵才能成为决议无效的事由,决议内容违反章程比决议内容违反法律自然要轻微得多,因此,将违反章程改为撤销事由是与瑕疵的严重程度相符的。如果决议内容违反章程的同时,又违反了法律、行政法规时,当然成为无效的事由。

(2) 提起无效之诉的条件。我国1993年《公司法》规定,提起无效之诉,除了决议内容违反法律、行政法规的规定外,还要求必须侵犯了股东的合法权益,否则不给予救济。应当说该规定在现实中很难真正地对股东进行救济,因为存在"权益受侵犯"这一要件的要求,股东就必须向法院证明其权益受侵犯的事实,而对于中小股东来说其要举证证明这一事实的存在并不容易,而且不论这一诉讼的结果如何,其自身的成本付出可能是巨大的,但实际的受益者则是其他的诸多股东,因而股东在行事时都会存在"搭便车"的心理,这样最终导致了救济的落空。我国现行《公司法》则取消了决议必须侵害股东合法权益这一要求,不论股东会决议是否导致股东利益受到侵害,只要决议内容违反法律和行政法规的规定,股东就有权提起无效之诉。

(3) 提起无效之诉的主体。我国《公司法》规定股东有权提起决议无效之诉,这一规定显然是不够的。监事会是公司的监督机构,对于股东会决议的无效之诉,监事会当然有权提起,这不仅与监事会的监督职责相适应,同时也是维护公司和股东利益的需要。因此,从公司法理论角度看,对于股东会决议违反法律、行政法规的,公司股东既可以要求监事会提起诉讼,也可以自己的名义起诉。

(4) 决议无效的法律后果。股东会决议无效,意味着股东会决议自始不发生法律效力,因而,股东会决议无效的确认之诉的判决效力具有对世性,即其效力及于第三人,且具有绝对的溯及力。

股东会决议内容全部无效的,整个决议当然无效,但是,倘若股东会决议中的部分内容无效,是否导致整个股东会决议无效?我们认为,倘若决议各项内容不具有可分性,则部分决议事项无效导致整个决议当然无效;倘若决议各项内容具有可分性,则部分决议事项无效并不必然导致决议中的其他事项无效,换言之,除去无效决议事项,股东会决议亦可成立的,则其他决议事项仍然有效。

另外,公司根据股东会决议已办理变更登记的,人民法院宣告决议无效后,公司应当向公司登记机关申请撤销变更登记。无效的决议牵涉其他社会主体的利益和关系的,应当依据无效的民事行为谨慎处理:尚未履行的终止履行并做好善后;已经履行的,可区分履行行为的社会性质区别对待,维持全部履行,或者维持部分履行,或者终止履行做好善后。这里所讲的善后就是作出补偿。

2. 股东会决议的撤销

我国《公司法》第22条还规定了股东会决议的撤销。股东会会议召集程序、表决方式违反法律、行政法规或者公司章程,或者决议内容违反公司章程的,股东可以自决议作出之日起60日内,请求人民法院撤销。

(1) 决议撤销的事由。关于股东会决议撤销的事由或原因,各国和地区的公司立法颇不一致。我国台湾地区"公司法"将召集程序或决议方法违反法律或公司章程作为可撤销的原因,日本、意大利则规定不仅召集程序或决议方法违反法律或章程为可撤销,决议内容违反章程亦可撤销。按照我国《公司法》的规定,决议可撤销的事由主要有:

一是召集程序违反法律、行政法规或公司章程,如由没有召集权的人召集;未向部分股东召集,或通知时间、通知方法不合法,或通知内容不齐全。

二是表决方式违反法律、行政法规或公司章程,如决议通过的股份数不足法定要求时,或表决权计算违法时,或将特别决议事项以普通决议来表决时。至于表决中存在以商业利益交换或者有其他不正当拉票行为的,情形比较复杂,只能个案判断,不好做"一刀切"的规定。

三是决议内容违反公司章程,如控制股东滥用表决权,侵害了公司章程赋予公司和小股东的利益,即为可撤销的原因。例如,公司通过2/3多数方式通过了以侵害小股东利益为主旨的章程修正条款或股东会决议。另外,如果决议内容不具有可分性,部分决议事项被撤销当然导致整个决议被撤销;若决议各项内容具有可分性,则部分决议事项被撤销并不必然导致决议中的其他事项被撤销,换言之,股东提起股东会决议撤销之诉时,可以选择只申请撤销部分决议事项,而保留其他决议事项的效力。

(2) 撤销之诉的提起。我国《公司法》规定,股东可以提起股东会决议的撤销之诉,但如果股东会召集程序或表决方法有瑕疵,参加股东会的股东一致通过了股东会决议,那么参加股东会并在表决中投赞成票的股东是否仍享有股东会决议的撤销诉权?对此,我国《公司法》并未明确规定。我们认为,应当允许其提起撤销之诉,这可以保护那些尽管在表决中同意议案但并不知道召集程序或表决方法有瑕疵的股东的利益,并且也能起到督促公司股东会在召集和表决中严格按照规定进行。另外,就公司法理论而言,公司的监事会同样有权提起股东会决议的撤销之诉。那么,决议撤销之诉的被告是造成该决议通过的股东,还是公司?通说认为被告应当是公司。这是由于资本多数决原则将股东的意思拟制为公司的意思,既然决议体现了公司的意思,自然应将公司列为决议撤销之诉的被告。

(3) 提起撤销之诉的时间。由于引起决议撤销之诉的事由并非很严重,所以在法律规定的期间内,没有提起决议撤销之诉的,不得再提起决议撤销之诉,以维护决议的稳定性。各国或地区通常都对决议撤销之诉的期间加以规定,如日本规定为3个月。我国《公司法》规定为60日,自决议作出之日起计算。从公司法理论的角度看,这里的60日应为除斥期间,不存在中止、中断和延长的情形,如果在此期间无人提起股东会决议撤销之诉,则股东会决议成为具有确定法律效力的决议。

(4) 提起撤销之诉的担保。为防止股东滥用决议撤销之诉,图谋不当利益,我国《公司法》就决议撤销之诉规定了原告股东的提供担保的义务,即如果公司提出请求,人民法院可以要求股东提供相应担保。立法这一规定,加大了那些没有正当理由而滥用诉权的成本,若原告出于恶意或重大过失而败诉,应对公司负损害赔偿的责任。

(5) 提起撤销之诉的法律后果。按照一般法律行为制度,被撤销的法律行为自行为开始起无效,因此,决议撤销判决的效力应当溯及于决议之时,当被撤销的股东会决议仅涉及公司内部关系时尤应如此。但对基于撤销前的股东会决议而产生交易关系的善意第三人,从维护法律的稳定和交易的安全角度出发,有必要否定撤销之诉判决的溯及力,以保护善意第三人。基于被撤销的股东会决议而实施的变更登记事项,在法院撤销决议之诉生效后,公司应当向公司登记机关申请撤销变更登记。

【本节理论探讨】

- **股东会中心主义与董事会中心主义**

在传统的公司法理论中,公司的成员就是股东,他们是公司的最终所有者,从而股东会也就是公司的最高权力机关,而董事会只不过是公司的集体代理人并受股东会的控制。到19世纪,发达国家确立了公司设立的准则,股东会作为公司最高权力机关也被确定下来。主要表现是:公司的董事由股东会选举产生,公司增资、减资和章程的修改须由股东会批准,公司经营的重大事项由股东会决定。在法律结构上,股东会与董事会之间是上下关系。在这种理念支配下,董事会不能拥有独立于股东会的法定权力,董事会执行公司业务须完全遵从公司章程的授权和股东会的决议。这种股东会至高无上,董事会完全依附于股东会的公司权力分配格局被称为股东会中心主义。

随着公司股份日益分散,出现了少数大股东控制公司和小股东众多的情形。同时股东大会本身也发生了变化,对大量存在的小股东来说,一方面,他们微弱的力量不可能对公司的经营者构成影响;另一方面,这些小股东也缺乏应有的知识、时间、精力和财力对公司的董事实施有效的监督。为顺应这种变化,世界上多数国家公司立法先后废除股东会中心主义而改采董事会中心主义。这种情形下,公司章程只要把特定权力授予了董事会,股东会就不得干预他们行使此项权力,甚至有的国家规定董事会拥有在任何情况下以公司名义进行活动的最广泛的权力。

对于常常出现的股东大会是否可以否决董事会决议的疑问,在股东会中心主义之下,股东大会作为公司的最高权力机关,当然可以否决它认为不正确的董事会决议。而在董事会中心主义之下,董事会作为业务执行和经营意思决定机关,享有独立的经营决策权,不受股东大会的限制,股东大会也就不能否决其依职权作出的决议。

【本节实务研究】

● 程序瑕疵对股东大会、董事会决议效力的影响

根据我国《公司法》第22条之规定,股东会或股东大会、董事会的会议召集程序、表决方式违反法律、行政法规或者公司章程规定的,股东可以请求人民法院撤销。也就是说,程序的瑕疵可以导致股东会或董事会会议决议被撤销,这样的决议在性质上是一种可撤销的法律行为。需要探讨的是,是否股东会或董事会的任何程序瑕疵都必然导致其决议被撤销。

从法理上来看,程序正义是法律的生命,有效的决议离不开会议对法定形式与程序的遵守,程序是否正当关系着股东权益与公司权益。实践中在股东会与董事会会议程序方面,存在某些控股股东故意将会议内容模糊化,或者正式举行会议时突破原有通知的内容,以期达到自己目的的情况。对这些程序瑕疵,多数国家规定其可导致与此有关的决议无效或可撤销。

然而,规定程序瑕疵一概产生决议无效或撤销的法律后果未必是最恰当的选择。因为:一方面对决议的无效与撤销会引起已有法律关系的不稳定,对股东、公司以及第三人可能会造成损害;另一方面,从法理上说,程序正义的意义在于正当程序能维护实体权利、保障实体正义的实现,但对于程序的违反不必然导致实体权利受损及实体正义的落空,因为有些程序与实体正义并无关系。因此,应当根据程序上的瑕疵是否对公司实体决议产生实质性影响来确定决议的效力,如果对实体决议并不产生实质性影响则不宜宣告该决议无效或被撤销。如尽管应书

面通知而只是口头通知、应提前 10 天通知而只提前了 3 天,但股东或董事均出席了会议并进行了表决,则不宜否定会议和决议的效力。

近些年来,我国有关规定和司法实践中的做法已经体现了对程序瑕疵效力的这种认识和掌握的尺度。瑕疵通知是股东会或董事会会议程序瑕疵的一种常见情形,具体而言有通知对象瑕疵、通知时间瑕疵、通知方式瑕疵以及通知内容瑕疵等,按照有关规定,这种通知瑕疵就并不必然导致股东会决议的无效。如根据中国证监会《上市公司章程指引(2014 年修订)》第 169 条、《到境外上市公司章程必备条款》第 58 条的规定,上市公司因意外遗漏未向某有权得到通知的人送出会议通知或者该等人没有收到会议通知,会议及会议作出的决议并不因此无效。

- **公司法上的表决权协议问题**

表决权是股东参与公司管理的重要权利,获得了相应多数的表决权在某种程度上就掌控了公司的经营管理。因而,通过各种方式对表决权作出符合公司实际状况和投资者预期目的的安排就成为了实践中惯常的做法。表决权协议就是这些众多安排中的形式之一。然而,对于表决权协议我国公司立法却并未作出明确的规定,这就使实践中对于应否承认表决权协议的效力以及表决权协议应当具有怎样的效力存在着广泛的争议。

就表决权协议的效力而言,国外立法和司法实践经历了从禁止到许可的变化。当事人订立表决权协议的目的多种多样,既可能是为了取得和保持公司的控制权,也可能是为了保持公司经营政策的一贯性,还可能是为了实现打破公司僵局等特定目标,不一而足。这些目的和安排,通常并不违反公司法的立法目的,甚至还是实现当事人意思自治和公司利益最大化的有效方式。对于小股东而言,它还可以成为一种联合抗衡大股东压迫行为的有力手段。我们也应当正视这类合理现象,赋予其应有的效力。

然而,如果对表决权协议不进行必要的法律规制,也易产生滥用等问题。例如,股东可能借其规避法律,在应当进行表决回避时,通过特殊安排借助他人行使表决权,股东可能利用表决权协议对其他股东施以压迫、排挤等不正当行为,还有可能使表决权的行使背离公司的整体利益。

对于如何规制,学者一般认为,表决权协议首先是一种合同,应当受到合同法的规制。合同的成立、生效等一系列制度对其当然适用,公序良俗和诚信原则对其也应适用,协议符合合同无效情形的应当认定为无效。同时,表决权协议毕竟不同于一般的协议,它与公司的正常运营息息相关,深刻地影响到公司、其他股东以及债权人的利益,因此,它理应受到公司法的规制。对于二者的调整关系,一般认为,由合同法调整不会产生背离公司法原理的结果的,可由合同法进行调整,反之,则需要受到公司法的特殊规制。例如,违反表决权协议是应当适用损害赔偿还是强制履行救济,就不能单从合同法角度去做判断,而必须从公司法的角度出发,作出合理的判断,进行恰当的处理。

就我国目前的状况而言,我国法律工作者需要继续努力的是,从理论上进一步探索,把握表决权协议的特点和运行机理,在公司法立法上解决表决权协议的适用范围、效力范围、履行以及表决权争议、表决权协议的履行对公司决议效力的影响等具体问题。

第三节 董 事 会

一、董事会

(一) 概念与特点

董事会是指依法由股东会选举产生,代表公司并行使经营决策权的公司常设机关。

从以上定义可见董事会具有以下特点:

(1) 董事会成员是由股东会选举产生,董事会对股东会负责,执行股东会的决议。

(2) 董事会是公司法定的常设机关。董事会自公司成立之日起一直存在。虽然它的成员可依法随时更换,但董事会本身作为一个组织始终存在,不能更换和撤销。

(3) 董事会是公司对外代表机关。董事会的活动具有对外效力,董事长、执行董事或者经理可担任公司的法定代表人。

(4) 董事会是公司的经营决策机关。董事会执行股东会决议,负责公司的经营决策。它有自己独立的职权,在法律和章程规定的范围内对公司的经营管理行使决策权,并通过任命经理来执行公司的日常经营事务,经理对董事会负责并报告工作。

(5) 由于董事会决策公司事务得由全体董事按一人一票的表决权进行,因而公司的董事会其组成人数应当是单数。我国《公司法》规定,有限责任公司的董事会,由3~13人组成,规模较小的有限责任公司或者一人有限责任公司可选择不设董事会,但设一人担任执行董事,其职权与董事会相当,执行董事为公司的法人代表;股份有限公司的董事会由5~19人组成。

(二) 职权

各国立法关于董事会职权的规定方式有所不同,有的国家采取列举式,明确授予董事会各项职权;有的国家则采取排除式,规定除公司章程明确规定必须由股东会行使的重要权力外,公司的一切权力由董事会行使或者在董事会指导下行使;而有的国家立法未对董事会职权作出具体规定,将其赋予公司章程去规定。通常,为了提高公司经营运作效率,各国公司法均赋予了董事会比较广泛的职权。

我国《公司法》对董事会的职权采取了列举式的规定。根据该法第46条和第108条的规定,董事会对股东会负责,行使下列职权:(1) 负责召集股东会,并向股东会报告工作;(2) 执行股东会的决议;(3) 决定公司的经营计划和投资方案;(4) 制订公司的年度财务预算方案、决算方案;(5) 制订公司的利润分配方案和弥补亏损方案;(6) 制订公司增加或者减少注册资本以及发行公司债券的方案;(7) 制订公司合并、分立、变更公司形式、解散的方案;(8) 决定公司内部管理机构的设置;(9) 决定聘任或者解聘公司经理及其报酬事项,并根据经理的提名,决定聘任或者解聘公司副经理、财务负责人,决定其报酬事项;(10) 制定公司的基本管理制度;(11) 公司章程规定的其他职权。

二、董事

（一）董事的种类

董事为董事会的成员，董事一般为自然人，但也有国家和地区的法律规定法人亦能成为董事，法人担任董事的应委派自然人为代理人，法国和我国台湾地区的公司法就有此类规定。董事是董事会职权的实际行使者。

关于董事的主要分类为：

（1）内部董事（也称执行董事）。可以同时担任公司其他职务的董事为内部董事。内部董事由于可以在公司中担任经营管理等职务，故对公司信息掌握全面，有利于董事会作出及时、正确的决策并能较好地协调与经理的关系，从而有利于决策的执行。但是，由于内部董事与经理等管理人员存在直接利益关系（有的甚至就兼任公司经理），其行为也就不可避免地缺乏独立性和客观性。

（2）外部董事（也称非执行董事）。在担任董事职务的公司不可以同时担任公司其他职务的董事为外部董事。外部董事一般由其他公司的经理阶层、社会各界专家和机构投资者的代表担任。在美英等国家，许多大公司的外部董事比例已经远远超过内部董事。

但是，外部董事不一定就真正独立，不独立的外部董事称为"非独立的外部董事"，在英国则被称为"灰色董事"；在外部董事中具有独立性的董事则被称为"独立的外部董事"，也就是独立董事。所谓独立董事是指不在公司担任除董事外的其他任何职务，并与其所受聘的公司及其主要股东不存在可能妨碍其进行客观判断的重要关系的董事。独立董事除享有法律赋予董事的一般职权外，通常还享有一些特别的职权，如对关联交易事项和信息公开事项的特别认可和独立发表意见等。

（二）董事的任职资格

董事与股东不同，任何人只要拥有公司股份即为股东，便有权参加股东会。董事是由股东会选举进入董事会，负责对公司的经营管理事务进行决策、集体或单独代表公司执行业务的人，因此，各国均对董事任职资格作出条件规定。

1. 各国公司法对董事任职资格的限制

各国公司法规定的限制条件各不相同，有积极条件，即只有满足某些条件才能成为公司董事；也有消极条件，即董事不得具备某些条件。这些条件一般包括：

（1）国籍限制，个别国家规定董事或多数董事必须具备本国国籍。

（2）年龄限制，未成年人一般不能担任董事，政府控股的公司中董事有退休年龄的限制。

（3）持股限制，有的国家规定董事必须是公司股东。

（4）兼职限制，有的国家规定董事不得兼任其他公司的董事或实际管理人，或规定董事在公司外其他机构兼职的数量上限以及避免与任职公司经营业务的冲突。

（5）能力、品行限制，如破产企业的董事、未清偿债务的人、被追究刑事责任的人员不得担任公司董事。

(6) 其他限制,如有的国家规定政府官员等不得兼任公司董事。

2. 我国公司法对董事任职资格的限制

我国《公司法》第146条规定,有下列情形之一的,不得担任公司的董事:(1) 无民事行为能力或者限制民事行为能力;(2) 因犯有贪污、贿赂、侵占财产、挪用财产或者破坏社会主义市场经济秩序,被判处刑罚,执行期满未逾五年,或者因犯罪被剥夺政治权利,执行期满未逾5年;(3) 担任破产清算的公司、企业的董事或者厂长、经理,对该公司、企业的破产负有个人责任的,自该公司、企业破产清算完结之日起未逾3年;(4) 担任因违法被吊销营业执照、责令关闭的公司、企业的法定代表人,并负有个人责任的,自该公司、企业被吊销营业执照之日起未逾3年;(5) 个人所负数额较大的债务到期未清偿。

公司违反前款规定选举董事的,该选举无效;董事在任职期间出现上述情形之一的,公司应当解除其职务。

对于公务员能否担任公司的董事,我国1993年《公司法》第58条规定,"国家公务员不得兼任公司的董事、监事、经理",现行《公司法》将此规定取消。但根据我国2006年1月1日起施行的《公务员法》的规定,公务员不得从事或者参与营利性活动,不得在企业或者其他营利性组织中兼任职务,因此,公务员原则上不能担任公司的董事职务。在国有独资公司和国家控股、参股的公司中,由于其董事会成员由国有资产监督管理机构委派或者由其他国有投资机构和国有事业单位委派或推选,公务员事实上可以担任这类公司的董事,这是现实的国情所决定的。

(三) 董事的任免

董事一般均由股东会任免。我国《公司法》规定,股东会(股东大会)选举和更换董事。通常在股东会召开前需要披露董事候选人的详细资料,以保证股东在投票时对候选人有足够的了解,然后在召开股东会时进行表决。股东对选举董事表决的程序一般由公司章程规定,但法律、法规、规章也规定了一些法定程序,譬如我国《上市公司治理准则》第31条即规定,控股股东控股比例在30%以上的上市公司,应当采用累积投票制,而对其他上市公司则未作强制要求。

外商投资的有限责任公司的董事则按照投资合同的约定由投资各方委派产生。国有独资公司的董事会成员由国有资产监督管理机构委派。国有独资公司董事会成员中应当有职工代表,职工代表的产生或撤换由公司的全体职工民主决定。

通常董事通过法定程序被股东会选举后,应与公司签订聘任合同,明确公司和董事之间的权利义务、董事的任期、董事违反法律法规和公司章程的责任以及公司因故提前解除合同的补偿等内容。董事被选举聘任后,即开始行使职权,任期也开始计算。董事任期由公司章程规定,每届任期不得超过3年。董事任期届满,连选可以连任。需要提及的是,我国《公司法》明确规定,董事任期届满未及时改选,或者董事在任期内辞职导致董事会成员低于法定人数的,在改选出的董事就任前,原董事仍应当依照法律、行政法规和公司章程的规定,履行董事职务。

另外,1993年《公司法》规定,股份有限公司的董事在任期届满前,股东大会不得无故解除其职务,而现行《公司法》将此规定删除,这意味着股东大会可以随时解除董事的职务,而不论其任期是否届满。当然,从法理上讲,董事如果被股东大会无故解除职务的,可以依据合同关系寻求违约责任的法律救济。

三、董事长的地位和职权

董事会设董事长一人,并可以设副董事长协助董事长工作。董事长和副董事长由董事会以全体董事的过半数选举产生。

一般情况下,公司由董事长担任公司的法定代表人,对外代表公司。1993年《公司法》曾规定董事长对内行使下列职权:(1)主持股东会(股东大会)和召集、主持董事会会议;(2)检查董事会决议的实施情况;(3)签署公司股票、公司债券。由于1993年《公司法》明确规定董事长是公司的法定代表人,因而赋予了董事长上述职权。由于2005年修订后的《公司法》对法定代表人作了重要修改,公司的法定代表人不再限定于董事长,而是可以由董事长、执行董事或者经理中的任何一人担任,因而立法未再规定董事长的具体职权。

四、董事会会议

(一)董事会会议的种类

董事会作为一个机构是通过召开会议并形成决议的方式行使职权的。董事会会议一般可以分为普通会议和临时会议两类。这两类董事会会议的议事方式和表决程序,除法律有规定的以外,均应由公司章程规定。

(1)普通会议。普通会议是公司章程规定的按固定时间召开的例会。我国《公司法》未对有限责任公司董事会会议召开的次数予以规定,但规定股份有限公司每年度至少召开两次董事会会议。

(2)临时会议。当公司经营中遇到需要董事会及时决策的必要事项时,董事会可以召开临时会议。对于股份有限公司,《公司法》规定,代表1/10以上表决权的股东、1/3以上董事或者监事会,可以提议召开董事会临时会议。对于有限责任公司,《公司法》未规定如何提议召开董事会临时会议,其原因在于有限责任公司具有更强的人合性特点,可以根据需要随时召开董事会临时会议,不需要立法作出明确具体的规定。

(二)董事会会议的召集和主持

董事会由董事长召集并主持。董事长因特殊原因不能履行职务时,由副董事长召集和主持;副董事长不能履行职务或者不履行职务的,由半数以上董事共同推举一名董事召集和主持。对于股份有限公司董事会临时会议,我国《公司法》规定,董事长应当自接到提议后10日内召集和主持。对于董事长选出前的第一次董事会会议,习惯上一般由得票数最多的董事召集。但也有立法有其他规定,譬如在我国香港地区,董事会会议可以由任何董事直接通知或由秘书通知召集。

在召集董事会会议时,需要履行一定的通知程序。我国《公司法》规定股份有限公司董事会每次会议应当于会议召开10日以前通知全体董事。如果董事会召开临时会议,则由公司规定召集董事会的通知方式和通知时限。

（三）董事会的决议

达到法定比例的董事出席并经法定比例的董事表决通过而作出的决议方为有效的董事会决议。各国公司法一般都规定了董事会的法定最低出席比例、出席的方式(是本人出席还是委托代理人出席)、作出决议要求的通过比例等事项。

我国《公司法》将具体的董事会议事规则赋予公司章程进行规定,而只规定了某些必需的、基本的法定议事程序。譬如,对于股份有限公司,规定:(1)董事会会议应由过半数的董事出席方可举行;(2)董事会会议,应由董事本人出席,董事因故不能出席,可以书面委托其他董事代为出席董事会,委托书中应载明授权范围;(3)董事会作出决议,必须经全体董事的过半数通过;(4)董事会应当对会议所议事项的决定作成会议记录,出席会议的董事应当在会议记录上签名。

要求董事在会议记录上签名具有重要法律意义,因为:(1)通过董事的签名,能够看到出席董事会会议的董事人数是否符合法律规定;(2)股东有权查阅董事会会议记录,通过签名,能够使股东了解董事履行职务的情况;(3)董事要对董事会的决议承担责任,董事会的决议违反法律、行政法规或者公司章程、股东大会决议,致使公司遭受严重损失的,参与决议的董事对公司负赔偿责任,但经证明在表决时曾表明异议并记载于会议记录的,该董事可以免除责任。通过签名,能够确认董事在表决时的意见,从而有利于确定其责任的范围。

对于有限责任公司董事会的议事方式和表决程序,我国《公司法》未作具体规定,而是留给公司章程根据具体情况去规定。这主要是考虑到有限责任公司本身规模小于股份有限公司,社会关注度不强,企业的情况差别很大,千篇一律的强制性规定如果不能有效地适应各个公司的具体情况,反而会对公司法的权威造成损害。因此,立法在其董事会的活动方式上留有必要的空间,让公司的投资者通过章程予以规定。这样安排,不仅符合公司运作的实际情况,而且还会收到培养投资者权利意识和规则意识的效用。

典型案例:三友公司董事会临时会议召开纠纷案(《案例分析》第241页)
请扫描二维码或访问 http://2d.hep.cn/1318685/22 了解相关内容

【本节理论探讨】

- **董事会秘书制度**

董事会秘书原是英美法系国家创设的一种较完善的法律制度,这一制度在英美法系国家的公司治理与经营管理中发挥着重要作用。董事会秘书具有公司高级管理人员的身份。在公司组织机构中,董事会秘书隶属于董事会,是协助董事会执行业务的助理机构。在早期,董事会秘书职责主要局限于管理公司内部性事务,如完成并签署公司周年报告、签署公司年度会计报告等。后来董事会秘书的权力呈现扩大的趋势,取得了一定条件下的公司对外代表权。在英国,董事会秘书作为公司代理人时具有与其他公司代理人相同的法律地位。其代表权主要体现在两方面,一是有权就日常经营管理方面的事务代表公司;二是作为公司代表与公司登记机关和监管机关进行沟通,行使对外行政事务代表权。我国现行《公司法》只规定了董事会秘书负责会议的筹备、文件保管事宜,对于对外代表权未做任何说明。《上市公司章程指引(2014年修订)》、《上海证券交易所股票上市规则》对其对外代表权也未作明确规定。学术界对于董事会秘书的研究尚未充分展开,对其对外代表权的研究更少有关注。然而,是否赋予其以对外代表权,其代表的法律效力如何,与公司其他代表人如何协调等问题是不容忽视的问题,有待于进一步研究后在法律、法规、规章中予以明确。

董事会秘书权力的扩大需要相应的约束机制对其进行规制。国外有学者主张董事会秘书对公司负有与董事类似的忠实义务与勤勉义务。具体地,忠实义务包含为与公司利益冲突的交易时的忠实义务、竞业禁止义务、夺取公司机会禁止之义务等。从法理上言,董事会秘书在公司经营中享有广泛的权利并承担重要职责,其作用并不亚于董事等高级管理人员,其职务履行对于公司治理与经营会产生重要影响,因而依据权责相适应的原则,有必要对其课以严格的义务与责任。依据我国现行《公司法》与证监会相关规定,董事会秘书属于公司高级管理人员范畴,因而也应适用《公司法》第147~149条规定,所以在我国,董事会秘书也要依法承担忠实义务和勤勉义务。

【本节实务研究】

- **公司对外行为是否需要董事会决议**

在公司法理论中,董事长作为公司的法定代表人,承担对外代表公司的职权。一般来讲,董事长对外代表公司的职权由于是法律直接赋予的,不受任何限制。但在公司法实务中,我们仍然可以看到,不少公司通过章程或者内部决议的形式,对董事长对外代表公司的行为加以限制。例如,公司章程中记载"如果公司对外交易达到一定金额,董事长必须在经过董事会作出相关决议之后才有权对外代表公司,否则,董事长的代表行为将不被公司承认"。那么我们应当如何看待上述记载呢?

对外代表公司是公司法赋予董事长的法定职权,这里探讨的问题实质上是公司能否以内部约定的方式改变公司法规定的董事长法定的对外代表权。首先,公司法并不排除公司通过内部约定限制董事长对外行为的权限,这种限制对内是有效的,但对外不应具有对抗第三人的效力,如果第三人不知道也不应当知道公司对董事长的对外代表行为作出的限制,那么,虽然董事长越权,但其行为构成表见代表行为,公司应当承担董事长代表行为的结果。如果由于多次交易等原因第三人知道或者应当知道公司对董事长对外行为所作的限制,那么董事长的越权行为则为无效,公司对此可以不予认可。

第四节 监 事 会

一、监事会的概念和特点

监事会是依法产生,对董事和经理的经营管理行为及公司财务进行监督的常设机构。它代表全体股东对公司经营管理进行监督,行使监督职能,是公司的监督机构。

监事会有如下特点:

(1) 监事会是由依法产生的监事组成的。监事一般由股东会选举产生。但有的国家公司法也规定了监事的其他法定产生途径,例如,我国《公司法》规定,监事会由股东代表和适当比例的公司职工代表组成,监事会中的职工代表由公司职工民主选举产生。

(2) 监事会是对公司事务进行监督的机构。监事会的监督职能一般包括两个方面:一方面是对董事、经理的经营行为进行监督;另一方面是财务监督,也称为专业监督。各国公司法均将财务监督作为监督机构职权的重要部分,这是因为公司的财务状况是公司经营信息的直接反映,并且对于上市公司而言,财务状况是信息披露最重要的部分,是股东了解公司状况的直接途径。

(3) 监事会独立行使职权。保持充分的独立性是进行有效监督的重要前提,为此,各国公司法均很重视对监事会行使职权的独立性的保障。

(4) 监事个人与监事会并行行使监督职权。董事会是决策机构,需要形成统一的意志,因此它采取的是一种集体议事、少数服从多数的原则。与董事会不同,监事会的职责是尽量发现公司经营违法、违规或者违背股东利益的行为。为了充分掌握公司信息,法律规定了监事对公司业务和财务资料有平等的监督检查权,一般情况下并不需要形成集体决议行使职权。我国《公司法》规定监督职权的主体就是监事会或者监事。

二、监事会的设置

虽然各国在公司治理中均设立了行使监督职能的公司机构,但是,与股东会、董事会、经理等公司组织机构相比,各国公司法关于监事会的规定差异最大,变化也较大。

(一) 单一型:美国模式

美国是单轨制,即只设董事会而不设监事会。但是,美国公司治理结构中并不缺少监督机构。美国的内部监督机制模式,概括起来主要体现在三个方面:

(1) 建立独立董事制度。

(2) 设立董事委员会,特别是由独立董事构成的董事会委员会。包括审计委员会、提名委员会、薪金报酬委员会等。

(3) 改进董事会及其委员会的领导机构。包括独立董事担任董事会主席,将董事会主席与 CEO 分开,在 CEO 任董事会主席时,由独立董事共同指定一名独立董事为牵头董事等。

（二）垂直型：德国模式

德国股份公司的内部监督主要由监事会进行。根据《德国股份法》第111条的规定，监事会的职责是监督企业的经营和管理，德国的监督机关无论从其地位与职能来看，都高于所监督的对象——经营管理机关。

德国的监事会（也译为监督董事会）是由股东大会和工会机构选举产生，再由监事会公开招聘管理委员会（也译为管理董事会），简称理事会。监事会代表股东监督理事会，理事会负责企业日常经营管理活动。因此，德国的监事会并非本节所指意义的监事会，虽无公司事务的决策权但具有较强的监督职权。另外，德国模式的另一特点是重视雇员在行使监督职能中的作用，德国监事会不仅有股东监事，还有雇员监事，在人数超过一定数目的公司，雇员监事须占到监事人数的一半。

（三）并列型：日本模式

日本在公司组织机构中设立了监察人作为监督机构。其公司组织机构由股东会、董事会、监察人三者构成，这种模式基本上为本章所论述的公司组织结构。但在2001年，日本首次以立法的形式引进美国式的独立董事制度，而且，立法尊重企业经营的自主性和灵活性，未采取"一刀切"的强制性统一规定，而是同时设置两套方案供企业自主选择：一是沿用监事会制度，仍由3人以上监事组成监事会；二是增设所谓的设置委员会公司规则，允许公司以章程规定不设监事会，而在董事会之下分别设置由3人以上的董事组成的审计委员会、提名委员会及薪酬委员会。

除监事外，日本的监察制度中还有会计监察人。会计监察人也由股东大会选任。会计监察人的职权，一般仅限于监察财务会计文件和附属明细表。在与监事的监察的关系上，一般认为会计监察人的监察范围限定为会计业务的合法性，而具体业务监察则由监事履行。

（四）选择型：法国模式

法国是实行混合型治理模式的欧洲国家的典型，对于采用一元制还是二元制，公司具有选择权。一元制是指只设董事会不设监事会，多适用中小企业，董事会享有代表公司的最充分权力，董事长则掌握董事会几乎所有的权力，公司的内部监督也是由董事会进行的。二元制是指同时设立董事会和监事会，多适用大型公司，公司内部监督主要由监事会负责。此外，法国股份有限公司还设立了另一监督机关——审计员（或称会计监察人），由一名或数名审计员对公司的财务会计进行审计监督。

法国法所采取的由公司自由选择的机制，充分体现了灵活性和对公司自治的充分尊重。法国这种弹性的一元制与二元制并存的制度已为欧洲的一些国家所采用或准备采用。

我国采纳的公司监督体制基本类似于日本2001年修法前的治理模式。监事会为公司必设机构，是公司的监督机构。但是，近年来，各种公司治理模式之间开始出现相互借鉴的趋势。我国公司（尤其是上市公司）治理频频出现混乱情况，监事会未能有效发挥监督的作用是原因之一。因此，我国公司的监督制度正在经历理论和实践两方面的深刻检讨，非上市公司的监督制度需要在原有体制的基础上进行完善，而上市公司则通过借鉴其他国家模式改造原有的监督体制,配置独立董事,公司的监督职能由监事会和独立董事共同行使。

三、监事会的组成

监事会由监事组成。关于监事的组成,我国《公司法》规定,监事会由股东代表和适当比例的公司职工代表组成,其中职工代表的比例不得低于1/3,具体比例由公司章程规定。监事会中的职工代表由公司职工民主选举产生。

关于监事会的监事数目,我国《公司法》规定:有限责任公司,经营规模较大的,设立监事会,其成员不得少于3人;股东人数较少和规模较小的,可以设一至二名监事。股份有限公司设监事会,其成员不得少于3人。

关于监事的任职资格,我国《公司法》对监事任职资格的规定与董事相同。

此外,还规定了董事、高级管理人员及财务负责人不得兼任监事。这是因为监事的职责是监督公司董事会的决策以及董事、高级管理人员的经营活动和公司的财务状况,为了保证监事的独立性,避免监督者与被监督人有利益关系。各国公司法均作了类似规定,有的国家还将公司的一些特殊出资人、特殊受益人排除在监事任职资格之外。

四、监事会的职权

按照我国《公司法》第53条、第54条、第118条的规定,监事会或者监事行使下列职权:(1)检查公司财务;(2)对董事、高级管理人员执行公司职务的行为进行监督,对违反法律、行政法规、公司章程或者股东会决议的董事、高级管理人员提出罢免的建议;(3)当董事和高级管理人员的行为损害公司的利益时,要求董事和高级管理人员予以纠正;(4)提议召开临时股东会会议,在董事会不履行公司法规定的召集和主持股东会会议职责时召集和主持股东会会议;(5)向股东会会议提出提案;(6)依照《公司法》第151条的规定,对董事、高级管理人员提起诉讼;(7)监事有权列席董事会会议,并对董事会决议事项提出质询或者建议;(8)监事会、不设监事会的公司的监事发现公司经营情况异常,可以进行调查;必要时,可以聘请会计师事务所等协助其工作,费用由公司承担;(9)公司章程规定的其他职权。

此外,上市公司的监事会还可要求公司董事、经理及其他高级管理人员、内部及外部审计人员出席监事会会议,回答其所关注的问题。

自从我国1993年《公司法》施行以来,监事会在发挥监督职能的效果上差强人意,表现出了整体失效、形同虚设的状况。学界一般认为这是由以下几个重要原因造成的:一是在我国"一股独大"的股权结构现状下,监事和监事会缺乏必要的独立性。大股东不仅控制了股东大会和董事会,而且也控制了监事会,监事会在组织上缺乏应有的独立性,监事会不得不依赖大股东的代言人董事会或经理的安排。二是监事会的权力内容残缺不全,缺乏基本保障。1993年《公司法》在规定我国监事会的法定权力时存在不少缺陷,如作为公司监督机关应有的权力未被授予,如代表公司对董事的诉讼权;已经赋予的权力无实质性的内容,只是停留在纸面上,而且似乎更多是对其职责、义务的要求,缺乏权利(权力)的含义。三是已经规定享有的职权缺乏制度上的保障,如监事会和经营管理层的信息不对称,监事会所得到的信息只能出自于经营管理层,且多是经过筛选后的信息,甚至于根本得不到经营信息,监事也就无法有效监督。四是对监事履行职务利用公司资源没有安排。正是基于对以上情形造成监事会疲软结果的分析,学界有观点认为,从根本上讲监事会是不能发挥作用的,应当废除监事会,由独立董事取代。

2005年修改后的《公司法》对监事制度作了多处修改,其中包括:在监事会的组成上,强化了监事会组成的独立性;在议事方式和表决程序上,完善了监事会会议召开次数和会议记录的规定;而最主要的变化就是扩大了监事会和监事的职权,包括在公司与董事、经理之间的诉讼中,监事会和不设监事会的公司的监事可代表公司提起诉讼。监事在列席董事会会议时对议决事项可发表意见和建议,进行事中监督,成为无投票权的董事。监事在履行职责的过程中,可代表公司聘请有关的专业机构协助其工作,费用由公司负担等。

典型案例:某石化集团公司监事免职案(《案例分析》第246页)
请扫描二维码或访问 http://2d.hep.cn/1318685/23 了解相关内容

第五节　独立董事制度

自20世纪六七十年代以来,以英美为代表的英美法系国家在不改变"一元制"的模式下,通过设立独立董事制度达到改善公司治理、提高监控职能、降低代理成本的目的,实现了公司价值与股东利益的最大化。许多国家纷纷借鉴和仿效独立董事制度,引发了一场公司治理中的"独立董事革命"。

一、独立董事的概念和特征

(一)独立董事的概念

独立董事的概念,最早出现在1992年的"凯德伯瑞报告"(Cadbury Report)中,它是指不在公司担任除董事职务以外的其他任何职务,并与其所受聘的上市公司及其主要股东不存在可能妨碍其进行独立客观判断的一切关系的特定董事。

与独立董事概念相近的是外部董事和非执行董事,它们均是指那些本人目前不在公司任职的董事。外部董事是美国的称谓,非执行董事是英国的称谓。与外部董事或非执行董事相对应的是那些既是董事会成员、同时又在公司内任职的董事,这类董事被称为内部董事或执行董事。外部董事或非执行董事并不都是独立的,只有那些满足上述独立董事条件的外部董事或非执行董事才属于独立董事。非独立的外部董事或非执行董事称为关联外部董事,这些董事虽不在公司任职,但与公司存在这样或那样的不符合独立性要求的关系,例如,属于本公司的大股东、供货商和经销商的代表、退休不久的高级管理人员,或是董事长、总经理的亲属。

(二) 独立董事的特征

独立董事区别于内部董事或者执行董事的最根本的法律特征在于其独立性。其独立性主要体现在以下三个方面：

(1) 法律地位的独立性。独立董事由公司的股东大会选举产生，不是由大股东或者公司高级管理层委派，不是大股东或现有公司高级管理层的代言人。

(2) 意思表示的独立性。独立董事与公司没有任何业务关联和物质利益关系，与公司的大股东、董事、高级管理人员没有任何影响其独立性的利益或者亲属关系，所以他可以从公司利益的角度出发，对于董事会的决议作出独立的意思表示。

(3) 职能的独立性。独立董事可以就公司董事、高级管理人员的提名、任免、报酬、考核事项以及其认为可能损害中小股东权益的事项发表独立意见；对公司关联交易、聘用或者解聘会计师事务所等重大事项进行审核并发表独立意见。

二、独立董事制度的形成和发展

独立董事制度适应了社会经济发展的客观需要，它既是公司内部矛盾激化的结果，也是公司效益原则屈服于社会公平原则的体现。20世纪六七十年代以后，西方国家尤其是美国各大公众公司的股权越来越分散，董事会逐渐被以CEO为首的经理人员操纵，以至于对以CEO为首的经理人员的监督已严重缺乏效率。人们开始从理论上普遍怀疑现有制度安排下的董事会运作的独立性、公正性、透明性和客观性，继而引发了对董事会职能、结构和效率的深入研究。有研究认为，在董事会中引进独立的非执行董事可以增加董事会的客观性与独立性，从而降低经理们非法操控公司服务于其自身利益的可能性。在理论研究成果与现实需求的双重推动下，美国立法机构及中介组织自20世纪70年代以来加速推进独立董事制度的进程，独立董事的设立最终完成。

美国证券交易委员会要求上市公司有两名独立董事，纽约证券交易所的上市规则也明确要求上市公司必须有两名独立董事；全美公司董事联合会认为大多数上市公司的董事会都应以独立董事为多数组成。英国在20世纪80年代后期到90年代初，董事会制度改革被列入重要议事日程，在英国先后出台的有关研究改善公司治理结构的几个委员会报告中，亦与美国一样突出强调以建立独立董事制度为核心来强化董事会结构的独立性。

独立董事制度在英美创设后，世界许多国家和地区普遍采纳了这一制度，并掀起了一场风靡全球的独立董事制度运动。在大陆法系国家和地区，如意大利、法国、日本、比利时、韩国、我国台湾地区等推行和发展了这一制度。在英美法系国家和地区，如加拿大、澳大利亚、印度、南非、新加坡、我国香港地区也相继引进和吸收了独立董事制度，从而使独立董事成为20世纪90年代以来公司治理的奇观。

我国引进独立董事制度的主要原因是股权结构严重不合理、控股股东滥用权利、内部人控制现象严重、监事会形同虚设。我国首部涉及独立董事制度的立法文件是1997年12月16日中国证监会发布的《上市公司章程指引》，它规定，"公司根据需要，可以设立独立董事"。2001年8月16日，中国证监会正式发布《关于在上市公司建立独立董事的指导意见》，要求在2002

年 6 月 30 日以前,上市公司董事会成员中应当至少包括 2 名独立董事,在 2003 年 6 月 30 日以前,至少包括 1/3 的独立董事。2005 年修改后的《公司法》明确规定,上市公司设立独立董事,具体办法由国务院规定。

三、独立董事的独立性和职权

为保障独立董事的独立性,中国证监会《关于在上市公司建立独立董事的指导意见》中对影响董事独立性因而不能担任独立董事的"重要关系"作了具体规定,包括:(1) 在上市公司或者其附属企业任职的人员及其直系亲属、主要社会关系(直系亲属是指配偶、父母、子女等;主要社会关系是指兄弟姐妹、岳父母、儿媳女婿、兄弟姐妹的配偶、配偶的兄弟姐妹等);(2) 直接或间接持有上市公司已发行股份 1% 以上或者是上市公司前十名股东中的自然人股东及其直系亲属;(3) 在直接或间接持有上市公司已发行股份 5% 以上的股东单位或者在上市公司前五名股东单位任职的人员及其直系亲属;(4) 最近一年内曾经具有前三项所列举情形的人员;(5) 为上市公司或者其附属企业提供财务、法律、咨询等服务的人员;(6) 公司章程规定的其他人员;(7) 中国证监会认定的其他人员。

除法律赋予董事的职权外,为了更好地行使职权,维护公司和中小股东的权益,法律一般还赋予独立董事一些特别的职权。我国独立董事的特别职权包括:(1) 重大关联交易(指上市公司拟与关联人达成的总额高于 300 万元或高于上市公司最近经审计净资产值的 5% 的关联交易)应由独立董事认可后,提交董事会讨论;独立董事作出判断前,可以聘请中介机构出具独立财务顾问报告,作为其判断的依据;(2) 向董事会提议聘用或解聘会计师事务所;(3) 向董事会提请召开临时股东大会;(4) 提议召开董事会;(5) 独立聘请外部审计机构和咨询机构;(6) 可以在股东大会召开前公开向股东征集投票权。

此外,独立董事还应当对上市公司任免董事及发生可能损害中小股东权益等重大事项发表独立意见。

【本节理论探讨】

- **我国监事会监督职能虚化问题**

任何制度的设计,都是为了实现特定的目的,达到它的"有用性",在公司中设置监事会体现了公司监督制度化和规范化的意义和价值。然而,我国公司监事会普遍存在整体失效、职能虚化的状况。我国 1993 年的《公司法》对于监事会的规定过于简略,缺乏可操作性,在制度上存在漏洞,有的立法规定没有得到真正有效的贯彻,不少公司的监事会并未进入角色,多数监事根本不会进行"监事"。尽管监事会与董事会的地位在法律上是平行的,但事实上,在许多公司尤其是上市公司中,主要由工会主席、党委副书记、纪委书记、财务科长组成的监事会,无法独立于董事会。有些公司监事会主席和监事根本不具备基本的财务知识,在审计财务报告时常常走过场。还有的上市公司根本不设监事会,理由是设了也没用。在中国公司现有的组织机构中,监事会无疑是一个最尴尬的机构,在更多的场合下,监事会只是一个摆设而已。所以,在我国,甚至有人将监事会讽喻为"聋子的耳朵"。

造成监事会职能虚化的原因很多,主要有以下几个方面:

一是在我国"一股独大"的股权结构现状下,监事和监事会缺乏必要的独立性。二是监事会的权力内容残缺不全,缺乏基本保障。监事会和经营管理层的信息不对称,监事也就无法有效监督。三是对监事缺乏必要的激励机制和相应的约束机制。一方面,我国公司普遍缺乏一种对监事业绩的评估体系,更没有一种对监事监督权的激励措施,监事的奖酬大幅度地低于管理层,监事没有工作积极性。另一方面,公司法对监事怠于行使职责的法律责任缺乏基本规定,有的监事消极怠工,有的监事甚至与经理层同流合污、沆瀣一气,从事不正当交易以牟取私利,但却很少受到法律责任的追究。

目前,我国公司的监督制度正在经历理论和实践两方面的深刻检讨,2005年《公司法》对监事会进行了改革,赋予了监事会更多的职权,加大了监事的义务,加重了监事的责任。

● **独立董事制度的评价与完善**

在对独立董事制度的价值功效上,学术界和实务界存在两种截然不同的观点。

(1)肯定说。其认为,独立的董事是降低"代理人费用"和解决开支问题的主要手段,独立董事有助于提高企业股票价值,特别是在企业面临兼并与收购的情况下,独立董事往往能捍卫股东的利益。我国也有学者认为,引进独立董事制度,有利于促进董事会的改造,通过独立董事制度增强董事会的监督职能,并有效填补监事会监督的盲区。

(2)否定说。其认为,大多数独立董事都未能发挥相应的功效。独立董事往往只得到有限的信息,很少能够有效地指导公司运作;独立董事在履行职责方面投入时间不够;独立董事充其量只是公司治理的装饰品。在我国,有学者认为,"一股独大"的股权结构下,无法通过独立董事来制约内部人的控制;在现有公司法框架内嫁接国外的独立董事制度,会导致制度混乱;公司法已将监督权职能赋予了监事会,如果独立董事再履行监督职能,则必然存在职能的重复和冲突,其结果是浪费资源或相互推诿。

尽管对独立董事制度存在各种不同意见,其实际效果也不尽如人意,但完全否定也缺乏根据。总的来说,由于独立董事的特殊任职要求和享有的特别权利,的确能够发挥一般董事和监事难以发挥的作用。但不能对独立董事制度期望过高,仅仅依靠独立董事制度来彻底解决上市公司所有权与经营权高度分离所产生的"代理问题"是不现实的,上市公司治理的改善不仅依赖于监督机制的建立,激励机制与约束机制的完善也非常重要。

独立董事制度所存在的一些不足表明它本身还不是一项十分成熟的制度,还有待于随着实践的深入从各方面进行完善。其中包括:(1)提高独立董事独立性;(2)强化独立董事的职权;(3)明确独立董事的义务;(4)保护独立董事的知情权;(5)推进独立董事次级委员会制度建设;(6)妥善处理独立董事与监事会的关系;(7)完善独立董事的社会信用机制;(8)引入独立董事的责任保险制度等。

第六节 经 理

一、经理的概念和地位

经理是由董事会聘任的、负责组织公司日常经营管理活动的常设业务执行机关。与股东会、董事会、监事会不同,经理机关并非会议形式的机关,其行为不需要通过会议以多数原则形成意志和决议,而是以担任总经理的高级管理者的最终意志为准,虽然公司也设副总经理,但其只是由总经理提名协助其工作的辅助人员。

现代社会,随着证券市场的发展,公司股权日益分散化,从而导致股东对公司管理的日益漠视,并且随着经济分工的细化和竞争的激烈化,管理日益成为一门专业技能,股东也没有能力对公司经营进行全方位的管理,因此,虽然各国公司法一般规定经理为依公司章程任意设立的机构,但实践中,经理不仅成为公司组织机构中不可或缺的常设机构,而且其权力有不断膨胀的趋势。

即使如此,经理的基本性质和地位仍未发生根本变化,经理仍为公司的业务执行机构,公司经理由董事会聘任,对董事会负责,具体落实股东会和董事会的决议,主持公司的生产经营管理活动,维持公司运转。

二、经理的设立

公司经理不同于公司董事、监事,他并非选举产生,而是由董事会聘任产生。各国公司法多规定聘任经理为董事会的职权,董事会通过投票决定公司经理的人选。在美国,有的公司董事会还下设提名委员会以寻找并向董事会推荐经理等公司重要职务的合适人选。经过董事会表决通过的经理人选将与公司签订聘任合同,完成聘任过程,成为公司的经理。

因为经理由董事会聘任,其权力虽由公司法规定出一般的内容与范围,但其职务的取得源自于董事会,且董事会对其权力可作出扩大或缩小的决定。因此,如果经理违法经营或者其能力、素质不足以管理公司,董事会认为其不适合管理本公司,可以依法在召开的董事会会议中决定解聘该经理。我国《公司法》同样规定经理由董事会聘任或者解聘。

三、经理的任职资格

经理是公司日常经营的实际管理者,是公司的高级管理人员,因此,经理的资格(即具备什么条件的人员才能被选聘为经理)便成为公司运营中的重要问题。经理的资格包括两个方面:一方面为积极条件,即经理应该具备的各种能力和素质,主要包括品质素质、知识素质、管理能力素质、生理和心理素质等;另一方面为消极条件,即经理不得拥有的条件,如犯罪之人不得担任公司经理等。

经理素质等积极条件需要通过考察其学历、品行、业绩、声誉等因素后综合认定,很难有统一标准,完全属于各个公司内部事务,应由董事会自由决定,不应由法律强行干预。因此,各国公司法主要从消极条件对公司经理的任职资格进行相应规范,我国立法也是如此。我国《公司法》第146条对于经理消极方面所作的资格条件限制与董事、监事任职条件限制是一致的。

四、经理的职权

虽然经理由董事会选聘并对董事会负责,不同公司的经理的实际权限并不完全相同,但是为了使公司能有效率地持续运营,从较多的公司运营的实践中总结提炼出经理机关的一般职权范围,并在公司法上予以规定是非常必要的。它有利于公司权力资源的公平配置,形成制衡监督机制,有利于明确岗位职责并促进提高运营效率,在公司的对外交易关系上减少不确定性,降低与公司交易时的代理权识别成本与风险。凡为公司经理者,在公司的常业范围内对外代表公司,这是商业社会通行的惯例,公司法对经理权力的规定必不得有违这种惯例。各国公司法规定的经理的职权主要是管理公司的日常经营活动,并在董事会授权范围内对外代理公司处理各类业务。具体来说主要包括:执行董事会的经营计划,任免公司高级管理及专业人员,主持公司日常业务,对外签订合同等。

根据我国《公司法》第49、113条规定,经理行使下列职权:(1)主持公司的生产经营管理工作,组织实施董事会决议;(2)组织实施公司年度经营计划和投资方案;(3)拟订公司内部管理机构设置方案;(4)拟订公司的基本管理制度;(5)制定公司的具体规章;(6)提请聘任或者解聘公司副经理、财务负责人;(7)决定聘任或者解聘除应由董事会聘任或者解聘以外的负责管理人员;(8)董事会授予的其他职权。

经理有权列席董事会会议。此外,公司章程还可对经理的职权作出其他规定。

【本节理论探讨】

- **公司治理中的内部人控制问题**

内部人控制问题是由美国学者针对苏联、东欧社会主义国家特有的情况提出来的,是指从前的国有企业的经理或者工人在企业公司化的过程中获得相当大的一部分控制权的现象。一般而言,我们把企业经理人员在事实上或者依法掌握企业的控制权,并使他们的利益在公司的决策中得到比较充分的体现的现象称作内部人控制问题。内部人控制是现代公司制企业中普遍存在的现象。在转轨经济中,内部人控制问题尤其突出。实际上,从广义来说内部人控制问题就是代理问题。内部人控制问题的产生,具体说来有以下原因:(1)代理人是一个具有独立利益和行为目标的经济人,他的行为目标与委托人的利益目标不可能完全一致。(2)代理人作为经济人在代理过程中,其行为存在着机会主义倾向,可能会偏离委托人的要求,尤其是政府对企业在产权上控制很弱,使得内部人控制更加容易便捷。(3)市场环境存在不确定性,难以准确判定代理人行为的努力与否。(4)委托人与代理人之间存在着严重的信息不对称,由此委托人难以准确判定代理人有无机会主义的行为。

- **公司经理的法律地位与经理权的法律性质**

公司经理的法律地位是指经理在公司中所享有的民事权利和承担民事义务的资格。经理权是公司经理在法律、章程或契约所规定的范围内辅助执行公司业务所需要的一切权利。经理的法律地位与经理权是紧密相连的问题。

传统公司法理论依据委托—代理理论解释经理的法律地位,认为董事会负责公司的经营管理,在公司经营中起核心作用,而经理通常被定位为董事会的辅助人,是受董事会委托而对公司进行经营的,其本身不是公司机关,更不是独立的公司业务执行机关。所以,在传统公司治理中,经理是一种代理人的法律地位。

依据委托—代理理论,经理以公司代理人的身份对外从事营业活动,其权力来源是公司章程和董事会的授权。这一理论存在着委托方和经理间的法律关系不明确、经理的雇员地位与其现实的强力职权状况不相符等弊端,不利于交易秩序稳定与交易安全。因此,受到许多学者的质疑与挑战。其中,法定机关说认为,经理属于章定、任意、常设之业务执行机关或辅助业务机关。其理由是,经理在公司内部权利体系中占据着重要的位置,承认其作为公司机关的法律地位,而不仅是辅助业务执行机构,有利于经理作用的发挥,符合效率、效益最大化的原则,且机关行为直接归属于公司本身行为,因而对第三人交易安全保护具有积极作用。另外,也有观点认为公司机关的出现是由于公司权力分化的需要,而公司内权力分化到今天,已远远不是传统三权分立可以概括的,经理职权扩大是不争的事实,因此,从传统公司分权框架下分化出经理这一机关具有必然性。应当说,公司代理人说尚处于相对主流的观点,但法人机关说等理论也确有其合理性,因而反思传统的公司代理人说,并对经理法律地位理论作出探索与完善是当前我国公司法学研究的重要课题。

传统公司法依据雇员理论和代理理论,认为经理以公司名义为营业行为时,系公司的代理人。所以从对外法律关系角度讲,经理权实质是商法上的代理权。但是,这种代理权虽以民法上的代理权为基础,但却有着自己的特殊性质。多数国家除将民法有关代理权的一般条款适用经理权以外,多以商法、公司法等形式对经理权授予方式、权限范围、行使方式等问题作特别规定,使它带有浓厚的法定权利色彩。从公司内部法律关系角度讲,经理权又属于一种职责和义务,不能放弃与转让,公司经理与受其管理的人之间存在着上下级的管理与服从关系,又具有某些公权的特点和性质,因而在对内关系中具有"职权"的性质。

- **CEO 的法律性质与法律调整**

CEO 的概念完全来自境外,我国一般将其译为首席执行官。国际上的大公司已普遍设立 CEO,我国许多公司也仿效境外设置了 CEO。目前,CEO 并非一个法律上的概念,而是公司治理与管理实务上的概念。CEO 虽在公司实践中确已广泛存在,但各国公司法中很少对 CEO 作出规定,我国法律也没有关于 CEO 的明文规定。因此,明确 CEO 的法律性质及其在公司治理结构中的法律地位、并对其予以相应的法律规范和调整应是公司法理论和实践的现实任务。

(1) CEO 与我国公司经理的比较。首先,二者在词源上存在着差异。CEO,其全称为 chief executive officer,而我国公司的经理,其对应的英文称谓是 manager。其次,二者在产生上具有一致性。CEO 不是选举产生的,而是由董事会聘任和解聘的。而我国《公司法》也规定,经理由董事会聘任或者解聘。最后,二者在职权上既有区别,又有联系。CEO 通常是作为公司的主要协调人、政策制定者和推动者。CEO 的权利基本上类似于我国公司经理的权利,但原来董事会的一些决策权,如制定公司的年度经营计划与财务预算方案等已让渡到 CEO 手中。

(2) CEO 与公司董事长的比较。CEO 职权的扩张,导致了董事会职权发生相应的变动。董事长的主要职责在于确保董事会的顺利召开和董事会有效地履行其职责,而 CEO 则由董事会任命,全面负责公司的日常决策和经营管理。

(3) CEO 的法律地位。CEO 由公司董事会聘任或解聘,CEO 的权利和义务由公司章程及董事会授权书具体订立。就公司内部关系而言,公司与董事会是委托人,CEO 应该是它们的职业"代理人"。CEO 对外以公司与董事会的名义进行活动,其后果也由公司承担,因而其地位就是职业"代理人"。总体来看,CEO 类似于我国公司的经理,但其还享有我国公司董事会与董事长的部分职权。

(4) 我国公司设置 CEO 的法律障碍。我国公司法规定了公司董事会、董事长的职权,这些规定都属于强行性规范。尽管公司法也规定了公司经理享有"公司章程和董事会授予的其他职权",但公司章程和董事会却不可能突破公司法中的强行性规范,即授予经理以原董事会的一些决策权和原董事长的一些职权。由此可见,目前在我国设置 CEO 与公司法的规定尚有抵触,存在着法律上的障碍。

第七节　国有独资公司的组织机构

国有独资公司作为特殊的有限责任公司,由于其股东身份和构成的特殊性,其组织机构的设置及职权范围与普通有限责任公司有许多不同。现代公司治理制度的核心架构是股东会、董事会、监事会的三权分立与制衡,而国有独资公司作为一种特殊的有限责任公司,与一般公司相比有着自己的特点。第一,国有独资公司存在产权主体缺位的问题。虽有国有资产监督管理机构履行出资人的义务,但国有资产监督管理机构并非是真正的产权主体。第二,国有独资公司的投资主体具有单一性,因而无法像一般公司那样建立起三权制衡的公司治理机制,公司经营所需的独立性与出资人监督难以有效协调。这些特点决定了典型的法人治理结构不能发挥作用,因此必须在考虑国有独资公司特性的基础上,建立起适合国有独资公司的特殊治理机制与法律规则。依照《公司法》及《国有企业监事会暂行条例》、《企业国有资产监督管理暂行条例》、《企业国有资产法》等法规的规定,国有独资公司组织机构法律制度的基本特点是,由国务院或者地方人民政府授权本级人民政府国有资产监督管理机构、董事会、经理、监事会分别行使国有独资公司的决策权、经营管理权、业务执行权和监督权。

一、国有资产监督管理机构

我国《公司法》规定,国有独资公司是指国家单独出资、由国务院或者地方人民政府授权本级人民政府国有资产监督管理机构履行出资人职责的有限责任公司。由此,国有独资公司的出资人就是各级政府国有资产监督管理机构。由于它是国有独资公司的唯一股东,从而在国有独资公司中没有设立股东会的必要,而由国有资产监督管理机构作为最高权力机构,行使一般有限公司中股东会的职权。与一般有限公司中股东会不同的是,国有资产监督管理机构可依法授权公司董事会行使股东会的部分职权,决定公司的重大事项。

依照《公司法》关于股东会职权的规定,国有资产监督管理机构应行使下列职权:(1) 制定、修改公司章程或批准由董事会制订、修改的公司章程;(2) 决定公司的经营方针和投资计划;(3) 选派国家股权代表参加国有独资公司的董事会,更换或罢免其委派的董事,并从董事会成员中指定董事长和副董事长,授权董事会行使股东会的部分职权;(4) 决定公司增资、减资和发行公司债券;(5) 决定公司合并、分立、解散;(6) 审议批准董事会、监事会的工作报告;(7) 审议批准公司的年度财务预决算方案、利润分配方案和弥补亏损方案;(8) 公司资产依法转让时,办理其审批和财产权转移手续;(9) 检查公司财务,对董事、经理的行为进行监督,必要时根据部署,向公司派出监事会。

尽管国有资产监督管理机构可依法授权公司董事会行使股东会的部分职权,但国有独资公司的合并、分立、解散、增加或者减少注册资本和发行公司债券,必须由国有资产监督管理机构决定;其中,重要的国有独资公司合并、分立、解散、申请破产的,应当由国有资产监督管理机构审核后,报本级人民政府批准。

国有独资公司中这种特有的股东与董事会职权的划分,较好地解决了国家与国有独资公司的关系,既能有效维护国家作为股东在公司中的最高权力机关的地位,又能最大限度地强化董事会的职权,发挥企业管理者的积极性,以实现国有资产增值与保值的目的。

二、董事会

董事会是国有独资公司的常设经营管理机构,而且是必设机关。国有独资公司的董事会成员由两部分人组成:一是由股东委派,即由国有资产监督管理机构按照董事会的任期委派或者更换;二是由公司职工民主选举产生,一般由国有独资公司职工代表大会选举产生,这是国有独资公司董事会组成的一个特点。董事会设董事长1人,可以根据需要设副董事长。董事长和副董事长由国有资产监督管理机构从董事会成员中指定。董事会每届任期不得超过3年。

国有独资公司董事会的职权范围,除了《公司法》规定的有关有限责任公司董事会的所有职权外,还包括经国有资产监督管理机构授予的股东会的部分职权。经国有资产监督管理机构同意,国有独资公司的董事可以兼任经理。与一般有限公司不同的是,《公司法》第69条对国有独资公司的负责人规定了专任制度:"国有独资公司的董事长、副董事长、董事、高级管理人员,未经国有资产监督管理机构同意,不得在其他有限责任公司、股份有限公司或者其他经济组织兼职。"公司法的这种特殊规定,目的在于保证国有独资公司管理层有足够的忠诚度和充分的精力、时间对公司施以管理,以维护国有资产的安全。

但《公司法》第69条的规定并不完全禁止国有独资公司的董事长、副董事长、董事、经理在其他经济组织兼职。国有独资公司往往根据需要设立子公司或者分公司,包括与其他经济组织共同投资设立公司。因此,国有独资公司作为法人股东需要委派代表作为董事或经理进入被投资公司。另外,国有资产监督管理机构也可能设立几个国有独资公司或其他企业,依国际惯例,应当允许国有独资公司的董事或经理同时担任几个关联企业的董事或经理。此时,只要国有资产监督管理机构同意,不禁止上述人员在其他经济组织兼职。当然,这种情况下,兼职者也应履行在一般经济组织中所普遍负有的竞业禁止义务,也就是说,他们不能在与国有独资公司存在竞争关系的经营机构兼职,以免其工作与本公司发生竞争或损害本公司的利益。另外,也要注意这种情形下公司地位的独立性,避免发生不正当的关联交易行为和任何损害公司债权人利益的利益输送行为,避免发生揭开公司面纱的诉讼。

三、经理

国有独资公司设经理,负责公司的生产经营管理工作。经理是董事会的辅助机关,由董事会聘任或者解聘。经国有资产监督管理机构同意,国有独资公司的董事可以兼任经理。国有独资公司经理的职权与一般有限责任公司的经理相同。

四、监事会

我国1993年《公司法》第67条规定,由国家授权投资的机构或者部门依照法律和行政法规的规定,对国有独资公司的国有资产实施监督管理,但未对国有独资公司规定专门的监督机构。1999年《公司法》修订时,在该条中明确规定国有独资公司设监事会,并规定,监事会主要由国务院或者国务院授权的机构、部门委派的人员组成,且应有公司职工代表参加,监事会的成员不得少于3人。监事会行使公司法规定的职权和国务院规定的其他职权,监事列席董事会会议,董事、经理及财务负责人不得兼任监事。2005年修订后的《公司法》对国有独资公司中的监事会的规定更加具体,第70条规定,国有独资公司监事会成员不得少于5人,其中职工代表的比例不得低于1/3,具体比例由公司章程规定。监事会成员由国有资产监督管理机构委派,但是,监事会中的职工代表由公司职工代表大会选举产生。监事会主席由国有资产监督管理机构从监事会成员中指定。监事会行使《公司法》第53条第(一)项至第(三)项规定的职权和国务院规定的其他职权。

此外,国务院于2000年颁布的《国有企业监事会暂行条例》,废止并取代了原《国有企业财产监督管理条例》,2003年颁行了《企业国有资产监督管理暂行条例》,2008年全国人大常委会颁布了《企业国有资产法》,上述三项法律文件适用于包括国有独资公司在内的国有重点大型企业和地方国有重点企业。

从《公司法》的规定可以看出,国有独资公司的监事会与一般有限公司的监事会有所不同。一般有限责任公司的监事会由股东代表和公司职工代表组成,股东代表由股东会选举产生,职工代表由公司职工民主选举产生,监事会是公司的内部机构。而国有独资公司监事会成员中的股东代表主要由国有资产监督管理机构委派。监事会与国有独资公司的股东——国有资产监督管理机构一样,是公司的外部机构,是针对公司内部不设监督机构而采取的一项监督公司财产保值增值的措施。

第八节 董事、监事、经理的义务与民事责任

一、董事、监事、经理的义务

董事、监事、经理分别执掌公司的决策权、监督权、执行权,他们在很大程度上实际控制公司的运营。但是,与股东不同,他们并非公司的所有者,而是由股东会选举或者由董事会聘任的,是公司的"代理者"。一方面,他们与公司及股东的利益有很大的一致性,并因此被赋予充分的职权;但另一方面,他们又有各自独立的利益,其利益不一定与公司和股东相容,甚至有可能相冲突。因此,各国公司法对董事、监事和经理的义务均进行了规定。

(一)忠实义务

忠实义务又称信义义务,指董事、监事、经理管理经营公司业务时,应毫无保留地为公司最大利益努力工作,当自身利益与公司整体利益发生冲突时,应以公司利益为先。我国《公司法》第147条规定:"董事、监事、高级管理人员应当遵守法律、行政法规和公司章程,对公司负有忠实义务和勤勉义务。董事、监事、高级管理人员不得利用职权收受贿赂或者其他非法收入,不得侵占公司的财产。"从实质上说,忠实义务是为公司经营权行使主体设置的一条"道德标准"。这一义务的产生来源是公司经营权行使主体与公司之间的受信关系和代理关系。

判断董事是否履行了忠实义务是一件困难的事,澳大利亚公司法专家Clark教授曾提出一种标准:"如果董事不考虑公司的利益,就背弃了其忠实义务,如果交易是为公司的利益进行的,就不可能有背弃义务的结果。"英国的司法实践中,法院则把"诚实"和"努力"两个条件作为忠实义务的最低要求。德国《股份公司法》第93条规定:"董事会成员在领导业务时,应当具有一个正直的有责任心的业务领导人的细心。有关公司的机密数据和秘密,特别是那些他们在董事会工作中了解到的经营或商业秘密,他们必须做到守口如瓶。"无论各国对董事忠实义务的评判标准如何规定,但大体上可将忠实义务的具体内容概括为以下几类:

1. 自我交易的禁止

董事等对外代表公司,如果其个人与公司进行交易,即相当于民法中代理人同时代理双方当事人,当事人双方利益存在对立和冲突。这时,公司利益与董事、监事、经理等个人利益不一致,董事、监事、经理很容易将其个人私利凌驾于公司利益之上,而违反了忠实义务。

传统公司法一般对董事、经理与公司间的交易绝对禁止,但现代各国公司法普遍持有条件的许可态度,即在通过某种程序批准之后,董事与公司之间的交易可以发生并生效。各国的批准程序不尽一致,概括起来主要有以下两个方面:一是董事须及时披露其在该交易中的利益情形;二是经过公司董事会的批准,对于董事与公司的某些重大交易,则须经股东会批准。我国《公司法》第148条规定,董事、高级管理人员不得违反公司章程的规定或者未经股东会、股东大会同意,与本公司订立合同或者进行交易。

典型案例:公司经理自我交易纠纷案(《案例分析》第266页)
请扫描二维码或访问 http://2d.hep.cn/1318685/24 了解相关内容

2. 利用或篡夺公司机会的禁止

公司机会是指董事在执行公司职务过程中获得的并有义务向公司披露的与公司经营活动密切相关的各种机会。公司机会理论的基本理念就是如果某一商业机会理应属于公司或者为公司所期待,就为公司所有,董事不得为自己获得或抢夺。公司机会对于公司来说等同于公司的财产,董事、监事和经理基于其在公司中的地位可以接触到大量的商业信息,若他们并非为了公司的利益篡夺公司机会,就将构成忠实义务的违反。

我国《公司法》第148条规定,董事、高级管理人员未经股东会或者股东大会同意,不得利用职务便利为自己或他人谋取属于公司的商业机会,自营或者为他人经营与所任职公司同类的业务。

3. 竞业禁止的义务

竞业禁止义务理论上应从属于忠实义务,是指董事、监事、经理(主要为董事、经理)不得经营与其所任职公司具有竞争性质的业务。董事、监事、经理可能利用其拥有的公司权力和地位以权谋私损害公司利益,况且他们还掌握公司经营中的重大信息,若其从事与公司相同或相似的业务,则很容易泄露公司商业秘密或者掠夺公司的商业机会,导致与公司不公平的竞争。因此,各国公司法均禁止董事、经理等高管人员从事与其所任职公司具有竞争性质的业务,如果董事、经理违反竞业禁止义务,则公司可依法行使归入权,即将董事、经理的违法收益收归公司所有。

在竞业禁止问题上,各国公司法同样有绝对禁止和相对允许之分,我国则采取了相对禁止的态度。我国《公司法》第148条规定,董事、高级管理人员未经股东会或者股东大会同意,不得自营或者为他人经营与所任职公司同类的业务。其中,为他人经营包括未经股东会或者股东大会认可不得在与所任职公司存在竞争业务的公司、企业担任董事、高级管理人员、监事等职务。

除上述情形外,我国《公司法》第148条还规定,董事、高级管理人员不得挪用公司资金,不得将公司资金以其个人名义或者以其他个人名义开立账户存储,不得未经股东会、股东大会或者董事会的同意将公司资金借贷给他人或者以公司财产为他人提供担保,不得接受他人与公司交易的佣金归为己有,也不得擅自披露公司秘密或者有其他违反对公司忠实义务的行为。这些规定属于董事、监事和高级管理人员的忠实义务范畴。

(二) 善管义务

善管义务也称注意义务,即董事、监事、经理应诚信地履行对公司的职责,尽到普通人在类似情况和地位下如同处理自己的事务那样谨慎的合理的注意义务,为实现公司最大利益努力工作。善管义务在大陆法系被称为"善良管理人的注意义务";在英美法系被称为"注意义务"、"勤勉、注意和技能义务"。善管义务要求经营权主体在作出经营决策时,其行为标准必须是以公司的利益为出发点,以适当的方式并尽合理的注意履行职责。善管义务是对董事称职的要求,因而属于经营能力的范畴,在罗马法中被称为"善良家父"的义务。

美国各州公司法对董事的善管义务采取了较为一致的标准。美国《标准公司法》第8.30条规定,董事履行其职责时应当:(1)怀有善意;(2)以一个普通智者在类似情况下应有的谨慎去履行职责;(3)依照他能合理地认为符合公司最大利益的方式履行其职责。英国已有越来越多的学者主张对董事注意义务之衡量采取客观标准。

在大陆法系国家和地区中,有关董事对公司的善管义务的标准是不同的。在德国,《股份公司法》第93条规定,董事对其管理的公司事务,应尽"通常正直而又严谨的业务领导者的注意";在我国台湾地区,有报酬的董事,应对公司尽善良管理人的注意义务,无报酬的董事,则仅与处理自己事务负同一注意义务即可。

对于董事违反善管义务所承担的责任而言,基于董事与公司之间形成的关系实质是受信关系,故其责任形态一般为侵权责任,但它们均以公司遭受董事行为之损害和董事有过错为责任构成要件。董事是否有过错,应参考公司的商事性质、公司组织章程、管理的通常程序、董事的人数、经历、知识和经验等因素决定,一旦判定董事有过错,董事即应就其过错行为对公司、股东或第三人承担赔偿责任,其赔偿范围限于上述人员因此所遭受的损害。

与董事的善管义务密切联系并作为善管义务重要补充的另一项规则是美国法院在长期司法实践中逐步发展起来的商业判断规则,这一规则的实质是不能仅因错误的商业决定要求董事承担责任。这一规则确立了经营者的商业决定不受司法干涉的原则。当然,如果董事因违反忠实义务,如欺诈、自我交易、重大过失,则不能受到此规则的保护。

我国《公司法》第147条和第148条规定了善管义务,董事、高级管理人员必须遵守诚信原则,谨慎、认真、勤勉地在其职权范围内履行职责,为实现公司利益最大化而尽到合理的注意义务。

二、董事、监事、经理的民事责任

违法行为只有在惩罚的威慑下,才能有所收敛;义务只有在责任的警醒下,才有可能得到履行;没有救济,就没有权利。因此,保护股东和公司合法权益的有效途径便是由发生违法或不当行为的董事、监事、经理依法对受害的公司承担民事赔偿责任。董事、监事、经理为公司高层人员,其会有滥用权力的倾向,为了增加其违法成本和防止不当行为的发生,各国公司法均规定了董事、监事、经理违反法律或违反公司章程行使职务应当对公司或股东承担的民事责任。

(一) 承担民事责任的方式

1. 确认行为无效

美国公司法称之为"宣告"(declaration),即当董事、监事、经理违反法律或公司章程作出决议或者进行的行为,侵害了公司或股东的权利,公司或者股东有权请求法院确认该行为无效。

2. 停止侵害

美国公司法称之为"禁令"(injunction),即在董事、监事、经理进行或拟进行违法行为情况下,法院根据权利人的申请有权责令其停止行为。我国《公司法》规定,股东大会、董事会的决议违反法律、行政法规,侵犯股东合法权益的,股东有权向人民法院提起要求停止该违法行为和侵害行为的诉讼。

3. 赔偿损失

如果董事、监事、经理的违法或不当行为给公司或股东造成了损害,则其应该对公司或股东进行赔偿。我国《公司法》规定,董事、监事、高级管理人员执行公司职务时违反法律、行政法规或者公司章程的规定,给公司造成损害的,应当承担赔偿责任。

4. 返还财产

如果公司财产被董事、监事、经理挪为本人或第三人使用,则其负有返还公司财产的责任。

(二)承担民事责任的构成要件

1. 主体

主体即作出违法决议的董事、监事、经理。如果有关董事、监事在对是否实施违法行为进行决议时明确提出了反对或保留意见,并记载于会议记录,则其对董事会或监事会作出的会议决定不承担责任。我国《公司法》规定,对公司承担赔偿责任时,经证明在表决时曾表明异议并记载于会议记录的董事除外。

2. 客观方面

客观方面即董事、监事、经理必须实施了或将要实施违反法律或公司章程规定义务的行为。在这里,公司或股东不仅有权对已经发生的行为提起诉讼,而且对于尚未实施但有证据证明将要实施并且其实施将会给公司或股东利益造成重大损害的行为也有权要求其停止。

3. 主观方面

主观方面即董事、监事、经理实施行为必须具有重大过失。因为随着经济复杂性和竞争的加剧,公司经营中的不确定因素不断增加,没有人能够保证在经营决策中永不失误。因此,为了不使对董事、监事、经理苛责过严,以致窒息其积极性和创造力,各国公司法多规定董事、监事、经理仅在具有重大过失时才承担责任。

4. 免责事由

免责事由主要包括:(1)"商事判断规则"。即如果董事在作出决议时是基于合理的资料进行的合理行为,则即使该决议结果对公司产生损害,董事也不承担责任。(2)股东会的追认。美英公司法规定董事的有些不当行为可以经股东会作出决议进行追认,以免除其责任,但是对董事的恶意行为则不能追认。(3)董事会赦免。这也是美国免除董事责任的重要方式,即董事会通过一定程序作出决议对某些董事行为进行追认,董事责任即可免除。

(三)追究民事责任的诉讼

1. 直接诉讼

直接诉讼是指公司或股东在自身权利受到董事、监事、经理违反法律或者公司章程的行为侵害时,以自己的名义对侵害者提起诉讼。其中,在股东诉讼中,又可分为个人诉讼和集团诉讼。直接诉讼是各国公司法和诉讼法赋予公司和股东的权利。

2. 派生诉讼

派生诉讼也称为代表诉讼,是指在公司利益受到损害时,股东可以为了保护公司的利益而代表公司向法院提起的诉讼。派生诉讼的主要对象为公司的董事、监事或经理。当侵害公司利益的行为来自于董事、监事和经理时,由于公司权利,包括提起诉讼的权利,被这些管理人员控制,更容易出现无人对侵害者起诉的情况,因此,股东派生诉讼就成为追究董事、监事和经理责任的重要方式和途径。我国《公司法》对直接诉讼和派生诉讼都作了较为全面的规定。①

【本节理论探讨】

• 公司经营行为中的商业判断规则

现代公司在经营管理上的最显著特征是公司所有权与经营控制权的分离,这一状况决定了股东只能通过选举董事会等方式间接地影响公司资产的营运;公司的经营权主要由董事会来行使。现代公司治理一般都依据这一原则来进行权力划分,我国《公司法》也对股东会与董事会的职权范围作了明确规定。然而,在现实中,股东会与董事会之间的权力界定并非泾渭分明,而权力的交叉与重合的灰色地带便成为易于滋生两种权力冲突的温床。公司法和公司章程共同致力于划分和配置二者间的权力,公司法主要对权力划分作出基本的界定;公司章程则作出较为明确具体的列举与界定。但法律与章程不可能对公司经营事项的职权归属作出非常详尽的规定与界定,董事的经营决策行为是否合乎法律与章程的规定常成为有争议的问题,此时从对行为合法性的判断及救济关系到对董事会经营自主权的保护,并根本地关系到公司治理结构的构建,这都是值得研究的问题。

我国目前的公司法体系并未妥当解决以上问题。美国公司法上的商业判断规则可以给我们提供一种可资参考的方法。商业判断规则具体是指:如果董事在善意且充分了解相关信息的情况下,为公司最大利益而作出了商业决策,即使事后看来这一决策是有失误的或给公司带来了损害,法院也对作出该决策的董事给予免责,而不追究其责任。美国法律学会起草的《公司治理计划》对商业判断规则的适用条件描述如下:如果作出商业判断的董事或职员在善意的基础上符合以下三个条件,他就被认为是诚实地履行了本项下对公司的义务:(1)他与该决策对象无利害关系;(2)对决策对象的知悉达到了在当时情形下他有理由相信为适当的程度;(3)合理地认为该项决策符合公司的最大利益。这三个条件基本上涵盖了商业判断规则的内容。

目前,商业判断规则在美国得到了广泛的适用,并从公司重组、股利的分配、选任董事等情形,扩展到公司收购、股东派生诉讼等领域,得到了十分广泛的运用。而这一规则所蕴涵的促进公司治理结构的完善、保护经营者经营自主权、鼓励企业家精神、保护公司经营效率等积极价值也日益得到重视。因而,如何吸收与借鉴这一规则以完善我国立法和指导司法实践,已成为重要的课题,我们也期待着更多学者的探索与研究。

---

① 参阅本书第八章"股东与股权"第二节中"股权的救济"的相关内容。

• 董事对第三人的民事责任

传统公司法理论依据信托关系说、代理关系说和委任关系理论解释董事与公司之间的法律关系,董事被认为是公司的受托人、代理人和受任人,董事与公司之外的第三人并不发生直接的法律关系。随着公司的发展,公司权力结构发生了由"股东会中心主义"向"董事会中心主义"的转变,这一转变导致股东会权力的削弱和董事地位、权力的强化,并随之产生了董事滥用权利,损害股东、债权人等公司外利害关系人利益的现象。

为了防止董事滥用职权,各国通过判例或立法确立了董事对第三人责任制度。一般认为,董事对第三人责任是指,董事履行职务有重大过错致第三人受损害时,对他人负有的损害赔偿责任。对于董事对第三人责任的法律性质,英美法系国家主要以过失侵权追究董事对第三人的责任;而在大陆法系国家,法律并没有明确规定董事对第三人责任的性质,学说上有的认为是一种特别法定责任。根据该说,董事对第三人的责任与民法的侵权责任不同,是由特别法即公司法规定的责任。

研究与确立董事对第三人责任制度具有重要意义:(1)有利于第三人利益的保护。在董事会中心主义的趋势下,董事滥用权限侵害他人利益的机会增大,因而通过制度设计对其施加一定的外部责任,促使其在履行职务时更加勤勉慎重。(2)有利于公司利益的维护。董事对第三人责任制度可以形成第三人对董事行为的外部监督,促使董事合法、适当地履行职务,从而有利于减轻公司承担的不利后果。(3)在一定程度上,董事对第三人责任制度可以起到与法人人格否认制度相同的作用,当公司董事利用职务之便滥用公司人格,以谋取自己的私利时,并无法人人格否认制度的适用空间,而董事对第三人责任制度则可以弥补这一不足。

【本节实务研究】

• 董事、经理竞业禁止行为的认定与法律后果

所谓竞业,是指对特定营业有竞争性的活动。所谓董事、经理的竞业禁止,是指董事、经理不得为自己或他人从事属于公司营业范围内的行为。此处的公司营业范围,不仅指公司的业务,也包括与公司竞争的相似业务。

学者们通常认为,公司董事、经理有下列行为之一的,应认定为违反竞业禁止义务:(1)以自己的名义从事与公司业务相同的经营活动;(2)为其他自然人、法人或社会组织从事与公司业务相同的经营活动,但在担任公司董事、经理前已经是同类行业股东的董事、经理或业务负责人的除外;(3)担任与公司有竞争关系的企业的合伙人;(4)侵占他人提供给公司的商业机会;(5)利用公司的商标权、专利权、著作权、专有技术、商业秘密为自己或者自己兼任董事、经理的企业牟取利益;(6)利用公司为自己创造商业机会;(7)配偶及家庭成员从事与公司业务相同的经营活动;(8)离任后违反与公司之间关于竞业禁止的约定。

对公司董事、经理从事竞业禁止行为所获得的收益,公司可以行使归入权。所获收益是指董事、经理本人所获收益。相对人拒绝将收入交归公司的,公司有权提起诉讼;公司怠于行使的,股东有权代表公司提起派生诉讼。公司归入权在公司董事会知道或者应当知道董事、经理实施竞业禁止行为终了后6个月内不行使的,即不受法律保护。

【本章参考文献】
1. 石少侠.公司法教程.北京：法律出版社,1998
2. 江平.新编公司法教程.北京：法律出版社,1995
3. 王保树、崔勤之.中国公司法.北京：中国工人出版社,1995
4. 吴冬梅.公司治理结构运行与模式.北京：经济管理出版社,2001
5. 甘培忠.企业与公司法学.北京：北京大学出版社,2012

【本章思考练习题】

一、名词解释
1. 股东会
2. 累积投票制
3. 董事会
4. 独立董事
5. 监事会
6. 派生诉讼
7. 商业判断规则
8. 董事会中心主义

二、简答题
1. 简述股东会会议的种类。
2. 简述股东会的职权。
3. 简述股东会决议的程序要件。
4. 简述董事会的职权。
5. 简述监事会的职权。
6. 简述董事、监事、经理的任职资格。
7. 简述董事、监事、经理的忠实义务。
8. 简述董事、监事、经理的善管义务。
9. 公司法关于公司组织机构的规定是如何体现权力制衡原则的？

三、案例分析

1998年11月，因时为上海申华大股东的深圳君安公司派出的两名董事杨某与康某涉案，君安公司于是向上海申华公司提出了更换谢某与张某为董事的提案，但在1998年12月19日举行的临时股东大会上，申华公司董事会将君安公司提出的更换董事的提案"一拆为四"，结果使股东大会仅通过了免去杨某与康某的董事职务的议案，而未通过选举谢某与张某为董事的议案。而且在股东大会作出否决收购科环电子60%股权议案的98019号决议后，申华公司董事会还是决议对科环电子公司进行投资6 000万元（公司章程规定公司股东会授权董事会对6 000万元以下的投资有决定权）。1998年12月底通过投资科环6 000万元（30%股权）后，次年3月又投资科环4 270万元（21%股权），由此申华公司实际上购买了科环51%股权取得了科环公司的控股地位。

君安公司认为，上述任免事项是君安公司作为股东提出的一项完整不可分割的议案，而申华将君安提出的更换董事的提案擅自"一拆为四"，直接侵犯了君安公司作为股东的提案权，而且申华公司在对股东议案擅自拆分后交诸股东会表决前并未予以通告股东知晓，以至造成了大股东董事人数实际减少了2名的结果。申华公司的此种行为直接违反了《公司法》第110条的规定。而且君安公司认为，在股东大会否决收购科环电子60%股权的议案后，申华公司董事长及董事会以公司名义"越权"向科环电子投资6 000万元（占科环股权的30%）的行为超过了其职权范围，既无公司的授权实际上也直接推翻了公司股东会的决议结果，因而系为"非法投资"，应按照《公司法》第112条的规定承担赔偿责任。于是君安公司于1999年1月14日向上海高级人民法院起诉，请求判令98019号临时股东大会决议无效及投资行为无效，要求停止侵权行为并返还投资款项、恢复原状。

你对本案持何意见？

第十章 公司债

■【导语】
　　公司债是一种重要的有价证券,具有有价证券所有固有的特征,表彰了债券持有人与发行公司之间的债权债务法律关系。公司债是公司债权融资的主要手段之一,因此也是一种重要的公众投资工具。围绕公司债券,可能会引发债券持有人、股东和发行公司之间的利益冲突。解决这些利益主体之间的利益冲突,是公司债法律制度的重要内容和目标。
　　本章主要讲述了公司债的概念和特征、公司债的主要种类、公司债的发行、公司债转让和偿还以及转换制度、公司债持有人保护制度等。本章的学习重点是公司债的概念和特征、公司债的发行条件、公司债的偿还等内容。本章学习的难点是与可转换公司债相关的法律制度以及债券持有人的保护制度。

第一节 公司债概述

一、公司债的概念和特征

　　我国《公司法》第 153 条规定:"本法所称公司债券,是指公司依照法定程序发行、约定在一定期限还本付息的有价证券。"基于公司债的发行,在债券持有人和债券的发行公司之间形成了以还本付息为内容的债权债务法律关系。概括地讲,公司债的特征主要表现为以下几个方面:
　　(1) 公司债是以有价证券形式表彰的债权债务法律关系。公司债券具有有价证券的流动性和收益性等固有特征。公司债的投资者是不特定的社会公众,因此,公司债是公司向社会不特定公众负担的债务。发行公司是债务人,债券持有人是债权人。公司债券与同属有价证券的股票在性质上明显不同。
　　(2) 公司债是公司以发行公司债券这一有价证券的形式向公众募集的债务。公司债务的证券化是公司债的标志性特征之一。公司债券是公司债的载体,公司债除了有发行市场即一级市场之外,还有相应的转让市场即二级市场。
　　(3) 公司债是公司所负担的集团债务。同一次发行的公司债债券持有人所享有的权利是相同的,即公司债券持有人的地位是平等的,相互的区别只是所持有的债券数量的多少不同。

(4)公司债的标的以金钱为限,是一种金钱之债。

(5)公司债的期限一般较长。公司债是公司为筹集长期资金而负担的债务,可以用于长期的投资,并使公司的长、短期债务结构趋向合理。

二、公司债与普通公司债务的比较

公司债和普通公司债务的共同之处就是两者都是债权债务法律关系。两者的不同主要表现在以下几方面:

(1)债权债务产生的原因不同。公司债的产生是基于公司债券的发行,这是产生公司债的唯一原因,是合同之债的一种特殊情形;而普通公司债务的产生则是源于多种原因,可能是合同之债,也可能是侵权之债、不当得利之债、无因管理之债。

(2)债权债务表现的形式不同。公司债以公司债券为表现形式,是一种证券化的公司债务,有相应的发行市场和转让市场,转让便利,易于流通。普通公司债务不以有价证券来表彰,是非证券化的债务,因此不易转让,难以流通,也不会有相应的发行市场和转让市场。

(3)债权人之间的关系和地位不同。公司债是公司所负担的集团债务,同一次发行的公司债债券持有人所享有的权利是相同的,即公司债债券持有人的地位是平等的;而普通公司债形成的原因是多元的,即使普通公司债的债权人人数众多,也可能因债权的数量不同或受偿的优先次序不同等原因,而不能构成一个集团。

(4)受管辖的法律规范不尽相同。普通公司债务主要由合同法来调整。公司通过发行公司债券来向不特定的社会公众举债,需要经过复杂的债券发行程序、法律上的管制更为严格,双方的关系主要受公司法、证券法调整,当然也要受合同法调整。

三、公司债券与股票的比较

公司债券和股票都是有价证券,是公司向社会公众募集资金的两种重要方式,都要受到公司法和证券法等法律规范的调整。两者的不同主要表现为以下几方面:

(1)两者所表彰的法律关系的性质不同。从经济学的角度来分析,两者的目的是一致的,最大的区别在于筹资的成本和动机不同。从法律的角度来分析,发行新股和对外举债则是两种不同性质的法律行为,所形成的法律关系也是不同的。简而言之,基于公司债券产生的是债权法律关系。发行债券是一种债权融资行为,融入资金属于公司的负债,不是资本金。在购买了公司债券之后,投资者成为了发行公司的债权人。股票是公司签发的证明股东所持股份的凭证。基于股票发行产生的是股权法律关系,发行新股是一种股权融资行为,通过发行新股所筹集的资金将成为公司资本金的一部分,投资者在认缴了新股之后,就取得了公司股东的身份,享有公司其他同类股东所享有的权利。

(2)投资者所承担的风险不同。到期还本付息是基于公司债券所产生的债权债务法律关系的特点之一。"还本"就是返还投资的本金;"息"即债券利息,是投资公司债券的利益回报。债券利息一般都是按照事先约定的债券利率计算,是固定的,不受公司经营业绩的影响。对股票投资而言,其特点之一则是不得抽回投资,即不能要求公司返还股票投资本金,股票投资是没有期限的,而且投资回报一般都不能事先约定,无盈不分是基本的原则。债券投资的风险当然比股票投资要小,相应而言,其投资回报一般也低于股票。

(3) 投资者所享有的权利不同。股票投资者是公司的股东,享有基于股东身份所产生的各种股东权利,如按投入公司的出资额享有所有者的资产收益、重大决策和选择管理者等直接或者间接参与公司经营管理的权利。公司债券投资者是公司的债权人,在公司债券到期之后,对发行公司享有请求还本付息的权利,但在一般情况下,没有参与公司经营管理的权利。

(4) 发行主体不同。在我国,股票的发行公司只限于股份有限公司。而公司债券的发行主体则不限于股份有限公司,有限责任公司也可发行公司债券。

此外,《公司法》分别规定了发行股票和发行公司债券的不同条件,例如,股票发行价格可以按票面金额,也可以超过票面金额,但不得低于票面金额。公司债券的发行价格可以按票面金额,可以超过票面金额,也可以低于票面金额。通过负债的方式进行融资,不仅能够使企业放大销售增长所带来的企业盈利,而且还是企业合理避税的途径之一,这一点是股权融资方式所不能实现的。

【本节理论探讨】

- **债券融资对公司治理的影响**

现代公司治理理论认为,公司本质上是多边契约关系的总和,是一张由股东、债权人、经营者、生产者、消费者及其他有关利益主体共同组成的"契约网",各利益主体之间应是平等和独立的关系。在公司决策中,要反映其他利益相关者的愿望,实施共同治理。从这个角度说,债权融资以及债权人利益的保护应属于公司治理的范畴。

公司的债权融资分为银行和债券两种形式,虽然目前我国经济生活中银行贷款占了公司债权融资绝大部分比重,但是债券融资的作用也不容忽视。由于公司债券的期限较长、风险较小、收益稳定,越来越受到投资者的青睐。随着公司债券市场不断完善,债券融资的比重和作用将会逐步提高。

债券不应仅仅被看做是一种融资工具,而且更应被看做是可供选择的治理方式,有着自己的治理效应。

第一,债券融资能激励和约束投资者,缓解股东和经营者之间的利益冲突。债券本息要用事先约定的固定方式支付,这将减少经营者随意支配现金的行为,进而限制经营者追求扩张公司的过度投资行为;同时也可以将债券看作是一种担保机制,这种机制可促使经营者节制个人消费,努力提高经营效率,从而大大降低由于所有权与经营权分离所产生的代理成本,使经营者与股东的利益趋于一致。

第二,债券持有人的相机控制机制,是对经营者的一种驱动力,可以很好地解决代理问题。现代企业理论揭示:企业所有权是一种"状态依存所有权",即企业控制权和剩余索取权的分配随着企业财务和经营状况的变化而变化。股东不过是"正常状态下的公司所有者",当公司无法偿还公司债券的本息时,公司的控制权和剩余索取权便会由股东转移给债券持有人。这种相机控制机制不仅迫使经营者努力工作,提高公司的经营绩效,而且可以解决由于信息不对称和交易费用的存在所带来的不完备契约问题。从一定意义上讲,债券融资是相机机制得以有效运转的动力之一,是公司治理结构合理安排的基础。

第二节 公司债的主要种类

依据不同的标准进行划分,公司债有许多不同的种类。

一、无担保公司债和有担保公司债

以公司对其所发行的公司债是否提供担保为标准,分为无担保公司债和有担保公司债。

无担保公司债是指公司仅以其信用为担保,并无其他财产或财产权利作为担保所发行的公司债。无担保公司债的持有人也是公司的债权人,但他们与公司的普通债权人(非因持有公司债的原因而成为公司的债权人)处于同一的地位,发行公司对他们并没有其他特别的义务,他们也不得要求以公司的特定财产作为他们债权的担保。然而,公司债债权与普通债权毕竟有着较大的差别,因此,为了保护无担保公司债持有人的利益,在一些英美法系的国家,确立了"消极担保"(negative pledge)的制度,对发行公司的一些行为予以限制。在一些大陆法系的国家也有类似的规定,例如,限制发行公司对红利的分派及对资产的处置。

有担保公司债的含义有广义和狭义之分。所谓广义的有担保公司债是指发行公司以其全部或部分资产,或者由发行公司之外的第三人对偿还公司债债券本息提供担保而发行的公司债。所谓狭义的有担保公司债仅是指附有物上担保的公司债,即发行公司以其资产的全部或部分对偿还公司债债券的本息提供担保而发行的公司债。换言之,广义的有担保公司债是狭义的有担保公司债即附有物上担保的公司债和保证公司债的总称。

在有些国家和地区,公司法允许公司发行有担保的公司债或无担保的公司债,但对两者适用条件的规定有较大的差异,对发行无担保公司债所要求的条件要严于有担保公司债。

二、记名公司债和无记名公司债

以是否记名为标准,分为记名公司债和无记名公司债。所谓记名公司债是指债券票面载有持有人姓名或者名称的公司债券。无记名公司债则是指债券票面不载明持有人姓名或者名称的公司债券。这种分类的法律意义在于债券持有人行使权利的方式及意外灭失时的保护措施有所不同。这也是多数国家对公司债进行分类的方法之一。在一般情况下,各国的法律同时允许公司债券持有人随时将其记名债券转换为无记名债券,或者将其无记名债券转换为记名债券。

我国《公司法》也将公司债券分为记名债券和无记名债券。同时《公司法》第157条规定,公司发行公司债券应当置备公司债券存根簿。发行记名公司债券的,应当在公司债券存根簿上载明下列事项:(1)债券持有人的姓名或者名称及住所;(2)债券持有人取得债券的日期及债券的编号;(3)债券总额,债券的票面金额、利率、还本付息的期限和方式;(4)债券的发行日期。

发行无记名公司债券的,应当在公司债券存根簿上载明债券总额、利率、偿还期限和方式、发行日期及债券的编号。记名债券由债券持有人以背书方式或者法律、行政法规规定的其他方式转让；转让后由公司将受让人的姓名或者名称及住所记载于公司债券存根簿。无记名公司债券的转让，由债券持有人将该债券交付给受让人后即发生转让的效力。

三、可上市的公司债和非上市的公司债

以能否在证券市场公开交易为标准，公司债可以分为可上市的公司债和非上市的公司债两种。所谓上市的公司债是指发行之后可以在依法设立的证券交易所挂牌交易的公司债券。非上市的公司债则是指发行之后不在证券交易所挂牌交易的公司债券，持有人虽然也可以转让该债券，但不能在证券交易所进行买卖。由于交易的场所不同，这两种债券的交易规则当然也不一样。

四、可转换公司债和不可转换公司债

以是否可以转换为发行公司的股票为标准，公司债分为可转换公司债和不可转换公司债。可转换公司债(convertible bonds)是公司债的一种，其含义有狭义和广义之分。狭义的可转换公司债是指债券持有人有权依照约定的条件将所持有的公司债券转换为发行公司股份的公司债。广义的可转换公司债是指赋予了债券持有人转换为他种证券权利的公司债券，转换对象不限于发行公司的股份，例如，可以转换为长期公司债的短期公司债、可以转换为发行公司他种公司债的公司债、可以转换为发行公司的母公司或子公司股份的公司债券，甚至可以转换为发行公司享有转换权的公司债的其他公司债，都属于广义的可转换公司债。不可转换公司债是相对于可转换公司债而言的。

此外，公司债还有不动产抵押公司债、证券抵押信托公司债、设备信托公司债、参与公司债、分期公司债、收益公司债、附新股认股权公司债、可兑换公司债、国内公司债、境外公司债等不同种类。

【本节理论探讨】

- **可转换公司债的法律问题**

可转换公司债有着普通公司债的绝大多数特点。同时，由于可转换公司债券持有人享有将其所持有的债券转换为发行公司股票的选择权，即股票的买入期权，所以可转换公司债同时涉及了三种证券，即可转换公司债券自身、选择权以及它可以转换成的那种证券，兼具债券、股票和期权的特征，是一种混血证券(hybrid securities)。此外，可转换公司债券的发行合同中还往往约定了有关可转换公司债券的赎回、回售等内容，这些也是属于期权性质的，并且涉及债券持有人、发行公司及其老股东等不同利益主体的利益协调和均衡，所以，可转换公司债券是一种利益关系十分复杂的复合型证券。

普通公司债券是一种债务证券，表明在发行公司与债券持有人之间存在着一种债务与债权的法律关系；由于可转换公司债券赋予了持有人将债券转换为发行公司股份的权利，所以被认为是一种与股权相联系的债券，是权益证券。这是因为公司发行可转换公司债券的最终目

的是为了实现股权融资,以增加股权资本的形式来降低公司的负债比率,从而健全公司的财务结构、增强公司的财务能力。从投资者的角度分析,因为可转换公司债券的票面利率较普通公司债券的要低,可转换公司债券价值的主要部分是其转换价值,因此,投资者的投资收益主要是通过直接或间接的方式来分享公司的经营成果。一旦可转换公司债券持有人行使了转换权,债券持有人与发行公司之间既有的法律关系的性质就随之而发生变化。可转换公司债券持有人成为发行公司的股东。可见,可转换公司债券不是普通的债务证券。因此,如果说普通公司债是债权证券化的表现和结果的话,那么,可转换公司债券就是债权的潜在股份化,是更进一步的证券化。因此,可转换公司债券既有普通公司债券的特征,还具有股票的某些特征。既然发行可转换公司债券,就意味着发行公司必须有可供债券持有人请求转换的股份。因此,可转换公司债券的特点之一就表现在它的发行主体上,根据大多数国家的有关规定,可转换公司债券的发行主体主要限于股份有限公司。

可转换公司债券是普通公司债上附加了转换权,所以,可转换公司债的发行价格较高而票面利率较低。可转换公司债券所附的转换权,使得其持有人在发行公司有良好的经营业绩或者股票市场价格上涨时,可以通过将债券转换为发行公司的股份的方式,或者直接出售可转换公司债券的方式,获得资本利得。但是,在公司经营不善并且股票的市场价格低落时,可转换公司债券持有人可能获得的投资收益还不及普通公司债。因此,与其他未附转换权的普通公司债券相比,可转换公司债是一种投机性较强、风险较大的债券。

第三节 公司债的发行

一、发行主体

关于公司发行公司债券的能力,各国的规定不尽一致。概括地讲,允许股份有限公司发行公司债是各国的通例。但是,对于有限责任公司能否发行公司债券,各国或地区的法律规定并不一致,从总体上讲,可以把各国或地区的立法体例归结为禁止型和限制型两大类。在我国,所有依法设立的有限责任公司和股份有限公司都有发行公司债券的权利能力。不过,有限责任公司的封闭性与公司债券作为公众投资工具应有的开放性之间的矛盾,应当引起注意。

二、发行条件

我国《证券法》第16条规定:"公开发行公司债券,应当符合下列条件:(一) 股份有限公司的净资产不低于人民币三千万元,有限责任公司的净资产不低于人民币六千万元;(二) 累计债券余额不超过公司净资产的百分之四十;(三) 最近三年平均可分配利润足以支付公司债券一年的利息;(四) 筹集的资金投向符合国家产业政策;(五) 债券的利率不超过国务院限定的利率水平;(六) 国务院规定的其他条件。公开发行公司债券筹集的资金,必须用于核准的用途,不得用于弥补亏损和非生产性支出。上市公司发行可转换为股票的公司债券,除应当符合第一款规定的条件外,还应当符合本法关于公开发行股票的条件,并报国务院证券监督管理机构核准。"同时,该法第 18 条还规定:"有下列情形之一的,不得再次公开发行公司债券:(一)前一次公开发行的公司债券尚未募足;(二)对已公开发行的公司债券或者其他债务有违约或者延迟支付本息的事实,仍处于继续状态;(三)违反本法规定,改变公开发行公司债券所募资金的用途。"上述规定,既有发行公司债券的积极条件,也有消极条件。

值得注意的是,有的国家,如丹麦、日本等,将公司债券的发行限额主要与公司的实收资本数额相联系;有的国家,如意大利,在确定公司债券的发行限额的时候,兼顾公司的实收资本数额和净资产数额。此外,在有的国家或者地区,对于公司债的发行限额因公司债有无担保而有所不同。例如,我国台湾地区"公司法"规定,公司发行有担保公司债的,其发行总额不得超过公司现有全部资产减去全部负债及无形资产后的余额;发行无担保公司债时,其总额不得超过上述余额的 1/2。

三、发行决定权

关于公司债券发行决定权的归属,世界各国的规定并不完全一致,有的赋予了公司的股东大会,有的规定可以由股东大会授权于公司的董事会。根据我国《公司法》第 37 条第(八)项的规定,公司发行公司债券应由作为公司权力机构的股东会或股东大会作出决议。从世界范围来考察,受股东大会中心主义向董事会中心主义变迁思潮的影响,公司债券的发行决定权限在许多国家经历了由归属于公司的股东大会向归属于董事会的变革。

四、发行程序

公司债券是我国《证券法》明确规定属于其调整的一种有价证券。因此,公司债券的发行应当遵循《证券法》的基本原则,公司债券的发行应当遵循公开、公平、公正的原则;应当遵守自愿、有偿、诚实信用的原则;应当遵守法律、行政法规;禁止欺诈、内幕交易和操纵证券交易市场的行为。

根据《证券法》第 10 条的规定,我国对公司债券的发行采取的是核准制。在这一体制下,结合《公司法》的有关规定,可以将公司债券的发行程序概括为:

(1)由董事会制订公司发行公司债券的方案。根据《公司法》第 46 条、第 108 条第 4 款规定,董事会制订公司发行公司债券的方案。

(2)由公司权力机关作出发行公司债券的决议。根据《公司法》第 37 条和第 99 条的规定,股份有限公司、有限责任公司发行公司债券,由股东会或者股东大会作出决议。根据《公司法》第 66 条的规定,国有独资公司发行公司债券,必须由国有资产监督管理机构决定。

(3)依照《公司法》和《证券法》的规定,报经国务院授权的部门或者国务院证券监督管理机构核准。国务院授权的部门或者国务院证券监督管理机构应当自受理证券发行申请文件之日起 3 个月内,依照法定条件和法定程序作出予以核准或者不予核准的决定,发行人根据要求补充、修改发行申请文件的时间不计算在内;不予核准的,应当说明理由。国务院授权的部门或者国务院证券监督管理机构对已作出核准公司债券发行的决定后,发现不符合法定条件或者法定程序,尚未发行公司债券的,应当予以撤销,停止发行;已经发行尚未上市的,撤销发行核准决定,发行人应当按照发行价并加算银行同期存款利息返还公司债券持有人;保荐人应当与发行人承担连带责任,但是能够证明自己没有过错的除外;发行人的控股股东、实际控制人有过错的,应当与发行人承担连带责任。

(4) 发行公司债券的申请经国务院授权的部门或者国务院证券监督管理机构核准后,应当公告公司债券募集办法。依《公司法》第154条的规定,公司债券募集办法中应当载明下列主要事项:"(一) 公司名称;(二) 债券募集资金的用途;(三) 债券总额和债券的票面金额;(四) 债券利率的确定方式;(五) 还本付息的期限和方式;(六) 债券担保情况;(七) 债券的发行价格、发行的起止日期;(八) 公司净资产额;(九) 已发行的尚未到期的公司债券总额;(十) 公司债券的承销机构。"

(5) 公开发行公司债券的,通过有承销资格的证券公司以代销或者包销的方式向社会公开发行。

典型案例:海南首例擅自发行公司债券案(《案例分析》第300页)
请扫描二维码或访问 http://2d.hep.cn/1318685/25 了解相关内容

【本节理论探讨】

- **有限责任公司发行公司债券的法律问题**

与无限公司、两合公司及股份两合公司相比较,有限责任公司能否发行公司债券是一个争议更多且更有探讨价值的问题。关于有限责任公司能否发行公司债券,各国或地区的法律规定并不一致,从总体上讲,可归结为禁止型和限制型两大类。

(1) 禁止型的立法体例。传统的观点认为,由于有限公司具有闭锁性的特点,如果允许其发行公司债券,将与其本质相悖。采用典型的禁止型立法例的有意大利、法国、比利时、日本等国家以及我国台湾地区。例如,意大利民法典中有明确禁止有限责任公司发行公司债券的规定。法国商事公司法规定,有限责任公司不得发行有价证券,否则发行无效。

(2) 限制型的立法体例。限制型的立法体例,以德国、瑞士、丹麦以及荷兰等国家的规定为典型。在这些国家,允许有限责任公司发行公司债券,但同时以不得邀请公众认购其债券作相应的限制。

关于是否允许有限责任公司发行公司债,英国在1948年对《公司法》修改之前曾明确禁止有限公司发行公司债,但是在后来对此作了修改。现在,英国的法律已经允许有限责任公司发行公司债。

在美国,私人有限公司能否发行公司债,各州的规定并不一致。例如,美国的特拉华等州都允许有限责任公司以向公众发行债券的方式来进行融资。

然而,这种向社会公众公开融资的方式对于私人有限公司毕竟是一种例外,而不是通常的惯例,这是因为绝大多数的私人有限公司的规模较小,并不需要外部的投资。而且,由于所涉及的投资风险较大以及缺乏足够的交易市场来进行这种债券的买卖,从而很难对私人有限公司所发行的债券的价值进行评估,因此,外部的投资者一般也不愿意投资到私人有限公司。

第四节 公司债券转让、偿还与转换制度

一、公司债券的转让

(一) 转让的必要性及种类

作为一种有价证券,流动性或称可转让性是其固有特性之一。对于现存的公司债券持有人,转让制度是一种退出机制;对于潜在的投资者,转让制度是一种进入机制。由于公司法并没有禁止公司购买本公司所发行的公司债券,发行公司可以通过在公开市场买回债券的方式实现提前偿还债券的目的。另一方面,发行公司参与公司债券的流通市场,可以通过维持公司债券市场价格间接地达到维持股票市场价格的目的。因此,对于发行公司,转让制度则是参与债券市场的一种机制。公司债券的转让,意味着可供投资者选择的投资机会的增多,尤其是在公开的证券市场上转让,可以丰富证券市场的交易品种。

公司债券的转让可以从不同的角度作不同的分类。以是否取得对价为标准,公司债券的转让分为有偿转让和无偿转让,前者即公司债券的买卖或者交易,后者因赠与、继承等原因而发生;以转让价格形成机制的不同,分为协议转让和竞价转让;以转让的交易场所不同,分为场内交易和场外交易,前者是指在依法设立的证券交易所进行的转让,后者是指在证券交易所之外的其他依法设立的证券交易场所进行的转让。一般情况下,场外交易多是协议转让,价格形成机制多是非竞争性的,场内交易的价格形成机制是竞争性的。伴随着公司债券的转让,公司债券所表彰的财产权利也随之转让。

(二) 转让的形式及其场所

《公司法》第159条明确规定,公司债券可以转让,转让价格由转让人与受让人约定。

公司债券在证券交易所上市交易的,按照证券交易所的交易规则转让。公司债券的转让方式因债券形式的不同而异。《公司法》第160条规定,记名公司债券,由债券持有人以背书方式或者法律、行政法规规定的其他方式转让;转让后由公司将受让人的姓名或者名称及住所记载于公司债券存根簿。无记名公司债券的转让,由债券持有人将该债券交付给受让人后即发生转让的效力。

(三) 公司债券的上市交易

公司债券的上市和场内交易就是指根据《公司法》和《证券法》的有关规定,公司债券在证券交易所挂牌交易。公司债券在交易所的交易采用公开的集中竞价交易方式,实行价格优先、时间优先的原则。

1. 上市交易的条件

公司债券与股票的不同之一是公司债券是有期限的,而股票是没有期限的。公司债券在到期之后,伴随债券的风险和利益都已经确定,不再具有继续在公开市场上市交易的意义。同

时,在证券交易所上市交易的证券,是典型的公众性投资工具,需要有足够数量的证券来维持,保证交易市场应有的流动性,并防止少数市场交易主体对交易的控制和操纵。因此,《证券法》第57条规定,公司申请公司债券上市交易,应当符合下列条件:"(一)公司债券的期限为一年以上;(二)公司债券实际发行额不少于人民币五千万元;(三)公司申请债券上市时仍符合法定的公司债券发行条件。"

我国《证券法》第48条规定,申请证券上市交易,应当向证券交易所提出申请,由证券交易所依法审核同意,并由双方签订上市协议。公司申请其发行的公司债券上市交易,必须报经证券交易所同意。《证券法》第58条规定,申请公司债券上市交易,应当向证券交易所报送下列文件:"(一)上市报告书;(二)申请公司债券上市的董事会决议;(三)公司章程;(四)公司营业执照;(五)公司债券募集办法;(六)公司债券的实际发行数额;(七)证券交易所上市规则规定的其他文件。申请可转换为股票的公司债券上市交易,还应当报送保荐人出具的上市保荐书。"

2. 上市交易的暂停和终止

《证券法》第60条规定,公司债券上市交易后,公司有下列情形之一的,由证券交易所决定暂停其公司债券上市交易:"(一)公司有重大违法行为;(二)公司情况发生重大变化不符合公司债券上市条件;(三)发行公司债券所募集资金不按照核准的用途使用;(四)未按照公司债券募集办法履行义务;(五)公司最近二年连续亏损。"

《证券法》第61条规定,公司有《证券法》第60条第(一)项、第(四)项所列情形之一经查实后果严重的,或者有《证券法》第60条第(二)项、第(三)项、第(五)项所列情形之一,在限期内未能消除的,由证券交易所决定终止其公司债券上市交易。公司解散或者被宣告破产的,由证券交易所终止其公司债券上市交易。对证券交易所作出的不予上市、暂停上市、终止上市决定不服的,可以向证券交易所设立的复核机构申请复核。

3. 上市和交易过程中的持续信息公开

公开原则是证券法的核心原则,体现公开原则的信息披露制度在证券法中居于非常重要的地位。因此,公司债券的上市和交易都应当严格按照公开原则的要求,遵循信息披露制度,以最大限度地保护投资者的合法权益,维护证券市场的功能。

《证券法》第59条规定:在公司债券上市交易申请经证券交易所审核同意后,签订上市协议的公司应当在规定的期限内公告公司债券上市文件及有关文件,并将其申请文件置备于指定场所供公众查阅。经国务院授权的部门批准依法发行公司债券的,依照《公司法》的规定,应当公告公司债券募集办法、财务会计报告。公司公告的公司债券的发行和上市文件,必须真实、准确、完整,不得有虚假记载、误导性陈述或者重大遗漏。公司债券上市交易的公司,应当在每一会计年度的上半年结束之日起两个月内,向国务院证券监督管理机构和证券交易所提交记载规定内容的中期报告,并予公告。公司债券上市交易的公司,应当在每一会计年度结束之日起四个月内,向国务院证券监督管理机构和证券交易所提交记载法律规定内容的年度报告,并予公告。

发行人、承销的证券公司公告招股说明书、公司债券募集办法、财务会计报告、上市报告文件、年度报告、中期报告、临时报告,存在虚假记载、误导性陈述或者有重大遗漏,致使投资者在证券交易中遭受损失的,发行人、承销的证券公司应当承担赔偿责任,发行人、承销的证券公司的负有责任的董事、监事、经理应当承担连带赔偿责任。

二、公司债券的偿还制度

（一）概念

公司债券的偿还，就是指发行公司按照事先约定的时间和利率等条件，将公司债券的本息交付给公司债券持有人的行为。从经济意义上讲，发行公司偿还其发行的公司债券，是公司债券持有人实现其投资收益的一种形式。从法律意义上讲，发行公司偿还由其发行的公司债券，则意味着由公司债券发行所引起的法律关系消灭。到期偿还公司债券本息是公司债消灭的最基本形式。除此之外，由公司债券表彰的债权债务法律关系，与其他公司债务一样，也会因提存、抵消、免除及混同等原因而消灭。

（二）偿还方式

在正常情况下，公司债券应当到期偿还。但是在特殊情况下，也应当允许有条件的提前偿还。发行公司提前偿还公司债券，须在发行合同中予以特别约定。

提前偿还在理论上有两种情形：一种是提前偿还同一次发行的全部公司债券；另一种则是提前偿还同一次发行的部分公司债券，这种情形事实上已经和分期偿还紧密相连。一般来讲，提前偿还公司债券的具体方式，主要有以下三种：

1. 从公开市场买回注销

从公开市场买回注销的方式，即发行公司在公司债券的交易市场，在公司债券市场价格处于对发行公司较为有利的价位时，作为债券的买方，将公司债券以买回注销的方式来偿还该部分债券的本息。有必要进一步指出的是，发行公司买回债券，不仅可以达到注销债券、偿还债券的目的，还可以实现抬高债券市场价格，从而间接地实现支撑公司股票市场价格、维护公司形象的目的。

2. 行使赎回权

赎回权是指在债券合同中约定的在债券到期前发行公司购回所有或部分债券的权利。在到期前赎回债券，等于是由发行公司行使一种期权，以便按更为有利的条件对债务进行重新安排。发行公司如果有提前赎回债券的愿望，应该事先在发行合同中作出约定。

3. 举借新债偿还旧债

这种提前清偿方式的具体实现形式有：（1）直接交换，即直接将新债交付债权人以换回旧债。（2）发行新债并从公开市场买回旧债，即首先发行新的债券，用所募集到的资金在公开市场买回先前发行的公司债券。（3）发行新债并行使赎回权，即发行新的债券，用所募集到的资金来赎回先前发行的公司债券。发行公司通过上述方式提前偿还公司债券的同时，发行公司与债券持有人之间的债权债务关系即归于消灭。

三、公司债的转换

(一) 公司债转换的概念和转换的法律后果

公司债的转换是针对可转换公司债而言的。转换是以可转换公司债券持有人自由判断为基础的,在发行时已经确定的转换请求期间内,通过对可转换公司债券行使转换请求权而得到实现。可转换公司债券的转换是一种法律行为,所产生的法律后果是可转换公司债券的发行公司与持有人之间的债权债务关系的消灭。随着可转换公司债券持有人行使转换权,持有人自身的身份也发生了转换,由原来的发行公司债权人转换为发行公司的股东。持有人身份的变化也就带来了权利和义务内容的变化。由债券持有人转换而来的股东,与其他股东处于同一法律地位,享有其他股东所享有的权利、承担其他股东所应承担的义务。

对于可转换公司债券的发行公司而言,在可转换公司债券转换为发行公司的股票之前,发行公司是可转换公司债券持有人的债务人。在可转换公司债券转换为公司的股份之后,债券持有人与发行公司之间原来的债权债务法律关系归于消灭。因可转换公司债券所代表的债权转换为发行公司的股份,发行公司原来承担的还本付息的义务得以免除,发行公司的负债因此而减少,而已发行的股份数目及实收资本则相应地增加。

(二) 转换权的行使及保护

发行公司在可转换公司债券发行条件中有关债券持有人享有的转换权的约定是一种单务法律行为。因此,在可转换公司债券持有人请求行使转换权时,发行公司负有将可转换公司债券换发为发行公司新股的义务。我国《公司法》第162条规定:"发行可转换为股票的公司债券的,公司应当按照其转换办法向债券持有人换发股票,但债券持有人对转换股票或者不转换股票有选择权。"

转换权是一种形成权。将可转换公司债券持有人的转换权规定为形成权,有利于对债券持有人的保护。转换的请求在送达约定的交付场所时即生效力:请求转换的公司债消灭;债券持有人接受发行公司换发的股份,即失去其原有的公司债权人的地位而成为发行公司的股东。原则上,发行公司必须及时向行使转换权的债券持有人换发股票。若发行公司拒绝债券持有人的转换请求,即构成违约,债权人可以根据民法中有关债务不履行的规定向发行公司请求赔偿。

第五节 公司债券持有人保护制度

一、一般制度和方法

在公司债券偿还之前,债券持有人与发行公司之间一直维持着已有的债权债务法律关系。这种债权债务法律关系的约束力集中地体现在公司债券到期时,公司债券持有人有权要求发行公司还本付息,发行公司也有义务向公司债券持有人支付债券的本息。如果发行公司到期拒不支付或不能支付债券的本息,则属于债的不履行,是一种违约行为,应当依照有关法律的规定和发行合同的约定承担违约责任。

二、特定情形下的公司债券持有人的保护

所谓发行公司发生特定情形,主要是指发行公司注册资本的减少或者增加、发行公司发生合并或者分立、发行公司变更组织形式等具体情形。上述情形的发生,不得影响债券持有人的合法权益。至于发行公司解散,同样不得影响债券持有人的合法权益,在清算过程中,清算组织负有维护债券持有人合法权益的义务,债券持有人有权参加剩余财产的分配,且在次序上优先于公司股东。如果发行公司出现重整或者破产情形的,则应依照相关规定办理并保护债券持有人的合法利益。

三、公司债券持有人整体利益保护制度

公司债券持有人整体利益的保护模式,主要有三种立法例:公司债券持有人会议制度,公司债信托制度和公司债券持有人代表制度。

(一) 公司债券持有人会议制度

在许多大陆法系国家,采取公司债券持有人会议制度,以保护债券持有人的整体利益。公司债券持有人会议是为了公司债券持有人的共同利益而设立、通过会议的形式来行使权利的一种法律机制。公司债券持有人会议不是常设机构,不是公司的组织机构。此外,也不同于公司破产程序中的债权人会议制度。

对于公司债券持有人会议制度,需要关注债券持有人会议的性质、会议的组成、会议的召集及权限、决议的作出及其认可和效力、会议的费用负担等问题。

(二) 公司债信托制度

在一些英美法系国家,没有建立债券持有人会议制度,而是利用信托的原理,指定一个受托人代表债券持有人行使所涉及的债权和担保物权。依照信托制度的一般原理,债券受托人是由发行公司为了债券持有人的利益,在债券发行合同中指定的。受托人是普通法上的所有权人,对发行公司享有各项请求权。而债券持有人是此项权益的受益人,亦即这些请求权在衡平法上的所有权人。这就意味着后者的权益具有所有权的性质,而不仅是债权人与债务人之间基于合同关系的请求权。

对于公司债信托制度,最需关注的问题是受托人的资格和义务。

(三) 公司债券持有人代表制度

大陆法系的一些国家是不采用信托制度的,这些国家采用指定债券持有人代表和成立债券持有人团体的制度来保护债券持有人的利益。指定债券持有人代表的方式在欧洲和大多数

拉丁美洲国家得到了普遍采用。债券持有人代表行使成文法赋予的权力，有些权力比英美法系国家的债券受托人的权力还要广泛，例如，债券持有人代表有权出席发行公司的股东大会会议甚至发行公司的董事会会议，债券持有人代表所承担的职责通常也要多于普通代理人。

【本节理论探讨】

• 公司债券持有人的特殊地位与保护

关于股东和债券持有人在公司中的地位以及两者之间的关系，与传统公司理论相比，现代公司理论有许多不同的观点。例如，有的西方学者认为，一般的股东认为自己并不是公司所有者的一小部分，而仅仅是一个无须承担忠诚义务并且可以自由地进出公司的投资者，只是与一个债券持有人有不同特点的投资合同的持有人。还有的西方学者认为，作为一个经济学的问题，购买公司股票的投资者与购买公司债券的投资者从事的是同一种活动，且为同一种基本目标所驱动，两者都期望他们的投资能在有所回报的基础上回收。因此，在现代证券市场，债务证券与权益证券为同样的目的进行交易，并且被赋予了同样多的可以随意投机的机会。债券持有人和股票持有人已不再是有着明显区别的两组投资者。投资者可以在债券与股票之间不断地转换。如果利率上涨而股票价格下跌，投资者就将出售股票而购买债券；如果利率下跌而股票价格上涨，投资者则出售债券而购买股票。今天的股票持有人可能就是明天的债券持有人，反之亦然。

上述理论和观点的结论是，在现代的资本市场，债务证券与权益证券之间的区别已经变得日益模糊。

然而，对公司立法仍然有很大影响的传统公司法理论认为，股东是公司的所有者，作为公司法定机构的董事会对股东负有信赖义务，股东的利益可以得到公司法的保护。但债券持有人的权利在很大程度上是一个合同问题，债券持有人与公司之间是债权债务关系，属于公司的外部关系。同时，由于公司的经营风险要由股东来承担，因而股东对公司最关切，最有责任感。因此，公司的债权人不享有公司经营管理的参与权、决策权和监督权，这些权利应由股东独占。所以，董事无须对公司债券持有人承担信赖义务，公司内部治理结构中没有保护债券持有人的机制。依照上述法理，除了债券发行合同之外，对债券持有人并没有其他保护措施，而仅仅凭借债券发行合同又不能保护公司债券持有人的利益。

从法学角度分析，债务证券的持有人以及权益证券的持有人与发行公司之间的法律关系的性质是不同的。投资者买进股票这种权益证券之后就成为了公司的股东，除了担负解散及破产的风险外，其股息红利的分派，均需视公司的盈亏而定。对于债务证券投资者而言，尽管从理论上讲，公司的盈亏并不提高或降低公司债应付利息的利率，然而，公司一经解散或破产，就必然会减弱甚至丧失支付公司债本息的能力。更重要的是，股东有权参加股东会，参与决定公司的重大事项，而多数国家的法律尚没有赋予公司债券持有人这一权利。所以，应当充分考虑如何调剂并平衡公司、股东及公司债权人的利益。更何况，基于法律的直接规定以及股东与公司之间的紧密关系，股东得到的保护要多于债券持有人，他们得到的利益也要多于债券持有人。例如，公司在债券发行之后，常常会以种种理由，其中有的是善意的，有的则是恶意的，要求修改债券发行合同,迫使债券持有人放弃一些既定的权利。这样,尽管发行公司没有履行其原先对债券持有人所承诺的义务,然而,公司的股东却仍然继续拥有对公司的权益。

值得注意的是,可转换公司债的情况更为值得关注。因为从对投资收益的关切度考虑,可转换公司债券的票面利率很低,投资于可转换公司债券的收益主要是债券的转换价值,不仅仅是债券的本息,而转换价值与发行公司的经营情况密切相关。所以,面对公司的经营情况,可转换公司债券持有人根本不可能像普通公司债券持有人那样从容、超脱和潇洒。可转换公司债券在转换之前,其持有人只是公司的债权人,不是公司的成员,无权像股东那样能够以法定的方式对公司的经营进行一定程度的参与或者干预。然而,发行公司的经营状况与可转换公司债券持有人利益的相关程度并不次于股东,但公司债券持有人却不能享有股东的权利,这是一种让人感到心急但又无奈的情形。

可见,在转换之前,尽管可转换公司债券持有人仍然是公司的债权人,但是对债权人的保护方法并不足以保护其正当的利益。同时,由于在转换之前,可转换公司债券持有人尚不是发行公司的股东,所以不能享有只有股东才能享有的权利。可转换公司债券持有人既不同于普通公司债券持有人,又不是公司股东,在公司的利益结构中的地位十分特殊,更需要与此相适应的法律制度对其正当利益予以保护。

【本章参考文献】

1 时建中.可转换公司债法论.北京:法律出版社,2000
2 [美]理查德·A.波斯纳.法律的经济分析.蒋兆康译.北京:中国大百科全书出版社,1997

【本章思考练习题】

一、名词解释
1. 公司债
2. 可转换公司债
3. 赎回权
4. 转换权

二、简答题
1. 比较公司债券与股票、公司债券持有人与股东之间的区别。
2. 比较公司法有关公司债发行条件与股票发行条件的规定。
3. 比较可转换公司债券与普通公司债券的差异。
4. 简述可转换公司债的发行主体和发行条件的特殊性。
5. 简述公司债券转让制度的价值。
6. 比较公司法有关公司债券和股票暂停及终止上市的规定。
7. 简述保障公司债券持有人整体利益的必要性及制度比较与借鉴。
8. 简述公司治理结构与公司债券持有人的保护。

三、案例分析

1994年8月,某市食品加工厂与某儿童食品厂(均为国有企业)合并,改组为某食品有限公司(以下简称食品公司)。食品公司注册资本为5 000万元。1994年12月,食品公司经会计事务所验资,净资产额为5 500万元,全年利润总额140万元。鉴于资金不足,不能迅速扩大生产规模、在市场上形成较强的生产能力,董事长肖某向董事会提出用发行公司债券的方法解决资金问题。1995年2月,公司董事会通过了发行债券的提议。1995年3月15日,食品公司召开临时股东会,专门讨论发行债券问题。有的股东在会上提出,公司至1994年底,净资产额只有5 500万元人民币,达不到《公司法》有关净资产额的要求。肖某向股东解释道,由于国家信贷控制严格,公司无法获得贷款。如得不到充足资金,将会对生产能力、公司利润及股东红利产生不利影响。到会股东看到发行债券有利于公司生产和利润分配,就作出了批准公司发行1 000万元人民币债券的决议。

为了规避《公司法》规定的发行债券条件的限制,1996年6月,该食品公司又通过不正当的手段聘请某会计事务所对本公司的资产进行评估。评估结果认定公司净资产为6 200万元,并出具了资产评估报告。1996年6月25日,食品公司向国务院证券管理部门递交了申请发行公司债券的报告,并提交了相关文件,获准发行1 000万元人民币公司债券,年利率为1.5%。1996年8月4日,食品公司以某投资公司为债券承销机构,在当地报纸上发出债券承销通知。1996年8月,国务院证券部门接到举报后,对食品公司采取欺骗手段获准发行公司债券的行为进行了查处。

根据《公司法》有关公司债券的规定,该食品公司在发行公司债券的过程中都有哪些违法之处?依法应如何进行处理?

第十一章 公司财务会计制度

■【导语】

　　公司的财务会计完整、全面地揭示了公司资金运动的基本情况等经济信息。这些信息被提供给公司内部管理者,尤其是公司外部股东、债权人、潜在投资者、潜在交易对象、政府财税部门等利益主体使用,帮助人们进行各种各样的决策。公司各方利益主体之间存在着潜在的利益冲突,公司财务会计制度具有平衡各主体之间利益的功能。
　　本章主要讲述了公司财务会计的概念、立法意义和立法概况、财务会计报告的主要内容、财务会计报告的编制、验证和公示、公司税后利润的分配。本章的学习重点是公司财务会计制度的概念和立法意义;公司税后利润的分配原则和分配方式,包括公积金制度、公益金制度以及股利分配制度。本章的学习难点是在股利分配方面对中小股东的保护问题。

第一节　公司财务会计制度概述

一、公司财务会计的概念

　　公司财务会计是指在会计法规、会计原则或者会计制度的指导下,以货币为主要计量形式,对公司的整个财务活动和经营状况进行记账、算账、报账,为公司管理者和其他利害关系人定期提供公司财务信息的活动。对于公司财务、会计的概念,可以从以下几个方面理解:
　　第一,财务会计活动的基本内容是编制和提供公司财务经营信息。财务会计人员通过对公司生产经营活动中大量的、日常的业务数据进行记录、分类和汇总,定期编制和披露反映公司一定期间的经营成果和财务状况的报表,如资产负债表、损益表、现金流量表等,为有关利益主体提供公司财务经营信息。
　　第二,公司财务、会计制度的基本要求是通过会计凭证、账簿、报表等会计资料,系统、真实、准确、全面地反映公司资金运动信息。如实反映公司财务经营状况,是维护公司各方相关主体利益的前提,在保护中小股东和潜在投资者方面尤为重要。
　　第三,与管理会计以公司内部管理层为服务对象不同,财务会计的服务对象主要是与公司有利害关系的外部人,包括外部股东、债权人、潜在投资者、潜在的交易对象、政府财税机关等等。公司各利益主体通过分析公司财务会计报表,了解公司的基本经营状况,以此作为他们进行投资、交易、监管活动的重要决策依据,因此财务会计又称为"对外报告会计"。

第四,公司财务会计报表虽然是为公司管理者以外的利益主体编制,但财务会计报表本身却是在公司内部管理者领导下,由会计人员具体编制的。由于公司管理者与公司外部利益主体之间存在着潜在的利益冲突,会计人员的会计行为很可能顺应公司管理者的意愿,而损害公司外部主体的利益。因此,既然财务会计的目的是服务于外部利害关系人,会计行为就不能单纯被公司管理者所左右,而是必须按照法律的规定或者一般公认的会计准则的要求来进行。这样的财务会计报表才能取信于公司外部人员。因此,许多国家的公司法都规定了公司财务会计行为与方法的基本原则。

二、公司财务会计制度的法律意义

公司本身的资合性质决定了资产运营不完全是公司自己的私事,它关系到公司债权人、潜在投资者、潜在交易对象、公司职工及其他利益关系主体的利益。由于这些主体之间的利益分配直接受到会计所提供的财务信息的影响,因此,生成财务会计信息的会计行为就不仅仅只是一个技术问题。于是,《公司法》设专章规定公司财务、会计制度,这有其特定的立法背景和立法理由,具体分析如下:

第一,对于股东来讲,作为现代企业制度最典型的组织形式——有限责任公司和股份有限公司,特别是股份有限公司,最显著的特点是实现了财产所有权和经营管理权的分离。股东一旦将自己的财产以股份的形式投入公司,除享有收取股息红利、选择管理者和索回公司剩余财产等权利外,已丧失了对其出资财产的直接控制权,股东能否获取最大限度的经济收益,已不直接由其行为决定。在这种情况下,建立规范化的财务会计制度,保证财务会计信息的真实、准确、完整,就成为股东了解公司财产运营状况,监督公司董事、经理行使职权,保护自身利益的重要途径。

第二,对债权人来讲,公司是一个独立的法律实体,承担有限责任的股东对公司债权人不直接负任何责任,债权人的债权得以清偿只能针对公司名下的财产。公司财产数额、变动及变现都是关系到债权人债权能否实现的实质问题。因此,公司法所确定的公司财务会计制度即明确禁止公司在弥补亏损、提取公积金之前向股东分配税后利润。同时,公司的财务报表提供的与公司财务状况有关的有用信息有助于债权人更好地评估公司的信用,并采取适当的预防措施避免损失。

第三,对于公司的职工来讲,公司职工一方面将其人力资本投入公司,用自己的劳动为公司创造价值;另一方面由于人力资本的不可分性,职工无法像资本所有者那样将风险分散。因此,为了保护公司职工的利益,公司法财务会计制度要求公司提取法定公益金,用于公司职工的集体福利。但是,在实际操作中,存在着大量违规的做法,职工往往无法享受由此带来的好处。股东权益也因为法律的强制性安排而受到影响,公益金的存在难以发挥其应有的功效。由企业通过集体福利的方式满足职工社会保障等需要,也是计划经济时代企业办社会的表现。随着我国社会保障体系的建立与完善,加上公司治理结构的完善和社会观念的转变,公司职工乃至全社会的社会保障工作应由全社会通过社会保障体系来承担。因此,2005年后的《公司法》取消了提取法定公益金这一强制性要求。

第四,对于社会公众来讲,公司的潜在投资者、潜在的交易对方等作出投资于公司或与公司进行交易的决定都依赖于公司财务信息的披露,因此,公司法要求向社会募集股份的公司必须公告其财务会计报告。

第五,对于公司管理者来讲,财务会计制度和相应的审计活动有助于确保负责直接运营公司财产的管理者在财务方面谨慎行事,并符合财务纪律的最低标准,从而保护股东、债权人、社会公众、公司职工等主体的基本利益。

第六,对于国家来讲,规范化的财务会计制度使得国家财税部门得以切实监督和检查公司的财产运营状况,掌握公司盈亏情况,确保国家税收的及时足额征收,防止偷税、漏税、避税等现象的发生。

鉴于上述原因,为了保护上述不同主体的利益,法律要求公司内部建立规范的财务会计制度,这也体现了经济活动社会化所带来的不同主体的利益在公司中的交汇和碰撞。

第二节　公司财务会计报告

一、公司财务会计报告概述

公司财务会计报告是指公司对外提供的反映公司某一特定日期的财务状况和某一会计期间的经营成果、现金流量等会计信息的文件。

财务会计报告包括会计报表及其附注和其他应当在财务会计报告中披露的相关信息和资料。

所谓会计报表,是以货币形式综合反映公司在一定时期内(即会计期间)生产经营活动和财务状况的一种书面报告文件。它根据公司会计账簿的记录,按照规定的格式、内容和方法编制而成,是会计信息的载体,是会计信息系统向外界输出财务信息的主要形式,其目的在于系统地、有重点地、简明扼要地反映公司的财务状况和经营成果,向公司经营者、股东、债权人、潜在投资者、潜在交易方、政府有关部门等会计报表使用人提供必要的财务资料和会计信息。

会计报表至少应当包括资产负债表、利润表、现金流量表等报表。资产负债表是指反映企业在某一特定日期的财务状况的会计报表。利润表是指反映企业在一定会计期间的经营成果的会计报表。现金流量表是指反映企业在一定会计期间的现金和现金等价物流入和流出的会计报表。

二、财务会计报告的编制、验证与公示

公司应当在每一会计年度终了时编制财务会计报告,并依法经会计师事务所审计。财务会计报告应当依照法律、行政法规和国务院财政部门的规定制作。

公司聘用、解聘承办公司审计业务的会计师事务所,依照公司章程的规定,由股东会、股东大会或者董事会决定。公司股东会、股东大会或者董事会就解聘会计师事务所进行表决时,应当允许会计师事务所陈述意见。公司应当向聘用的会计师事务所提供真实、完整的会计凭证、会计账簿、财务会计报告及其他会计资料,不得拒绝、隐匿、谎报。公司除法定的会计账簿外,不得另立会计账簿。

财务会计报告依法审查验证。监事会依照《公司法》赋予其"检查公司财务"的职权,审核董事会提交股东会之前的会计表册,审核的内容包括:会计表册记载事项是否有重大遗漏,记载事项是否违反法律及公司章程,制作过程及方法是否得当,等等。监事会认为必要时,可聘请公司之外的注册会计师对会计表册进行审阅,所需费用由公司负担。监事会审核后,以书面形式交于董事会。不论董事会对监事会的审核意见是否持有异议,都应将会计表册连同监事会审核报告一并交股东会。在股东会对会计表册表决前,董事会应将其置备于公司,以便股东查阅。会计表册一经股东会表决承认,会计表册的真实性、准确性、完整性应由公司负责,除非因董事、监事的主观过错(如隐瞒重大事实、误导、虚假陈述等),致使股东会作出错误判断的,免除董事、监事的个人责任。

对于公开发行证券的公司,其财务报告还应当依照规定进行审计。注册会计师可以针对被审计公司的具体情况,出具不同类型意见的审计报告①,以提高或降低报告使用人对财务报告的信赖程度,必要时警示报告使用人对特定项目给予特别的注意。

公司财务报告必须依法公示。有限责任公司应按章程规定的期限将财务会计报告送交各股东;股份有限公司的财务会计报告应当在召开股东大会年会的20日前置备于本公司,供股东查阅;公开发行股票的股份有限公司必须公告其财务会计报告。

典型案例:银广夏公司财务造假案(《案例分析》第324页)
请扫描二维码或访问 http://2d.hep.cn/1318685/26 了解相关内容

第三节 公司税后利润的分配

税后利润的分配是公司财务会计管理的重要内容,关系到公司、股东、债权人、公司职工和国家等各不同利益主体的切身利益。这些不同利益主体之间的利益并不是一致的,甚至是冲突的。因此,税后利润的分配制度应当能够均衡这些利益冲突,并保障各方的利益。所以,利润分配并不是完全由公司自己决定的,也不是可以任意决定的。各国公司法对公司利润分配都有详细规定,我国《公司法》对可供分配的利润范围、分配原则、分配顺序等也都作了具体而明确的规定,体现了国家为保护上述主体利益对公司事务的介入和干预。

一、公司税后利润的分配原则及分配顺序

(一)公司税后利润

依照《企业会计准则》的规定,公司利润是公司在一定期间的经营成果,包括营业利润、投

---

① 根据审计人员对被审计单位财务报告发表的不同审计意见,审计报告可以分成四种类型:无保留意见审计报告、保留意见审计报告、反对意见审计报告、拒绝表示意见审计报告。

资净收益和营业外收支净额。营业利润是营业收入减去营业成本,期间费用和各种流转税及附加税费的余额。投资净收益是公司对外投资收入减去投资损失后的余额。营业外收支净额是指与公司生产经营没有直接关系的各种营业外收入减营业外支出后的余额。公司税后利润则是指公司当年利润减除应纳所得税的余额。

（二）公司税后利润的分配原则

股东投资于公司,是为了获取比银行存款利息更高的经济回报,但这并不意味着公司全部税后利润都用于对股东的分配。因为公司作为社会最基本的经济单元,涉及多方面的利益关系。对社会来说,公司须尽法定的社会义务;对自身来说,公司需生存和发展;对债权人来说,公司须及时适当地履行债务。因此,公司税后利润的分配必须从全局出发,照顾各方利益关系。从这一基本点出发,我国《公司法》对公司税后利润分配的规定,严格贯彻了兼顾股东、债权人、公司及社会公众利益的原则,明确公司税后利润首先用于弥补公司亏损,其次用于提留公司公积金,最后才能进行股息和红利的分配。

（三）公司税后利润的分配顺序

基于上述原则,根据《公司法》第166条、《企业财务通则》第50条的规定,公司税后利润的分配顺序为:(1) 被没收财物损失,违反税法规定支付的滞纳金和罚款;(2) 弥补公司以前年度亏损;(3) 提取法定公积金;(4) 经股东大会决议提取任意公积金;(5) 按股东的出资比例或股东持有的股份比例分配。

股东会或董事会违反上述规定,在公司弥补亏损和提取法定公积金之前对股东分配利润的,必须将违反规定分配的利润退还公司。

二、公积金制度

（一）公积金的概念和意义

公积金又称储备金,是指公司为了增强自身财力,扩大业务范围和预防意外亏损,依照法律和公司章程的规定以及股东会决议而从公司税后利润中提取的累积资金。

公积金作为储备基金,对公司的生存和发展意义重大。一方面,市场充满各种风险,公司盈亏难以预测。将丰年的盈余留作储备,用以弥补亏损年份的空缺,未雨绸缪,这是维持公司运转所必需的财产、抵御市场风险的基本手段,是公司健康、持续、稳定发展的保障和后盾。另一方面,市场商业机会也是难以预测,必要的公积金储备不但代表着公司的竞争能力,而且有利于公司捕捉商机。当公司根据市场变化决定扩大业务范围和经营规模需要追加投资时,如果借贷,则成本较高;如果以发行新股或公司债集资,则不仅受证券市场行情左右,而且操作起来繁琐而复杂,既费时间,成本也不菲。而用公积金追加投资或转增资本则不失为一种便捷且低成本的方案。所以,各国公司法几乎无一例外地将公司从税后利润中提取法定公积金作为一项强制性义务规定下来,并规定了提取比例,以实现上述目的。我国《公司法》同样确立了公积金制度。

（二）公积金的种类及用途

我国《公司法》规定的公积金有两种，即法定公积金和任意公积金。

1. 法定公积金

法定公积金又称强制公积金，是公司法规定必须从税后利润中提取的公积金。对法定公积金，公司既不得以其章程或股东会决议予以取消，也不得削减其法定比例。

根据法定公积金的来源不同，其又分为法定盈余公积金和资本公积金。法定盈余公积金是按法定比例从公司税后利润中提取的公积金。依照我国《公司法》第166条规定，法定公积金，应当按税后利润的10%提取。当公积金已达注册资本的50%时，可不再提取。

资本公积金是公司非营业活动所产生的收益。资本公积金的来源主要有：一是公司以超过股票票面金额的发行价格发行股份所得的溢价款额；二是处置公司资产所得的收入；三是资产重估价值与账面净值的差额；四是接受捐赠。

法定公积金有专门用途，具体来讲，法定公积金的用途有以下几方面：（1）弥补亏损。但是，资本公积金不得用于弥补公司的亏损。（2）扩大公司生产经营。（3）增加公司注册资本。增加注册资本就是增加股东的投资。用法定公积金增加注册资本，无需股东个人再投资，而是公司将法定盈余公积金分派到每个股东名下，以增加其投资额。对有限责任公司，是按每个股东实缴的出资比例增加其出资额；对股份有限公司，则按股东所持股份比例来增加其出资额，具体办法有两种：一是增加公司的股份数，即按股东原股份比例派送新股；二是不增加公司的股份数，在股东原有股份比例的基础上增加每股面值。但以法定公积金转增资本时，所留存的该项公积金不得少于转增前公司注册资本的25%。

2. 任意公积金

任意公积金是公司在法定公积金之外，依照公司章程或股东会决议而从税后利润中提取的公积金。与法定盈余公积金一样，任意公积金也来源于公司税后利润，但这项提取不具有法律强制性。

《公司法》对于任意公积金提取的比例、最低提取额以及用途均无规定，应当由公司章程或股东会决议作出明确规定。任意公积金的提取比例及最低提取额一经确定，除非修改公司章程或股东会变更其决议，不得随意改变。

三、股利及其分配

（一）股利的含义

所谓股利，是指公司依照法律或章程的规定，按期以一定的数额和方式分配给股东的利润。有的将股利区分为股息和红利，并将股息定义为股东定期从公司取得的固定比率的利润；红利为股息分配后仍有盈余而另按一定比例分配的利润。我国公司法及会计制度未对股息和红利加以区分，都通称股利。

(二) 股利分配原则

从各国公司法来看,在股利分配的规定上,一般贯彻"无盈不分"原则,即公司当年无盈利时,原则上不得分配股利。我国公司法为贯彻资本不变原则和资本维持原则,避免因无盈分配而造成公司资本的实质减少,损害公司及债权人的利益和股东的长远利益,明确规定公司只有在弥补亏损、提取法定公积金之后有剩余利润时,才可向股东分配股利。否则,不得分配股利,已分配的要退还公司。但公司以前年度未分配的利润,可以并入本年度向股东分配。

(三) 股利分配标准

公司分配股利时,除章程另有规定外,应以出资比例为依据,即有限责任公司按股东的出资比例分配,股份有限公司按股东所持的股份比例分配,并严格按照股东平等原则、同股同利原则进行。

(四) 股利分配形式

从国际上看,各国股利分配形式主要有四种:现金股利、股票股利、财产股利和负债股利。

(1) 现金股利,即上市公司分红时向股东分派现金。这种分红方式可以使股东获得直接的现金收益,方法简便,在西方国家是最普遍的一种分红形式。但是在确定派现比例时,公司与股东之间往往存在矛盾。派现过多,会受到股东的欢迎,但是公司用于扩大再生产的资金就会减少,不利于公司的长远发展。而派现过少,虽然公司扩大再生产的资金增加,但是股东的眼前利益受到影响,从而影响公司股票的价格。

(2) 股票股利,即上市公司以本公司的股票代替现金作为股利向股东分红的一种形式,又称送红股。所送红股是由红利转增资本或盈余公积金转增资本形成的,属于无偿增资发行股票。由于所送股票是按股东所持股份的比例分派的,每位股东在公司拥有的权益不发生变化。同时,这种分红方式只是使公司账户上的一部分留存收益转化为股本,公司的资产及负债并未受到影响。送红股的好处在于:一方面,现金可保留在公司内部,防止其流出公司,既增加了公司的资本,又为公司扩大生产经营保存了资金;另一方面,股东对分派的股票不需支付现金,而且,在一些发达国家获得股票股利可以不缴纳所得税。

(3) 财产股利,即公司以持有的财产代替现金作为股利向股东分红的一种形式。现实中使用较多的是公司以所持有的其他公司的有价证券作为股利发放;有时公司也可以用自己的产品等实物作为股利向股东分红,这样做既扩大了产品销路又保留了现金。

(4) 负债股利,即公司用债券或应付票据代替现金作为股利向股东分红的一种形式。通过这种分红形式,股东虽然没有得到现金收益,但是通过股东对公司所享有的债权,可以获得利息,也可达到股东的投资目的。

目前,我国的上市公司主要采取现金股利和股票股利两种分红方式。在证券市场建立的初期,采取股票股利形式分红的上市公司较多;随着证券市场的发展,采取现金股利形式分红的公司越来越多。

【本节实务研究】

• **股利分配中的利益冲突与中小股东利益保护**

一般来讲,股东投资于公司的主要目的是获取丰厚的回报。公司董事的主要经营目标就是使公司利润最大化,为股东创造更多的财富。在股东权益中,除了剩余财产请求权之外,股利分配请求权是股东获取投资回报的主要手段。由于股利分配方案需要股东会通过,在资本多数决的情况下,公司的大股东有可能利用股利政策损害中小股东的利益。这种情况在有限责任公司或封闭公司较为突出,因为这类公司的股东没有流动市场或者没有未受到歪曲因素沾染的市场可以求靠。

让我们来看一个典型的美国判例——道奇诉福特汽车公司案[①]。福特汽车公司是一家封闭持股公司。亨利·福特拥有58.5%的股票,是支配人物;道奇兄弟拥有10%。公司运营极为成功,每年一直支付固定股息120万美元和大约1 000万美元的特别股息(红利)。但是,福特让公司停止支付特别股息,道奇兄弟感到不满,遂提起诉讼。福特对停止股息的解释是:公司需要资金扩展业务建造一家工厂,但不想从将来的销售收入中获得扩展业务所需要的资金,因为福特想降低汽车的价格而服务于社会和有利于他人。

密歇根州最高法院不赞同福特的这种"社会福利"观点,认为:慷慨大方在道德上是好的,但是请用你自己的钱慷慨大方,而不要用他人的钱慷慨大方。福特假定的股东对普通公众负有的义务与法律上他和他的董事对中小股东负的义务之间不应当发生混淆。商业公司的组建和存续主要是为了股东的利益。董事权力的行使应当围绕这个目的进行。董事支配权的行使应当在能够达到这个目的的方法中进行选择,而不能扩展到改变这种目的本身,为了服务于其他目的而导致股东的利润减少或者不分配利润。

在本案中,法院阐明了对于股息判决的"恶意"准则:股利的分配基本上是商业判断的事情,只有董事支付或不支付股利的行为是滥用自由裁量权,构成欺诈,或者违反他们对股东所负的善意义务时,法院才会进行干预。福特决定暂停特别股息以实现对其有利的非利润最大化目标,构成恶意。因此,法院命令支付实质性股息。

股东投资于公司,虽然主要目的都是为了获取丰厚的回报,但在获取回报的方式上却有可能存在差异。有的股东希望将更多的利润留在公司,将公司做大,从而可以获得长期的更大的利益;而有的股东则希望即时分配更多的利润,而不愿将更多的利润留在公司,冒公司经营失败的风险;还有的股东则希望通过公司实现其他非经济目的。特别是公司控制股东在公司中有控制利益,从而有可能通过左右公司股息政策达到损害中小股东利益的目的。当公司股东间的利益存在冲突时,法院以正当商业目的以及董事对股东、大股东对中小股东所负的诚信义务为标准来调和冲突,无疑是符合法律的公平、正义原则的。

---

① 参见《西北判例汇编》第170卷,第688页(密歇根1919)。

【本章参考文献】
1　刘燕. 会计法. 北京:北京大学出版社,2001
2　[加]布莱恩·R. 柴芬斯. 公司法:理论、结构和运作. 林华伟,魏旻译. 北京:法律出版社,2001
3　[美]罗伯特·C. 克拉克. 公司法则. 胡平,林长远,徐庆恒,陈亮译. 李静冰校. 北京:工商出版社,1999

【本章思考练习题】
一、名词解释
1. 公司财务会计制度
2. 资本公积金
3. 盈余公积金
4. 股利

二、简答题
1. 公司法规定公司财务会计制度的法律意义何在?
2. 公司财务会计报告包括哪些主要内容?
3. 如何对公司财务会计报告进行编制、审查验证与公示?
4. 公司的税后利润如何进行分配?
5. 简述我国公积金的分类。
6. 公积金有何用途?
7. 股利的分配方式有哪些?
8. 试论述在股利分配政策中如何保护中小股东的利益。

三、案例分析
从我国近年上市公司分红的总体情况看,现金分红公司数量正逐年扩大。1999年选择现金分红的上市公司还只有200余家;2000年,派现公司比例明显增多,有640余家上市公司选择了派现,不过,其中大部分公司是派现与送转并举。2001年中国证监会股票发行审核委员会发布《关于上市公司新股发行审核工作的指导意见》,规定发行审核委员会审核上市公司新股发行申请,应当关注公司上市以来最近三年历次分红派息情况,特别是现金分红占可分配利润的比例以及董事会对于不分配所陈述的理由。2001年单纯选择派现作为分配方式的上市公司占总数的70%,而单纯采取送转方式的仅有6家。两者所占比例形成了鲜明对比。下面是三个上市公司的分红方案:

材料1:A公司2001年全年实现主营业务收入47.42亿元,净利润8.11亿元,每股收益达0.93元。但公司在现金分红上显得比较吝啬,每10股仅派0.25元(含税)。扣税之后,股东们进袋的现金所剩无几。

材料2:B公司2001年度将向全体股东每10股派现金红利2.8元(含税),共派发现金5.853亿元。这是B公司上市以来第三次大比例派现,累计派现额度已达16.933亿元,超过募集资金总量3亿多元。需要指出的是,该公司大股东持股超过17.7亿股,分走其中的14.34亿元,流通股股东仅分得2.6亿元,可见得利最多的还是大股东。

材料3:C上市公司2001年提出的送配预案是每10股派0.8元(含税),并拟发行不超过12亿元A股可转债。如果按此分配预案,公司今年将派发现金红利1亿元,不过与其拟实施的再融资方案来说,真是小巫见大巫。

根据以上材料,请分析:

(1) 2001年为什么上市公司突然钟情于现金分配呢?政策导向对中小股东的利益有何影响?

(2) 在三个公司的现金分红方案中,大股东与中小股东所获利是否均衡?

(3) 试分析公司现金分红政策与保护中小股东利益的关系。

第十二章 公司的合并、分立与组织变更

■【导语】
　　公司的资本运营和公司购并是现代经济社会中的重要现象,而公司的合并、分立和组织变更则是公司资本运营的重要法律形式。
　　本章力图从概念上厘清公司合并、分立和组织变更的概念,并将公司合并、分立与相关概念作比较,使学生从公司的人格结构的背景中理解公司合并、分立和组织变更制度的内在机理和本质。本章的重点和难点是公司合并、分立的基本概念,吸收合并(兼并)的方式,异议股东股份回购请求权,公司分立后的债务承担等问题。

第一节 公司的合并

一、公司合并概述

(一) 公司合并的概念界定

公司合并是指两个或两个以上的公司订立合并协议,依照公司法的规定,不经过清算程序,直接合并为一个公司的法律行为。

公司合并可分为吸收合并和新设合并两种类型:①

吸收合并(merger),也称兼并,是指一个公司吸收其他公司,被吸收的公司解散。② 例如,1996年12月,世界第一大航空公司波音公司合并了世界第三大航空公司麦道公司,具有76年历史的麦道公司在合并之后不再存在。

新设合并(consolidation),是指两个以上公司合并设立一个新的公司,合并各方解散。③ 例如,1998年我国国泰证券公司与君安证券公司的合并,原国泰证券有限公司和原君安证券有限公司不再存在,而成立一个新的公司——国泰君安证券股份有限公司。

---
① 《公司法》第172条规定:"公司合并可以采取吸收合并或者新设合并。"
② 1978年欧共体理事会关于股份有限公司合并的第3号公司法指令第3条对吸收合并作了界定,"吸收合并"是指一家或者一家以上的被合并公司未经清算而解散,并将其全部资产和负债转让给另一家存续公司的法律行为。
③ 1978年欧共体理事会关于股份有限公司合并的第3号公司法指令第4条规定对新设合并作了界定,"新设合并是指数家公司未经清算而解散,并将其全部资产和负债转让给一家新设公司的法律行为"。

(二) 公司合并与公司并购

公司并购(merger & acquisition),是指一切涉及公司控制权转移与合并的行为,它包括资产收购(营业转让)、股权收购和公司合并等方式,其中所谓"并"(merger),即公司合并,主要指吸收合并,所谓"购"(acquisition),即购买股权或资产。在英文中,还有 takeover 的概念,根据《布莱克法律词典》的解释,takeover 也是指公司所有权和控制权的转移和合并,包括资产购买、股权购买和公司合并。

所以,takeover 与并购(merger & acquisition)在概念的内涵上并无太大的差异。①

(三) 公司合并与其他的公司并购形式的差异

1. 公司合并与资产收购的差异

公司合并不同于公司的资产收购,资产收购是一个公司购买另一个公司的部分或全部资产,收购公司与被收购公司在资产收购行为完成之后仍然存续。公司合并与资产收购的差异在于:

(1) 资产转移不同。在公司合并中,资产转移是概括转移,所转移的是解散公司的全部财产,而非部分资产;而在资产收购中,所转让的既可以是全部财产,也可以是部分财产。

(2) 债务承担不同。在公司合并中,被合并的公司的全部债务转移至存续公司或新设公司;而在资产收购中,除合同中明确约定收购方承受被收购方的债务外,收购方不承担被收购方的债务。

(3) 股东地位不同。在公司合并中,存续公司为承继解散公司的资产而支付的对价如现金或存续公司的股份,直接分配给解散公司的股东,解散公司的股东因此获得现金或成为存续公司的股东;而在资产收购中,收购方为资产转让而支付的对价属于出售公司,而与出售公司的股东无直接关系。

(4) 法律后果不同。公司合并必然导致合并一方或双方公司的解散,被解散的公司的全部权利和义务由存续公司或新设公司承受;而资产收购则不必然导致一方公司或双方公司的解散。

(5) 法律性质不同。公司合并的本质是公司人格的合并;而资产收购的性质是资产买卖行为,不影响公司的人格。

典型案例:清华同方股份有限公司成功"兼并"江西无线电厂案(《案例分析》第 341 页)
请扫描二维码或访问 http://2d.hep.cn/1318685/27 了解相关内容

2. 公司合并与股权收购的差异

公司合并也不同于公司的股权收购,公司的股权收购(Acquisition)是指一个公司收买另一个公司的股权,以取得控股权,收购公司和被收购公司在股权收购行为完成之后仍然存续。

---

① Takeover: the acquisition of ownership or control of a corporation. A takeover is typically accomplished by a purchase of share or assets, a tender offer, or a merger. See Black's Law Dictionary, Abridged Seventh Edition, p. 1180.

公司合并与股权收购的差异在于：

（1）主体不同。公司合并的主体是公司；而在股权收购中，一方主体是收购公司，而另一方主体则是目标公司的股东。

（2）内容不同。在公司合并中，存续公司或新设公司承受解散公司的全部权利和义务；而在股权收购中，目标公司的股东将其对目标公司的股份转让给收购方。

（3）法律后果不同。公司合并必然导致合并一方或双方公司的解散，被解散的公司的全部权利和义务由存续公司或新设公司承受；而股权收购则不必然导致一方公司或双方公司的解散。

（4）法律性质不同。公司合并的本质是公司人格的合并；而股权收购的本质是股权的买卖行为，不影响公司的人格。

总之，股权收购和资产收购在本质上都是买卖行为，而与公司合并的本质——公司人格的合并有异。

（四）合并的意义

在公司合并中，有积极合并者，也有消极合并者。

对于积极合并者，公司合并的意义主要在于：通过公司合并扩张公司规模，减少竞争对手，如美国波音公司和麦道公司的合并，其直接目的就是为了增强美国飞机制造业与欧洲空中客车公司的抗衡，并且，通过合并还可以发展协作和多样化经营。

对于消极合并者，公司合并的意义在于：通过与大企业合并，可以减少风险；在公司无力经营时，可以通过合并，避免破产，避免付出高昂的解散和清算的费用，公司财产关系、股东关系概括地转移于存续或新设的公司，原有营业还可以继续进行下去，不至于突然停顿。

（五）三角合并与反三角合并

在实践中，还存在三角合并与反三角合并的类型。三角合并（triangular merger）是指并购公司首先设立一个全资子公司，然后，以此吸收合并目标公司，目的在于规避目标公司的债务风险。反三角合并（reverse triangular merger）是指并购公司首先设立一个全资子公司，然后，该子公司被目标公司合并，目的在于保留目标公司主体资格，进而保留附着在其上的特殊权利，如行政特许权、上市资格等。

二、合并的方式

吸收合并（兼并）是最常见的合并类型，这里，着重介绍一下吸收合并内在机理和操作方法。

在吸收合并中，被兼并的公司将消灭。公司的要素主要有三个方面：公司的资产、公司的股权和公司的人格。公司的消灭最终表现为公司人格的消灭，而在人格消灭之前，可以先将被吸收公司的资产转移给吸收公司，或将被吸收公司的股权转移给吸收公司，而无论资产转移还是股权转移，吸收公司支付的对价一般是现金或者公司的股份，这样，在逻辑上，就可以划分出两类四种吸收合并的方式：

第一类：资产先转移。

（1）以现金购买资产的方式：吸收公司以现金购买被吸收公司的全部资产，包括全部权利和义务（债权和债务）。被吸收公司失去原有的全部资产，而仅拥有吸收公司支付的现金。被吸收公司解散，因债权和债务已全部转移，无须清算。被吸收公司股东依据其股权分配现金，被吸收公司消灭。

（2）以股份购买资产的方式：吸收公司以自身的股份购买被吸收公司的全部资产，包括全部权利和义务（债权和债务）。被吸收公司失去原有的全部资产，而仅拥有吸收公司支付的自身的股份。被吸收公司解散，因债权和债务已全部转移，无须清算。被吸收公司的股东分配公司所持有的吸收公司的股份，并因此成为吸收公司的股东，被吸收公司消灭。

第二类：股权先转移。

（1）以现金购买股份的方式：吸收公司以现金购买被吸收公司股东的股份，而成为被吸收公司的唯一股东。然后，解散被吸收公司，被吸收公司的全部权利和义务（债权和债务）由吸收公司承受，而无须清算，被吸收公司消灭。

（2）以股份购买股份的方式：吸收公司以自身的股份换取被吸收公司股东所持有的被吸收公司的股份，而使被吸收公司的股东成为吸收公司的股东，吸收公司成为被吸收公司的唯一的股东。然后，解散被吸收公司，被吸收公司的全部权利和义务（债权和债务）由吸收公司承受，而无须清算，被吸收公司消灭。

三、合并的程序

（一）订立合并协议

首先，参与合并的公司各方应签订合并合同。那么，合并协议应包括哪些主要条款？这在实践中是一个重要问题，我国《公司法》对此没有具体规定，但是《关于外商投资企业合并与分立的规定》对公司合并合同的内容作了具体规定，可以作为参考。具体而言，其第21条规定，公司合并协议应包括下列主要内容：（1）合并协议各方的名称、住所、法定代表人；（2）合并后公司的名称、住所、法定代表人；（3）合并后公司的投资总额和注册资本；（4）合并形式；（5）合并协议各方债权、债务的承继方案；（6）职工安置办法；（7）违约责任；（8）解决争议的方式；（9）签约日期、地点；（10）合并协议各方认为需要规定的其他事项。

（二）通过合并协议

公司合并是导致公司资产重新配置的重大法律行为，直接关系股东的权益，是公司的重大事项，所以公司合并的决定权不在董事会，而在股东会（股东大会），参与合并的各公司必须经各自的股东大会以通过特别决议所需要的多数赞成票同意合并协议。我国《公司法》第43条、第103条规定，公司合并需通过股东会（股东大会）特别决议通过，其中，有限责任公司股东会对公司合并作出决议，必须经代表2/3以上表决权的股东通过，国有独资公司的合并应由国有资产监督管理机构决定，其中重要的国有独资公司合并，应当由国有资产监督管理机构审核后，报本级人民政府批准。股份有限公司股东大会对公司合并作出决议，必须经出席会议的股东所持表决权的 2/3 以上通过。

其他国家公司法也有相似的规定,德国《股份有限公司法》规定股份有限公司的合并,须征得 3/4 股东的同意。法国《商事公司法》也要求有关公司应按修改章程所需条件,对公司合并作出决定,该法第 153 条指出对章程的修改需经特别股东大会,这种大会以获得出席或由他人代理的股东拥有的票数的 2/3 多数票作出决定。

在这一程序中,许多国家法律还规定了异议股东的股份回购请求权(appraisal rights),也称评估补偿权,它是指公司合并中,对合并持有异议的股东有权请求公司以公正价格购回自己所持有的股份。许多国家和地区的法律对此都作了规定。

美国《模范公司法》第十三章"异议者的权利"即对股份回购请求权的适用范围、主体资格、权利内容、行使程序、司法评估等问题作出了详细的规定。日本《商法典》第 408 条第 3 款规定,在股东合并承认大会之前,以书面形式通知公司反对合并之意见,且在大会上反对承认合并契约书的股东,可以向公司提出由于未承认决议,需按公正的价格买回其股份的请求。

我国《公司法》第 74 条和第 142 条对异议股东股份回购请求权也作了规定。

(三)编制资产负债表和财产清单

公司合并,应编制资产负债表和财产清单。

(四)通知债权人和公告

《公司法》第 173 条规定,公司合并,应当自作出合并决议之日起 10 日内通知债权人,并于 30 日内在报纸上公告。债权人自接到通知书之日起 30 日内,未接到通知书的自公告之日起 45 日内,可以要求公司清偿债务或者提供相应的担保。

公司合并是公司资产的重新配置,其效果直接关系到公司债权人利益的实现,所以,各国公司法都有不同程度的维护债权人利益的规定。日本《商法典》第 100 条规定了"债权人异议"制度。法国《商事公司法》也规定公司债权人"可以在法令规定的期限内就合并草案提出异议"。德国《股份公司法》不仅有保护债权人的条款,还为"特权所有人"设立了专条,"接收公司应向持有转让公司发行的可兑换债券、盈利债券和受益权证书持有人提供等同于在转让公司中的权利的各项权利"。

为保护债权人,我国《关于外商投资企业合并与分立的规定》第 27 条规定,企业进行吸收合并时,应当参照《公司法》的有关规定,公告通知债权人。企业吸收合并后,债权人就被兼并企业原资产管理人(出资人)隐瞒或者遗漏的企业债务起诉兼并方的,如债权人在公告期内申报过该笔债权,兼并方在承担民事责任后,可再行向被兼并企业原资产管理人(出资人)追偿。如债权人在公告期内未申报过该笔债权,则兼并方不承担民事责任。人民法院可告知债权人另行起诉被兼并企业原资产管理人(出资人)。

(五)办理公司变更或设立登记

公司合并登记事项发生变更的,应当依法向公司登记机关办理变更登记;设立新公司的,应当依法办理公司设立登记。

四、合并的法律效果

（一）公司的消灭

公司合并后，必有一方公司或双方公司消灭，消灭的公司应当办理注销登记。由于消灭的公司的全部权利和义务已由存续公司或新设公司概括承受，所以，它的解散与一般公司的解散不同，无须经过清算程序，公司法人人格直接消灭。

（二）公司的变更或设立

在吸收合并中，由于存续公司因承受消灭公司的权利和义务而发生组织变更，如注册资本、章程、（有限责任公司）股东等事项，应办理变更登记。在新设合并中，参与合并的公司全部消灭而产生新的公司，新设公司应办理设立登记。

（三）权利和义务的概括承受

公司合并后，合并各方的债权、债务，应当由合并后存续的公司或新设的公司承继。
在合并完成后，无论其是否办理被吸收公司的注销登记，存续公司都应承担被吸收公司的债务，登记与否不影响债务的承担。2002年12月3日最高人民法院《关于审理与企业改制相关的民事纠纷案件若干问题的规定》第34条对此作出了明确的规定：企业吸收合并或新设合并后，被兼并企业应当办理而未办理工商注销登记，债权人起诉被兼并企业的，人民法院应当根据企业兼并后的具体情况，告知债权人追加责任主体，并判令责任主体承担民事责任。

【本节理论探讨】

- **公司合并中的债权人保护**

公司合并中，合并双方财产的混合、公司交付金的支付等都可能引起合并公司财产的直接或间接减少，从而危及到公司债权人的利益，因而公司合并中的债权人利益保护成为公司合并中必须考虑的重要问题。综观世界各国的相关立法，一般通过以下规定对公司合并中的债权人利益予以保护。

（1）公司合并的债权人告知程序。即在公司合并中，赋予债权人法定知情权。一般各国都规定公司必须告知债权人公司合并的事实和债权人所享有的合并异议申诉权。告知的效力在于，当债权人收到告知后，如果未能在规定的期限内对公司合并提出异议，则丧失异议权。

（2）赋予债权人合并异议权。合并异议权是公司合并中债权人保护的核心内容。各国在对债权人享有异议权的态度上存在分歧：有的立法规定异议权的成立无需设定条件，也就是说只要债权人按相应的程序对合并公司提出异议申诉，公司就必须对其为清偿或担保。有的立法规定异议权的行使必须以公司合并对债权人产生危害为前提。有的立法规定由法院对合并是否会对债权人利益产生危害作出判断。考虑到公司合并中存在的效率与公平等诸多价值取向,因而法律对利害关系人提供救济并非是无限度的,在对法律的公平价值无损害的前提下,兼顾公司合并所追求的效率与经济价值,对异议权设定条件是有其合理性的。债权人异议的法律效力为,公司应当对债权人债权为清偿或提供担保。

(3) 未适当履行债权人保护程序合并的法律后果。在实践中,常常出现公司对合并未为公告或未为适当公告,或者在债权人提出异议后未为债务清偿或提供担保就进行了公司的合并。对这种合并的法律效力,国外立法多基于合并的效率价值考虑而倾向于不因此而否认合并的效力。然而对于未适当履行债权人保护程序的公司合并行为,如果法律采取默认其合法的话,则可能会导致在实践中没人愿意再履行债权人保护程序。日本在处理这一问题上的做法是赋予异议债权人在公司合并开始后的 6 个月内提起合并无效之诉的权利,如果在诉讼进行中至口头辩论结束之前,合并公司对异议债权人进行了清偿或担保,则诉讼可以被驳回。可见,这种做法是给予了合并公司以事后补救的机会和自主选择权,减少了公司合并无效情形的发生,这种处理顾全到了合并中的多方利益,因而较为合理可取。

【本节实务研究】

● 公司合并无效之诉

具有比较成熟的公司法制的国家的法律都规定了公司合并无效制度,但是,我国《公司法》没有规定这一制度。那么,在我国,公司合并的利害关系人可否提起公司合并无效之诉?

我们认为,虽然我国《公司法》没有直接规定公司合并无效制度,但是,由于公司合并是参与合并的公司基于合并合同而进行的法律行为,如果合并行为存在违反法律和行政法规的强制性规范的事由,利害关系人可以提起请求确认合并合同无效之诉,其法律效果相当于其他国家公司法所规定的公司合并无效之诉制度。当然,在此类诉讼中,还应注意以下问题:

(1) 合并无效的原因。公司合并因为只要违反了法律和行政法规的强制性规范,都可以作为合并无效的原因,其中违反《公司法》第 37 条和第 99 条规定,未经股东(大)会决议进行的合并是导致合并无效的常见原因。

(2) 无效原因的补正。虽然公司合并存在无效原因,但为保护交易安全,稳定社会关系,在法院判决合并无效之前,应给予当事人以补正的机会。若当事人在法院判决前,补正有关无效原因,合并应确认有效。最高人民法院《关于审理与企业改制相关的民事纠纷案件若干问题的规定》第 30 条对此作出了明确的规定:"企业兼并协议自当事人签字盖章之日起生效。需经政府主管部门批准的,兼并协议自批准之日起生效;未经批准的,企业兼并协议不生效。但当事人在一审法庭辩论终结前补办报批手续的,人民法院应当确认该兼并协议有效。"

(3) 合并无效的法律后果。一是恢复到合并前的法律状态。在吸收合并中,消灭公司应从存续公司中分离,存续公司进行变更;在新设合并中,新设公司解散,恢复被消灭的公司。二是无效判决的溯及力的限制。合并无效的判决只对将来有效,不影响此前存续公司或新设公司以合并有效为前提而产生的法律关系,如与第三人签订的买卖合同等。如果合并无效判决溯及既往,自合并始无效,则会影响交易安全,导致法律关系混乱,损害第三人利益。

第二节 公司的分立

一、分立概述

（一）概念

公司分立是指一个公司通过签订协议，不经过清算程序，分为两个或两个以上公司的法律行为。《关于外商投资企业合并与分立的规定》第 4 条对公司分立作了界定："本规定所称分立，是指一个公司依照公司法有关规定，通过公司最高权力机构决议分成两个以上的公司。"1966 年法国《公司法》首次创立公司分立制度，其后为许多国家公司法所接受。1982 年欧洲共同体发布公司法第 6 号指令，要求各成员国建立公司分立制度。

（二）公司分立与相近概念的区别

1. 公司分立与营业转让（资产转让或资产剥离）的区别

（1）内容不同。虽然两者存在共同点，即原公司都要将一部分资产分离出去，但是，在资产转让中，虽然转让方公司要将一部分资产转让分离出去，但是，转让方将因此获得对价，所以，转让方的资产总额不变，公司资产负债表中的所有者权益（包括股本）也不因此而变动，只是资产内部的科目发生变动；而在公司分立中，原公司分离一部分资产后，不会获得对价，资产总额因此减少，所有者权益（包括股本）也因此减少。

（2）对股东地位的影响不同。资产转让不会影响股东地位，影响的只是买卖双方公司的资产形态，而公司分立直接影响股东的地位；在派生分立中，原公司的股东对原公司的股权将减少，但是，相应地获得分立出来的公司的股权；在新设分立中，原公司的股东对原公司的股权因原公司的消灭而消灭，但是，相应地获得分立出来的公司的股权。

（3）法律性质不同。公司分立的本质是公司的人格的变化，而资产转让的本质是买卖合同。

2. 公司派生分立与转投资的区别

为清晰地说明问题，我们假设：A 公司以 100 万元现金转投资出资设立 B 公司。A 公司派生分立出 B 公司，B 公司股本 100 万元。两者的差别在于：

（1）对资产负债表的影响不同。在转投资中，A 公司的资产总额不变，变化的只是资产的形态，即资产科目内的现金科目减少，而长期投资增加；而在公司派生分立中，A 不仅资产总额减少，并且所有者权益（包括股本）也相应减少。

（2）对股东地位的影响不同。转投资对于 A 公司的股东没有任何影响，但 A 公司则成为 B 公司的股东；而在公司派生分立中，原公司的股东对原公司的股权将减少，但是，相应地获得分立出来的公司的股权。

二、分立的方式

公司分立主要有派生分立和新设分立两种形式。

派生分立,也称存续分立,是指一个公司分离成两个以上公司,本公司继续存在并设立一个以上的新公司。

新设分立,也称解散分立,是指一个公司分解为两个以上公司,本公司解散并设立两个以上的新公司。

有些国家和地区的公司法还规定了一种较为复杂的分立形式——合并分立,它指一个公司以其资产的一部分或分成若干份的全部资产,同另一个或几个公司的部分资产共同成立一个或几个公司。[①]

三、分立的程序

(一) 作出决定和决议

公司分立需通过股东会(股东大会)特别决议通过,有限责任股东会对公司分立作出决议,必须经代表2/3以上表决权的股东通过。其中,国有独资公司的分立由国有资产监督管理机构决定,其中重要的国有独资公司分立,应当由国有资产监督管理机构审核后,报本级人民政府批准。股份有限公司股东大会对公司分立作出决议,必须经出席会议的股东所持表决权的2/3以上通过。

(二) 订立分立协议

《公司法》没有规定分立协议的内容,但是《关于外商投资企业合并与分立的规定》对公司分立合同的内容作了具体规定,可以参考。其第24条规定,公司分立协议应包括下列主要内容:(1) 分立协议各方拟定的名称、住所、法定代表人;(2) 分立后公司的投资总额和注册资本;(3) 分立形式;(4) 分立协议各方对拟分立公司财产的分割方案;(5) 分立协议各方对拟分立公司债权、债务的承继方案;(6) 职工安置办法;(7) 违约责任;(8) 解决争议的方式;(9) 签约日期、地点;(10) 分立协议各方认为需要规定的其他事项。

(三) 编制资产负债表和财产清单

公司分立,应编制资产负债表和财产清单。

(四) 通知债权人

我国《公司法》第175条规定,公司分立,其财产作相应的分割。公司应当自作出分立决

---

① 如我国澳门地区《商法典》第293条规定,公司得拨出部分财产,或在解散时将财产分为两份或多份,以便与已存立之公司合并,或与为同一目的以同一程序从其他公司分离之部分财产合并。

议之日起 10 日内通知债权人,并于 30 日内在报纸上公告。

(五)办理登记手续

在派生分立中,原公司的登记事项如注册资本等发生变化,应办理变更登记,分立出来的公司应办理设立登记;在新设分立中,原公司解散,应办理注销登记,分立出来的公司应办理设立登记。

四、分立的法律效果

(一)公司的变更、设立和解散

在派生分立中,原公司的登记事项如注册资本等发生变化,并产生新的公司人格——分立出来的公司;在新设分立中,原公司解散,人格消灭,但产生两个或两个以上的新的公司(分立出来的公司)。

(二)股东和股权的变动

公司的分立不仅导致公司资产的分立,而且导致股东和股权的变动,在派生分立中,原公司的股东可以从原公司中分立出来,成为新公司的股东,也可以减少对原公司的股权,而相应地获得对新公司的股权;在新设分立中,股东对原公司的股权因原公司消灭而消灭,但相应地获得对新公司的股权。

(三)债权、债务的承受

《公司法》第 176 条规定,公司分立前的债务由分立后的公司承担连带责任。但是,公司在分立前与债权人就债务清偿达成的书面协议另有约定的除外。

【本节实务研究】

- **企业改制的法律形式及债务承担**

企业改制在实践中广泛存在,改制过程中引发的纠纷也层出不穷。企业改制是根据《公司法》、《民法通则》、《合同法》等有关法律、行政法规及相关政策,对企业产权制度进行的改造。主要是指企业形态和企业股权结构的改变,具体包括对企业的出资结构(股权结构)、内部治理结构、企业收益分配结构、劳动用工制度、职工福利和社会保障制度等企业制度进行的调整与改革。

实务中,企业改制的形式是多种多样的,具体做法更是五花八门。从有效地规范当事方权、责、利的角度考察目前的实践经验和各种相应的法律法规,2003 年 2 月 1 日起施行的最高人民法院《关于审理与企业改制相关的民事纠纷案件若干问题的规定》(以下简称《若干规定》)相对比较全面地反映出企业改制的各种法律形式,从《若干规定》的内容来看,目前企业改制的具体法律形式大致包括企业公司制改造、企业股份合作制改造、企业分立、企业债权转股权、企业出售、企业兼并等,其中企业公司化改造的方法主要有国有企业整体改造为国有独资有限责任公司、企业通过增资扩股或者转让部分产权整体改造为多元主体的有限责任公司或者股份有限公司、企业以其部分财产和相应债务与他人组建新公司等。

企业改制不仅形式多样、方法各异,而且其中所涉及的法律关系也较为复杂,主要包括政府和企业之间的法律关系、企业和债权人之间的债权债务关系、企业和职工之间的劳动法律关系、企业改制过程中的代理和服务合同法律关系等。而实务中最容易引发冲突的是企业和债权人之间的关系,经常发生借企业改制逃废债务的现象,企业改制的债务承担问题成为实务和理论研究的重点。

关于企业改制的债务承担,《民法通则》、《公司法》、《合同法》等法律中关于债权债务转让、公司合并分立等制度中已经作了程序和实体上的一般性规定,《若干规定》针对现实中发生的一些特殊情况作了具体的规定。从责任承担的角度大致可分为四种情形:(1)由改制后的企业承担债务。除约定外,主要包括企业整体公司化改造和正常状况下的企业股份合作制改造、企业出售、企业兼并等。(2)由原企业承担债务,包括原企业资产管理人(出资人)。该情形除有约定外,主要是因改制过程中的通知、认可等程序因素引起,主要包括"企业以其部分财产和相应债务与他人组建新公司,……对所转移的债务未通知债权人或者虽通知债权人,而债权人不予认可的",股份合作制改造、企业出售、企业吸收合并中,原企业资产管理人(出资人)隐瞒或者遗漏债权人的债权的等情形。(3)由改制后的企业和原企业承担连带责任,主要是指"企业分立时对原企业债务承担没有约定或者约定不明,或者虽然有约定但债权人不予认可的"。(4)由改制后的企业在所接收的财产范围内与原企业承担连带民事责任,主要包括"企业以其优质资产与他人组建新公司,而将债务留在原企业,债权人以新设公司和原企业作为共同被告提起诉讼主张债权的"和"企业以其部分财产和相应债务与他人组建新公司,……;对所转移的债务未通知债权人或者虽通知债权人,而债权人不予认可的……原企业无力偿还债务,债权人就此向新设公司主张债权的"。

上述的企业改制的法律形式和债务承担方式主要是在实践中总结出来的,但也并非完美。如《若干规定》中债务承担所遵循的"企业法人财产"原则,也即是"债务随企业财产转移"原则,在理论上遭到了一些学者的质疑;另外,现实中经常发生的"企业把自己的一部分财产,随同企业的负债、职工和社会保险等要素一起剥离给另一家既存的公司"的所谓合并分立的情形也找不到相应的法律支撑,尽管审判实践中根据法理按照第四种债务承担方式来处理,但是现实中还是有疑问的。公司改制的法律形式和债务承担在理论和实务方面都有进一步研究的空间。

第三节 公司的组织变更

一、组织变更的概念

公司的变更是指公司设立登记的事项包括名称、住所、法定代表人、注册资本、企业类型(组织形式)、经营范围、营业期限、有限责任公司股东或者股份有限公司发起人的姓名或者名称的变化。而公司的组织变更是公司变更的一种重要形式。

公司的组织变更是指在保持公司法人人格持续性的前提下,将公司从一种形态转变为另一种形态的行为。

各国公司法都规定多种公司的形态,如在大陆法系,公司的种类有无限公司、有限责任公司、两合公司、股份有限公司、股份两合公司,在英美国家,公司的种类有开放式公司和封闭式公司。公司在发展过程中,由于各种原因,需要从现有的形态转变为其他形态,而公司的组织变更制度满足了这一要求,通过公司组织变更制度,公司无须经过解散程序,仅通过变更登记,即可变更为其他形态的公司,公司的经营也不因此而中断。

二、组织变更的类型

根据大陆法系各国和地区公司法的规定,公司的组织变更一般包括以下类型:

(一)无限公司变更为两合公司

无限公司经全体股东的同意可以变更为两合公司,变更方法有两种,一是将一部分股东变更为有限责任股东,二是另加入有限责任股东。此外,当无限公司股东经变动而只剩下一人时,可加入新的有限责任股东,而变更为两合公司。①

(二)两合公司变更为无限公司

两合公司变更为无限公司的情形有两种,一是经两合公司全体股东的同意,将有限责任股东改为无限责任股东,二是在两合公司的有限责任公司股东全部退股时,经全体无限责任股东同意,两合公司可变更为无限公司。②

(三)有限公司变更为股份有限公司

我国《公司法》第95条规定,有限责任公司可变更为股份有限公司。

(四)股份有限公司变更为有限责任公司

有些国家和地区的公司法规定,禁止股份有限公司变更为有限责任公司,如我国台湾地区"公司法";有些国家公司法则允许股份有限公司变更为有限责任公司,如韩国公司法规定,股份有限公司经全体股东同意,可以变更为有限责任公司。

在我国公司法中,只存在有限责任公司和股份有限公司两种公司形式,《公司法》第95条规定了有限责任公司变更为股份有限公司这一种公司变更的形式。

三、组织变更的条件

根据我国《公司法》第95条的规定,有限责任公司变更为股份有限公司应当符合以下

---

① 参见韩国《商法》第229条、第242条;我国台湾地区"公司法"第71条、第76条。
② 参见韩国《商法》第286条;我国台湾地区"公司法"第126条。

条件：

（1）应当符合《公司法》规定的股份有限公司的条件。

（2）折合的股份总额应当相等于公司的净资产额。公司的股份总额是指公司所有股东持有的股份总额。净资产额是指公司资产总额减去负债总额的余额。净资产额代表了股东在公司中财产的价值，即公司实际拥有的资产数额。在有限责任公司变更为股份有限公司时，原有限责任公司净资产额没有任何的增加。所以，有限责任公司在变更为股份有限公司时，原有限责任公司的资产所折合的股份总额应当与公司的净资产额相等，以确保公司资本的真实，防止损害其他股东以及第三人的利益。

（3）为增加资本向社会公开募集股份时，应当依照《公司法》有关向社会公开募集股份的规定办理。即向国务院证券管理部门递交募股申请，并报送有关文件，由国务院证券管理部门批准；公告招股说明书和财务会计报表及附属明细表，制作认股书等，使社会公众认购所发行的股份，并缴纳股款。

四、组织变更的程序

根据我国《公司法》的规定，有限责任公司变更为股份有限公司，应遵循下列程序：

（1）董事会拟订公司变更的方案。我国《公司法》第46条规定，董事会对股东会负责，制订变更公司形式的方案。

（2）股东会决议。变更公司形式将直接影响到股东的权益和责任，所以，变更公司形式的最终决定权在股东会，而不是董事会。《公司法》第37条也明确规定，股东会行使对变更公司形式事项作出决议的职权。《公司法》第43条规定，变更公司形式的决议，必须经2/3以上表决权的股东通过。

（3）办理变更登记。有限责任公司变更为股份有限公司，除公司组织形式变更外，公司的诸多事项如资本、章程等也相应变更，公司应当依法向原登记机关办理变更登记。

五、组织变更的效力

公司的组织变更只是公司的组织形式的变化，而非新设公司，其公司法人人格继续存在，变更前公司的权利和义务当然由变更后的公司继续享有和承担。

【本节实务研究】

- **有限责任公司变更为股份有限公司后，适用有关规定时，是否可以连续计算营业记录**

因为公司的变更不是新设公司，所以，从学理上看，其营业记录应当连续计算。这一点在适用某些国家政策时，如在适用首次公开发行股票并在创业板上市的法定条件时，十分重要。

《创业企业股票发行上市条例》第4条规定，在创业板市场上市的公司首次公开发行新股，必须符合下列条件：(1) 已改制设立或依法变更为股份有限公司。(2) 在同一管理层下，持续经营两年以上。原企业整体改制设立或有限责任公司依法变更的，经营时间可连续计算。

(3) 在最近两年内无重大违法违规行为,财务会计文件无虚假记载。(4) 中国证券监督管理委员会规定的其他条件。

可见,根据《创业企业股票发行上市条例》,有限责任公司变更为股份有限公司首次公开发行股票,其营业记录应当连续计算。

当然,应当注意的是,《创业企业股票发行上市条例实施细则》第7条对此又作了进一步的规定和限制:原企业或有限责任公司在设立股份有限公司前,进行过包括合并、分立、资产置换、资产剥离(非经营性资产除外)、股份回购、缩股、减少注册资本,大规模出售或收购资产以及其他类似使公司在资产规模、经营业绩、经营业务方面发生巨大改变的行为的,不得连续计算营业记录。但原企业或有限责任公司近在两年内以现金方式增资扩股,资金投资于主业且使用效果良好的,可以连续计算原企业的营业记录。

【本章参考文献】

1　[美]罗伯特·C. 克拉克. 公司法则. 胡平,林长远,徐庆恒,陈亮译. 李静冰校. 北京:工商出版社,1999
2　[美]汉密尔顿. 公司法概要. 北京:中国社会科学出版社,1999
3　陈丽洁. 公司合并法律问题研究. 北京:法律出版社,2001
4　郑厚斌. 收购与合并. 北京:商务印书馆,1998
5　张舫. 公司收购法律制度研究. 北京:法律出版社,1998
6　王明夫. 投资银行并购业务. 北京:企业管理出版社,1999
7　蒋大兴. 公司法律报告:第1卷. 北京:中信出版社,2003

【本章思考练习题】

一、名词解释

1. 公司并购
2. 吸收合并
3. 新设合并
4. 派生分立
5. 新设分立
6. 异议股东的股份回购请求权

二、简答题

1. 简述公司合并与资产收购的区别。
2. 简述公司合并与股权收购的区别。
3. 简述公司吸收合并的四种方式。
4. 简述公司合并无效的法律后果。
5. 简述公司派生分立与公司转投资的区别。
6. 公司在分立前所产生的债务在公司分立后应如何承担?

7. 简述有限责任公司变更为股份有限公司的条件与程序。

三、案例分析

1. 大华建筑公司（以下简称大华公司）于 1996 年 11 月与建设银行签订了为期 3 年的贷款合同，贷款金额为人民币 1 500 万元。后大华公司于 1998 年 4 月分立为华新建筑公司（以下简称华新公司）和华丰建筑公司（以下简称华丰公司），两企业形式均为有限责任公司。原大华公司被注销。至 1999 年 11 月贷款到期，新成立的两家法人企业拒不承担原大华公司的债务，致使建设银行的贷款未得到偿还。建设银行经多次向华新公司和华丰公司催还贷款未果，遂以两公司为被告起诉至法院，请求法院判令两被告偿还本金及利息。而两被告辩称，原贷款合同为大华公司与建设银行签订，华新公司与华丰公司非合同当事人，没有偿还贷款的义务。

原大华公司欠建设银行的债务应由谁承担？如何承担？为什么？

2. 美国电话电报公司（AT&T）1995 年 9 月 2 日推出"战略性重组计划"，使公司自我分解成三家相互独立的全球性公司，公司的业务也作出相应的调整：现有的美国电话电报公司主营美国长途电话、移动电话服务业务及信用卡业务（年营业额约 490 亿美元）；电信设备公司主要从事电信网络交换机，光纤电缆和公用电话系统等通信设备（年营业额约 200 亿美元）；环球资讯公司（GTS）的业务调整方向是停产个人电脑，改为专门负责电脑运算业务，重点是开发金融、零售和通信行业的科技产品。

据美国"证券资料"调查公司的资料，在美国电话电报公司宣布"一分为三"的消息传出后，其股票价格迅即上涨 11%，反映出市场对该举动的普遍认同。公司董事长艾伦曾对公司的"庞大问题"有过一段感触颇深的话。他说：庞大的规模和产品多样化的确能创造公司优势，但处理庞大企业内部各部门、各分公司之间的协作以及协调相互冲突的商业策略，需要耗费大量的时间、精力和金钱。这应该是该公司在大收购、大兼并之后转而作出"一分为三"的化小举动的一个重要原因。此外，作为美国第五大公司的美国电话电报公司还有一个与各部门、各子公司的协调问题。分解前的 AT&T 公司，其长途电话业务同电话设备销售发生抵触：设备部门的顾客正是电话业务部门的竞争对手，将先进的电话技术设备供给对手，无疑是壮大对手的实力；而其他一些电话公司进行投资扩张时，又不愿从 AT&T 公司的下属部门来购设备，以防其投资大计泄露给 AT&T 这个强劲的竞争对手。另一方面，在全球电讯联合作战的大潮中，AT&T 公司因其庞大而无法使其他公司接近，与之联合，紧缩化小才有利于其他公司进一步联合。事实上，AT&T 公司在大力购并后的适时分解确也收到三重效果：一是达到公司"消肿"的目的；二是实现资产重组；三是有利于适应全球电话业联合作战的趋势。

结合美国电话电报公司（AT&T）分立案阐述公司分立的意义。

第十三章　公司的终止、重整与清算

■【导语】
　　在一个完善的市场经济法律体系中,市场主体退出的法律制度是不可或缺的。公司终止是关于公司退出市场并消灭主体资格的法律制度,公司重整是公司的挽救制度,公司清算则是公司终止的必备前置程序。
　　为方便论述,本章先对公司终止及破产、解散的概念进行明确的界定,然后分别介绍导致公司终止的两类原因——破产和解散及其法定程序,系统介绍公司重整法律制度,最后对2005年后的《公司法》新增的司法解散制度进行详细的介绍。此外,考虑到重整制度与清算程序的重要性,本章分别单设一节对这两部分内容进行介绍。本章学习的重点为公司终止、破产、解散、重整、清算的概念及具体程序,另外还需要对公司重整的法律程序、公司解散的原因以及司法解散予以特别的关注。因为我国法律规定的不统一,对这几个概念的界定是本章的难点。通过本章的学习,学生不仅应对公司终止制度有一宏观了解,也应掌握破产、重整和解散制度的具体内容。

第一节　公司的终止

一、公司终止的概念和特征

　　公司终止是指公司根据法定程序彻底结束经营活动并使公司的法人资格归于消灭的事实状态和法律程序与结果。它既可以指消灭法人资格的一种最终结果,也可以指消灭法人资格的一系列法律过程。
　　公司终止法律制度是公司法律制度的重要部分。在市场经济中,必须遵从的一条基本原则便是竞争原则,竞争导致优胜劣汰。此外,公司也可能因为投资者的其他想法和安排而归于消灭,借以体现私权处分自由的原则。因此,企业的进入和退出机制是一个充分竞争市场和尊重当事人选择权的基础制度之一。在一个完善的市场经济法律体系中,市场主体的退出法律制度是不可或缺的。公司终止即是关于公司退出市场并消灭主体资格的法律制度。其特征如下:
　　第一,公司终止的法律意义是使公司的法人资格和市场经营主体资格消灭。
　　第二,公司终止必须依据法定程序进行。公司作为多种社会经济关系的复杂综合体,它的消灭影响到债权人、公司员工、股东等各方面的利益,因此它的终止不可以随意进行,而必须按照法律规定的程序进行。只有在法律没有强制性规定的情况下,才可由公司章程或股东决定。

第三,公司终止必须要经过清算程序,只有在以公司财产对债务进行清偿并对剩余财产分配完毕之后,公司方可消灭。

公司是法人企业,而法人为法律拟制的人,不可能具有自然人出生、死亡的自然生理过程,其主体能力是由法律所赋予,因此,其产生和消灭需要依法律规定程序进行并以法律规定的事由为标准。公司法人的权利能力和行为能力从公司登记成立时产生,至公司终止注销时消灭。因此,公司终止即导致公司的法人资格和市场经营主体资格消灭,原先形成的内外权利义务关系结束。

二、公司终止的原因

各国对公司终止的原因所作的规定差别不是很大,概括起来有自愿解散、司法解散、倒闭或破产、行政机关命令解散等四种情况。其中自愿解散是指由公司的权力机关因各种事由的发生而决议终止公司的存在,包括公司因合并、分立而发生的终止。司法解散主要是指公司得以继续存在的某种条件已经丧失,虽经努力而不得恢复,由利害关系人向法院申请解散的情况。公司倒闭一般是指公司经营出现严重困难,不得不结束营业的状况。公司破产是因公司不能清偿到期债务而经法院宣告破产而终止。行政命令解散在大多数国家均有规定,是政府为维护社会秩序和公共利益对严重违反法律的公司企业的一种仅次于刑事处理的最严厉的处罚手段。

根据我国《公司法》的规定,公司终止的原因主要包括:

1. 破产

公司因不能清偿到期债务,被依法宣告破产并对其进行强制清算,最后终止公司。根据申请破产人的不同,破产包括由债权人申请破产和由公司自己申请破产两种。

2. 解散

解散即公司因发生法律或章程规定的解散事由而停止业务活动,并进行清算,最后使公司终止。根据我国《公司法》第180条的规定,解散事由主要包括以下五种情形:(1)公司章程规定的营业期限届满或者公司章程规定的其他解散事由出现;(2)股东会或者股东大会决议解散;(3)因公司合并或者分立需要解散;(4)依法被吊销营业执照、责令关闭或者被撤销;(5)人民法院依照《公司法》第182条的规定予以解散,即根据股东请求而司法解散。

三、公司的破产

破产是指债务人无力偿还到期债务及债务人资产总量小于债务总量的一种事实状态。破产法律制度是指在债务人不能清偿到期债务时,依据其自身或债权人的申请,由法院按法定程序对其进行强制清算的法律制度。

破产是商品经济发展到一定时期必然出现的法律现象。随着社会分工的发展,经济交往程度加深,公司的债权债务关系日益复杂,同时,随着市场风险和管理难度的增大,公司更容易因市场变化或经营不善而导致资不抵债。当债务清偿期限届满债务人无力清偿时,如果债权人仅为一人,债务纠纷可按照普通诉讼程序予以解决。但是,如果有两个以上的债权人时,债权人之间为了各自债权的实现会争先要求债务人予以优先清偿,这时便可能出现迟到的债权人一无所获或者个别债权人与债务人串通妨碍对其他债权人清偿的混乱局面。为了防止这种不合理现象发生,公平地保护各债权人的利益,体现债权人地位平等的原则,社会就需要这样一种制度——当债务人经营活动失败时,对债务人的财产由法院强制管理和变价,使所有债权人得到公平清偿,未能清偿的部分也由全体债权人公平地承担损失,从而能合理处理债权人之间的关系以及债权人与债务人的关系,以结束债权债务关系,使债务归于消灭。

各国破产法内容不尽相同。多数国家破产法不仅适用于法人,还适用于自然人,称一般破产主义,如德国、日本、智利、英国、我国香港地区等;有的仅适用于商人,无论是商法人还是商自然人均得适用,称商人破产主义,如法国、意大利、巴西等;美国破产法则除了低工资者和农民外,适用于一切商人、非商人、消费者。我国破产法并不适用于自然人,主要适用于有法人资格的企业,我国2006年修订的《合伙企业法》和制定的《企业破产法》规定破产制度适用于合伙企业,主要是考虑合伙人财力不足虽对合伙企业债务承担无限连带责任,但债权人仍希望在破产的合伙企业财产中首先能够公平分配一些,不足部分再视向合伙人追偿的实际情形而定。《合伙企业法》第92条规定:"合伙企业不能清偿到期债务的,债权人可以依法向人民法院提出破产清算申请,也可以要求普通合伙人清偿。合伙企业依法被宣告破产的,普通合伙人对合伙企业债务仍应承担无限连带责任。"

以下主要以我国《企业破产法》为据讨论公司破产的问题。由于《企业破产法》的适用范围超出公司企业,因此以下的内容中出现"企业法人"的概念当然涵盖公司。

(一) 破产界限

关于破产界限,也即破产原因,我国法律采用概括主义方式进行规定,但内容极其复杂。如前所述,我国《企业破产法》第2条规定:"企业法人不能清偿到期债务,并且资产不足以清偿全部债务或者明显缺乏清偿能力的,依照本法规定清理债务。"对本条规定的内容,目前学者们的理解有较大差异,主要的争论点在于三个条件句的关系是怎样排列的。第一种理解是"不能清偿到期债务"是总括句,而"资产不足以清偿全部债务"和"明显缺乏清偿能力"是二选一的递进条件句,如此就会形成两个标准,即:(1) 企业法人不能清偿到期债务,并且资产不足以清偿全部债务的;(2) 企业法人不能清偿到期债务,并且明显缺乏清偿能力的。第二种理解是以"或者"为界限,划分为前后两个并列的独立的条件,即:(1) 企业法人不能清偿到期债务,并且资产不足以清偿全部债务的;(2) 企业法人明显缺乏清偿能力的。最高人民法院《关于适用〈中华人民共和国企业破产法〉若干问题的规定(一)》(以下简称《破产法司法解释(一)》)采用了上述第一种解释意见。结合法律制定者对我国国情的深层考虑,我认为上述理解中的第一种是符合立法精神的。

从实际操作角度看,债务人企业一旦发生不能清偿到期债务的事实,债权人与债务人没有达成延期还款协议的,债权人当然可以提出破产申请,这是毋庸置疑的,而且我国《企业破产法》第7条第2款规定债权人提出对债务人进行破产清算的申请的唯一条件就是不能清偿到期债务。但是,法院在受理以后是否宣告破产,则还必须结合债务人企业是否存在债务超过资产或是否存在明显缺乏清偿能力做出判断。法院在处理破产案件中,应当全面分析债务人企业的综合情况,而不仅仅依据不能清偿的事实,甚至要将职工就业问题纳入必要考量范围。

(二) 破产案件的管辖

我国《企业破产法》第 3 条规定,破产案件由债务人住所地人民法院管辖。之所以如此规定,是因为一揽子处理债务人企业的债权债务关系,决定企业生存与否的命运问题,查清债务人企业的财产状况和债权债务,非债务人住所地法院是无法承担如此复杂、耗费时间的案件的。至于应由哪一级法院管辖哪类企业的破产申请,依据最高人民法院的相关司法解释来确认:基层人民法院一般管辖县、县级市或区的工商行政管理机关核准登记企业的破产案件;中级人民法院一般管辖地区、地级市以上工商行政管理机关核准登记企业的破产案件;个别案件的级别管辖,可以依照《民事诉讼法》的相关规定办理,即可以实行指定管辖和提审管辖。

(三) 破产案件的申请与受理

债务人不能清偿到期债务,债权人可以申请对债务人进行重整或者宣告债务人破产。债务人无力偿还到期债务,并且其资产不足以清偿全部债务或者明显缺乏清偿能力的,也可自行申请重整、和解或者宣告破产。已经解散的企业法人,清算期间发现资不抵债的,清算机构负责提出破产清算申请。依据我国《企业破产法》的规定,提出破产申请,应当向人民法院提交破产申请书和有关证据。

人民法院收到债权人提出的破产申请后,首先应当进行形式审查和实质审查。形式审查主要是看申请人有无申请权,被申请企业有无破产资格,申请提交的材料是否齐备等。实质审查主要是看被申请破产的企业是否已经符合《企业破产法》第 2 条规定的破产条件。对不符合条件的申请,可裁定驳回申请。

人民法院裁定受理破产申请的,应同时指定管理人。自裁定受理破产申请之日起 25 日内通知已知的债权人,并发布公告。

自人民法院裁定受理破产申请后到破产程序终结前,债务人的法定代表人及由法院决定的其他高级管理人员承担下列义务:(1) 妥善保管其占有和管理的财产、印章、账簿、文书等;(2) 根据人民法院、管理人的要求进行工作,并如实回答询问;(3) 列席债权人会议并如实回答债权人的询问;(4) 未经人民法院许可,不得离开住所地;(5) 不得新任其他企业的董事、监事、高级管理人员。

人民法院受理破产申请的裁定对关涉债务人的其他一些行为发生效力:第一,债务人无论经其法定代表人还是管理人都不得对个别债权人进行债务清偿,发生清偿的行为无效;第二,债务人的债务人或者财产持有人应当向管理人清偿债务或者交付财产,故意违反此规定对债务人的债权人造成损失的,应负赔偿责任;第三,管理人决定解除或者继续履行债务人与他人早先订立的合同;第四,有关债务人财产的保全措施解除,执行程序中止;第五,牵涉债务人的未审结的民事诉讼和仲裁案件由管理人接管;第六,新的有关债务人的民事诉讼只能向受理破产申请的人民法院提出。

（四）管理人

管理人是由法院任命的专门负责管理被申请破产清算的债务人企业事务的人。管理人既可以是一个临时机构，也可以是个人。债权人会议对特定的管理人有异议的，可以申请法院更换。管理人依法履行职责，向人民法院报告工作，并接受债权人会议和债权人委员会的监督，列席债权人会议报告工作及回答询问。考虑到国有企业、商业银行、证券公司、保险公司破产的情况下，政府有关部门和机构势必组织清算组介入破产企业的事务处理的情形，我国《企业破产法》第24条规定，清算组可以担任管理人。其他可以担任管理人的包括：律师事务所、会计师事务所、破产清算事务所或者这些中介机构中的专业人员。法律规定管理人履行的职责包括：接管债务人的财产、账簿等资料，调查债务人财产状况，制作财产状况报告，决定债务人的内部管理事务，管理和处分债务人的财产，提议召开债权人会议等。

（五）债务人财产

债务人财产是指破产申请受理时债务人拥有的全部财产以及破产程序终结前债务人取得的其他财产。债务人财产的多寡直接涉及债权人分配的比例，因此债权人势必格外关注。为了防止债务人在破产前的特定时期不正当处理其财产，从而减少其财产数额，损害债权人利益，法律规定债务人企业在破产申请案件受理前1年内实施的下列行为，管理人有权请求人民法院予以撤销：(1) 无偿转让财产；(2) 以明显不合理的价格进行交易，即压价出售债务人财产或高价买进他人财产；(3) 对没有提供财产担保的债务提供财产担保；(4) 对未到期的债务提前清偿；(5) 放弃债权。对于法院受理破产申请前6个月内，债务人已经出现破产原因而仍对个别债务进行清偿的，除非清偿行为使债务人财产受益，管理人有权请求人民法院予以撤销。对于受理破产申请后，债务人的出资人未完全履行出资义务的，管理人有权请求其缴纳所认缴的出资，而不受出资期限的限制。对于他人占有的债务人的财产，管理人应负责追回；债务人占有的不属于债务人的他人财产，该他人可通过管理人取回。债权人和债务人互负债务的，依据法律规定可以向管理人主张抵消。

（六）债权申报

债权申报的期限自法院公告受理破产申请之日起算，最少为30日，最多为3个月。未到期的债权视为到期，附利息的债权停止计息，附条件、附期限的债权和诉讼、仲裁未决的债权，可以申报。债务人所欠职工工资、医疗伤残补助、养老保险金、补偿金等，不必申报，由管理人调查后列出清单公示。债权人应当在法院确定的申报期限内向管理人申报债权。未申报债权的债权人，不得依照本法规定的程序行使权利。管理人对债权申报应当登记造册，对申报的债权负审查之责，并编制债权表。债权表和债权申报材料由管理人保存，供利害关系人查阅。

（七）债权人会议与债权人委员会

债权人会议是债权人集体为处理有关破产问题而组成的临时议事机构。依法申报债权的债权人为债权人会议的组成成员，有权参加债权人会议，享有表决权。债权尚未确定的债权人，除人民法院为其行使表决权而临时确定债权额的外，不得行使表决权。对债务人的特定财产享有担保权的债权人,在其未放弃优先受偿权时,对债权人会议讨论通过和解协议和通过破产财产的分配方案事项不行使表决权。

债权人会议行使的职权包括:(1)核查债权;(2)申请人民法院更换管理人,审查管理人的费用和报酬;(3)监督管理人;(4)选任和更换债权人委员会成员;(5)决定继续或停止债务人的营业;(6)通过重整计划;(7)通过和解协议;(8)通过债务人财产的管理方案;(9)通过破产财产的变价方案;(10)通过破产财产的分配方案;(11)人民法院认为应当由其行使的其他职权。债权人会议应当对所议事项的决议作成会议记录。

债权人会议的决议,由出席会议的有表决权的债权人过半数通过,并且其所代表的债权额占无财产担保债权总额的1/2以上。债权人认为债权人会议的决议违反法律规定,损害其利益的,可以自决议做出之日起15日内,请求人民法院裁定撤销该决议,责令债权人会议依法重新做出决议。债权人会议的决议对全体债权人均有约束力。

债权人会议可以根据需要设立债权人委员会。债权人委员会组成后应当经人民法院书面决定认可。债权人委员会的职权是:(1)监督债务人财产的管理和处分;(2)监督破产财产分配;(3)提议召开债权人会议;(4)债权人会议委托的其他职权。

(八) 和解

和解是由债务人发起,在债务人出现破产原因时与债权人集体达成的旨在挽救债务人,避免其破产清算的一种制度安排。和解的基础在于债务人和全体债权人之间达成谅解协议,债权人在接受一定程度的损失的前提下重新确立对债权实现的期望,并给债务人以谋求翻身发展的机会。和解形成的成本较公司的重整成本低,司法干预的力度较弱,主张尊重当事人之间的意思自治。

依据我国《企业破产法》的规定,债务人可以向有管辖权的法院直接申请和解,也可以在法院受理破产申请后提出和解申请。提出和解申请的,应当同时提出和解协议草案。人民法院裁定准许和解的,予以公告并召集债权人会议讨论和解协议草案。和解不影响对债务人的特定财产享有担保权的权利人行使其权利,但担保权人未放弃优先受偿权的,对和解协议不得行使表决权。债权人会议通过和解协议的决议,由出席会议的有表决权的债权人过半数同意,并且所代表的债权额须占无财产担保债权总额的2/3以上。

债权人会议通过和解协议的,由人民法院裁定认可,终止和解程序,并予以公告。此时,管理人应当向债务人移交财产管理和营业事务。和解协议未获通过,或者法院对通过的和解协议未认可的,法院应当裁定终止和解程序,宣告债务人破产。经法院认可的和解协议,对全体和解债权人有约束力,未申报债权的和解债权人在和解协议执行期间不得行使权利,在和解协议执行完毕后可以按照和解协议规定的清偿条件行使权利。

债务人须严格执行和解协议。债务人对订立和解协议有欺诈行为,无力执行或者不执行和解协议的,债权人可随时请求人民法院裁定和解协议无效或终止和解协议的执行,宣告债务人破产。债权人此前因执行和解协议所受的清偿不予退还,对债权的让步承诺失效。执行和解协议期间,为债务人企业复兴而设定的担保继续有效。在人民法院受理破产申请后,债务人与全体债权人自行达成债权债务处理协议的,可以请求人民法院裁定准许,终结破产程序。

（九）破产清算

人民法院宣告债务人破产,应当做出裁定。自裁定做出之日起5日内送达债务人和管理人,10日内通知已知债权人并公告。在破产宣告前,如发生第三人为债务人提供足额担保或者为债务人清偿全部到期债务的,或者债务人已经清偿全部到期债务的,人民法院得裁定终结破产程序,恢复债务人的一切营业条件,并予公告。上述所谓足额担保是指令到期债权的债权人满意的担保,所谓到期债务不包括破产申请受理时视为到期的债务。行使优先受偿权的债权人不能完全受偿的部分,作为普通债权;放弃优先受偿权的,其全部债权作为普通债权。

债务人的非货币财产的变价,应当由管理人及时拟订变价方案,提交债权人会议讨论通过,尔后实施变价处理。出售破产财产应当通过拍卖进行,以使变价活动满足公示条件,使债权人利益最大化。但是,债权人会议另有决议的按决议办理。破产企业可以整体变价出售,其中无形资产还可以单独变价出售。国家规定不能拍卖或者限制转让的资产,依国家规定的方式处理。

破产财产首先应当扣除破产费用和共益债务。破产费用包括破产案件的诉讼费用,管理、变价和分配债务人财产的费用以及管理人执行职务的费用、报酬和聘用工作人员的费用。共益债务是指人民法院受理破产申请后发生的合理费用,包括继续履行合同发生的债务,债务人财产受无因管理所产生的债务,因债务人不当得利所产生的债务,为债务人继续营业需支付的劳动报酬、社会保险费用和其他债务,管理人和相关人员执行职务致人损害所产生的债务,债务人致人损害所产生的债务等。破产费用和共益债务由债务人财产随时清偿。债务人财产不足以清偿破产费用的,终止破产程序并公告。

债务人财产优先清偿破产费用和共益债务后的余额,按下列顺序清偿:(1)破产人所欠职工的工资和医疗、伤残补助、抚恤费用,所欠的应当划入职工个人账户的基本养老保险、基本医疗保险费用,以及法律、行政法规规定应当支付给职工的补偿金;(2)破产人欠缴的除前项规定以外的社会保险费用(主要是指工伤保险、失业保险和住房公积金等)和破产人所欠税款;(3)普通破产债权。破产财产不足以清偿同一顺序的清偿要求的,按照比例分配。破产企业的董事、监事和高级管理人员的工资按照该企业职工的平均工资计算。

破产人无财产可供分配或者最后分配完成,管理人应当向人民法院提交分配报告,提请法院终结破产程序。法院在收到管理人请求后15日内做出是否终结破产程序的裁定,裁定终结的,予以公告。管理人在破产程序终结之日起10日内持人民法院终结破产程序的裁定,办理企业注销登记。

四、公司的解散

（一）公司解散的概念

公司解散(dissolution),是指公司企业作为一个组织实体因某种原因而归于消灭的一种事实状态和法律行为与法律程序。

"解散"这一概念在我国的使用比较混乱,在立法和学理上均未形成统一认识。在立法上，各种法律、行政法规、部委规章、司法解释在涉及行政处罚方式时，通常混用解散、撤销、吊销、关闭、责令停产等词语。有的将解散作为上位概念，即解散包括撤销、吊销等行政处罚，例如，《公司法》第180条规定，公司的解散事由包括公司"依法被吊销营业执照、责令关闭或者被撤销"；而有的则将解散与撤销、吊销、关闭等行政处罚方式并列，列为同位阶概念，而在具体使用上又有多种排列组合方式，此时，解散一般仅指任意解散。

对于解散，学理上认识也不尽相同，但一般都认为解散不仅包括自愿解散，也包括行政机关强制解散，即包括撤销、吊销、关闭、责令停产停业等行政处罚方式。但对于是否将破产列为解散原因认识差异较大，有人认为解散为一上位概念，基本等同于公司终止，而破产只是解散的一种方式；有人则认为解散与破产为并列概念，都是公司终止方式之一。根据我国《公司法》的结构，我们采用后一种概念定义及分类方式，将解散定义为：公司因发生章程规定或法律规定的除破产以外的解散事由而停止业务活动，并进行清算的状态和过程。

（二）解散的特征

（1）公司解散的目的和结果是公司将要永久性停止存在并消灭法人资格和市场经营主体资格。

（2）债权人或有关机关在作出公司解散决定后，公司并未立即终止，其法人资格仍然存在，一直到公司清算完毕并注销后才消灭其主体资格。

（3）公司解散必须要经过法定清算程序。为了维护债权人和所有股东的利益，法律规定公司解散时必须组成清算组织进行清算，以公平地清偿债务和分配公司财产。但是，在公司因合并或分立而解散时，则不必进行清算。这是因为公司合并和分立必须要对债权人清偿债务或者提供相应的担保，否则公司不得合并、分立。此外，公司合并或分立后仍有债权债务承继者，债权债务关系也不会消灭。

（三）解散的分类与原因

因解散原因的不同，解散可以分为两类：

1. 任意解散

任意解散，也称为自愿解散，是指依公司章程或股东决议而解散。这种解散与外在意志无关，而取决于公司股东的意志，股东可以选择解散或者不解散公司，因此而称为任意解散。但是，任意解散不等于解散的程序也为任意，其解散仍必须依法定程序进行。

任意解散的具体原因包括：

（1）公司章程规定的营业期限届满，公司未形成延长营业期限的决议。我国《公司法》既未规定公司的最高营业期限，又未强制要求公司章程规定营业期限，因此，营业期限是我国公司章程的任意规定事项。如果公司章程中规定了营业期限，在此期限届满前，股东会可以形成延长营业期限的决议，如果没有形成此决议，公司即进入解散程序。1993年《公司法》对公司延长营业期限没有明确规定，现行《公司法》第181条规定，有《公司法》第180条第（一）项情形的，可以通过修改公司章程而存续。依照前款规定修改公司章程，有限责任公司须经持有2/3以上表决权的股东通过，股份有限公司须经出席股东大会会议的股东所持表决权的2/3以上通过。

《中外合资经营企业法》规定不同行业、不同情况的中外合资经营的有限责任公司,其合营期限应作不同的约定。有的行业的合营企业,应当约定合营期限;有的行业的合营企业,可以约定合营期限,也可以不约定合营期限。约定合营期限的合营企业,合营各方同意延长合营期限的,应在距合营期满六个月前向审查批准机关提出申请。审查批准机关应自接到申请之日起1个月内决定批准或不批准。

（2）公司章程规定的其他解散事由出现。解散事由一般是公司章程相对必要记载的事项,股东在制定公司章程时,可以预先约定公司的各种解散事由。如果在公司经营中,规定的解散事由出现,股东会可以决议公司解散。与公司营业期限届满股东会可以决议延长相同,《公司法》第181条规定,股东会可以2/3多数通过决议修改公司章程,使公司得以延续。

（3）股东会形成公司解散的决议。有限责任公司经持有2/3以上表决权的股东通过;股份有限公司经出席股东大会的股东所持表决权的2/3通过,股东会或股东大会可以作出解散公司的决议。国有独资公司因不设股东会,其解散的决定应由国家授权投资的机构或部门作出。中外合资有限责任公司也不设股东会,其董事会可以决议解散,如果董事会不能形成决议,则由合资一方向政府机关提出解散申请,由政府机关协调处理。

（4）公司合并或分立。当公司吸收合并时,吸收方存续,被吸收方解散;当公司新设合并时,合并各方均解散。当公司分立时,如果原公司存续,则不存在解散问题;如果原公司分立后不再存在,则原公司应解散。公司的合并、分立决议均应由股东会作出。

2. 强制解散

强制解散是指因政府有关机关决定或法院判决而发生的解散。具体分为:

（1）行政解散。依据《公司法》第180条第（四）项规定,公司因依法被吊销营业执照、责令关闭或者被撤销而解散。公司一旦受到吊销营业执照、责令关闭或者被撤销等行政处罚时,必然引起公司解散。这种解散属于强制解散。《公司法》第180条第（四）项明确规定了依法被吊销营业执照和撤销是公司解散的法定事由。在程序上,公司应当停止经营活动,依法进行清算,并于清算结束后办理注销登记。依法被责令关闭也是公司解散的原因之一,为了维护社会秩序,在公司经营严重违反了工商、税收、劳动、市场、环境保护等对公司行为进行规制的法律法规和规章时,有关违法事项的主管机关可以作出终止其主体资格、使其永远不能进入市场进行经营的处罚。

在不同的法规、规章中,解散、撤销、吊销、责令停产停业、关闭一般均属于行政解散。例如,《产品质量法》规定在产品中掺杂、掺假,以假充真,以次充好,或者以不合格产品冒充合格产品,情节严重的,吊销营业执照。

（2）司法解散。司法解散分为命令解散和判决解散。命令解散是法院应公司利害关系人或检察官之请求,或依职权以危害公共利益为由命令解散公司。该制度是为了纠正因公司设立准则主义而引起的滥设公司之弊端而创设的公司解散制度。如日本《公司法》明确规定了公司的命令解散制度。我国《公司法》没有规定公司的命令解散。判决解散是指公司经营管理发生严重困难,继续存续会使股东利益受到重大损失,通过其他途径不能解决时,法院根据股东的请求而强制解散公司。我国1993年《公司法》没有规定公司的判决解散,2005年后的《公司法》第182条增加了公司判决解散的规定,即公司经营管理发生严重困难,继续存续会使股东利益受到重大损失,通过其他途径不能解决的,持有公司全部股东表决权 10% 以上的股东,可以请求人民法院解散公司。

由此,我国《公司法》上的司法解散就是判决解散,其适用的法律要件包括:

一是公司经营管理发生严重困难,继续存续会使股东利益受到重大损失。这里的经营管理的严重困难,包括两种情况:其一,公司权力运行发生严重困难,即所谓的"公司僵局"。公司僵局是指公司的运行机制完全失灵,股东大会、董事会包括监事会等权力机构和管理机构无法对公司的任何事项作出任何决议,公司的一切事务处于瘫痪。公司僵局无论对公司还是对股东的利益都构成严重的损害:因经营决策无法作出,公司的业务活动不能正常进行;因管理的瘫痪和混乱,公司的财产在持续的耗损和流失;因相互之间的争斗,股东和董事大量的时间和精力被无谓地耗费,各方之间已经丧失了最起码的信任,相互合作的基础已完全破裂。其二,公司的业务经营发生严重困难。公司的业务经营发生的严重困难与权力运行中发生的困难来源于公司内部,公司的业务经营的困难更多地来源于公司外部,通常表现为公司在对外交易过程中与交易对象的交易活动陷入不能回转的情况下,公司继续经营将严重损害股东的利益。因此赋予股东请求人民法院解散公司的权利,就成为公司法保护股东利益的一项重要制度。

关于公司经营管理的严重困难如何认定,《公司法司法解释二》规定了如下具体情形:公司持续两年以上无法召开股东会或者股东大会,公司经营管理发生严重困难的;股东表决时无法达到法定或者公司章程规定的比例,持续两年以上不能做出有效的股东会或者股东大会决议,公司经营管理发生严重困难的;公司董事长期冲突,且无法通过股东会或者股东大会解决,公司经营管理发生严重困难的;经营管理发生其他严重困难,公司继续存续会使股东利益受到重大损失的情形。但是,股东以知情权、利润分配请求权等权益受到损害,或者公司亏损、财产不足以偿还全部债务,以及公司被吊销企业法人营业执照未进行清算等为由,提起解散公司诉讼的,人民法院不予受理。

二是公司经营管理的严重困难通过其他途径无法解决。在公司经营管理发生严重困难情况下,司法解散应是最终的救济方式,但如果公司可以通过其他途径克服此种困难,则不应采取司法解散的方式。至于解决这一问题有哪些其他途径,则需要根据具体情况判定。对此,《公司法司法解释二》第 5 条明确规定:"人民法院审理解散公司诉讼案件,应当注重调解。当事人协商同意由公司或者股东收购股份,或者以减资等方式使公司存续,且不违反法律、行政法规强制性规定的,人民法院应予支持。当事人不能协商一致使公司存续的,人民法院应当及时判决。"法院可选择的其他调解路径还可以有分立、利益补偿等。

三是需持有公司全部股东表决权 10% 以上的股东请求。司法解散是决定公司终止的重大事项,涉及全体股东的根本利益,并非任何股东都享有请求权,只有与公司的利益关系达到一定程度的股东才享有此种权利,我国《公司法》将这种利益关系限定在持有全部股东表决权的 10%。

四是司法解散只能由人民法院依判决作出。股东提起解散公司诉讼的,以公司为被告,以其他股东为第三人。其他股东也可以申请成为共同原告。

【本节理论探讨】

● 公司解散的撤销制度

公司解散的撤销制度,是指因一定原因将已经解散的公司再次恢复到解散前的状态,维持与解散前公司的同一性而继续存在。公司可以继续存在的解散事由主要有:因公司章程规定的存立期限届满、股东会决议解散、破产程序中作出强制和解或破产废止决定等。这一制度的意义在于:在某些解散事由出现后,如果不存在必然阻止公司存立的事由,只要公司成员愿意公司继续存在,则尊重成员的意志,允许公司继续运营。这符合公司维持理念,较之于强制公司进行清算并由公司成员另行设立新的公司更为经济、效率。公司解散的撤销应当在剩余财产尚未分配之前进行,因为如果公司财产已经对股东进行剩余分配,则此时公司由于缺乏必要的资本而实质上很难继续存在,强制其存续已无实际意义,且公司解散撤销制度所蕴涵的效率价值并不能得到维护。公司解散撤销的法律后果是,公司恢复解散之前的状态而存在,但它并不溯及而排除公司解散的效果,也不影响解散后清算人所为的清算事务的效力。

德国公司法规定,股份公司解散后,如果公司系期满或股东大会决议解散;或因破产程序而解散,但破产程序已经公司申请取消,或强制和解协议生效后予以取消、或因章程缺陷而被解散,但股东会已作出了消除缺陷的修改章程的决议,在上述前提下,如果公司剩余财产尚未被分配给股东,那么股东大会可以作出使被解散的公司继续存在的特别决议。

美国法律规定,公司自愿解散后,在解散生效后120天内可以撤销解散。撤销解散要向州务长官送交一份撤销解散文件及原解散文件,撤销解散的文件归档时,撤销便生效。公司依行政命令解散后,解散生效之后两年内,如果公司解散的原因已消除,公司可以向州务长官申请恢复。

我国现行《公司法》只针对由于公司章程规定的营业期限届满或章程规定的其他解散事由出现而导致的解散情形,规定可以通过修改公司章程使公司存续,并无公司解散的撤销规定。而在国外,由于这一制度所彰显的效率价值,许多国家公司法都对它作了明确规定,因而吸收与借鉴国外相关立法,对完善我国公司法规范具有重要意义。

第二节 公司的重整

一、概述

(一) 公司重整的概念

公司重整(reorganization),也称为公司整理(rearrangement)或公司更生(regeneration),是指具有一定规模的公司企业出现破产原因或有破产原因出现之虞时,为预防破产,经公司利害关系人申请,在法院干预下对该公司的债权债务关系重新做出安排并对公司实施强制治理,使其复兴的法律制度。由于公司重整制度的宗旨是防止公司的破产,因此也被称为破产保护制度或破产预防制度。公司重整制度与破产法上的和解制度有共同的作用,即调整债务人面临破产时的特定的债权债务关系,谋求减缓债务人面临的支付压力,以使债务人公司获得再生的机会。但公司重整制度较和解制度产生晚,它适应了后工业时代政府、社会对大企业经营状况的关注和支持的要求,规定采取比和解制度更强劲的手段挽救处在破产边缘的公司企业,以期稳定社会经济关系,促进经济的发展。

我国 2006 年颁布的《企业破产法》第八章规定了企业法人的重整制度,与和解制度、破产清算制度一起作为我国破产制度的三个组成部分。

(二) 公司重整制度的特征

相比于破产清算与和解制度,公司重整制度主要有以下几个方面的特征:

第一,从制度目标和价值来看,公司重整制度旨在积极挽救有重建希望的困境企业,通过使其扭亏为盈和持续经营,来保护社会整体利益。破产清算制度仅在于将债务人财产公平清偿给各债权人,和解制度虽然也有避免债务人受破产宣告的目的,但是从其实质上来说与破产清算制度一样重在清偿,债权人并不关心债务人在清偿完债务后是否继续经营,在债务人财产不变情况下,由于和解费用小于破产清算费用,债权人可以获得更多清偿,因而实践中债权人愿意采纳和解方案。

第二,从适用主体来看,各国或地区立法规定不一,美国的适用范围较为宽泛,日本、英国以及我国台湾地区的重整制度只适用于股份有限公司,其中我国台湾地区更是将主体范围限制为公开发行股票或公司债的股份有限公司。重整程序侧重的是对社会大众利益的维护,中小型企业影响社会公众利益较小,债权规模以及债权人人数不多,有重建希望的中小企业完全可以通过与债权人一一协商或者和解程序就债务关系重新做出安排。

第三,从程序启动的条件来看,公司重整程序的启动条件与破产清算程序、和解程序相比更为宽松。破产清算与和解程序的启动均要求债务人具备破产原因,且法院已受理破产申请。按照我国《企业破产法》第 2 条的规定,有两种破产原因:一是债务人不能清偿到期债务且资产不足以清偿全部债务;二是债务人不能清偿到期债务且明显缺乏清偿能力。而债务人在有明显丧失清偿能力可能的情形即有破产原因出现之虞时,即可直接申请启动重整程序。

第四,从重整手段来看,公司重整手段较为丰富,不仅包括和解制度中债权人对债务人诸如债务减免、延期履行等妥协与让步,还包括剥离、股权出售、合并与分立、股份置换等一切有利于改善公司绩效、带来积极的净现金流量的措施。另外,债务关系重新安排以外的手段对于公司重建来说更为重要,由于这些手段的采取对于财务管理技能和经营管理技能的要求较高,所以公司重整中通常都需要企业管理专家作为重整人主持或者参与。

第五,从重整的参与主体来看,公司的股东与债权人作为利害关系人共同参与公司的重整,而不同于和解、破产清算程序中股东的无所作为。因为当公司出现或者可能出现破产原因时,双方利益都会受损,因而能在重整中相互协作,共担损失并参与重整事务,共谋公司更生。

二、公司重整程序的开始与进行

(一) 重整申请人

根据我国《企业破产法》第2条、第7条和第70条的规定,结合重整申请条件,主要有如下三类申请人:

第一,债务人。具体来说又分两种情形:一是债务人不能清偿到期债务,并且资产不足以清偿全部债务或者明显缺乏清偿能力的,或者有明显丧失清偿能力可能的,债务人可以直接向人民法院申请重整;二是债权人申请对债务人进行破产清算的,在人民法院受理破产申请后、宣告债务人破产前,债务人可以向人民法院申请重整。债务人最了解自身经营状况和财务状况,外部债权人得知其不能清偿到期债务的信息时往往具有滞后性,允许债务人提出申请,有利于展现其重整诚意,尽早、及时地开始重整程序,实现挽救企业的目标。

第二,债权人。债务人不能清偿到期债务的,债权人可以直接向人民法院提出对债务人进行重整的申请。依据我国《企业破产法》规定,凡出现破产原因或有破产原因出现之虞的企业法人均可适用重整制度以期挽救,不能受偿的到期债权的债权人无论持有多少债权额,均可提出申请。

第三,出资额占债务人注册资本1/10以上的出资人。债权人申请对债务人进行破产清算的,在人民法院受理破产申请后、宣告债务人破产前,出资额占债务人注册资本1/10以上的出资人可以向人民法院申请重整公司。出资人有权提出重整申请,是重整程序与和解、破产清算程序的重大差别。和解和破产清算程序往往只解决债务关系的调整问题或者对债务人财产的分配问题,出资人对此基本处于完全消极被动地位;而在重整程序中,虽然出资人受有限责任保护,但公司陷入困境,其股权价值一落千丈,出资人有足够的激励通过追加投资等方式在重整程序中保存公司、挽回损失,这充分体现出重整制度调动各方积极参与的特点。

(二) 重整受理与裁定

法院接到重整申请后,应当依法进行形式审查,形式审查包括如下几个方面的内容:(1)申请人和被申请人资格;(2)管辖;(3)重整申请的形式是否符合法律规定。

认为符合法律规定条件的,法院应当进行实质审查,实质审查包括如下几个方面的内容:(1)重整原因。重整原因前已述及,即债务人出现破产原因,或者有破产原因出现之虞,对此申请人应当负举证责任。(2)债务人有无挽救之必要与可能。债务人具备重整原因不一定意味着即可开始重整程序。重整是一个对多方权利限制较多、程序复杂、成本较大的制度,破产法立法对此采取了较为宽泛的规定,但是法院在实际适用时应当从严掌握,认真履行审查义务,除非确信债务人有重建之必要与可能,不宜轻易开始重整程序,否则会对债权人等利害关系人造成极大的损害,不当拖延债务人履行义务。

在法院做出受理裁定以前,公司尚未丧失其经营业务及管理处分财产的权利,个别人员已知悉公司财务状况恶化欲施以重整的信息,唯恐自己之权利将受重整之不利影响,极有可能在法院尚未裁定前为自己的利益而采取不利于公司重整之行为。《企业破产法》第31~33条规定了管理人对于自人民法院受理重整案件之日起前1年内债务人不当行为和前6个月内债务人个别清偿行为的撤销权,并规定债务人隐匿、转移财产以及虚构债务的行为自始无效。

法院经审查认为重整申请不符合法律规定条件的,应当裁定不予受理。经实质审查认为重整申请符合法律规定条件的,应当裁定予以受理。法院做出重整裁定的,应当指定管理人,一并予以公告。

(三) 重整机关

公司进入重整程序,公司原来的机关——股东大会、董事会、监事会、经理机构等均停止行使职权,而由法院选任或依法组织其他机构在法院监督下管理公司并负责重整事务。

1. 债权人会议

公司在正常经营状态下,股东承担着剩余风险,享有剩余收益,公司最终控制权归股东享有;在破产状态下,股东在公司中已无资产或者资产只占总资产中很小的一部分,原本享有固定合同收益的债权人已经无法通过固定合同保护自身利益,并实际承担着剩余风险,公司最终控制权应当转移给债权人,债权人有权决定如何利用债务人资产并进行合理分配。因此,债权人会议应当成为重整公司的最高权力机关,对重整期间公司的重大事务享有最终决定权,集中体现为通过或者拒绝通过重整计划草案。

债权人会议在重整程序中行使如下职权:(1) 核查债权;(2) 申请人民法院更换管理人,审查管理人的费用和报酬;(3) 监督管理人;(4) 选任和更换债权人委员会成员;(5) 通过重整计划;(6) 人民法院认为应当由债权人会议行使的其他职权。

2. 管理人

对于重整事务的代表和管理,各国立法主要有三种模式:第一种是由债务人继续管理公司;第二种是由法院直接指定管理人,如英国的管理令程序;第三种是折中模式,即由债务人在法院指定的管理人的监督下管理公司。

我国采取了管理人自动接管重整公司、债务人经人民法院批准可以重新获得在管理人监督下自行管理公司事务的债务人公司控制模式。根据我国《企业破产法》的规定,人民法院裁定公司重整的,应当同时指定管理人接管债务人财产与营业事务。管理人负责管理财产和营业事务的,可以聘任债务人的经营管理人员负责营业事务;在重整期间,经债务人申请,人民法院批准,债务人可以在管理人的监督下自行管理财产和营业事务,已接管债务人财产和营业事务的管理人应当向债务人移交财产和营业事务。

我国《企业破产法》第24条规定,管理人可以由有关部门、机构的人员组成的清算组或者依法设立的律师事务所、会计师事务所、破产清算事务所等社会中介机构担任。人民法院根据债务人的实际情况,可以在征询有关社会中介机构的意见后,指定该机构具备相关专业知识并取得执业资格的人员担任管理人。

(四) 重整计划

1. 重整计划的概念与草案制订

重整计划的制订完成是重整程序的核心。重整计划是旨在通过对债权债务关系以及出资人权益等做出重新安排,并制定出具有可操作性的经营措施,实现被重整公司的重建与更生。

重整计划经草案制定和批准两个程序而生效,生效的重整计划对各利害关系人产生约束力。

根据我国《企业破产法》的规定,债务人自行管理财产和营业事务的,由债务人制作重整计划草案;管理人负责管理财产和营业事务的,由管理人制作重整计划草案。

2. 重整计划草案的通过与批准

重整程序对债务人及其利害关系人利益影响甚巨,处于不同序位清偿地位的债权人会有不同的利益诉求,对待重整的态度也不一:有担保的债权人通常要求对担保财产进行变现以获得债权的立即实现,重整不会给他们带来什么好处,相反如果担保权拖延实现,担保物还有贬值的风险;债务人的职工可能比较欢迎重整,因为至少短期内不会失业;处于清偿顺序末位的普通债权人通常倾向于要求企业重整,因为按照破产清算程序他们得到的清偿份额会很少,企业继续经营并不会使他们损失更多。为了缓和多数决原则可能带来的过分注重效率而损失公平的压力,保证重整计划充分考虑各类利害关系人利益,各国立法对重整计划草案的通过一般采取了分类分组表决机制。

我国《企业破产法》采取了折中的规定:法律明确规定了分组的标准,在必要时人民法院得增设个别表决组。根据该法第82条的规定,债权人会议依照下列债权分类分组对重整计划草案进行表决:(1)对债务人的特定财产享有担保权的债权;(2)债务人所欠职工的工资和医疗、伤残补助、抚恤费用,所欠的应当划入职工个人账户的基本养老保险、基本医疗保险费用,以及法律、行政法规规定应当支付给职工的补偿金;(3)债务人所欠税款;(4)普通债权。人民法院在必要时可以决定在普通债权组中设小额债权组对重整计划草案进行表决。对于上述第(2)项规定以外的社会保险费用,该法明确重整计划不得规定减免欠缴的该项费用,该项债权人的利益不受重整程序的影响,故无需参加重整计划草案的表决。

关于表决规则,我国《企业破产法》第84条和第86条规定,出席会议的同一表决组的债权人过半数同意重整计划草案,并且其所代表的债权额占该组债权总额的2/3以上的,即认定该组通过重整计划草案。各表决组均通过重组计划草案时,重整计划即为通过。

重整计划草案经债权人会议通过后,只有经过法院裁定批准的,才对债务人和全体债权人有约束力,具备强制执行力。

三、重整程序对相关主体权利义务的影响

法院做出受理重整申请的裁定,对债务人企业、债权人和出资人具有约束力。

1. 对公司权利义务的影响

对公司权利义务的影响,表现在如下几个方面:

(1) 公司财产和营业事务的移交。法院裁定受理重整申请的,公司应当向管理人移交财产和营业事务。至破产程序终结之日,公司的法定代表人或者法院指定的公司财务管理人员和其他经营管理人员需承担相应的法律义务。

(2) 公司财产处分行为和受领行为受到限制。自法院裁定受理重整申请后,公司对个别债权人的债务清偿无效;法院受理重整申请前1年内,公司有无偿转让财产、以明显不合理的价格进行交易、对没有财产担保的债务提供财产担保、对未到期的债务提前清偿以及放弃债权的行为的,管理人有权请求法院予以撤销。

(3) 与公司有关的司法程序中止。针对公司财产的保全措施应当解除,执行程序应当中止,因为保全公司财产是公司重建的物质基础;已经开始而尚未终结的有关债务人的民事诉讼或者仲裁应当中止,在管理人接管债务人的财产后,该诉讼或者仲裁继续进行,由管理人代表公司参加诉讼、仲裁或者其他法律程序。

2. 对债权人权利义务的影响

法院做出受理重整申请的裁定以后,债权人应当在法院确定的债权申报期限内向管理人申报债权,职工债权人不必申报,由管理人调查后列出清单并予以公示。未到期的债权,在重整申请受理时视为到期,附条件、附期限的债权和诉讼、仲裁未决的债权,以及受理重整申请后管理人或者债务人依法解除债务人和对方当事人均未履行完毕的合同、对方当事人因此而产生的损害赔偿请求权,债权人均可以申报。债权人在重整期间及在重整计划执行期间不得行使权利。

重整债权人的权利义务受到的影响具体表现在:第一,对有担保的债权人,在重整期间,对债务人的特定财产享有的担保权暂停行使。第二,对普通债权人,与和解及破产清算程序一样,进入集体清偿程序。

3. 对公司出资人权利义务的影响

对公司出资人权利义务的影响,表现在如下几个方面:

(1) 履行出资义务。法院受理破产申请后,重整公司的出资人尚未完全履行出资义务的,管理人应当要求该出资人缴纳所认缴的出资,而不受出资期限的限制。

(2) 资产收益权中止行使。在重整期间,出资人不得请求投资收益分配。

(3) 特定身份出资人股权转让受到限制。在重整期间,除经法院同意外,公司的董事、监事、高级管理人员不得向第三人转让其持有的公司的股权。

四、公司重整程序的终止与重整计划的执行

(一) 重整程序的终止

自法院裁定债务人重整之日起至重整程序终止,为重整期间。按法律后果的差异,重整程序的终止分为如下两类情形:

(1) 法院裁定终止重整程序,并宣告债务人破产,债务人进入破产清算程序。根据我国《企业破产法》第78条之规定,在重整期间,有下列情形之一的,经管理人或者利害关系人请求,人民法院应当裁定终止重整程序,并宣告债务人破产:一是债务人的经营状况和财产状况继续恶化,缺乏挽救的可能性;二是债务人有欺诈、恶意减少债务人财产或者其他显著不利于债权人的行为;三是由于债务人的行为致使管理人无法执行职务。

(2) 法院裁定批准重整计划,重整程序终止,进入重整计划的执行阶段。

(二) 重整计划的执行

重整计划由债务人负责执行,自法院裁定批准重整计划后,已接管财产和营业事务的管理人应当向债务人移交财产和营业事务。自法院裁定批准重整计划之日起,在重整计划规定的

监督期内,由管理人监督重整计划的执行,债务人应当向管理人报告重整计划执行情况和债务人财务状况。监督期届满时,管理人应当向人民法院提交监督报告。

债务人不能执行或者不执行重整计划的,法院经管理人或者利害关系人请求,应当裁定终止重整计划的执行,并宣告债务人破产,转入破产清算程序。

第三节 公司的清算

一、清算的概念与法律意义

（一）清算的概念

公司清算是指公司解散或被宣告破产后,依照一定程序了结公司事务,收回债权、清偿债务并分配财产,最终使公司终止消灭的程序。清算是公司终止的必要步骤。因为：

（1）公司往往并非由一人控制,其股东众多,并且,随着所有权与经营权分离,董事、经理开始掌握公司控制权,因此,为了防止实际控制公司的董事、经理或控股股东在公司终止之前私自处分公司财产或不公平地分配公司的财产,从而损害公司债权人和股东的利益,就需要以法定的程序对公司财产进行公平的清算,以保护债权人和股东的利益。此外,由于公司股东人数较多,如果每个公司终止前都需要股东对财产分配方式和程序形成决议,则不仅难以达成一致意见而且容易引发争议,所以仅从降低成本和提高效率的角度出发,也需要法律相对统一地规定一套普遍适用的清算制度。

（2）公司的股东对公司承担的是有限责任,以其投资额为限,股东不再对公司承担任何责任。公司的债务是由公司的财产进行清偿,因而公司财产是公司债权人利益的保障。如果公司未经清算清偿而终止,消灭了主体资格,则债权人的债权将无法实现。因此,必须在公司终止前依法定的清算程序以公司的财产对债权人进行清偿,从而保障债权人的利益和经济秩序的稳定。为公司企业的终止而进行的清偿就是清算。

（3）公司的终止不仅影响股东和债权人的利益,还会影响许多利益相关人的利益,其中最重要的便是公司的职工。为了保障职工的利益,也必须通过法定程序分配公司剩余的财产。

（二）清算的法律意义

在进入清算程序后,公司便进入终止前的特殊阶段,其权利能力和行为能力均出现重大变化。清算的法律意义为：

（1）清算期间,公司仍具有法人资格。公司解散或被宣告破产后,公司法人资格和主体资格并未立即消灭,只是业务活动范围有所限制,即不得开展与清算无关的经营活动。

（2）清算期间,公司的代表机构为清算组织。公司的董事会不再依其职责代表公司,公司的财产、印章、财务文件等均由清算组织接管。清算组织负责处理公司未了结的事务,并代表公司对外进行诉讼。

（3）清算期间,公司的权利能力、行为能力受到限制。虽然公司仍具有法人资格,但清算前和清算期间的公司的主体能力有很大差异,有些国家将处于清算阶段的公司称为"清算法人"或"清算公司"。在清算期间,公司不得再进行新的经营活动,公司的全部活动应局限于清理公司已经发生但尚未了结的事务,包括清偿债务、实现债权以及处理公司内部事务。《公司法》第 186 条第 3 款明确规定,清算期间,公司存续,但不得开展与清算无关的经营活动。

(4)清算期间,公司财产在未按法定程序清偿前,不得分配给股东。公司财产必须先支付清算费用、职工工资和劳动保险费用、缴纳所欠税款、清偿公司债务,这之后如果还有剩余财产,才能对股东进行分配。

(5)公司清算的最终结果是导致公司法人资格消灭,公司终止。清算结束后,公司所有事务均已了结,债务清偿完毕,公司财产已全部被分配,这时,清算组织即可向公司登记机关申请公司注销,最终消灭公司全部权利义务关系,公司终止。

二、清算的分类

清算因清算对象、清算原因及清算的复杂程度不同而在立法上有不同的分类。一般而言,清算可以分为如下几类:

(一)任意清算与法定清算

任意清算是指不需依法律规定的方式、程序,而仅依全体股东的意见或章程规定进行的清算。它只适用于无限公司、两合公司这类结构简单且股东对公司债务负无限责任的公司。有限责任公司和股份有限公司,由于其社会影响面相对广泛,相关利害关系人较多,并且其股东仅对公司债务承担有限责任,因此,为了保护债权人和相关利害关系人的利益,以使公司财产得到公平分配,也为了提高公司清算的效率,各国均规定了法定清算制度,即必须按法律规定的程序进行清算。有限责任公司和股份有限公司必须进行法定清算[①]。

(二)破产清算与非破产清算

破产清算(winding-up of bankruptcy),是指公司被宣告破产,依破产程序进行的清算。我国《公司法》第 190 条规定,公司被依法宣告破产的,依照有关企业破产的法律实施破产清算。非破产清算,是指非因破产原因而在破产程序之外进行的清算。破产清算,是指因债务人的财产不足于偿还全部债务,而得由法院介入对破产财产强制进行分配的一种特殊程序。破产清算制度有其特别的目的,非由法院介入不可启动。我国《公司法》第 187 条规定:"清算组在清理公司财产、编制资产负债表和财产清单后,发现公司财产不足清偿债务的,应当依法向人民法院申请宣告破产。公司经人民法院裁定宣告破产后,清算组应当将清算事务移交给人民法院。"

(三)普通清算和特别清算

普通清算是指公司在解散后自行组织清算机构进行清算。特别清算是指公司因某些特殊

---

① 本章所提公司清算均指法定清算。

事由解散后,或者被宣告破产后,或者在普通清算发生显著障碍无法继续时,由政府有关部门或者法院介入而进行的清算。它们都属于法定清算。

我国《公司法》第 183 条规定,公司解散,逾期不成立清算组进行清算的,债权人可以申请人民法院指定有关人员组成清算组,进行清算。第 190 条规定,公司被依法宣告破产的,依照有关企业破产的法律实施破产清算。此外,我国政府机构一般不愿介入公司清算的事务,即使在政府决定撤销公司或者吊销公司法人营业执照的情形下,也规定清算的事务由公司自行组织。按照《公司法》第 183 条的规定,应当在公司出现解散事由后 15 日内成立清算组开始清算。逾期不成立清算组进行清算的,债权人可以申请人民法院指定有关人员组成清算组进行清算。这种由债权人请求法院组织的清算就是典型的特别清算,也称为强制清算,但并不是破产清算。

三、清算组织

清算组织也称清算机构,是清算事务的执行人。公司解散、被宣告破产后,在清算终结前,公司的法人资格仍然存在,其股东会和监事会作为公司机构仍然存在,只是作为公司决策机构和对外代表的董事会以及作为公司执行机构的经理不再履行其职责,而由清算组织替代,负责公司清算期间事务的处理。各国公司法对清算组织的称谓有所不同,美国示范公司法称之为财产管理人及保管人;德国公司法称之为清算人,并且规定法人可以是清算人;我国香港称之为清盘官。我国《公司法》称清算机构为清算组,而《企业破产法》称为管理人,但是一些国有背景的法人企业破产时也由法院安排成立清算组的。

(一)清算组织的成立和组成

在公司被宣告破产、决定或被决定解散之日起,公司即进入清算阶段。首先就需要及时选任公司的清算组织,以行使清算职权。清算组织的人员一般由公司股东、董事等公司原组织机构人员及会计、法律等方面的专业人员组成。关于具体人员的选任,各国规定并不相同。有的规定由公司执行业务的股东或者执行业务的董事担任,有的规定由股东会选任等。如果为特殊清算,则还会有法院或有关政府机关的人员参加,其人员由法院或有关机关指定。

我国《公司法》第 183 条规定,公司因《公司法》第 180 条第(一)项、第(二)项、第(四)、第(五)项规定而解散的,应当自决定解散之日起 15 日内成立清算组,有限责任公司的清算组由股东组成,股份有限公司的清算组由董事或股东大会确定的人员组成;因破产而清算的,依据《公司法》第 190 条的规定和《企业破产法》第 22 条的规定,由法院指定管理人负责清算事务。破产法中的管理人也就是公司法中的清算组,只不过管理人的权限较清算组的权限稍大。

(二)清算组织的职权职责

公司进入清算程序后,即进入特殊状态,由清算组织负责执行公司与清算有关的必要事务并对外代表公司,因此,法律需要明确规定清算组织的职权、职责。

清算组织的职权主要包括:(1)清理公司财产,分别编制资产负债表和财产清单;(2)通知和公告债权人;(3)处理与清算有关的公司未了结的事务;(4)清缴所欠税款以及清算过程中产生的税款;(5)清理债权、债务;(6)处理公司清偿债务后的剩余财产;(7)代表公司参与民事诉讼活动;(8)清算完毕后负责申请注销公司并向登记机关缴销营业执照、公司公章等文件印信材料。

为了约束清算组成员的行为,各国法律均对清算组织的成员设定了忠实义务和勤勉义务,譬如清算人员应当忠于职守,依法履行清算义务;不得利用职权收受贿赂或者其他非法收入;不得侵占公司财产;谨慎履行职责等。如果清算人员因故意或者重大过失给公司或者债权人造成损失,则应当承担赔偿责任;构成犯罪的,还应承担刑事责任。我国《公司法》第189条明确规定了清算组成员的义务。

典型案例:蓝剑公司清算案(《案例分析》第374页)
请扫描二维码或访问 http://2d.hep.cn/1318685/28 了解相关内容

四、清算程序

清算组织正式成立后,公司即开始进入实质性清算程序。具体包括:

(一)清理公司财产

清算组织要全面清理公司的全部财产,不仅包括固定资产,还包括流动资产;不仅包括有形资产,还包括知识产权等无形资产;不仅包括债权,还包括债务。在清理后,清算组织需要编制资产负债表和财产清单以及债权清单和债务清单,以作为下一步工作的基础。

此外,《公司法》第187条规定,清算组在清理公司财产、编制资产负债表和财产清单后,发现公司资产不足清偿债务的,应当依法向人民法院申请宣告破产。经人民法院裁定宣告公司破产后,清算组应当将清算事务移交人民法院,进入破产清算程序。对此,《公司法司法解释二》第17条更进一步具体规定:"人民法院指定的清算组在清理公司财产、编制资产负债表和财产清单时,发现公司财产不足清偿债务的,可以与债权人协商制作有关债务清偿方案。债务清偿方案经全体债权人确认且不损害其他利害关系人利益的,人民法院可依清算组的申请裁定予以认可。清算组依据该清偿方案清偿债务后,应当向人民法院申请裁定终结清算程序。债权人对债务清偿方案不予确认或者人民法院不予认可的,清算组应当依法向人民法院申请宣告破产。"

(二)通知、公告债权人并进行债权登记

清算组织成立后应立即在法定期限内直接通知已知的债权人并公告通知未知的债权人,以便债权人在法定期限内向清算组申报债权。债权人申报并提供相应证明后,清算组织应进行登记,以此作为财产分配的依据。《公司法》第185条规定,清算组应当自成立之日起10日内通知债权人,并于60日内在报纸上公告。债权人应当自接到通知书之日起30日内,未接到通知书的自公告之日起45日内,向清算组申报其债权;债权人申报其债权,应当说明债权的有关事项,并提供证明材料,清算组应当对债权进行登记。

现行《公司法》简化了公告次数、缩短了公告期间,有利于股东利益的实现,同时有利于提高清算活动的效率。

（三）提出财产估价和清算方案

清算组织要提出合理的财产估价方案,计算出公司可分配财产的数额,并提出分配方案,以供股东、债权人、有关机关进行审查和质疑。在解散程序中须将清算方案报股东会或者人民法院确认,在破产程序中则须经债权人会议决议通过并报法院审查裁定。

（四）分配财产

清算的核心是分配财产。财产法定分配顺序依次为:(1) 支付清算费用;(2) 支付职工工资、社会保险费用和法定补偿金;(3) 清缴所欠税款;(4) 清偿公司企业债务;(5) 清偿完毕前述四项款项后的公司剩余财产,有限责任公司按照股东的出资比例分配,股份有限公司按照股东持有的股份比例分配。

【本节理论探讨】

- **公司的注销与清算制度的价值**

在近些年的司法实践中,经常出现这样一种奇特的现象,一方当事人提起诉讼或仲裁,人民法院或仲裁机构因找不到对方当事人而无法送达诉讼文书,有的案件当事人虽已应诉,审理工作也已在进行,但却发现当事人不能出示合法有效的企业法人营业执照,经工商部门查询的结果是该当事人的营业执照早被吊销,或该企业法人早被注销登记,其原因则是公司企业未通过年检或根本未办理年检手续。更为荒唐的是,公司在法律上虽不存在,但该公司的财产却依然存在,甚至该公司的经营活动还在进行。然而,由于该当事人的主体资格已经丧失,公司债权人无法对其提起诉讼,已经提起的诉讼也不得不裁定终止。问题的症结就在公司清算上。公司清算是依法定程序、清理公司债权债务、处理公司剩余财产、并最终终止公司法律人格的法律制度。法定清算程序应该说是相当完美的制度设计,其直接目的就是终止公司的法律人格,在公司法上,清算是终止公司人格必经的法律程序,如同注册是公司取得法律人格的必经程序一样,任何公司非经清算、未对其债务作出清偿并对其现存的法律关系和法律事务作出合法的了结之前,是不可能终止的。就此而言,公司的终止是比公司成立要复杂得多、严格得多的法律程序,甚至有的公司因各种原因要历经几年的时间才能完成公司的清算,实现公司的终止。当然,终止公司的法律人格作为清算的目的,只能是形式上的,在实质意义上,清算的目的应是对公司债权人利益、公司股东利益和社会经济秩序的保护。如果仅仅为了终止公司的法律人格,大可不必通过复杂的清算程序。终止公司法律人格之后,债权人的债权能否得到清偿,公司股东对公司享有的股东权益能否得到实现,社会经济秩序是否能得到维护,才是法律最应关注的问题。公司清算制度的根本目的和价值也正在于此。

只要经过法定的清算程序,债权人肯定会得到债务人注销的通知,并对主张或放弃自己的权利作出表示。经过这样的程序,公司的财产在清偿其债务之前就不会随意分配或流失,也更不可能出现公司不存而财产犹在的奇特现象。然而,工商部门吊销营业执照和注销公司的行政处罚措施却使公司的终止成为最简单的方式,成为免予清算程序、并逃避债务清偿的最便利的手段。本要给违反管理规定的公司以行政的处罚和制裁,但结果却适得其反,一些深谙此道的商人甚至有意借此而摆脱了经营不善的公司的负担,逃避了债务的追索。

- **公司解散时利害关系人的清算请求权**

依据我国现行《公司法》的规定,当公司出现法定解散事项时,公司应当在该解散事由出现之日起15日内成立清算组清算。逾期不成立清算组进行清算的,债权人可以申请人民法院指定有关人员组成清算组进行清算。但问题是,当公司出现法定解散事由时,如果股东不履行清算义务,逾期不成立清算组,而债权人也不向人民法院申请清算,与公司有利害关系的其他主体是否可以向人民法院申请清算?对此问题,我国现行《公司法》第183条关于解散情形只规定由债权人申请法院组织清算组进行清算,而排除了其他利害关系人的清算请求权。

其实,由于公司怠于履行清算责任而损害的主体不仅仅限于公司债权人,公司职工、股东,甚至还有代表国家行政的税务机关,他们均是与公司清算有关的利害关系人,尤其是股东,公司长期不进行清算则他的剩余分配权得不到实现,会对他的利益造成损害。因此,《公司法》的这种规定,一方面不利于公司股东、债权人及其他利益相关者的利益保护;另一方面,在出现上述清算僵局时单纯依靠债权人的申请,使得救济手段过于单一。因此,应当对这种有违法律公平正义的做法进行检讨与反思,赋予满足一定条件的股东及其他利害关系人在出现法定解散事由时的清算请求权。

对这一问题,我国某些地方的司法机关已经进行了有益的探索。北京市高级人民法院《关于审理公司纠纷案件若干问题的指导意见(试行)》(2004年2月9日下发)、上海市高级人民法院《关于审理涉及公司诉讼案件若干问题的处理意见》和江苏省高级人民法院《关于审理公司法案件若干问题的意见(试行)》等均规定公司在出现由于吊销营业执照而进入清算程序的情形时,股东在其他股东不履行清算义务时可以作为原告提起要求公司清算的诉讼。考虑到上述因素,最高人民法院在2008年出台的《公司法司法解释二》中第7条规定,当出现法定清算的强制情形且债权人未提起清算申请时,公司股东也享有申请人民法院指定清算组对公司进行清算的权利。

【本节实务研究】

- **吊销公司营业执照的法律后果**

公司的营业执照是工商部门签发的公司注册登记的法定证书,公司自成立时起取得法人资格,而公司的成立则以取得营业执照为其标志。因此,公司营业执照是公司合法存在的身份证明,是诉讼活动中证明其主体资格和当事人身份的主要证据。公司是否具有法人资格的直接表现形式就是是否拥有合法的营业执照。

吊销营业执照是公司登记管理中十分重要的行政处罚措施,对于公司情节十分严重的违法行为,通常都规定了此种处罚责任。例如,《公司登记管理条例》第76条规定:公司不按照规定接受年度检验的,由公司登记机关处以1万元以上10万元以下的罚款,并限期接受年度检验;逾期仍不接受年度检验的,吊销营业执照。

吊销公司营业执照的法律后果如何,其取消的究竟是企业的营业资格,还是连同其法人资格一并取消?就立法、执法和司法的本意而言,吊销营业执照的目的在于停止企业的营业,不允许其继续新的经营活动,而不是禁止企业进行清算活动,而要进行清算,企业的法人资格就是必要的主体条件。因此,吊销营业执照的后果应是取消企业的营业资格,而不应同时将其法人资格一并取消,法人资格的取消必以公司清算完结并办理注销登记为条件。

然而,由于公司营业执照将其营业资格与法人资格集于一体,在吊销营业执照的同时,也就将这两种资格一并取消了。同时,在执法和司法环节,甚至在相关的公司登记规定中,也存在着对这一问题的明显误解。

目前,解决这一问题较为现实而可行的应对方案是对吊销营业执照作变通的执法和司法解释,即吊销营业执照只是取消企业的营业资格,其法人资格依然存在,只有在企业注销之后,其法人资格才丧失。司法机关不应因公司被吊销营业执照而否定其诉讼主体的资格,被吊销营业执照的公司完全可以作为适格的原告和被告。

同时,亦应说明,这种被吊销执照的公司属于清算中的法人,类似于设立中的公司法人,具有特定范围内的权利能力和行为能力,在清算期间,可以进行与清算事务相关和必要的民事行为。而清算组则是清算中的公司法定代表机关,具有对内执行清算事务、对外代表公司的权利和职责,其地位类似于正常经营中的法定代表人。因此,在清算活动中,清算组可以也应该是以公司的名义,并以公司为民事活动和诉讼活动的主体。目前实践中,清算组不以公司名义而以自己的名义进行民事活动和诉讼活动的做法,与清算中的公司与其清算组之间的法律关系并不吻合。

- **已清算注销公司遗漏财产和债务的处理**

通常而言,按照法律设定的清算程序,公司在注销之前,所有债务都已了结,所有的法律关系和法律事务也都处理完毕,有剩余财产的也已经分配完毕。公司注销之后,人格归于消灭,与公司相关的一切法律关系都不复存在。然而,由于各种原因,实践中总是存在着公司已经清算注销,但是还有遗漏的财产和债务未经处理的现象。对于这些财产和债务应当如何处理,实践中认识不一。

有观点认为,公司注销后人格已经消灭,该财产和债务丧失了依附的主体,成为无主的财产或债务,无需作出特殊处理。这一观点,明显违背了社会大众的公平正义情感,不太可取。也有观点认为,即使公司已经注销,对于这些财产和债务也应当按照一定的方式进行适当的分配。然而,对于应如何进行分配,讨论者不多。

我国《公司法》虽然对于公司清算注销后遗漏财产和债务的处理没有做出明确的规定,但是,我国《企业破产法》对于公司注销后遗漏财产和债务的处理却作出了一些基本的规定。《企业破产法》规定,公司注销后,如果存在着遗漏的财产未经分配,自破产程序终结之日起两年内,债权人可以请求人民法院按照破产财产分配方案进行追加分配。财产不足以支付分配费用的,由人民法院将其上缴国库。对这些财产应由哪一或者哪些主体向财产占有人或债务人主张权利,破产法对此则未予明确。实践中有观点认为,届时,如果破产清算组尚未被撤销的,则可由清算组对外主张;如果清算组已经撤销的,债权人及原公司股东可以请求法院恢复设立或者重新组成清算组进行清算。也有观点认为,对外主张财产权利和对内进行分配是不同的法律关系,股东和债权人均可以对外主张权利,只是财产或权益追回后,其他股东或者债权人要求对其进行分配的,应当进行分配。

破产清算与普通清算虽有不同,但是在清算注销后遗漏财产和债务的处理问题上,它们并无本质的区别。因此,对于经普通清算程序注销后遗漏财产和债务的处理,原则上也可以采用与破产情形下同样的处理思路。

- **未经清算而被注销的公司的债务处理**

对此问题,目前一些地方人民法院简单地将案件终止了结的做法并不妥当,就此而言,当事人也并非只能放弃债务追索。法理上公司终止并不意味着公司清算义务和责任的完全解除。债权人可以也应该以公司股东为被告提起诉讼。而提起诉讼的根据则在于公司股东所应承担的清算义务。

《公司法》第183条规定,"有限公司的清算组由股东组成,股份有限公司的清算组由董事或股东大会确定的人员组成",由此可见,公司的清算义务是由股东承担的,除破产清算由人民法院组织以外,其他情况下,股东必须自行组织清算。在公司被强行注销、法人资格不存在的情况下,股东仍可以以其个人名义作为民事主体履行其清算的义务。在实体上,公司被注销后,其财产当然应分配于公司的股东,事实上,一般情况下,公司的财产也的确被股东所分配或占有。本来通过正常的清算程序,在公司负债大于资产的情况下,股东是不可能获得任何剩余财产的,而由于未进行清算,股东只获取了公司的财产,但却未承担任何公司的债务。因此,以股东为被告,要求其承担债务清偿责任,完全合情合理。

因此,《公司法司法解释二》第20条作出了相应的规定:"公司解散应当在依法清算完毕后,申请办理注销登记。公司未经清算即办理注销登记,导致公司无法进行清算,债权人主张有限责任公司的股东、股份有限公司的董事和控股股东,以及公司的实际控制人对公司债务承担清偿责任的,人民法院应依法予以支持。"

即使在公司被注销之后,股东并未从公司实际取得任何财产,同样可以要求股东承担相应的责任,因为正是由于股东未履行清算义务,才导致了公司财产的流失或被他人侵占,股东对此负有不可推卸的过错责任。至于股东承担财产责任的范围则应取决于公司被注销时的实有资产数量和股东应诉时的举证情况,如果股东能够证明公司注销时的资产数量,则应以此资产作为股东财产责任的范围。

债权人可否以公司的董事长或总经理等管理人员作为被告提起诉讼呢?尤其是当董事长或总经理有侵占或转移公司财产的行为时,其是否更应成为合格的被告?实践中这样的疑问并不鲜见,但基于公司法基本原理的分析,这种诉讼关系的成立需要满足一定的条件,即要通过派生诉讼确定董事、经理对公司的经营存在过错责任。

首先,董事长或总经理个人并不当然对其任职的法人的债务对外负责,除非其对公司的经营不善和被吊销企业法人营业执照负有管理上的个人责任,而且这种过错经多种努力未被股东追究。其次,有限公司董事长或总经理并不负有清算的法定义务,只能追究股东的未清算责任;股份有限公司则在此种情形下可追究董事赔偿损失的责任,因为《公司法》第183条赋予了董事特定的义务。最后,即使发生董事长或总经理侵占或转移公司财产从而损害债权人利益的情况,因其直接受害人为公司股东,因而享有侵权责任请求权的也是公司股东,而不是公司的债权人,只有在公司股东怠于行使请求权、从而影响债权实现的特殊情况下,债权人才可能以行使代位权的方式取代股东直接向董事长或总经理主张权利。

【本章参考文献】
1. 赵旭东. 新公司法讲义. 北京:人民法院出版社,2005
2. 甘培忠. 企业与公司法学. 第6版. 北京:北京大学出版社,2012
3. 石少侠. 公司法教程. 北京:法律出版社,1998
4. 王保树,崔勤之. 中国公司法. 北京:中国工人出版社,1995
5. 汤维建. 破产程序与破产立法研究. 北京:人民法院出版社,2001

【本章思考练习题】
一、名词解释
1. 公司终止
2. 公司解散
3. 司法解散
4. 公司清算
5. 公司破产
6. 破产债权
7. 破产财产
8. 公司重整

二、简答题
1. 简述公司终止的特征。
2. 简述破产案件受理的法律意义。
3. 简述破产案件对债权人清偿的顺序。
4. 简述公司解散的原因。
5. 简述公司僵局与司法解散。
6. 简述清算的法律意义。
7. 简述清算组织的职权。
8. 简述公司重整的法律特征。
9. 简述重整方案的内容。

三、案例分析
北京大地集团向山东某市金都建工集团拆借500万元支持金都集团项目开发。一年后,借款到期,但大地集团法定代表人吴某此前已被调离,这笔借款无人过问。到第三年时,大地集团与金都建工集团联系,催促还款,金都集团称资金周转困难,未能还款。借款近四年时,大地集团派人去山东到该公司交涉,结果才知道,金都集团的董事长梁某已于几个月前,因经济犯罪被判入狱。无奈,大地集团向当地法院提起民事诉讼。

大地集团起诉后,法院通知诉讼文书无法送达,因为金都集团本身已被工商局注销登记,原因是该集团连续两年未办理年检登记手续。因该集团已被注销,法院认为其主体资格已不存在,无法作为合格的被告,因此,建议大地集团撤诉。

大地集团得知这一情况,立即派人前去了解情况,后得知,虽然该集团已被注销,但该集团的财产和产业却依然存在,其开发的一栋价值千万元的商品楼还未销售,其经营的一处加油站还在正常营业。该集团完全有财力清偿其500万元的借款。但由于集团已被注销,而无法通过诉讼对其财产进行处置。

本案的症结何在?本案的情况应如何处理?

第十四章　外国公司的分支机构

■【导语】
　　在公司法上，涉及外国公司的问题主要有二：其一，东道国是否赋予外国公司以一定的法律地位，承认其具有与东道国公司相应的主体资格；其二，是否允许外国公司在东道国开展营业，外国公司在东道国开展营业需要办理何种程序以及对其营业应采取何种监督管理措施。对于这两个问题，各国或地区一般多在其公司法中作出明确规定。我国《公司法》以专章对"外国公司的分支机构"的有关法律问题作了规定，作为外国公司在我国进行营业性活动的具体规则。
　　本章从外国公司的法律概念出发，阐释了外国公司国籍的确定、外国公司分支机构的性质及法律地位、外国公司分支机构的设立和撤销、外国公司分支机构的权利和义务等，以使学生对外国公司分支机构的理论和实践有全面的了解。本章的学习重点主要在于掌握外国公司国籍的确定和外国公司分支机构的法律地位。本章的学习难点在于理解外国公司分支机构的法律性质。

第一节　外国公司分支机构概述

一、外国公司

（一）外国公司国籍的确定

外国公司是相对于本国公司而言的，两者的区别主要在于公司的国籍不同。本国公司具有本国国籍，外国公司国籍隶属于外国。国籍的获得是公司在一个国家境内从事有效法律行为，独立享有权利和承担义务的基础，同时也是该公司从事域外活动的根据。因此，确定一个国家境内的公司是本国公司还是外国公司，这不仅涉及该公司在东道国的待遇，而且涉及该公司的经营活动受何种法律管辖。从这个意义上看，公司的国籍是公司从事跨国交易不可逾越的法律障碍。对于公司国籍的确定，各国或地区公司立法的做法不尽相同，理论上也有不同的学说，主要主张可概括如下：

1. 设立行为地主义

设立行为地主义也称登记地主义，是指依公司的注册登记地所在的国家来确定公司的国籍。该学说认为,公司只有经过登记地国家的批准,予以核准登记,才能取得法律地位,因此,公司就应具有登记地国家的国籍。这种主张主要为英美法系的一些国家采用。

一般认为,设立行为地主义的优点主要有二:一是登记地所在国可以确切了解公司的真正情况;二是以公司的登记地为法人的国籍,其国籍比较固定,不经法人登记国同意,该法人不能变更自己的国籍。不过,登记地主义也有明显的弊端。比如,公司以登记地国籍为标志,很难看出该公司实际由什么人控制;当事人为达到规避法律的目的,可到设立限制较少的国家去登记,以避免他国对其不利的规定。

2. 设立准据法主义

设立准据法主义即公司是依据何国法律成立的,就认定其属于该国的公司,而不关心该公司事实上的经营场所或主要办事机构是否设在该国。该学说认为,公司都是依一定国家法律的规定并且基于该国家的明示或默示而成立的,所以公司的国籍应依设立时所依据的准据法确定。日本关于外国公司国籍的确定即采用这一主义。由于公司设立的准据法通常也就是公司的注册登记地法,所以,这种学说与设立行为地主义的确定结果通常重合。

3. 股东国籍主义

股东国籍主义也称资本控制主义,即以能够控制该公司的股东的国籍来确定公司的国籍,凡能够控制该公司的股东的国籍是外国人的即为外国公司,反之则为本国公司。这一学说认为,公司是由股东建立起来的组织,因而公司不能离开其股东而独立,只能与其设立人股东同一国籍。

一般认为,采用此学说确定公司国籍的弊端有四:一是会使公司的国籍不固定,尤其是股份有限公司,其股东具有很大的流动性,股东国籍构成处于不断变动之中,弄清公司的资本真正为何国人控制并非易事,也就难以借此确定公司的国籍;二是公司东道国的主权可能受损,如一个公司在东道国登记成立从事经营,但由于其主要股东或多数股东是外国人,该公司就会处于所在国的法律管辖之外;三是不利于公司开展经营活动,如在东道国注册经营的外国公司,因能够控制该公司的股东的国籍不是东道国,则该公司的生产经营活动及合法权益就不能受到东道国法律的充分保护;四是在股东国籍相异时,究竟应依人数还是依出资额多少来确定其国籍也难以确定。

由于上述弊端的存在,该学说除了在战时或一国与外国关系发生急剧变化的情形下可能被适用外,现在多数国家不以该学说作为确定公司国籍的原则。

4. 住所地主义

住所地主义即以公司住所所在的国家来确定公司的国籍,凡法定住所设在国外的公司是外国公司,反之则为本国公司。该学说认为,公司的住所是公司的经营管理或经营活动中心,因而公司的国籍应依其住所所在地而定。欧洲大陆一些国家多采用这种学说来确定公司的国籍,如法国、意大利等国均作如此规定。

值得注意的是,由于各国或地区的法律对公司住所的确定有不同的规定,如营业中心地、总公司所在地、事实上的公司所在地、公司主要办事机构所在地等,所以借此确定公司国籍难免出现争议。而且,采用这种公司国籍确定原则,在实践中会出现公司通过变更住所以进一步变更国籍的做法来轻易规避某国法律的管辖。

上述四种主张中,以设立准据法主义为通说,而且这也是目前各国或地区最通行的做法。

当然,不少国家或地区在确定公司国籍时,并不单纯采用一项标准,而是多采用复合标准。如沙特阿拉伯1965年的《公司法》和1979年的《外国投资法》均规定,凡具有该国国籍的公司,其主要办事机构、登记成立地均应位于沙特阿拉伯,且全部股东都应是沙特阿拉伯人。① 此外,复合标准也被国际公约所接受。如1956年6月1日海牙会议达成的《海牙承认公司公约》规定:"凡公司、社团和财团按照缔约国法律在其国内履行登记或公告手续并设有法定住所地而取得法律人格的,其他缔约国当然应予以承认,只要其法律人格不仅包括进行诉讼能力,而且至少还包含拥有财产、订立合同以及进行其他法律行为能力。"

我国《公司法》第191条规定:"本法所称外国公司是指依照外国法律在中国境外设立的公司。"依该规定,凡是依照外国法律在中国境外设立的公司,不论其股东具有何国国籍、资金来源如何,都是外国公司,反之,则均为中国公司。由此可以认为,我国《公司法》对外国公司国籍的确定采设立准据法主义兼设立行为地主义的双重标准,即依公司设立时所依据的法律和设立地为标准来确定外国公司的国籍。

(二)外国公司的法律特征

我国《公司法》所规范的外国公司分支机构中的"外国公司",具有下列特征:

第一,依照外国法律在中国境外设立。外国公司是指依照外国公司法规定的条件、程序、责任形式、经营范围和经营方式等,在中国境外组建设立的公司。至于是依照哪一国家的法律、在哪一国家注册、股东的国籍及各股东的出资额在注册资本中所占比例的大小,一概在所不问。由于我国在香港、澳门地区实行特别行政区特有的法律制度,我国台湾地区尚未与大陆实现统一,故而在以上三个地区依当地公司法设立的公司,在管理上也参照对外国公司的有关规定。

第二,外国公司具有外国国籍。依我国《公司法》所采用的有关公司国籍的判定原则,只要外国公司具有与其设立时所依据的法律及设立地国家相同的国籍,即具有外国国籍。

第三,经申请获准在中国取得直接的经营资格。我国《公司法》所规范的外国公司必须符合两个条件:(1)该外国公司须在中国设立代表该外国公司的分支经营机构;(2)该分支经营机构不具有法人资格。

二、外国公司分支机构的概念和法律特征

(一)概念

外国公司的分支机构,是指外国公司依东道国法律在东道国境内设立的从事生产经营活动的场所或者办事机构,实际上是该外国公司在其本国之外的国家设立的分公司。例如,这类机构通常被称为"甲国某公司在乙国的分公司"。外国公司进入我国营业,一般可以采取在我国设立分支机构、独资子公司、中外合资经营或合作经营等形式。因此,外国公司在东道国直接设立分支机构,是外国公司进入东道国进行营业活动的主要方式,也是外国公司本身业务活

---

① 姚梅镇:《比较投资法》,武汉大学出版社1993年版,第271页。

动的一种延伸。

主权国家的立法及其效力范围原则上仅及于本国领域。各国或地区的公司法中对外国公司的法律规定,并非是对所有外国公司及其各种行为的规范,而是仅对到本国或本地区境内投资、设立分支机构从事经营活动的外国公司所作必要规定。如果外国公司不到本国境内进行生产经营活动,而仅与本国发生诸如贸易、通信等契约关系,除了另有约定外,本国法律对该外国公司原则上不具有约束力。因此,作为依外国法律在东道国境外登记成立的外国公司,关于其成立的有效或无效、能力和法律地位、公司的组织机构以及财务会计制度等,均应适用其所在国法。但如果一个外国公司要在东道国境内从事生产经营活动,那就必须确定其国籍及适用何国的法律,并决定是否对其作为法律上的权利义务主体予以承认,否则该外国公司即不得在东道国境内营业。这在公司法上被称为外国公司的承认,又称外国公司的确认、许可或者认许。

各国或地区的公司法一般均规定外国公司进入东道国营业,必须履行一定的法律手续。公司法上关于外国公司分支机构的规定,正如民法中关于外国人的规定一样,是规定外国公司分支机构在本国的地位以及本国对外国公司分支机构的许可与监督问题。我国公司法和世界多数国家或地区的公司法一样,对于外国公司分支机构的规定,目的是为了规范外国公司在我国的活动,而并不是规范外国公司本身。

(二) 法律特征

1. 外国公司的分支机构以外国公司的存在为前提

即设立分支机构的外国公司已经依外国法律在外国设立。值得注意的是,各国或者地区对于在本国或者本地区设立分支机构的外国公司本身的法律性质要求不尽一致。有的国家或者地区的公司立法的要求相对宽松,如我国台湾地区"公司法"即不要求外国公司必须是法人,而只要求外国公司须先在其本国设立登记并开始营业。对于在我国设立分支机构的外国公司的法律性质,我国《公司法》虽然经过了从要求"外国公司本身必须是外国法人"到取消这样的要求的变化,但仍然注重外国公司的责任形式。

实际上,在涉及外国公司的场合,通常均与该外国公司在东道国进行一定的营业行为有关,并且通常涉及该外国公司分支机构作为外国公司在东道国的法律地位。所以,就一国的公司法而言,有关外国公司的规定,通常也就是关于外国公司分支机构的规定,于是,外国公司与外国公司分支机构也就具有了同一的法律意义。也正是基于这一点,有的国家不区分外国公司和外国公司分支机构,而是将外国公司与外国公司分支机构等同看待。如日本公司法中就没有专门规定"外国公司的分支机构",而仅规定了"外国公司在日本进行继续性交易时,须确定代表人,并于其住所或者其他场所设置营业所";"该外国公司必须就其营业所的设立进行登记"。但是,需要注意的是,我国现行《公司法》对外国公司与外国公司分支机构仍然有着明确的区分。

2. 外国公司的分支机构必须经东道国政府批准设立

外国公司是依外国法律设立的,而外国公司的分支机构却必须依东道国法律,经东道国政府批准,在东道国境内设立,并受东道国法律的保护和管辖。这里的批准,是指东道国政府准许该外国公司依法定程序在东道国设立分支机构。一般而言,经东道国政府批准的外国公司分支机构,在法定期限内,其权利义务与东道国同种类公司基本相同。

在我国,外国公司的分支机构在我国境内是依我国法律设立的,要经过我国政府的有关主管部门批准,并到我国工商行政管理机关依法办理登记手续,领取营业执照。外国公司分支机构在我国境内从事生产经营活动,必须接受我国法律的管辖和我国有关主管部门的监督管理。当然,外国公司的分支机构虽然经东道国政府批准设立,但该分支机构与其在本国的公司具有相同国籍。

3. 外国公司分支机构在东道国境内的业务活动必须以营利为目的,并在东道国境内营业

外国公司分支机构必须运用自己的资金、设备、人力等,以营利为目的进行生产经营活动。之所以如此,是由其所属外国公司作为公司本身所决定的。如果外国公司无意在东道国开展经营活动,即其所从事的只是一种非营利性活动,则不属于公司法所规范的外国公司的分支机构。

三、外国公司分支机构的法律地位

外国公司一般具有独立的法人资格,而外国公司分支机构本身不具有独立的法律地位。各国或地区的公司法一般均规定,外国公司的分支机构从属于外国公司,是外国公司的组成部分,外国公司需为其分支机构的债务承担责任。在我国,外国公司的分支机构既不同于外国公司在我国的常驻代表机构,也不同于外国公司在我国单独投资设立的外商独资企业。总体而言,外国公司与其在我国境内设立的分支机构的关系,相当于总公司与分公司。对此,我国《公司法》第195条明确规定:"外国公司在中国境内设立的分支机构不具有中国法人资格。""外国公司对其分支机构在中国境内进行经营活动承担民事责任。"具体而言,外国公司分支机构的法律地位表现在以下四方面:

(1) 外国公司分支机构是其所属的外国公司的一个组成部分,是在我国设立的派出机构,它不属于也不同于外国公司依我国法律在我国境内单独登记注册的子公司法人。

(2) 外国公司分支机构不具有独立的公司法人的内部组织机构,一般不设股东会、董事会及监事会等整套管理机构,而只由该外国公司指定代表人或代理人负责该分支机构。

(3) 外国公司分支机构没有自己独立的公司名称和公司章程,而只能以其所属的外国公司的名义进行业务活动,不能使用与其所属公司名称相区别的其他名称。对此,我国《公司法》第194条明确规定:"外国公司的分支机构应当在其名称中标明该外国公司的国籍及责任形式。外国公司的分支机构应当在本机构中置备该外国公司章程。"

(4) 外国公司分支机构对其经营活动不独立承担民事责任,其业务活动结果由所属外国公司承受,即分支机构的所属公司以自己的全部财产对其分支机构的活动所产生的债务承担责任。也正因为如此,各国或地区的公司法一般要求外国公司的分支机构在其名称中标明其所属外国公司的责任形式。

【本节实务研究】

- **外国公司分支机构是否可作为诉讼主体**

在民事诉讼、刑事诉讼及行政诉讼等诉讼活动或非诉讼活动中,是以分支机构本身作为独立的诉讼当事人,还是应由其所属外国公司作为诉讼当事人,实践中有截然相反的主张。我们

认为外国公司分支机构可以作为诉讼主体。主要理由如下：

（1）外国公司的分支机构符合《民事诉讼法》及相关法律对于诉讼主体资格的规定。

（2）我国《公司法》只是明确了外国公司的分支机构不具有我国法人资格，但对于外国公司分支机构在其合法成立、具有一定的财产以及组织机构后，因其自身的经营活动产生的法律责任能否首先由其自身具有的财产来进行承担的问题上并未予以禁止。

（3）我国的制定法以及司法实践只有赋予外国公司分支机构以诉讼主体地位，首先以其具有的一定的财产来承担法律责任后，再由设立该分支机构的外国公司对该分支机构不能承担法律责任的部分承担相应的法律责任，才能体现出该外国公司的分支机构作为一个法律上的经济实体的实际意义。

- **是否须限制外国公司分支机构中外国公司的组织形式**

依我国《公司法》第 191 条的规定，外国公司是指依外国法律在我国境外设立的公司。但是，各国或地区法律所允许设立的公司类型不尽相同。我国《公司法》只确认了有限责任公司和股份有限公司两种类型。如果依外国法律在我国境外所设立的公司属于无限责任公司、两合公司等我国《公司法》未确认的公司类型时，如何处理这些外国公司在我国设立分支机构的问题？此外，我国《公司法》第 194 条第 1 款还规定，外国公司分支机构应当在其名称中标明该外国公司的责任形式。这一规定的目的，和《公司法》要求我国公司必须在其名称中标明有限责任公司或股份有限公司字样是相同的。但能否由此断言，这里所说的标明责任形式也仅限于我国《公司法》所确认的有限责任公司和股份有限公司？

对此，我们认为，无论该外国公司是否与我国《公司法》规范的公司形式相一致，只要其具有外国公司资格，就可允许其在我国设立分支机构。而且，法律规定的外国公司分支机构中必须标明的外国公司责任形式，也应由该公司设立地所在国公司法律规定。主要原因在于：

（1）从外国公司的法律特征来看，外国公司的类型、设立的条件和程序、组织机构等均由外国法律确定，这就使得某一外国的公司，其类型并不仅限于有限责任公司和股份有限公司，还可能会有外国法律上允许的无限责任公司、两合公司等其他组织形式。

（2）我国公司立法并未禁止与我国法律规范的公司形式不一致的外国公司在我国境内设立分支机构。

（3）我国作为世界贸易组织的成员，与其他成员之间的经贸往来必须在 WTO 协议这一框架内展开，都必须遵守国民待遇和最惠国待遇这两项基本原则。这种情形下，扩大外国公司分支机构中"外国公司"的形式就更具现实意义。

值得注意的是，我国《公司法》对这类外国公司的分支机构如何适用法律的问题未作规定。对此，各国或地区的公司法多规定，这类外国公司在东道国的经营活动可以比照东道国内同类企业形式适用相关法律。比如，无限公司与合伙企业相类似，就可比照适用关于合伙企业的规定。我们认为，我国《公司法》应考虑对此作出进一步规范。

第二节 外国公司分支机构的设立

一、外国公司分支机构设立的含义

外国公司分支机构的设立,是指外国公司依东道国法律规定的条件和程序,在东道国境内为其分支机构取得生产经营资格的法律行为。

从各国或地区的公司立法情况看,大多数国家或地区对外国公司分支机构的设立均给予了一定的限制。如美国《标准公司法》第106条规定,外国(州)公司从州务卿那里获取授权证书之前,无权在该州从事业务活动。奥地利《股份有限公司法》也规定,外国的股份有限公司如要在奥地利从事业务活动,应取得奥地利政府的批准。日本、韩国则规定,外国公司欲在该国经营,必须确定外国公司在该国的代理人,并且必须进行注册登记。我国公司立法及相关法律对外国公司分支机构的设立也作了明确的规定。

二、外国公司分支机构设立的条件

各国或地区的法律一般要求提出申请设立分支机构的外国公司须具备一定的条件。根据我国《公司法》及相关法律的规定,外国公司欲在我国设立分支机构必须符合以下基本条件:

第一,必须在我国境内指定负责该分支机构的代表人或代理人。这里的代表人是指分支机构的代表人,属于公司及其分支机构的内部人员,而代理人则是指受外国公司的委托,以该公司名义进行活动的人。代表人或代理人作为分支机构的负责人,代表外国公司在我国境内从事各项生产经营活动,其活动产生的法律后果由该外国公司承担。

关于外国公司分支机构的代表人或代理人的资格,有的国家法律规定必须在本国有住所,如瑞士法律明确规定,外国公司在瑞士的分支机构,只能授权在瑞士有住所的人作为该分支机构的代表。我国公司立法对外国公司分支机构的代表人或代理人的资格未作详细的规定。我国有关法律只对变更代表人或代理人时的登记事宜作了规定,即要求该代表人或代理人在更换或离境前,外国公司应另行选定代表人或代理人,并将其姓名、国籍、住所或居所申请主管机关登记。申请登记时,应附上授权证书或委托证书。

第二,必须向该分支机构拨付与其所从事的经营活动相适应的资金。法律作这样要求的目的,一方面是为了保证该外国公司分支机构的生产经营活动得以正常进行,另一方面是为了防止外国公司在我国境内无本经营或从事诈骗活动,保护与其进行营业行为或其他法律行为的债权人或者其他社会公众的利益。

值得注意的是,上述"相适应的资金"和"最低限额"并非该外国公司分支机构承担民事责任的限度。当外国公司分支机构需要依法承担民事责任时,不以该外国公司分支机构的经营资金数额及该外国公司分支机构所支配的财产为限,而应由设立该分支机构的外国公司承担全部责任。

第三,外国公司的分支机构应当在其名称中标明该外国公司的国籍及责任形式,并应当在本机构中置备该外国公司章程。这一要求一则便于有关主管机关对其进行监督管理,二则便于相对人和公众了解其情况,增进交易安全。

三、外国公司分支机构设立的程序

各国或地区多基于本国或本地区对外经济政策的基本立场,在维护国家主权和经济利益的前提下,从利用外国投资、发展本国经济这一目标出发,制定本国的外国投资或跨国经济的基本政策及相应的外国投资法,对外国投资进行保护、监管和引导。在有关法律中,既包含有关外国投资或外国跨国经营的实体法规范,也包括关于对外国投资进行审查许可的程序性规范。

根据我国《公司法》第192条及相关法律的规定,外国公司在我国设立分支机构的具体程序可以概括如下。

(一) 进行设立准备

外国公司到我国开办分支机构首先要进行可行性论证。要了解中国的经营环境、法律政策环境,进行技术、财务、人事等方面的分析,选择经营项目和经营场所,做好必要的进入准备工作。

(二) 提出设立申请

依我国《公司法》的规定,外国公司在我国境内设立分支机构,必须向我国外资企业的主管机关提出申请。外国公司在东道国设立分支机构的申请一般由该外国公司董事或执行业务股东提出,或由分支机构所在国的代表人或经理人代为申请。申请人提出申请时,应提交由该外国公司法定代表人签署的申请书,写明外国公司的概况、拟在我国设立的分支机构的基本情况,并附送其国籍的证明文件、外国公司的授权书或委托书以及其他相关文件。

(三) 设立审批

外国公司提出的设立分支机构的申请,必须得到东道国政府的许可或者批准,而不同国家或地区对外国公司设立分支机构的许可态度不尽相同。有的国家或地区对外国公司到本国设立分支机构实行准则主义,即依照东道国法律直接办理登记便可开展业务活动,无须经过政府主管机关的特别许可。如比利时《统一商事公司法》第196条规定,在国外办理了注册的外国公司可以在比利时从事经营活动,无须经过许可;美国《特拉华州公司法》第317条第2款则规定,一个外国(州)公司只需向特拉华州的州务卿递交50美元的申请费并在州务卿办公室备案,就可在该州从事商业性经营活动。

有的国家对外国公司分支机构的设立实行核准主义或许可主义,要求外国公司应首先向东道国政府主管机关申请办理审批或许可手续,经批准后方可办理设立分支机构的登记注册手续,大多数发展中国家一般采取这种做法。为了对在我国境内设立分支机构的外国公司进行必要的监督和管理,我国对外国公司分支机构的设立采取的是比较严格的核准主义原则,即外国公司在我国境内设立分支机构,必须经我国有关主管机关的审核,依法获得批准后才能履行注册登记手续。外国公司分支机构的具体审批办法由国务院进行规定。依我国有关立法规定,外国公司在我国设立分支机构的主管机关一般为国务院对外经济贸易管理机关和省级人民政府的对外经济贸易管理机关,但涉及特定经营行业的尚需经国家有关部门批准,如金融业需经中国人民银行批准,建筑业须经国家建设部门批准等。主管机关受理外国公司申请后,应对其设立分支机构的有关事项、文件从速逐一进行审核。对内容真实、符合法律规定的申请予以批准,否则,不予批准。

(四)办理设立登记并公告

外国公司在我国境内设立分支机构的申请被我国主管机关批准后,应当在一定期限内提交相关审批机关的批准文件向中国公司登记机关依法办理登记手续。外国公司分支机构的登记程序,原则上与东道国公司设立分支机构的登记相同。登记机关在规定期限内对有关文件进行审查后,如认为外国公司分支机构符合法律、法规规定条件的,给予注册登记,发给营业执照;否则,作出驳回申请的决定。营业执照签发之日,为外国公司分支机构成立之日。外国公司分支机构成立后,应当进行公告。外国公司分支机构自此取得在中国境内从事生产经营活动的资格,可在中国有关金融机构开户、刻制公章,在核准的经营范围内从事经营活动。

外国公司分支机构登记的效力主要表现在两个方面:一是规范性效力。外国公司分支机构必须经过登记,才能在核准的范围内在我国境内从事相应的生产经营活动,否则,将承担相应的法律责任。二是公示性效力。外国公司分支机构只有经登记后,才能就其登记的事项对抗第三人,请求对方承担相应的民事责任。

第三节 外国公司分支机构的权利和义务

外国公司分支机构作为外国公司在东道国的一个派出机构,在取得东道国的工商登记后,既享有在东道国境内从事生产经营活动的权利,又要承担东道国法律规定的相应义务。各国或地区的公司法一般都对外国公司分支机构的权利义务予以专门规定。我国《公司法》第196条对外国公司分支机构的权利义务作了概括规定:"经批准设立的外国公司分支机构,在中国境内从事业务活动,必须遵守中国的法律,不得损害中国的社会公共利益,其合法权益受中国法律保护。"

一、外国公司分支机构的权利

外国公司在我国境内设立的分支机构受我国法律管辖,其合法权益受我国法律保护。除法律特别规定予以限制的以外,外国公司分支机构的权利与我国同类分公司所享有的权利基本相同。根据我国法律的相关规定,外国公司分支机构的权利可概括为以下两方面。

(一)依法从事生产经营活动

外国公司分支机构取得我国工商行政管理机关颁发的营业执照,即获得在我国境内从事生产经营活动的法定资格。各国或地区的法律一般允许外国公司在本国境内开展业务活动,并使其享有与本国公司基本相同的权利,如依法取得财产的所有权、订立合同、享受东道国有关鼓励外商投资的优惠政策等。当然,各国或地区的法律对外国公司分支机构从事业务活动的范围也会有所限制,主要体现在禁止或者限制外国公司分支机构从事军工、航空、通信、能源等与国计民生关系重大的特殊行业。如法国禁止外国公司进行军火、酒精或医药方面的贸易(欧盟国家的公司除外);意大利禁止外国公司从事银行业、保险业、海运业等方面的交易活动,同时,所有外国投资活动均要受到意大利《外汇管理条例》的限制。

考虑到国家的经济安全,也防止外资的盲目流入对国家产业结构组成及地区分布带来不利影响,我国在一些特定的行业包括国防工业及其他一些重要行业,禁止外国公司进入。

(二) 合法权益受我国法律保护

外国公司分支机构遵守我国法律,在我国境内依法进行生产经营活动,其合法权益当然受我国法律保护。我国有关管理机关依法履行自己的职责,切实保障外国公司分支机构的合法权益。任何侵犯外国公司分支机构合法权益的行为都将受到法律的追究。外国公司在其分支机构的合法经营活动受到不法侵害时,有权在我国提起诉讼,寻求司法保护,以维护其合法权益。

二、外国公司分支机构的义务

外国公司在我国境内设立的分支机构在依法享有权利的同时,也应承担相应的义务。除我国法律予以特别规定以外,外国公司分支机构的义务与我国同类公司所负有的义务基本相同。依我国《公司法》及其他相关法律的规定,外国公司分支机构在我国从事营业活动应承担的主要义务可概括为下列两方面。

(一) 遵守我国法律,不损害我国的社会公共利益

外国公司在我国境内设立分支机构开展业务活动,本质上是外国投资者在我国进行投资。依属地管辖原则,外国公司分支机构在我国境内的营业活动,应受我国法律管辖,这是我国主权原则的体现。外国公司分支机构在我国境内营业,不得损害我国的社会公共利益。比如,外国公司分支机构所从事的营业项目,必须符合我国的产业政策,在国家允许的范围内进行,不得进入我国禁止外资进入的特定行业。外国公司分支机构不得在我国境内非法开展业务,也不得拒绝履行其应当履行的义务,不得扰乱我国正常的经济秩序,否则将受到我国法律的制裁,并不因其为外国公司的分支机构而特殊。比如,外国公司分支机构同样也要接受工商、税务部门以及外汇、海关等部门的管理和监督。

(二) 标明国籍及责任形式,并置备章程

外国公司分支机构只是外国公司的一个组成部分,其本身并不具有独立的法律地位,它只能以所属外国公司的名义对外进行活动,其在我国境内的经营活动所产生的法律后果也由其所属外国公司承担。我国《公司法》明确要求外国公司的分支机构应当在其名称中标明该外国公司的国籍及责任形式并在本机构中置备该外国公司的章程,以方便与其发生

法律关系的当事人了解其具体情况,降低交易风险,保护债权人的利益,维护社会经济秩序。

第四节 外国公司分支机构的撤销和清算

一、外国公司分支机构的撤销

外国公司分支机构的撤销,是指依法使已经设立的外国公司分支机构归于消灭,结束其在东道国境内的生产经营活动。外国公司分支机构撤销的原因可以概括为两种情形:一是由于被强制吊销营业执照而被迫撤销;二是主动撤销。东道国政府强令外国公司分支机构撤销,一般都是由于该外国公司分支机构严重违反东道国的法律。如日本《公司法》第484条就规定,法院在发生了法律规定的情形时,根据法务大臣、股东、债权人及其他利害关系人的请求,可以命令关闭外国公司的营业场所。外国公司分支机构主动要求撤销,一般是发生在外国公司已经完成了在东道国从事营业活动的预定目标,需要转移营业地的情形。各国或地区一般都规定外国公司分支机构撤销时需完成一定的法律手续。比如,在美国,凡外国公司要撤离某一州,必须首先向州务卿递交申请书,州务卿经过审核,认为申请书的内容属实,就可以直接向该公司颁发撤销营业执照的通知。在州务卿正式颁发上述通知后,该公司就立即撤离该州。不少国家或地区的公司法也都有类似的法律规定。

我国《公司法》未明确规定外国公司分支机构的撤销原因,但依其他有关法律的规定,一般应包括下列几种情形:

(1)因外国公司被依法撤销或解散而被迫撤销。外国公司分支机构是外国公司的组成部分,外国公司分支机构的存在以外国公司的存在为前提条件,当外国公司因被依法撤销、宣告破产、股东会决议解散等原因而终止时,该外国公司所设分支机构当然需要撤销。

(2)外国公司分支机构因违法经营而被迫撤销。外国公司分支机构从事生产经营活动严重违反东道国法律,将被依法责令撤销。我国《公司法》第212条规定:"外国公司违反本法规定,擅自在中国境内设立分支机构的,由公司登记机关责令改正或者关闭,可以并处五万元以上二十万元以下的罚款。"此外,如果外国公司分支机构违反我国的工商管理、海关、财税、金融、外汇、环境保护等法律,情节严重的,有关主管部门也有权责令其停业,并吊销其营业执照。

(3)外国公司分支机构因无故歇业而被迫撤销。外国公司分支机构取得登记后,应依法从事生产经营活动,如果其无故歇业达到一定期限,有关主管机关可强制该外国公司分支机构解散。如日本《公司法》就规定,外国公司的营业所无正当理由,在进行法定登记1年后未开始营业或停业1年以上者,法院根据法务大臣、股东、债权人及其他利害关系人的请求,可以命令予以关闭。我国有关法律也规定,外国公司分支机构成立后无正当理由超过6个月未开业,或者开业后无正当理由连续停业6个月以上的,由公司登记机关依法吊销其营业执照。

(4)因外国公司分支机构的经营期限届满而撤销。各国或地区的公司法多对外国公司分支机构的经营期限有规定。分支机构因经营期限届满而撤销是很正常的。当然,分支机构在经营期限届满前的一定时间内,经原审批机关批准,可申请办理延期登记。逾期不申请延期的,视同注销。

(5) 外国公司自行决定撤销。外国公司出于某种原因或需要,如已完成了在东道国从事投资和经营的预定目标或无意再在东道国继续投资经营,在经营期限届满前,可以向主管机关申请批准撤销其设立的分支机构。这也是外国公司分支机构撤销的一种常见情形。

(6) 其他导致分支机构撤销的原因。如因不可抗力等原因致使经营无法继续时,也可能导致分支机构撤销。

二、外国公司分支机构的清算

外国公司分支机构的清算,是指分支机构被撤销后,为了终结其现存的各种法律关系,了结分支机构的债权债务,而对分支机构所生的债权债务等进行清理的行为。由于外国公司分支机构一旦被撤销便丧失了其在东道国境内进行经营的能力,故各国或地区的公司立法多规定在这种情形下该分支机构应依法进入清算程序。根据我国《公司法》第197条的规定,外国公司撤销其在我国境内的分支机构时,必须依法清偿债务,依照公司法规定的公司清算程序进行清算。

(一) 清算程序

外国公司分支机构的清算程序依公司法有关公司清算的规定执行。依我国《公司法》的相关规定,外国公司分支机构的清算程序可以概括为:

(1) 成立清算组。在出现了外国公司分支机构主动撤销的情形,外国公司应当在法律规定的期限内成立清算组,逾期不成立清算组的,债权人可以申请人民法院指定有关人员组成清算组进行清算;如果是由于外国公司分支机构违反法律规定被依法责令关闭的,则由有关主管机关组织外国公司、有关机关及有关专业人员成立清算组进行清算。

(2) 通知和公告债权人。清算组应当自成立之日起在法定期限内通知债权人,并于法定期限内在报纸上进行公告;债权人应当自在接到通知书之日起的法定期限内,未接到通知书的在自第一次公告之日起的法定期限内,向清算组申报其债权。

(3) 制订清算方案,清理债权债务。清算组在清理外国公司分支机构财产、编制资产负债表和财产清单后,应当制订清算方案,报我国有关主管机关确认。外国公司分支机构在清算期间,不得基于非清算目的处分其财产。分支机构财产能够清偿其债务的,分别按顺序支付清算费用、职工工资和劳动保险费用、缴纳所欠税款、清偿公司债务。

(4) 注销登记。清算结束后,清算人应当制作清算报告,报有关主管机关确认,并报送原公司登记机关,在法定期限内申请注销登记,由登记机关发布公告、缴销营业执照。

(二) 清算过程中的法律地位

外国公司分支机构在撤销以后至清算结束这段时间,在清算范围内仍视为未撤销,其民事主体资格视为存续,但其权利能力受到限制,即仅限于以清算为目的的范围之内,不得从事与清算无关的经营活动。

为保护债权人的利益,我国《公司法》第197条规定:"外国公司……未清偿债务之前,不得将其分支机构的财产移至中国境外。"也就是说,对于外国公司分支机构的所有清算未了的债务,仍由其所属外国公司予以清偿。这是由外国公司分支机构的法律地位决定的。

【本节实务研究】

• 外国公司分支机构被撤销后的责任承担

外国公司分支机构被撤销后,应依法进入清算程序,清理债权债务。在公司法实践中,对外国公司分支机构被撤销后的责任承担问题,有不同的看法。第一种观点认为应一律直接由设立该分支机构的外国公司承担;第二种观点认为,应先以该分支机构的财产负责清偿,分支机构没有偿付能力的,再由该外国公司承担。我国《公司法》第195条虽然规定了"外国公司对其分支机构在中国境内进行经营活动承担民事责任",但对承担责任的方式或程序没有具体规定。我们赞成前述第二种观点。理由如下:

(1)我国《公司法》第197条规定:"外国公司撤销其在中国境内的分支机构时,必须依法清偿债务……未清偿债务之前,不得将其分支机构的财产移至中国境外。"依该规定,不仅不能得出必须由该外国公司直接承担分支机构责任的结论,相反,"不得将其分支机构的财产移至中国境外"的规定恰恰为先以该分支机构的财产承担责任提供了可能。

(2)先以分支机构的财产承担责任,正是外国公司分支机构的法律地位及其存在的法律意义的具体表现。[①]

【本章参考文献】

1　沈四宝.西方国家公司法原理.北京:法律出版社,2006

2　卞耀武.当代外国公司法.北京:法律出版社,1995

3　[英]梅因哈特.欧洲十二国公司法.李功国,周林彬,陈志刚等译.兰州:兰州大学出版社,1988

4　柯芳枝.公司法论.台北:三民书局,1984

5　吴建斌.日本公司法典.北京:中国法制出版社,2006

【本章思考练习题】

一、名词解释

1. 外国公司
2. 外国公司的分支机构
3. 外国公司分支机构的解散

二、简答题

1.什么是外国公司分支机构?其法律特征主要有哪些?外国公司的分支机构与一般的分公司(指由本国公司设立的分公司)有何异同?

---

① 对此,可参阅本章第一节"本节实务研究"部分关于外国公司分支机构诉讼主体地位的内容。

2. 简述外国公司分支机构的权利和义务。
3. 试述外国公司在我国设立分支机构的条件和程序。
4. 外国公司分支机构的解散与清算中,如何保护其利害关系人的合法权益?

三、案例分析

某国 A 电器公司依法在我国某省设立了一个商务办事处,指定我国公民杨某为该办事处负责人。办事处在经营过程中,由杨某经手,A 电器公司与我国 C 贸易公司签订一份购销合同。合同签订后,A 电器公司支付了部分预付款;C 贸易公司交货后,A 电器公司又支付了部分货款,但尚欠部分货款未清偿。后因 A 电器公司在其本土有违法行为,被其本国政府强制关闭,故在我国的办事处也不得不撤销。C 贸易公司得知 A 电器公司着手变卖办事处财产的情况后,立即向法院起诉,要求以办事处的财产偿还欠 C 贸易公司的货款,若办事处的财产不足以清偿债务,就由杨某承担连带责任。

(1) 本案中,C 贸易公司的主张是否能够得到法院的支持?
(2) 外国公司、外国公司的分支机构及其负责人之间的关系如何?

郑重声明

高等教育出版社依法对本书享有专有出版权。任何未经许可的复制、销售行为均违反《中华人民共和国著作权法》,其行为人将承担相应的民事责任和行政责任;构成犯罪的,将被依法追究刑事责任。为了维护市场秩序,保护读者的合法权益,避免读者误用盗版书造成不良后果,我社将配合行政执法部门和司法机关对违法犯罪的单位和个人进行严厉打击。社会各界人士如发现上述侵权行为,希望及时举报,本社将奖励举报有功人员。

反盗版举报电话　　(010)58581897　58582371　58581879
反盗版举报传真　　(010)82086060
反盗版举报邮箱　　dd@hep.com.cn
通信地址　　北京市西城区德外大街4号　高等教育出版社法务部
邮政编码　　100120